금나라 시대 여진어

금나라 시대 여진어

순버쥔(孫伯君) 지음
이상규(李相揆) · 짱쩐(張珍) · 왕민(王民) 옮김

태학사

한국어판 서문

『금나라 시대 여진어』는 저의 박사논문인 「송·원나라 역사 서적에 있는 여진어 연구」를 토대로 보완하여 이루어진 것입니다. 2004년에 랴오닝(遼寧)민족출판사에서 처음으로 출판되었습니다. 이번에 경북대학교 이상규 교수님 덕분에 한국어로 번역하여 출판하게 되어 대단히 기쁘고 또 감사드립니다.

여진족은 중국 북방 민족 중에 오래된 역사를 지니는 민족이며, 대대가 헤이룽장(黑龍江)과 백두산(長白山) 지역에서 분포하고 살고 있었습니다. 선진(先秦)시대에는 숙신(肅愼)으로, 한나라부터 진나라까지는 읍루(挹婁)로, 원나라와 위나라(魏)에는 물길(勿吉)로, 수당(隋唐)시대에는 말갈(靺鞨)로 불리었습니다. 요나라 시대에 흥종(興宗) 야률종진(耶律宗眞)의 휘를 피하기 위하여 여직(女直)으로 변명하였습니다. 1115년에 여진족 수령인 완안아구다(完顔阿骨打)는 황제가 되어 국호를 대금이라고 불렀습니다. 여진족을 주체로 하는 왕조를 세워 남송, 서하와 삼국정립의 형세가 이루어졌습니다. 금나라는 총 9대를 거쳐 연조(延祚) 119년, 곧 1234년에 몽골로 인해 멸망하였습니다. 그 후 여진족은 일부가 한족, 몽골족 등과 융합하였고, 그 외의 여진족은 만주족의 주체가 되었습니다. 1636년에 황타이지(皇太極)는 정치적인 고려로, 중원 사람들이 '여진'의 반감을 피하고 최대한 빨리 통일된 제국을 건립하기 위하여 누르하치(努爾哈赤)가 세운 후금을 '대청(大淸)'으로, 여진족을 '만주(滿洲)'로 변명하였습니다.

여진어는 알타이어계의 만주-퉁구스어족의 고대 언어로 만주어의 조어입니다. 금나라 시대 여진어의 음운 연구는 만주어, 그리고 만주-퉁구스어족 언어의 변천을 깊이 있게 연구하는 것과 알타이어계 내부 각 어족 언어 간의 동원관계를 탐구하는 데 큰 도움이 될 수 있습니다. 금나라의 여진어와 관련된 운서나 사전 등을 남겨 두지 않기 때문에, 금나라 시대 여진어를 연구하려면 한문 역사 서적에 남아 있는 산발적인 기록과 금나라 시대에서부터 전해 온 몇 가지 여진문 금석 비명 및 명나라 시대에 편찬된『여진역어』등에 의거할 수밖에 없습니다. 졸작『금나라 시대 여진어』는 이렇게 편찬되었습니다. 우선『금사』등 송·원나라 역사 서적에 있는 한자로 음역된 여진 인명, 지명 등을 수집하였습니다. 그 다음에는『금사·국어해』, 송·금·원나라 역대 필사 자료,『여진역어』에 포함된 명나라 시대의 언어 문헌자료, 청나라 시대의 여진 어휘에 대한 원류 고증, 청나라의 만주어, 만주어 인명의 한어 뜻풀이, 그리고 여진 사람의 본족 명칭과 한족 명칭 간의 의미 관련 등에 의거하여 수집한 어휘들을 고증하였습니다. 또한 선정된 어휘의 대음한자를 전부 음운학적 분석을 하였고, 한어 음역자와 금나라 시대 여진어 사이에 대응관계를 귀납하였으며, 이를 토대로 하여 금나라 시대 여진어 음운의 자음체계와 모음체계, 음절 구성규칙 등을 밝혔습니다. 이러한 연구 방법은 음운분석법이라고 할 수 있습니다.

그전까지 금나라 시대 여진어를 연구하는 방법은 두 가지가 있었습니다. 한 가지는 음운역추법이며, 다른 하나는 음가추정법(역사비교연구)입니다. 음운역추법은 일반적으로 두 가지의 절차로 진행됩니다. 우선 명나라의『여진역어』등 언어 자료를 분석하여 만주어의 음운규칙을 참고하고, 주음 한자 음가의 복원과 재구성을 통해 명나라 여진 음운의 모음체계와 자음체계를 재구성합니다. 그 다음으로『금사·국어해』에 수록되어 있는 대음 한자를 분석하고 명나라 여진어와 비교하여 금나라 여진어 시대 여진어의 음운체계를 재구하였습니다. 음가추정법은 역사비교법으로 퉁구스어족의 다른 언어의 음운체계를 귀납하고, 남부 퉁구스어계의 고대 언어인 여진어의 자음체계와 모음체계를 추정하였습니다.

다음으로『금사』등에 기록되어 있는 역음 한자의 음운을 추정하고,『여진역어』의 역음 한자를 음운 분석하여 대표하는 음가를 확정하여 중고여진어의 실재 발음을 검증하고 재구해 냈습니다. 전자는 도올지(道爾吉)·허시거(和希格)의『〈여진역어〉 연구』와 기요새 기사부로(淸瀨義三郞則府)의『여진음의 재구와 해석』을 대표로 합니다. 후자의 창시자는 한국의 이기문 선생님입니다.

이기문 선생은 1958년에「중고여진어의 음운학적 연구」를 발표하여, 여진어의 음운체계를 깊이 있게 연구하고 가치 있는 결론을 얻어 내었습니다. 이기문 선생님의 논문은 저의 졸작에 많은 깨우침과 도움을 주었습니다. 이번에 저의 이 풋내 나는 졸작을 대한민국에서 특히 유명한 한국어학자인 이상규 교수님께서 번역하신다니, 대단한 영광으로 생각합니다.

세월이 참 빨리 지나갑니다.『금나라 시대 여진어』가 출판된 지 이미 10년이 되었습니다. 이 10년 동안에, 저는 녜홍인(聶鴻音) 선생님과 함께『금나라 시대 여진어』의 연구 방법에 따라 음운분석 방법으로 더 많은 소수민족 언어를 연구하는 데 줄곧 노력하고 있습니다. 특히 서하(西夏) 문헌과 그가 반영된 송·원나라 시대에 허시(河西) 지역의 한어 방언과 당항(党項)어 연구에 많은 기력을 기울이고 있었는데, 그동안 여진어 연구를 좀 소홀히 하였습니다. 서하어보다는 여진어 자료가 드물고 해득하기가 더 어렵기 때문에 여진어 연구는 더 많은 어려움을 겪습니다. 이번에 한국어판의 번역과 출판은 저한테는 아주 영광스럽기도 하고, 하나의 효유이기도 합니다. 앞으로는 반드시 연마하여 여진어문 연구에 더 많은 노력을 기울일 것을 약속드립니다.

2015년 11월 5일
베이징에서 순버쥔(孫伯君)

韩文版前言

『金代女真语』是在我的博士论文『宋元史籍中的女真语研究』的基础上修改而成的,2004年由辽宁民族出版社首次出版。此次,承庆北大学李相揆教授的美意,把拙著翻译成韩文出版,不胜感激之至。

女真族是中国北方民族中历史比较久远的民族之一,曾世代繁衍生息在白山黑水之间。先秦称肃慎,汉至晋曰挹娄,元魏称勿吉,隋,唐谓之靺鞨,辽代为避兴宗耶律宗真讳而改称女直。1115年,女真族首领完颜阿骨打称帝,国号大金,建立了以女真族为主体的王朝,与南宋,西夏形成三国鼎立之势。金朝共历九代,延祚119年,1234年被蒙古所灭。此后,女真族除一部分与汉,蒙古等族融合外,其余成为满族的主体。1636年,皇太极出于政治上的考虑,避免中原人对"女真"一词的反感,以尽快建立大一统的帝国,决定改称努尔哈赤建立的后金为"大清",改女真族名为"满洲"。

女真语属于阿尔泰语系满－通古斯语族古代语言,是满语的祖语。研究金代女真语的语音系统,无疑对深入研究满语以至满－通古斯语族语言的变化发展,探索阿尔泰语系内部各语族语言之间的同源关系,都是非常必要的。由于金朝没有留下关于女真语的韵书和字典,所以研究金代女真语只能靠汉文史料的零星记载与金代遗存的几块女真文碑铭和明代编辑的『女真译语』等。拙著『金代女真语』首先从『金史』及宋元其他史籍中搜集用汉字译音的女真人名,地名等,然后利用『金史·国语解』,宋金元历代笔记,明代包括『女真译语』在内的语言文献资料,清代关于女真语汇的源流考证,清代满语,满语人名汉义,女真人本族名与汉名之间的语义关联等对这些词语加以考证,之后再对所选词语的全部对音汉字做音韵学分析,归纳出汉语译音字和金代女真语的对应规律,并在此基础上得出金代女真语语音的辅音与元音系统,音节搭配规律等等,这种研究方法可概括为音韵分析法。

在此之前,研究金代女真语的方法有两种:其一为语音逆推法,其二为音位拟定法。语音逆推法一般分两个步骤,首先分析明代『女真译语』等语料,通过对其注音汉字进行音值的复原和构拟,参证满语语音规律,拟订明代女真语音的元音和辅音系统。然后通过分析『金史·国语解』的对音汉字,与明代女真语音加以比较,逆推金代女真语的语音系统;而音位拟定法首先利用历史比较法,综合通古斯其他语言的语音特征,拟订作为南部通古斯语古代语言之女真语的辅音及元音系统,然后通过对『金史』等所记载的译音汉字进行语音拟定,对『女真译语』译音汉字进行音韵分析,确定所代表的音值,从而验证并得出中古女真语的实际语音。前一种方法以道尔吉,和希格『〈女真译语〉研究』和清濑义三郎则府『女真音的构拟』为代表;而后一种方法的开创者则是韩国李基文先生,先生于1958年发表『中古女真语的音韵学研究』一文,深入研究了女真语的语音系统,得出了非常有价值的结论。

李基文先生的论文对拙著的写作多有启发和帮助,此次,我的这部不成熟的作品能在他的家乡翻译出版,且是由著名的阿尔泰语学专家李相挨教授组织翻译,我深感万分荣幸。

时光如白驹过隙,『金代女真语』已经出版十年了。十年来,我与聂鸿音先生一道,一直努力沿着『金代女真语』的研究思路,尝试把音韵分析方法运用到更多少数民族语言的研究中,尤其于西夏文献及其所映射的宋元时期河西地区的汉语方言和党项语颇尽心力,而对女真语文的研究稍嫌偏废。与西夏语相比,女真语研究因其材料缺乏和难于索解,难度尤甚。这次韩文版的翻译和出版,对我是一种抬爱,同时也是一种提醒,今后定当砥砺前行,为女真语文的研究做出更多的努力。

2015年 11月 5日

于北京 孙伯君

옮긴이 서문

중화에서는 오랜 기간 동안, 적어도 금나라 시대 이전에는 만주에서 한반도에 이르는 지역을 동이(東夷)라고 지칭하면서 야만인(오랑캐)이라는 인식을 가지고 있었다. 그러나 청나라가 들어서면서 그들의 주체가 바로 이 동이라는 사실을 근거로 한 이하동서설(夷河東西說)을 주장하고 있다. 이러한 중화의 전도된 역사적 서술 방식의 모순과 함께 실제 역사적 상황도 모순이라고 할 만큼 예기치 않은 방향으로 발전된 것이다.

우리나라의 관점에서 적어도 고대에서 금나라를 거쳐 청나라 초기까지 중화와 만주를 포함한 고조선은 분명히 서로 다른 언어를 사용하는 주체적 연합 부족의 국가였음을 확인할 수 있다. 더욱이 우리의 관점에서 조선 500년 동안 치명적이라고 할 만큼 소중화주의에 매몰됨으로써 문명적으로 열등했던, 인접 형제들이었던 만주족을 중화와 마찬가지로 폄하하고 무시했던 것이다. 따라서 고대의 고구려사에 대한 맥락이 단절되는 매우 기이하고 궁색한 역사적 서술이 중국의 동북공정을 정당화시키는 고리 역할을 만들어 준 셈이다.

아마도 고대로 거슬러 올라갈수록 고구려, 백제, 신라 사람들은 말갈, 여진, 선비, 거란, 몽고 사람들과 긴밀한 관계를 가진 '동이 문화권'을 유지했던 족속들이었을 것이다. 그러나 조선은 중화 시대의 관점에서 소중화주의를 주창하면서 스스로 동이에서 일탈하는 중화와의 동문동궤를 선언하고 실천함으로써 한국 고대사는 맥락을 잃어버린 거의 단절된 역사라고 할 수 있다.

만주-퉁구스어와 고구려어의 분리 문제를 확정 짓지 못함으로써 동북 삼성의 조선족이 중국 소수민족으로서의 지위마저 흔들리게 된 것이다. 사실 한국어와 만주－퉁구스어와의 어휘를 비교해 보면 일치하는 기초어휘가 현저하게 적을 뿐만 아니라 음운상의 계통적 연계관계를 제대로 설명하지 못하고 있다. 한국어와 그 기층을 이루었던 고구려를 포함한 한국어의 뿌리인 삼한어는 과연 고아어(孤兒語)였던가?

우리나라와 만주와의 관계와 그들에 대한 역할의 끊어진 고리를 연결하는 유일한 방법이 바로 알타이－퉁구스 계열 고대 언어의 흔적을 탐색하는 언어학적 접근이다. 그 가운데 여진 문자의 기원이 금나라로부터 시작된다. 역자는 이미 명나라 시대의 여진어를 비롯한 여진어 관련 몇 권의 원서를 번역하여 국내에 소개한바 있다. 이번에는 여진어로서 중고어에 해당하는 금나라 시대의 여진어에 대해 순버쥔(孫伯君) 박사가 쓴 『금나라 시대 여진어』를 번역한 결과물이다.

잘 알려진 바와 같이 여진어는 만주어의 조어이며 알타이어계 고대 언어의 한 갈래이다. 사적 기록이 있는 여진어 음운사는 3분기로 나눌 수 있다. 즉 『금사』 등 송·원나라 사적에 수록된 여진어가 대표하는 고대 여진어, 영락 『여진역어』를 비롯한 중고 여진어, 만주어가 대표하는 근대 여진어 3분기이다. 이 책은 바로 금나라 시대의 중고 여진어에 대한 연구 성과이다. 저자가 밝힌 바와 같이 금나라 시대의 각종 역사서에 나타나는 인명이나 지명의 대음 한자를 『중원음운』 등을 대비하여 한자음을 재구한 것으로, 고대 여진어의 음운체계를 밝히고 또 역사서에 나타난 인명과 지명 자료에 대한 해설을 담아낸 성과이다. 예를 들면 고대 여진어와 중고 여진어의 경계는 자음 *p〉*f의 변화이다. *p〉*f의 변화는 금나라 시기에는 아직 일어나지 않았는데 『여진역어』에는 이미 완성되었다. 『금사』에 '모극의 부장'이라는 뜻을 갖는 '포리연(蒲里演)'은 만주어로 '무리'라는 뜻을 갖는 feniyen, 나나이어로 '협조'라는 뜻을 갖는 bolaci에 해당하는데, '불열(拂涅)'로도 대음되었다. 이에 따라 금나라 시대 여진어에는 *p〉*f의 변화가 이미 대두되었고 이 변화는 처음에 원순모음 *u의 영향을 받아 발생했을 가능성이 있다고 밝혔다. 이로써 여진어 *p〉*f의 변화가 원나라나 그 이후 시대에 활발하게 일어났다고 할 수 있다.

　이처럼 고대 여진어 곧 금나라 시대의 여진어에 대한 역사－비교 언어학적인 연구 결과라고 할 수 있다. 참고로 원저에 수록되지 않았지만 명나라 시대의 여진어 연구 성과인 아이신교로 울라히춘(愛信覺羅 烏拉喜春)의 "『여진역어』〈잡자〉의 여진 어휘"를 부록으로 실었다. 이 책의 번역은 내 연구실의 박사과정 유학생인 중국 웨이팡 대학교 쨩쩐(張珍) 교수와 내가 아끼고 사랑하는 제자인 왕민(王民) 군과 함께 옮기고 뒤친 결과물이다. 여러 가지 부족한 점이 많으리라고 생각되지만 많은 결점은 앞으로 보완해 나갈 것이다. 번역이 완성되고 교정을 보는 과정에 이 책의 원저자인 순버쥔(孫伯君) 박사와 연락이 닿아 흔쾌히 한국어판 서문과 보다 선명한 사진 도판을 보내 주었으며, 향후 긴밀한 학문적 교류를 약속해 주었다. 원서에 실린 순버쥔 박사의 사진을 보면 중국 동북의 붉은 황톳빛 속으로 가라앉아 있는 영웅들의 발굽 소리를 듣고 있는 듯 애잔한 느낌이 떠오른다. 아직 만나 보지 않았지만 친근하게 한국어판 서문을 보내 주셔서 무척 감사하게 생각한다. 진심으로 감사드린다. 어려운 출판 환경임에도 불구하고 태학사 지현구 사장님의 출판 지원에 대해 깊은 감사를 올리며 원저자인 순버쥔 박사와의 조우를 기다리면서 옮긴이 서문을 거둔다.

2015년 10월 9일
여수(如水) 이상규

차례

중문 개요

　여진어는 알타이어계의 만주-퉁구스어족에 속하는 고대 언어로 만주어의 조어(祖語)이다. 만주-퉁구스어족에 대한 연구는 알타이어계의 돌궐어(튀르크어)와 몽골어와 비교해 보면 상대적으로 많지 않다. 특히 고대어에 관한 연구는 근래 20년 동안 국내에서의 연구 성과가 매우 적은 편이다. 대부분의 학자들이 여진어 자료가 충분하지 않아서 더 이상 연구할 것이 없다고 생각하기 때문에 여진어 연구는 더 이상 진전되지 않았을 뿐만 아니라 알타이 언어와의 비교 연구에도 걸림돌이 많았다. 그러나 실제로 고대 여진어 자료는 생각만큼 적은 것이 아니다. 현존하는 자료들이 아직까지 완전히 다 이용되지 못하고 있을 뿐이다. 『금사(金史)』 등 송·원나라 역사 서적에서 보존된 한자로 대응되는 여진족 인명, 지명 자료에 대한 연구가 아직까지 충분히 이루어지지 않았다. 이런 자료들은 가히 최고의 고대 여진어 어휘의 사음(寫音, 음전사) 자료라고 할 수 있다. 여진어 연구를 통해 가치가 있는 어휘를 이해할 수 있을 뿐만 아니라 언어학, 문자학, 문헌학 등의 분야에도 기여하는 바가 클 것이다. 우선 사음 한자의 음운 분석을 통하여 여진어의 음운 계통을 재구성할 수 있다. 수집한 여진족의 인명, 지명에 주석을 다는 일을 통해 금나라 시대의 여진어 어휘를 고증할 수 있다. 만주족 사람들이 이름을 짓는 규칙을 비교해 보면, 여진인의 인명은 사동형과 과거 시제로 구성된 것이 많음을 알 수 있다. 또한 이를 바탕으로 하여 우리들은 여진어의 어휘 형태를 이해할 수 있다. 이런 형태들을 비석 명문과 결합시켜 보면 금나라 시대 여진어의 어휘 연구에 큰 도움이 될 수 있다. 또한 현존하는 여진문은 전 세계의 문자 중에서 매우 독창적인 특징을 지니고 있다. 여진문자는 한자와 거란자를 바탕으로 하여 획을 더하거나 모양을 바꾸거나 하는 방식으로 만든 문자이다. 여진자를 통해 한자와 거란문자의 관계를 한마디로 요약하자면 다음과 같다. 곧 표의문자(表意文字)는 의미만 채택했고, 표음문자(表音文字)는 발음만 채택했다. 전해져 오는 여진자 문헌이 매우 드물기 때문에 여진자 어원에 관한 연구에 큰 어려움을 초래한다. 금나라 시대 여진어 음운 연구는 여진자 어원을 탐구하고 여진자 제자 규칙을 알아보는 데 큰 도움이 될 수 있다. 동시에 여진자 제자 규칙을 탐구하는 것은 거란대자의 제자 규칙의 연구를 발달시킬 수 있고 거란대자의 해독을 보다 빨리 할 수 있게 하는 데에도 도움이 된다. 또한 여진 문헌 자료에서 제일 중요한 집약적인 자료는 여러 개의 석비이다. 반면에 한문 역문이 있는 비문은 대부분이 충분히 해독되어 있다. 「대금득승타송비(大金得勝陀頌碑)」가 그런 예라고 볼 수 있다. 「여진진사제명비(女眞進士題名碑)」와 「오둔량필시비(奧屯良弼詩碑)」와 같은 경우에는 아직 완전한 해독이 이루어지지 못하였다. 금나라 시대 여진어의 음운을 정확히 재구성하고, 여진족의 인명 의미를 연구하는 것은 문헌 해독을 위한 연구를 더욱 발전시킬 수 있다. 역대 한문 문헌 중에 여진어를 언급한 경우, 주석을 매우 간단하게 한 것은 명확한 음운과 의미 형태를 얻어내지 못했기 때문이며, 때로는 이해하는 데 큰 지장을 초래할 수 있다. 여진인 인명의 의미 고증은 한문 문헌의 주석을 제공하는 데에도 도움이 된다.

현재까지는 고대 여진어를 연구하는 방법은 두 가지가 있다. 한 가지는 음운역추법(語音逆推法)이다. 다른 하나는 음가추정법(音位擬定法)(역사비교연구)이라 부른다. 도을지(道爾吉)·허시거(和希格)의 「〈여진역어〉 연구(〈女眞譯語〉 研究)」, 기요세 기사부로(淸瀬義三郎則府)의 「여진음의 재구와 해석」은 음운역추법의 대표적인 논저이다. 이기문(李基文)의 「중고 여진어의 음운학 연구(中古女眞語的音韻學研究)」는 음가추정법(알타이어 비교연구)의 대표적인 연구이다. 선대 학자들은 이 두 가지 방법으로 많지 않은 여진어 자료를 이용하여 여진어 음운을 깊이 있게 연구하여 가치 있는 결론을 얻어냈다. 방법론이나 귀납론을 통해 보면 현재 여진어 연구는 최고 수준에 도달했다고 볼 수 있다.

본 책에서는 『금사』를 비롯한 송·원나라 역사 서적에 일부 한자음으로 기록된 여진어 자료를 논리적으로 이용하여 음운 분석을 하였다. 그리고 유형학과 발생학의 입장에서 여진어와 관련되는 『몽골자운(蒙古字韻)』, 『원조비사(元朝秘史)』 등 몽골어 사음 자료를 참고하여 한자가 대표하는 여진어 음운을 조정, 귀납, 분석을 통해서 여진어의 음운체계와 음절 구성규칙을 이끌어 냈다. 구체적인 내용은 다음과 같다.

1. 지금까지 여진어 문헌 연구와 언어 연구 성과를 통해 종합적인 평가를 하였다. 고대 여진어의 연구는 알타이어의 비교연구에 큰 가치를 부여한다. 본래 있던 고대 여진어의 음운 연구 방법을 귀납하면서 본 책의 연구 방법과 절차를 따랐다.

2. 근대 한어 음운의 연구 성과를 총 정리하였고, 역사 기록에 의하여 『금사』 등 송·원나라 역사 서적에 여진어를 한자로 사음한 음운 토대는 '한아언어(漢兒言語)'임을 밝혔다. 『몽골자운』과 『원조비사』의 대음규칙 및 외족과 한족의 대음 연구의 성과를 참고하여 한어 역음자와 금나라 시대 여진어의 전사 원칙과 대응 규칙을 귀납하였다. 선정된 어휘를 통해 대음 한자의 음운을 분석하였고 성모(聲母)는 발음 위치에 따라 분류하고, 운모(韻母)는 등호(等呼)에 따라 분류하였다. 저우더칭(周德清)의 『중원음운(中原音韻)』의 추정 재구음(의음)을 이용하여, 『몽골자운』과 『원조비사』의 대음(대응음) 조정을 참고하여 한자에 대응하는 여진어 음운을 추정하였다.

3. 추정한 여진어 음절의 음운을 분석하고 금나라 시대 여진어 음운의 자음체계를 귀납하였다. 양순음(兩脣音) *p, *b, *m, 설첨마찰음(舌尖擦音) *s, 설첨정지음(舌尖塞音) *t, *d, 설첨비음(舌尖鼻音) *n, 설첨설측음(舌尖邊音) *l, 전동음(顫音) *r, 설엽음(舌叶音) *č, *j, *š, 연구개음(舌根音) *k,

*g, 구개수음(小舌音) *q, *ɣ, 반모음(半母音) *y, *w, 모음체계는 단모음(單元音) *a, *o *u, *i, *e, 이중모음(二合元音) *ai, *ei, *au, *ui, *ia, *ie, *io, *oi 등이 있다. 이와 함께 고대 여진어의 음절 구성규칙도 제시하였다.

4. 여진 인명과 만주족의 명명 규칙, 그리고 여진 비명문(碑銘文)에 포함된 문법과 비교하여 여진 인명에 함축되어 있는 어법 규칙을 얻어냈다.

5. 『금사·국어해(金史·國語解)』, 송·금·원나라의 역대 필사 기록, 『여진역어(女眞譯語)』를 포함한 명나라 문헌 자료, 청나라 시대 여진어 어휘의 어원 고증, 청나라 시대와 현대 만주어, 만주족 인명의 한어 의미, 여진인 본족 명칭과 한어 명칭 간에 의미 관련성 등을 이용하여,『금사』에서 수집하여 골라낸 여진 인명, 지명, 그리고 기타 송·원나라 역사 서적에 기록된 어휘를 주석하고, 한자로 표음된 여진어 어휘의 의미를 고증하여, 금나라 시대 여진어 어휘표를 작성했다. 여진어 음운체계를 재구성하고, 알타이어계 언어와의 비교 연구 및 고대 만주-퉁구스어 언어사 연구를 위한 언어 자료를 제공했다.

6. 권말에『금사』등 송·원나라 역사 서적에 기록된 여진어 언어 자료와 여진어 어휘 주석과 고증 색인 등이 첨부되어 있다.

제1장

서론

제1절 국내외의 여진어 연구 개관

1. 금나라 여진문의 비각 및 그 연구

금나라를 건립한 여진인은 여진어를 문자로 기록하기 위해 여진문자를 창제하였다. 금나라가 멸망한 후, 명나라 전기까지 동북 여진 사람은 여진문자를 사용하였다. 『금사』에 따르면, 여진문은 대자(大字)체와 소자(小字)체로 구성되어 있다. 대자체는 금나라 태조(太祖) 아구다(阿骨打)가 천보(天輔) 3년(1119)에 완안희윤(完顏希尹)과 협노(叶魯) 등 사람들에게 명하여 거란자와 한자를 모방하여 획을 더하거나 감하는 방식으로 창제하였다. 소자체는 금나라 희종(熙宗)이 천권(天眷) 원년(元年)(1138)에 창제하였고, 황통(皇統) 5년(1145)에 처음으로 사용하였다.[1] 전해오는 여진

---

[1] 여진 사람은 거란인과 마찬가지로 두 차례에 걸쳐 문자를 제작하였다. 금나라 건국 4년 후인 천보(天輔) 3년(1119)에 만든 것을 역사상 '여진 대자'라고 칭하고 천권(天眷) 원년(1138)에 만든 것을 '여진 소자'라고 칭한다. 현재 남아 있는 여진 문자 자료의 절대 다수는 여진 대자로 베껴 쓴 것이지만 1972년부터 2007년까지 중국 허베이성, 헤이룽장성, 지린성에서 출토된 6면의 금제·은제·목제의 부패에 새겨진 문자만 여진 소자이다. 여진 대자 자료는 풍부하고 다채로운 내용이 포함되어 있으며 그것은 금나라의 유일한 여진 대자 교재인 『여직자서(女直字書)』를 초록 수습(手習)한 사원의 출가자가 금·몽 전사(戰事)에 관한 사적 기록, 금 태조의 요나라에 대항한 전투에서 전승을 기념하는 석비, 불사 건립의 후원자를 새긴 석비, 대 타타르 전쟁을 기념한 석각, 문인끼리 시문을 주고받은 석각, 상경(上京)에 개설된 여진자학교의 학생들을 격려한 석비, 모극(謀克) 패동(孛菫)의 가족 석함 명문, 금말 과거의 제명비(題銘碑), 더 나아가서 고려 승조가 금나라에 들어와 구법(求法)한 석각까지 있다. 그러나 금조 멸망으로 인해 명조 초엽까지 180여 년 기간 동안은 여진 문자 자료가 전하지 않는다. 〈함분루비급(涵芬樓秘笈)〉 제4집에 수록된 『화이역어』의 발문순위시우(孫毓修)가 1918년 편찬에 따르면 『지원역어(至元譯語)』 외에 원대에는 여진을 포함한 13국의 역어가 편찬되었다고 한다. 『지원역어』를 금나라 초에 편찬

문이 한 종류만 있는 상황임을 보니, 학계에서는 여진 대자체와 소자체는 본질적인 구별을 못하고 있다고 한다. 여진 소자체는 대자체에 표음자를 더하여 만든, 음과 뜻이 결합된 문자이다. 여진자는 네모방괘형이고, 획은 최대한 10획이다. 대부분은 1음절과 2음절이며, 3음절과 4음절은 많지 않다. 완안희윤과 협노 등 사람들이 여진문자를 창제한 후, 금나라 통치자들은 여진문자로 수많은 문헌을 편찬하였다. 『금사』권83 〈납합춘년전(納合椿年傳)〉에서 "여직자가 창제된 후, 서경(西京)에서 학교를 설립하였다. 춘년(椿年)이라는 이도 제부(諸部)의 어린이들과 함께 들어가서 공부하였는데 매우 슬기롭고 총명하였다. 후에 춘년과 여러 학생을 선발한 후, 수도로 보내 교수 야로(耶魯)가 (여진문자를) 가르쳤다"라고 하였다. 또 『금사』권51 〈선거일(選擧一)〉에서 "과거시험의 책론 진사(策論進士)는 여직(女直) 사람을 뽑는 시험이다. 대정(大定) 4년에, 세종(世宗)은 여직 대소자로 번역한 경서를 간행하라는 어명을 내렸다. 모극(謀克, 100여 명을 단위로 조직한 군·경 조직체)마다 두 사람씩을 뽑아 경서를 읽히게 하였다. 또 여진문자 학교를 많이 설립하고 맹안(猛安, 1,000여 명을 단위로 조직한 군·경 조직체)과 모극 안에서 양가자(良家子, 양반가문의 아이들)를 많이 보내 3,000명에 이르렀다. 대정(大定) 9년, 우수한 학생 백명을 선발하여 수도로 보냈다. 온적한제달(溫迪罕綈達)이 그들에게 고서(古書), 시책(詩策)을 가르쳤다. 또한 재시험을 통해 30여 명을 다시 뽑았다."라고 하였다. 『금사·예문지(金史·藝文志)』에서 금나라 여진문 역서인 『역경(易經)』, 『상서(尙書)』, 『논어(論語)』, 『맹자(孟子)』, 『한서(漢書)』,

---

한 『여직자서』 잔항과 비교해 보면 양자의 목차에서 전승관계가 있음을 확실히 파악할 수 있다. 금조의 제도는 요조의 그것과 달리 금서(禁書)의 명령이 시행되지 않아 금 선종(宣宗, 1213~1223) 시기에 이미 여진 문자에 정통한 고려 승려가 있었고, 금나라 애종(哀宗, 1224~1234) 시기에 고려로 망명한 동진인(東眞人)이 고려 조정에서 여진 문자를 가르쳤다는 사실로부터 추론해 보면 원대에 금조의 『여직자서』를 수본으로 『여진역어』를 편찬했을 가능성이 충분히 있다. Aisin Gioro Ulhichun, 『명나라 시대 여진어』, 교토대학 학술출판회, 2012 참조.

『신당서(新唐書)』,『정관정요(貞觀政要)』 등이 있었다고 전해진다. 그러나 안타깝게도 금나라가 멸망한 후 여진문서들이 거의 다 흩어져 없어져 버렸다. 여진문 서적도 소실되고 여진문을 아는 사람도 없는 사멸문자가 되어 버린 것이다.

19세기 말, 서양의 탐험 고고학이 활발해지면서 고문자 연구에 열풍을 일으킨 동시에, 국내외 학자들도 여전히 남아 있는 비문과 문헌을 수집하였다. 또한 비석 명문의 고증과 석독을 비롯한 여진 문헌 연구도 시작하였다. 국내에서 최초의 여진문에 대한 연구는 류스루(劉師陸)의 〈여진진사제명비(女眞進士題名碑)〉에 대한 고증이다. 류스루는 1829년에 『여직자비고(女直字碑考)』를 지었다. 비록 그는 건릉무자비(乾陵無字碑)에 있는 〈대금황제도통경략랑군행기(大金皇弟都統經略郞君行記)〉의 거란 소자를 여진 대자로 생각하여, 이 비석을 여

그림 1 〈대금득승타송비〉

진 소자비라고 잘못 판단했지만 이는 국내에서 여진문 연구의 서막을 열었다. 국외 여진어문 연구의 개척자는 독일의 빌헬름 그루베(Wilhelm Grube)이다. 빌헬름 그루베는 1896년에 「여진언어문자고(女眞語言文字考, Die Sprache und Schrift der Jurčen)」를 저작하고 베를린판 『여진역어』를 서술하였는데, 분류와 고증을 통한 표음을 함으로서 서양 언어학자들에게

여진어에 대한 관심을 불러 일으켰다. 여진어를 해독하고 계통 연구뿐만 아니라, 거란(契丹), 서하(西夏) 등의 문자도 해독할 수 있는 한 줄기의 서광을 비춰주었다. 이렇듯 국내외 학자들의 백여 년간 공동의 노력 끝에 여진 비문 문헌의 해독과 여진어문 연구는 많은 성과를 얻을 수 있게 되었다.

현존하는 여진문자 자료는 비석 명문(碑銘), 문헌(文獻)과 도장과 묵적 (牌印墨迹) 등 3가지가 있다. 언어와 관련된 것은 주로 여진어 비각의 해독과 『여진역어』에 대한 언어 문자 연구이다.

〈대금득승타송비(大金得勝陀頌碑)〉, 금나라 대정(大定) 25년(1185)에 제작하였고, 1,500여 자의 여진문자를 포함하고 있다. 현존하고 있는 비문 중에 문자가 제일 많은 비문이다. 이 비문은 금나라 태조(太祖)가 닝장 주(寧江州)에서 요나라를 쳐부순, 전승을 기념하는 비석이다.[2] 일찍 청나라에 지린성(吉林省) 부여현(夫餘其)에서 발견된 이 비석의 고증과 해독은 일본인이 제일 먼저 하였다.[3] 1913년에, 수사 카카추(須佐嘉橘)는 이 비석을 발굴하여 『청구학보』에 실었다. 1933년에 『대금득승타송사진첩 (大金得勝陀頌寫眞帖)』을 제작하였다. 소나다 가즈키(園田一龜)는 1933년

---

2 〈대금득승타송비(大金得勝陀頌碑)〉는 지린성(吉林省) 부여암자(扶餘嵓子)에 있다. 이 비석은 금나라 세종 대정 25년(1185)에 새겼으며, 금나라 태조가 닝장주(寧江州)에서 요나라를 정벌한 것을 기념하기 위해 세운 공적비이다. 비석의 정면에는 한문으로 새겨져 있고, 뒷면에는 여진문으로 새겨져 있다. 비문에는 1,500여 개 문자가 있고, 비 머리(碑額) 앞에 '大金得勝陀頌碑' 문자 6개가 2줄로 새겨져 있고, 비 머리 뒤에 여진문은 3줄로 한 줄에 문자 12자가 새겨져 있다. 비신 정면에 한문 30줄이 있고 뒤에 여진문이 33줄이 있어서 현존하는 여진문자 석각 중에 문자가 제일 많은 비이다. 비석에는 한문이 있어서 여진문자와 대조해 볼 수 있기 때문에 여진문자를 연구하는 제일 좋은 자료가 된다. 다만 비문의 마멸이 심하여 글씨가 뚜렷하지 못해 판독이 어렵다.

3 본 비석에 관한 최초의 문헌적인 기록은 도광(道光) 3년(1823)에 사잉어(薩英額)의 『지린외기(吉林外記)』 권9에서 보인다. 그중에 본 비석의 한자 비문과 여진어 비문의 일부분이 수록되어 있다. 후에는 『동북삼성과 지도 해설 · 득승타송비설(東北三省輿地圖說 · 得勝陀頌碑說)』[초팅제(曹廷杰), 광서(光緒) 13년], 『지린통지(吉林通志) · 금석지(金石志)』[창순(長順), 광서(光緒) 17년], 『쌍성현지(雙城顯志) · 여지지(輿地志)』[고원형(高文垣), 1926년], 『만주금석지(滿洲金石志)』[뤄푸이(羅福頤), 1937년] 등 저작도 있다.

에 「대금득승타송비에 관하여
(關與大金得勝陀頌碑)」를 발표하
였다. 그는 처음으로 자세히 이
비문을 탁본하는 과정, 비석을
세운 이유 및 비양(비석의 정면)
의 한문 내용을 고증하였다. 또
타무라 지즈조(田村實造)는 「대
금득승타송비의 연구(大金得勝
陀頌碑之研究)」[4]에서 비문을 해
독하기 시작하였다. 1938년 야스
마 야이치로(安馬彌一郎)는 「'대금
득승타송비 연구' 해독(讀 '大金得
勝陀頌碑研究')」[5]이라는 글을 썼는
데 타무라 지즈조의 해석 오류를
많이 밝혔다. 타무라 지즈조는
또 다시 두 차례의 해독을 하였
다. 각각 1971년에『중국 정복 왕
조의 연구(中國征服王朝之研究)』와

그림 2 〈여진진사제명비〉

1976년에『동양사연구』35권 3호에서 발표하였다. 타무라 지즈조가 비문에
있는 글자마다 아주 상세하게 고증하고 해석하였다. 그의 해석 방법이
매우 상세해서 다른 비문의 해독에 규범이 되었다. 1980년에 유풍저(劉鳳
翥)・위보린(于寶林)은 원석과 탁본을 대조하여 비문을 다시 교정하였다.
1984년에 도을지(道爾吉)・허시거(和希格)는 전면적으로 비석 명문을 해

---

4 타무라 지즈조(田村實造), 「대금득승타송비의 연구(大金得勝陀頌碑の研究)」, 『동양사
연구』권2, 5~6호, 1936~1937.

5 야스마 야이치로(安馬彌一郎), 「'대금득승타송비의 연구'에 대하여(關與 '大金得勝陀
頌碑の研究')」, 『동양사연구』권36호, 1938.

그림 3 행서체 여진문 〈오둔량필시비〉 (파편)

석하였다.[6]

　〈여진진사제명비(女眞進士題名碑)〉, 〈엔타이여진국서비(宴台女眞國書碑)〉라고도 한다. 금나라 애종(哀宗) 정대(正大) 원년(1224)에 새겼는데 1,100자 정도 남아 있다. 정대 원년에 진사를 모집한 장소, 논제, 모집 과정과 모집한 진사의 출생지 등의 내용을 기록하고 있다. 허난성(河南省) 카이펑(開封) 조문외(曹門外) 엔타이허(宴台河)에서 발견되었고 카이펑시 문묘(文廟)[7]에 보관되었다. 원래는 비음(碑陰, 비석의 뒷면)에 여진문을

<hr />

　6 도을지(道爾吉) · 허시거(和希格), 「여진문 〈대금득승타송비〉의 교감과 석독(女眞文 〈大金得勝陀頌碑〉校勘釋讀)」, 『내몽고대학교학보』 4기, 1984.

　7 이 비석은 송나라 저우미(周密)의 『계신잡식(癸辛雜識)』에 처음으로 기록되었다. 이에 따라 명나라 리롄(李濂)의 『변경유적지(汴京遺迹志)』와 청나라 왕창(王昶)의 『금석췌편(金石萃編)』 등에도 수록되었다.

새겼고, 비면(碑面)에는 대역 한문이었는데, 후에 비면을 하신묘비(河神廟碑)로 고치게 되어 원래 새겨졌던 한문 역문이 지워진 점이 아쉽다. 그래서 현존하는 비음의 여진문자와 대조할 수 없다. 국내에서 이 비문에 관한 연구는 류스루(劉師陸)부터 시작되었다. 류스루는 1829년에 「여진자비고(女眞字碑考)」를 기술하였는데 여진 소자비로 인식하였다. 후에는 뤄푸청(羅福成)이 이 비문에 관해 고석한 연구 논저를 발표하였다. 「엔타이금원국서비고(宴台金源國書碑考)」, 「엔타이금원국서비 석문(宴台金源國書碑釋文)」,[8]이 있다. 후에 왕징루(王靜如)는 「엔타이 여진문 진사제명비 첫 해석(宴台女眞文進士題名碑初釋)」을 발표하였는데, 이 논저는 학계의 큰 연구 성과로 남게 되었다. 류허우즈(劉厚滋)는 「전해오는 석각 중 여진 어문 재료 및 연구(傳世石刻中女眞語文材料及其研究)」에서 「엔타이 여진문 진사제명비 첫 해석(宴台女眞文進士題名碑初釋)」과 타무라 지즈조의 「대금 득승타송비 연구(大金得勝陀頌碑研究)」를 "당대 여진 역문의 쌍벽"이라고 여겼다. 그 후에 진광핑(金光平)·진치총(金啓孫)의 「여진진사 제명비 역석(女眞進士題名碑譯釋)」[9]이 있다.

〈오둔량필시비(奧屯良弼詩碑)〉, 비각 연대 미상. 정면은 여진문으로 새겼고, 상·하관에 각각 한 줄씩의 해서(楷書)로 되어 있고, 27자이다. 정문은 행서(行書) 11행으로 100자 정도이다. 이 비석은 현존하는 유일한 행서체 여진자 석각이다. 비문은 칠언율시 한 수이다. 상관에는 시와 지은이가, 하관에는 비석을 세운 사람이 기록되어 있다. 뤄푸이(羅福頤)

---

8 뤄푸청(羅福成), 「엔타이금원국서비고(宴台金源國書碑考)」, 『국학계간』 4기 권1, 1923. 「엔타이금원국서비석문(宴台金源國書碑釋文)」, 『고고』 5기, 1926.

9 왕징루(王靜如), 「엔타이 여진문 진사제명비 첫 해석(宴台女眞文進士題名碑初釋)」, 『사학집간』 3기, 1937. 류허우즈(劉厚滋), 「전해 오는 석각중 여진어문재료 및 연구(傳世石刻中女眞語文材料及研究)」, 『문학년보』 7기, 1941. 진광핑(金光平)·진치총(金啓孫), 「여진 진사 제명비 역석(女眞進士題名碑譯釋)」, 『여진언어문자연구(女眞語言文字研究)』, pp. 281~320. 『여진언어문자연구』는 40년대에 원고가 완성되어, 처음에 『내몽고대학교 학보』 1964년 1기에 특집으로 실렸고, 1980년에 문물출판사에서 정식으로 출판하였다.

그림 4 〈경원군여진국서비〉

· 쟈징엔(賈敬顔) · 진치충(金啓孫) · 후왕천화(黃振華)의 「여진자 오둔량필시각석 첫 해석(奧屯良弼詩刻石初釋)」에서 이 비문을 고증하고 역석을 하였다.[10] 이 논저는 『여진역어』를 참고하여 비문을 고증하고 해석하였다. 학자들이 모든 힘을 다 기울였지만 『여진역어』의 기록 어휘가 너무 한정되어 있고 비문의 행서는 판독하기가 어려워서 완벽한 해석에 이르지 못하였다. 금나라 시대 여진어에 관한 우리들의 연구가 이 비문 해석에 도움이 되기 바란다.

〈경원군여진국서비(慶源郡女眞國書碑)〉, 비각 연대 미상. 조선 함경북도 경원군(朝鮮咸鏡北道慶源郡)에서 발견되었다. 1918년에 서울 박물관으로 옮겼다.[11] 부러진 비 토막은 두 토막이 있는데 한 토막만 존재한다.

---

10 뤄푸이(羅福頤) · 쟈징엔(賈敬顔) · 진치충(金啓孫) · 후왕천화(黃振華), 「여진자 오둔량 시각석 첫 해석(女眞字奧屯良弼詩刻石初釋)」, 『민족어문』 2기, 1982.

11 〈경원군여진국서비(慶源郡女眞國書碑)〉는 원래 조선 함경북도 경원군 동원면 화동 불사(禾洞佛寺)의 절터에 있었는데 후에는 한국 경복궁 내 서울고궁박물관에 옮겨져 있다. 이 비석은 사방주형(方柱形)으로 사면에 문자가 있는데 모두 여진문이고 한문 번역문이 없다. 윗부분은 이미 떨어져 나가 없어졌고 아랫부분만 남아 있다. 이 비석은 23행 740여 자가 새겨져 있고 필력이 고풍스럽고 소박하다. 불사(佛寺)를 세운 공덕을 찬양하고 숭배하기 위해 만든 것인데 비석이 마모되어 문자가 또렷하지 않다. 비석에는 연월이 있지만 연호(年號) 부분이 마멸되어 설립 기간을 정확하게 알 수는 없다. 금나라 해능(海陵) 정륭(正隆) 1년(1156)에 새긴 것으로 추정하기도 한다(김동소, 1988:4).

그림 5 〈몽고국 구봉석벽 기공비〉

비신(碑身) 네 면에 여진문을 새겼고, 한문 역문은 없다. 전 비문은 500자이다. 이 비석은 불사(佛寺, 절)를 건축한 공덕비로서 『조선금석총람(朝鮮金石總覽)』 상권에 이 비석 명문의 탁본이 수록되어 있다. 진광핑(金光平)·진치충(金啓孫)은 「조선〈경원군여진국서비〉역석(朝鮮〈慶源郡女眞國書碑〉譯釋)」에서 이 비문을 자세히 해독하였다.[12] 물론, 언어 자료가 부족하여 다시 고증해야 할 곳도 많다.

〈몽고국 구봉석벽 기공비(蒙古國九峰石壁紀功碑)〉, 1986년에 몽고국 컨터현(肯特縣) 바안후오터커수무(巴彦霍特克蘇木)에서 발견된 구봉석벽(九峰石壁)은 첫 발견자 중의 한 명인 수미야바퉈(蘇密亞巴托)가 저작한 『원조비사』에서 보도되었다. 발견자는 1987년에 몽골에서 개최된 국제회의에서 비문의 상황을 간단하게 발표하였다. 일본인 가토신페이(加藤晉平)는 『여진문사전(女眞文辭典)』을 바탕으로 비문의 1, 2행을 해독하였다. 고고학자 시라이시 노리유키(白石典之)는 1991년에 이 비석의 소재지에 현지답사를 하였다.[13] 이 비석은 금나라 장종(章宗) 명창(明昌) 7년

---

12 진광핑(金光平)·진치충(金啓孫), 「조선〈경원군여진국서비〉역석(朝鮮〈慶源郡女眞國書碑〉譯釋)」, 『여진언어문자연구(女眞語言文字研究)』, 문물출판사, 1980, pp. 332~354. 김동소의 「경원 여진자비의 여진문 연구」, 『효성여자대학교 연구논문집』 36, 1988.

13 가토신페이(加藤晉平), 「몽골인민국화국긍특현바언곽특극의 비문에 관하여(モンゴ

(1196)에 새겼다. 완안양(完顔襄)은 금나라의 군대를 통솔하고 알리찰하 (斡里札河)에서 달단(타타르)를 이겼다는 전쟁의 내용이 기록되었다. 이 기록은 『금사』 권94 "내족양전(內族襄傳)"의 기록과 일치한다.[14] 그 당시 에는 철목진(鐵木眞)은 일찍이 걸안씨(乞顔氏) 귀족의 대칸(大汗)으로 당 선이 되었다. 이로 인해, 부족을 거느리고 전쟁에 뛰어들었다. 『몽골비 사』에서는 이 사건을 상세하게 기록으로 남겼다.[15] 전쟁 후에, 금나라는 철목진에게 '찰올척홀리(札兀惕忽里)'[나가통세(那珂通世)가 '백부장(百夫

ル人民共和國ヘンティ縣バヤンホトクの碑文について)」, 『히라이 나오시(平井尚志) 선생 고희기념 고고학론고』 제1회, 1992. 시라이시 노리유키(白石典之), 『칭기즈칸(成吉思汗)의 고고학(チンギスニカンの考古學)』, 동성사, 2001.

14 『금사』 권94 〈내족양전(內族襄傳)〉, '밀지를 받들어 토벌에 가담하였다. 지군(支軍) 이 동쪽으로, 양(襄)이 서쪽으로 진군하라고 명령하였다. 그러나 동쪽 군대는 용구하(龍駒 河)에서 조복(阻䪁)에게 포위되어 3일 동안에도 돌파하지 못하였다. …… 대전하여 소나 양(牛羊) 등 전리품을 많이 노획하였다. 모두 알리찰하(斡里札河)로 도망갔는데 안국(安 國)이 뒤쫓아 갔다. 군대가 흩어져 도망하였고, 마침 비도 많이 내려서 십중팔구가 얼어 죽었다. 결국 항복하였고, 구봉석벽에 잡혔다.

15 『몽고비사』, pp. 132~134. 한지(漢地)에 있는 금나라의 황제는 타타르족(塔塔兒人) 멸고진(蔑古眞)·설올륵(薛兀勒)이 복종하지 않기 때문에, 사신을 보내 왕징(王京) 승상에 게 군대를 거느리고 토벌하라고 명하였다. 왕징 승상은 말(馬)과 식량을 갖고 오륵찰하(浯 勒札河)를 따라 올라가 멸고진·설올륵 등 타타르족을 토벌하러 왔다. 칭기즈칸은 이 소 식을 알게 되었는데, 타타르족은 조상들과 아버지를 죽인 적이었다. 이제 이 기회를 빌려 우리도 그들을 협공하자고 말하였다. 사신을 탈알린륵한(脫斡鄰勒汗)에게 보내 자기의 계 획을 알리도록 하였다. …… 칭기즈칸은 탈알린륵한과 같이 출병하였고 오륵찰하로 따라 내려와서 그들은 왕징 승상과 같이 협공을 하였다. 그때, 타타르족 멸고진 등은 이미 오륵 찰하의 홀속도·실독연(忽速圖·失禿延), 납랄독·실독연(納剌禿·失禿延)에서 방책을 세 워 방어하고 있었다. 칭기즈칸과 탈알린륵한이 방책에 들어가서 방책을 지키는 병사와 멸 고진·설올륵을 붙잡아 바로 거기서 멸고진·설올륵을 죽여 버렸다. 칭기즈칸은 거기서 은으로 만든 요람과 큰 진주가 달린 이불을 얻었다. 멸고진·설올륵이 죽은 후에, 왕징 승상이 이 소식을 알게 되어 무척 기뻐하였다. 그는 바로 그 현장에서 칭기즈칸을 찰올게 홀리(札兀惕忽里), 탈알린륵한을 왕으로 봉하였다. 왕징 승상이 하사한 왕호 때문에 탈알 린륵한을 왕한이라고 불렀다. 왕징 승상은 "너희들이 멸고진·설올륵을 협공하여 죽인 것 은 금나라의 황제께 큰 공헌을 바친 것이다. 나는 너희들의 공로를 황제께 상주하겠다"라 고 하였고, 금나라 황제께 상주하여 칭기즈칸에게 더 높은 관직을 내리라고 하였다. 왕징 은 거기서 기쁘게 돌아갔다. 위다쥔(余大鈞) 역주, 『몽고비사』, 허베이인민출판사, 2001, pp. 168~171.

長)'으로 해석]를 하사하였고 타
타르족(塔塔兒)을 대신하여 금나
라 북부 국경을 방어하라고 하였
다. 철목진이 극노륜(克魯倫) 유
역 몽골고원 동부의 지배권을 얻
었다. 전쟁의 승리는 세력을 확
장하고 있는 칭기즈칸(成吉思汗)
이 적대 부족의 힘을 약화시키는
데에 큰 도움을 주었으며, 칭기
즈칸이 몽골 고원을 통일하기 위
한 길을 열어주었다.

고고학자는 여진어 기공비(紀
功碑) 옆에 그것과 대조되는 한문
석각을 발견하였다. 두 석각에는
국호, 역사 사건이 발생한 시간
과 중요 인물의 성명, 관직, 칭호
가 자세히 기록되었다. 그러므로
『금사』와 『원사』에 매우 중요한
정보가 된다.[16]

그림 6 〈노아간영영사비〉

여진문 〈구봉석벽기공비〉는 총
9행 140자인데, 비문이 너무 많이 훼손되어 희미해졌다.

〈노아간영영사비(奴兒干永寧寺碑)〉 이 비석은 처음에 현재 러시아 경
내 헤이룽장(黑龍江) 하류의 동쪽 터린(特林) 지역에 세워졌던 것인데 후
에 제정 러시아 때에 블라디보스토크 박물관에 옮겨졌다. 이 비석은 명나

---

16 비문의 소개와 고석은 무훙리(穆鴻利) · 순버쥔(孫伯君), 「몽고국여진문, 한문 〈구봉석
벽시공비〉 첫 해석(蒙古國女眞文, 漢文 〈九峰石壁紀功碑〉初釋)」, 『세계민족』 4기, 2004 참고.

그림 7 〈오둔량필전음비〉

라 성조(成祖) 영락(永樂) 11년(1413)에 세웠다. 정면에 한문으로 '영영사기(永寧寺記)'가 새겨졌고, 뒷면에는 여진문, 몽골문 각 15행씩, 총 700자 정도가 새겨졌는데, 정면에는 한문 번역이다. 이 비석은 명나라에서 세웠지만, 여진어를 사용하는 지역에 위치하므로 여진관(女眞館) '내문(來文)'보다 언어 자료적인 가치가 더 크다. 다른 언어 자료보다 더 중요하므로 국내외 학자들이 깊이 있게 고증하고 해석을 하였다. 뤄푸청(羅福成)의 「명나라 노아간영영사비 여진국서도 해석(明奴兒干永寧寺碑女眞國書圖釋)」, 야스마 야이치로(安馬彌一郎)의 「여진문금석지고(女眞文金石志稿)」, 오사다 나즈키(長田夏樹)의 「노아간 영영사비 몽골 여진문 석고(奴兒干永寧寺碑蒙古女眞文釋稿)」, 궈이성(郭毅生) 등의 「명나라 노아간영영사비기교석 – 역사적인 증거로 소수의 거짓말을 폭로한다(明代奴兒干永寧寺碑記校釋 – 以歷史的鐵證揭穿蘇修的謊言)」, 진광핑(金光平) · 진치충(金啓孫)의 「〈영영사비〉 역석(〈永寧寺碑〉譯釋)」 등이 있다.[17]

---

17 뤄푸청(羅福成), 「명나라 노아간영영사비 여진국서도 해석(明奴兒干永寧寺碑女眞國書圖釋)」, 『만주학보』, 1937년 제5기. 야스마 야이치로(安馬彌一郎)의 「여진문금석지고(女眞文金石志稿)」, 일본 벽문당, 1943, 유인본. 오사다 나즈키(長田夏樹)의 「노아간 영영사비 몽골여진문 석고(奴兒干永寧寺碑蒙古女眞文釋稿)」, 『석빈 선생 고희기념 동양학논총(石濱先生古稀紀念東洋學論叢)』, 일본 간사이대학교 문학부 동양사연구실 석빈 선생 고희기념회 편, 1958. 궈이성(郭毅生) 등의 「명나라 노아간영영사비기 교석 – 역사적인 증거로 소수의 거짓말을 폭로한다(明代奴兒干永寧寺碑記校釋 – 以歷史的鐵證揭穿蘇修的謊言)」, 『고고학보』,

현존하는 여진문자비는 2개이다. 하나는 〈오둔량필전음비(奧屯良弼餞 飮碑)〉인데 이를 〈태화제명전석(泰和題名殘石)〉이라고도 한다. 비심(碑心) 에는 오둔량필(奧屯良弼)이 태화(泰和) 6년(1206)에 쓴 한문 제자(題字)가 있다. 왼쪽에 여진자 3행 60여 자가 있는데 오둔량필의 친구인 부수홍(卜 修洪)이 대안(大安) 2년(1210)에 쓴 발문이다. 진광핑(金光平)·진치총(金 啓孫)이 『여진언어문자연구』에 「〈오둔량비전음비〉역석(〈奧屯良弼餞飮 碑〉譯釋)」이 실렸다. 이 비석의 내용이 어렵지 않아서 연구 가치가 별로 없다. 또 하나는 〈소용대장군동지웅주절도사비(昭勇大將軍同知雄州節度使 碑)〉이다. 1979년에 지린성(吉林省) 쑤란현(舒蘭縣) 소성자(小城子) 완안 희윤(完顔希尹) 가족의 묘지에서 발견되었다. 이 비석은 대정(大定) 26년 (1186)에 새겨졌다. 한문과 여진문으로 '소용대장군동지웅주절도사묘비 (昭勇大將軍同知雄州節度使墓碑)'라는 글자가 새겨져 있다. 모두 21글자이 다. 무훙리(穆鴻利)는 「소용대장군동지웅주절도사묘비(昭勇大將軍同知雄 州節度使墓碑)」라는 논문을 써서 이 비문을 고증하고 해석하였다.[18]

여진 마애도 두 군데가 있다. 한 곳은 **〈북청여진국서마애(北靑女眞國書 磨崖)〉**로서, 금나라 선종(宣宗) 흥정(興定) 2년(1218)에 새겨졌다. 모두 5행 40여 자이다. 일본인 토리어 류조(鳥居龍藏)가 조선 함경남도 북청군 곶산(北靑郡串山)에서 발견하였다. 1919년에 『조선금석총람』에 판독문을 발표하였고, 1930년에 이나바 이와키치(稻葉岩吉)는 「〈북청곶산여진자마 애〉고석(北靑串山女眞磨崖) 考釋)」[19]을 발표하였다.[20] 1943년에 야스마 야

1975년 2기. 진광핑(金光平)·진치총(金啓孫)의 「〈영영사비〉역석(〈永寧寺碑〉譯釋)」, 『여진 언어문자연구』, 문물출판사, 1980, pp. 355~376.

18 무훙리(穆鴻利), 「소용대장군동지웅주절도사묘비(昭勇大將軍同知雄州節度使墓碑)」, 리쑤티엔(李樹田), 『장백총서·金碑匯釋)』, 지린문사출판사, 1989.

19 이나바 이와키치(稻葉岩吉), 「〈북청곶산여진마애〉고석(〈北靑串山女眞磨崖〉考釋)」, 『청구학보』 2호, 1930.

20 〈고려북청성곶산마애비(高麗北靑城串山磨崖碑)〉는 일명 〈북청비(北靑碑)〉라고도 하는데 1911년 북한의 함경북도 북청군 속후면 창성리 성곶산성 불사지에서 발굴되었다. 문자는 5행 47자를 새겼고 필적이 졸렬한 여진문자만 있다. 비석의 마지막에는 무술(戊

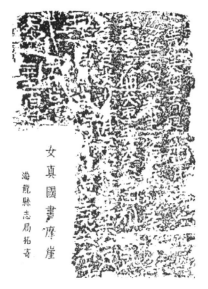

그림 8 〈여진국서비 발미〉

이치로는 『여진문금석지고(女眞文金石志稿)』에서 「고려북청곶산정마애비(高麗北靑串山頂磨崖碑)」를 발표하여 마애를 재고증하고 해석하였다. 이 마애는 필기가 졸렬하기 때문에 중국에서 연구하는 사람이 드물다. 다른 한 곳은 「**해룡여진국서마애(海龍女眞國書磨崖)**」이다. 이 마애는 두 가지를 포함하고 있다. 하나는 여진어와 한문을 대조한 것으로, 한문은 '대금태조대파요군우절산식마립석(大金太祖大破遼軍于節山息馬立石)'이라는 글을 기록하였다. 하나는 여진문만 있는 것이다. 합하면 100자 정도가 된다. 전자는 문자가 많지 않아서 역사적이나 언어 자료적인 연구 가치가 별로 높지 않다. 그리고 70, 80년대에 이 비석의 진위에 대한 논쟁도 있었다.[21] 그래서 학자들은 후자− 금나라 대정(大定) 7년(1167)에 여진어만으로 구성된 마애에 더 큰 관심을 보이게 되었다.[22] 이 마애에 관한 해석은 뤄푸청(羅福成)이 가장 많이 하였다. 그는 「여진국서비 고석(女眞國書碑考釋)」, 「여진

戌, 黃虎)년 7월로 적혀 있어 중국 금나라 선종(宣宗) 흥정(興定) 2년(1218)과 같은 시기인 고려 충렬왕 4년(1278)에 세웠음을 알 수 있다. 또한 불교 기사와 밀접한 관계가 있는 석각이다. 김동소, 「북청 여진자 석각의 여진문 연구」, 『국어국문학』 제76호, 국어국문학회, 1976.

21 도을지(道爾吉), 「해룡한문, 여진문 대역 마애 진위변(海龍漢文, 女眞文 對譯 磨崖眞僞辯)」, 『내몽고사회과학』, 1984년 3기.

22 해룡마애에 관한 최초의 기록은 광서(光緒) 때의 양둥귀(楊同貴)의 『심고(沈古)』였다. 후에 광서(光緒) 33년(1907)에 편찬된 『해룡부향토지(海龍府鄕土志)』와 일본인 토리어 류조가 1912년에 저작한 『만몽고적고(滿蒙古迹考)』 등이 있었다. 뤄푸이(羅福頤)의 『만주금석지』와 야스마 야이치로의 『여진문금석지고』에도 이 비문이 수록되어 있었다.

국서비 발미(女眞國書碑跋尾)」, 「여진국서비 마애(女眞國書碑磨崖)」[23] 3편의 논문을 발표하였다. 후에는 진광핑(金光平)·진치충(金啓孫)이 뤄푸청(羅福成)의 연구를 바탕으로 하여 더욱 깊이 있는 해석을 하였는데 바로 「〈해룡여진국서비마애〉 역석(〈海龍女眞國書磨崖〉譯釋)」[24]이다. 이 연구는 비각 연대 미상이라는 뤄푸청(羅福成)의 오류를 바로 잡아주었다.

2. 여진문자서 및 연구

금나라 여진문자서(여진 글자로 쓴 책)는 찾아보기 쉽지 않다. 지금까지 발견된 것은 주로 〈시안비림 여진문자서잔엽(西安碑林 女眞文字書殘頁)〉과 〈레닌그라드 소장 여진문서잔엽(列寧格勒藏女眞文書殘頁)〉이다.[25] 전자는 1973년에 산시성(陝西省) 문관회(文管會)와 박물관이 시안 비림 석대 효경(西安碑林石台孝經)의 장붓구멍에서 발견되었다. 11건의 잔엽(殘頁)이 정리되었고 모두 여진자 237행, 대략 2,300자 정도이다. 류쥐창(劉最長)·주제위안(朱捷元)이 "시안 비림에서 발견된 여진문자서, 남송 탁전폭집왕 〈성교서〉 및 판화(西安碑林發現女眞文書, 南宋拓本全幅集王〈聖敎序〉及版畫)"를 제목으로 보도하였다.[26] 이어서 진치충(金啓孫)이

23 뤄푸청(羅福成)의 「여진국서비고석(女眞國書碑考釋)」, 『지나학』 5권 4기, 1929. 「여신국서비발미(女眞國書碑跋尾)」, 『국립베이핑도서관월간』 3권 4호, 1929. 「여진국서비마애(女眞國書碑磨崖)」, 『동북총전』, 1930년 3기.

24 진광핑(金光平)·진치충(金啓孫)의 「〈해룡여진국서마애〉 역석(〈海龍女眞國書磨崖〉譯釋)」, 『여진언어문자연구(女眞語言文字研究)』, 문물출판사, 1980, pp. 326~331.

25 이상규, 「명왕신덕사이함빈의 대역 여진어 분설」, 『언어과학연구』 63, 언어과학회, 2012. 한국에 여진문 자료로 병와 이형상의 『악학편고』와 『갱영록』에 "明王愼德㗊咸賓"의 대역 여진문자 자료가 실려 있으며, 신경준의 『저전서』와 황윤석의 『이수신편』에 실린 자료도 소개하고 있다.

26 류쥐창(劉最長)·주제위안(朱捷元), 「시안비림에서 발견된 여진문자서, 남송탁 전폭집왕(성교서) 및 판화(西安碑林發現女眞文書, 南宋拓全幅集王(聖敎序)及版畫」, 『문물』, 1979년 5기.

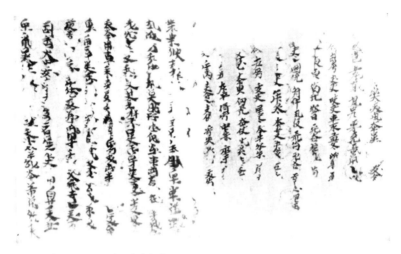

그림 9 〈시안비림 여진문자서잔엽〉

「산시 비림에서 발견된 여진자문서(陝西碑林發現的女眞文字書)」를 발표하였다. 그 내용이 한문 계몽 책과 비슷하여 금나라 『여진자서(女眞字書)』의 필사 습작으로 추정되었다.[27]

〈레닌그라드 소장 여진문자서잔엽(列寧格勒藏女眞文書殘頁)〉은 1968년에 소련 학자인 키차노브(Kychanov, Е. I. Кычанов, Евгений Иванович[Е・И・키차노브(克恰諾夫)]가 동양학연구원레닌그라드지원에 소장된 서하문(西夏文) 필사본 잔엽을 뒤져서 조사하는 과정에서 발견하였다. 모두 2장이고 여진문 초서체(草書)이다. E.N. 키차노브 등 학자들이 「종이에 기록된 여진문의 첫 발견(紙抄女眞文的首次發現)」을 주제로 초보적인 수준의 해석을 하였다.[28] 잔엽의 상태에 따라 어떤 퉁구스어 문헌의 표지라고 판단하였고, 3775-2호 잔엽의 뒷면에 한자로 '광정(光定) 7년

---

27 진치총(金啓孫), 「산시 비림에서 발견된 여진자 문서(陝西碑林發現的女眞字文書)」, 『내몽고대학교 학보』, 1979년 1기.

28 E. N. 키차노브(克恰諾夫), 「종이에 기록된 여진문의 첫 발견(紙抄女眞文的首次發現)」, 『1969년 동양문헌유적・역사언어연구』, 모스코바, 1972, pp. 223~228. 요평(姚鳳) 역음・류펑주(劉鳳翥) 교주역문, 『북방문물』, 1985년 2기.

38 제1장 서론

7월 16일'로 썼다[서하(西夏)
신종(神宗), 1217년], 두 잔엽
은 130여 여진자이다.

비교적 중요한 여진 문헌 자
료는 명나라의 사이관이 편찬
한 『여진역어(女眞譯語)』이다.
진정한 의미에서의 여진 언어
연구는 『여진역어』에 대한 탐
구로부터 시작된다. 현존하는
『여진역어』는 을종본과 병종

그림 10 〈레닌그라드 소장 여진문자서잔엽〉 1

본이 있다. 을종본 『여진역어』
는 명나라의 사이관(四夷館)이 편찬하였고, '잡자(雜字)'와 '내문(來文)'으
로 구분된다. '잡자'는 여진어와 한어를 대조한 어휘집이다. 어휘마다 한
자 대음, 여진문과 한문 의미를 싣고 있다. '내문'은 당시 왕에게 올리는
상주문을 베껴 쓴 것이다. 영락(永樂) 5년(1407)에 사이관(四夷館)을 설립
할 때 최초로 설립된 8개 관 중의 하나는 여진관이었다. 이를 근거로 하
여 을종본 『여진역어』의 제작 시대와 사이관을 설립한 시대가 멀지 않다
고 추정할 수 있다. 그러므로 을종본 『여진역어』를 '영락역어(永樂譯語)'[29]
라고도 한다. 병종본 『역어』는 명나라 때의 회동관이 설립된 후 편찬된
것이다. 보통 '회동관역어'라고 한다. 이 역어는 주로 통사(通事, 통역)들
이 통역할 때 사용된 것이라서 한자 주음과 한문으로 뜻이 달려 있고

---

29 '영락역어(永樂譯語)'는 여러 판본이 있다. '베를린도서관 소장 초본'은 명나라의 사
본으로 '잡자' 19문, '내문' 20통이 있다. '일본 동양문고(東洋文庫) 소장 초본'에는 '잡자'
2문, 40여 개의 어휘, '내문' 29통이 있다. '일본 아카쿠문고(內閣文庫) 소장 초본'에는 '내
문'만 수록되어 있다. '영국 케임브리지대학교 도서관초본'에는 '잡자'만 실려 있다. '일본
나이토 고난(內藤湖南)이 소장한 초본'에는 '잡자'와 '내문'이 모두 수록되어 있다. 뤄푸청
(羅福成)의 『여진역어』(상·하)는 대고당안정리처(大庫檔案整理處)에 인쇄되었다. 상권에
는 베를린본의 '잡자'를 전부 수록했고, 하권에는 '내문' 79통이 있다.

그림 11 〈레닌그라드 소장 여진문자서잔엽〉 2

여진어가 없다.

독일 학자인 빌헬름 그루베는 최초로 '영락역어'를 연구하였다. 빌헬름 그루베는 1896년에 『여진언어문자고』를 편찬하였고 베를린본 『여진역어』를 분류하여 어휘를 고정하고 표음을 정리하였다. 이 책은 총 4장으로 구성되어 있는데, 1장에서는 『여진역어』에 수록되어 있는 871개의 어휘에 번호를 매겨서 실었다. 2장에서는 글자의 획수에 따라 모두 여진자를 배열하였고, 주음 한자로 그 발음을 표시하였다. 3장에서는 발음이 같은 여진자를 병합하여 그 발음을 표시하였다. 4장에서는 만주어, 나나이어와 몽골어에 해당되는 형식을 주석하고 여진어를 독일어로 번역하였다. 이 책이 출판된 후, 학계 특히 서양 학계에 지대한 관심과 흥미를 불러일으켰다. 사람들이 이 책을 통하여 이미 오래 전부터 알려지지 않은 여진어의 특징과 계통을 알아볼 수 있게 되었다. 또 거란어, 서하어와 같은 친족문자(親緣文字)를 이해할 수 있는 희망도 보여주었다. 헝가리인 루이스 레제티(Louis Ligeti, 李蓋提)는 "이 발견은 사람들의 큰 흥미를 불러일으켰다. 그들이 여진 소자를 알아볼 수 있는 열쇠를 찾아내려고 한다. 동시에 이 열쇠로 거란어와 서하어와 밀접한 관계가 있는 자체의 비밀을 밝히고자 한다"라고 하였다.[30] 그런데 이렇듯 빌헬름 그루베는 여진어 연구에 적지 않은 공헌을 했지만, 교정이 정밀하지 않았기 때문에 오류가 많았다. 선대 학자

---

30 Louis Ligeti, Note preliminaire sur le Dechiffrement des 'petits caracteres' Joutchen, Acta Orientalia Hungariae, Ⅲ, 1953, pp. 211~228.

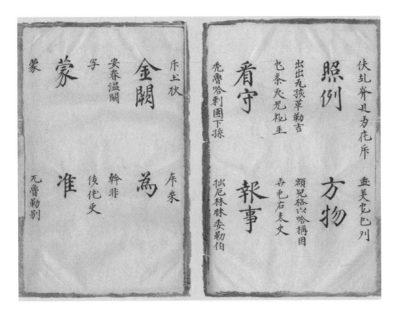

그림 12 국가도서관 소장 〈여진관잡자〉

들이 이에 대해 날카로운 지적을 해주었다. 일본에서 일찍이 『여진역어』를 연구한 학자는 와타나베 훈타로(渡邊熏太郎)이다. 1933년에 「여진관 내문통해(女眞館來文通解)」를 발표하였다. 베를린본과 동양문고본 '내문' 40통을 수록하였고, 여진어 어휘를 하나씩 각각 힘을 들여 고증하고 해석하였다. 이시다 미키노스케(石田干之助)의 「Jurčica」는 또 하나의 역작(力作)으로 빌헬름 그루베가 수록하지 않은 46개의 여진어 어휘를 고증하였다.[31] 후에는 한국 학자 이기문(李基文)이 1958년에 「중고여진어의 음운학 연구(中古女眞語的音韻學硏究)」[32]를 발표하였다. 논문에는 역사—

---

31 와타나베 훈타로(渡邊熏太郎), 「여진관내문통해(女眞館來文通解)」, 『아시아나연구(亞西亞硏究)』, 1933년 11기. 이시다 미키노스케(石田干之助), 「Jurčrca」, 『이케우치박사환력기념동양사론총(池內博士還歷紀念東洋史論叢)』, 1940.

32 이기문(李基文), 「중고여진어의 음운학 연구(中古女眞語的音韻學硏究)」, 서울대학교 논문집 인문사회과학 7, 1958년 10월. 황유푸(黃有福) 역문, 『민족어문연구정보자료집(民族語文硏究情報資料集)』, 중국사회과학민족연구소 언어실, 1984년 3월.

비교방법으로 퉁구스 제어의 음운 특징을 종합하여 『여진역어』의 자음체계와 모음체계를 재구성하였다. 그 다음에는 『여진역어』의 역음 한자를 음운 분석하여, 대표하는 음가를 추정하였다. 따라서 중고 여진어의 음운 현상을 추리하였다. 미국계 일본인 학자 기요세 기사부로(淸瀨義三郞則府)는 1973년에 「여진음의 재구와 해석(女眞音的構擬)」[33]을 발표하였다. 그는 만력(萬曆) 34년(1606)에 쉬샤오(徐孝)가 편찬한 『중정사마온공등운도경(重訂司馬溫公等韻圖經)』을 한자의 음운을 기준으로 하여 명나라 때의 여진어 음운체계를 재구하였다. 또 역사언어학적 방법으로 금나라 시대 여진어 음운을 추정하였다. 1977년에 기요세 기사부로는 이 논문을 바탕으로 하여 『여진언어문자연구(女眞語言文字硏究)』(Gisaburo N. Kiyose, 『A study of the Jurchen Language and Script』, Reconstruction and Decipherment, Horitsubunka-sha, Kyoto, 1997)를 발행하였고, '영락역어'를 전면적으로 연구하였다.

국내에서 '영락역어'에 대한 전면적인 연구는 진광핑(金光平)·진치총(金啓孫)의 『여진언어문자연구(女眞語言文字硏究)』와 진치총(金啓孫)의 『여진문사전(女眞文辭典)』에서 비롯한다.[34] 「여진언어문자연구」는 전기 여진문 자료를 연구한 성과를 총 정리했을 뿐만 아니라 이 자료들을 이용하여 여진어 음운, 문법과 문자의 구성을 상세하게 분석하였다. 도을지(道爾吉)·허시거(和希格)의 「〈여진역어〉 연구(〈女眞譯語〉硏究)」는 앞선 연구를 기초로 하여 『여진역어』의 '잡자(雜字)'와 '내문(來文)'을 각각 전면적으로 체계적인 연구를 했는데, 20세기 80년대 여진어 연구의 선두주자로 남아 있다.[35]

---

33 기요세 기사부로 노리크라(淸瀨義三郞則府), 「여진음의 재구와 해석(女眞音的構擬)」, 『언어연구』 64호, 일본언어학회, 1973. 싱푸리(邢複禮)·류펑주(劉鳳翥) 역문, 『민족사역문집』 12, 중국사회과학원민족연구소 역사실자료조, 1984.

34 진광핑(金光平)·진치총(金啓孫), 『여진언어문자연구(女眞語言文字硏究)』, 40년대에 탈고하여 1964년에 『내몽고대학교학보』 1기로 출간하였다. 1980년에 문물출판사가 정식적으로 출판하였다. 진치총(金啓孫), 『여진문사전(女眞文辭典)』, 문물출판사, 1984.

'회동관역어'는 '영락역어'보다 비교적 나중에 발견되었기 때문에 연구한 학자들이 많지 않다. 1931년에 이시다 미키노스케는 『여진어연구의 새자료(女眞語硏究的新資料)』에서 정가당본(靜嘉堂本) '회동관역어'를 발표하였다. 후에는 일본인 야마모토 마무루(山本守)가 1938년에 이와나미문고본 『여진역어』를 발표하였고, '회동관역어'를 점검하여 수정하였다. 1943년에 「정가당본 〈여진역어〉 고략(靜嘉堂本〈女眞譯語〉 考略)」을 발표하였고, 1951년에 또 「〈여진역어〉 연구(〈女眞譯語〉 硏究)」[36]를 발표하였다. 어휘의 점검과 수정, 그리고 여러 판본을 비교하였다. 오스트레일리아의 Daniel Kane는 『명나라 회동관 〈여진역어〉 연구(明會同館〈女眞譯語〉 硏究)』라는 책을 썼다. 그 책은 20세기 80년대 말 외국에서 여진어 연구를 대표하는 저작이다.[37]

3. 국내외 여진어 어음 연구의 평술

여진어는 알타이어계 만주-퉁구스어어족에 속하고, 만주어의 조어(祖語)이다. 이 사실은 역사 연구 및 여진어와 만주어의 비교 연구를 깊이 있게 하면 할수록 분명해진다. 숭덕(崇德) 원년(元年)(1636)에, 황타이지(皇太極)는 정치적인 책략으로 한족 사람들에게 '여진'에 대한 반감을 줄여 빠른 시일 안에 통일 제국을 건립하기 위하여 누르하치(努爾哈赤)가

---

35 도을지(道爾吉)·허시거(和希格), 「〈여진역어〉 연구(〈女眞譯語〉 硏究)」, 『내몽고대학 교학보』(증간), 1983.

36 야마모토 마모루(山本守), 「이와나미문고본 〈여진역어〉(阿波文庫本〈女眞譯語〉)」, 『동양사연구』 3권 5호, 1938. 「정가당본 〈여진역어〉 고략(靜嘉堂本〈女眞譯語〉 考略)」, 『서향』 15권 10호, 1943. 「〈여진역어〉 연구(〈女眞譯語〉 硏究)」, 『고베외대론총』, 11권 12호, 1951.

37 Dariel Kane, 『명나라 회동관 ≪여진역어≫ 연구(The Sino-Jurchen Vocabulary of the Bureau of Interpreters)』, Indiana University Research Institute for Inner Asian Studies, Bloomington, Indiana, 1989.

세운 후금(后金)을 '대청(大淸)'으로, 여진(女眞)이라는 족명(族名)을 '만주(滿洲)'로 바꾸었다. '여진(女眞)' 및 '만주(滿洲)'는 다른 역사 시기에 존재한 같은 민족의 명칭인 것이다. 여진족의 후예인 만주족은 일찍부터 이 사실을 알고 있었다. 청나라 시대 학자는 이미 만주어로 여진어를 고증하기 시작하였다. 건륭(乾隆) 때에 이르러 역사 서적 중에 있는 여진어 인명, 성씨, 지명과 부락 명칭에 담겨 있는 어휘들은 만주어를 참고로 하여 고증하였다. 대표적인 저작은 건륭(乾隆) 39년(1774)에 발행된『일하구문고(日下旧聞考)』, 건륭(乾隆) 42년(1777)에 아귀(阿桂)가 편찬한『만주원류고(滿洲源流考)』, 건륭(乾隆) 47년(1782)에『흠정요금원삼사국어해(欽定遼金元三史國語解)』에 있는『금사국어해(金史國語解)』등이 있다. 후자는 광범하게『금사』에서 한자로 주음된 인명, 지명 등 명사를 수집하여 당시의 만주어로 역어 대음을 고증하고, 뜻을 추정하였다. 일부 고증이 부정확하거나 대조의 오류가 있지만 후손에게 어원의 단서를 제공해 주는 계기가 되었다.

진정한 의미로 여진 음운 연구는『여진역어』의 음운 분석을 하는 작업으로부터 시작된다. 그루베의『여진 언어 문자고』는 3장과 4장에서 음운 연구가 언급되었다. 3장에서 발음이 같은 여진어를 모아서 주음을 하였다. 4장에서는 만주어, 나나이어, 몽골어의 대응 형식을 주석하였다. 또한 여진어를 독일어로 번역하였다. 교정의 오류로 인해 부정확한 주음도 많지만 전면적인 여진어 연구의 서막을 열었고 기본이 되는 토대를 굳건히 하였다. 국내에서 명나라 여진 음운에 관한 전면적인 연구는 진광핑(金光平)·진치총(金啓孫)의『여진언어문자연구』로 비롯된다. 5장에서 여진 음운 연구를 언급하였다. 제1절에서는『여진역어』의 한자 주음 및『금사』의 여진어 역음에 있는 문제점을 지적하였다.『여진역어』의 주음과 금나라 시대 여진어의 발음이 차이가 있어 여진 문자의 발음을 연구하려면 반드시『금사』의 역음을 참고해야 한다는 것을 강조하였다.『금사』의 역음에서 "역음 한자가 일치하지 않았다", "역음 음절이 완전히 갖추어지지 않았다", "문자 그대로 수용", "n, l을 구분하지 못하였다" 등의 문제를 지적하였다. 또한 여진어와 만주어의 음운 대응관계를 정리하고, 음운 변화 규칙도 제시하였다. 2절과 3절을 서로 보완하여 20여 조의 재구음 (擬音)을 원칙에 따라 각각 여진자의 음가로 확정하였다. 한 글자에 두 가지 발음이 있는 문제도 분석을 하였는데, 여진어에서 한 글자가 두 가지 발음이 있는 현상이 없다고 하여, 그 사례로 역음 용자(譯音用字)를 들고 여진음으로 복원하는 원칙 몇 가지를 설명하였다. 4절에서는 『여진역 어』에 없는 문자의 발음을 연구하였다. 비명(碑銘)에서 나타난 다른 어휘 의 해독 방법을 제공하였다. 5절에서는 모음조화와 연계하여 여진 어음의 병음 방법을 재구성하였다. 『여진언어문자연구』는 내용 범위가 넓고, 논 술도 상세하여, 여진 어문 연구에 있어서 이정표가 될 만한 저작이다. 그러나 여진어 음운 연구를 구체적으로 증명하지 못하였다. 명나라 여진 어의 모음체계와 자음체계를 제시하지 않았고 역음 한자의 음운 분석도 부족하였다.

국내의 연구와 동시에, 국외 학자들도 『여진역어』를 이용하여 적극적 으로 여진어 음운규칙을 탐구하였다. 한국 학자인 이기문과 미국계 일본 인 기요세 기사부로는 여진어 음운 연구를 한 뛰어난 사람이다. 이기문 은 1958년에 「중고 여진어의 음운학 연구」를 발표하였다. 논문에서 여 진어 연구는 알타이어족 언어 연구에 후진 상태에 처한 과거의 여진어 연구를 의미 해석 범위에 한하여 유한한 어원 연구만 했던 상황을 고려 하여, 역사─비교방법으로 퉁구스어의 음운 특징을 종합적으로 정리하 고, 남부 퉁구스어의 고대 언어인 여진어의 자음과 모음체계를 추정하였 다. 또한 정확한 역음 한자 전사법을 통해 『여진역어』의 역음 한자의 음 운 분석과 음가를 확정하였다. 이를 통해 중고 여진어의 음운 상황을 얻 어 냈다(저자는 "본 논문에서 논술할 여진어는 명나라 시대의 중고 여진 어이다"라고 분명하게 설명하였다). 이기문의 연구를 통해 얻어낸 명나 라 시대에 여진 어음의 결과는 다음과 같다.

1) 우선 중고 여진어에 정지음(塞音): *b, *t, *d, *k, *g, 파찰음(塞擦音): *č, *j, 비음(鼻音): *m, *n, *ŋ, 마찰음(擦音): *f, *s, *š, *h, 유음(流音): *l, *r, 반모음(半母音): *w, *y[38]가 있다는 사실을 밝혔다. 그 다음에 각각 자음을 논의하였다.

2) 정지음(塞音) 같은 경우에, 중고 여진어의 *f는 알타이 공동어의 *p 와 대응한다. 고대 여진어에는 어두음 *p가 존재하였다. 중고 여진어 정지음 *t, *d는 모든 상황, 특히 모음 *i 앞에 나타날 수 있다. 만주어에 있는 *ti)*ci, *di)*ji 변화는 여진어에서 전혀 없다. 중고 여진어 어두에는 연구개정지음(舌根塞音) *k와 *g가 있다. 모음 사이에 연구개정지음 *-g- 는 이미 없어졌고, 몽골어 차용어에만 존재한다. 그리고 *k와 대응할 수 있는 *h도 있다.

3) 중고 여진어에 파찰음(塞擦音) *č, *j가 있다. *č와 *j는 모든 모음 앞에서 나타날 수 있다. 모음 *i 앞에도 나타날 수 있다.

4) 중고 여진어의 비음(鼻音)은 *m, *n, *ŋ이 있다. *m, *n는 어두 위치에 나타날 수 있는데 *ŋ은 어두에 나타나지 못한다. 또한 *ŋ은 모음 사이에 나타나면 다른 자음과 결합하여 나타난다. 모음 사이에 복자음의 첫 자음은 *m, *n, *ŋ, 그리고 *r 등 비음(鼻音)이나 유음(流音)이 있다.

5) 중고 여진어의 마찰음(擦音)은 *f, *s, *š, *h가 있다. 어떤 때는 *t에서 기원한 *s도 발견된다.

6) 중고 여진어의 유음(流音) *l은 특수한 상황에서 어두에 위치할 수 있지만 대부분은 모음 사이에 나타난다. *r은 어두에 위치하지 못하고 어중에만 나타난다. 어말에 나타나는 경우도 있다. 중고 여진어의 어말은 거의 모두 다 모음이나 *n이다.

7) 중고 여진어에 *a, *e, *i, *o, *u 5개의 모음이 있다. 어두에 *i는

---

38 여기서는 이기문의 원문에 사용하는 파찰음(塞擦音) ʒ를 j로, 반모음(半母音) j를 y로 바꾸었다.

만주어 ni로 변화하였다. 이 변화는 제2음절의 자음이 양순음(兩脣音) *m 인 경우에만 나타난다. 이중모음은 *ai, *ei, *ui, *ia, *io 등이 있다.

기요세 기사부로는 1973년에 「여진음의 재구와 해석」이라는 논문을 발표하였다. 우선 『여진역어』의 역음 용자를 근거로 하여, 명나라 만력 34년(1606)에 쉬샤오(徐孝)가 편찬한 『중정사마온공등운도경(重訂司馬溫公等韻圖經)』 한자의 음운을 기초로 하여 명나라 여진어의 음운체계를 재구성하였다. 여진어의 음가를 한자음으로 변별할 수 없는 경우에 체계적으로 가까운 만주어로 대체하였다. 후에는 역사언어학의 방법으로 금나라 시대 여진 음운을 추정하였다. 얻어낸 여진 음운의 규칙은 다음과 같다.

1) 만주어에 있는 *p〉*f라는 자음교체가 명나라 이전에 이미 완성되었다. 그러나 『금사·국어해』에 수록된 여진어에 따르면 금나라에서는 이런 변화가 발생하지 않았고, *p가 여전히 존재하고 있었다는 사실을 밝혔다.

2) 연구개 자음(輔音) 중에 음가가 다른 두 체계가 있었다. *x, *q, *ɣ 등 연구개 후부음(後音)과 *k, *g, *h 등 연구개 전부음(前音)이 있다.

3) 만주어 자음에 *ti〉*ci, *di〉*ji의 교체가 있었는데 여진어에서는 전혀 발생하지 않았다. 여진어에는 여전히 고형 *ti와 *di를 유지하고 있다.

4) 만주어를 포함한 알타이어족 언어에는 자음 *r이 어두에 위치하지 못한다. 역음 한자는 *r과 *l을 구별하지 못하지만, 어두 위치에 한자 래(來)모자로 주음되는 여진음은 *l로 추정해야 한다. 몽골어와 다른 퉁구스어족 제어와 같이 명나라 여진어에도 *r이 어미에 나타날 수 있다. 이는 만주어와 같지 않다.

5) 여진어의 제1음절에 나타나는 *xa가 만주어에서는 x-가 이미 탈락하였다. 어두 모음 *i 앞 만주어에서는 자음 *m, *n이 붙는다. 이 두 변화는 일찍이 『회동관역어』에 이미 나타난다.

6) 모음 *i나 *u 뒤에 다른 모음이 올 때, 두 모음 사이에 반모음 *y나

*w를 붙인다.

7) 전부모음(前母音) *ö는 금나라 시대 여진어까지 존재하였다. 명나라 여진어에 제1음절에 있는 *ö는 *e, 제2음절의 *ö는 *u로 바뀌었다. 금나라 시대 여진어에 있는 *u와 *ü가 구별되었는데 명나라에 와서 *u는 중간 모음으로 바뀌었다. 금나라 이전에 후부모음(後母音) *ï는 이미 전부모음(前母音) *i와 합쳐졌다. 그때의 *i는 중간모음이었다. 명나라에 와서도 중간모음으로 존재하였다. 명나라 여진어에 *a, *o 두 개의 후부모음만 있었다. 한자 이중모음 *au가 표시한 것은 만주어의 장모음 oo가 아니라, 여진어의 *au이다.

기요새 기사부로는 명나라 여진 음운을 세밀하게 논의하였다. 대부분의 결론이 사실과 다르지 않다. 그중에는 금나라 시대 여진 음운의 규칙도 언급하였지만 금나라 여진 언어 자료가 많지 않기 때문에 음운을 아주 간단하게 언급하였다. 또 언어 비교도 충분하지 않았고 한자의 음가에 국한되었으며, 같은 시대의 한어 대 외국 언어의 대음 자료를 충분히 이용하지 못하였다.

이전의 명나라 여진어 연구에 있어서 역음 한자의 음운 분석이 부족하였고, 동시대의 다른 문자의 역음 자료를 참고하는 것과 알타이 제어의 비교도 많지 않기 때문에 도을지(道爾吉)·허시거(和希格)는 『〈여진역어〉 연구(〈女眞譯語〉研究)』를 편찬하였다. 그중 「여진 어음의 초보적 연구(女眞語音初探)」에는 『중원음운』과 『몽고자운』을 근거로 하여 『영락역어』 주음 한자의 음가를 재구성하였다. 또한 『광운』의 중고 한어 어음을 참고하여 이전 연구자들이 주음 한자 음운 분석에서 부족한 부분을 보완하였다. 따라서 한자 음가로 대표되는 자음체계와 모음체계를 바탕으로 하여, 해당되는 대음을 예증으로 하여 모든 음이 놓인 위치와 조건을 분석하여 보다 더 정확한 결론을 얻어냈다. 이기문과 기요새 기사부로가 얻은 명나라 음운규칙과 비교하면 다음과 같은 차이점이 있다.

1) 정지음(塞音) *b에 대하여, 어중, 어말에 *b는 앞뒤 어음의 영향을

받아 약화되었다. 명나라 여진어에서 *b로 끝나는 폐음절이 존재하지 않는다. 명나라 여진어에 *di와 *ti, 그리고 *č와 *j는 구별되었다. *č는 *j의 유기음(送氣音)이다.

2) 연구개음(舌根音)은 3가지 있다. *g~*ɤ, *k~*q, *h~*x, 후자는 전자의 변이음이다. 구개수음(小舌音) *ɤ은 후부모음(後列母音)의 앞에 나타나고, *k는 후부저중모음(後列低中母音)의 영향으로 구개수음(小舌音) *q로 바뀌었다.

3) *ŋ은 어두에 나타나지 않고 어말에만 위치한다. 연구개음 *g 앞에 자주 나타난다. 주음 한자는 의(疑, ŋj)모자, 영(影, ʔ)모자로 약화된 음절 어두음 *g로 표시되었고 비음 *ŋ으로 추정해야 한다.

4) 명나라 여진어에는 *a, *o, *u, *e, *i, *ü 6개의 단모음이 있었다. 앞에 3 후부모음(後列母音)이 한 계열로, 전부모음(前列母音) *e가 한 계열로, 전부최고모음과 후부최고모음 *i, *u는 한 계열로 모음조화가 나타난다. *u는 모음조화에 있어서는 *i와 같은 중성모음이다.

『여진 어음의 초보적 연구(女眞語音初探)』의 5장은 「〈여진관잡자〉의 독음 재구」이다. 이 장에서 '잡자' 중에 나타난 여진어의 음을 추정하였다. 후대의 연구에 큰 도움이 된다. 이 명나라 『여진역어』를 연구하는 저작은 사람들에게 새 언어 자료나 새로운 연구 방법을 찾아내지 못하면 여진어 연구는 시도조차 어렵다는 사실을 잘 보여주고 있다.

제2절 금나라 시대 여진어 연구의 학술적 가치 및 이론적 의의

연구 자료에서 보여주듯이, 금나라 이전에 여진족은 문자가 없었다. 현존하는 문헌이나 비각은 모두 금나라나 그 후의 것이다. 『여진역어』가 대표하는 명나라 여진어와 상대적으로, 학계에서 12세기 초부터 13세기 초까지 금나라를 건립한 여진족이 사용한 언어를 금나라 시대 여진어라고 한다. 금나라 시대 여진어는 명나라 여진어(중고 여진어라고도 한다)보다 앞선 300년 전이다. 알타이어계의 튀르크어나 몽골어와 비교하면, 만주-퉁구스어족 언어에 대한 연구는 매우 적은 편이다. 특히 근 20년 동안 국내에서 고대 언어에 대한 연구 성과가 매우 영성하다. 그 원인은 바로 연구자들이 여진어에 관한 언어 자료가 많지 않아서 더 깊이 있는 연구를 하기가 어렵다고 생각했기 때문이다. 이런 생각은 여진어 연구의 발전을 방해할 뿐만 아니라 알타이어의 비교연구도 완벽하게 하지 못하게 하였다. 사실은, 금나라 시대 여진어에 관한 언어 자료가 생각만큼 적은 것이 아니다. 다만 현존하는 자료들을 아직 충분하게 이용하지 못하고 있다. 『금사』에 기록되어 있는 한자 대음 인명, 지명 자료를 여태껏 종합적으로 정리해 본 적이 없다. 금나라 시대 여진어 연구의 중요성을 다시 언급하는 것은 우리 스스로 가치 있는 언어 자료를 알아보고, 그 가치를 충분히 이용하게 만들 뿐만 아니라, 언어학, 문자학, 문헌학 등의 측면에도 중요한 의의가 있다.

금나라 시대 여진어는 알타이어계의 중요한 고대 언어의 하나로, 만주어의 고대 형식이다. 금나라 시대 여진어의 음운체계를 재구성하는 것은 만주어, 더 나아가 만주-퉁구스어어계 언어의 변화를 밝히고, 또한 알타

이어계의 고대 음운 형식을 알아내고 어계 내부의 상관관계를 연구하는
데 큰 도움이 될 것이다. 알타이어계에 관한 역사음운학적 연구는 알타이
어학 연구의 취약한 부분이다. 여진 인명은 알타이어계 다른 유목민족과
공통의 명명 습관으로 계속하여 사용했을 뿐만 아니라, 독창적인 규칙도
있었다. 청나라 시대 만주족은 이러한 규칙들을 계승하였다. 여진족과
만주족의 많은 인명은 사동형이나 과거형 등의 조어 형태를 사용하였다.
우리는 여진족의 인명을 통해 여진어의 문법 형태를 알아볼 수 있다. 예
를 들어, 『금사』 권74에 완안알로부(完顔斡魯不), 알리부(斡里不)라고도
하는 인명이 있는데 대음의 관련성에 따르면 *oribu이다. 『요금원삼사국
어해』·『금사어해』(이하는 『흠정금사어해』라고 한다) 권1에서 "옥리포
(沃哩布), 남기게 하다는 뜻이다. 권59에서 알리부(斡里不)로 나타난다"라
고 한다. 『일하구문고(日下旧聞考)』 권4에서 "옥리포(沃哩布), 만주어에서
는 남기게 하다는 뜻이다. 원래는 알리부(斡里不)였다"라고 한다. '알리부'
는 '알리' *ori의 사동형이며 '남기게 하다'는 뜻이다. 만주족은 '존치시켜'
로 이름을 지은 사람도 있다. 이겅(奕賡)의 『청어인명역한(淸語人名譯漢)』
하권 12쪽에 "왜리포(倭裏布), 남기게 하다는 뜻이다"라고 한다. 또 『금
사』 권4에서 완안오달보(完顔烏達補), 권88에 완안올답보(完顔兀答補)라
는 인명이 있다. 『금사·국어해』에서 "물품을 샀다는 것을 올대(兀帶)라
고 한다"고 한다. '오달보(烏達補)'는 바로 '사다'의 사동형 '사게 하다'[1]이
다. 진광핑(金光平)·진치총(金啓孫)은 금나라와 명나라의 비문 구절을
연구하여 여진어 문법을 정리하였다. *bu는 명령형을 표시하고 있다고
지적했다. 예를 들어 『대금득승타송비』 제20행에 *təkdənbu '바치게 하
다'[2]가 있다. 언어에 대하여 명명 규칙을 분석하여 일종의 문법 규칙을

---

1 『금사』 등 송·원나라 역사 서적의 여진어가 포함하는 여진 문법에 관한 것은 순버
쥔(孫伯君), 「〈금사〉 여진 인명 해석의 예(「〈金史〉女眞人名釋禮」)」, 『만어연구』, 2002년 2
를 참고.

2 진광핑(金光平)·진치총(金啓孫), 『여진언어문자연구(女眞語言文字硏究)』, 문물출판

얻어내는 것은 많은 한계가 있다. 그러나 비명이나 문헌을 합하면 금나라 시대 여진어의 문법연구에 큰 도움이 될 것이다. 역음 용자의 비교연구로 대음규칙을 귀납하는 것도 사람들의 근대 한어음운에 대한 인식을 증진시킬 수 있다.

현존하는 여진문자는 세계 문자 중에 색다른 이체를 띤다. 여진문자는 한자와 거란자를 기초로 하여 가획, 변형 등의 방법으로 창제되었다. 한자와 거란자의 관계를 한마디로 요약하자면, 표의문자이면 그 뜻을 택하고, 표음문자이면 그 음을 택한 것이다. 금나라 시대 여진어 음운 연구는 여진자 어원, 더 나아가 여진어의 제자 규칙을 밝히는 데에 큰 도움이 된다. 물론, 금나라 시대 여진어 연구에 있어 여진어 제자 규칙을 연구한 성과를 이용하여 일부 여진자가 대표하는 어휘의 발음을 추정할 수 있다. 여진자는 금나라 시대에 창제되었으므로 여진자의 자형과 여진자가 한자 및 거란어와의 관련에 따르면 금나라 시대 여진어 음운 정보를 모색할 수 있다. 이로 인해, 금나라 시대 여진어 음운 연구는 여진문 제자 규칙의 연구와 서로 보완할 수 있다. 그런데 사전과 언어 자료의 부족으로 인해 많은 거란 문헌, 특히 거란 대자로 기록한 비명이나 문헌들을 아직 완벽히 해독하지 못한 것은 한스러운 일이다. 여진어 음운 연구와 여진문 제자 규칙을 추구하는 것은 거란(契丹) 대자 제자 규칙 연구를 촉진시킬 수 있다. 더 나아가 거란 대자를 더 빨리 석독할 수 있다.

여진 문헌 자료 중에 제일 귀중한 것은 비석이다. 이 비석들은 금나라 때에 새긴 것도 있고 명나라 때에 새긴 것도 있다. 예를 들어 〈대금득승타송비〉 등 대부분의 한문 대조문이 있는 비문은 해독이 잘되었다. 그러나 〈여진진사제명비〉나 〈오둔량필시비〉 같은 경우에는 여전히 완벽하게 해독되지 못하였다. 금나라 여진어 음운을 정확히 재구성하고, 여진 인명의 뜻을 고증하는 것은 문헌의 석독과 연구에 크게 기여할 수 있다.

사, 1980, p. 220.

또한 확실한 음운과 단어의 형식을 찾아내지 못하기 때문에 여진어와 관련된 한문 문헌에는 매우 간단하게 주석이 달려 있다. 가끔 여진어 연구와 이해에 커다란 지장을 초래하기도 한다. 여진 인명의 글자 의미를 고증하는 것은 한문 문헌을 주석하는 데에 큰 도움이 된다.

제3절 금나라 시대 여진어 음운 연구의 방향 및 방법

　지금까지 금나라 시대 여진어를 연구하는 방법을 두 가지로 귀납할 수 있다. 한 가지는 음운역추법(語音逆推法 Reconstruction)이고 또 다른 한 가지는 음가추정법(音位擬定法 Comparison)이다. 음운역추법은 일반적으로 두 가지 절차로 진행된다. 우선 명나라의 언어 자료, 특히『여진역어』를 분석하여 만주어의 음운규칙을 참고하고 주음 한자 음가의 복원과 재구성을 통해 명나라 여진 음운의 모음체계와 자음체계를 재구성한다. 다음으로『금사·국어해』에 수록되어 있는 금나라 여진 어휘의 대음 한자를 분석하고 명나라 여진어와 비교하여 금나라 시대 여진어의 음운체계를 재구한다. 도을지(道爾吉)·허시거(和希格)의『〈여진역어〉 연구』와 기요새 기사부로의「여진음의 재구와 해석」은 역추법 연구의 대표이다. 음가추정법도 두 가지 절차가 있다. 먼저, 알타이어계의 다른 고대 언어 및 만−퉁구스어계의 현대 언어와의 비교 연구를 근거로 명나라와 고대 여진어의 음소체계를 설정한다. 다음으로『여진역어』등 명나라 문헌 자료와『금사·국어해』의 대음 한자의 어음 분석에 의거하여 추정한 자음체계와 모음체계를 검증하고, 명나라와 금나라 시대 여진어의 음운규칙을 얻어낸다. 이기문의「중고여진어의 음운학 연구」는 음가추정법 연구의 대표이다. 선대 학자들은 이 두 가지 방법으로 유한한 여진어 자료를 이용하여 여진어 음운 연구에 독창적이고 효율적인 시도를 통해 매우 귀중한 결론을 얻어냈다. 방법론이나 귀납한 결론을 볼 때는 두 가지 방법이 현 단계에서 여진어 연구의 최고 수준이라고 볼 수 있다. 이러한 방법과 결론은 분명한 오류도 있다. 사용하는 여진어 자료는 명나라

『여진역어』에 속하기 때문에 재구성한 명나라의 여진어 음운이 상세하고 믿을 만하지만, 금나라 시대 여진어에 대한 재구성은『금사·국어해』에 수록되어 있는 소수의 대음 어휘만 사용하기 때문에 결론이 체계적으로 이루어지지 않았다. 지금까지 금나라 시대 여진어 음운체계에 대한 연구는 진정한 의미에서 시작도 못하였다고 해도 과언이 아니다.

사실은, 금나라 시대 여진어의 언어 자료가 생각만큼 적은 것은 아니다.『금사』에서 남아 있는 한자 표음으로 된 여진 인명과 지명은 아직까지 충분히 주목을 받지 못하였다.[1]『금사』가 원나라 시대에 편찬되었지만, 편찬할 때 참고했던 자료들은 금나라의 자료였다. 이 중에 언급되는 인물들도 금조 실록 등에 있는 역사 자료로 인증할 수 있다.[2]『금사』의 대음 자료가 주목받지 못하는 이유는 여진 인명이 한자로 그 발음을 기록했을 뿐이고 대부분 해석이 없기 때문이다. 또한 다른 원인은 이 인명들에 대해 꼼꼼히 주음하지 못하였으며, "역음한자불일치(譯音漢字不一致)", "역음음절불비(譯音音節不備)", "글자의 뜻을 끼워 맞춤(遷就字義)"과 "n과 l을 구분 못함(n與 l 兩音的混淆)" 등 문제가 있기 때문이다.[3] 전자를 살펴보면, 청나라 시대에 이미 여진 인명의 실제 의미를 고증하기 시작하였다. 아귀(阿桂) 등은 건륭(乾隆) 42년(1777)에『만주원류고』를 편찬하였고, 건륭 47년(1782)에『흠정요금원삼사국어해』를 편찬하였다. 역사적인 원인으로 청나라 시대 학자들이 의미를 추구할 때 무절제하게 비교를 했지만, 모두 다 근거 없는 말은 아니었다. 그리고 우리는 이 음운

---

1 한국의『고려사』나『조선왕조실록』에도 여진 인명, 지명, 관명에 관한 다수의 사료가 산적해 있다.

2 『진금사표(進金史表)』에 "장류(張柔)는 미리 금사를 반납하고, 그 다음에 왕에(王鶚)가 이 금사를 편집하였다"라는 말이 있는데, 원나라 시대 퉈퉈(脫脫) 등은『금사』를 편찬하기 전에, 장유(張柔)가 (몽골에 귀복하여 변경을 공격하였다) 금나라가 멸망된 후에 사관에 가서 금나라 역조의 실록을 찾아냈고, 중통(中統) 2년(1261)에 사관으로 보냈다. 후에는 왕에(王鶚)는 이 실록에 의거하여 우선『금사』를 편찬한 사실을 가리킨다.

3 진광평(金光平)·진치총(金啓孫),『여진언어문자연구(女眞語言文字硏究)』, 문물출판사, 1980, pp. 118~123.

단서들을 이용하여 귀납한 어음 대응규칙과 동시대의 송, 금과 원나라의 역사 필기 자료를 토대로『금사·국어해』, 현대 만주어, 만주 인명의 한어 의미 및 여진인 한명(漢名)과 원명(原名) 간의 의미관계를 비교하여 연구할 수 있다. 여진 인명의 대음을 상세하게 하지 못한 이전 연구가 역음 한자의 음운 분석을 하지 않는 상황에서 얻은 오류이다. 녜홍인(聂鴻音)은 일찌감치 이러한 오류를 지적하였다. 「금사 여진 인명의 음운적 연구(金史女眞人名的音韻學研究)」에 다음과 같은 말이 있다.[4]

진 선생님은 '휼품로(恤品路)'를 '속빈로(速頻路)'라고도 한 사실로『금사』에서 하나의 지명을 여러 가지 자음으로 번역하는 것이 가능함을 증명해 주었다. 실은 '휼(恤)'과 '속(速)'은 그 당시의 한어에서 모두 *su로, '품(品)'과 '빈(頻)'은 모두 *pin으로 발음되었다. '휼품'이나 '속빈'은 모두 여진 어휘 *supin을 표시하고 실제 발음 차이는 없었다. 또 진 선생님은 '포리연(蒲里衍)' *fuljan이 '포련(蒲輦)' *funian이라고도 한 사실로서『금사』의 역음에 n과 l을 구분 못하는 현상이 있었다는 것을 증명해 주었다. 실제로, 결정적인 문제인 '련(輦)'자를 nian으로 발음하는 것은 현대 한어에만 있는 현상이다. 이 글자는『광운』과『홍무정운』에 모두 '력전절(力展切)'로 표시되어 있다. 이로 인해 송나라 시대부터 명나라 시대까지 이 글자는 lian으로 발음하였다는 것을 알 수 있다. …… 『금사』의 편찬자는 다소 균질적이지 않다. 그들의 오류가 두 분의 진 선생님이 말씀하신 것처럼 심각하지 않다. 그들이 제시한 역음자의 어문학적인 가치는 두 분의 진 선생님이 말씀하는 것처럼 그렇게 무가치한 것이 아니다. 비록『금사』에서 완전한 여진어 문장을 수록하지 않고 명확한 의미가 있는 어휘와 어절이 적지만, 400여 개의 다른 역음 한자가 있다. 이 400여 개의 한자들은 그 때 당시의 외국어 언어 번역과 연관된 음절을 모두 포함

---

4 녜홍인(聂鴻音), 「금사 여진 인명에 관한 음운학 연구(金史女眞人名的音韻學研究)」, 『만어연구』, 1998년 2기.

하고 있다. 이것으로 우리는 금나라 여진 어음체계를 밝히려는 구상을 해볼 수 있다.

이런 차원에서, 우리는『금사』의 여진 인명을 수집함으로써 진정 믿을 만한 직접적인 금나라 여진 언어 자료를 얻을 수 있다. 이로써 금나라 시대 여진어의 연구를 분명히 촉진시킬 수 있다.

물론, 한어와 여진어는 서로 완전히 다른 어계에 속하여, 역음 한자가 표시하는 여진 어음은 음성기호가 표시하는 것처럼 정확하지는 않다. 이러한 오류를 수정하기 위해, 역음 한자를 엄격하게 음운 분석을 한 다음에,『몽고자운』,『원조비사』와 같은 전형적인 동어계 외국어 역음 자료를 참고하여 음운체계를 추정하였다.『몽고자운』은 원나라 시대에 편찬되었다. 원나라 시대 지원(至元) 6년(1269)에 반포한 파스파 자로 북방 한어를 번역한 운서이다. 818개 파스파 문자가 수록되어 있고, 역술한 한자는 모두 9,118개이다. 성모는 36자모에 따라 배열하고, 운모는 일동(東), 이경(庚), 삼양(陽), 사지(支), 오어(魚), 육가(佳), 칠진(眞), 팔한(寒), 구선(先), 십소(蕭), 십일우(尤), 십이담(覃), 삽삼침(侵), 삽사가(歌), 십오마(麻)의 순서로 배열하였다. 이 책은 전면적이면서 체계적으로 원나라 시대 북방 한어를 설명한 매우 드문 사음 자료이다. 원나라 시대 한어 어음을 고증하는 데에 특별히 중요한 의미와 참고 가치를 지닌다.『몽고자운』과 다르게,『원조비사』는 한어로 몽골어를 전사하였는데 역음이 매우 세밀하다. 심지어 한어에 존재하지 않은 몽골어에만 있는 특수음도 독특한 방법으로 주석하였다. 예를 들어, 몽골어의 진동음인 *r을 래(來)모자 옆에 작은 위 첨자 글씨 '설(舌)' 자를 붙이는 식으로 표시하였다. 이러한 방법으로 정확성이 보다 더 증대되었다. 그러므로『원조비사』는 몽골사 연구에서 중요한 자리를 차지할 뿐만 아니라, 고대 몽골어의 재구성과 근대 한어의 연구에 매우 귀중한 사음 자료가 된다. 또한 이 책에 대해서는 충분한 연구가 이루어졌다. 팡링귀(方齡貴)가 편찬한『원조비사통검(元朝秘史通檢)』에 라틴 표기 형식[5]으로 표기해 주어서 이

책을 사용하는 데 많은 편리함을 주고 있다. 이린쩐(亦隣眞)의 「〈원조비사〉 및 그 복원(〈元朝秘史〉及其復原)」에는 『원조비사』의 대음규칙을 세밀하게 귀납하였다. 햇토리 시로(服部四郎)는 『원조비사의 몽골어를 표음한 한자의 연구』에서 몽골어를 표시하는 대음 한자에 대해 상세하게 고증하였다.[6] 또한 여진어와 몽골어 사이에 유형학과 발생학에도 관련이 있어서 어음체계가 매우 유사하므로 『원조비사』는 『중원음원』으로 『금사』 대음 한자를 복원하는 데에 중요한 참고 언어 자료가 된다.

우리는 이러한 방법을 음운분석법이라고 한다. 선대 학자들의 명나라 어음규칙의 결론을 종합해 보면, 금나라 시대 여진어의 어음체계를 재구성하는 방식의 가능성이 없는 것이 아니라고 믿는다.

구체적인 절차는 다음과 같다.

1. 『금사』와 다른 송·원나라 시대의 역사문헌에 수록된 한자 역음으로 표시된 여진 인명과 지명 등을 수집한다. 그중에서 인물과 역사 사건에 대한 기록을 이용하여 거란, 해(奚) 등 소수민족 인명을 구분하여 삭제한다. 실제의 여진 어음을 표시한 어휘를 최대한 선별한다.

2. 골라낸 어휘를 전부 대음 한자를 이용하여 음운학 분석을 한다. 성모는 발음 위치에 따라 분류하고, 운모는 등호에 따라 분류한다. 추정음은 원나라 시대 저우더칭(周德淸)의 『중원음운』을 근거로 하고 동시에 『몽고자운』, 『원조비사』의 대음을 참고하여 수정한다. 한어 역음자와 금나라 시대 여진어의 대응규칙을 귀납한다. 이를 바탕으로 하여 금나라 시대 여진어 어음의 자음과 모음체계, 음절구성 규칙 등을 밝힌다.

3. 수집한 여진 인명에 주석을 단다. 『금사·국어해』, 송, 금, 원나라

5 팡링귀(方齡貴), 『원조비사통검(元朝秘史通檢)』, 중화서국, 1986.

6 이린쩐(亦隣眞), 「〈원조비사〉 및 그 복원(〈元朝秘史〉及其復原)」, 『이린쩐몽고학문집(亦隣眞蒙古學文集)』, 내몽고인민출판사, 2001, pp. 713~746. 햇토리 시로(服部四郎), 『원조비사의 몽골어를 표음한 한자의 연구(元朝秘史音譯蒙古語漢字的研究)』, 문구당주식회사, 1946.

역대의 필사 자료나 『여진역어』를 포함한 명나라 언어 문헌 자료, 청나라 시대에 있는 여진 어휘에 대한 원류 고증, 청나라 시대와 현대 만주어, 만주 인명의 한어 의미, 여진족 사람의 본족명과 한어명 간의 의미 관계 등을 이용하여 여진 인명의 의미를 고증하고 금나라 시대 여진어 어휘표를 만든다. 알타이어계의 언어 비교 연구 및 고대 만주-퉁구스어 어계의 언어사 연구에 언어 자료를 제공한다.

제2장

금나라 시대 여진어 대음 한자의 음운 분석

제1절 금나라 시대 여진어 대음 한자의 음운체계

1. 송원시대 북방 관화의 음운체계

한자 음가 연구는 여진어의 발음 연구와 복원 및 대음 한자의 음운체계를 확정 짓는 데에 매우 중요하다. 여진어를 기록한 대음 한자의 음운체계에 대하여 이전 사람들은 세밀한 논증을 하지 않았다. 나시다 다스오(西田龍雄)는 『서번관역어의 연구(西番館譯語之研究)』 제2장 '명말 한어 음운체계'에서 『화이역어』 계열의 『서번역어』를 연구하기 위해, 북방 한어 음운체계인 근고 관화로부터 근대 관화까지의 변천을 고찰하였고, 명나라 만력(萬曆) 시대의 북경음을 기록한 『등운도경(等韻圖經)』이 현대 북경어와 직접적인 관련이 있는 비교적 이른 시기의 음운체계를 제시한 근대 관화라고 주장하였다. 『등운도경』에 기록된 음운체계를 이용하여 한자 음가를 표시하는 것이 가장 적합하다고 하였다.[1] 따라서 기요새 기사부로는 『여진역어』를 연구할 당시에도 『등운도경』으로 주음 한자의 음가를 정의하는 근거로 삼았다.[2] 도을지(道爾吉)의 『여진어음의 초보적 연구(女眞語音初探)』에서는 『등운도경』이 연대상으로 앞서 있지 않고, 또 영락(永樂) 『여진역어』와 『홍무역어』가 같은 음운체계를 갖고 있으므

---

1 나시다 다스오(西田龍雄), 『서번관역어의 연구(西藏館譯語的研究)』, 교토, 송향당, 1970. 제2장 "서번언어학서설(西藏語言學序說)" 역문은 중국사회과학원 민족소언어실, 『민족언어연구정보자료집』 제3회, 1984, p. 199.

2 GISABURON KIYOSE, (淸)『A Study of Jurchen Language and Script』(『여진언어문자연구(女眞語言文字研究)』) 제Ⅱ절, pp. 33~38.

로, 『중원음운』, 『몽고자운』을 추정의 근거로 삼는 것이 더욱 타당하다고 주장하였다.[3] 물론, 『여진역어』가 명나라에 들어서 편찬된 것이고, 또한 책에 있는 여진문 자원 한자와 대음 한자는 금나라를 계승하여 전해져 온 것이어서 이 책과 관련된 음운연구는 시대보다 앞서 있는 『중원음운』이나 시대보다 뒤떨어진 『등운도경』을 사용하는 것이 더욱 합리적이다. 『금사』 중의 여진어 대음 한자를 음운 분석하려면 『중원음운』이 더욱 타당하다는 것은 의심할 바 없다. 그 이유는 두 문헌의 한자음 시대가 때마침 서로 엇비슷하다. 또 『중원음운』은 한어 음운사에 대한 중요한 저서로 학자들이 정밀한 연구를 해왔고, 음운 분석을 매우 세밀하게 하였다. 그러나 앞에 서론에서 밝혔듯이, 여진어는 한자와 서로 다른 계통에 속하기 때문에 역음 한자로 표시한 여진 음운은 음성부호로 주석한 것과 같이 정확하지 않다. 이것은 대음 자료들이 공통적으로 갖는 오류이다. 그렇기 때문에 글자의 음을 표시할 때 한 가지 자음에만 한하면 안 된다. 『중원음운』을 통해 역음 한자를 엄격히 음운 분석을 한 다음에, 『몽고자운』, 『원조비사』 등 여진어와 같은 어계, 같은 시대에 속하는 외국어 문자의 역음 자료를 이용하여 음운을 대조했다. 발음을 정확히 표시하기 위하여, 우선 『중원음운』 및 관련된 연구와 『중원음운』이 대표하는 근대 북방 한어 관화의 음운 특징을 간단하게 서술하면 다음과 같다.

저우더칭(周德淸)의 『중원음운』은 1324년에 편찬되었다. 현존하는 최초의 곡운 운서(曲韻韻書)이다. 13세기에서 14세기까지의 북방한어 관화의 음운체계를 대표한다.[4] 두 부분의 내용으로 구성되어 있는데, 한 부분은 '운보(韻譜)'이다. 저자는 5,000자에서 6,000자를 동종(東鐘), 강양(江

---

3 도을지(道爾吉), 『여진역어연구·여진어음의 초보적 연구(女眞譯語研究·女眞語音初探)』, 제2장 「『여진역어』 주음 한자의 음가(『女眞譯語』注音漢字的音價)」, 『내몽고대학교 학보』(증간), 1983.

4 『중원음원』의 음운 기반에 관하여 학계에는 많은 논쟁이 있다. 뒤에 세밀히 논술하겠다. 일반적으로 한어사에서는 『중원음운』이 근대 한어 관화를 대표하는 것이라고 한다.

陽), 지사(支思), 가마(家痲), 제미(齊微), 어모(魚模), 개래(皆來), 진문(眞文), 한산(寒山), 환환(桓歡), 선천(先天), 소호(蕭豪), 가과(歌戈), 가마(家麻), 차차(車遮), 경청(庚青), 우후(尤候), 침심(侵尋), 감함(監咸), 렴선(廉纖) 등 20개의 운류로 분류하였다. 다른 부분은 '정어작사기례(正語作詞起例)'로 운보의 작성 체제와 심음(審音) 원칙을 설명한 부분이다. 내용상으로만 보면 북곡(北曲)체제, 음률, 창작 및 노래하는 기능과 언어 규범 등이 관련된다. 『중원음운』은 당시의 북방에 현존하고 있던 언어를 근거로 분류한 것이니, 『광운』계열의 운서와 완전히 다르다. 청나라 박학(樸學, 경학과 유학을 달리 이르는 말)은 고음(古音)을 중요시하고, 과거 시험에는 '평수운(平水韻)'을 모범으로 삼기 때문에 오랜 세월 동안 『중원음운』은 주목을 받지 못하였다. 20세기 이후, 학자들이 현대 언어학의 관점과 방법으로 이 운서를 연구하기 시작하였다. 찬수안동(錢玄同)은 먼저 『중원음운』의 음운체계를 세 분기로 나누어 하나의 한어 음운사에 집어 넣었다. 『중원음운』이 근대 한어 음운사상 가장 중요한 운서라고 주장하였다. 그 후에, 관련된 논문과 저작이 쉴 새 없이 발표되었다. 주로 베타오저우(白滌洲)의 「북음입성변화고(北音入聲變化考)」, 뤄창베(羅常培)의 「중원음운성류고(中原音韻聲類考)」, 조인당(趙蔭堂)의 『중원음운연구(中原音韻研究)』, 루지위(陸志韋)의 「중원음운해석(釋中原音韻)」, 양내스(楊耐思)의 『중원음운의 음운체계(中原音韻音系)』, 리신퀴(李新魁)의 『중원음운의 음운체계 연구(中原音韻音系研究)』, 닝지푸(寧繼福)의 『중원음운표고(中原音韻表稿)』, 천신시옹(陳新雄)의 『중원음운개요(中原音韻概要)』, 쉬에펑성(薛鳳生)의 『중원음운의 음운체계(中原音韻音位系統)』, 논문집 『중원음운신론(中原音韻新論)』[5] 등이 있다. 일본 학자도 『중원음운』을 자세

---

5 베타오저우(白滌洲), 「북음입성변화고(北音入聲變化考)」, 『여사대학술계간』 2권 2기, 1931. 뤄창베(羅常培), 「중원음운성류고(中原音韻聲類考)」, 『사어소집간』 2권 2분, 1932. 조인당(趙蔭堂), 『중원음운연구(中原音韻研究)』, 상무인서관, 1936. 루지위(陸志韋), 「중원음운해석(釋中原音韻)」, 『연경학보』 31기, 1946. 양내스(楊耐思), 『중원음운의 음운체계

하게 연구를 하였다. 이시야마 보크지(石山福治)의『중원음운고정(中原音韻考定)』, 핫토리 시로(服部四郞)와 토도 명보(藤堂明保)의『중원음운의 연구(中原音韻之硏究)』(교본편), 하리야마 하사오(平山久雄)의『중원음운에 입파 삼성의 음운사적 배경(中原音韻入派三聲之音韻史的背景)』등이 있다.[6]

학자들의 연구에 따라,『중원음운』이 대표하는 근대 한어 관화의 음운 체계는『광운』이나 보통화(표준말)와 비교하여 다음과 같은 차이가 있다.

1) 성모

성모는 모두 21개가 있다. *p, *ph, *m, *f, *v, *t, *th, *n, *l, *ts, *tsh, *s, *tʃ, *tʃh, *ʃ, *ʒ, *k, *kh, *ŋ, *x, *∅[양내스(楊耐思)의『중원음운의 음운체계』, 천신시옹(陳新雄)의『중원음운개요』에 의하여 정의하였음].

1. 유성음화(濁音淸化), 즉 중고의 무성음자는『중원음운』에 앞서 보편적으로 유성음자와 혼합되었다. 그리고 상성인 무성음자는 모두 거성으로 변하였고, 거성인 무성, 유성자와 구분되지 않았다.

2. 순경음인 비(非), 부(敷), 봉(奉)자는 한 분류로 모아졌다.

3. 미(微)모자는 독립적으로 성모가 된다. 영(影), 운유삼(云喩三) 등이 소운이 있는 것과는 대조적이다.

4. 중고의 영(影), 운(云), 이(以)는 합병되었다. 그중 영(影)모자는 '평성음(平聲陰)', 운(云)모, 이(以)모자는 '평성양(平聲陽)'에만 속한다.

(中原音韻音系)』, 중국사회과학출판사, 1981. 리신퀴(李新魁),『중원음운의 음운체계 연구(中原音韻音系硏究)』, 중국서화국, 1983. 닝지푸(寧繼福),『중원음운표고(中原音韻表稿)』, 지린문사출판사, 1985. 천신시옹(陳新雄),『중원음운개요(中原音韻槪要)』, 학해출판사, 1976. 쉬에펑성(薛鳳生),『중원음운의 음운체계(中原音韻音位體系)』, 루궈요(魯國堯), 시쟈안귀(侍建國) 역임, 북경언어대학출판사, 1990. 논문집『중원음운신론(中原音韻新論)』, 베이징대학교출판사, 1991.

6 이시야마 보크지(石山福治),『중원음운고정(考定中原音韻)』, 도쿄. 동양문고, 1925. 핫토리 시로(服部四郞)와 토도 명보(藤堂明保),『중원음운의 연구』(교본편), 도쿄강남서원, 1958. 하리야마 하사오(平山久雄), 「중원음운 입파삼성의 음운사적인 배경(中原音韻入派三聲之音韻史的背景)」,『동양문화』58, 1977, pp. 77~99.

5. 대부분의 중고 의(疑)모자는 영(影), 운(云), 이(以)와 합류하였다. 또한 일부분 낭(娘)모자에 포함됐다. 단지 강양(江陽), 소(簫), 호(豪)운의 개별자는 소(小)운이 되고 *ŋ은 그대로 유지되어 있다.

6. 중고음의 지(知)[철(徹), 징(澄)], 장(章)[창(昌), 선(船), 서(書), 상(常)], 장(庄)[초(初), 숭(崇), 생(生)] 3조자가 이미 통합되었다. 그 외에, 장(庄)조자의 일부는 정(精)조자와 통합되었다.

7. 일(日)모자는 융(戎)류가 된다. 루지위(陸志韋)는 융(戎)류자가 연구개음과 경구개음 사이에 위치한다고 설명하였다.

2) 운모

운모는 모두 46운류가 있다. *uŋ, *iuŋ, *aŋ, *iaŋ, *uaŋ, *ĭ, *i, *ei, *ui, *u, *iu, *ai, *iai, *uai, *ən, *iən, *uən, *iuən, *an, *ian, *uan, *on, *iɛn, *iuɛn, *au, *iau, *iɛu, *o, *io, *uo, *a, *ia, *ua, *iɛ, *iuɛ, *əŋ, *iəŋ, *uəŋ, *iuəŋ *əu, *iəu, *əm, *iəm, *am, *iam, *iɛm(양내스의 『중원음운의 음운체계』에 의하여 정의하였음).

1. 중고의 1, 2등운의 개구자는 일반적으로 합쳐졌고, 후음과 아음의 1, 2등운의 대립이 있을 뿐이다. 이는 2등 후음과 아음에서 구개음의 초기 형태를 제시하였다.

2. 지사(支思)운이 새로운 운부로 분화하였다. 즉, 중고한어의 지(支)섭의 지(支), 지(之) 등 운의 개구호는 조(照), 정(精) 등 조의 성모 및 일(日)모자와 합치면 지사(支思)운이 된다.

3. 어모(魚模)운은 두 종류로 분류하였다. 하나는 중고의 우(遇)섭 1등 및 순음 3등에서 나온 것이다. 또 하나는 우(遇)섭 3등에서 나왔다. 양내스(楊耐思)는 북방 희곡에 *y가 *u와 합하지 않고 *i와 합친 것 및 어모(魚模)와 우후(尤侯)가 구분되어 있는 현상에 따라, 어모(魚模) *iu 운류의 *u가 비교적 앞자리를 차지한다고 주장하였다.

4. 환환(桓歡)운과 한산(寒山) 합구(合口)운은 구분되어 있다. 즉, '완

(完)’, ‘관(官)’, ‘만(慢)’, ‘환(患)’, ‘관(慣)’ 등은 ‘완(岏)’, ‘관(關)’, ‘만(幔)’, ‘환(緩)’, ‘관(貫)’ 등과 차이가 있다.

5. 가과(歌戈)운은 후음과 아음 자를 제외하고 모두 개구(開口), 합구(合口)의 대립이 없어졌다.

3) 운미

1. 운미 *-m은 운미 *-n과 통합되지 않았다. 단지 순음자의 *-m운미는 ‘수미이화(首尾異化)’하기 때문에 먼저 *-n운미에 합병되었다.

2. 13~14세기의 한어 관화에 *-p, *-t, *-k 운미가 있는지에 대하여, 즉『중원음운』시대 입성의 유무에 대하여 학계에서 많은 논쟁의 중심이 되었다. 루지위(陸志韋), 양내스(楊耐思), 리신퀘(李新魁) 등은 구어 사이에 입성이 있고, 저우더칭(周德清)의 ‘입파삼성(入派三聲)’은 곡(曲)을 압축해야 하는 필요에서 나온 것이라고 주장한다. 그들의 근거는 저우더칭은 입성자를 음성운에 포함시키고, 각각 평성양, 상성, 거성에 포함되었지만 이 삼성의 글자와 합병되지 않았고 “본운(本韻) 뒤에 위치하고 흑백이 분명하다”고 한다. “평, 상, 거 삼성에 포함된 입성자는 작사를 위하여 압운을 넓힌 결과이다. 구어 사이에는 입성의 차이가 있다.”[7] 양내스(楊耐思)는 더 나아가『중원음운』에 있는 입성의 성질을 논증하였다. 입성이 허베이(河北)의 찬황(贊皇), 원씨(元氏)같이 천천히 변화한 것이라고 주장하였다. 조인당(趙蔭棠), 왕리(王力), 닝지푸(寧繼福), 쉬에펑성(薛鳳生) 등은『중원음운』때에는 입성이 이미 없었다고 주장한다. 저우더칭의 ‘입파삼성(入派三聲)’은 바로 ‘입변삼성(入變三聲)’이고, “구어 사이에 입성의 차이가 있다”는 것은 인접 방언이나 독서음을 가리킨 것이라고 한다.

---

7 저우더칭(周德清),『중원음운 · 정어작사기례(中原音韻 · 正語作詞起例)』.

2. 『금사』에서 여진어 대음 한자의 음운 토대
   - '한아 언어(漢兒言語)'

『중원음운』이 대표하는 음운 토대에 대하여 여러 가지의 호칭이 있다. '근대관화', '원나라 시대 국어', '중주음(中州音)', '대도음(大都音)', '중원의 음(中原之音)' 등이 있다. 호칭에 따라 제시하는 관점도 약간씩 다르다. 귀납하면 '대도음(大都音)', '하락음(河洛音)'과 '중원의 음(中原之音)' 등 설이 있다. 왕리(王力), 닝지푸(寧繼福) 등은 '대도음'을 주장한다. 왕리는 『한어음운사』에서 "저우더칭의 『중원음운』이 대도(현 베이징)의 음운체계를 대표한다고 한다. 저우더칭은 장시성(江西省) 고안(高安) 출신이었지만, 오랫동안 대도(大都)에서 살았다. 그리고 그는 희곡을 아는 사람이라서 그의 『중원음운』은 반드시 대도음을 기본으로 하여 저술된 것이라고 한다. 원곡 창작에 있어 압운 규칙이 『중원음운』과 완전히 일치하는 것은 『중원음원』이 대도음이라는 사실을 충분히 증명할 수 있다"고 한다.[8] 닝지푸(寧繼福)는 『중원음운표고(中原音韻表稿)』에서 저우더칭(周德淸)의 『중원음운·자서』에서 "저는 종종 천하의 대도시에서 사람들 사이에 말을 듣는다", "악부(樂府)를 하려면 언어를 바르게 써야 한다. 언어를 바르게 쓰려면 중원의 음을 지켜야 한다"라 하는 말에 따라, '천하의 대도시'는 대도(大都, 베이징)를 가리키는 것이고, '중원의 음'도 당연히 전국의 정치, 경제, 문화의 중심인 대도 말을 하는 것이라고 주장하였다. 닝지푸(寧繼福)는 『중원음운』과 현대 북경어의 사성을 유형에 따라 집중적으로 비교하였고, 성조의 구조상 『중원음운』은 14세기의 북경어를 대표한다는 것을 밝혔다.[9] 루지위(陸志韋)는 『중원음운해석』에서 '대도음(大都音)'설을 반대하였다. 『중원음운』이 현대 국어의 조어(祖語)를 대표

---

8 왕리(王力), 『한어음운사(漢語音韻史)』, 중국사회과학출판사, 1985, p. 308.
9 닝지푸(寧繼福), 『중원음운 표고(中原音韻表稿)』, 지린문사출판사, 1985.

할 수 없다고 주장하였다. 그러나 『중원음운』의 음운 토대가 무엇인지에 대하여는 명확히 설명하지 못하였다.[10]

리신퀘(李新魁)는 『중원음운』의 음운 토대가 '하락음(河洛音)'이라고 주장한다. 리신퀘는 「중운음운의 음운체계 연구」와 「중원음운의 성질 및 대표하는 음운체계」[11]에서 『중원음운』의 성운조(聲韻調)를 뤄양음(洛陽音) 및 북경음과 상세히 비교하였다. 『중원음운』의 일부 자음은 현대 북경음이나 다른 북방음에 맞지 않고 뤄양음과 서로 맞기 때문에, 『중원음운』이 하락(河洛) 지역의 중주음(中州音), 즉 뤄양(洛陽)을 중심으로 하는 허난말(河南話)에 의거한 것이라고 주장하였다. 천신시옹(陳新雄)은 '하락음(河洛音)'을 주장한다. 그는 『중원음운개요』에서 "『중원음운』이 북곡의 압운을 위하여 만든 운서이다. 그래서 그 음운 기초는 북곡의 음운이다. ······ 북곡에서 사용하는 운은 '자연의 음'이다. 바로 실제의 음운이다. ······ 이 실제 음운은 어디를 기준으로 했느냐면 공동 종족(共宗)의 '중원의 음'밖에 없다"라고 하였다. 천신시옹은 '중원의 음' 중에서 '중원'이 어디인지에 대한 주석에서 '허난(河南) 지역의 북방 관화 구역'[12]을 가리켰다.

양내스(楊耐思)는 『중원음운의 음운체계』에서 『중원음운』의 음운 기초는 '중원의 음'이라고 주장하였다. 그는 우선 '중원'이란 단어부터 '중원의 음'의 성질을 고찰하였다. "원나라 시대 사람들이 중원이라고 하면 원래의 전통적인 개념뿐만 아니라 특정한 지리적 범위를 확대하였다. 현재의 허베이 성(河北省), 산시 성(山西省), 산둥 성(山東省), 그리고 랴오닝 성(遼寧省)의 일부 지역은 모두 중원 지역에 속한다." 그리고 "카이펑(開

---

10 루지위(陸志韋), 『근대한어음운논집·중원음운해석(近代漢語音韻論集·釋中原音韻)』, 상무인서관, 1998, p. 31.

11 리신퀘(李新魁), 「중원음원의 성질과 대표하는 음운체계(中原音韻的性質及其代表的音系)」, 『강한학간』, 1962년 8기.

12 천신시옹(陳新雄), 『중원음운 개요(中原音韻概要)』, 학해출판사, 1985년 제5판, pp. 8~10.

封), 뤄양(洛陽), 중산(中山)은 그 때의 중원의 범위에 포함된다". 그 다음
에는 결론을 내렸다. "'중원의 음'은 당시의 중원 지역에서 통하는 공용어
이다. 당시의 원나라의 수도인 대도는 중원 지역의 대도시로서 '중원 음'
으로 통한 것이 틀림없다. '중원의 음'은 반드시 대도음(大都晉)을 기초로
한 것임을 확인할 필요가 없다. 왜냐하면 이 문제는 쉬운 문제가 아니다.
이것은 '중원 음'의 근원과 관련이 있어 더 깊이 있게 탐구를 해야 한다."[13]

그렇다면, 송·원나라 시대의 북방 한어, 즉 여진어의 대음 한자 음운
의 토대는 『중원음운』이 반영된 '중원 음'과 서로 일치하는 것인가?

주지하다시피, 유연 지역[幽燕地區, 허베이 성(河北省)의 북부와 랴오
닝 성(遼寧省)의 일부]에서 거주하는 한족은 위진남북조부터 항상 북방
소수민족과의 전쟁의 최전선에 위치해 있었다. 요나라 태종(太宗) 회동
원년(會同元年, 938)에 후진(後晉)의 황제 석경당(石敬塘)은 연운십육주
(燕雲十六州)를 거란에게 할양하였다. 베이징을 포함한 현재의 허베이 성
(河北省)과 산시 성(山西省)의 북부를 포함한 유연 지역(幽燕地區)은 송·
원나라 시대에 더욱 더 장기적으로 거란, 여진, 몽골의 통치하에 있었다.
이러한 민족의 융합을 배경으로, 소수민족이 한화(汉化)되는 동시에 한
족의 '호화(胡化)'도 피할 수 없었던 것이다. 사실은, 요·금과 송나라가
서로 대립하던 시절에, 거란, 여진이든 한족이든 유연 지역의 한족을 달
리 대하였고 '한아(漢兒)'나 '한인(漢人)'이라는 특별한 호칭까지 붙였다.
그중 '한아(漢兒)'는 '거란, 여진, 몽골 등의 민족과 대립되고, '한인(漢人)'
은 '남인(南人)', 즉 남송의 한인과 대립된다.

'한인(漢人)'이나 '한아(漢兒)'는 요나라 전기에 요나라에 입주한 한인을
특별히 지칭하는 것은 아니었다. 대략 요나라 중엽 이후부터 '한아(漢兒)'
라는 유연 지역에서 거란의 지배하에 있는 한족 사람을 가리켰다. 이 시

---

13 양내스(楊耐思), 『중원음운의 음운체계(中原音韻音系)』, 중국사회과학출판사, 1981,
pp. 66~75.

기는 연운십육주(燕雲十六州)를 거란에 할양한 후였다. 『거란국지(契丹國志)』 권11에 따라 송나라 사람 마확(馬擴)은 어명을 받고 요나라에 초청되었다. "백구를 지나갈 때, 유종지라는 한아가 먼저 나와서 마확을 만났다. 수주(涿州)의 성문을 열어 주겠다고 승낙하였다"라는 기록이 있다. 또 북송 로진(路振)의 『승요록(乘軺錄)』[14]에 따라, 통화(統和) 26년(1008)에 외교 사절로 요나라에 초청되었다. 연경(燕京)을 지나갈 때, "근처에 원래는 포로로 잡혀 왔던 변민이 연지까지 도망을 왔는데 재물을 주고 한지에 이끌어 주었다고 들었다. 그러므로 '후에는 남송이 우주를 수복하게 되면 한아를 죽이지 마라'고 하였다." 여기서는 연경의 한족을 '한아(漢兒)'라고 부른다. 장기적으로 거란의 통치하에 있었기 때문에 송나라와 금나라가 함께 요나라를 멸망시킨 후에 되돌아오는 연산(燕山) 이북의 한인이 여전히 '이색'으로 여겨졌다. 『삼조북맹회편』 권23 '선화(宣和) 7년 12월 8일'에 "선무사는 연운(燕云) 지역의 변민을 내지에 안치시켰다. 의성군(義胜軍) 등은 전부 산후(山后) 한아이다. …… 조정에서는 돈과 쌀을 내려 주었다. 당시에 남송의 군대가 문란하기 이를 데 없어 많이 원망하였다. 길에서 만난 병사가 한아를 욕하였다. '너희들이 번인(변두리 사람)인데 햅쌀을 먹는다. 우리 군인들이 묵은 쌀을 먹는다. 우리가 번인보다 못하겠나? 난 너희들을 죽여 버릴 거야!' 한아는 듣고 많이 두려워했다." 리신추안(李心傳)의 『건염이래계년요록(建炎以來系年要錄)』 권22에서 "(한)세충(韓世忠)이 말하기를, 금인에게 저항하기가 어렵지만, 묘푸(苗傅)는 한아가 몇 명이라도 있었다면 어찌 금을 두려워하겠는가?"라는 말이 있다.

남송과 금나라가 대립하던 시기에, 남송 사람이든 여진 사람이든 그들의 눈에 보이는 '한아(漢兒)'나 '한인(漢人)'은 전부 연운 지역에서 사는 한족을 가리킨다. 육유(陸游)의 『노학암필기(老學庵筆記)』 권6에서 "송나

---

14 『송조사실류원(宋朝事實類苑)』 권77.

라 소흥(紹興) 13년(1143)에, 진강백(陳康伯)이 사신으로 금나라에 갔다. 리유(李喻)라는 소경(少卿)이 맞이하러 왔다. 자기가 한아라고 하였다. 그가 말하길, '여진, 거란, 해(奚)는 모두 동료인데 한아만 좋지 않다. 북인은 한아라고 하고 남인이 번인이라고 욕한다'"라는 기록이 있다.[15]『금사』에 있는 기록은 이 문제에 대해 상세히 서술하였다.『금사』권8 〈세종본기〉에서 "연인(燕人)은 예로부터 충직한 사람이 많지 않다. 요나라의 군대가 오면 요나라에 복종하고, 송인이 오면 송나라에 순종하고, 우리가 오면 우리를 따른다. 그들이 시비를 무릅쓰고 함부로 남을 따르는 버릇이 애초부터 있는 것이다. 무수한 변천을 거치면서도 망하지 않은 이유는 바로 이 때문이다. 남인은 완강하여 직간하는 사람이 많다. 앞에서 사람을 죽여도 뒤에는 사람이 또 온다. 매우 숭상할 만한 일이다'"라는 말이 있다. 또『금사』권97 〈하양정전(賀揚庭傳)〉에서 "세종(世宗)은 양정(揚庭) 같은 결단력 있는 성격을 좋아한다. 양정(揚庭)한테 말하길 '남인은 솔직하고 용감하나, 한인은 교활하고, 어려운 상황에 부딪히면 뒤로 물러선다. 옛날에 남인에게는 사부(詞賦)를 읽히지 않기 때문에 과거시험에 합격한 사람이 거의 없었다. 최근 몇 년 동안에, 하남, 산동 지역에서 과거시험에 합격한 사람이 많아지고 한인보다 잘한다"라는 말이 있다. 여기서의 '한인', '연인'은 전부 '남인'과 대립된다. 금나라 전기의 통치하에 있는 연운 지역의 한인을 가리킨다. 물론, 금나라의 남침(南侵)에 따라 '한인', '한아'의 범위도 점진적으로 확대되었다. 원나라 시대에 들어, '한인'의 세력이 카이펑(開封), 뤄양(洛陽) 등 지역까지 이르렀다. 청나라 시대 조이(趙翼)가『입이사찰기(卄二史札記)』권28에서 "금, 원나라는 중원을 침략하고 나서 모두 한인과 남인을 구별하였다. 금나라 때는 요나라에 있는 한족을 한인으로, 송나라의 허난성(河南省)과 산동성

---

15 관련된 기록은『송회요집고(宋會要輯稿)』이 있는데 소흥(紹興) 31년(1161)에 고종(高宗)은 "여진, 발해, 거란, 한아 등 나라의 사람들이 본조에 복종하면, 그들의 관직과 은상이 중국인과 똑같이 구별하지 않겠다"라고 하였다.

(山東省)의 한족을 남인으로 꼽았다. 원나라는 금나라에 있는 한족을 한인으로, 남송(南宋)의 사람을 남인으로 꼽았다"라고 하였다.[16]

요·금·원나라 시대에 연운과 주변 지역에 사는 북방 한족을 '한아', '한인'이라고 하는 것과 같은 맥락으로, 이 지역에서 사용하는 언어를 '한아언어(漢兒言語)'라고 한다. 한국에서 고려 시기 이후에 유행했던 한어 회화 독본 『노걸대(老乞大)』 등에서 한어를 '한아언어(漢兒言語)'라고 불렀다. 『노걸대』에서 다음과 같은 대화가 있다. "당신은 고려인인데 어째서 한아언어를 이렇게 잘하는가?"[17]

저우더칭은 『중원음운·정어작사기례(正語作詞起例)』에서 『중원음운』의 음운 토대를 논술하였다. "나는 흔히 천하의 대도시에서 사람들의 말소리를 듣고 관찰하였다. 세상 사람들은 현재를 생각하지 않고 과거의 규칙에 얽매여, 말하기만 하면 『광운』을 표준으로 삼는다. 현재의 언어를 생각하기보다는 과거 언어의 어려움을 이겨낸 것은 이미 오래되었다. 전국 각 지역에 같은 말소리를 사용한다. 벼슬아치가 국가 대사를 의논하는 것부터, 국어 번역, 국학 교육 언어, 소송하고 백성을 관리하는 말까지 모두 다 중원의 음이다.", "본조는 북방에서 발흥하였다. 50여 년 사이에 반드시 중원의 음을 표준으로 할 것이다. 중원의 음(자연언어)을 정음으로 하는 주장은 태보 유공(太保劉公), 목암 요공(牧菴姚公), 소재 노공(疎齋盧公)을 비롯한 학파부터 시작하였다. 이 저작이 마침 그분들의 뜻에 맞은 것이 아닐까? 또한 한 지역의 방언은 남조에만 통용되지 못하는데 하물며 전국이랴? 중원의 음을 토대로 하고 전국 지역의 같은 소리를 받아들여 편찬하였으니 참으로 천하의 공론이다"라 하였다. 저우더칭(周德淸)이 상술한 '대도시'의 두루 통하는 '말소리'

---

16 '한인', '한아'에 관한 세밀한 서술은 천수(陳述), 「한아한자설(漢兒漢子說)」, 『사회과학전선』 1986년 1기. 류푸장(劉浦江), 「'한인'설(說'漢人')」, 『요금사론(遼金史論)』, 랴오닝대학교출판사, 1999, p. 109 참고.

17 최세진, 언문역본 『노걸대언해(老乞大諺解)』(1670), 규장각총서 9, 경성제국대학교, 1930 참고.

와 '중원의 음'은 모두 요, 금, 원나라 시대부터 전해온 연운(燕云) 지역에서 널리 퍼진 '한아언어'를, 즉 후세가 일컫는 소위 북방관화를 가리킨다. 또한 저우더칭이 "벼슬아치가 국가 대사를 의논하는 언어, 국어 번역, 국학 교육 언어, 소송과 백성을 관리하는 언어는 모두 다 중원의 음이다"라고 한 기술에 따라, 금나라 원수(元修)의 『금사』에 여진 인명 대음 한자의 음운 기초 이론은 '중원의 음'이라고 할 수 있다.[18]

_____

18 조선의 한학자 신숙주(申叔舟)는 『홍무정운역훈』(1445)에서 "연도(燕都)는 만국이 더불어 모이는 곳으로 먼 길을 오갈 때에 일찍이 교섭해서 밝혀 보려고 한 사람이 또 적지 않고, 변방이나 이역의 사신과 일반 평민에 이르기까지 만나 보지 않은 사람이 없으며, 이래서 정(正)과 속(俗)과 다르고 같게 변한 것을 다 밝히려고 했다"고 하여 조선에서 "한아 언어"의 당사음은 소위 "속음"은 "연도(燕都)"의 음이라고 분명히 밝힌 내용이 전해 온다.

제2절 대음 한자와 여진어의 음운 전사

1. 전사의 원칙

한족과 소수민족의 대음 한문 문헌을 가지고 소수민족 언어의 음운체계를 연구하려면 언어 사이의 음역 원칙이 복잡한 것은 피할 수 없다. 우선 한어와 소수민족의 언어가 각각 다른 어계에 속한다면 한자로 번어(飜語)를 표음하되, 특히 번어 표시가 없는 고대 대음 문헌으로 번어의 음운체계를 복원하는 데 있어 정확히 표시하지 못하는 경우가 적지 않다. 우리는 한어와 관련된 운서의 한자로 표음해 줄 뿐만 아니라, 번어의 현대어 음운 및 고대 음운을 연구한 성과로 한어의 표음체계를 조정해야 한다. 이것은 선인들이『원조비사』등 번한(飜漢) 대음 문헌 연구에서 마주한 어려움과 일맥상통한다. 스트리트(斯垂特, J. C. Street)가『몽골비사』를 로마자 전사법으로 서술할 때 다음과 같은 말을 하였다.[1]

이 문헌의 모든 로마자 판본은 두 가지 전사 방법으로 구성되어 있다. 한 가지는 한자 전사법의 음역이고, 또 하나는 음운 전사법이다. 앞서 출판된『비사』가 어떤 판본인지 상관없이 전부 이 원칙을 따른다.

위시창(喩世長)은 몽한(蒙漢) 대음의 연구가 두 방향으로 이뤄져야 한다고 주장하였다. 사실은『몽골비사』를 음역하는 데 따라야 하는 원칙을

---

1 J. C. Street,『The Language of the Secret History of the Mongols』, New Haven, 1957.『몽골비사의 언어』, 도부(道布) 역음, 중국사회과학원 민족연구소 언어연구실 및 중국민족언어학회 비서처가 편찬한『알타이어문학논문선택』(續)에 실려 있다. 1982.

설명하는 것이다.[2]

한편으로는 현대 몽골어의 각각의 방언에 의거하여, 몽골어의 족어(族語)를 참고로 하고 단어의 의미와 발음을 선별하여 13세기, 즉 『비사』가 편찬된 시대의 몽골어를 재구성하며 재구성된 결과를 『비사』에 있는 표음 한자의 발음과 비교한다. 한편으로는 한어음운학의 지식을 이용하여 『비사』를 표음하는 데 사용한 모든 한자를[이형동가(異形同价)자도 표함] 『몽골자운』, 『중원음운』 등 운서의 음운체계에 따라 음소 기호로 한자 표음본이 기록된 시대, 즉 원나라와 명나라 때의 한어 발음을 표시하여 재구성된 13세기 몽골어와 대조한다. 두 가지 작업을 연계하는 것은 선대의 연구 성과를 인정하고 지금까지 존재하고 있는 난해한 문제를 해결하는 데 가장 효율적인 방법이다. 이 두 가지 작업은 지하철도를 정비하는 것처럼 두 입구에서 동시에 중간 위치에 있는 목적지로 돌진한다. 길이 통할 때 구경(口徑)이 서로 맞아야 성공할 수 있다. 양측이 전부 오차가 없는 것으로 증명할 수 있다.

『원조비사』와 비교하여 『금사』와 송·원시대의 다른 역사 서적에 있는 여진어 한자 대음 자료를 처리하는 것은 더욱 복잡하다. 이 복잡한 점은 대음 자료가 『원조비사』처럼 특별한 방법으로 한어와 다른 발음[3]을 세밀하게 구분하지 않았을 뿐만 아니라, 또 자료들이 일관성이 없고 대음도 각각 다른 사람이 표시한 것이라 하나의 음에 고정된 통일된 한자가 없다는 것 등이다. 그렇기 때문에 우리가 이들의 대음 한자를 이용하

---

2 위시창(喩世長), 「〈몽고비사〉 중에 원순모음의 한자 표시법(〈蒙古秘史〉中圓脣元音的 漢字表示法)」, 『중국언어학보』, 1984년 2기.

3 예컨대, 『원조비사』에는 한어 래(來)모자의 왼쪽 위에 작은 '舌' 자를 붙여 한어에 없는 몽골어 설첨전동음을 표시한다. 한어 효모자의 왼쪽 위에 작은 '中' 자를 붙여 몽골어의 소설정지음을 표시한다. 해당 한자의 밑에 축소된 '복(卜), 척(傷), 사(思), 실(失), 륵(勒), 설(舌), 아(兒), 극(克), 흑(黑)' 등을 더하여 한어에 없는 자음운미 'b, d, s, š, l, r, g, y' 등을 표시한다.

여 여진 음운을 복원할 때 더욱 신중해야 한다. 다행히, 지금까지 선대 학자들이 대음 한자로 몽골어를 재구하고 복원하는 데에 풍부한 경험을 쌓았다. 해니쉬(E. Haenisch, 海涅士)는 20세기 30년대에 로마자 음사본(音寫本)『원조비사』를 출판하였다. 1942년에 시라토리 구라키치(白鳥庫吉)는 교주본을 출판하였고 몽골어의 핵심을 더 잘 파악할 수 있도록 하였다. 새로운 역사(譯寫) 패러다임을 창립하는 폴 펠리오(Paul Pelliot, 伯希和) 음사본(音寫本)도 1948년에 출판되었다.『하버드 아시아주학보(哈佛亞洲學報)』에 발표된 티안칭버(田淸波)와 커리푸(柯立甫)의 논문에서 제시된 전사법이 가장 만족스럽다.[4]『여진역어』에 관한 연구도 한자와 여진어 음운 사이에 있는 음역 규칙의 탐구와 관련이 있다. 근대 한어와 명나라 여진어, 현대 한어와 만주어의 비교도 한어가 여진어와 만주어 음운체계 간의 차이를 이해할 수 있도록 한다. 이러한 성과와 경험이 우리가 오늘날에 이르러 송·원나라 역사 서적에 있는 대음 한자와 여진어 간의 음역 규칙을 귀납하는 데에 기여하는 바가 크다.[5]

2. 한어 래(來)모자와 여진어의 *r, *1

알타이어계의 다른 고대 언어 및 명나라『여진역어』와 만주어의 깊은 고찰에 따라, 송·원나라 시대의 여진어는 틀림없이 설첨전동음(舌尖顫音)이 있었다.『원조비사』에서 한어의 래(來)모자로 몽골어의 설측음(邊音) 1을 표시하였다. 래(來)모자의 왼쪽 위에 작은 위 첨자 '舌' 자를 붙여

---

4 「〈원조비사〉 및 그의 복원(〈元朝秘史〉及其復原)」,『이린전몽고학문집(亦郯眞蒙古學文集)』, 내몽고인민출판사, 2001, p. 719. J. C. Street, The Language of the Secret History of the Mongols, New Haven, 1957. 도부(道布) 역문, 중국사회과학원 민족연구소 언어연구실 및 중국민족언어학회 비서처가 편찬한『알타이어문학논문선택』(續)에 실려 있다. 1982 참고.

5 최기호·남상궁·박원길 공역,『몽골비사 역주』, 두솔, 1997.

여진어의 설첨전동음(舌尖顫音)을 표시하였다. 『금사』 등 역사 서적에 구분 없이 래(來)모자로 여진어의 설첨전동음과 설측음을 표시하였다. 『원조비사』에서 어미에 위치하는 설첨전동음 r을 일(日)모자 '아(兒)'의 왼쪽 위에 위 첨자 글씨로 '舌' 자를 붙이는 방법으로 표시했는데, 『금사』 등에서는 래(來)모자 '리(里)'나 일(日)모자 '아(兒)'로 표시하였다. 이것은 『여진역어』에서는 '이(爾), 아(兒)'로 *-r을 표시하는 것과 다르다. 사용한 래(來)모 한자는 '랄(剌)', '랄(辣)', '랍(臘)', '래(來)', '란(蘭)', '륵(勒)', '리(離)', '리(里)', '량(良)', '나(羅)', '락(落)', '로(魯)', '노(盧)', '록(祿)', '라(懶)', '렬(列)', '렬(烈)', '련(輦)', '린(鄰)', '림(林)', '류(留)', '루(婁)', '론(論)' 등이 있다.

래(來)모자 한자와 여진어 *r, *l 간의 음역 규칙에 대하여 전통적으로는 알타이어계의 고대 언어 및 만주어의 음운규칙을 참조하였다. 즉 언어 비교의 방법으로 구분하였다. 이기문, 기요세 기사부로, 캉단(康丹), 진광핑(金光平)·진치총(金啓孫), 도을지(道爾吉) 등은 이 방법으로 명나라 영락본 및 회동관 『여진역어』의 대음 전사를 정리하였다.

알타이어계와 만주어에서 r은 어두에 나타나는 경우가 아주 드물기 때문에, 음역할 때 래(來)모자가 어두에 있으면 모두 *l로 음역을 하였다. 예를 들어, 『금사』 권67에서 인명 '류가(留可)'를 *lioko로 음역하였는데 만주어에서 '숫돌'을 *leke로 표시하는 것에 따르면 여진어 '숫돌'의 음역이다. 『금사』 권5 '루실(婁室)'을 *losi로 음역을 하였는데 만주어 loso에 해당된다. 뜻은 '봄에 농사짓기 힘든 축축한 논밭이다.'[6]

래(來)모 대음 한자로 여진어 어휘의 자음을 표음하는 경우에 만주어 음절을 대조하여 *r, *l을 구분한다. 예를 들어, 『금사』 권2에서 갈로(曷

---

6 본문에 사용하는 만주어는 상홍다(商鴻逵) 등의 『청사만어사전(清史滿語辭典)』, 상해고적출판사, 1990. 후정이(胡增益) 등, 『신만한대사전(新滿漢大辭典)』, 신장인민출판사, 1994. 등에 의거하였다. 만문 전사 형식은 하네다 도루(羽田亨)의 『만화사전(滿和辭典)』(일본국서간행회, 1972)에 사용하는 '묵씨전사법(穆氏轉寫法)'에 따랐다.

魯), 권63에서 갈로(葛魯), 권54에서 합로(合魯), 권80에서 할로(豁魯)라는 인명이 있는데, '갈로(葛魯)'는 여진어 '백조'의 음역이다. 만주어에서 '백조'를 garu[qaru]로 표시하는 것에 따라서 *qaru로 음을 추정하였다. 『금사』 권11에서 완안살리합(完顔撒里合) 권84에 완안살리갈(完顔撒離喝), 살랄갈(撒剌喝)이라는 인명이 있다. '살리합(撒里合)' 등은 여진어 '지배하다'의 음역이고, 만주어에 saligan으로 표시하므로 saliqa로 음을 추정하였다.[7]

『금사』 등에서 일반적으로 래(來)모자 '리(里), 로(魯), 륵(勒)'과 일(日)모자 '아(兒)' 등 대음 한자로 여진어 음절 말음 *r, *l을 표시하였다. 전에는 학자들이 『여진역어』에 있는 일(日)모자 '아(兒), 이(爾)'에 대응하는 여진어 음절 말음의 자음의 음역 규칙을 작성할 때 이것이 음소인지 음절인지에 대하여는 결국 결정짓지 못하였다. 일부 학자들은 『여진역어』에서 자음 *-r로 끝나는 단어가 제시되어 있으니, 다른 퉁구스계 언어에도 존재해야 한다고 주장하였다. 여진어의 *-r은 일반적으로 만주어의 *-ri에 해당된다. 예를 들어, '용(龍)'은 『여진역어』에서 '목두아(木杜兒)'이고, 만주어에서는 muduri이다. '복(福)'은 『여진역어』에서 '홀독아(忽禿兒)'이고 만주어에서는 huturi이다. 그러나 만주어의 -hi 및 몽골어의 -r에 해당하는 *-r도 있다. 예를 들어, '신(神)'은 『여진역어』에서 '비여아(非如兒)'라고 하고, 만주어에서는 fucihi '부처, 보살'이다. '구(俱)'는 『여진역어』에서 '혁목아(革木兒)'인데 만주어에서는 gemu이다. 『여진역어』에서 '친구'를 '날고로(捏苦魯)'라고 하는데 몽골어에서는 nökör이며 여진어의 음가가 *-r[8]인 것을 추정할 수 있다. 일부 학자들이 만주어에서 -r로 끝나

---

7 대음 한자 '里, 離'와 '魯, 盧' 등도 자주 혼용된다. 예컨대 완안종망(完顔宗望)은 '알리부(斡里不)'라고 하는데, '알로보(斡魯補)', '와로보(訛魯補)'라고도 한다. '완안아노보(完顔阿盧保)'는 '완안아리보(完顔阿離補)'라고도 한다. '완안알리고(完顔斡里古)'는 '완안아로고(完顔阿魯古)'라고도 한다. ri, li나 ru, lu로 추정해야 하는지는 상황에 따라 해야 한다.

8 기요세 가사부로 노리크라(淸瀨義三郎則府), 『여진언어문자연구(女眞語言文字硏究)』, 일본법률문화사, 1977, p. 56.

는 폐음절이 어미에 위치할 때 탈락이나 모음이 첨가된다는 점에서, 여진 문헌의 대음 한자 '아(兒)'가 어미에 처하면 *ri로 의음하거나 연음으로 처리하였다. "어미가 있는 모든 자음자를 비교해 보면 연음이라면 어미에 위치하는 자음이 탈락한 것임을 알 수 있다. 예를 들어, '조(早)'의 발음이 '-아(兒)'인데 비문에서는 '-아(兒)'로 '이(益)', '역(易)' 등의 음을 표시한다. 만주어에 비교해 보면 r음이 존재하지 않으니 덧붙은 음(街音)임을 알 수 있다."[9]

『금사』에서 여진어 음절 말에 위치하는 *-r, *-l이 래(來)모자 '리(里)', '로(魯)', '노(盧)', '륵(勒)', 니(泥)모자 '나(那)', 그리고 일(日)모자 '아(兒)'로 대음되었다. 예를 들어, '추하다', 대음은 '아리손(阿里孫)'이며, 만주어는 ersun이다. '십육(十六)', 대음은 '녀로환(女魯歡)'이고 만주어는 niolhon이다. '연결하게 하다', 대음이 '골로보(鶻魯補)'이며 만주어는 holbo이다. '천 주머니', 대음은 '포로혼(蒲魯渾)[포노혼(蒲盧渾)]'이고 만주어는 fulhuu이다. '변두리(邊)', 대음은 '아륵근(阿勒根)'이며 만주어는 argi이다. '처(妻)', 대음은 '살나한(薩那罕)'이고 만주어는 sargan이다. '오소리(獾)', 대음은 '동아(冬兒)'이고 만주어는 dorgon이다. '통천귀, 찰거머리', 대음은 '아리(阿里)'이고 만주어는 ari이다. 『금사』에서 일(日)모자 '아(兒)'로 음절 말음 *-r, *-l을 음역하는 여진 인명이 많지 않다. 다음과 같은 예만 있다. 권17에 석말동아(石抹冬兒), 권123에 달아대(達兒歹),[10] 권59에 완안야보아(完顏耶補兒)[완안야보(完顏耶補)]가 있다. 그중에서 '동아(冬兒)'는 여진어에서 '오소리'라는 뜻이다. 『여진역어 · 조수문』에서 '맥특액림타아(脈忒厄林朶兒)가 오소리이다'라는 말이 있다. '오소리'가 만주어로 '다아곤(多兒袞)'

  9 진광핑(金光平) · 진치총(金啓孫), 『여진언어문자연구(女眞語言文字硏究)』, 문물출판사, 1980, p. 155.

  10 '대(歹)'는 『금사』 원문에는 '태(觸)'였다. 한자 '歹'는 후발자로, 송나라 이전에 '태(觸)'로 실현되었다. 송나라 펑다야(彭大雅)의 『흑달사략(黑韃事略)』, "(몽골족) 가난한 사람을 '태(觸)'라고 부른다." 『정자통 · 각부(正字通 · 角部)』, "'觸', 『자학삼정(字學三正)』에 '태(觸)'를 '대(歹)'로 표시한다." 검자가 편리하도록 '태(觸)'를 모두 '대(歹)' 자로 대치한다.

dorgon이다. '달아대(達兒歹)'는 만주어 dartai에 해당하며 '순간, 잠시'[11]라는 뜻이다. '야보아(耶補兒)'는 만주어로 iberi이고 '투구꼬리'라는 뜻이며, 만주 이름은 '이백리(伊伯里)'로 기록된다. 『청어인명역한』에서 '이백리(伊伯里)는 투구꼬리이다'[12]라는 말이 있다. '아(兒)'가 일반적으로 만주어의 *-r과 *-ri에 해당한다는 것을 알 수 있다. 운미로 나타나는 대음 한자 '리(里), 로(魯), 아(兒)' 등의 글자를 음역할 때, 몽골어와 만주어의 어두, 어중, 어미에 *-r과 *-l로 끝나는 음절이 여전히 있음에 따라 상응하는 *-r이나 *-l로 음을 추정한다.

또한 『금사』에 있는 여진 인명의 한자 대음 중에 음절 말의 *-l을 *-n운미의 한자로 대역하는 경우도 있다. 예를 들어, 『금사』 권73에서 완안안출호(完顏按出虎), 권132에서 도단아리출호(徒單阿里出虎)라는 인명이 있다. 『금사·국어해』에 '금은 안춘(按春)이다'라는 말이 있다. 『여진역어·진보문』에서 '안춘온(按春溫)은 금(金)이다'라고 한다. 『금사』에 있는 인명 '안출호(按出虎)', '아리출호(阿里出虎)' 등은 『흠정성경통지』 권27에 있는 '아륵초객(阿勒楚喀)'에 해당한다. 『금사·국어해』에서 '환단(桓端)은 소나무이다'라고 한다. 『금사』 권111에서 포찰환단(蒲察桓端), 권120에서 오고론환단(烏古論喚端) 등 인명이 있다. 『요동행부지』에서 '화로탈도(和魯奪徒)는 한어에서 소나무이다'라고 한다. 『여진역어·화목문(花木門)』에서 '소나무는 화타막(和朵莫)이다'라고 하여 만주어로는 holdon이다. 폐음절 어미 *-l을 -n운미의 한자로 대음하는 것은 고대 몽골어와 한어의 대음 자료에 있는 체계와 일치한다. 몽골어 altan의 대음은 '안탄(按坦)'이다.

---

11 『흠정금사어해』 권12에 '달아(達兒)'가 몽골어에 '옷이 있다'라는 뜻을 지니는 '덕륵대(德勒臺)'에 해당한다고 여겼다. 우리는 몽골어의 해석이 분명하지 않다고 생각한다. 만주어 dartai, '순간, 금방'이라는 뜻을 지녀 발음이나 의미나 모두 '달아(達兒)'와 유사하다. 그리고 청나라 시대 만주족에게 '달란태(達蘭泰)'라는 인명이 있는데, 이겡(亦賡), 『청어인명역한』에는 '별안간, 잠시'라고 해석하였다.

12 『흠정금사어해』 권11에는 '야보아(耶補兒)'를 몽골어 '액포륵(額布勒)'으로 해석하여 '겨울'이라는 뜻이다.

qalqa의 대음은 '한합(罕哈)'이다. tügel의 대음은 '독견(禿堅)'이다.[13] 이러한 대음 현상의 출현은 특수한 조건이 있다. 즉 *-l 뒤에 보편적으로 설음이 오는 경우이다. 이런 경우이면 일반적으로 한자의 운미 *-n은 여진어의 *-l을 표시하는 것으로 추정한다.

3. 정지음(塞音)의 전사

한어는 금나라 이전에 이미 유성음화 현상을 일으켜 정지음(塞音)은 유기음(送氣音)과 불유기음(不送氣音)의 대립만이 있다. 그러나 알타이어계의 음운규칙을 보면 정지음(塞音)은 일반적으로 유무성의 대립이 있다. 기요세 기사부로가 『여진역어』의 대음 한자를 연구하여 얻어낸 명나라 여진어 자음체계는 다음과 같다. 순음 *b, *m, *f. 치음 *t, *d, *s, *n, *r, *l. 경구개음 *č, *š, *j. 전부연구개음 *k, *g, *h, *ŋ. 후부연구개음 *q, *ɤ, *x. 반모음 *w, *y 등.[14] 이기문의 「중고여진어의 음운학 연구」는 『여진역어』 등에 따라 다음과 같은 자음을 제시하였다. 정지음(塞音) *b, *t, *d, *k, *g. 파찰음(塞擦音) *č, *j. 비음(鼻音) *m, *n, *ŋ. 마찰음(擦音) *f, *s, *š, *h. 유음(流音) *l, *r. 반모음(半母音) *w, *y 등. 두 학자가 재구한 자음체계는 대동소이하다. 그중 가장 뚜렷한 특징은 정지음(塞音)의 유무성 대립이다. 순치음(脣齒音) *f의 출현이 순음의 유무성 대립을 탈피했지만, 유무성의 대립은 여전히 명나라 여진어의 설첨음과 연구개음에 전부 연계되어 있는 것이 틀림없다. 『여진역어』와 『원조비사』의 대음은 일반

---

13 이린쩐(亦鄰眞), 「기련곡과 고련륵고(起輦谷與古連勒古)」, 『이린쩐몽고학문집(亦鄰眞蒙古學文集)』, 내몽고인민출판사, 2001, p. 751 참고.

14 도을지(道爾吉)·허시거(和希格), 『〈여진역어〉 연구』에 명나라 여진어의 자음체계를 다음과 같이 제시하였다. 양순음 *b, *m. 순치음 *f. 설첨정지음 *t, *d, *s, *n, *r, *l. 설엽음 *č, *š, *j. 연구개음 *g, *k, *h, *ŋ. 소설정지음 *q, *y, *x. 반모음 *w, *y 등. 기요세 가사부로가 얻어낸 결론과 거의 일치한다.

적으로 한어의 불송기음으로 알타이어의 무성음에 대응하고, 한어의 송기음으로 알타이어의 유성음에 대응시키는 것이다. 『금사』 등의 대음도 마찬가지다. 그래서 음역할 때, 한어와 여진어 사이에 다음과 같은 대응을 이루는 것이 더욱 타당하다. *p-:*b-, *ph-:*p-, *t-:*d-, *th-:*t-, *k-:*g-(*q), *kh-:*k-. 예를 들어, 『금사』 권65에 완안배로(完顔輩魯)라는 인명이 있다. '배로(輩魯)'는 여진어 '화살'의 음역이며 만주어로 '박리(薄里)' beri이다. 여기서는 한어의 *p:*b의 대립이다. 『금사』 권68에는 포양온(蒲陽溫)이 있는데, 『금사·국어해』에서 '포양온(蒲陽溫)은 막내아들이다'라는 말이 있다. 만주어로 '비양무(費揚武)' fiyanggū이다. 『금사』에 있는 *ph-가 성모인 한자는 대부분 만주어의 f에 해당한다. 이를 토대로 여진어의 역사상 *p〉f의 변화가 있었다는 것을 추정할 수 있다.[15] 『금사·국어해』에 '답부야(答不也)는 밭을 갈고자 한다'라는 말이 있다. 만주어로 동사 '김매다'는 dabgimbi로 표시된다. 또 '답(答)'은 『중원음운』에 가마(家麻)운 *t성모에 속한다. 여기서는 *t:*d의 대립이다. 『금사』 권14에 타만호토문(陀滿胡土門)이 있는데, '타만(陀滿)'은 바로 『여진역어』에 있는 '토만(土滿)'이고, 만주어로 temen이다. 의미는 '만(萬)'이다. 여기서는 한어의 *th:*t이다. 『금사』 권68에 완안골난(完顔骨㪚)이 있는데, 『금사·국어해』에서 '골난(骨㪚)은 계이다'라고 하며, 만주어로 gūna(gūnan)이다. '세 살

---

15 이기문 등은 『여진역어』, 『금사·국어해』와 만주어를 비교하면서, 『금사』에 명나라 여진어와 청나라 시대 만주어의 f로 시작하는 단어들이 대부분 ph:p로 대음되었다는 것을 밝혔다. 예를 들어, 『금사』 포대(蒲帶) *pudahi 『여진역어』 불특매(弗特昧)(送)〉만주어 fudehe '이미 드렸다'. 『금사·국어해』 '포양온(蒲陽溫)은 어린 아들이다', 만주어로는 '비양무(費揚武)' fiyanggū. 『금사』 '모극의 부장'이라는 뜻을 갖는 '포리연(蒲里演)'은 만주어에 '무리'라는 뜻을 지니는 feniyen, 나나이어에 '협조'라는 뜻을 지니는 bolaci 등에 해당한다. 이에 따라 금나라 시대 여진어부터 청나라 시대 만주어까지에 p〉f의 변화가 있었다는 사실을 밝혔다. 송·원나라 역사 서적에 '포리연(蒲里演)'이 '불열(拂涅)'로도 대음하는 것을 보니, 금나라 시대 여진어에서 p〉f의 변화가 이미 대두하였다. 이 변화는 처음에 원순모음 u의 영향을 받아 일어난 가능이 있다. 명나라에 들어 p〉f의 변화는 이미 완성되었다는 것에 의거하여 여진어 p〉f가 본격적으로 변화한 시기는 원나라 시대였다고 할 수 있다.

짜리 소, 금방'이라는 뜻이다. 여기서는 한어의 *k:*g이다. 『금사』 권67에 류가(留可)가 있는데, 여진어에는 '숫돌'이라는 뜻이다. 만주어로 leke이다. 여기서는 한어의 *kh:*k이다.

4. 일부 견(見), 효(曉), 갑(匣)모자의 전사

견(見), 효(曉), 갑(匣)모자의 전사는 비교적 복잡하다. 알타이어계의 다른 언어와 만주어에 따르면, 고대 여진어에도 일련의 구개수음(小舌音)이 있어야 한다. 즉 무성정지음 *q와 유성정지음 *ɤ이다. 전에는 기요세 기사부로, 도을지(道爾吉) 등이 『여진역어』를 음역할 때 이 구개수음을 정의하였다. 송·원나라 때의 북방 한어체계에 이러한 음운체계가 없었기 때문에, *q를 인접하는 연구개음 견(見)계자나 효(曉), 갑(匣)계자로 대체할 수밖에 없었다. 대음규칙에 따라 견(見)모자로 일반적으로 여진어 *k, *g를 음역하고, 효(曉), 갑(匣)모자로 *h-를 음역한다. 견(見)모자의 예로 『북맹록』에 있는 애근(愛根) *aigen은 '남편'이라는 뜻이며, 만주어 eigen에 해당된다. 효(曉), 갑(匣)모자의 예로 여진어 '노예'는 『금사』에 '아합(阿合)'으로 대음하고, 만주어 aha에 해당된다. 송·원나라 시대의 역사 서적에 견(見)계자와 효(曉)계자를 구분하지 않거나 효(曉)계자만으로 만주어 g-에 해당되는 여진어 음절을 음역하는 경우도 있다. 예를 들어, 『금사』 권2에 갈로(葛魯)라는 인명이 있는데, 권63에 갈로(葛魯), 권54에 합로(合魯), 권80에 할로(豁魯)로 나타났다. 이 단어는 만주어 '백조' garu[qaru]에 해당된다. 『금사』 권11에 완안살리합(完顏撒里合), 권84에 완안살리갈(完顏撒離喝)이 있는데, '살리합(撒里合)'은 만주어 saligan에 해당되며 '지배하다'라는 뜻이다. 『금사』 권113에 줄호지로환(朮虎只魯歡)이 있는데, '지로환(只魯歡)'은 만주어 jalgan에 해당하며 '수명(壽命)'이라는 뜻이다. 이는 몽한(蒙漢) 대음 문헌의 음역 방법과 일치한다. 몽골어의 구개수음도 효(曉)모자로 대음한다. 예를 들어, 몽골어 qara, 『원조비사』에 대음은 '합랄(哈剌)'이다. qoniči의 대음은 '화니적(火你赤)'이다. qubilai의 대음은 '홀필렬(忽必烈)'이다. 원나라에도 q로 한어의 효(曉)모자를 음역하였다. 예를 들어, '한림(翰林)'은 qanlim으로 음역된다. '하(河)'는 qo로 음역된다. '황(皇)'은 qong으로 음역된다. '환(歡)'은 qon으로 음역된다. 몽골문 비각에도 k로 효(曉)모자를 음역하는 경우가 종종 보인다. 예를 들어, '학사(學士)'는 kaosi로 음역된다. '허(許)'는 ko로 음역된다. '현(顯)'은 kan으로 음역된다.[16] 우리는 일반적으로 견(見)모자와 효(曉)모자의 성모를 구개수음 *q-로 음역한다. 즉 '갈로(曷魯)'를 *qaru로, '살리합(撒里合)'을 *saliqa로, '지로환(只魯歡)'을 *jilqan으로 음역하였다. *ɣ가 한어의 의(疑)모자나 영(影)모자로 대음된다. 예를 들어, 『금사·국어해』에 '兀顔曰朱'라는 말이 있는데, '올안(兀顔)'은 『여진역어』의 '올리언(兀里彦)' 및 만주어 ulgiyan에 해당하여 '돼지'라는 뜻이다. 『금사』에 맹안(猛安) '천부장'은 『여진역어』의 명간(皿干) 및 만주어 minggan에 해당하여 '천(千)'이라는 뜻이다. 『금사·국어해』에 '포양온(蒲陽溫), 유자(幼子, 어린아이)'라는 말이 있는데, 만주어 fiyanggū '막내아들'에 해당한다. 『여진역어』, 만주어, 그리고 『중원음운』에는 의(疑)모 ŋ이 대부분 n이나 영(零)성모로 변하는 것을 보니, 의(疑)모자와 영(零)모자는 여진어 *g가 약화된 음 *ɣ를 표시하는 것으로 추정할 수 있다. 그래서 우리는 '올안(兀顔)'을 *ulɣen으로, '맹안(猛安)'을 *muŋɣan으로, '포양온(蒲陽溫)'을 *puyaŋɣun으로 추정하였다.

---

16 이린쩐(亦鄰眞), 「〈원조비사〉 및 그 복원(〈元朝秘史〉及其復原)」, 『이린쩐몽고학문집』, 내몽고인민출판사, 2001, pp. 736~738.

5. 정(精)계자 및 여진어 마찰음(擦音) *s

몽원(蒙元) 시대의 몽골문 비명(碑銘) 『장응서선영비(張應瑞先塋碑)』, 『죽온대신도비(竹溫台神道碑)』, 『운남왕장경비(雲南王藏經碑)』, 『혼도신도비(忻都神道碑)』 등에서 몽골어의 한어 차용어를 표음할 때, 일반적으로 *s로 한어 정(精)계자를 음역하였다. 예를 들어, '장(藏)' sink, '장(匠)' sank, '자(紫), 자(資), 집(集)' si, '증(贈)' sink, '좌(左)' soo, '총(總)' sonk, '참(參)' sam, '전(錢)' san, '제(齊)' si, '진(秦)' sin, '청(青), 청(淸)' sink, '전(全)' soin 등.[17] 『여진역어』에도 마찬가지다. 한어 '노새'가 여진어에 '로살(老撒)'로 표기된다(『여진역어·부장문』). '총병(總兵)'은 여진어에 '소온필인(素溫必因)'으로 대음된다. 이는 '밀(麥子)'을 만주어로 maise라고 표기하는 것과 같다. 여진어 설첨전음의 음소는 *s만 있고, *ts, *tsh 등은 없다. 이전에 학자들이 앞서 『여진역어』의 대음규칙을 분석하여 결론을 얻어냈으니 더 이상 언급하지 않는다. 『금사』 등 송·원나라 역사 서적에 여진어 대음 한자가 심(心)모자만 있고, 사(私)모자의 '상(詳)'은 이미 *s-성모로 바뀌었다.

6. *si 및 *hi의 전사

대음규칙에 따라, 여진어 *hi는 한어에 운모 *-i를 가진 효(曉), 갑(匣)모자로 표시하는 것이 원칙이다. 예를 들어, 『금사』 아리희(阿里喜) '병사의 부종' 만주어 ilhi '보조'. 그러나 『금사』에 '선(鮮), 사(思), 실(失)' 등 심(心)모자와 서(書)모자로 여진어 *hi와 대음하는 사례가 있다. 예를 들어, 『금사』 포선(蒲鮮)(*sien)〉『여진역어』 포희(布希) '무릎'〉 만주어

17 이린쩐(亦鄰眞), 「〈원조비사〉 및 그 복원」, 『이린쩐몽고학문집』, 내몽고인민출판사, 2001, p. 740.

buhi '무릎, 털이 없는 녹비'. 『금사』 특사(特思)(*si)〉『여진역어』 특희(忒希) '사십(四十)'〉만주어 dehi '사십'. 『금사』 사불습(辭不習)(*si)/사부실(辭不失)(*ʃi) '술이 깨다'〉회동관『여진역어』 노륵속불합(奴勒速不哈) '술이 깨다'〉만주어 subuha '술이 깼다' 등. *si와 *hi는 음감이 유사하기 때문에 그런 현상을 일으킬 가능성이 있다. 이러한 심(心)모자와 서(書)모자가 『여진역어』와 만주어를 참고로 하여 *h-로 음역하였다.

7. 한어 의(疑)모자의 전사

『중원음운』에 의(疑)모자는 대부분 영(影), 운(云)과 합류되었다. 예를 들어, '어(魚)', '어(語)', '우(遇)', '옥(玉)' 등. 또한 일부분은 하나의 운류가 되었다. 예를 들어, 강양(江陽)운의 '앙(昂)', 소호(蕭豪)운의 '학(虐)', '오(奧)', '약(約)' 등. 이에 대하여 양내스(楊耐思)는 "의(疑)모자의 소운(小韻)은 '영(影), 운(云), 이(以)' 소운(小韻)과 대립하지 않는 경우에는 *ŋ성모가 보존될 수도 있다. '영(影), 운(云), 이(以)'와 대립하는 경우에는 *ŋ성모가 꼭 보존되어 있다'라고 설명하였다.[18] 또한『중원음운』에 일부 소운 의(疑)모자는 낭(娘)모자와 같이 쓰이게 되었다. 예를 들어, '교(囓)', '얼(臬)'은 '날(捏)', '년(碾)'과 합병되었다. 그때 *ŋi〉*ni의 변화가 앞서 일어났다. 『금사』 대음 한자에 '앙(昂)', '오(吾)', '올(兀)', '애(皚)', '은(銀)', '안(顔)', '와(訛)', '아(牙)', '와(瓦)' 등 의(疑)모자가 있는데, 알타이어계의 다른 언어, 특히 만주어에는 *ŋ이 음절 어두 자음으로 나타나지 않기 때문에『여진역어』나 만주어에 따라 어두 위치에 있는 의(疑)모자를 *n, *y나 *∅성모로 음역하였다. 예를 들어, 『금사』 은출가(銀尤可) '진주'『여진역

---

18 양내스(楊耐思), 『중원음운의 음운체계(中原音韻音系)』, 중국사회과학출판사, 1981, p. 20.

어』 녕주흑(寧住黑) '진주'〉 만주어 nicuhe '진주'에 따라 '은출가(銀朮可)'
를 *ninjuko로 추정하였다. 『금사』 아오탑(牙吾塔) '부스럼'〉 만주어 yoo
hede '부스럼'에 따라, '아오탑(牙吾塔)'을 *yaɣuta로 음을 추정하였다. 원
명 희곡 '아불(牙不)'〉『여진역어』 아부(牙不), '걷다'〉 만주어 yabu에 따라
'아부(牙不)'를 *yabu로 음을 추정하였다. 『금사』 앙길락(昻吉泺) '원앙
락')〉 명나라 몽골어 '아길아(昻吉兒)' '원앙'이라는 뜻이다. 만주어 anggir
'황오리', '앙길락(昻吉泺)'을 *aŋgir로 음을 추정하였다. 만주어에 따라 의
(疑)모자가 어중, 어미에 위치하는 경우 *ɣ로 음역한다. 예를 들어, 『금
사』 아오탑(牙吾塔) *yaɣuta '부스럼'〉 만주어 yoo hede '부스럼'. 『금사』
혹토애갈만(忽土皚葛蠻) *hutuɣaigamon〉 만주어 hutuŋgai hafan '복 받는
요새'. 『금사』 올안(兀顔) *ulɣen〉『여진역어』 올리언(兀里彦) '돼지'〉 만주
어 ulgiyan '돼지' 등. 설명한 바와 같이, 송·원나라 시기에 의(疑)모자는
현대음으로 변하고 있다. 이러한 변화 과정에 일부음은 『중원음운』에서
다른 성류와 같이 쓰이게 되었다. 특히 영(零)성모에 합류된 글자는 송·
원나라 역사 서적과 여진어의 대음에서 아직 본래의 음을 어느 정도 유
지하고 있다. 이로 인해 우리는 『중원음원』보다 비교적 보수적으로 의
(疑)모자를 ŋ-성모로 추정하였다.

8. 한어 우(遇)섭 3등자의 전사

『여진역어』에 있는 3등자는 먼저 두 가지로 구분할 수 있다. 한 가지
는 대음 한자이다. '제(諸)', '서(書)', '서(舒)', '여(如)', '부(夫)', '주(朱)', '어
(於)', '초(楚)', '허(許)', '부(府)', '무(撫)', '무(武)', '무(無)', '어(御)', '부(付)',
'주(住)' 등이 이 부류에 속한다. 다른 한 가지는 여진어의 단어 형성을
근거로 하는 한자이다. 즉 소위 '어근자(字源字, Root word)'이다. '서
(書)', '부(夫)', '무(無)', '어(於)', '부(府)', '우(雨)', '어(御)', '거(去)' 등은 이

부류에 속한다. 후자는 여진어를 창제할 그 시기의 발음, 즉 금나라 북방 한어의 발음을 대표한다. 전자의 대음은 명나라 사이관의 관리들이 정의한 것이지만, 금나라에서 전해온 고서를 참고한 것이기 때문에 일부 글자도 금나라 북방 한어의 발음을 대표할 수 있다. 여진문어근자가 대음 한자 및 만주어에 해당하는 형식과 비교를 통해, 우(遇)섭 3등자 '서(舒)', '주(住)', '어(於)', '우(雨)', '구(具)' 등은 [양내스(楊耐思)『중원음운의 음계』에서 어모(魚模)운 *-iu로 추정하였다] 여진어에 해당하는 음절의 운모가 만주어 -i에 해당하거나 혹은 여진어 운모 -i음절자의 어근자이다. 예를 들어, 『여진역어·부장문』에 '요(鷂, 익더귀)'의 대음 한자는 '서목(舒目)'이고, 만주어 silmen에 해당한다. 『여진역어·인사문』에 '묻다(問)'의 대음 한자는 '번주매(番住埋)'이며, 만주어 fonjimbi에 해당한다. 『여진역어·통용문』에 '상(相)'의 대음 한자는 '역선도(亦宣都)'이고, 만주어 išunde에 해당한다. '역(亦)'으로 대음한 여진자는 한자 '우(雨)'에서 나왔다. 『여진역어·천문문』에 '운(云)'의 대음 한자는 '독길(禿吉)'이고, 만주어 tugi에 해당한다. '길(吉)'로 대음한 여진자 어근은 한자 '구(具)'에서 나왔다. 『여진역어·화목문』에 '화(花)'의 대음 한자는 '일륵합(一勒哈)'이며, 만주어 ilha에 해당한다. '일(一)'로 대음한 여진자 어근(字源)은 한자 '어(於)'에서 나타난다. 『여진역어』의 대음에 따라, 또 둔황 장한 대음 문헌(敦煌藏漢對音文獻) 및 서하 대음 문헌(西夏對音文獻)을 참고하여, 금나라 북방 한어의 순음 우(遇)섭 3등자는 여전히 *-u로, 후음과 아음은 *-i로, 장(庄)계는 *-i, *-u 사이에 발음한다는 사실을 밝혔다.[19] 『금사』 등 송·원나라 역사 서적에 여진어의 대음 한자 중 우섭 3등에 속하는 글자는 다음과 같다. '포(甫)', '여(女)', '주(住)', '주(注)', '처(處)', '여(餘)' 등. 예를 들어, '항아리(罐)'의 대음 한자는 '활녀(活女)'이고, 만주어로 hunnio

---

19 상세한 논증은 순버쥔(孫伯君), 「〈여진역어〉의 우(遇)섭 3등자」, 『민족어문』, 2001년 4기.

이다. '영준(英俊), 미려(美麗)'의 대음 한자는 '합주(合佳), 화탁(和卓), 화자(和者)'이며, 만주어 hojo에 해당한다. '차례(班兒)'의 대음 한자는 '익도(益都), 여도(餘都)'이며, 만주어 idu에 해당한다. 그의 대음규칙은 대체적으로 『여진역어』와 일치한다. 이로 인해 우리는 '보(甫)' 등 순음자가 대응한 여진어 운모를 *-u로 추정하였고, '주(佳)', '주(注)', '처(處)' 등 지(知), 장(庄)계자가 대응한 여진어 운모를 *-o 나 *-u로 추정하였으며, '여(餘)' 등 『중원음운』의 어모(魚模)운 영(零)성모자가 대응하는 여진어 운모를 *-i로 추정하였다.

9. 가과(歌戈), 어모(魚模)운과 여진어 모음 *o 및 *u

대음 한자에 의거하여 모음체계를 재구성하는 것은 자음체계의 재구성보다 더욱 어렵다. 특히 『금사』에 있는 여진 인명, 지명, 그리고 『여진역어』와 같은 대음 자료에서 그들의 대음 한자가 『원조비사』처럼 o, ö 나 u, ü 등 같은 음과 엄격히 구분되지 않았다. 즉 '알(斡)[와(窩)]'로 o 와 ö를 표시하고, '올(兀)'로 u와 ü를 표시하였다.[20] 이 자료들만으로는 완벽한 여진어 모음체계를 재구성하기는 어렵다. 우리는 대음규칙에 의거하고, 또 고대 몽골어나 만주어와 같은 알타이어계의 모음체계를 빌려 여진어의 모음체계를 추정할 수밖에 없다. 이 방법은 큰 결점이 있기는 하지만, 여진어의 모음 음운을 대체적으로 추정할 수 있다. 『금사』 등 역사 서적의 대음 중, 만주어 모음 o, u에 해당하는 여진어에 한어 가과(歌戈)운의 '알(斡)', '와(窩)', '와(訛)' 및 어모(魚模)운의 '올(兀)', '오(烏)', '오(吾)' 등 한자로 대음한다. 일반적인 규칙은 '알(斡)', '와(窩)', '와(訛)'가 *o와

---

20 위시창(喩世長), 「〈몽골비사〉중에 원순모음 한자의 표시법」, 『중국언어학보』, 1984년 2기 참고.

대응하고, '올(兀)', '오(烏)', '오(吾)'가 *u와 대응한다. 『중원음원의 음운체계』에 따라 '알(斡)', '와(窩)', '와(訛)'는 *uo로, '올(兀)', '오(烏)', '오(吾)'는 *u로 추정하였다. 『몽골자운』에 따라 '알(斡)'은 *·uo로, '와(訛)'는 *o로, '오(烏)'는 *·u로, '오(吾)'와 '올(兀)'은 *u로 추정하였다. 이러한 대음은 매우 논리적이다. 또 만주어 문어에는 a[ɑ], o[ɔ], ū[ɵ], i[i], u[u], e[ə] 6개의 기본 모음이 있다. 그중 o와 u는 중요한 두 음소이다. 청나라 대음에 일반적으로 '알(斡)', '악(鄂)' 등 한자는 만주어 o와 wa, we와 대응되고, '올(兀)', '오(烏)' 등 한자는 만주어 u와 대응되었다. 이로 인해 우리는 여진어의 음을 추정할 때 대체적으로 '알(斡)', '와(窩)', '와(訛)'를 *o로, '올(兀)', '오(烏)', '오(吾)' 등을 *u로 추정한다. 두 조의 글자를 혼용하는 경우도 있는데, 예를 들어, '완안알론출(完顔斡論出)'은 '와론출(訛論出)', '올론출(兀論出)'이라고도 한다. '오둔오리불(奧屯吾里不)'은 '오둔알리불(奧屯斡里不)'이라고도 한다. 만주어에 따르되 상황을 감안하여 결정해야 한다.

10. 한어 *-m 운미자의 전사

『중원음운』에는 진문(眞文), 한산(寒山), 선천(先天)과 침심(侵尋), 감함(監咸), 렴견(廉纖)의 대립이 있는데, 일부의 *-m 운미자는 앞서 *-n운미자에 병합되었다. 예를 들어, 침심(侵尋)운의 '품(品)', '침(寢)'은 앞서 진문(眞文)운에 포함되고, 감함(監咸)운의 '범(凡)', '범(泛)'은 앞서 한산(寒山)운에 병합되었다. 그러므로 학계에서 일반적으로 원나라 북방 한어 관화에 *-m운미가 여전히 존재하고 있지만 이미 *-m과 *-n이 병합되기 시작하였다고 주장하였다. 이러한 병합은 '수미이화(首尾異化)'로 인해 우선 순음 성모자에서 일어나게 되었다. 명나라 『여진역어』의 대음 상황은 다음과 같다. *-m한자로 만주어의 -m운미 음절과 대응되는 경우가 있다. 예를 들어, '받다'라는 뜻을 갖는 여진어 단어의 대음한자는 '탐손매(貪孫昧)'이고, 만주어 tomsombi에 해당한다. '춥다'의 대음 한자는 '심온(深溫)'이다. 회동관『여진역어』에 '한(寒, 춥다)'의 대음 한자는 '실목올(失木兀)'이다. 만주어에 '쓸쓸하다'는 simeli이다. 한자 '목(木)'으로 만주어의 운미 -m과 대응하는 경우도 있다. 예를 들어, '착하다(善)'의 대음 한자는 '눈목화(嫩木和)'이다. 회동관역어에는 '나목화(那木和)'이며, 만주어 nomhon에 해당된다. 이에 따라, 명나라의 *m과 *n운미 한자가 이미『중원음운』에 더욱 밀접하게 병합을 일으켰다.『여진역어』와 비슷한 시기에 편찬된『서번역어』도 이런 현상을 반영하였다. 티베트문 -m~ 한문 *-m. 티베트문 -n~ 한문 *-m. 티베트문 -n~ 한문 *-n. 티베트문 -m~ 한문 *-n. kham, tham, nam, kam 같은 티베트문 음절은『중원음운』에서 *-m운미인 '감(瞰)', '탐(探)', '남(南)', '감(甘)' 등 한자로 대음시켰는데,『서번역어』에서 *-n운미인 '간(看)', '탄(炭)', '난(難)', '간(干)' 등 한자로 대음시켰다. 이에 따라 그 때 원래 북방 한어 관화에 있었던 *-m운미 한자는 이미 *-n운미로 변하였다. 이 변화는『원조비사』에서도 반영되어 있다. 예를 들어, 상태 동사의 과거 시제 접미사 *qsan는『원조비사』에서 일반적으로 '흑산(黑散)'으로 음역되었는데, '흑삼(黑三)'으로 된 경우도 있다. 그러므로 한어 관화의 자음 운미 *-m, *-n은『중원음운』후, 비교적 짧은 시간 내에 병합이 되었다.『원조비사』,『여진역어』,『서번역어』 등에서는 이러한 병합 과정을 대부분 반영하기에 이르렀다. 송·원나라 역사 서적에 여진어 대음 한자는 감함(監咸)운인 '감(堪)', '삼(三)', '암(唵)', '암(譜)', 렴견(廉緣)운인 '점(玷)', '점(粘)', 침심(侵尋)운인 '림(林)' 등이 있다. 그중 '크다'라는 뜻을 갖는 여진어 단어의 대음 한자는 '암판(譜版)'이다. 만주어에서는 amba라고 한다. '사마귀(痣)'의 대음은 '삼합(三合)'이며, 만주어에는 samha라고 한다. 이에 따라 *-m운미 한자가 대응한 여진어는 *-m운미의 음절로 추정하였다. 예를 들어, '점한(粘罕), 니감(尼堪)'으로 대음하고 '한인, 번인'이라는 뜻을 갖는 여진어 단어는 만주어로는 nikan임에도 불구하고 *nikam으로 추정하였다. 물론, 특수한 상황은 구분하여 대입해야 한다. 예를 들어, '뢰(雷, 번개)'의 대음 한자는 일반적으로 '아전(阿典)'이다. 〈오둔량필시비〉 제8구에 '아점(阿玷)'이라는 인명은 만주어로는 akjan인데, '아전(阿典)'에 따르면 *aden으로 추정해야 한다.[21]

11. 입성자의 전사

13, 14세기의 북방 관화에 입성자의 유무에 대한 여러 논의는 앞서 2장에서 자세히 서술하였다. 저우더칭 『중원음운』의 '입파삼성'에 대한 주류적인 해석은 '사곡의 압운을 위하여 나타난 것이다. 구어에는 입성이 존재한다'라고 설명하였다[양내스(楊耐思) 『중원음운의 음운체계』]. 송·원나라 역사 서적에 있는 입성자가 여진어로 대음되는 것은 대체적으로 다음과 같다. (1) 여진어 *-b어미는 독립적으로 '부(不)'로 대음한다. 예를 들어 '천(天, 하늘)'의 대음은 '아부합(阿不哈)'이고, 만주어로 abka이다. '농사일 짓는 사람'은 '답부야(呇不也)'로 대음하고, 만주어로 dabgiya이다. (2) 여진어 *-k어미 폐음절은 한어 입성자로 대음한다. 예를 들어 '노인'의 대음은 '살답(撒答)'이고, 만주어로 sakda이다. (3) 여진어 *-k어미 폐음절은 비입성자로 대음한다. 예를 들어 '뢰(雷, 번개)'의 대음은 '아전(阿典)'이고 만주어로 akjan이다. (4) 여진어 개음절은 한어 입성자로

---

21 한자 '아(阿)'와 '합(合)'은 『중원음운』의 가과(歌戈)운에 속하며, 『중원음운의 음운체계(中原音韻音系)』에는 각각 *o, *xo로 추정하였다. 그러나 이린쩐(亦鄰眞)은 『〈원조비사(元朝秘史)〉』 및 그의 복원'에 "『성무친정록(聖武親征錄)』부터 『비사』까지에는, '아(阿)'와 '합(合)'은 몽골어 a, qa를 음역하는 표준 글자이고, 두 글자의 실제 발음은 x, xa이다(물론, 일부 방언에는 *o, *xo로 발음한다). 운서만 파고들어, '아륵탄(阿勒坦)'을 oltan, '합살아(合撒兒)'를 xosar로 하면 큰 실수다"라고 주장하였다. 우리는 몽골학자가 『비사』에 대음 한자의 전사법에 따라, '아(阿)', '합(合)' 등 글자의 운모를 *a로 추정하였다.

대음한다. 예를 들어, '뛰어나다'의 대음은 '달기(達紀)'이고, 만주어로 deji이다. 그리고 『금사』에는 입성자가 여진어의 *-l어미 음절과 대음하는 경우도 있다. 예를 들어 '별(금성)'의 대음은 '올전(兀典)'이고, 만주어로 ulden이다. '돼지'의 대음은 '올안(兀顔)'이며 만주어로 ulgiyan이다.[22] 상술한 대음 상황에 따라 한어에는 입성자가 존재한다는 결론을 여전히 내리기 어렵지만, 당시에는 입성자가 벌써 없어졌다고 할 수도 없다. 비교적 늦게 편찬된 『서번역어』의 대음 상황[23]에 따라, 금나라 한자의 입성자를 여진음으로 음역할 때, 모든 입성자를 *-p, *-t, *-k운미로 음역하면

---

22 『금사』에 '별(금성)'을 '올전(咅典)'으로, '돼지'를 '오연(烏延)'으로 대음하기도 한다. 이것은 역사 서적에 세밀히 대음되지 못한 부분이다. 『여진역어』에도 입성자로 여진어의 -l을 대음하는 경우가 있다. 예컨대, '사신', 대음은 '액적(厄赤)'이고, 만주어는 elcin이다.

23 『서번역어』의 대음규칙은 대체적으로 다음과 같다. 티베트어 -d~한어 입성자. 티베트어 -g~한어입성자. 티베트어 -bs~한어 'ㅏ思(不思)'. 티베트어 -gs~한어 '극사(克思)'. 『서번역어』에는 한어 비입성자로 정지음 운미로 끝나는 티베트어 음절을 대음하는 경우가 있는데, 입성자로 티베트어 개음절을 대음하는 경우가 없다. 이에 따라 당시의 한어관화에는 여전히 입성이 유지되어 있었다는 것을 밝혔다. 『서번역어』에는 입성한자로 정지음 운미로 끝나는 티베트어 음절을 대음하지만, -b, -d, -g가 중고한어 음운체계에 맞는 대응이 이루어지지 못하였다. 예컨대, '살(薩)'은 zab, zad, zag으로, '약(約)'은 yob, yod, yog으로, '발(拔)'은 bab, bad, bag으로 음역할 수 있다. 이러한 대음 현상은 15세기 초기의 한어관화의 입성운미가 이미 *-p, *-t, *-k가 아니라 오늘날의 상하이(上海) 말처럼 후부정지음(后塞音) 운미를 하나만 지니는 것을 설명할 수 있다. [순버쿤(孫伯君), 『15세기 한어관화의 자음운미』 참고] 『여진역어』의 한어 입성자가 여진어의 *-b, *-k로 끝나는 폐음절과의 대음은 아주 혼란스럽다. 이기문의 「중고여진어의 음운학연구」에서는 『여진역어』에 *-bs, *-kt, *-ks 등과 같은 모음 사이에 있는 자음결합체를 표시하는 데에 있어 하나의 자음(거의 모두가 첫 자음이다)을 표시하지 않은 경우가 있다고 밝혔고, 이러한 현상이 역어의 음을 정확히 표시하지 못하기 때문에 일어난 것이라고 하면서 다음과 같이 예들을 제시하였다. '악대말', 『여진역어』에는 '아답모림(阿答母林)'으로 대음하였는데, 회동관 『여진역어』에는 '아탑목력(阿塔木力)'으로 대음하였다. 만주어로 faksi이다. '맞이하다', 회동관 『여진역어』에는 '아다화(我多火)'로 대음하였고, 만주어로는 suksaha이다. '춤', 『여진역어』에는 '소사합(素思哈)'으로 대음하였고, 회동관 『여진역어』에는 '마실필(麻失必)'로 대음하였으며, 만주어로는 maksimbi이다. '하늘', 『여진역어』에는 '아복합이(阿ㅏ哈以)'로 대음하였는데 회동관 『여진역어』에는 '아과(阿瓜)'로 대음하였으며 만주어로는 abka이다. 이 예들 중에, 입성자 '발(發)', 법(法)'으로 여진어 -k운미 폐음절을 대음하는 경우도 있고, 비입성자 '아(阿), 마(麻), 아(我), 소(素)' 등으로 여진어 -b, -k운미 폐음절을 대음하는 경우도 있다. 그러므로 이 자료들로만 입성자가 있는지를 결론 내리기가 어렵다.

안 되고, 또 입성자의 운미를 아예 고려하지 않아도 안 된다. 만주어의 음운 형식에 의거하여 상황을 참작하여 음을 추정해야 한다.

제3절 대음 한자와 여진어 음절의 대응

『금사』와 송 · 원나라 역사 서적에 여진어 대음 한자는 『광운』의 방(幫), 방(滂), 병(並), 명(明), 비(非), 부(敷), 단(端), 투(透), 정(定), 니(泥), 견(見), 계(溪), 군(群), 의(疑), 심(心), 사(邪), 징(澄), 장(章), 창(昌), 선(船), 서(書), 선(禪), 장(庄), 초(初), 진(臻), 생(生), 효(曉), 갑(匣), 영(影), 이(以), 래(來), 일(日) 등 성모 한자를 포함한다. 이 한자들은 『중원음운』의 *p, *ph, *m, *f, *t, *th, *n, *l, *ʒ, *k, *kh, *x, *ŋ, *s, *ʧ, *ʧh, *ʃ, *∅ 등 18개의 성류에 걸쳐져 있다. 다음에는 일대일로 표음 한자와 그들과 대응한 여진어 음운을 예를 들어 비교하겠다. 한자음은 우선 『광운』의 반절, 그리고 중고의 등운 지위를 열거하겠다. 다음에 양내스(楊耐思)의 『중원음운의 음운체계』에 따라 『중원음운』의 성류와 운조를 배열했다. 셋째는 주나스트(Junast, 照那斯圖), 양내스(楊耐思)가 『몽고자운』의 파스파문에 대한 표음, 기요세 기사부로, 핫토리 시로가 각각 『여진역어』, 『원조비사』의 대음 한자에 대한 표음에 따라 송 · 원나라 역사 서적의 대음 한자의 발음을 추정했다.[1] 이 과정을 통하여 한자와 여진어의 대음규칙을 살펴보고 더 나아가 여진어의 음운체계를 추정할 수 있을 뿐만 아니라, 한자와 여진어의 대역 상황을 비교하고 근대 북방 한어의 음운 사실을 밝힐 수 있다.

---

1 핫토리 시로, 『원조비사의 몽고어를 나타내는 한어의 연구(元朝秘史の蒙古語を表はす漢語の研究)』, 문구당주식회사, 1946.

1. *p, *ph, *m, *f 성모 한자의 대음

‘발(拔)’ [포팔절(蒲八切), 산개이인점병(山開二人點並), *p성모(聲母) 가마(家麻)운 *a 평성양(平聲陽)] *pa~ 여진어 *ba:

『금사』 발리속(拔離速)[발리속(拔里速)] *barisu ‘각저희(角觝戲)를 하는 사람’〉몽골어 barildu, ‘씨름’. 『금사』 발달(拔達)[백답(白答), 배달(背達)] *bada〉『여진역어』 복도괴(卜都乖) ‘밥’〉만주어 buda ‘밥’.

‘발(跋)’ [(포팔절(蒲八切), 산개이인점병(山開二人點並), *p성모(聲母) 가마(家麻)운 *a 평성양(平聲陽)] *pa~ 여진어 *pa:

『금사』 발리흑(跋里黑)[복리흑(僕里黑), 반리합(盤里合)] *parha ‘엄지손가락(將指)’〉만주어 ferhe ‘엄지손가락’.

‘백(白)’ [방맥절(傍陌切), 경개이인맥병(梗開二人陌並), *p성모(聲母) 개래(皆來)운 *ai 평성양(平聲陽)] *pai~ 여진어 *ba/bahi/bai:

『금사』 백답(白答)[발달(拔達), 배달(背達)] bada〉『여진역어』 복도괴(卜都乖) ‘밥’〉만주어 buda ‘밥’. 『금사』 아리백(阿里白) *alibuhi〉만주어 alibuha ‘바치도록 하였다’. 『금사』 호토백(胡土白) *hutubai〉『여진역어』 홀토아(忽土兒) ‘복(福)’, 복아이(卜阿以) ‘장소(地方)’〉만주어 hūturi ba ‘복지(福地)’.

‘판(版)’ ‘판(板)’ [(포관절(布綰切), 산개이상산방(山開二上潸幫), *p성모(聲母) 한산(寒山)운 *an 상성(上聲)] *pan~ 여진어 *ban/*pan:

『금사』 암판(諳版) *amban ‘존대하다’〉『여진역어』 안반랄(安班剌) ‘크다’〉만주어 amba ‘크다’. 『금사』 판저인(板底因) *panti in〉『여진역어』 번체(番替) ‘남(南)’.

‘보(保)’ [(박포절(博抱切), 효개일상호방(效開一上皓幫), *p성모(聲母) 소호(蕭豪)운 *au 상성(上聲)] *pau~ 여진어 *bo/bu/-b-:

『금사』 보활리(保活里) *boholi ‘난쟁이’〉『여진역어』 불화나(弗和羅) ‘짧다’〉만주어 foholon ‘난쟁이’. 『금사』 아보한(阿保寒)[아부한(阿不罕),

아부합(呵不哈)] *abqan〉만주어 abka '하늘'. 『금사』아식보(阿息保)[아사발(阿思鉢)] *asibu '힘으로 남을 돕다〉만주어 aisilabu '도움이 되게한다, 협조되게 하다'. 『금사』핵리보(劾里保)[회리보(回離保), 회리부(回里不), 핵리발(劾里鉢)] *horibu〉만주어 horibu '묶게 하다'. 『금사』알노보(斡盧保)[오리보(吾里補), 알리부(斡里不), 알리복(斡里卜), 알리부(斡離不), 알로부(斡魯不), 알로보(斡魯補), 알노보(斡盧補), 오리부(吾里不), 오리보(吾里補)] *olibu '축적하다〉『여진역어』올리매(兀里昧) '남다〉만주어 welibu '남기다'. 『금사』아리보(阿里保)[아리부(阿里不), 아리보(阿里補), 아리보(阿離補), 아로부(阿魯不), 아노보(阿盧補), 아로보(阿魯保)] *alibu〉만주어 alibu '바치도록 하다'. 『금사』이랄보(移剌保)[을랄보(乙剌補), 이랄보(移剌補), 을리보(乙里補), 이랄본(移剌本)] *ilibu/ilibun〉『여진역어』일립본(一立本) '서다〉만주어 ilibu '일어나게 하다'. 『금사』달길보(達吉保)[달길부(達吉不), 달기보(達紀保)] *dagibu〉만주어 dejibu '훌륭하게 하다'.

'배(背)' '배(輩)' [(보매절(補妹切), 해합일거대방(蟹合一去對幫), *p성모(聲母) 제미(齊微)운 *uei 거성(去聲)] '배(盃)' [포회절(布回切), 해합일평회방(蟹合一平灰幫), *p성모(聲母) 제미(齊微)운 *uei 평성음(平聲陰)] *puei ~ 여진어 *be/ba:

『금사』배로(背魯)[배로(輩魯), 배로(盃魯)] *beri〉『여진역어』백력(伯力) '활〉만주어 beri '활'. 『금사』배달(背達)[백답(白答), 발달(拔達)] *bada〉『여진역어』복도괴(卜都乖) '밥〉buda '밥'

'발(鉢)' [북말절(北末切), 산합일인말방(山合一人末幫), *p성모(聲母) 가과(歌戈)운 *uo 상성(上聲)] *puo ~ 여진어 *bu:

『금사』아사발(阿思鉢)[아식보(阿息保)] *asibu '힘으로 남을 돕다〉만주어 aisilabu '도움이 되게 하다, 협조되게 하다'. 『금사』핵리발(劾里鉢)[핵리보(劾里保), 회리부(回里不), 회리보(回離保)] *horibu〉만주어 horibu '묶게 하다'.

'필(必)' [비길절(卑吉切), 진개삼인질방(臻開三人質幫), *p성모(聲母) 제

미(齊微)운 *i 상성(上聲)] '비(祕)'[병비절(兵媚切), 지개산거지방(止開山去至幫), *p성모(聲母) 제미(齊微)운 *i 상성(上聲)] '비(鼻)' [비지절(毗至切), 지개삼거지병(止開三去至並), *p성모(聲母) 제미(齊微)운 *i 거성이 평성양을 일으킴(去聲 作平聲陽)] *pi~ 여진어 *bi:

『금사』 필난(必蘭)[필랄(必剌), 비랄(祕剌), 비리(鼻里)] *biran/*bira '하류'『여진역어』 필랄(必剌) '하류'〉만주어 bria

'피(辟)' [필익절(必益切), 경개삼인석방(梗開三人昔幫), *p성모(聲母) 제미(齊微)운 *i 상성(上聲)] *pi~ 여진어 *bi:

『요동행부지』 피나(辟羅) *biro '온천'.

'발(勃)' [포몰절(蒲沒切), 진합일인몰병(臻合一人沒並), *p성모(聲母) 가과(歌戈)운 *o 평성양(平聲陽)] *po~ 여진어 *bo/bu:

『금사』 발극렬(勃極烈) *bogile '관리'〉만주어 beile '패륵(貝勒)'.『송막기문』 와발랄해(窪勃辣孩) *wabulahai '때려죽이다'/'원명희곡(元明戲曲)' 적와부랄해(赤瓦不剌海) čiwabulahai〉만주어 wabuha '죽이도록 하다'.

'발(孛)' [박몰절(薄沒切), 진합일인몰병(臻合一人沒並), *p성모(聲母) 가과(歌戈)운 *o 평성양(平聲陽)] *po~ 여진어 *bo:

『금사』 발특(孛特)[발덕(孛德), 발질(孛迭), 백덕(伯德)] *bote〉만주어 buta '어렵하다'.『금사』 발특보(孛特補) *botebu〉만주어 butabu '동물, 생선을 잡게 하다'.『금사』 발론출(孛論出) *bolun ču '태아'〉『원조비사』 발단찰아(孛端察兒) *bodon čari '시조(始祖)'.

'백(伯)' [박맥절(博陌切), 경개이인맥방(梗開二人陌幫), *p성모(聲母) 개래(皆來)운 *ai 상성(上聲)] *po~ 여진어 : *bo:

『금사』 백덕(伯德)[발덕(孛德), 발질(孛迭), 발특(孛特)] *bote〉만주어 buta '동물, 생선을 잡다'.

'복(卜)' [박목절(博木切), 통합일인옥방(通合一人屋幫), *p성모(聲母) 어모(魚模)운 *u 상성(上聲)] *pu~ 여진어 *bu:

『금사』복회(卜灰)[복휘(卜輝), 부회(不灰), 복회(僕灰), 복훼(僕虺)]

*buhui)『여진역어』복고(卜古) ‘사슴’〉만주어 buhū ‘사슴’.『금사』알리
복(斡里卜)[알리부(斡里不), 알리부(斡離不), 알로부(斡魯不), 알로보(斡魯
補), 알노보(斡盧補), 알노보(斡盧保), 와로보(訛魯補), 오리부(唔里不), 오
리보(唔里補)] *olibu ‘축적하다’〉『여진역어』올리매(兀里昧) ‘남다’〉만주
어 welibu ‘남기다’.

　‘포(布)’ [박고절(博故切), 우합일거모방(遇合一去暮幫), *p성모(聲母) 어
모(魚模)운 *u 거성(去聲)] *pu～여진어 *bu:

『금사』포휘(布輝)[복회(卜灰), 복회(不灰), 복회(僕灰), 복훼(僕虺)]
*buhui)『여진역어』복고(卜古) ‘사슴’〉만주어 buhū ‘사슴’.

　‘부(不)’ [보구절(甫鳩切), 류개삼평우방(流開三平尤幫), *p성모(聲母) 어
모(魚模)운 *u 상성(上聲)] *pu～여진어 *bu/-b-:

『금사』복회(卜灰)[포휘(布輝), 복회(不灰), 복회(僕灰), 복훼(僕虺)]
*buhui)『여진역어』복고(卜古) ‘사슴’〉만주어 buhū ‘사슴’.『금사』사부
실(辭不失)[사부습(辭不習)] *sibuhi ‘술이 깼다’〉만주어 subuha ‘술이 깼
다. 숙취를 풀다’. ‘원명희곡’ 적와부랄해(赤瓦不剌海) čiwabulahai/『송막
기문』와발랄해(窪勃辣孩) * wabulahai ‘때려죽이다’〉만주어 wabuha ‘죽
이도록 하다’.『금사』아부한(阿不罕)[아보한(阿保寒), 아부합(呵不哈)]
*abqan〉만주어 abka ‘하늘’.『금사』답부야(答不也)[달부야(撻不野)]
*dabɤiye ‘논밭을 가는 사람’〉만주어 dabgiya ‘풀을 뽑다’.『금사』아리부
(阿里不)[아리보(阿里補), 아리보(阿里保), 아리보(阿離補), 아로부(阿魯不),
아노보(阿盧補), 아로보(阿魯保)] *alibu〉만주어 alibu ‘바치게 하다’.『금
사』회리부(回里不)[핵리보(劾里保)] *horibu〉만주어 horibu ‘묶게 하다’.
『금사』알리부(斡里不)[오리보(唔里補), 알리복(斡里卜), 알리부(斡離不),
알로부(斡魯不), 알로보(斡魯補), 알노보(斡盧補), 알노보(斡盧保), 와로보
(訛魯補), 오리부(唔里不), 오리보(唔里補)] *olibu ‘축적하다’〉『여진역어』
올리매(兀里昧) ‘남다’〉만주어 welibu ‘남기다’. ‘원명희곡’ 아부(牙不)
*yahu〉『여진역어』아보(牙步) ‘걷다’〉만주어 yabu ‘걷다’.『금사』오도부

(吾都不)[올답보(兀答補), 오답보(烏答補), 오달보(烏達補), 오도보(吾都補), 오도보(吾睹補)] *udabu〉만주어 udabu '사도록 하다'.『금사』달길부(達吉不)[달길보(達吉保), 달기보(達紀保)] * dagibu〉만주어 dejibu '훌륭하게 하다'.

'보(補)' [박고절(博古切), 우합일상모방(遇合一上姥幇), * p성모(聲母) 어모(魚模)운 *u 상성(上聲)] *pu~ 여진어 *bu:

『금사』야보아(耶補兒) *yeburi〉만주어 iberi '투구꼬리'.『금사』발특보(孛特補) *botebu〉만주어 butabu '동물, 생선을 잡게 하다'.『금사』골로보(鶻魯補)[골노보(鶻盧補), 홀노보(鶻盧補), 곡로보(斛魯補)] *hulubu〉만주어 hulbobu '서로 연결하게 하다'.『금사』오리보(吾里補)[알리부(斡里不), 알리복(斡里卜), 알리부(斡離不), 알로부(斡魯不), 알로보(斡魯補), 알노보(斡盧補), 알노보(斡盧保), 와로보(訛魯補), 오리부(吾里不), 오리보(吾里補)] *olibu '축적하다'『여진역어』올리매(兀里昧) '남다'〉만주어 welibu '남기다'.『금사』올답보(兀答補)[오답보(烏答補), 오달보(烏達補), 오도보(吾都補), 오도보(吾睹補), 오도부(吾都不)] *udabu〉만주어 udabu '사게 하다'.『금사』을리보(乙里補)[을랄보(乙剌補), 이랄보(移剌補), 이랄보(移剌保), 이랄본(移剌本)] *ilibu/ilibun〉『여진역어』일립본(一立本) '서다〉만주어 ilibu '일어나게 하다'.『금사』아리보(阿里補)[아리부(阿里不), 아리보(阿里保), 아리보(阿離補), 아로부(阿魯不), 아노부(阿盧不), 아노보(阿盧補), 아로보(阿魯保)] *alibu〉만주어 alibu '바치게 하다'.

'복(僕)' [포목절(蒲木切), 통합일인옥병(通合一人屋並), *p성모(聲母) 어모(魚模)운 *u 입성이 평성양을 일으킴(入聲作平聲陽)] *pu~ 여진어 *bu/pu/pa:

『금사』복산(僕散) *busan '숲'〉만주어 bujan '숲'.『금사』복회(僕灰)[복회(卜灰), 포휘(布輝), 복회(不灰), 복훼(僕虺)] *buhui〉『여진역어』복고(卜古) '사슴'〉만주어 buhū '사슴'.『금사』복연(僕燕) *puyan '악성 종기'〉만주어 fiyartun '흉터'.『금사』복리흑(僕里黑)[발리흑(跋里黑), 반리

합(盤里合)] *parha '엄지손가락(將指)'〉만주어 ferhe '엄지손가락'.

'본(本)' [포촌절(布忖切), 진합일인상혼방(臻合一人上混幇), *p성모(聲母) 진문(眞文)운 *uən 상성(上聲)] *puən~ 여진어 *bun:

『금사』 기리본(夔里本) *kuilibun〉만주어 kūlibu '속다'. 『금사』 이랄본(移剌本)[을리보(乙里補), 을랄보(乙剌補), 이랄보(移剌補), 이랄보(移剌保)] *ilibu/ilibun〉『여진역어』 일립본(一立本) '서다'〉만주어 ilibu '일어나게 하다'.

'반(攀)' [보반절(普班切), 산개이평산방(山開二平刪滂), *ph성모(聲母) 한산(寒山)운 *an 평성음(平聲陰)] *phan~ 여진어 *pan:

『금사』 사랄합반(查剌合攀) *čara hapan '거용관(居庸關)'〉만주어 cira hafan '엄관(嚴官)'.

'반(盤)' [포관절(蒲官切), 산합일평환병(山合一平桓並), *ph성모(聲母) 환환(桓歡)운 *on 평성음(平聲陰)] *phon~ 여진어 *pa(r):

『금사』 반리합(盤里合)[복리흑(僕里黑), 발리흑(跋里黑)] *parha '엄지손가락(將指)'〉만주어 ferhe '엄지손가락'.

'배(裴)' [박회절(薄回切), 산합일평환병(蟹合一平灰並), *ph성모(聲母) 제미(齊微)운 *uei 평성양(平聲陽)] *phuei~ 여진어 *poi:

『금사』 배만(裴滿) *poimon〉만주어 fomo '삼, 마'.

'파(婆)' [박파절(薄波切), 과합일평과병(果合一平戈並), *ph성모(聲母) 가과(歌戈)운 *uo 평성양(平聲陽)] *phuo~ 여진어 *po:

『금사』 파노화(婆盧火) *polho '방망이, 망치'〉만주어 folho '방망이, 망치'.

'포(蒲)' [박호절(薄胡切), 우합일평모병(遇合一平模並), *ph성모(聲母) 어모(魚模)운 *u 평성양(平聲陽)] *phu~ 여진어 *pu:

『금사』 포리(蒲里)[포렬(蒲烈)] *puli〉만주어 fulu '우수하다. 길다'. 『금사』 포논혼(蒲盧渾)[포로혼(蒲魯渾), 포로호(蒲魯虎), 포로환(蒲魯歡)] *pulhun '자루'〉만주어 fulhū '자루'. 『금사』 포련(蒲輦)[포리연(蒲里衍),

포리연(蒲里演), 포리언(蒲里偃), 불열(拂涅), 포섭(蒲聶), 포열(蒲涅)]
*puliyen/puniyen/puniye/ funiye '모극의 부장〉만주어 feniyen '무리',
나나이어 bolaci '협조'.² 『금사』 포대(蒲帶) *pudahi 『여진역어』 불특매
(弗忒昧) '전송' 만주어 fiyanggū '이미 전송하였다'. 『금사』 포양온(蒲陽
溫) *puyaŋɣun '어린 아들〉만주어 fiyanggū '막내아들'. 『금사』 포랄도
(蒲刺都)[포랄독(蒲刺篤), 포랄도(蒲刺睹)] *puladu '급성 결막염으로 인해
눈이 보이지 않다〉만주어 fulata '눈이 짓무르다'. 『금사』 포선(蒲鮮)[포
현(蒲莧)] *puhiyen〉『여진역어』 포희(布希) '무릎'〉만주어 buhi '무릎, 털
에 간 녹비'.³

'매(買)' [막해절(莫蟹切), 해개이상해명(蟹開二上蟹明), *m성모(聲母) 개
래(皆來)운 *ai 상성(上聲)] *mai~ 여진어 *mui:

『금사』 아매(阿買)[발극렬(勃極烈)] *emui '성읍의 지배자'〉『여진역어』
맥목(厄木) '하나'〉만주어 emu '하나'.

'만(蛮)' [막환절(莫還切), 산개이평산명(山開二平刪明), *m성모(聲母) 한
산(寒山)운 *an 평성양(平聲陽)] *man~ 여진어 *man:

『삼조북맹회편』 산만(珊蛮) *saman '무당'〉『금사』 살묘(撒卯)〉만주어
saman '무당'. 『금사』 홀토애갈만(忽土皚葛蛮) *hutuɣai goman〉만주어
hutuŋgai hafan '복 받는 요새'.⁴

---

2 여진어 *ia, *ie, *io를 만문 정자법에 따라 ya, ye, yo로 추정한 것은 형태적인 고려뿐
이지, 실제의 발음이 같다.

3 '선(鮮)' 『광운』 상연절(相然切), 심모(心母). 『중원음운의 음운체계(中原音韻音系)』에
*sien으로 추정하였다. 대음규칙에 따라, 여진어 hi가 운모 -i가 들어 있는 효(曉), 갑(匣)
한자로 대음되어야 한다. 예컨대, 『금사』 아리희(阿里喜) *alihi '병사의 부관'〉만주어 ilhi
'협조'. 심(心)모 한자로 hi를 대음하는 예로 『금사』 특사(特思) *tehi 『여진역어』 특희(忒
希) '사십'〉만주어 dehi '사십' 등이 있다. 이렇게 대음한 원인은 hi와 si가 음감이 가깝기
때문이다. 이런 심(心)모 한자가 『여진역어』 및 만주어에 따라 h-음절로 전사하였다.

4 이기문 등은 『여진역어』, 『금사·국어해』 및 만주어를 비교하면서, 일찍이 『금사』에는
명나라 여진어와 청나라 시대의 만주어에 f로 시작하는 단어들이 대부분 *ph, *p성모(聲母)
한자로 대음되었다는 것을 밝혔다. 예컨대, 『금사』 보활리(保活里) *boholi(난쟁이)〉『여진
역어』 불화나(弗和羅) '짧다'〉만주어 foholon '난쟁이'. 『금사』 포대(蒲帶) *pudahi 『여진역

‘만(謾)’ ‘만(熳)’ [막안절(漠晏切), 산개이거간명(山開二去諫明), *m 성모(聲母) 한산(寒山)운 *an 거성(去聲)] *man~ 여진어 *man:

『금사』 만도가(謾都歌)[만도가(謾都訶)] *mandugo/manduh ‘치매’〉만주어 mentuhun ‘우매하다. 어리석다’. 『금사』 타만(陀熳)[타만(陀滿), 타만(駝滿), 타만(馳滿), 통문(統門), 도문(徒門), 독만(禿滿)] *tumon/tumun 〉『여진역어』 토만(土滿) ‘만(萬)’〉만주어 tumen ‘만(萬)’.

‘방(厖)’ [막강절(莫江切), 강개이평강명(江開二平江明), *m성모(聲母) 강양(江陽)운 *aŋ 평성양(平聲陽)] ‘망(忙)’ [막랑절(莫郎切), 탕개일평당명(宕開一平唐明), *m성모(聲母) 강양(江陽)운 *aŋ 평성양(平聲陽)] *maŋ~ 여진어 *maŋ:

『금사』 니방고(尼厖古)[니망고(尼忙古), 점몰갈(粘沒曷), 점할(粘割), 점가(粘哥), 점합(粘合)] *ninaŋgu/nimha ‘물고기’〉『여진역어』 리말합(里襪哈) ‘물고기’〉만주어 nimaha.

‘모(毛)’ [막포절(莫袍切), 효개일평호명(效開一平豪明), *m성모(聲母) 소호(蕭豪)운 *au 평성양(平聲陽)] *mau~ 여진어 *mu:

『금사』 모량호(毛良虎)[모량호(謀良虎)] *muriaŋqu ‘무뢰하다’〉만주어 muriku ‘어리석다, 고집쟁이’. 『금사』 모도록(毛睹祿)[몰도로(沒都魯)] *muduru/muduri〉『여진역어』 목두아(木杜兒) ‘용(龍)’〉만주어 muduri ‘용(龍)’. 『금사』 모모가(毛毛可)[모극(謀克)] *muke ‘백부장(百夫長)’〉만주어 mukūn ‘족장’.

어』 불특매(弗忒昧) ‘전송’〉만주어 fudehe ‘이미 전송하였다’. 『금사·국어해』 ‘포양온(蒲陽溫)은 어린 아들이다’, 만주어로는 ‘비양무(費陽武)’ fiyanggū이다. 『금사』 ‘모극의 부장’이라는 뜻을 갖는 ‘포리연(蒲里演)’은 만주어에 ‘무리’라는 뜻을 지니는 feniyen, 나나이어에 ‘협조’라는 뜻을 갖는 bolaci에 해당한다. 이에 따라 금나라 여진어부터 청나라 시대 만주어까지 ‘p〉f의 변화가 이미 일어났다는 것을 설명할 수 있다. 이 변화는 원순모음 u의 영향을 받아 일으키는 가능성이 있다. P〉f의 변화규칙에 따라, 만주어 hafan가 여진어로 하면 hapan이어야 한다. g와 h, m과 p의 발음위치가 같기 때문에 여진어 *gaman이 만주어 hafan에 해당하는 것도 뜻밖인 일이 아니다.

‘묘(卯)’ [막포절(莫飽切), 효개이상교명(效開二上巧明), *m성모(聲母) 소호(蕭豪)운 *au 상성(上聲)] *man~ 여진어 *man:

『삼조북맹회편』 산만(珊蛮) ‘무당’/『금사』 살묘(撒卯)〉 만주어 saman ‘무당’.

‘만(滿)’ [막한절(莫旱切), 산합일상완명(山合一上緩明), *m성모(聲母) 환환(桓歡)운 *on 상성(上聲)] *mon~ 여진어 *mon/mun. ‘문(門)’ [막분절(莫奔切), 진합일평혼명(臻合一平魂明), *m성모(聲母) 진문(眞文)운 *uən 평성양(平聲陽)] *muən~ 여진어 *mun:

『금사』 타만(陀滿)[타만(駞滿), 타만(馳滿), 타만(陀爛), 도문(徒門), 통문(統門), 독만(禿滿)] *tumon/tumun〉『여진역어』 토만(土滿) ‘만(萬)’〉 만주어 tumen ‘만(萬)’. 『금사』 배만(裴滿) *poimon〉 만주어 fomo ‘삼, 마(麻)’.

‘만(懣)’ [막곤절(莫困切), 진합일거혼명(臻合一去恩明), *m성모(聲母) 환환(桓歡)운 *on 상성(上聲)] *mon~ 여진어 *mon:

『금사』 아리합만(阿離合懣) *alihamon ‘독수리와 매를 기르는 사람’〉 만주어 aliha niyalma ‘독수리와 매를 기르는 사람’.

‘모(謀)’ [막부절(莫浮切), 류개삼평우명(流開三平尤明), *m성모(聲母) 어모(魚模)운 *u 평성양(平聲陽)] *mu~ 여진어 *mu/-m-:

『금사』 모극(謀克)[모모가(毛毛可)] *muke ‘백부장’〉 만주어 mukūn ‘족장’. 『금사』 모량호(謀良虎)[모량호(毛良虎)] *muraŋqu ‘무뢰하다’〉 만주어 muriku ‘어리석다, 고집쟁이’. 『금사』 와모한(窩謀罕)[와모한(訛謀罕)] *omhan ‘새의 알’〉 만주어 umhan ‘알’.[5]

‘모(母)’ [막후절(莫厚切), 류개일상후명(流開一上厚明), *m성모(聲母) 어모(魚模)운 *u 상성(上聲)] ‘목(牧)’ [막육절(莫六切), 통합삼인옥명(通合三人屋明), *m성모(聲母) 어모(魚模)운 *u 거성(去聲)] *mu ~여진어

---

5 한어 침심(侵尋), 감함(監咸), 렴견(廉縴)운 등 -m운미에 모음 *o를 갖는 한자가 없기 때문에, 여진어 *om음절과 대음하는 한자를 찾아내지 못한다. 그러므로 여기서는 독립적으로 ‘모(謀)’로 자음 *-m을 표시한다.

*mo/-m-. '말(末)' [막발절(莫拔切), 산합일인말명(山合一人末明), *m성모
(聲母) 가과(歌戈)운 *uo 거성(去聲)] '말(抹)' [막발절(莫拔切), 산합일입말
명(山合一入末明), *m성모(聲母) 가과(歌戈)운 *uo 상성(上聲)] *muo〜 여
진어 *mo :

『금사』 모린(母麟)[말린(末鄰), 말린(抹鄰), 목림(牧林)] *morin〉『여진
역어』 모림(母林) '말(馬)'〉만주어 morin '말(馬)'. 『금사』 사모(闍母) *šim
'가마'〉만주어 simtu '가마솥'.

'몰(沒)' [막발절(莫勃切), 진합일인몰명(臻合一人沒明), *m성모(聲母) 어
모(魚模)운 *u 거성(去聲)] *mu〜 여진어 *mu/-m-.

『금사』 몰도로(沒都魯)[모도록(毛睹祿)] *mudurn/muduri〉『여진역어』
목두아(木杜兒) '용(龍)'〉만주어 muduri '용(龍)'. 『금사』 점몰갈(粘沒葛)
[니망고(尼忙古), 니방고(尼厖古), 점할(粘割), 점가(粘哥), 점합(粘合)]
*nimaŋgu/nimha '물고기'〉『여진역어』 리말합(里襪哈) '물고기'〉만주어
nimaha.

'매(梅)' [막배절(莫杯切), 해합일평회명(蟹合一平灰明), *m성모(聲母) 제
미(齊微)운 *uei 평성양(平聲陽)] *muei〜 여진어 *mei:

『금사』 매흑(梅黑) *meihei〉『여진역어』 매흑(梅黑) '뱀'〉만주어 meihe '뱀'.

'맹(猛)' [맥행절(莫杏切), 경개이상경명(梗開二上梗明), *m성모(聲母) 동
종(東鐘)운 *uŋ 상성(上聲)] *muŋ〜 여진어 *muŋ:

『금사』 맹안(猛安) muŋɣan '천부장(千夫長)'〉『여진역어』 명간(皿干)
'천(千)'〉만주어 minggan '천(千)'.

'몽(蒙)' [막홍절(莫紅切), 통합일평동명(通合一平東明), *m성모(聲母) 동
종(東鐘)운 *uŋ 평성양(平聲陽)] '몽(瞢)' [무등절(武登切), 증개일평등명(曾
開一平登明), *m성모(聲母) 동종(東鐘)운 *uŋ 평성양(平聲陽)] *muŋ〜 여
진어 *muŋ:

『금사』 몽괄(蒙括)[몽갈(蒙葛), 몽괄(蒙刮), 몽적(蒙適), 몽갈(瞢葛)]
*muŋgo/muŋko/muŋga〉『여진역어』 망합(莽哈) '어렵다'〉만주어 manngga

'어렵다, 비싸다'.

'불(拂)' [부물절(敷勿切), 진합삼입물부(臻合三入物敷), *f성모(聲母) 어
모(魚模)운 *u 상성(上聲)] *fu~ 여진어 *pu/fu:

『금사』 불열(拂涅)[포련(蒲輦), 포리연(蒲里演), 포리언(蒲里偃), 포리연
(蒲里衍), 포섭(蒲聶), 포열(蒲涅)] *puliyen/puniyen/puniye/funiye '모극
의 부장'〉 만주어 feniyen '무리' 나나이어 bolaci '협조'.[6]

2. *t, *th, *n, *1, *ȝ 성모 한자의 대음

'답(答)' [도합절(都合切), 함개역입합단(咸開譯入合端), *t성모(聲母) 가
마(家麻)운 *a 입성이 상성을 일으킴(入聲作上聲)] '타(打)' [덕랭절(德冷
切), 경개삼상경단(梗開三上梗端), *t성모(聲母) 가마(家麻)운 *a 상성(上
聲)] *ta~ 여진어 *da:

『금사』 답부야(答不也)[달부야(撻不野)] *dabɤiye '김을 매는 사람'〉 만
주어 dabgiye '풀을 뽑다, 김을 매고 북을 돋우다'. 『금사』 안답해(按答
海) *andahai '손님'〉『여진역어』 안답해날아마(岸答海捏兒麻) '손님'〉 만주
어 andaha/anda '손님, 친구'. 『금사』 올답보(兀答補)[오답보(烏答補), 오
달보(烏達補), 오도보(烏都補), 오도보(烏睹補), 오도부(烏都不)] *udabu〉
만주어 udabu '사도록 하다'. 『금사』 살답(撒答)[살달(撒達), 산달(散達),
산답(散答)] *sakda '노인'〉 만주어 sakda '노인'. 『금사』 오림답(烏林答)[오
림달(烏林達)]*ulin da〉『여진역어』 올리인(兀里因) '재물'〉 만주어 ulin da

'재물을 관리하는 사람'. 『금사』 합달(合達)[합타(合打), 합답(合答), 갈답(曷答), 합단(哈丹)] *hada/*hadan '산의 날카로운 부분〉 만주어 hada '산봉우리'.

'달(達)' [당할절(唐割切), 산개일입갈정(山開一入曷定), *t성모(聲母) 가마(家麻)운 *a 평성양(平聲陽)] *ta ～ 여진어 *da:

『금사』 달기(達紀)[달길(達吉)] *dagi〉 만주어 deji '훌륭하다, 고급'. 『금사』 달길부(達吉不)[달기보(達吉保), 달기보(達紀保)] *dagibu〉 만주어 dejibu '뛰어나게 하다'. 『금사』 달라(達懶) *dalan〉 만주어 dalan/dalin '강변'. 『금사』 달아대 (達兒歹) *dardai〉 만주어 dartai '순간, 잠시'. 『금사』 합달(合達)[합타(合打), 합답(合答), 갈답(曷答), 합단(哈丹)] *hada/hadan '산의 뾰족한 부분〉 만주어 hada '산봉우리'. 『금사』 올답보(兀答補)[오답보(烏答補), 오달보(烏達補), 오도보(吾都補), 오도보(吾睹補), 오도부(吾都不)] *udabu〉 만주어 udabu '사도록 하다'. 『금사』 오림답(烏林答)[오림달(烏林達)] *ulin da〉 『여진역어』 올리인(兀里因) '재물〉 만주어 ulin da '재물의 관리자'. 『금사』 살답(撒答)[살달(撒達), 산달(散達), 산답(散答)] *sakda '노인'〉 만주어 sakda '노인'.

'달(撻)' [타달절(他達切), 산개일입갈투(山開一入曷透), * t성모(聲母) 가마(家麻)운 *a 평성양(平聲陽)] *ta～ 여진어 *da:

『금사』 달부야(撻不野)[답부야(答不也)] *dabɣiye '김을 매는 사람〉 만주어 dabgiye '풀을 뽑다, 김을 매고 북을 돋우다'.

'대(歹)' [『옥편』 다개절(多改切), 해개일상해정(蟹開一上海定), *t성모(聲母) 개래(皆來)운 *ai 상성(上聲)] *tai～ 여진어 *dai:

『금사』 달아대(達兒歹) *dardai〉 만주어 dartai '순간, 잠시'.[7]

---

7 『중원음운』에 '태(觧)' 자를 수록하지 않았다. '태(觧)'는 '대(歹)'와 같은 의미를 갖는다. 『정자통·각부』에는 '태(觧)', 『자학삼정(字學三正)』에는 대(歹)와 같이 나쁘다는 뜻이라고 해석하였다.' 송나라의 펑다야(彭大雅)『흑달사략(黑韃事略)』에는 '(몽골족) 생활이 극도로 가난한 사람을 태(觧)라고 부른다'라고 하였다. 본문에는 '태(觧)'를 '대(歹)'로 표시

‘대(帶)’ [당개절(當蓋切), 해개일거태단(蟹開一去泰端), *t성모(聲母) 개래(皆來)운 *ai 거성(去聲)] *tai~ 여진어 *dahi/dai:

『금사』 포대(蒲帶) *pudahi〉『여진역어』 불특매(弗式昧) ‘전송’〉만주어 fudeha ‘이미 전송하였다’.『금사』 올대(兀帶)[오대(烏帶), 오대(吾帶), 알대(斡帶)] *udahi ‘물품을 이미 샀다’〉회동관『여진역어』 올답(兀答) ‘사다’〉만주어 udaha ‘샀다’.『금사』 사홀대(沙忽帶) *šahudai ‘배’〉만주어 jahūdai ‘선박, 배’.『금사』 아호대(阿虎帶)[아호질(阿虎迭), 아호질(阿胡迭)] *ahudai ‘장남’〉『여진역어』 아혼온(阿渾溫) ‘형’〉만주어 ahūngga ‘장남’/ahūnta ‘형들’.

‘단(丹)’ [도한절(都寒切), 산개일평한단(山開一平寒端), *t성모(聲母) 한산(寒山)운 *an 평성음(平聲陰)] *tan~ 여진어 *dan:

『금사』 합달(合達)[합타(合打), 합답(合答), 갈답(曷答), 합단(哈丹)] *hada/hadan ‘산의 날카로운 부분’〉만주어 hada ‘산봉우리’.

‘덕(德)’ [다칙절(多則切), 증개일입덕단(曾開一入德端), *t성모(聲母) 제미(齊微)운 *ei 상성(上聲)] *tei~ 여진어 *te:

『금사』 백덕(伯德)[발특(孛特)] *bote〉만주어 butambi ‘어렵을 하다, 물고기 잡다’.

‘적(迪)’ [도력절(徒歷切), 경개사인석정(梗開四人錫定), *t성모(聲母) 제미(齊微)운 *i 평성양(平聲陽)] *ti~ 여진어 *di:

『금사』 적고부(迪古不) *digubu〉만주어 dahūbu ‘회복하도록 하다’.『금사』 적고내(迪古乃) *digunai ‘오다’〉『여진역어』 적온(的溫) ‘오다’〉만주어 gahūmbi ‘돌아오다’.『금사』 온적흔(溫迪痕)[온적한(溫迪罕), 온적흔(溫迪掀)] *wendihen〉만주어 undehen ‘판자’.

‘질(迭)’ [도결절(徒結切), 산개사인설정(山開四人屑定), *t성모(聲母) 차차(車遮)운 *iɛ 평성양(平聲陽)] *tiɛ~ 여진어 *die/dai:

한다. 아래도 같다.

『금사』 아전(阿典)/『삼조북맹회편』 아질(阿迭)/〈오둔량필시비〉 아점(阿玷) *adien/die '뢰(雷)'〉『여진역어』 아점(阿玷) '뢰'〉 만주어 akjan. 『금사』 아호대(阿虎帶)[아호질(阿虎迭), 아호질(阿胡迭)] *ahudai '장남'〉『여진역어』 아혼온(阿渾溫) '형'〉 만주어 ahūngga '장남'/ahūnta '형들'.

'전(典)' [다진절(多殄切), 산개사상선단(山開四上銑端), *t성모(聲母) 선천(先天)운 *iɛn 상성(上聲)] *tiɛn ~ 여진어 *den/dien. '점(玷)' [도념절(都念切), 함개사거첨단(咸開四去添端), *t성모(聲母) 렴선(廉線)운 *iɛm 거성(去聲)] *tiɛm ~ 여진어 *tien:

『금사』 올전(兀典) *ulden '스타'〉 만주어 ulden '새벽빛, 햇빛'. 『금사』 아전(阿典)/『삼조북맹회편』 아질(阿迭)/〈온둔량필시비〉 아점(阿玷) *adien/die '뢰'〉『여진역어』 아점(阿玷) '뢰'〉 만주어 akjan.

'단(端)' [다관절(多官切), 산합일평환단(山合一平桓端), *t성모(聲母) 환환(桓歡)운 *on 평성음(平聲陰)] *ton ~ 여진어 *don:

『금사』 환단(桓端)[환단(喚端), 화로탈(和魯奪)] *holdon/holdo '소나무'〉『여진역어』 화타막(和朵莫) '소나무'〉 만주어 holdon '소나무'.

'도(都)' [당호절(當弧切), 우합일평모단(遇合一平模端), *t성모(聲母) 어모(魚模)운 *u 평성음(平聲陰)] *tu ~ 여진어 *tu/da. '도(睹)' [당고절(當古切), 우합일상모단(遇合一上姥端), *t성모(聲母) 어모(魚模)운 *u 상성(上聲)] '독(篤)' [동독절(冬毒切), 통합일입옥단(通合一入沃端), *t성모(聲母) 어모(魚模)운 *u 상성(上聲)] *tu ~ 여진어 *du:

『금사』 포랄도(蒲剌都)[포랄도(蒲剌睹), 포랄독(蒲剌篤)] *puladu '급성 결막염으로 인해 눈이 보이지 않다'〉 만주어 fulata '눈이 짓무르다'. 『금사』 모도록(毛睹祿)[몰도로(沒都魯)]*muduru/muduri』『여진역어』 목두아(木杜兒) '용(龍)'〉 만주어 muduri '용(龍)'. 『금사』 여도(余睹)[익도(益都)] *idu '순서'〉 만주어 idu '차례, 횟수'. 『금사』 올답보(兀答補)[오답보(烏答補), 오달보(烏達補), 오도보(吾都補), 오도보(吾睹補), 오도부(吾都不)] *udabu〉 만주어 udabu '사게 하다'. 『금사』 홀도(忽都)[홀토(忽土)]

*hutu '남과 같이 복을 즐기다'〉만주어 hūturi. 『금사』 만도가(謾都歌)[만도가(謾都訶)] *mondugo/monduho '치매'〉만주어 mentuhun '우매하다, 어리석다'. 『금사』 환도(歡都) *hondu〉만주어 handu '벼'.

'독(獨)' [도곡절(徒谷切), 통합일입옥정(通合一入屋定), *t성모(聲母) 어모(魚模)운 *u 평성양(平聲陽)] *tu~ 여진어 *du:

『금사』 독길(獨吉) *dugi〉『여진역어』 독길(禿吉) '구름'〉만주어 tugi '구름'.[8]

'돈(敦)' [도곤절(都昆切), 진합일평혼단(臻合一平魂端), *t성모(聲母) 진문(眞文)운 *uən 평성음(平聲陰)] *tuən~ 여진어 *dun:

'원명희곡' 살돈(撒敦) *sadun〉『여진역어』 살도해(撒都該) '친하다'〉만주어 sadun '사돈'. 『금사』 온돈(溫敦)[온둔(溫屯)] *wendun '비다'〉만주어 wentuhun '비다, 약하다, 전무하다'. 『금사』 오둔(奧屯)[오돈(奧敦)] *otun '조(曹)'〉만주어 oton '구유'.

'다(多)' [득하절(得何切), 과개일평가단(果開一平歌端), *t성모(聲母) 가과(歌戈)운 *uo 평성음(平聲陰)] *tuo~ 여진어 *do:

『금사』 단다(彖多) *tondo〉『여진역어』 단타(團朶) '충스럽다'〉만주어 tondo '공정하다, 충직하다'.

'탈(奪)' [도활절(徒活切), 산합일입말정(山合一入末定), *t성모(聲母) 가과(歌戈)운 *uo 평성양(平聲陽)] *tuo~ 여진어 *do:

『금사』 환단(桓端)[환단(喚端), 화로탈(和魯奪)] *holdon/holdo '소나무'〉『여진역어』 화타막(和朶莫) '소나무'〉만주어 holdon '소나무'.

'타(朶)' [정과절(丁果切), 과합일상과단(果合一上果端), *t성모(聲母) 가

---

8 이 사례에는 한어의 정(定)모자 '독(獨)'으로 만주어 t-에 해당하는 여진어를 대음하는 것이 예외로 한 예이다. 다음과 같이 비슷한 예도 있다. 『금사』 만도가(謾都歌)[만도가(謾都訶)] *mondugo/monduho '치매'〉만주어 mentuhun '우매하다, 어리석다'. 『금사』 포랄도(蒲刺都) *puladu '급성 결막염으로 인해 눈이 보이지 않다'〉만주어 fulata '눈이 짓무르다'. 『금사』 온돈(溫敦)[온둔(溫屯)] *undun/*untun '비다'〉만주어 went uhun '비다, 약하다, 전무'.

과(歌戈)운 *uo 상성(上聲)] *tuo~ 여진어 *do:

『금사』 알리타(斡里朶)[와리타(訛里朶)] *ordo '관아'〉만주어 ordo '정자(亭子)'.

'동(冬)' [도종절(都宗切), 통합일평동단(通合一平冬端), *t성모(聲母) 동종(東鐘)운 *uŋ 평성음(平聲陰)] *tuŋ~ 여진어 *do(r):

『금사』 동아(冬兒) *dor〉『여진역어』 타아(朶兒) '오소리'〉만주어 dorgon '오소리'.⁹

'탑(塔)' [토합절(吐盍切), 함개일입합투(咸開一入盍透), *th성모(聲母) 가마(家麻)운 *a 상성(上聲)] *tha~ 여진어 *ta:

『요동행부지』 야탑랄처(耶塔剌處) *yetara ču '화도, 부싯돌'〉만주어 yatarakū '화도'. 『금사』 아오탑(牙吾塔)[아고탑(牙古太)] *yaɣuta/yaɣutai '부스럼'〉만주어 yoo hede '부스럼'.

'태(太)' [타개절(他蓋切), 해개일거태투(蟹開一去泰透), *th성모(聲母) 개래(皆來)운 *ai 거성(去聲)] *thai~ 여진어 *tai:

『금사』 태신(太神) *taišin '높다'〉만주어 dekjin '일으키다, 일어나다'.¹⁰ 『금사』 아고탑(牙古太)[아오탑(牙吾塔)] *yaɣuta/yaɣutai '부스럼'〉만주어 yoo hede '부스럼'.

'당(唐)' [도랑절(徒郎切), 탕개일평당정(宕開一平唐定), *th성모(聲母) 강양(江陽)운 *aŋ 평성양(平聲陽)] *thaŋ~ 여진어 *taŋ:

『금사』 당괄(唐括)[당고(唐古)] *tanggu〉『여진역어』 탕고(湯古) '백(百)'〉만주어 tanggū '백(百)'.

'저(底)'[도예절(都禮切), 해개사상제단(蟹開四上薺端), *t성모(聲母) 제

---

9 '동아(冬兒)'는 만주어에 따라 *dor로 추정하였다.

10 한어의 투(透), 정(定)모 한자로 만주어 d-에 해당하는 여진어를 대음하는 것은 예외로 한 예이다. 다음과 같은 예들도 있다. 『금사』 태신(太神) *taišin '높다'〉만주어 dekjin '일으키다, 일어나다'. 『금사』 아고탑(牙古太)[아오탑(牙吾塔)] *yaɣuta '부스럼'〉만주어 yoo hede '부스럼' 등.

미(齊微)운 *i 상성(上聲)] *ti~ 여진어 *ti:

『금사』 판저(板底)[인(因)] *panti〉『여진역어』 번체(番替) '남(南)'.

'특(特)' [도득절(徒得切), 증개일입덕정(曾開一入德定), *th성모(聲母) 제미(齊微)운 *i 거성(去聲)] *thi~ 여진어 *te:

『금사』 특사(特思)[특시(特廝)] *tehi『여진역어』 특희(忒希) '사십'〉만주어 dehi '사십'. 『금사』 발특보(孛特補) *botebu〉만주어 butabumbi '어렵을 하게 하다'. 『금사』 발특(孛特)[백덕(伯德)] *bote〉만주어 butambi '어렵을 하다, 물고기 잡다'.

'특(忒)' [타덕절(他德切), 증개일입덕투(曾開一入德透), *th성모(聲母) 제미(齊微)운 *i 거성(去聲)][11] *thi~ 여진어 *te:

『금사』 특린(忒鄰) *terin '바다'〉『여진역어』 맥특액림림(脉忒厄林) '바다/회동관』『여진역어』 묵득(墨得) '바다'〉만주어 mederi '바다'.

'단(彖)' [통관절(通貫切), 산합일거환투(山合一去換透), *th성모(聲母) 환환(桓歡)운 *on 거성(去聲)] *thon~ 여진어 *ton:

『금사』 단다(彖多) *tondo〉『여진역어』 단타(團朶) '충직하다'〉만주어 tondo '공정하다, 충직하다'.

'단(團)' [도관절(度官切), 산합일평환정(山合一平桓定), *th성모(聲母) 환환(桓歡)운 *on 평성양(平聲陽)] *thon~ 여진어 *ton:

『금사』 화단(和團) *hoton〉『여진역어』 흑차니(黑車你) '성읍'〉만주어 hoton/hecen '성읍'.

'독(秃)' [타곡절(他谷切), 통합일입옥투(通合一入屋透), *th성모(聲母) 어모(魚模)운 *u 상성(上聲)] *thu~ 여진어 *tu:

『금사』 독리(秃里) *turi '부락의 소송을 주관하다, 사건의 경위를 조사하는 사람'〉만주어 turambi '분명하게 밝히다'. 『금사』 독만(秃滿)[타만(陀滿),

---

11 『중원음운』에 '특(特)'과 '특(忒)' 글자가 수록되지 않았다. 여기서는 『광운』의 직덕(職德)운 글자가 『중원음운』의 제미(齊微)운에 합류하는 현상에 따라 분류하였다.

타만(駝滿), 타만(馳滿), 타만(陀爛), 도문(徒門), 통문(統門)] *tumon/tumun ⟩『여진역어』토만(土滿) '만(萬)' ⟩ 만주어 tumen '만(萬)'.『금사』독리(禿里) *turi '부락의 소송을 주관하다, 사건의 경위를 조사하는 사람' ⟩ 만주어 turambi '분명하게 밝히다'.

'도(徒)' [동도절(同都切), 우합일평모정(遇合一平模定), *th성모(聲母) 어모(魚模)운 *u 평성양(平聲陽)] *thu~ 여진어 *tu:

『금사』도문(徒門)[타만(陀滿), 타만(駝滿), 타만(馳滿), 타만(陀爛), 통문(統門), 독만(禿滿)] *tumon/tumun⟩『여진역어』토만(土滿) '만(萬)'⟩ 만주어 tumen '만(萬)'.『금사』아도한(阿徒罕) *atuhan '땔나무를 줍는 사람'⟩ 만주어 asihan '어리다, 젊은이'.[12]

'토(土)', '토(吐)' [타로절(他魯切), 우합일상모투(遇合一上姥透), *th성모(聲母) 어모(魚模)운 *u 상성(上聲)] '토(兎)' [탕고절(湯故切), 우합일거막투(遇合一去幕透), *th성모(聲母) 어모(魚模)운 *u 거성(去聲)] *thu~ 여진어 *tu:

『금사』아토고(阿土古) *atugu '잡는 것에 능숙한 사람'.『금사』호토백(胡土白) *hutubai⟩『여진역어』홀토아복아이(忽土兒卜阿以) '행운의 땅'⟩ 만주어 hūturi ba '행운의 땅'.『금사』홀토(忽土)[홀도(忽都)] *hutu '남과 같이 복을 즐기다' ⟩ 만주어 hūturi.『금사』홀토애갈만(忽土皚葛蠻) *hutuɣai gamon⟩ 만주어 hutuŋgai hafan '복 받는 요새'.『금사』토골(吐鶻)/원명희곡' 토골(兎鶻) *tuhu '속대'⟩ 만주어 toohan '액세서리'.

'둔(屯)' [도혼절(徒渾切), 진합일평혼정(臻合一平魂定), *th성모(聲母) 진문(眞文)운 *uən 평성양(平聲陽)] *thun~ 여진어 *tun:

---

12 송·원나라 역사 서적에 여진어가 담겨 있는 조어법에 따라, 접사 '한(罕)' *han 의 문법적인 기능이 만주어와 같이 '작다'라는 의미를 표시하는 기능을 띤다.『금사』에서 '아도한(阿徒罕)'을 '땔나무를 줍는 사람이다'로 해석하는 것은 조어법에 알맞다. 여기서 청나라 시대 학자들의 주장을 택하여 만주어 asihan '어리다, 젊은이'로 이를 대응하는 것도 그런 상황이다. *tu와 *si가 차이가 큰 것에 관하여, 혹시라도 만주어에는 다른 단어가 있을지도 모르는데, 더 세밀히 고증해야 한다.

『금사』 오둔(奧屯) *otun '조(曹)'〉만주어 oton '구유'. 『금사』 온둔(溫屯)[온돈(溫敦)] *untun/undun '비다'〉만주어 wentuhun '비다, 약하다, 전무'.

'타(陀)' '타(駝)' [도하절(徒河切), 과개일평가정(果開一平歌定), *th성모(聲母) 가과(歌戈)운 *uo 평성양(平聲陽)] '타(馳)' [탁하절(託何切), 과개일평가투(果開一平歌透), *th성모(聲母) 가과(歌戈)운 *uo 평성음(平聲陰)] *thuo~ 여진어 *tu:

『금사』 타만(陀滿)[통문(統門), 타만(駝滿), 타만(馳滿), 타만(陀熳), 도문(徒門), 독만(禿滿)] *tumon/tumun〉『여진역어』 토만(土滿) '만(萬)'〉만주어 tumen '만(萬)'.

'통(統)' [타종절(他綜切), 통합일거송투(通合一去宋透), *th성모(聲母) 동종(東鐘)운 *uŋ 상성(上聲)] *thuŋ~ 여진어 *tu(m):

『금사』 타만(陀滿)[통문(統門), 타만(駝滿), 타만(馳滿), 타만(陀熳), 도문(徒門), 독만(禿滿)] *tumon/tumun〉『여진역어』 토만(土滿) '만(萬)'〉만주어 tumen '만(萬)'.

'납(納)' [노답절(奴答切), 함개일입합니(咸開一入合泥), *n성모(聲母) 가마(家麻)운 *a 거성(去聲)] *na~ 여진어 *na:

『금사』 납난(納蘭) *naran〉몽골어 naran '해, 태양'. 『금사』 納葛里 *nagori '거실'〉몽골어 ene ger '이실'.

'나(那)' [노개절(奴箇切), 과개일거개니(果開一去箇泥), *n성모(聲母) 가마(家麻)운 *a 거성(去聲)] *na~ 여진어 *r[13]:

---

13 『금사』에는 여진어 음절 말에 나타나는 -r, -l이 대부분 래(來)모자 '리(里), 로(魯), 노(盧), 륵(勒), 니(泥)모자 '나(那)'와 일(日)모자 '아(兒)'로 대음된다. 예컨대, '추하다', 대음은 '아리손(阿里孫)'이고, 만주어로 ersun이다. '십육', 대음은 '녀로환(女魯歡)'이고, 만주어로 niolhon이다. '연결하게 하다, 혼인하게 하다', 대음은 '골로보(鶻魯補)'이고, 만주어로 holbo이다. '천주머니', 대음은 '포로혼(蒲魯渾), 포노혼(蒲盧渾)'이고, 만주어로 fulhū이다. '변', 대음은 '아륵근(阿勒根)'이고, 만주어로 argi이다. '첩', 대음은 '살나한(薩那罕)'이고, 만주어로 sargan이다. '오소리', 대음은 '동아(冬兒)'이고, 만주어로 dorgon이다. '통천

『북맹론』 살나한(薩那罕) *sarqan '남편이 아내를 부르는 칭호'〉『여진역어』 살리안(撒里安) '아내'〉만주어 sargan.

'내(乃)' [노해절(奴亥切), 해개일상해니(蟹開一上海泥), *n성모(聲母) 개래(皆來)운 *ai 상성(上聲) *nai~ 여진어 *nai:

『금사』 적고내(迪古乃) *digunai '오다'〉『여진역어』 적온(的溫) '오다'〉만주어 gahūmbi '돌아오다'.

'난(板)' [노판절(奴版切), 산개삼상산니(山開三上潸泥), *n성모(聲母) 한산(寒山)운 *an 상성(上聲)] *nan~ 여진어 *nan:

『금사』 골난(骨板) *gunan '계절'〉만주어 gūna '3살짜리 소, 방금'.

'니(尼)' [녀이절(女夷切), 지개삼평지니(止開三平脂泥), *n성모(聲母) 제미(齊微)운 *i 평성양(平聲陽)] *ni~ 여진어 *ni:

『금사』 니방고(尼厖古)[니망고(尼忙古), 점몰갈(粘沒曷), 점할(粘割), 점가(粘哥), 점합(粘合)] *nima ŋgu/nimha '물고기'〉『여진역어』 리말합(里襪哈) '물고기'〉만주어 nimaha. 『금사』 압은니요(押恩尼要) *yan niyo '구락(狗淥)'〉만주어 indahūn i niuo '구포자(狗泡子)'. 『금사』 점한(粘罕)/『송막기문』 니감(尼堪) *nimqan/nikan〉만주어 nikan '한인, 오랑캐'.

'열(涅)' '날(捏)' [노결절(奴結切), 산개사입설니(山開四入屑泥), *n성모(聲母) 차차(車遮)운 *ie 거성(去聲)] '섭(聶)' [니첩절(尼輒切), 함개삼입엽

귀, 찰거머리', 대음은 '아리(阿里)'이고, 만주어로 ari이다. 『금사』에 일모자 '아(兒)'로 음절 말인 -r, -l을 음역한 여진 인명이 많지 않은데, 권17에 석말동아(石抹冬兒), 권123에 달아대(達兒歹), 권59에 완안야보아(完顏耶補兒)[권39에 완안야보(完顏耶補)] 등 몇 개만 있다. 그중 '동아(冬兒)'는 '오소리'라는 뜻이다. 『여진역어·부장문』 '맥특액림타아(脈忒厄林朵兒)는 오소리이다', 만주어에는 '오소리'를 '다이곤(多爾袞)' dorgon이라고 한다. '달아득(達兒得)', 만주어 dartai에 해당하여 '순간, 잠시'라는 뜻이다. '야보아(耶補兒)', 만주어는 iberi이고 '투구꼬리'라는 뜻이다. 만주족 인명에는 '이백리(伊伯里)로 표시한다. 『청어인명역한』에 '이제 이백리(伊伯里)는 투구꼬리다'. 이에 따라, '兒'가 대부분 만주어의 -r나 -ri와 대응하는 것을 알 수 있다. 운미로 나타나는 '리(里), 로(魯), 나(那), 아(兒)' 등 한자를 전사할 때 몽골어와 만주어의 어두, 어중, 어말에 -r, -l로 끝나는 음절이 여전히 있는 현상에 의거하여 대응하는 *-r, *-l로 추정하였다.

니(咸開三入葉泥), *n성모(聲母) 차차(車遮)운 *iɛ 거성(去聲)] *niɛ~ 여진어 *niye:

『금사』 열리색일(涅里塞一) *neri seyi '하얗다'〉만주어 nara šanyang '햇빛'.『금사』포열(蒲涅)[포련(蒲輦), 포리연(蒲里衍), 포리연(蒲里演), 불열(拂涅), 포섭(蒲聶)] *puliyen/puniyen/puniye '모극의 부장'〉만주어 feniyen '무리', 나나이어 bolaci '협조'.

'점(粘)' [녀렴절(女廉切), 함개삼평염니(咸開三平鹽泥), *n성모(聲母) 렴선(廉線)운 *iɛn 평성양(平聲陽)] *niɛn~ 여진어 *nim:

『금사』점한(粘罕)/『송막기문』니감(泥堪) *nimqan/nikam〉만주어 nikan '한인, 오랑캐'.

'녀(女)' [니려절(尼呂切), 우합삼상어니(遇合三上語泥), *n성모(聲母) 어모(魚模)운 *iu 상성(上聲)] *niu~ 여진어 *nio:

『금사』녀로환(女魯歡) *niolhon '십육'〉『여진역어』니혼(泥渾) '십육'〉만주어 niolhun '정월 16일'.『금사』녀해렬(女奚烈) *niohilie〉만주어 niohe/나나이어 niuheli '늑대'.『금사』활녀(活女) *honio '항아리'〉『여진역어』홀녀(忽女) '통(桶)'〉만주어 hunio '물통'.[14]

'노(奴)' [내도절(乃都切), 우합일평모니(遇合一平模泥), *n성모(聲母) 어모(魚模)운 *u 평성양(平聲陽)] *nu~ 여진어 *nu:

『금사』노신(奴申) *nušin '화목하다'〉만주어 nešin '평안하다, 화순하다'.

'랄(剌)' '랄(辣)' [노달절(盧達切), 산개일입갈래(山開一入曷來), *l성모(聲母) 가마(家麻)운 *a 거성(去聲)] *la~ 여진어 *la/-l-/li/ra:

『금사』포랄도(蒲剌都) *puladu '급성 결막염으로 인해 눈이 보이지 않다'〉만주어 fuata '눈이 짓무르다'.『금사』호로랄(胡魯剌) *hulula '가장(家長)'〉만주어 hala i da '족장'. '원명희곡' 적와부랄해(赤瓦不剌海) * čiwabulahai

---

14 한어 iu운모가 만주어에 차용되면 일반적으로 io로 발음된다. 예컨대, 석류, 만주어로 šilio이다. 이에 따라, 우리는 '녀(女), 류(留)'와 대음하는 여진어를 각각 *nio, *lio로 추정하였다.

/『송막기문』 와발랄해(窪勃辣孩) *wabulahai '때려죽이다'〉 만주어 wabuha
'죽이도록 하다'. 『금사』 호랄(胡剌)[홀랄(忽剌)] *hula '굴뚝'〉 만주어 hūlan
'연통, 굴뚝'. 『금사』 사랄(沙剌) *šala '옷자락'〉 만주어 šala '앞자락, 자락'.
'원명희곡' 올랄(兀剌) *ula 『여진역어』 고랄합(古剌哈) '부츠'〉 만주어 ulhū
'갈대'. '원명희곡' 호랄해(虎剌孩) *hulhai 『여진역어』 호랄해날아마(虎剌
孩捏兒麻) '강도'〉 만주어 hūlha '강도'. 『금사』 살랄갈(撒剌喝)[살리합(撒里
合), 살리갈(撒離喝)] *saliqa〉 만주어 saligan '지배'. 『금사』 필랄(必剌)[필난
(必蘭), 비랄(祕剌), 비리(鼻里)] *biran '하천' 『여진역어』 필랄(必剌) '하천'〉
만주어 bira. 『금사』 사랄합반(査剌合攀) *čara hapan '거용관(居庸關)'〉 만
주어 cira hafan '엄관(嚴官)'. 『요동행부지』 야탑랄처(耶塔剌處) *yetara
ču '화도, 부싯돌'〉 만주어 yatarakū '화도, 부싯돌'. 『삼조북맹회편』 랄살(辣
撒) *lasa '좋지 않다'〉 만주어 langse '깨끗하지 않다, 더럽다'.

'난(蘭)' [락간절(落干切), 산개일평한래(山開一平寒來), *1성모(聲母) 한
산(寒山)운 *an 평성양(平聲陽)] *lan~ 여진어 *ran:

『금사』 필난(必蘭)[필랄(必剌), 비랄(祕剌), 비리(鼻里)] *biran '하천'〉『여
진역어』 필랄(必剌) '하천'〉 만주어 bira. 『금사』 납난(納蘭) *naran〉 몽골어
naran '해, 태양'.

'라(懶)' [락한절(落旱切), 산개일상한래(山開一上旱來), *1성모(聲母) 한
산(寒山)운 *an 상성(上聲)] *lan~ 여진어 *lan/ran:

『금사』 아라(阿懶) *alan '언덕'〉 만주어 alan/ala '산언덕'. 『금사』 이라
(移懶) *ilan 『여진역어』 이란(以蘭) '삼(三)'〉 만주어 ilan '삼(三)'. 『금사』
달라(達懶) *dalan〉 만주어 dalan/dalin '강변'. 『금사』 갈라(曷懶)
*hanlan〉『여진역어』 해랄(孩剌) '느릅나무'〉 만주어 hailan '느릅나무'. 『금
사』 야라(耶懶)[압라(押懶)] *yaran〉『여진역어』 아랄(牙剌) '표범'〉 만주어
yarha '수컷 표범'. 『금사』 아호라(阿虎懶) *aquran〉 만주어 agūra '기계,
기물'.

'륵(勒)' [노칙절(盧則切), 증개일인덕래(曾開一人德來), *1성모(聲母) 제

미(齊微)운 *ei 거성(去聲)] *lei~ 여진어 *le/-l-:

『금사』 알륵(斡勒) *ole '돌(石)'〉『여진역어』 알흑(斡黑) '돌'〉만주어 wehe '돌'. 『금사』 아륵근(阿勒根)[아리간(阿里侃), 알리근(斡里根)] *argin〉만주어 ergi '변(邊)'.

'루(婁)' [락후절(落侯切), 류개일평후래(流開一平侯來), *l성모(聲母) 우후(尤侯)운 *əu 평성양(平聲陽)] *ləu~ 여진어 *lo:

『금사』 루실(婁室)[루숙(婁宿)] *losi 〉만주어 loso '봄철에 축축하여 갈기 어려운 밭'.

'리(里)' [량사절(良士切), 지개삼상지래(止開三上止來), *l성모(聲母) 제미(齊微)운 *i 상성(上聲)] *li~ 여진어 *li/-l-/ri/ra/-r-:

『금사』 아리백(阿里白) *alibuhi〉만주어 alibuha '바치게 하였다'. 『금사』 아리호(阿里虎)[아리골(阿里骨), 아리괄(阿里刮)] *aliqu〉『여진역어』 아리고(阿里庫) '소반'〉만주어 alikū '큰 접시'. 『금사』 기리본(夔里本) *kuilibun〉만주어 kūlibu '속다'. 『금사』 아리부(阿里不)[아리보(阿里補), 아리보(阿里保), 아리보(阿離補), 아로부(阿魯不), 아노보(阿盧補), 아로보(阿魯保)] *alibu〉만주어 alibu '바치게 하다'. 『금사』 알리부(斡里不)[오리보(吾里補), 알리복(斡里卜), 알리부(斡離不), 알로부(斡魯不), 알로보(斡魯補), 알노보(斡盧補), 알노보(斡盧保), 와로보(訛魯補), 오리부(吾里不), 오리보(吾里補)] *olibu '축적하다'〉『여진역어』 올리매(兀里昧) '남다'〉만주어 welibu '남기다'. 『금사』 을리보(乙里補)[을랄보(乙剌補), 이랄보(移剌補), 이랄보(移剌保), 이랄본(移剌本)] *ilibu/ilibun〉『여진역어』 일립본(一立本) '서다'〉만주어 ilibu '일어나게 하다, 일어서게 하다'. 『금사』 살리합(撒里合)[살리갈(撒離喝), 살랄갈(撒剌喝)] *saliqa〉만주어 saligan '지배'. 『금사』 보활리(保活里) *boholi '난쟁이'〉『여진역어』 불화나(弗和羅) '짧다'〉만주어 foholon '난쟁이'. 『금사』 아리희(阿里喜) *alhi〉만주어 ilhi '협조, 보조'. 『금사』 아리출호(阿里出虎)[안춘(按春), 안춘(安春), 안진(按辰), 안출(按出), 안출호(按出虎), 아출허(阿術許), 안출호(安術虎), 아촉호(阿觸胡), 아

지고(阿之古), 아록조(阿祿阻)] *alčun/*alčuqu/alčuqu '금(金)'〉『여진역어』 안춘온(安春溫) '금(金)'〉만주어 ancun '귀걸이'/alcuka '아십하(阿什河)'.『금사』 아리간(阿里侃)[아륵근(阿勒根), 알리근(幹里根)] *argin〉만주어 argi '변(邊)'.『금사』 포리(蒲里)[포럴(蒲烈)] *puli〉만주어 fulu '우수하다, 길다'.『금사』 새리(賽里)[색리(塞里)] *seli '안락하다'〉만주어 sela '창쾌하다'.『금사』 포리연(蒲里衍)[포런(蒲輦), 포리연(蒲里演), 포리언(蒲里偃), 불열(拂涅), 포섭(蒲聶), 포열(蒲涅)] *puliyen/puniyen/puniye/funiye '모극의 부장'〉만주어 feniyen '무리', 나나이어 bolaci '협조'.『금사』 회리부(回里不)[핵리보(劾里保)] *horibu〉만주어 horibu '묶게 하다'.『금사』 비리(鼻里)[필난(必蘭), 필랄(必剌), 비랄(祕剌)] *biran/bira '하천'〉『여진역어』 필랄(必剌) '하천'〉만주어 bira.『금사』 납갈리(納葛里) *nagori '거실'〉몽골어 ene ger '이실'.『금사』 열리색일(涅里塞一) *neri seyi '하얗다'〉만주어 nara šanyang '햇빛'.『금사』 아리(阿里) *ari '통천귀, 찰거머리'.『금사』 할리(轄里) *hiyari 〉만주어 hiyari '사팔눈'.『금사』 독리(禿里) *turi '부락의 소송 일을 주관하고, 사건의 경위를 조사하는 사람'〉만주어 turambi '분명하게 밝히다'. 아호리(阿虎里) *ahuri '잣'〉『여진역어』 홀리(忽里) '잣'〉만주어 hūri '잣'.『금사』 아리손(阿里孫) *arsun '못생겼다'〉만주어 ersun '추하다'.『금사』 반리합(盤里合)[복리흑(僕里黑), 발리흑(跋里黑)] *parha '엄지손가락(將指)'〉만주어 ferhe '엄지손가락'.『금사』 알리타(幹里朵)[와리타(訛里朵)] *ordo '관아'〉만주어 ordo '정자(亭子)'.

'리(離)' [려지절(呂支切), 지개삼평지래(止開三平支來), *l성모(聲母) 제미(齊微)운 *i 거성(去聲)] *li~ 여진어 *li/ri:

『금사』 아리보(阿離補)[아리부(阿里不), 아리보(阿里保), 아리보(阿里補), 아로부(阿魯不), 아노보(阿盧補), 아로보(阿魯保)] *alibu〉만주어 alibu '바치도록 하다'.『금사』 살리갈(撒離喝)[살리합(撒里合), 살랄갈(撒剌喝)] *saliqa〉만주어 saligan '지배'.『금사』 아리합만(阿離合懣) *alihamon '독수리와 매를 기르는 사람'〉만주어 aliha niyalma '해동청을 기르는 사람'.

『금사』활리한(活離罕) *horihan '새끼 양〉몽골어 horag '면양 새끼'. 『금사』발리속(拔離速) *barisu '각저희(角觝戲)를 하는 사람'몽골어 barildu '씨름'.

'량(良)' [려장절(呂張切), 탕개삼평양(宕開三平陽), *1성모(聲母) 강양(江陽)운 *iang 평성양(平聲陽)] *liaŋ~ 여진어 *riaŋ:

『금사』모량호(謀良虎)[모량호(毛良虎)] *muriaŋqu '무뢰하다'〉만주어 muriku '어리석다, 고집쟁이'.

'렬(列)' '렬(烈)' [량설절(良薛切), 산개삼입설래(山開三入薛來), *1성모(聲母) 차차(車遮)운 *iɛ 거성(去聲)] *liɛ~ 여진어 *lie/le /re:

『금사』을렬(乙列)[을렬(乙烈)] *ili『여진역어』을립본(乙立本) '서다'〉만주어 ili '서다'. 『금사』녀해렬(女奚烈) *niohilie〉만주어 niohe/나나이어 niuheli '늑대'. 『금사』발극렬(勃極烈) *bogile '관리'〉만주어 beile '패륵(貝勒)'. 『금사』사렬(斜烈)[사렬(思烈)] *sele '칼날'〉만주어 seleme '순도'. 『금사』포렬(蒲烈)[포리(蒲里)] *puli〉만주어 fulu '우수하다, 길다'. 『금사』오렬(烏烈) *ure '초름'〉만주어 uri '초둔'.

'림(林)' [력심절(力尋切), 심개삼평침래(深開三平侵來), *1성모(聲母) 침심(侵尋)운 *iəm 평성양(平聲陽)] '린(鄰)' '린(麟)' [력진절(力珍切), 진개삼평진래(臻開三平眞來), *1성모(聲母) 진문(眞文)운 *iən 평성양(平聲陽)] *liəm~ 여진어 *lin:

『금사』목림(牧林)[멀린(末麟), 말린(抹鄰), 모린(母麟)] *morin〉『여진역어』모림(母林) '말(馬)'〉만주어 morin '말(馬)'. 『금사』오림답(烏林答)[오림달(烏林達)] *ulinda〉『여진역어』올리인(兀里因) '재물'〉만주어 ulin da '재물의 관리자'. 『금사』특린(忒鄰) *telin '바다'〉『여진역어』맥특액림림(脉忒厄林) '바다'/회동관『여진역어』묵득(墨得) '바다'〉만주어 mederi '바다'. 『금사』초적린(鈔赤鄰) čau čirin/'원명희곡' 찰습아(擦褶兒) *čačiri 〉『여진역어』찰적리(扎赤里) '장방(帳房)'〉만주어 cacari '천장막'.

'련(輦)' [력전절(力展切), 산개삼상미래(山開三上獮來), *1성모(聲母) 선

천(先天)운 *iɛn 상성(上聲)] *liɛn～ 여진어 liyen:

『금사』 숙련(孰輦) *šuliyen '연꽃'〉만주어 šu ilha '연꽃'. 『금사』 포련(蒲輦)[포리연(蒲里衍), 포리연(蒲里演), 포리언(蒲里偃), 불열(拂涅), 포섭(蒲聶), 포열(蒲涅)] *puliyen '모극의 부장'〉만주어 feniyen '무리', 나나이어 bolaci '협조'. 『금사』 살합련(撒合輦)[살갈련(撒曷輦)] *sahaliyen '얼굴색이 검다'〉『여진역어』 살합량(撒哈良) '검다'〉만주어 sahalian '검다'.

'류(留)' [력구절(力求切), 류개삼평우래(流開三平尤來), *l성모(聲母) 우후(尤侯)운 *iəu 평성양(平聲陽)] *liəu ～여진어 *lio:

『금사』 류가(留可) *lioko〉만주어 leke '조약돌, 숫돌'.

'로(魯)' [랑고절(郎古切), 우합일상모래(遇合一上姥來), *l성모(聲母) 어모(魚模)운 *u 상성(上聲)] *lu～ 여진어 lu/-l-/li/ru/ri:

『금사』 사로(斜魯) *selu '크고 가파른 산'〉몽골어 šina '산등성마루'. 『금사』 골로보(鶻魯補)[골노보(鶻盧補), 홀노보(忽盧補), 곡로보(斛魯補)] *hulubu〉만주어 hulbobu '연결하게 하다, 혼인하게 하다'. 『금사』 길보로만(吉甫魯灣) *gihuluwan '연자성(燕子城)'〉『여진역어』 가혼온(加渾溫) '매'〉만주어 giyahuun '매'. 『금사』 호로랄(胡魯剌) *hulila '가장(家長)'〉만주어 hala i da '족장'. 『금사』 오로고(烏魯古)[알로고(斡魯古), 와로고(訛魯古)] *ulgu '목장의 관리'〉만주어 ulga '가축'. 『금사』 골로보(鶻魯補) *hulbu〉만주어 hulbobu '서로 연결하게 하다, 혼인하게 하다'. 『금사』 포로혼(蒲魯渾)[포논혼(蒲盧渾), 포로호(蒲魯虎), 포로환(蒲魯歡)] *pulhun '자루'〉만주어 fulhū '자루'. 『금사』 지로환(只魯歡) *jilhon〉만주어 jalgon '수명'. 『금사』 녀로환(女魯歡) *niolhon '십육'〉『여진역어』 니혼(泥渾) '십육(十六)'〉만주어 niolhun '정월 16일'. 『금사』 환단(桓端)[환단(喚端), 화로탈(和魯奪)] *holodon/holdo '소나무'〉『여진역어』 화타막(和朵莫) '소나무'〉만주어 holdon '소나무'. 『금사』 아로부(阿魯不)[아리보(阿里補), 아리보(阿里保), 아리보(阿離補), 아리부(阿里不), 아노보(阿盧補), 아로보(阿魯保)] *alibu〉만주어 alibu '바치게 하다'. 『금사』 오로(烏魯)[오록(烏祿)]

*uru '은혜'〉만주어 uru '이다'. 『금사』갈로(曷魯) *horu〉만주어 heru '바퀴살'. 『금사』갈로(曷魯) *qaru〉만주어 garu '백조'. 『금사』몰도로(沒都魯)[모도록(毛睹祿)] *muduru/muduri〉『여진역어』목두아(木杜兒) '용(龍)'〉만주어 muduri '용(龍)'. 『금사』배로(背魯)[배로(輩魯), 배로(盃魯)] *beri〉『여진역어』백력(伯力) '활'〉만주어 beri '활'.

'노(盧)' [락호절(落胡切), 우합일평모래(遇合一平模來), *1성모(聲母) 어모(魚模)운 *u 평성양(平聲陽)] *lu ~ 여진어 *lu/-l-/li:

『금사』포논혼(蒲盧渾)[포로혼(蒲魯渾), 포로호(蒲魯虎), 포로환(蒲魯歡)] *pul hun '자루'〉만주어 fulhū '자루'. 『금사』골노보(鶻盧補)[골로보(鶻魯補), 홀노보(鶻盧補), 곡로보(斛魯補)] *hulubu〉만주어 hulbobu '일어나게 하다, 혼인하게 하다'. 『금사』파노화(婆盧火) *polho '방망이, 망치'〉만주어 folho '방망이, 망치'. 『금사』아노보(阿盧補)[아리보(阿里補), 아리보(阿里保), 아리보(阿離補), 아리부(阿里不), 아로부(阿魯不), 아로보(阿魯保)] *alibu〉만주어 alibu '바치게 하다'.

'록(祿)' [노곡절(盧谷切) 통합일입옥래(通合一入屋來), *1성모(聲母) 어모(魚模)운 *u 거성(去聲)] *lu ~ 여진어 *ru/*-l-/*ru:

『금사』몰도로(沒都魯)[모도록(毛睹祿)] *muduru/muduri〉『여진역어』목두아(木杜兒) '용(龍)'〉만주어 muduri '용(龍)'. 『금사』아록조(阿祿阻)[안춘(按春), 안춘(安春), 안진(按辰), 안출(按出), 안출호(按出虎), 아출허(阿術許), 안출호(安術虎), 아촉호(阿觸胡), 아지고(阿之古), 아리출호(阿里出虎)] *al čun/al č uqu/al č uqu '금(金)'〉『여진역어』안춘온(安春溫) '금(金)'〉만주어 ancun '귀걸이'/alcuka '아십하(阿什河)'. 『금사』오로(烏魯)[오록(烏祿)] *uru '은혜'〉만주어 uru '이다'.

'론(論)' '륜(倫)' [노곤절(盧困切), 진합일거흔래(臻合一去恩來), *1성모(聲母) 진문(眞文)운 *uən 거성(去聲)] *luən ~ 여진어 *lun:

『금사』발론출(孛論出) *bolun ču '태아'〉『원조비사』발단찰아(孛端察兒) *bodon čari '시조(始祖)'. 『금사』알론(斡論) *olun '생철'〉만주어

olon '수문, 말뱃대끈'.

'라(羅)' [로하절(魯何切), 과개일평가래(果開一平歌來), *1성모(聲母) 가과(歌戈)운 *uo 평성양(平聲陽)] *luo ～여진어 *ro:

『금사』 활라(活羅) *horo '자오'〉『여진역어』 회화라(回和羅) '난추니'〉만주어 horon '난추니'.

'아(兒)' [여이절(汝移切), 지개삼평지일(止開三平支日), *3성모(聲母) 지사(支思)운 *ĭ 평성양(平聲陽)] *3ĭ～ 여진어 *r/ri:

『금사』 달아대(達兒歹) *dardai〉만주어 dartai '순간, 잠시'.『금사』 초적린(鈔赤鄰) *čau čirin/'원명희곡' 찰습아(擦褶兒) ča čiri)『여진역어』 찰적리(扎赤里) '장방(帳房)'〉만주어 cacari '천장막'.『금사』동아(冬兒) *dor〉『여진역어』 타아(朵兒) '오소리'〉만주어 dorgon '오소리'.[15]

3. *g, *k, *h, *ŋ 성모 한자의 대음

'근(根)' [고흔절(古痕切), 진개일평흔견(臻開一平痕見), *k성모(聲母) 진문(眞文)운 *ən 평성음(平聲陰)] *kən～ 여진어 *gen/gin:

『북맹론』 애근(愛根) *aigen '남편'〉『여진역어』 액일액(厄一厄) '남편'〉만주어 eigen '남편'.『금사』 아륵근(阿勒根)[아리간(阿里侃), 알리근(斡里根)] *argin〉만주어 ergi '변(邊)'.

'극(極)' [거력절(渠力切), 증개삼입직군(曾開三入職群), *k성모(聲母) 제미(齊微)운 *i 평성양(平聲陽)] *ki～ 여진어 *gi:

『금사』 발극렬(勃極烈) *bogile '관리'〉만주어 beile '패륵(貝勒)'.

'길(吉)' [거질절(居質切), 진개삼입질견(臻開三入質見), *k성모(聲母) 제미(齊微)운 *i 상성(上聲)] '기(紀)' [거리절(居理切), 지개삼상지견(止開三上

---

15 '동아(冬兒)'가 만주어에 따라 dor로 추정하였다.

止見), *k성모(聲母) 제미(齊微)운 *i 상성(上聲)] *ki~ 여진어 *gi:

『금사』 달길(達吉)[달기(達紀)] *dagi〉만주어 deji '훌륭하다, 고급'. 『금사』 달기보(達吉不)[달길보(達吉保), 달기보(達紀保)] *dagibu〉만주어 dejibu '훌륭하게 하다'. 『금사』 독길(獨吉) *dugi〉『여진역어』 독길(禿吉) '구름'〉만주어 tugi '구름'. 『금사』 앙길락(昻吉洤) *aŋgir '원앙강'〉만주어 anggir '황오리'.

'가(哥)' '가(歌)' [고아절(古俄切), 과개일평가견(果開一平歌見), *k성모(聲母) 가과(歌戈)운 *o 평성음(平聲陰)] '갈(葛)' [고달절(古達切), 산개일입갈견(山開一入曷見), *k성모(聲母) 가과(歌戈)운 *o 상성(上聲)] '할(割)' [고달절(古達切), 산개일입갈견(山開一入曷見), *k성모(聲母) 가과(歌戈)운 *o 상성(上聲)] *ko~ 여진어 *go/ga:

『금사』 사가(斜哥)[사갈(斜葛)] *sego '노랑가슴담비'〉『여진역어』 색극(塞克) '노랑가슴담비'〉만주어 seke '노랑가슴담비'. 『금사』 영가(盈歌)[양할(揚割)] *yiŋgo/yaŋgo〉만주어 yengge '산포도, 개머루'. 『금사』 만도가(謾都歌)[만도가(謾都訶)] *mondugo/monduho '치매'〉만주어 mentuhun '우둔하다, 어리석다'. 『금사』 납갈리(納葛裡) *nagori '거실'〉만주어 eneger '이실'. 『금사』 홀토애갈만(忽土皚葛蠻) *hutuyai gamon〉만주어 hutuŋgai hafan '복 받는 요새'. 『금사』 몽갈(蒙葛)[몽괄(蒙括), 몽괄(蒙刮), 몽적(蒙適), 몽갈(瞢葛)] *muŋgo/muŋko〉『여진역어』 망합(莽哈) '어렵다'〉만주어 mangga '어렵다, 비싸다'.

'관(館)' [고완절(古緩切), 산합일상완견(山合一上緩見), *k성모(聲母) 환환(桓歡)운 *on 상성(上聲)] *kon~여진어 *gon:

『금사』 갈소관(曷蘇館)/『북풍양사록』 합소관(合蘇款) *hosgon/hoskon〉만주어 has'han '울타리'.

'고(古)' [공호절(公戶切), 우합일상모견(遇合一上姥見), *k성모(聲母) 어모(魚模)운 *u 상성(上聲)] *ku~ 여진어 *gu:

『금사』 아토고(阿土古) *atugu '잡는 것에 능숙한 사람'. 『금사』 오로고

(烏魯古)[알로고(斡魯古), 와로고(訛魯古)] *ulgu '목장의 관리'〉만주어 ulga '가축'.『금사』니방고(尼厖古)[니망고(尼忙古), 점몰갈(粘沒曷), 점할(粘割), 점가(粘哥), 점합(粘合)] *nimaŋgu '물고기'〉『여진역어』리말합(里襪哈) '물고기'〉만주어 nimaha.『금사』당고(唐古)[당괄(唐括)] *tanggu〉『여진역어』탕고(湯古) '백(百)'〉만주어 tanggū '백(百)'.『삼조북맹회편』올실(兀室) *gusi/『금사』고신(古神) *gusin/고신(固新) *gusin〉『여진역어』고신(古申) '삼십'〉만주어 gūsin '삼십'.

'골(骨)' '곡(穀)' [고홀절(古忽切), 진합일입몰견(臻合一入沒見), *k성모(聲母) 어모(魚模)운 *u 입성이 상성을 일으킴(入聲作上聲)] *ku～ 여진어 *gu/qu:

『금사』골난(骨赧)[고난(古赧)] *gunan '계절'〉만주어 gūna '3살짜리 소, 방금'.『금사』아리호(阿里虎)[아리골(阿里骨), 아리괄(阿里刮)] *aliqu〉『여진역어』아리고(阿里庫) '소반'〉만주어 alikū '큰 접시'.

'괄(刮)' [고태혈절(古兌頁切), 산합이입할견(山合二入鎋見), *k성모(聲母) 가과(歌戈)운 *uo 평성음(平聲陰)] *kua～ 여진어 *ga/qu. '괄(括)' '괄(适)' [고활절(古活切), 산합일입말견(山合一入末見), *k 성모(聲母) 가과(歌戈)운 *uo 상성(上聲)] *kuo～ 여진어 *go:

『금사』몽괄(蒙括)[몽갈(蒙葛), 몽괄(蒙刮), 몽적(蒙適), 몽갈(瞢葛)] *muŋgo/muŋko/muŋga〉『여진역어』망합(莽哈) '어렵다'〉만주어 mugga '어렵다, 비싸다'.『금사』아리호(阿里虎)[아리골(阿里骨), 아리괄(阿里刮)] *aliqu〉『여진역어』아리고(阿里庫) '소반'〉만주어 alikū '큰 접시'.

'국(國)' [고혹절(古或切), 증합일인덕견(曾合一入德見), *k성모(聲母) 제미(齊微)운 *uei 상성(上聲)] *kuei～ 여진어 *gu:

『금사』아륵근(阿勒根)[아리간(阿里侃), 알리근(斡里根)] *argin〉만주어 argi '변(邊)'.

'감(堪)' [구함절(口含切), 함개일평담계(咸開一平覃溪), *kh성모(聲母) 감함(監咸)운 *am 평성음(平聲陰)] *kham～ 여진어 *kam:

『금사』점한(粘罕)/『송막기문』니감(尼堪) *nimqa/nikam〉만주어 nikan '한인, 올랑캐'.

'극(克)' [고득절(苦得切), 증개일입덕계(曾開一入德溪), *kh성모(聲母) 제미(齊微)운 *ei 거성(去聲)][16] *khei~ 여진어 *ke:

『금사』모극(謀克)[모모극(毛毛克)] *muke '백부장'〉만주어 mukūn '족장'.

'가(可)' [고아절(枯我切), 과개일상가계(果開一上哿溪), *kh성모(聲母) 가과(歌戈)운 *o 상성(上聲)] *kho~ 여진어 *ke:

『금사』외가(畏可)[외가(隈可), 외갈(隈喝), 외갈(偎喝), 알갈(斡喝), 오역가(吾亦可)] *weike/uho/uike '이(牙)'〉『여진역어』위흑(委黑) '치(齒)'〉만주어 weihe '이(牙)'. 『금사』류가(留可) *lioke〉만주어 leke '역석, 숫돌'. 『금사』은술가(銀術可) *ninjuke '진주'〉『여진역어』녕주흑(寧住黑) '진주'〉만주어 nicuhe '진주'.

'기(夔)' [거추절(渠追切), 지합삼평지군(止合三平止群), *kh성모(聲母) 제미(齊微)운 *uei 평성양(平聲陽)] *khuei~ 여진어 *kui:

『금사』기리본(夔里本) *kuilibun〉만주어 kūlibu '속을 뻔하다'.

'관(款)' [고관절(苦管切), 산합일상완계(山合一上緩溪), *k성모(聲母) 환환(桓歡)운 *on 상성(上聲)] *khon~ 여진어 *kui:

『금사』갈소관(曷蘇館)/『북풍양사록』합소관(合蘇款) *hosgon/hoskon〉만주어 has'han '울타리'.

'합(哈)' [허가절(許加切), 가개이평마효(假開二平麻曉), *x성모(聲母) 가마(家麻)운 *a 평성음(平聲陰)][17] *xa~ 여진어 *ha/qa:

『금사』합달(合達)[합타(合打), 합답(合答), 갈답(曷答), 합단(哈丹)] *hada/hadan '산의 뾰족한 부분'〉만주어 hada '산봉우리'. 『금사』아보한(阿保寒)

---

16 『중원음운』에 '극(克)' 자는 수록되지 않았다. '직덕(職德)'운의 다른 글자의 분류에 따라 제미(齊微) ei운에 분류하였다.

17 『중원음운』에 '합(哈)' 자는 수록되지 않았다. 가마(家麻)운 *x성모(聲母)가 *ia와 *ua 뿐이다.

[아부한(阿不罕), 가부합(呵不哈)] *abqan/abqa〉만주어 abka '하늘, 공중'.

‘해(孩)’ [호내절(戶來切), 해개일평해갑(蟹開一平哈匣), *x성모(聲母) 개래(皆來)운 *ai 평성양(平聲陽)] *xai~ 여진어 *hai:

‘원명희곡’ 호랄해(虎剌孩) *hulhai〉『여진역어』호랄해날이마(虎剌孩捏二麻) ‘강도’〉만주어 hūlha ‘강도’.

‘해(海)’ [호개절(呼改切), 해개일상해효(蟹開一上海曉), *x성모(聲母) 개래(皆來)운 *ai 상성(上聲)] *xai~ 여진어 *hai:

『금사』안답해(按答海) *andahai ‘손님’〉『여진역어』안답해날아마(岸答孩捏兒麻) ‘빈객’〉만주어 andaha/anda ‘빈객, 손님’.

‘한(罕)’ [호한절(呼罕切), 산개일상한효(山開一上旱曉), *x성모(聲母) 한산(寒山)운 *an 상성(上聲)] *xan~ 여진어 *han/hen/qan. ‘한(寒)’ [호안절(胡安切), 산개일평한갑(山開一平寒匣), *x성모(聲母) 한산(寒山)운 *an 평성양(平聲陽)] *xan~ 여진어 *qan:

『금사』아부한(阿不罕)[아보한(阿保寒), 가부합(呵不哈)] *abqan〉만주어 abka ‘하늘, 공중’. 『금사』아도한(阿徒罕)[와모한(訛謀罕)] *omhan ‘새 알’〉만주어 umhan ‘알’. 『금사』온적흔(溫迪痕)[온적한(溫迪罕), 온적흔(溫迪掀)] *undihen 〉만주어 undehen ‘판자’. 『금사』점한(粘罕)/『송막기문』니감(尼堪) nimqan/nikam〉만주어 nikan ‘한인, 오랑캐’. 『북맹록』살나한(薩那罕) *sarqan ‘남편이 아내를 부르는 칭호’〉『여진역어』살리안(撒里安) ‘첩’〉만주어 sargan. 『금사』활리한(活離罕) *horhan ‘새끼 양’〉몽골어 horag ‘면양 새끼’.

‘흑(黑)’ [호북절(呼北切), 증개일입덕효(曾開一入德曉), *x성모(聲母) 제미(齊微)운 *ei 상성(上聲)] *xei~ 여진어 *he:

『금사』매(梅) *meihe〉『여진역어』매흑(梅黑) ‘뱀’〉만주어 meihe ‘뱀’.

‘핵(劾)’ [호득절(胡得切), 증개일입덕갑(曾開一入德匣), *x성모(聲母) 제미(齊微)운 *ei 평성양(平聲陽)] *xei~ 여진어 *ho:

『금사』합주(合住)[화탁(和卓), 화출(和朮), 핵자(劾者)] *hoju/‘원명희곡’

결도(結棹) *gejo〉『여진역어』화탁(和卓) '멋있다'〉만주어 hojo '곱다, 아름답다'.

'흔(痕)' [호은절(戶恩切), 진개일평흔갑(臻開一平痕匣), *x성모(聲母) 진문(眞文)운 *ən 평성양(平聲陽)] *xən~ 여진어 *hen:

『금사』온적흔(溫迪痕)[온적한(溫迪罕), 온적흔(溫迪掀)] *undihen〉만주어 undehen '판자'.『송막기문』색흔(賽痕)/『금사』산역(散亦)[새일(賽一)] *sehen /sanyi '좋다'『여진역어』새인(賽因) '좋다'〉만주어 sain '좋다'.

'희(囍)' [허리절(虛里切), 지개삼상지효(止開三上止曉), *x성모(聲母) 제미(齊微)운 *i 상성(上聲)] *xi~ 여진어 *hi:

『금사』아리희(阿里囍) *alhi〉만주어 ilhi '협조, 부장'.

'해(奚)' [고계절(胡雞切), 해개사평제갑(蟹開四平齊匣), *x 성모(聲母) 제미(齊微)운 *i 평성양(平聲陽)] *xi~ 여진어 *hi:

『금사』녀해렬(女奚烈) *niohilie〉만주어 niohe/나나이어 niuheli '늑대'.

'할(轄)' [호할절(胡瞎切), 산개이입할갑(山開二入鎋匣), *x성모(聲母) 가마(家麻)운 *ia 평성양(平聲陽)] *xia~ 여진어 *hiya:

『금사』할리(轄里) *hiyari〉만주어 hiyari '사팔눈'.

'흔(掀)' [허언절(虛言切), 산개삼평원효(山開三平元曉), *x성모(聲母) 선천(先天)운 *iɛn 평성음(平聲陰)] *xiɛn~ 여진어 *hen:

『금사』온적흔(溫迪痕)[온적한(溫迪罕), 온적흔(溫迪掀)] *undihen〉만주어 undehen '판자'.

'현(莧)' [후간절(侯襇切), 산개이거간갑(山開二去襇匣), *x성모(聲母) 선천(先天)운 *iɛn 거성(去聲)][18] *xiɛn~ 여진어 *hien:

『금사』포선(蒲鮮)[포현(蒲莧)] *puhien〉『여진역어』포희(布希) '무릎'〉만주어 buhi '무릎, 털이 없는 녹비'.

'갈(喝)' [호랍절(呼合切), 함개일입합효(咸開一入合曉), *x성모(聲母) 가

18『중원음운』에 '현(莧)' 자는 수록되지 않았다. 같은 운의 글자에 따라 분류하였다.

과(歌戈)운 *o 평성음(平聲陰)] *xo~ 여진어 *ho/qa:

『금사』 외갈(隈喝)[외가(隈可), 외가(畏可), 외갈(偎喝), 알갈(斡喝), 오역가(吾亦可)] *weiko/uho/uike '이(牙)'〉『여진역어』 위흑(委黑) '치(齒)'〉만주어 weihe '이(牙)'. 『금사』 살리갈(撒離喝)[살리합(撒里合), 살랄갈(撒剌喝)] *saligan '지배'.

'합(合)' [후합절(侯閤切), 함개일입합갑(咸開一入合匣), *x성모(聲母) 가과(歌戈)운 *o 평성양(平聲陽)] *xo~ 여진어 *ha/ho/qa:

『금사』 합달(合達)[합타(合打), 합답(合答), 갈답(曷答), 합단(哈丹)] *hada/hadan '산의 뾰족한 부분'〉만주어 hada '산봉우리'. 『금사』 갈소관(曷蘇館)/『북풍양사록』 합소관(合蘇款) *hasgon/haskon〉만주어 has'han '울타리'. 『금사』 점합(粘合)[니방고(尼厖古), 니망고(尼忙古), 점몰갈(粘沒曷), 점할(粘割), 점가(粘哥)] *nimaŋgu/nimha '물고기'〉『여진역어』 리말합(里襪哈) '물고기'〉만주어 nimaha. 『금사』 아리합만(阿離合懣) *aliha mon '매를 기르는 사람'〉만주어 aliha niyalma '매를 기르는 사람'. 『금사』 살합련(撒合輦)[살갈련(撒曷輦)] *sahalien '피부가 검다'〉『여진역어』 살합량(撒哈良) '흑(黑)'〉만주어 sahalian '흑(黑)'. 『금사』 아합(阿合)(아해(阿海)) *aha/ahai '노예'〉『여진역어』 아합애(阿哈愛) '노비'〉만주어 aha '노예'. 『금사』 반리합(盤里合)[복리흑(僕里黑), 발리흑(跋里黑)] *parha '엄지손가락(將指)'〉만주어 ferhe '엄지손가락'. 『금사』 삼합(三合) *samha '부스럼'〉만주어 samha '점'. 『금사』 사랄합반(查剌合攀) *cara hapan '거용관'〉만주이 cira hafan '엄관(嚴官)'. 『금사』 합주(合住)[화탁(和卓), 화출(和朮), 핵자(劾者)] *hoju/'원명희곡' 결도(結棹) *gejo〉『여진역어』 화탁(和卓) '멋있다'〉만주어 hojo '곱다, 아름답다'. 『금사』 합희(合喜) *qahi '가돈'〉만주어 kociko '가아'. 『금사』 살리갈(撒離喝)[살리합(撒里合), 살랄갈(撒剌喝)] *saliqa〉만주어 saligan '지배'. 『금사』 갈로(曷魯) *qaru〉만주어 garu '백조'.

'갈(曷)' [호갈절(胡葛切), 산개일입갈갑(山開一入曷匣), *x성모(聲母) 가과(歌戈)운 *o 평성양(平聲陽)] *xo~ 여진어 *ha/qa:

『금사』 갈랄(曷懶) *halan〉『여진역어』 해랄(孩剌) '느티나무'〉 만주어 hailan '느티나무'.『금사』 갈로(曷魯) *haru〉 만주어 heru '바퀴살'.『금사』 합달(合達)[합타(合打), 합답(合答), 갈답(曷答), 합단(哈丹)] *hada/hadan '산의 뾰족한 부분'〉 만주어 hada '산봉우리'.『금사』 갈소관(曷蘇館)/『북풍양사록』 합소관(合蘇款) *hasgon/haskon〉 만주어 has'han '울타리'.『금사』 살합련(撒合輦)[살갈련(撒曷輦)] *sahalien '피부가 검다'〉『여진역어』 살합량(撒哈良) '검다'〉 만주어 Sahalian '검다'.『금사』 니방고(尼厖古)[니망고(尼忙古), 점할(粘割), 점가(粘歌), 점몰갈(粘沒曷), 점합(粘合)] *nimaŋgu/nimha '물고기'〉『여진역어』 리말합(裡襪哈) '물고기'〉 만주어 nimaha.『금사』 갈로(曷魯) *qaru〉 만주어 garu '백조'.

'가(阿)' '가(訶)' [호하절(虎何切), 과개일평가효(果開一平歌曉), *x성모(聲母) 가과(歌戈)운 *o 평성음(平聲陰)] *o~ *ho/a:

『금사』 만도가(謾都訶)[만도가(謾都歌)] *mondugo/monduho '치매'〉 만주어 mentuhun '우완하다, 어리석다'.『금사』 아보한(阿保寒)[아부한(阿不罕), 아부합(阿不哈)] *abqan〉 만주어 abka '하늘, 공중'.

'하(河)' [호가절(胡歌切), 과개일평가갑(果開一平歌匣), *x성모(聲母) 가과(歌戈)운 *o 평성양(平聲陽)] *o~ 여진어 *ho:

『금사』 출하(出河) *čuho〉『여진역어』 주흑(朱黑) '얼음'〉 만주어 juhe.

'환(桓)' [호관절(胡官切), 산합일평환갑(山合一平桓匣), *x성모(聲母) 환환(桓歡)운 *on 평성양(平聲陽)] '환(喚)' [화관절(火貫切), 산합일거환효(山合一去換曉), *x성모(聲母) 환환(桓歡)운 *on 거성(去聲)] *xon~ 여진어 *hol:

『금사』 환단(桓端)[환단(喚端), 화로탈(和魯奪)] *holdon/holdo '소나무'〉『여진역어』 화타막(和朵莫) '소나무'〉 만주어 holdon '소나무'.

'환(歡)' [호관절(呼官切), 산합일평환효(山合一平桓曉), *x성모(聲母) 환환(桓歡)운 *on 평성음(平聲陰)] *xon~ 여진어 *hon/qon:

『금사』 환도(歡都) *hondu〉 만주어 handu '벼'.『금사』 지로환(只魯歡)

*jilqon) 만주어 jalgon '수명'.『금사』녀로환(女魯歡) *niolhon '십육'〉『여
진역어』니혼(泥渾) '십육'〉만주어 niolhun '정월 16일'.

'홀(忽)' [호고절(呼古切), 진합일입몰효(臻合一入沒曉), *x성모(聲母) 어
모(魚模)운 *u 상성(上聲)] *xu~ 여진어 *hu:

『금사』홀도(忽都) *hudu '남과 같이 복을 누리다'〉『여진역어』홀독아
(忽禿兒) '복(福)'〉만주어 hūturi '복(福)'.『금사』홀토애갈만(忽土皚葛蠻)
*hutuyai gamon〉만주어 hutuŋgai hafan '복 받는 요새'.『금사』사홀대
(沙忽帶) *šahudai '배'〉만주어 jahūdai '배, 선박'.『금사』알홀(斡忽)
*ohu '냄새가 지독하다'〉만주어 wahūn '냄새가 지독하다'.

'호(胡)' [호호절(戶吳切), 우합일평모갑(遇合一平模匣), *x성모(聲母) 어
모(魚模)운 *u 평성양(平聲陽)] *xu ~여진어 *hu:

『금사』호랄(胡剌) *hula '굴뚝'〉만주어 *hūla '연통, 굴뚝'.『금사』호
로랄(胡魯剌) *hulula '가장(家長)'〉만주어 *hala i da '족장'.『금사』호토
백(胡土白) *hutubai〉『여진역어』 홀토아복아이(忽土兒卜阿以) '행복의
땅'〉만주어 huturi ba '행복의 땅'.『금사』활랍호(活臘胡) *holahu '붉은
색'〉『여진역어』불랄강(弗剌江) '빨갛다, 붉은색'〉만주어 fulahūn '붉은
색'.『금사』아호대(阿虎帶)[아호질(阿虎迭), 아호질(阿胡迭)] *ahudai '장
남'〉『여진역어』아혼온(阿渾溫) '형'〉만주어 *ahūngga '장남'/*ahūdai '형
님들'.

'골(鶻)' [호골절(戶骨切), 진합일몰입갑(臻合一沒入匣), *x성모(聲母) 어
모(魚模)운 *u 평성양(平聲陽)] xu~ 여진어 *hu:

『금사』골사호(鶻沙虎) *hušahu〉만주어 *husahu '매, 부엉이(혹 밤늦
도록 자지 않는 사람)'.『금사』골로보(鶻魯補) *hulbu〉만주어 hulbobu
'연결하게 하다, 혼인하게 하다'.『금사』토골(吐鶻)/'원명희곡' 토골(兔鶻)
*tuhu '속대'〉만주어 toohan '액세서리'.

'호(虎)' '호(滸)' [호고절(呼古切), 우합일상모효(遇合一上姥曉), *x성모
(聲母) 어모(魚模)운 *u 상성(上聲)] *xu~ 여진어 *hu/qu:

'원명희곡' 호랄해(虎剌孩) *hulhai 『여진역어』 호랄해날아마(虎剌孩捏兒麻) '강도'〉만주어 hūlha '강도'. 『금사』 아호대(阿虎帶)[아호질(阿虎迭), 아호질(阿胡迭)] *ahudai '장남'〉『여진역어』 아혼온(阿渾溫) '형'〉만주어 ahūngga '장남'/ahūnta '형들'. 아호리(阿虎里) *ahuri '잣'〉『여진역어』 홀리(忽里) '잣'〉만주어 hūri '잣' 『금사』 골사호(鶻沙虎) *hušahu〉만주어 hūšahu '매, 부엉이(혹 밤늦도록 자지 않는 사람)'. 『금사』 아리호(阿里虎)[아리골(阿里骨), 아리괄(阿里刮)] *aliqu〉『여진역어』 아리고(阿里庫) '소반'〉만주어 alikuu '큰 접시'. 『금사』 모량호(謀良虎)[모량호(毛良虎)] *muraŋqu '무뢰하다'〉만주어 muriku '어리석다, 고집쟁이'. 『금사』 와출호(訛出虎) *o čuqu '관용'〉만주어 oncokon '관용'. 『금사』 안출호(按出虎)[안춘(按春), 안춘(安春), 안진(按辰), 안출(按出), 아출호(阿朮滸), 안출호(安朮虎), 아즉호(阿觸胡), 이록조(阿祿阻), 아지고(阿之古), 아리출호(阿里出虎)] *al čuu/al čugu/al čugu '금(金)'〉『여진역어』 안춘온(安春溫) '금(金)'〉만주어 ancun '귀걸이'/alcuka '아삽하(阿什河)'. 『금사』 아호라(阿虎懶) *aquran〉만주어 agura '기계, 기물'.

'회(回)' [호회절(戶恢切), 해합일평회갑(蟹合一平灰匣), *x성모(聲母) 제미(齊微)운 *uei 평성양(平聲陽)] *xuei~ 여진어 *ho:

『금사』 회리부(回裡不)[핵리보(劾里保)] *horibu〉만주어 horibu '묶도록 하다'.

'회(灰)' '휘(輝)' [호휘절(呼輝切), 해합일평회효(蟹合一平灰曉), *x성모(聲母) 제미(齊微)운 *uei 평성음(平聲陰)] '훼(虺)' [호휘절(呼輝切), 해합일평회효(蟹合一平灰曉), *x성모(聲母) 제미(齊微)운 *eui 상성(上聲)] *xuei~ 여진어 *hui:

『금사』 복회(卜灰)[포휘(布輝), 부회(不灰), 복회(僕灰), 복훼(僕虺)] *buhui〉『여진역어』 복고(卜古) '사슴'〉만주어 *buhū '사슴'.

'혼(渾)' [호곤절(戶昆切), 진합일평혼갑(臻合一平魂匣), *x성모(聲母) 진문(眞文)운 *uən 평성양(平聲陽)] *xun~ 여진어 *hun :

『금사』 포노혼(蒲盧渾) *pulhun '천주머니'〉만주어 fulhū '천주머니'.

'화(和)' [호과절(戶戈切), 과합일평과갑(果合一平戈匣), *x성모(聲母) 가과(歌戈)운 *uo 평성양(平聲陽)] *xuo ～여진어 *ho:

『금사』 화단(和團) *hoton〉『여진역어』 흑차니(黑車你) '성읍'〉만주어 hoton/hecen '성읍'. 『금사』 합주(合住)[화탁(和卓), 화출(和尤), 핵자(劾者)] *hoju/'원명희곡' 결도(結棹) *gejo〉『여진역어』 화탁(和卓) '멋있다'〉만주어 *hojo '곱다, 아름답다'. 『금사』 환단(桓端)[환단(喚端), 화로탈(和魯奪)] *holdon/holdo '소나무'〉『여진역어』 화타막(和朶莫) '소나무'〉만주어 holdon '소나무'.

'활(活)' [호괄절(戶括切), 산합일입말갑(山合一入末匣), *x성모(聲母) 가과(歌戈)운 *uo 평성양(平聲陽)] *xuo～ 여진어 *ho:

『금사』 활녀(活女) *honio '항아리'〉『여진역어』 홀니(忽你) '통(桶)'〉만주어 hunio '물통'. 『금사』 활랍호(活臘胡) *holahu '붉은색'〉『여진역어』 불랄강(弗剌江) '빨갛다, 붉다'〉만주어 fulahūn '붉은색'. 『금사』 활나(活羅) *horo '자오'〉『여진역어』 회화라(回和羅) '수컷 새매'〉만주어 horon '수컷 새매'. 『금사』 보활리(保活里) *boholi '난쟁이'〉『여진역어』 불화라(弗和羅) '짧다'〉만주어 foholon '난쟁이'.

'화(火)' [호과절(呼果切), 과합일상과효(果合一上果曉), *x성모(聲母) 가과(歌戈)운 *uo 상성(上聲)] xuo～ 여진어 *ho:

『금사』 화얌(火唵) *honan '양성(羊城)'〉『여진역어』 화니(和你) '양(羊)'〉만주어 honin '양(羊)'. 『금사』 파노화(婆盧火) *polho '망치'〉만주어 folho '망치'.

'애(曖)' [오내절(五來切), 해개일평해의(蟹開一平咍疑), *∅성모(聲母) 개래(皆來)운 *ai 평성양(平聲陽)] *ŋai～ 여진어 *yai:

『금사』 홀토애갈만(忽土曖葛蠻) *hutuyai gamon〉만주어 hutuŋgai hafan '복 받는 요새'.

'앙(昂)' [오강절(五剛切), 탕개일평당의(宕開一平唐疑), *ŋ성모(聲母) 강

양(江陽)운 *aŋ 평성양(平聲陽)] *ŋag~ 여진어 *aŋ:

『금사』 앙길락(昻吉灤) *aŋgir '원앙강'〉만주어 anggir '황오리'.

'이(牙)' [오가절(五加切), 가개이평마의(假開二平麻疑), *∅ 성모(聲母) 가마(家麻)운 *ia 평성양(平聲陽)] *ŋia~ 여진어 *ya:

'원명희곡 아부(牙不) *yabu』『여진역어』 아보(牙步) '걷다'〉만주어 yabu '걷다'.『금사』 아오탑(牙吾塔)[아고태(牙古太)] *yayuta '악성 종기'〉만주어 yoo hede '부스럼'.

'안(顔)' [오간절(五奸切), 산개일평산의(山開一平刪疑), *∅ 성모(聲母) 한산(寒山)운 *ian 평성양(平聲陽)] *ian~ 여진어 *yian:

『금사』 올안(兀顔)[오연(烏延)] *ulyian〉『여진역어』 올리언(兀里彥) '돼지'〉만주어 ulgiyan '돼지'.

'은(銀)' [언근절(語巾切), 진개삼평진의(臻開三平眞疑), *∅ 성모(聲母) 진문(眞文)운 *iən 평성양(平聲陽)] *ŋin~ 여진어 *nin:

『금사』 은출가(銀朮可) *ninjuke '진주'〉『여진역어』 녕주흑(寧住黑) '진주'〉만주어 *nicehe '진주'.[19]

'올(兀)' [오홀절(五忽切), 진합일입몰의(臻合一入沒疑), *∅ 성모(聲母) 어모(魚模)운 *u 상성(上聲)] *ŋu~ 여진어 *gu/u/ul:

『삼조북맹회편』 올실(兀室) *guši/『금사』 고신(古神) *gušin '신록기' 고신(固新) *gusin〉『여진역어』 고신(古申) '삼십'〉만주어 *gūsin '삼십'.『금사』 올대(兀帶)[오대(烏帶), 오대(吾帶), 알대(斡帶)] *udahi '물품을 이미 받았다'〉회동관『여진역어』 올답(兀答) '사다'〉만주어 udaha '샀다, 팔았다'.『금사』 올답보(兀答補)[오답보(烏答補), 오달보(烏達補), 오도보(吾都補), 오도보(吾睹補), 오도부(吾都不)] *udabu〉만주어 udabu '사게 하다'.『금사』 올전(兀典) *ulden '스타'〉만주어 ulden '새벽빛, 시간'. '원명

---

19 한어의 북방 방언은 근고에서 현대로 변천해 온 과정에서 *ŋi〉*ni의 변화가 발생하였다. 즉 의(疑)모와 낭(娘)모, 니(泥)모자가 서로 합병되었다. 예컨대, '교(囓)'를 '섭(晶)'으로, '얼(讞)'을 '년(碾)'으로, '은(銀)'을 '니(您)'로 등을 발음하였다.

희곡' 올랄(兀剌) *ula)『여진역어』 고랄합(古剌哈) '부츠')만주어 *ulhū
'갈대'.『금사』올출(兀朮)[알출(斡出), 알철(斡啜)] *uju '머리'『여진역어』
올주(兀住) '머리')만주어 uju '머리, 우두머리'.『금사』올안(兀顔)[오연(烏
延)] *ulyian『여진역어』올리언(兀里彦) '돼지')만주어 ulgiyan '돼지'.[20]

'오(吾)' [오호절(五乎切), 우합일평모의(遇合一平模疑), *∅ 성모(聲母) 어
모(魚模)운 *u 평성양(平聲陽)] *ŋu여진어~ *yu/u:

『금사』아오탑(牙吾塔) *yayuta '악성 종기' 만주어 yoo hede '부스럼'.
『금사』올대(兀帶)[오대(烏帶), 오대(吾帶), 알대(斡帶)] *udahi '물품을 이
미 받았다') 회동관『여진역어』올답(兀答) '사다')만주어 udaha '샀다, 팔
았다'.『금사』올답보(兀答補)[오답보(烏答補), 오달보(烏達補), 오도보(吾
都補), 오도보(吾睹補), 오도부(吾都不)] *udabu 만주어 udabu '사게 하
다'.『금사』외(畏)[외가(隈可), 외갈(隈喝), 외갈(偎喝), 알갈(斡喝), 오역
가(吾亦可)] *weike/uho/uyike '이(牙)')『여진역어』위흑(委黑) '치(齒)')
만주어 weihe '이(牙)'.

'와(瓦)' [오과절(五寡切), 가합이상마의(假合二上馬疑), *∅ 성모(聲母) 가
마(家麻)운 *ua 상성(上聲)] *ŋua ~여진어 *wa:

'원명희곡' 적와부랄해(赤瓦不剌海) *čiwabulahai『송막기문』와발랄
해(窪勃辣孩) *wabulahai '때려죽이다')만주어 wabuba '죽이게 하다'.

4. *s 성모 한자의 대음

'살(撒)' '살(薩)' [상할절(桑割切), 산개일입갈심(山開一入葛心), *s성모
(聲母) 가마(家麻)운 *a 상성(上聲)] *sa~ 여진어 *sa:

---

20 '스타'와 '돼지'는 모두 입성자와 여진어 *ㅣ과 대음하는 예이다. 여기서 송·원나라
역사 서적의 '올전(兀典)'을 *ulden으로, '올안(兀顔)'을 *ulyian으로 추정하였다.

『금사』 살합련(撒合輦)[살갈련(撒曷輦)] *sahalien '피부가 검다'〉『여진
역어』 살합량(撒哈良) '검다'〉 만주어 sahalian '검다'. 『금사』 살팔(撒八)
saba '신속하다'〉 만주어 sabara '살포하다'. '원명희곡' 살돈(撒敦) *sadun
〉『여진역어』 살도해(撒都該) '친하다'〉 만주어 sadun '사돈'. 『금사』 살답
(撒答)[살달(撒達), 산달(散達), 산답(散答)] *sakda '노인'〉 만주어 sakda '노
인'. 『금사』 살리갈(撒離喝)[살리합(撒里合), 살랄갈(撒剌喝)] *saliqa〉 만주
어 saligan '지배'. 『삼조북맹회편』 산만(珊蠻) '무당'/『금사』 살묘(撒卯)〉
만주어 saman '무당'. 『북맹록』 살나한(薩那罕) *sarqan '아내'〉『여진역
어』 살리안(撒里安) '첩'〉 만주어 sargan.

'새(賽)' [선대절(先帶切), 해개일거대심(蟹開一去代心), *s성모(聲母) 개
래(皆來)운 *ai 거성(去聲)] *sai~ 여진어 *se:

『금사』 산역(散亦)[새일(賽一)]/『송막기문』 색흔(賽痕) *sanyi/sehen '좋
다'〉『여진역어』 새인(賽因) '좋다'〉 만주어 *sain '좋다'.

'삼(三)' [소감절(蘇甘切), 함개일평담심(鹹開一平淡心), *s성모(聲母) 감
함(監咸)운 *am 평성음(平聲陰)] *sam~ 여진어 *sam:

『금사』 삼합(三合) *samba '부스럼'〉 만주어 samba '점'.

'산(珊)' [소간절(蘇旰切), 산개일평한심(山開一平寒心), *s성모(聲母) 한
산(寒山)운 *an 거성(去聲)] *sam~ 여진어 *sa(m):

『삼조북맹회편』 산만(珊蠻) '무당'/『금사』 살묘(撒卯) *saman〉 만주어
saman '무당'

'산(散)' [소간절(蘇旰切), 산개일거한심(山開一去翰心), *s성모(聲母) 한
산(寒山)운 *an 거성(去聲)] *sam~ 여진어 *san/sak:

『금사』 산역(散亦)[새일(賽一)]/『송막기문』 색흔(賽痕) *sanyi/sehen
'좋다'〉『여진역어』 새인(賽因)〉 만주어 sain. 『금사』 복산(僕散) *busan
'숲'〉 만주어 bujan. 『금사』 산답(散答)[살달(撒達), 산달(散達), 산답(散答)]
*sakda '노인'〉 만주어 sakda '노인'.

'사(思)' [식자절(息慈切), 지개삼평지심(止開三平之心), *s성모(聲母) 지

사(支思)운 *ï 평성음(平聲陰)]. '시(厮)' [식이절(息移切), 지개삼평지심(止開三平支心), *s성모(聲母) 지사(支思)운 *ï 평성음(平聲陰)] *sï~ 여진어 *si/hi:

『금사』 아식보(阿息保)[아사발(阿思鉢)] *asibu '힘으로 남을 돕다'〉 만주어 aisilabu '돕게 하다, 협조하게 하다'. 『금사』 특사(特思)[특시(特厮)] *tehi〉『여진역어』 특희(忒希) '사십'〉 만주어 dehi '사십'.21

'사(辭)' [사자절(似慈切), 지개삼평지사(止開三平支邪), *s성모(聲母) 지사(支思)운 *ï 평성양(平聲陽)] *sï~ 여진어 *si:

『금사』 사부실(辭不失)[사부습(辭不習)] *sibuhi '술이 깨다'〉 회동관『여진역어』 노륵속부합(奴勒速不哈) '숙취를 풀다'〉 만주어 subuha '술이 깼다'.

'새(賽)' [소칙절(蘇則切), 증개일입덕심(曾開一入德心), *s성모(聲母) 지사(支思)운 *ï 상성(上聲). 선대절(先代切), 해개일거대심(蟹開一去代心), *s성모(聲母) 개친(皆親)운 *ai 거성(去聲)] *sï/sai~ 여진어 *se:

『금사』 새리(賽里)[색리(塞里)] *seli '안락'〉 만주어 sela '창쾌하다'. 『금사』 알색(斡塞) *ose〉『여진역어』 와자(瓦子) '기와'〉 만주어 wase '기와'. 『금사』 이색보(已塞補)[이실부(移失不)] *isibu〉『여진역어』 일십매(一十埋) '이르다, 도착하다'〉 만주어 isibumbi '이르게 하다, 도달하게 하다'. 『금사』 열리색일(涅里塞一) *neri seyi '하얗다'〉 만주어 nara šanyang '햇빛'.

'식(息.)' [상즉절(相卽切), 증개일입직심(曾開一入職心), *s성모(聲母) 제미(齊微)운 *i 상성(上聲)] *si~ 여진어 *si:

『금사』 아식보(阿息保)[아사발(阿思鉢)] *asibu '힘으로 남을 돕다'〉 만주어 aisilabu '돕게 하다, 협조하게 하다'.

'습(習)' [사입절(似入切), 심개삼입집사(深開三入緝邪), *s성모(聲母) 제미(齊微)운 *i 평성양(平聲陽)] *si ~여진어 *si:

『금사』 습실(習失) *sisi '끊임없이'〉 만주어 singse '조금도 게으르지 않

21 한어의 심(沈)모자 '사(思)'와 여진어 *hi의 전사 규칙은 본 장 제2절 제6부분 참고.

고 열심히'.

『금사』사부실(辭不失)[사부습(辭不習)] *sibuhi '술이 깨다'〉회동관『여진역어』노륵속부합(奴勒速不哈) '숙취를 풀다'〉만주어 subuha '숙취를 풀었다'.

'사(斜)' [사차절(似磋切), 가개삼평마사(假開三平麻邪), *s성모(聲母) 차차(車遮)운 *iɛ 평성양(平聲陽)] *siɛ～ 여진어 *se:

『금사』사가(斜歌)[사갈(斜葛)] *sego '노랑가슴담비'〉『여진역어』색극(賽克) '노랑가슴담비'〉만주어 seke '노랑가슴담비'.『금사』사렬(斜烈)[사렬(思烈), 사열(思列)] *sele '칼날'〉만주어 seleme '순도'.『금사』사야(斜也)[사야(斜野)] *seye〉만주어 *šeyen '흰색'.²² 『금사』사로(斜魯) *selu '높고 가파른 산'〉몽골어 šina '산등성이'.

'설(薛)' [사렬절(私列切), 산개삼입설심(山開三入薛心), *s성모(聲母) 차차(車遮)운 *iɛ 상성(上聲)] *siɛ～ 여진어 *si:

『금사』을설(乙薛)[을실(乙室)] *iši/isi '맞이하다'〉『여진역어』일십매(一十埋) '이르다, 도착하다'〉만주어 isi '도달하다'.

'선(鮮)' [상연절(相然切), 산개삼평선심(山開三平仙心), *s성모(聲母) 선천(先天)운 *iɛn 상성(上聲)] *siɛn～ 여진어 *hien/*sin:

『금사』포선(蒲鮮)[포현(蒲莧)] *puhiyen〉『여진역어』포희(布希) '무릎'〉만주어 buhi '무릎, 털이 없는 녹비'.²³

『금사』오선(烏鮮) *usin〉『여진역어』알실(斡失) '위에'.

'신(新)' [식린절(息鄰切), 진개삼평진심(臻開三平眞心), *s성모(聲母) 진문(眞文)운 *iən 평성음(平聲陰)] *siən ～여진어*sin:

---

22 한어 대음 중에는 평설과 권설을 혼용하는 경우가 있다. 예컨대,『금사』루실(婁室) *loši) 만주어 loso '경작하기 어려운 습지'.『삼조북맹회편』올실(兀室) *ɣuši/『금사』고신(古神) *gušin/『신록기』고신(固新) *gusin)『여진역어』고신(古申) '삼십'〉만주어 gūsin '삼십' 등.

23 한어 심(沈)모자 '선(鮮)'과 여진어 *hi의 전사규칙은 본 장 제2절 제6부분 'si와 hi의 전사' 참고.

『삼조북맹회편』 올실(兀室) *guši『금사』 고신(古神) *gušin/『신록기』 고신(固新) *gusin)『여진역어』 고신(古申) '삼십') 만주어 gūsin '삼십'.

'소(蘇)' [소고절(素姑切), 우합일평모심(遇合一平模心), *s성모(聲母) 어모(魚模)운 *u 평성음(平聲陰)] *su ～여진어 *su:

『금사』 갈소관(曷蘇館)/『북풍양사록』 합소관(合蘇款) *hasgon/*haskon) 만주어 hashan '울타리'.[24]

'속(速)' [상고절(桑古切), 통합일입옥심(通合一入屋心), *s성모(聲母) 어모(魚模)운 *u 상성(上聲)] *su～ 여진어 *su:

『금사』 아속(阿速) *ase) 만주어 asu '그물'『금사』 '발리속(拔離速)[발리속(拔里速)]' *barisu '각저희를 하는 사람') 몽골어 barildu '씨름'.

'손(孫)' [사혼절(思渾切), 진합일평혼심(臻合一平魂心), *s성모(聲母) 진문(眞文)운 *uən 평성음(平聲陰)] *suən～ 여진어 *sun:

『금사』 이리손(阿里孫) *arsun '못생겼다') 만주어 ersun '추하다'.

5. *ʧ, *ʧh, *ʃ 성모 한자의 대음

'갑(閘)' [사합절(士洽切), 함개이입흡숭(鹹開二入洽崇), *ʧ성모(聲母) 가마(家麻)운 *a 평성양(平聲陽)] *ʧa～ 여진어 *ja:

『금사』 갑랄(閘剌) '행인(行人)'[25]『여진역어』 소랄매(召剌埋)[위륵백(委

---

24 여진어 자음 *-s가 운미로 모음과 같이 구성하는 폐음절은 송·원나라 역사 서적에 『여진역어』의 대음과 같이 '속(速)' 등 한자로 -s를 독립적으로 표시하였다. 예컨대, '생(生)'『여진역어』 올속홍(兀速洪) *us'hun) 만주어 es'hun. '욕(褥)'『여진역어』 실실흑(失失黑) *šis'he) 만주어 šis'he. 『원조비사』, 『서번역어』에는 일반적으로『중원음운』지사(支思)운의 '사(思)'로 몽골어, 티베트어의 운미 -s를 대음하였다. 여기서는 '사(思)'와 발음이 가까운 어모(魚模)운 '속(速)'을 택하였다.

25 '행인(行人)', 사신의 통칭, 즉 통사이다. 『좌전·양공4년』, '한헌자는 행인인 자원에게 묻도록 한다.' 주, '행인, 통사다.' 그리고 '행인'은 고대 관직명이었고 참배나 방문하는 일을 담당하였다. 주나라의 관직 중에 대행인, 소행인이 있었다. 한나라에는 대홍려관(大

勒伯)] '상주'〉 만주어 jala '중매인'

'측(昃)' [조력절(阻力切), 증개삼입직장(曾開三入職庄), *ʧ성모(聲母) 개래(皆來)운 *ai 상성(上聲)] *ʧai~ 여진어 *jai:

『금사』 측(昃)[발극렬(敦極烈)] '흠천감에서 일하는 관리'〉『여진역어』 졸(拙) '이(二)'〉 만주어 jai '둘째'

'지(只)' [장이절(章移切), 지개삼평지장(止開三平支章), *ʧ성모(聲母) 제미(齊微)운 *i 평성음(平聲陰)] *ʧi~ 여진어 *ji:

『금사』 지로환(只魯歡) *jilhon〉 만주어 jalgon '수명'.

'습(褶)' [지섭절(之涉切), 함개삼입엽장(鹹開三入葉章), *ʧ성모(聲母) 차차(車遮)운 *iɛ 상성(上聲)] *ʧiɛ~ 여진어 *či:

『금사』 초적린(鈔赤鄰) *čau čirin/'원명희곡' 찰습아(擦褶兒) ča čiri〉『여진역어』 찰적리(扎赤里) '장방'〉 만주어 cacari '천막'.

'자(者)' [장야절(章也切), 가개삼상마장(假開三上馬章), *ʧ성모(聲母) 차차(車遮)운 *iɛ 상성(上聲)] *ʧiɛ~여진어 *je/ju. '탁(卓)' [죽각절(竹角切), 강개이입각지(江開二入覺知), *ʧ성모(聲母) 소호(蕭豪)운 *au 상성(上聲)] *ʧau~ 여진어 *ju:

『금사』 합주(合住)[합탁(合卓), 합출(合朮), 핵자(劾者)] *hoju/'원명희곡' 결도(結棹) *gejo〉『여진역어』 화탁(和卓) '멋있다'〉 만주어 hojo '곱다, 아름답다'. 『금사』 오자(烏者)[알자(斡者)] *uje〉『여진역어』 올자(兀者) '무겁다'〉 만주어 ujen '장중하다'.

'준(準)' [지윤절(之尹切), 진합삼상회장(臻合三上準章), *ʧ성모(聲母) 진문(眞文)운 iuən 상성(上聲)] *ʧiuən~ 여진어 *jun:

『금사』 알준(斡淮) ojun〉 만주어 weijun '황새'.

'출(朮)' [직률절(直律切), 진합삼상출징(臻合三上朮澄), *ʧ성모(聲母) 어

紅臚官)이었고 후에는 대행령(大行令)으로 바뀌었다. 명나라에 행인사를 설치하여 상지를 전하거나 책봉하는 일을 담당하였다.

모(魚模)운 *u 평성양(平聲陽)] '주(住)' [지우절(持遇切), 우합삼거우징(遇合三去遇澄), ʧ성모(聲母) 어모(魚模)운 iu 거성(去聲)] *ʧu ~ 여진어 ju:

『금사』 은출가(銀朮可) *ninjuko '진주'〉『여진역어』 녕주흑(寧住黑) '진주'〉만주어 nicule '진주'.『금사』 합주(合住)[화탁(和卓), 화출(和朮), 핵자(劾者)] *hoju '원명희곡' 결도(結棹) *gejo)『여진역어』 화탁(和卓) '멋있다'〉만주어 hojo '곱다, 아름답다'.『금사』 올출(兀朮)[알출(斡出), 알철(斡啜)] *uju '머리'〉『여진역어』 올주(兀住) '머리'〉만주어 uju '머리, 우두머리'.

'사(查)' [측가절(側加切), 가개이개마장(假開二開麻庄), *ʧ성모(聲母) 가마(家麻)운 *a 평성음(平聲陰)] *ʧha/ ʧa ~ 여진어 *ča:

『금사』 사랄합반(查剌合攀) *čara hapan '거용관'〉만주어 cira hafan '엄관(嚴官)'.

'초(鈔)' [초교절(楚交切), 효개이평효초(效開二平肴初), *ʧh성모(聲母) 소호(蕭豪)운 *au 거성(去聲)] *ʧhau ~ 여진어 *ča:

『금사』 초적린(鈔赤鄰) *či čirin '원명희곡' 찰습아(擦褶兒) ča čiri)『여진역어』 찰적리(扎赤里) '장방'〉만주어 cacari '천막'.

'적(赤)' [창석절(昌石切), 경개삼입석창(梗開三入昔昌), *ʧh성모(聲母) 제미(齊微)운 *i 상성(上聲)] *ʧhi ~ 여진어 *či:

『금사』 초적린(鈔赤鄰) *čau čirin/'원명희곡' 찰습아(擦褶兒) ča čiri)『여진역어』 찰적리(扎赤里) '장방'〉만주어 cacari '천막'. '원명희곡' 적와부랄해(赤瓦不剌海) *čiwabulahai/『송막기문』 와발랄해(淫勃辣孩) *wabulahai '때려죽이다'〉만주어 wabuha '죽이게 하다'.

'출(出)' [적률절(赤律切), 진합삼입출창(臻合三入朮昌), *ʧh성모(聲母) 어모(魚模)운 *iu 상성(上聲)] *ʧhiu ~ 여진어 *ču/ju:

『금사』 출하(出河) *čuho)『여진역어』 주흑(朱黑) '얼음'〉만주어 juhe.『금사』 와출호(訛出虎) *očuhu '관용'〉만주어 oncokon '관용'.『금사』 발론출(孛論出) *bolun ču '태아'〉『원조비사』 발단찰아(孛端察兒) *bodon čan '시조'『금사』 올출(兀朮)[알출(斡出), 알철(斡啜)] *uju '머리'〉『여진역

어』올주(兀住) ‘머리’〉만주어 uju ‘머리, 우두머리’.

‘처(處)’ [창거절(昌據切), 우합삼거어창(遇合三去御昌), *ʧʰ성모(聲母) 어모(魚模)운 *iu 거성(去聲)] *ʧʰiu~ 여진어 *ču:

『요동행부지』 야답랄처(耶塔剌處) *yetara ču ‘화도, 부싯돌’〉만주어 yata rakū ‘화도, 부싯돌’.

‘철(啜)’ [창열절(昌悅切), 산합삼입설창(山合三入薛昌), *ʧʰ성모(聲母) 차차(車遮)운 ɜiuɛ 상성(上聲)] *ʧʰiuɛ~ 여진어 *ju:

『금사』 올출(兀尤)[알출(斡出), 알철(斡啜)] *uju ‘머리’『여진역어』 올주(兀住) ‘머리’〉만주어 uju ‘머리, 우두머리’.

‘춘(春)’ [창순절(昌脣切), 진합삼평순창(臻合三平淳昌), *ʧʰ성모(聲母) 진문(眞文)운 *iuən 평성음(平聲陰)] ‘준(蠢)’ [랄율절(尺尹切), 진합삼상회창(臻合三上淮昌), *ʧʰ성모(聲母) 진문(眞文)운 *iuən 상성(上聲)] *ʧʰiuən ~ 여진어 *čun:

『금사』 오춘(烏春)[오준(烏蠢)] *učun〉『여진역어』 올칭인(兀稱因) ‘갑(甲)’〉만주어 uksin ‘갑(甲)’. 『금사』 안춘(按春)[안출호(按出虎)] *al čun/al čuhn ‘금(金)’〉『여진역어』 안춘온(安春溫) ‘금(金)’〉만주어 ancun ‘귀걸이’/alcuka ‘아십하’.

‘사(沙)’ [소가절(所加切), 가개이평마생(假開二平麻生), *ʃ성모(聲母) 가마(家麻)운 *a 평성음(平聲陰)] *ʃa~ 여진어 *ša:

『금사』 사랄(沙剌) *šala ‘옷자락’〉만주어 šala ‘옷자락’. 『금사』 사홀대(沙忽帶) *šahudai ‘배’〉만주어 jahūdai ‘배, 선박’. 『금사』 골사호(鶻沙虎) *hušahu ‘옷자락’〉만주어 hušahū ‘매, 부엉이(혹 밤늦도록 자지 않는 사람)’.

‘실(失)’ [식질절(式質切), 서질개삼입진(書質開三入臻), *ʃ성모(聲母) 제미(齊微)운 *i 입성이 상성을 일으켰음(入聲作上聲)] *ʃi~ 여진어 *ši:

습실(習失) *siši ‘항상’〉만주어 singse ‘조금도 게으르지 않고 열심히 하다’.

‘석(石)’ [상지절(常只切), 경개삼입석선(梗開三入昔禪), *ʃ성모(聲母) 제미(齊微)운 *i 평성양(平聲陽)] *ʃi~ 여진어 *ši:

『금사』 석륜(石倫) *šilum '개척자'〉만주어 juleri '앞에'.

'실(室)' [식질절(式質切), 서질개삼입진(書質開三入臻), ∫성모(聲母) 제미(齊微)운 *i 입성이 상성을 일으켰음(入聲作上聲)] ∫i~ 여진어 *ši:

『금사』 을실(乙室)[을설(乙薛)] *iši/isi '맞이하다'〉『여진역어』 일십매(一十埋) '이르다, 도착하다'〉만주어 isi '도달하다'.

'설(設)' [식열절(識列切), 산개삼입설서(山開三入薛書), ∫성모(聲母) 차차(車遮)운 *iɛ 상성(上聲)] '절(折)' [상열절(常列切), 산개삼입설선(山開三入薛禪), ∫성모(聲母) 차차(車遮)운 *iɛ 평성양(平聲陽)] *ʃiɛ~ 여진어 *še:

『금사』 요설(遙設)[요절(遙折)] *yauše〉만주어 yongsu '예의'.

'도(闍)' [시차절(視遮切), 마운모삼등선(麻韻母三等禪), ∫성모(聲母) 차차(車遮)운 *iɛ 평성양(平聲陽)] *ʃiɛ~ 여진어 *ši:

『금사』 모(母) *šim '가마'〉만주어 simtu '가마솥'.

'선(鄯)' [시전절(時戰切), 산개삼거선선(山開三去先禪), ∫성모(聲母) 선천(先天)운 *iɛn 거성(去聲)] *ʃiɛn~ 여진어 *šan:

『금사』 선양(鄯陽) *šanyang〉『여진역어』 상강(上江) '하얗다'〉만주어 šangyang '흰색'.

'신(申)' [실인절(失人切), 진개삼평진서(臻開三平眞書), ∫성모(聲母) 진문(眞文)운 *iən 평성음(平聲陰)] *ʃiən~ 여진어 *šin:

『금사』 노신(奴申) nušin '화목'〉만주어 necin '평안, 화순'.

'신(神)' [식린절(食鄰切), 진개삼평진선(臻開三平眞船), ∫성모(聲母) 진문(眞文)운 *iən 평성양(平聲陽)] *ʃiən~ 여진어 *šin:

『삼조북맹회편』 올실(兀室) *guši/『금사』 고신(古神) *gušin/『신록기』 고신(固新) *gusin〉『여진역어』 고신(古申) '삼십'〉만주어 *gūsin '삼십'. 『금사』 태신(太神) *taišin '높다'〉만주어 dekjin '일으키다, 일어나다'.

6. 영(零)성모 한자의 대음

'아(阿)' [오아절(烏何切), 과개일평가영(果開一平歌影), *∅ 성모(聲母) 가 과(歌戈)운 *o 평성음(平聲陰)] *∅o~ 여진어 *a/ya:

『금사』 아보한(阿保寒)[아부한(阿不罕), 가부합(呵不哈)] *abqan〉만주어 abka '하늘, 공중'. 『금사』 아리간(阿里侃)[아륵근(阿勒根), 알리근(斡里根)] *argin〉만주어 ergi '변(邊)'. 『금사』 아리희(阿里喜) *alhi〉만주어 ilhi '협조, 부장'. 『금사』 아리손(阿里孫) *arsun '못생겼다'〉만주어 ersun '추하다'. 『금사』 아전(阿典)/『삼조북맹회편』 아질(阿迭)/〈오둔량필시비〉 아점(阿玷) *adien/die '천둥'〉『여진역어』 아점(阿玷) '천둥'〉만주어 akjan. 『금사』 아합(阿合)[아해(阿海)] *aha/ahai '노예'〉『여진역어』 아합애(阿哈愛) '노비'〉만주어 aha '노예'. 『금사』 아호대(阿虎帶)[아호질(阿虎迭), 아호질(阿胡迭)] *ahudai '장남'〉『여진역어』 아혼온(阿渾溫) '형'〉만주어 ahūngga '장남/ahūnta '형들'. 『금사』 아호라(阿虎懶) *aquran〉만주어 agūra '기계, 기물'. 아호리(阿虎里) *ahuri '잣'〉『여진역어』 홀리(忽里) '잣'〉만주어 hūri '잣'. 『금사』 아라(阿懶) *alan '언덕'〉만주어 alan/ala '언덕'. 『금사』 아리(阿里) *ari〉만주어 ari '통천귀, 찰거머리'. 『금사』 아리부(阿里不)[아리보(阿里保), 아리보(阿里補), 아리보(阿離補), 아로부(阿魯不), 아노보(阿盧補), 아로보(阿魯保)] *alibu〉만주어 alibu '바치도록 하다'. 『금사』 아리백(阿里白) *alibuhi〉만주어 alibuhia '바치도록 하였다'. 『금사』 아리호(阿里虎)[아리골(阿里骨), 아리괄(阿里刮)] *aliqu 〉『여진역어』 아리고(阿里庫) '소반'〉만주어 alikuu '큰 접시'. 『금사』 아리합만(阿離合懣) *alihomon '매를 가르는 사람'〉만주어 aliha niyalam '매를 기르는 사람'. 『금사』 아린(阿鄰) *alin '산'〉『여진역어』 아리인(阿里因) '산'〉만주어 alin '산'. 『금사』 아식보(阿息保)[아사발(阿思鉢)] *asibu '힘으로 남을 돕다'〉만주어 aisilabu '돕도록 하다, 협조하게 하다'. 『금사』 아속(阿速) *asu〉만주어 asu '그물'. 『금사』 아도한(阿徒罕) *atuhan '땔나무를 줍는 사람'〉만주어 asiban '어리다, 젊은

이'.『금사』안출호(按出虎)[안춘(按春), 안춘(安春), 안진(按辰), 안출(按出),
아출호(阿朮許), 안출호(安朮虎), 아측호(阿觸胡), 아지고(阿之古), 아리출호
(阿里出虎), 아록조(阿祿阻) *al čun/al čuqu/al čuqu '금(金)')『여진역어』
안춘온(安春溫) '금(金)')만주어 ancun '귀걸이'/alcuka '아십하(阿什河)'.

'애(愛)' [오대절(烏代切), 해개일거대영(蟹開一去代影), *∅성모(聲母) 개
래(皆來)운 *ai 거성(去聲)] *∅ai~ 여진어 *ai:

『북맹록』애근(愛根) *aigen '남편')『여진역어』액일액(厄—厄) '남편')
만주어 eigen '남편'

'암(諳)' [오함절(烏含切), 함개일평담영(鹹開一平覃影), *∅성모(聲母) 감
함(監咸)운 *am 평성음(平聲陰)] *∅am~ 여진어 *am:

『금사』암판(諳版) *amban '존대하다')『여진역어』안반랄(安班剌) '크
다')만주어 amba '크다'.

'암(唵)' [오감절(烏感切), 함개의상감영(鹹開衣上感影), *∅성모(聲母) 감
함(監咸)운 *an 평성음(平聲陰)] *onam~ 여진어 *nan:

『금사』화암(火唵) *honan '양성(羊城)')『여진역어』화니(和你) '양
(羊)')만주어 honin '양(羊)'.

'안(按)' [오간절(烏旰切), 산개일거한영(山開一去翰影), *∅성모(聲母) 감
함(監咸)운 *an 거성(去聲)] *∅an~ 여진어 *an:

『금사』안답해(按答海) *andahai '손님')『여진역어』안답해날아마(岸答
孩捏兒麻) '빈객')만주어 andaha/anda '손님, 친구'.『금사』안출호(按出
虎)[안춘(按春), 안춘(安春), 안진(按辰), 안출(按出), 아출호(阿朮許), 안출
호(安朮虎), 아측호(阿觸胡), 아지고(阿之古), 아리출호(阿里出虎), 아록조
(阿祿阻)] *al čun/al čuqu/al čuqu '금(金)')『여진역어』안춘온(安春溫)
'금(金)')만주어 ancun '귀걸이'/alcuka '아십하(阿什河)'.

'안(安)' [오한절(烏寒切), 산개일평한영(山開一平寒影), *∅성모(聲母) 한
산(寒山)운 *an 평성음(平聲陰)] *an~ 여진어 *ai/yan:

『금사』맹안(猛安) muŋyan '천부장(千夫長)')『여진역어』명간(皿干)

'천(千)'〉만주어 minggan '천(千)'. 『금사』안출호(按出虎)[안춘(按春), 안춘(安春), 안진(按辰), 안출(按出), 아출호(阿朮許), 안출호(安朮虎), 아�호(阿觸胡), 아지고(阿之古), 아리출호(阿里出虎), 아록조(阿祿阻)] *al čun/al čuqu/al čuqu '금(金)'〉『여진역어』안춘온(安春溫) '금(金)'〉만주어 ancun '귀걸이'/alcuka '아십하(阿什河)'.

'오(奧)' [오도절(烏到切), 효개일거호영(效開一去號影), *∅ 성모(聲母) 소호(蕭豪)운 *au 거성(去聲)] *au ～여진어 *∅:

『금사』오둔(奧屯)[오돈(奧敦)] *otun '조(曹)'〉만주어 oton '구유'.

'은(恩)' [오흔절(烏痕切), 진개일평흔영(臻開一平痕影), *∅ 성모(聲母) 진문(眞文)운 *ən 평성음(平聲陰)] *ən～ 여진어 *en:

『금사』압은니요(押恩尼要) *yan niyo '구락'〉만주어 indahuun i niyo '구포자(狗泡子)'.

'일(一)' [어실절(於悉切), 진개삼입질영(臻開三入質影), *∅ 성모(聲母) 제미(齊微)운 *i 상성(上聲)] *∅i～ 여진어 *yi:

『금사』새일(賽一)[산역(散亦)]/『송막기문』색흔(賽痕) *sanyi/sehen '좋다'〉『여진역어』새인(賽因) '좋다'〉만주어 sain '좋다'. 『금사』날리새일(涅里賽一) *neri seyi '하얗다'〉만주어 nara šanyang '햇빛'.

'이(移)' [익지절(弋支切), 지개삼평지사(止開三平支似), *∅ 성모(聲母) 제미(齊微)운 *i 평성양(平聲陽)] *∅i～ 여진어 *i:

『금사』이라(移懶) *ilan〉『여진역어』이람(以藍) '삼(三)'〉만주어 ilan '삼(三)'. 『금사』이실부(移失不)[을색보(乙塞補)] *isibu〉『여진역어』일십매(一十埋) '도착하다, 이르다'〉만주어 isibumbi '이르도록 하다, 도달하게 하다'. 『금사』이랄보(移刺補)[을랄보(乙刺補), 을리보(乙里補), 이랄보(移刺保), 이랄본(移刺本)] *ilibu/ilibun〉『여진역어』일립본(一立本) '서다'〉만주어 ilibu '일어나게 하다, 서게 하다'.

'을(乙)' [어필절(於筆切), 진개삼입질영(臻開三入質影), *∅ 성모(聲母) 제미(齊微)운 *i 거성(去聲)] *∅i～ 여진어 *i:

『금사』 을열(乙列)[을렬(乙烈)] *ili)『여진역어』 을립본(乙立本) '서다'〉
만주어 ili '서다'. 『금사』 을색보(乙塞補)[이실부(移失不)] *isibu)『여진역
어』 일십매(一十埋) '도착하다, 이르다'〉 만주어 isibumbi '이르도록 하다,
도달하게 하다'. 『금사』 을실(乙室)[을설(乙薛)] *iši/isi '영접하는 관
리'〉『여진역어』 일십매(一十埋) '이르다, 도착하다'〉 만주어 isi '도달하다'.
『금사』 을리보(乙里補)[을랄보(乙剌補), 이랄보(移剌補), 이랄보(移剌保),
이랄본(移剌本)] *ilibu/ilibun)『여진역어』 일립본(一立本) '서다'〉 만주어
ilibu '이러나게 하다, 서게 하다'.

'익(益)' [이석절(伊昔切), 경개삼입석영(梗開三入昔影), *∅ 성모(聲母) 제
미(齊微)운 *i 거성(去聲)] *∅i~ 여진어 *i:

『금사』 익도(益都)[여도(餘睹)] *idu '차례'〉 만주어 idu '순서, 차례'.

'역(亦)' [양익절(羊益切), 경개삼입석이(梗開三入昔以), *∅ 성모(聲母) 제
미(齊微)운 *i 거성(去聲)] *∅i~ 여진어 *yi:

『금사』 외가(畏可)[외가(隈可), 외갈(隈喝), 외갈(偎喝), 알갈(斡喝), 오역
가(吾亦可)] *weike/uho/uyike '이(牙)'〉『여진역어』 위흑(委黑) '치(齒)'〉 만
주어 weihe '이(牙)'.

『금사』 산역(散亦)[새일(賽一)]/『송막기문』 색흔(賽痕) *sanyi/sehen '좋
다'〉『여진역어』 새인(賽因) '좋다'〉 만주어 sain '좋다'.

'압(押)' [오갑절(烏甲切), 함개삼입압영(鹹開三入狎影), *∅ 성모(聲母) 가
마(家麻)운 *ia 거성(去聲)] *∅ia~ 여진어 *ya:

『금사』 압은니요(押恩尼要) *yan niyo '구락'〉 만주어 indahuun i niyo
'구포자(狗泡子)'. 『금사』 야라(耶懶)[압라(押懶)] *yaran)『여진역어』 아랄
(牙剌) '표범'〉 만주어 yarha '수컷 표범'.

'양(陽)' '양(揚)' [여장절(與章切), 탕개삼평양이(宕開三平陽以), *∅ 성모
(聲母) 강양(江陽)운 *iaŋ 평성양(平聲陽)] *∅iaŋ~ 여진어 *yang:

『금사』 선양(鄯陽) *šanyang)『여진역어』 상강(上江) '하얗다'〉 만주어
'산' šanyang '흰색'. 『금사』 영가(盈歌)[양할(揚割)] *yiŋgo/yaŋgo〉 만주어

yeŋ gge '산포도, 개머루'

'야(也)' '야(野)' [양자절(羊者切), 갑개삼상마이(甲開三上馬以), *∅성모(聲母) 차차(車遮)운 *iɛ 상성(上聲)] *∅iɛ~ 여진어 *ye/yiye:

『금사』 사야(斜也)[사야(斜野)] *seye〉만주어 šeyen '흰색'. 『금사』 오야(烏也)[오야(烏野)] uye '아홉째'〉『여진역어』 올야온(兀也溫) '아홉'〉만주어 uyun '아홉'. 『금사』 답부야(答不也)[달부야(達不野)] *dabyiye '농사일을 하는 사람'〉만주어 dabgiya '풀을 뽑다, 김을 매다'.[26]

'야(耶)' [이차절(以遮切), 가개삼평마이(假開三平麻以), *∅성모(聲母) 차차(車遮)운 *iɛ 평성양(平聲陽)] *∅iɛ~ 여진어 *ya/ye:

『금사』 야라(耶懶)[압라(押懶)] *yaran〉『여진역어』 아랄(牙剌) '표범'〉만주어 yahan '수컷 표범'. 『요동행부지』 야탑랄처(耶塔剌處) yatara ču '화도, 부싯돌'〉만주어 yatarakū '부싯돌, 화도. 『금사』 야보아(耶補兒) *yeburi〉만주어 iberi '투구꼬리'.

'연(演)' '연(衍)' [이천절(以淺切), 산개삼상미이(山開三上彌以), *∅성모(聲母) 선천(先天)운 *iɛn 상성(上聲)] '언(偃)' [이헌절(以幰切), 산개삼상완영(山開三上阮影), *∅성모(聲母) 선천(先天)운 *iɛn 상성(上聲)] *∅iɛn~ 여진어 *yen:

『금사』 포리연(蒲里演)[포련(蒲輦), 포날(蒲涅), 포리연(蒲里衍), 포리언(蒲里偃), 불날(拂涅), 포리섭(蒲里聶)] *puliyen/puniyen/puniye '모극의 부장'〉만주어 feniyen '무리', 나나이어 bolaci '협조'.

'연(延)' [이연절(以然切), 산개삼평선이(山開三平仙以), *∅성모(聲母) 선천(先天)운 *iɛn 평성음(平聲陰)] *∅iɛn~ 여진어 *yian:

---

26 만주어 gū, gan과 giye에 해당하는 여진어 음절은 한어의 의(疑)모자가 아니라, 영(零)모자 '온(溫), 안(安)', 이(以)모자 '야(也)'로 대음된다. 이는 의모자에 해당하는 한자를 찾아내지 못하기 때문이다. 어쨌든, 음을 추정할 때 유사한 대음현상에 따라, '포양온(蒲陽溫)'을 *puyaŋɣun으로, '맹안(猛安)'을 *muŋɣan으로, '답부야(答不也)'를 *dabɣiye으로 추정하였다.

『금사』 아안(兒顔)[오연(烏延)] *ulyian〉『여진역어』 올리언(兀里彦) ‘돼지’〉 만주어 ulgiyan ‘돼지’

‘연(燕)’ [어전절(於甸切), 산개사거산영(山開四去霰影), *∅ 성모(聲母) 선천(先天)운 *iɛn 거성(去聲)] *∅iɛn ~ 여진어 *yan:

『금사』 복연(僕燕) *puyan ‘악성 종기’〉 만주어 fiyartun ‘흉터’

‘요(遙)’ [여소절(餘昭切), 효개삼평소이(效開三平霄以), *∅ 성모(聲母) 소호(蕭豪)운 *iɛu 평성양(平聲陽)] *∅iɛu ~ 여진어 *yau:

『금사』 요설(遙設)[요절(遙折)] *yauše〉 만주어 yongsu ‘예의’

‘요(要)’ [어소절(於笑切), 효개삼거소영(效開三去笑影), *∅ 성모(聲母) 소호(蕭豪)운 *iɛu 거성(去聲)] *iɛu ~ 여진어 *yo:

『금사』 압은니요(押恩尼要) *yan niyo ‘구락’〉 만주어 indahūn i niyo ‘구포자(狗泡子)’

‘여(餘)’ [이제절(以諸切), 우합삼평어이(遇合三平魚以), *∅ 성모(聲母) 어모(魚模) *iu 평성양(平聲陽)] *∅iu ~ 여진어 *i:

『금사』 익도(益都)[여도(餘睹)] *idu ‘차례’〉 만주어 idu ‘순서, 차례’.

‘영(盈)’ [이성절(以成切), 경개삼평청이(梗開三平清以), *∅ 성모(聲母) 경청(庚青)운 *iŋ 평성양(平聲陽)] *∅iŋ ~ 여진어 *yiŋ:

『금사』 영가(盈歌)[양할(揚割)] *yiŋgo/yaŋgo〉 만주어 yeŋgge ‘산포도, 개머루’

‘오(烏)’ [애도절(哀都切), 우합일평모영(遇合一平模影), *∅ 성모(聲母) 이모(魚模)운 *u 평성양(平聲陽)] *∅u ~ 여진어 *u:

『금사』 오춘(烏春)[오준(烏蠢)] *učun〉『여진역어』 올칭인(兀稱因) ‘갑(甲)’〉 만주어 uksin ‘갑(甲)’. 『금사』 오대(烏帶)[올대(兀帶), 오대(吾帶), 알대(斡帶)] *udahi ‘물품을 이미 받았다’〉 회동관『여진역어』 올답(兀答) ‘사다’〉 만주어 udaha ‘샀다, 팔았다’. 『금사』 오답보(烏答補)[올답보(兀答補), 오달보(烏達補), 오도보(吾都補), 오도보(吾睹補), 오도부(吾都不)] *udabu〉 만주어 udabu ‘사게 하다’. 『금사』 오로고(烏魯古)[알로고(斡魯古), 와로고

(訛魯古)] *ulgu '목장의 관리'〉만주어 ulga '가축'. 『금사』 올안(兀顔)[오연
(烏延)] *ulyian〉『여진역어』 올리언(兀里彦) '돼지'〉만주어 ulgiyan '돼지'.
『금사』 오야(烏也)[오야(烏野)] uye '아홉째'〉『여진역어』 올야온(兀也溫)
'아홉'〉만주어 uyun '아홉'. 『금사』 오자(烏者)[알자(斡者)] *uje〉『여진역
어』 올자(兀者) '무겁다'〉만주어 ujen '장중하다'. 『금사』 오렬(烏烈) *ure
'초름'〉만주어 uri '초돈'. 『금사』 오림답(烏林答)[오림달(烏林達)] *ulin da
〉『여진역어』 올리인(兀里因) '재물'〉만주어 ulin da '재물의 관리자'. 『금
사』 오로(烏魯)[오록(烏祿)] *uru '혜택'〉만주어 uru '이다'. 『금사』 오선(烏
鮮) *usin〉『여진역어』 알실(斡失) '위에'.

'와(洼)' [오과절(烏瓜切), 가합삼평마영(假合三平麻影), *∅ 성모(聲母) 가
마(家麻)운 *ua 평성음(平聲陰)] *∅ua ～여진어 *wa:

'원명희곡' 적화부랄해(赤瓦不剌海) *čiwabulahai/『송막기문』 와발랄해
(洼勃辣孩) *wabulahai '때려죽이다'〉만주어 wabuha '죽이게 하다'.

'온(溫)' [오혼절(烏渾切), 진합일평혼영(臻合一平魂影), *∅ 성모(聲母) 진
문(眞文)운 *uən 평성양(平聲陽)] *∅un～여진어 *un/yun:

『금사』 오돈(溫敦)[오둔(溫屯)] *undun '비다'〉만주어 wentuhun. '비
다, 허무하다, 전무하다'. 『금사』 온적흔(溫迪痕)[온적한(溫迪罕), 온적흔
(溫迪掀)] *undihen〉만주어 undehen. '판자'. 『금사』 온포온(溫蒲溫) '어
린 아들' *puyaŋyun〉만주어 fiyanggū '막내아들'

'와(訛)' [오화절(五禾切), 과합일평과의(果合一平戈疑), *∅ 성모(聲母) 가
과(歌戈)운 *uo 평성양(平聲陽)] *∅uo～여진어 *o/u[27]:

『금사』 와출호(訛出虎) *očuqu '관용'〉만주어 oncokon '관용'. 『금사』
와모한(窩謀罕)[와모한(訛謀罕)] *omhan '새의 알'〉만주어 umhan '알'. 『금

---

27 '와(訛)'는 원래는 의모자였는데, 송·원나라 역사 서적에 '와(訛)'는 '알(斡)', '와(窩)'
등의 글자와 같이 중복해서 나타나 같은 여진어 음절을 음역하기 때문에 이 글자들을 한
데에 모아 *∅uo로 추정하였다. 『중원음운』에 '와(訛)'의 발음이 이미 변하여 영(影)모, 의
(疑)모 등 영(零)성모와 같이 발음하게 되었다.

사』와로보(訛魯補)[알리부(斡里不), 오리보(吾里補), 알리복(斡里蔔), 알리부(斡離不), 알로부(斡魯不), 알로보(斡魯補), 알노보(斡盧補), 알노보(斡盧保), 오리부(吾里不), 오리보(吾里補)] olibu '축적하다'〉『여진역어』올리매(兀里昧) '남다'〉만주어 welibu '남기다'.『금사』알리타(斡里朶)[와리타(訛里朶)] *ordo '관아'〉만주어 ordo '정자(亭子)'.『금사』와로고(訛魯古)[알로고(斡魯古), 오로고(烏魯古)] *ulgu '목장의 관리'〉만주어 ulga '가축'.

'와(窩)' [오화절(烏禾切), 과합일평과영(果合一平戈影), *∅ 성모(聲母) 가과(歌戈)운 *uo 평성음(平聲陰)] *∅uo~ 여진어 *o:

『금사』와모한(窩謀罕)[와모한(訛謀罕)] *omhan '새의 알'〉만주어 umhan '알'.

'알(斡)' [오괄절(烏括切), 산합일입말영(山合一入末影), *∅ 성모(聲母) 가과(歌戈) *uo 거성(去聲)] *∅uo~여진어 *o/u[28]:

『금사』알갈(斡喝)[외가(畏可), 외가(隈可), 외갈(隈喝), 외갈(偎喝), 오역가(吾亦可)] *weike/oho/uyke '이(牙)'〉『여진역어』위흑(委黑) '치(齒)'〉만주어 weihe '이(牙)'.『금사』알홀(斡忽) *ohu '냄새가 지독하다'〉만주어 wahūn '냄새가 지독하다'.『금사』알리부(斡里不)[오리보(吾里補), 알리복(斡里蔔), 알리부(斡離不), 알로부(斡魯不), 알로보(斡魯補), 알노보(斡盧補), 알노보(斡盧保), 와로보(訛魯補), 오리부(吾里不), 오리보(吾里補)] *olibu '축적하다'〉『여진역어』올리매(兀里昧) '남다'〉만주어 welibu '남기다'.『금사』알리타(斡里朶)[와리타(訛里朶)] *ordo '관아'〉만주어 ordo '정자(亭子)'.『금사』알륵(斡勒) *ole '돌'〉『여진역어』알흑(斡黑) '돌'〉만주어 wehe '돌'.『금사』알론(斡論) *olun '생철'〉만주어 olon '수문, 말뱃대끈'.『금사』알준(斡准) *ojun〉만주어 weijun '황새'.『금사』알색(斡塞) *ose〉『여진역어』와자(瓦子) '기와'〉만주어 wase '기와'.『금사』알대(斡

28『중원음운』에 '알(斡)'과 '역(亦)' 자를 수록하지 않았다. 같은 운의 한자에 따라 분류하였다.

帶)[올대(兀帶), 오대(烏帶), 오대(吾帶)] *udahi '물품을 이미 샀다'. 회동관 『여진역어』 올답(兀答) '사다'〉만주어 udaha '샀다. 팔았다'. 『금사』 알로고(斡魯古)[오로고(烏魯古), 와로고(訛魯古)] *ulgu '목장의 관리'〉만주어 ulga '가축'. 『금사』 알출(斡出)[올출(兀朮), 알철(斡啜)] *uju '머리'〉『여진역어』 올주(兀住) '머리'〉만주어 uju '머리, 우두머리'. 『금사』 오자(烏者)[알자(斡者)] *uje〉『여진역어』 올자(兀者) '무겁다'〉만주어 ujen '장중하다'.

'외(畏)' [어위절(於胃切), 지합삼거미영(止合三去未影), *∅ 성모(聲母) 제미(齊微)운 *uei 거성(去聲)] '외(偎)' '외(隈)' [오회절(烏恢切), 해합일평회영(蟹合一平灰影), *∅ 성모(聲母) 제미(齊微)운 *uei 평성음(平聲陰)] *∅uei ～ 여진어 *wei:

『금사』 외가(畏可)[외가(隈可), 외갈(隈喝), 외갈(偎喝), 알갈(斡喝), 오역가(吾亦可)] *weike/oho/uyike '이(牙)'. 『여진역어』 위흑(委黑) '치(齒)'〉만주어 weihe '이(牙)'.

제3장

금나라 시대 여진어의 음운 분석

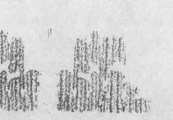

제1절 금나라 시대 여진어의 자음체계

대음 한자의 음운 분석 결과와 전사 규칙에 근거하여, 금나라 시대 여진어의 자음체계를 다음과 같이 귀납할 수 있다. 즉 양순음(兩脣音) *p, *b, *m. 설첨마찰음(舌尖擦音) *s. 설첨정지음(舌尖塞音) *t, *d. 설첨비음(舌尖鼻音) *n. 설첨설측음(舌尖邊音) *1. 전동음(顫音) *r. 설엽음(舌叶音) *č, *j, *š. 연구개음(舌根音) *k, *g, *h, *ŋ. 구개수음(小舌音) q, *ɣ. 반모음(半母音) *y, *w. 아래에서 각 자음의 실현 환경을 살펴보도록 한다.

1. 양순음 *p, *b, *m

송·원나라 시기까지 한어의 유성음화(濁音清化) 현상은 이미 완성되었다. 유성음 *b는 이미 무성음 *p, *ph에 합류되었고, 양순정지음 계통은 공기가 유출되느냐, 유출되지 않느냐에 따라 대립을 이루고 있다. 송·원나라 역사 서적에 순음(脣音) *p-, *ph-성모는 여진어의 *ph-:*p-, *p-:*b-와 대립을 이룬다.

1) 여진어 양순 무성정지음 *p

『금사』 등 송·원나라 역사 서적에 일반적으로 한어의 방(滂), 병(並) 모자로 대음하였다. *p는 초성 자음으로 다른 모음과 결합하여 어두, 어중, 어말에 나타난다.

*p가 초성 자음으로 모음과 같이 음절을 구성하여 어두에 나타난 경우.

『금사』배만(裴滿) *poimon〉만주어 fomo '삼, 마(麻)'. 『금사』포리(蒲里), 포렬(蒲烈) *puli 만주어 fulu '우수하다, 길다'. 『금사』포논혼(蒲盧渾)[포로혼(蒲魯渾), 포로호(蒲魯虎), 포로환(蒲魯歡)] *pulhun '자루'〉만주어 fulhū '자루'. 『금사』포리연(蒲里演)[포련(蒲輦), 포리언(蒲里偃), 포리연(蒲里衍), 포섭(蒲聶), 포열(蒲涅), 불열(拂涅)] *puliyen/puniyen/puniye/funiye '모극의 부장〉만주어 feniyen '무리', 나나이어 bolaci '협조'. 『금사』포대(蒲帶) *pudahi〉『여진역어』불특매(弗忒昧) '전송〉만주어 fudehe '이미 전송하였다'. 『금사』포양온(蒲陽溫) '어린 아들' *puyaŋɤun〉만주어 fiyanggū '막내아들'. 『금사』포랄도(蒲剌都)[포랄독(蒲剌篤), 포랄도(蒲剌睹)] *puladu '급성 결막염으로 인해 눈이 보이지 않다〉만주어 fulata '눈이 짓무르다'. 『금사』파노화(婆盧火) *polho '방망이, 망치'〉만주어 folho '방망이, 망치'. 『금사』복리흑(僕里黑)[발리흑(跋里黑), 반리합(盤里合)] *parha '엄지손가락(將指)'〉만주어 ferhe '엄지손가락'. 『금사』복연(僕燕) *puyan '악성 종기'〉만주어 fiyartun '부스럼자리'. 『금사』보활리(保活里) *boholi '난쟁이'〉『여진역어』불화나(弗和羅) '짧다〉만주어 foholon '난쟁이'.[1]

*p가 초성 자음으로 모음과 함께 음절을 구성하여 어미에 나타난 경우. 『금사』사랄합반(査剌合攀) *čarahapan '거용관(居庸關)'〉만주어 cira haf '엄관(嚴官)'.

2) 여진어 양순 유성정지음 *b

『금사』등 송·원나라 역사 서적에 일반적으로 방(幫), 병(並)모자로 대음하였다. *b는 어두 자음으로 모음과 같이 결합하여 어두, 어중, 어말

---

1 『금사』에 대음 한자 '복(僕)'은 여진어 *p-음절뿐만 아니라, *b-음절과도 대응된다. 후자의 예로, 복산(僕散) *pusan〉만주어 bujan '숲'. 『금사』복회(僕灰)[복회(卜灰), 포휘(布輝), 복회(不灰), 복훼(僕虺)] *buhui 『여진역어』 '복고(卜古)', '사슴'〉만주어 buhū '사슴' 등이 있다. 한자 '보(保)'가 만주어에 f-로 시작하는 음절에 해당하는 여진어 음절을 대음하는 것은 예외로 한 것이다.

에 나타난다. *b는 어중의 폐음절 운미로 나타날 수도 있고, 뒤에 *g, *k 등 자음을 붙여 이중자음을 구성하기도 한다.

*b가 어두 자음으로 모음과 같이 음절을 구성하여 어두에 나타난 경우, 『금사』 발리속(拔離速)[발리속(拔里速)] *barisu '각저희(角觝戲)'를 하는 사람〉몽골어 barildu '씨름'. 『금사』 발달(拔達)[백답(白答), 배달(背達)] *bada〉『여진역어』 복도괴(蔔都乖) '밥'〉만주어 buda '밥'. 『금사』 발극렬(勃極烈) *bogilee '관리'〉만주어 beile '패륵(貝勒)'. 『금사』 발특(孛特)[발덕(孛德), 발질(孛迭), 백덕(伯德)] *bote〉만주어 buta '어렵을 하다, 고기잡다'. 『금사』 발특보(孛特補) *botebu〉만주어 butabu '어렵하게 하다, 고기잡이 하게 하다'. 『금사』 발론출(孛論出) *bolunču '태아의 이름'〉『원조비사』 발단찰아(孛端察兒) *bodončari '시조(始祖)'. 『금사』 백답(白答)[발달(拔達), 배달(背達)]〉『여진역어』 복도괴(蔔都乖) '밥'〉만주어 buda '밥'. 『금사』 배로(背魯)[배로(輩魯), 배로(盃魯)] *beri〉『여진역어』 백력(伯力) '활'〉만주어 beri '활'. 『금사』 복회(蔔灰)[복회(僕灰), 포휘(布輝), 복회(不灰), 복훼(僕虺)] *buhui〉『여진역어』 복고(卜古) '사슴'〉만주어 buhū '사슴'. 『금사』 필난(必蘭)[필랄(必刺), 비랄(祕刺), 비리(鼻里)] *biran '하천'〉『여진역어』 필랄(必刺) '하천'〉만주어 bira '하천'.

*b가 어두 자음으로 모음과 결합하여 음절을 구성하여 어중에 나타난 경우. 『금사』 사부실(辭不失)[사부습(辭不習)] *sibuhi '술이 깼다'〉만주어 subuha '술이 깼다, 숙취를 풀다'. '원명희곡' 적화부랄해(赤瓦不刺海) *čiwabulahai/『송막기문』 와발랄해(窪勃辣孩) *wabulahai '때려죽이다'〉만주어 wabuha '죽도록 하다'. 『금사』 아리백(阿里白) *alibuhi〉만주어 alibuha '바치도록 하였다'. 『금사』 야보아(耶補兒) *yeburi〉만주어 iberi '투구꼬리(盔尾)'.

*b가 운미로 모음과 결합하여 폐음절을 구성하여 어중에 나타나면 뒤에 *q, *k, *ɣ 등을 붙여 이중자음을 구성한다. 『금사』 아보한(阿保寒)[아부한(阿不罕), 가부합(呵不哈)] *abqan〉만주어 abka '하늘'. 『금사』 답부

아(笞不也), 달부아(撻不野) *daᵧiye '김을 매는 사람'〉만주어 dabgiya '풀을 뽑다, 김을 매다' 등.

*b가 어두 자음으로 모음과 결합하여 어말에 나타난 경우. 『금사』 발특보 (孛特補) *botebu〉만주어 butabu '어렵하게 하다'. 『금사』 아리부(阿里不) [아로부(阿魯不), 아로보(阿里補), 아리보(阿離補), 아노보(阿盧補), 아리보 (阿里保), 아로보(阿魯保)] *alibu〉만주어 alibu '바치도록 하다'. 『금사』 호토 백(胡土白) *hutubai 『여진역어』 홀토아(忽土兒) '복', 복아이(卜阿以) '지 역'〉만주어 hūturiba '행운의 땅'. 『금사』 아식보(阿息保)[아사발(阿思鉢)] *asibu '힘으로 남을 돕다'〉만주어 aisilabu '도움이 되게 하다, 협조하게 하다'. 『금사』 회리부(回里不)[회리보(回離保), 핵리보(劾里保), 핵리발(劾里 鉢)] *horibu〉만주어 horibu '묶게 하다'. 『금사』 알리부(斡里不)[알리부(斡 里不), 알리복(斡里蔔), 알리부(斡離不), 알로부(斡魯不), 오리부(吾里不), 오 리보(吾里補), 알로보(斡魯補), 알노보(斡盧補), 와로보(訛魯補), 오리보(吾 里補), 알노보(斡盧保)] *olibu '축적하다'〉『여진역어』 올리매(兀里昧) '남 다〉 만주어 welibu '남기다'. 『금사』 을리보(乙里補)[이랄보(移剌補), 을랄보 (乙剌補), 이랄보(移剌補), 이랄본(移剌本)] *ilibu/ilibun〉『여진역어』 일립본 (一立本) '서다'〉만주어 ilibu '일어나게 하다, 일어서게 하다'. 『금사』 달기보 (達吉不)[달길보(達吉保), 달기보(達紀保)] dagibu〉만주어 dejibu '훌륭하게 하다'. 『금사』 골로보(鶻魯補) *hulubu〉만주어 hulbobu '연결하도록 하다, 혼인하도록 하다'. 『금사』 기리본(夔里本) *kuilibun〉만주어 kūlibu '속다'. 『금사』 올답보(兀答補)[오답보(烏答補), 오달보(烏達補), 오도보(吾都補), 오 도보(吾睹補), 오도부(吾都不)] *udabu〉만주어 udabu '사도록 하다'. '원명 희곡' 아부(牙不) *yabu〉『여진역어』 아보(牙步) '걷다'〉만주어 yabu '걷다'. 『금사』 암판(諳版) *amban '존대하다'〉『여진역어』 안반랄(安班剌) '크다'〉 만주어 amba '크다'.

3) 여진어 양순비음 *m

『금사』 등 송·원나라 역사 서적에 명(明)모자로 대음하였다. *m은 초성 자음으로 모음과 결합하여 음절을 구성하여 어두, 어중, 어말에 나타나고, 운미로 모음과 같이 음절을 구성하여 어두, 어말에 나타난다.

*m 초성 자음이 어두에 나타난 경우. 『금사』 만도가(漫都歌)[만도가(漫都訶)] *mondugo/monduho '치매'〉 만주어 mentuhun '우완하다, 어리석다'. 『금사』 모도록(毛睹祿)[몰도수(沒都獸)] *moduru/moduri〉『여진역어』 목두아(木杜兒) '용(龍)'〉 만주어 muduri '용(龍)'. 『금사』 매흑(梅黑) *meihei 『여진역어』 매흑(梅黑) '뱀'〉 만주어 meihe '뱀'. 『금사』 맹안(猛安) *muŋɤan '천부장(千夫長)'〉『여진역어』 명간(皿干) '간(干)'〉 만주어 minggan '간(干)'. 『금사』 몽괄(蒙括)[몽갈(蒙葛), 몽괄(蒙刮), 몽적(蒙適), 몽갈(瞢葛)] *muŋgp/muŋko/muŋga〉『여진역어』 망합(莽哈) '어렵다'〉 만주어 mangga '어렵다, 딱딱하다, 비싸다'. 『금사』 말린(末鄰)[말린(抹鄰), 목림(牧林), 모린(母麟)] *morin 『여진역어』 모림(母林) '말(馬)'〉 만주어 morin '말(馬)'. 『금사』 모극(謀克)[모모가(毛毛可)] '백부장(百夫長)'〉 만주어 mukūn '족장'. 『금사』 모량호(謀良虎)[모량호(毛良虎)] *muraŋqu '무뢰하다'〉 만주어 muriku '어리석다, 고집쟁이'.

*m이 초성 자음으로 어중, 어말에 나타난 경우. 『금사』 니방고(尼厖古)[니망고(尼忙古), 점몰갈(粘沒曷), 점할(粘割), 점가(粘哥), 점합(粘合)] *nimaŋgu/nimha '물고기'〉『여진역어』 리말합(里襪哈) '물고기'〉 만주어 nimaha. 『금사』 타만(陀滿)[타만(駝滿), 탁만(馳滿), 타만(陀熳), 통문(統門), 도문(徒門), 수만(秀滿)] *tumon/tumun〉『여진역어』 토만(土滿) '만(萬)'〉 만주어 tumen '만(萬)'. 『금사』 홀토애갈만(忽土皚葛蠻) *hutuɤai gamon〉 만주어 hutuŋgai hafan '복 받는 요새'. 『금사』 아리합만(阿離合懣) *alihamon '독수리와 매를 기르는 사람'〉 만주어 alihaniyalma '해동청을 기르는 사람'. 『금사』 배만(裵滿) *poimon〉 만주어 fomo '삼, 마'.

*m이 운미로 음절의 어두, 어말에 나타난 경우. 『금사』 와모한(窩謀

罕)[와모한(訛謀罕)] *omhan '새의 알'〉만주어 umhan '알'.[2] 『금사』 암모(諳母) *šim '가마'〉만주어 simlu '가마솥'. 『금사』 암판(諳版) *amban '존대하다', 『여진역어』 안반랄(安班刺) '크다'〉만주어 amba '크다'. 『금사』 삼합(三合) *samha '사마귀'〉만주어 samha '점점'. 『금사』 점한(粘罕)/『송막기문』 니감(尼堪) *nimqan/nikam〉만주어 nikan '한인, 오랑캐'.

소결 : 여진어 *p는 양순 무성정지음이고, 『금사』 등 송·원나라 역사 서적에는 일반적으로 한어의 방(滂), 병(並)모자로 대음되었다. *b는 양순 유성정지음이고, 송·원나라 역사 서적에 방(幫), 병(並)모자로 대음되었다. *p, *b는 모두 어두 자음으로 다른 모음과 결합하여 음절을 구성하여 어두, 어중, 어말에 나타날 수 있다. *b는 폐음절의 운미로 어중에 나타나기도 하는데, 뒤에 *q, *k, *ɣ 등 자음을 붙여 이중자음을 구성한다. *m은 양순 비음이며, 『금사』 등 송·원나라 역사 서적에 일반적으로 한어의 명(明)모 한자로 대음되었다. *m은 어두 자음으로 다른 모음과 같이 결합하여 음절을 구성하여 어두, 어중, 어말에 나타날 수 있고, 운미로 다른 모음과 같이 결합하여 어두, 어말에 나타난다.

『금사』에는 명나라 여진어와 청나라 만주어의 f로 시작하는 어휘에 해당하는 단어는 *p 성모자로 대음되었다. 이는 금나라 시대 여진어의 *p-가 명나라 여진어와 만주어의 f-에 해당하는 것을 설명하고 있다. 또한 금나라에는 *p-〉f-의 변화가 아직 일어나지 않았다는 것을 밝힐 수 있다. 앞선 학자들은 『여진역어』와 『금사·국어해』에 있는 해당 어휘의 대음 한자를 비교하여 *p-〉f-의 변화가 명나라에 들어 완성되었다고 주장하였다.[3] 예를 들어, 『금사』 보활리(保活里) *boholi '난쟁이'〉『여진역어』 불화

---

2 한어의 '침심(侵尋), 감함(監咸), 렴섬(廉纖)' 등에 *-m 운미가 모음 *o와 같이 구성하는 음절이 없어 여진어 *om음절을 대음할 수 있는 적당한 한자를 찾지 못하였다. 여기서 '謀'로 자음 *-m을 표시하였다.

3 『여진역어·기용문(器用門)』에 '령패(令牌)'를 '찰실안비자(扎失安肥子)'로 대음하였는데, '비자(肥子)'가 '패자'의 발음을 빌려 온 것이 틀림없다. 이는 명나라 여진어에 p〉f의 변화가 이미 완성되었다는 사실을 증명할 수 있다.

나(弗和羅) '짧다'〉 만주어 foholon '난쟁이'. 『금사』 포대(蒲帶) *pudahi
〉『여진역어』 불특매(弗忒昧) '전송'〉 만주어 fudehe '이미 전송하였다'.
『여진역어』 불랄강(弗剌江) '빨갛다'〉 만주어 filgian '빨갛다'. 『여진역어』
비여아(非如兒) '신선'〉 만주어 firumbi '기도'. 『여진역어』 비랄(非剌) '마
루'〉 만주어 fila '마루' 등. 여기서 주의해야 할 것은, 『금사』 '모극의 부장'
이라는 뜻을 갖는 '포리연(蒲里演)'은 만주어 '무리'라는 뜻을 갖는 feniyen
와 나나이어 '협조'라는 뜻을 갖는 bolaci에 해당하는데, '포리연(蒲里演)'
은 또 '불열(拂涅)'로 대역하는 것이다. 이 사실은 금나라 시대 여진어에
이미 *p-〉f-의 변화가 시작했다는 것을 설명할 수 있다. 이 변화는 최초로
원순모음 *u의 영향을 받았을 가능성이 높다. 그러므로 우리는 여진어
*p-〉f-의 규칙적인 변화 시기는 원나라로 추정할 수 있다.[4]

2. 설첨마찰음 *s

여진어의 설첨마찰음 *s는 만주어 s에 해당하며, 『금사』 등 송 · 원나
라 역사 서적에 심(心), 사(邪)모 한자로 대음되었다. *s는 초성 자음으로
모음과 어울려 음절을 구성하며 어두, 어중에 나타날 수 있고, 또 운미로
모음과 어울려 음절을 구성할 수 있다.

*s가 초성 자음으로 어두에 나타난 경우. 『금사』 새리(賽里)[색리(塞里)]
*seli '안락하다'〉 만주어 sela '창쾌하다'. 『금사』 산역(散亦)[새일(賽一)]
/『송막기문』 새흔(賽痕) *sanyi/sehen '좋다' 『여진역어』 새인(賽因) '좋
다'〉 만주어 sain '좋다'. 『금사』 삼합(三合) *samha '사마귀'〉 만주어

4 『금사』에는 한어 비(非)모, 부(敷)모자로 여진어를 대음하는 예가 또 있다. 『금사』
길보로만(吉甫魯灣) *gihuluwan '연자성'『여진역어』 가혼온(加渾溫) '매' 만주어 giyahūn
'매', '길보로(吉甫魯)'는 『여진역어』에 "매는 가혼온(加渾溫)이라고 부르다"와 만주어 '매'
giyahūn에 대응하는 것을 보니, '보(甫)'가 *hu에 해당하는 것을 추정할 수 있다.

samha '점'. 『금사』 살합련(撒合輦) *sahalien '얼굴색이 검다'〉『여진역어』
살합량(撒哈良) '검다'〉 만주어 sahalian '검다'. 『북맹록』 살나한(薩那罕)
*sarpan '남편이 아내를 살나한(薩那罕)이라고 부르다'〉『여진역어』 살리
안(撒里安) '첩'〉 만주어 sargan. 『금사』 사부실(辭不失)[사부습(辭不習)]
*sibuhi '술이 깨다'〉 회동관『여진역어』 노륵속부합(奴勒速不哈) '술이 깨
다'〉 만주어 subuha '술이 깼다'. 『금사』 살팔(撒八) *saba '신속하다'〉 만주
어 sabara '던지다'. 『금사』 살리갈(撒離喝)[살리합(撒里合), 살랄갈(撒剌
喝)] *saliqa〉 만주어 saligan '지배', '원명희곡' 살돈(撒敦) *sadun〉『여진역
어』 살도해(撒都該) '친하다'〉 만주어 sadun '사돈'. 『금사』 살답(撒答)
*sakda '노인'〉 만주어 sakda. 『금사』 사가(斜哥)[사갈(斜葛)] *sego '노랑가
슴담비'〉『여진역어』 색극(塞克) '노랑가슴담비'〉 만주어 sekc '노랑가슴담
비'. 『금사』 사렬(斜烈)[사렬(思烈)] *sele '칼날'〉 만주어 seleme '순도'. 『금
사』 사야(斜也)[사야(斜野)] *seye〉 만주어 šeyen '흰색'.[5] 『금사』 습실(謵
失) *siši '끊임없이'〉 만주어 singse '조금도 게으르지 않고 열심히 하다'.

  *s가 초성 자음으로 어중, 어말에 나타난 경우. 『금사』 열리색일(涅里塞
一) *neri seyi '하얗다'〉 만주어 narašanyang '햇빛'. 『금사』 복산(僕散)
*busan '숲'〉 만주어 bujan, 『금사』 알색(斡塞) *ose〉『여진역어』 와자(瓦子)
'기와'〉 만주어 wase '기와'. 『금사』 일색보(乙塞補)[이실부(移失不)] *isibu
〉『여진역어』 일십매(一十埋) '이르다, 도착하다'〉 만주어 isibumbi '이르도
록 하다'. 『금사』 아리손(阿里孫) *arsun '못생겼다'〉 만주어 eisun '추하다'.
『금사』 아식보(阿息保)[아사체(阿思體)] *asibo '힘으로 남을 돕다'〉 만주어
aisilabu '도움이 되게 하다, 협조가 되게 하다'. 『금사』 아속(阿速) *asu〉 만
주어 asu '그물'. 『금사』 발리속(拔離速)[발리속(拔里速)] *barisu '각저희(角
觝戲)를 하는 사람'〉 몽골어 barildu '씨름'.

---

  5 한자 대음 중에 평설과 권설이 혼용되는 현상이 있다. 예컨대, 『금사』 루실(婁室)
*loši〉 만주어 loso '경직하기 어려운 습지' 등.

*s가 운미로 모음과 어울려 음절을 구성하며 어중에 나타난 경우. 『금사』 갈소관(曷蘇館)/『북풍양사록』 합소관(合蘇款) *hasgon/haslcon〉 만주어 haskon '울타리'.[6]

소결 : 한어와 달리, 여진어 설첨전음은 마찰음 *s밖에 없다. 『금사』 등 송·원나라 사적에 정(精)계 대음한자가 심(心), 사(邪)모자사(邪)모는 이미 심(心)모에 합류되었다'만 있는 사실에 결론을 쉽게 얻어낼 수 있다. 『여진역어』에는 일반적으로 마찰음 *s로 정(精)계 한자를 표음하였다. 예를 들어, 한어 '노새'는 여진어로 '노살(老撒)'이라고 한다(『여진역어·부장문』). '총병', 여진어로 '소온필인(素溫必因)'이라고 한다. 이는 한어 '밀'은 만주어로 maise라고 하는 것과 같다. 몽·원나라 시기의 몽골문 비명에 한자 차용어를 표음할 때도 *s로 한어 정(精)계자를 음역하였다. 예를 들어, '장(藏)' sink, '장(匠)' sank 등. 이것으로 여진어의 설첨전음은 *s만 있고, *ts, *tsh가 없는 것을 증명할 수 있다. 이러한 특징에 대하여 앞에서 이미 『여진역어』 대음규칙의 분석을 통해 결론을 얻어냈으니 여기서는 다시 언급하지 않겠다.

3. 설첨정지음 *t, *d

1) 여진어 설첨 무성정지음 *t

『금사』 등 송·원나라 역사 서적에 일반적으로 한어의 투(透), 정(定)모 한자로 대음하였다. 여진어 *t는 초성 자음으로 모음과 어울려 음절을

---

6 여진어 자음 *-s가 운미로 모음과 같이 폐음절을 구성하는 경우, 숭원사적에 '속(速)' 등 한자로 *-s를 독립적으로 표시하였다. 『여진역어』도 만찬가지다. 예컨대, '생(生)' 『여진역어』 올속홍(兀速洪) *us'hun 만주어 es'hun. '욕(褥)' 『여진역어』 실실흑(失失黑) *šis'he 만주어 šis'he. 『원조비사』, 『서번역어』에는 일반적으로 『중원음운』 지사(支思)운의 '사(思)'로 몽골어, 티베트어의 운미 -s를 대음하였다. 여기서는 '사(思)'와 발음이 가까운 어모(魚模)운 '속(速)'을 택하였다.

구성하여 어두, 어중, 어말에 나타난다.

여진어 *t가 초성 자음으로 어두에 나타난 경우. 『금사』 토골(吐鶻)/'원명희곡' 토골(兎鶻) tuhu '속대'〉만주어 toohan '액세서리'. 『금사』 독리(禿里) *turi '부락의 소송 일을 주관하다, 사건의 경위를 조사하는 사람'〉만주어 turambi '분명하게 밝히다'. 『금사』 타만(陀滿)[타만(駝滿), 타만(馳滿), 타만(陀㷼), 통문(統門), 도문(徒門), 독만(禿滿)] tumon/tumun〉『여진역어』 토만(土滿) '만(萬)'〉만주어 tumen '만(萬)'. 『금사』 당괄(唐括)[당고(唐古)] *tanggu〉『여진역어』 탕고(湯古) '백(百)'〉만주어 tanggū '백(百)'. 『금사』 특린(忒鄰) *terin '바다'〉『여진역어』 맥특액림(脈忒厄林) '바다'/회동관 『여진역어』 묵득(墨得) '바다'〉만주어 mederi '바다'. 『금사』 단다(象多) *tondo〉『여진역어』 단타(團朵) '충스럽다'〉만주어 tondo '공정하다, 충직하다'. 『금사』 특사(特思) *tehi〉『여진역어』 특희(忒希) '사십'〉만주어 dehi '사십'[7], 『금사』 태신(太神) *taišen '높다'〉만주어 dekjin '일으키다, 일어나다'.

*t가 초성 자음으로 모음과 어울려 음절을 구성하여 어중, 어말에 나타난 경우. 『금사』 발특보(孛特補) *botebu〉만주어 butabumbi '어렵을 하게 하다'. 『금사』 아토고(阿土古) *atugu '잡는 것에 능숙한 사람'. 『금사』 호토백(胡土白) *hutubai〉『여진역어』 홀토아복아이(忽土兒卜阿以) '행운의 땅'〉만주어 hūturi ba '행운의 땅'. 『요동행부지』 야탑랄처(耶塔剌處) *yetaraču '화도, 부싯돌'〉만주어 yatarakū '화도'. 『금사』 아도한(阿徒罕) *atuhan '땔나무를 줍는 사람이다'〉만주어 asihan '어리다, 젊은이'. 『금사』 발특(孛特)[백덕(伯德), 발덕(孛德), 발질(孛迭)] *bote〉만주어 buta '어렵하다, 물고기 잡다'. 『금사』 오둔(奧屯)[오돈(奧敦)] otun '조(曹)'〉만주

---

7 이 사례는 한어의 투(透), 정(定)모로 만주어 -d에 해당하는 여진어를 대음하는 상황인데 예외로 한 예이다. 다음과 같은 예도 있다. 『금사』 태신(太神) *taišen '높다'〉만주어 dekjin '일으키다, 일어나다'. 『금사』 아오탑(牙吾塔) *yaɣuta '부스럼'〉만주어 yoo hede '부스럼' 등.

어 oton '구유'. 『금사』 온둔(溫屯)[온돈(溫敦)] *untun/*undun '비다'〉만
주어 wentuhun '비다, 약하다, 전무하다'. 『금사』 홀토(忽土)[홀도(忽都)]
*hutu '남과 같이 복을 즐기다'〉만주어 hūturi. 『금사』 홀토애갈만(忽土皚
葛蠻) *huturai gamon〉만주어 hutuŋgai hafan '복 받는 요새'. 『금사』 아
오탑(牙吾塔)[아고탑(牙古太)] *yaruta '부스럼'〉만주어 yoo hede '부스럼'.
『금사』 화단(和團) *hoton〉『여진역어』 흑차니(黑車你) '성읍'〉만주어
hoton/hecen '성읍'.

2) 여진어 설첨 유성정지음 *d

『금사』 등 송·원나라 역사 서적에 한어 단(端), 정(定)모자로 대음하
였다. 여진어 *d-는 초성 자음으로 모음과 어울려 음절을 구성하며 어두,
어중, 어말에 나타난다.

*d가 초성 자음으로 어두에 나타난 경우. 『금사』 동아(冬兒) *dor〉『여
진역어』 타아(朶兒) '오소리'〉만주어 dorgon '오소리'. 『금사』 답부야(答
不也)[달부야(撻不野)] *dabraye '김을 매는 사람'〉만주어 dabgiya '풀을 뽑
다, 김을 매다'. 『금사』 달기(達紀) *dagi〉만주어 deji '훌륭하다, 고급'.
『금사』 달길보(達吉不)[달길보(達吉保), 달기보(達紀保)] *dagibu〉만주어
dejibu '훌륭하게 하다'. 『금사』 달라(達懶) *dalan〉만주어 dalan/dalin '강
변'. 『금사』 적고부(迪古不) *digubu〉만주어 dahūbu '회복하도록 하다'.
『금사』 적고내(迪古乃) *digunai '오다'〉『여진역어』 적온(的溫) '오다'〉만
주어 gahūmbi '돌아오다'. 『금사』 달아대(達兒歹) *dardai〉만주어 dartai
'순간, 잠시'. 『금사』 독길(獨吉) *dugi〉『여진역어』 독길(禿吉) '구름'〉만
주어 tugi '구름'.

*d가 초성 자음으로 어중, 어말에 나타난 경우. 『금사』 온체흔(溫蒂痕)
[온체한(溫蒂罕), 온체흔(溫蒂掀)] *undihen〉만주어 undehen '판자'. 『금
사』 안답해(按答海) *andahai '손님의 통칭'〉『여진역어』 안답해날아마(岸
答海捏兒麻) '손님'〉만주어 andaha/anda '손님, 친구'. 『금사』 모도록(毛睹

祿)[몰도로(沒都魯)] *moduru/moduri〉『여진역어』 목두아(木杜兒) '용(龍)'〉만주어 muduri '용(龍)'. 『금사』 만도가(謾都歌)[만도가(謾都訶)] *mondugo/monduho '치매'〉만주어 mentuhun '우완하다, 어리석다'. 『금사』 포대(蒲帶) *pudahi〉『여진역어』 불특매(弗忒昧) '전송'〉만주어 fudeha '이미 전송하였다'. 『금사』올답보(兀答補)[오답보(烏答補), 오달보(烏達補), 오도보(吾都補), 오도보(吾睹補), 오도부(吾都不)] *udabu〉만주어 udabu '사도록 하다'. 『금사』 올대(兀帶) *udahi '물품을 이미 샀다〉회동관『여진역어』 올답(兀答) '사다'〉만주어 udaha '사다'. '원명희곡 살돈(撒敦) *sadum〉『여진역어』 살도해(撒都該) '친하다'〉만주어 sadun '사돈'. 『금사』 살답(撒答) *sakda '노인'〉만주어 sakda '노인'. 『금사』 사홀대(沙忽帶) *šahudai '배'〉만주어 jahūdai '선박, 배'. 『금사』 환단(桓端)[환단(喚端), 화로탈(和魯奪)] *holdon/holdo '소나무'〉『여진역어』 화타막(和朶莫) '소나무'〉만주어 holdon '소나무'. 『금사』 환도(歡都) *hondu 만주어 handu '벼'. 『금사』 오림답(烏林答)[오림달(烏林達)] *ulinda〉『여진역어』 올리인(兀里因) '재물'〉만주어 ulinda '재물의 관리자'. 『금사』 합달(合達)[합타(合打), 합답(合答), 갈답(曷答), 합단(哈丹)] *hada/hadan '산의 날카로운 부분'〉만주어 hada '산봉우리'. 『금사』 아호대(阿虎帶)[아호질(阿虎迭), 아호질(阿胡迭)] *ahudai '장남'〉『여진역어』 아혼온(阿渾溫) '형(兄)'〉만주어 ahūngga '장남/ahūnta '형들'. 『금사』 익도(益都)[여도(餘睹)] *idu '순서'〉만주어 idu '차례, 횟수'. 『금사』 올전(兀典) *ulden '스타'〉만주어 ulden '새벽빛, 햇빛'. 『금사』 알리타(斡里朶) *ordo '관아'〉만주어 ordo '정자(亭子)'. 『금사』 온돈(溫敦)[온둔(溫屯)] *undun '비다' 〉만주어 wentuhun '비다, 약하다, 전무'. 『금사』 포랄도(蒲剌都)[포랄독(蒲剌篤), 포랄도(蒲剌睹)] '급성 결막염으로 인해 눈이 보이지 않다'〉만주어 fulata '눈이 짓무르다'. 『금사』 아전(阿典)/『삼조북맹회편』 아질(阿迭)/〈오둔량필시비(奧屯良弼詩碑)〉아점(阿玷) *adien/die '벼락(雷)'〉『여진역어』 아점(阿玷) '벼락'〉만주어 akjan '벼락'.

소결 : 여진어 *t는 무성정지음으로, 『금사』 등 송 · 원나라 역사 서적에 일반적으로 투(透), 정(定)모자로 대음되었다. *d는 유성정지음으로, 『금사』 등 송 · 원나라 역사 서적에 단(端), 정(定)모자로 대음되었다. *t, *d는 모두 초성 자음으로 모음과 어울려 음절을 구성하여 어두, 어중, 어말에 나타났다. 학자들이 『여진역어』를 연구하면서 만주어의 역사상 *di〉ji, *ti〉či의 변화가 발생한 사실이 있다는 것을 밝혔다. 이 변화는 명나라 여진어에는 아직 일어나지 않았다. 이기문은 변화의 시기가 중고여진어 이후부터 만주어 문어가 출현하기 전까지, 즉 16세기 전후였다고 주장하였다.[8] 도을지(道爾吉)는 『대금라마법사실보기(大金喇嘛法師寶記)』 비문을 고찰하여 청나라 초반에 만주어에 이미 *di〉ji의 변화가 일어났다고 주장하였다. 『금사』 권73에서 '융주로화단(隆州路和團) 맹안(猛安) 렬리(烈里)에게 세습 모극(謀克)을 수여한다'라 한 말이 있다. 〈오둔량필시비〉 제7구에 '흑차안(黑車安)'이라는 단어가 있는데 『여진역어 · 지리문』의 '흑차니(黑車你)'에 해당하여 '성읍(城)'이라는 뜻이다.[9] '화단(和團)'과 '흑차(黑車)'는 각각 만주어 hoton 및 hecen에 해당한다. 두 단어는 모두 '성읍'이라는 뜻을 지닌다. 이에 따라, '화단(和團)'과 '흑차(黑車)'는 역사적으로 공존한 두 개의 동의어이고, 명나라 여진어의 '흑차(黑車)'는 '화단(和團)'에서 발전해 온 것이 아니다. 그러므로 금나라 시대 여진어와 명나라 여진어 사이에 *t와 *č의 대응관계를 수립하지 못한다. 『금사』 아전(阿典) *adien '뢰'가 『여진역어』 '아점(阿玷), 천동' 및 만주어 akjan과 대응하는 것을 보니, 금나라 시대 여진어의 음운규칙이 명나라의 규칙과 더욱 가깝다.

---

8 이기문, 「중고여진어의 음운학연구(中古女眞語的音韻學研究)」, 『서울대학교논문집』, 인문사회과학 1985년 7기. 황유푸(黃有福) 역음, 『민족언어연구정보자료집』, 중국사회과학원 민족연구소 언어실, 1983년 2기.

9 뤄푸이(羅福頤) · 지치쑨(金啓孫) · 쟈징옌(賈敬顔) · 후왕천화(黃振華), 「여진자오둔량필시각석초석」, 『민족어문』, 1982년 2기.

4. 설첨비음 *n, 설측음 *1, 전동음 *r

1) 여진어 설첨비음 *n

『금사』 등 송·원나라 역사 서적에 니(泥)모자로 대음하였다. *n은 초성 자음으로 모음과 어울려 음절을 구성하여 어두, 어중, 어말에 나타난다. 또 운미로 모음과 어울려 음절을 구성하여 어두, 어중, 어말에 나타난다.

*n이 초성 자음으로 모음과 어울려 음절을 구성하여 어두에 나타난 경우. 『금사』 납난(納蘭) *naran〉몽골어 naran '해, 태양'. 『금사』 납갈리(納葛里) *nagori '거실(居室)'〉몽골어 ene ger '이실'. 『금사』 점한(粘罕)/『송막기문』 니감(尼堪) *nimqan/nikam〉만주어 nikan '한인, 오랑캐'. 『금사』 니방고(尼厖古)[니망고(尼忙古), 점몰갈(粘沒曷), 점할(粘割), 점가(粘哥), 점합(粘合)] *nimaŋgu/nimha '물고기'〉『여진역어』 리말합(里襪哈) '물고기'〉만주어 nimaha. 『금사』 열리색일(涅里塞一) *neri seyi '하얗다'〉만주어 nara šanyang '햇빛'. 『금사』 여로환(女魯歡) *niolhon '십육'〉『여진역어』 니혼(泥渾) '십육(十六)'〉만주어 niolhun '정월 16일'. 『금사』 녀해렬(女奚烈) *niohilic〉만주어 niohe/나나이어 niuheli '늑대'. 『금사』 노신(奴申) *nušin '화목하다'〉만주어 necin '평안하다, 화순하다'.

*n이 초성 자음으로 어중, 어말에 나타난 경우. 『금사』 압은니요(押恩尼要) *yan niyo '구락(狗濼)'〉만주어 indahūn i niyo '구포자(狗泡子)'. 『금사』 활녀(活女) *honio '항아리'〉『여진역어』 홀녀(忽女) '통(桶)'〉만주어 honio '물통'. 『금사』 골난(骨楸) *gunan '계절'〉만주어 gūna '3살짜리 소, 방금'. 『금사』 적고내(迪古乃) *digunai '오다'〉『여진역어』 적온(的溫) '오다'〉만주어 gahūmbi '돌아오다'. 『금사』 화암(火庵) *honan '양성(羊城)'〉『여진역어』 화니(和你) '양(羊)'〉만주어 honin '양(羊)'.

*n이 운미로 모음과 어울려 음절을 구성하여 어두에 나타난 경우. 『금사』 선양(鄯陽) *šanyaŋ〉『여진역어』 상강(上江) '하얗다'〉만주어 šanyan

'흰색'. 『금사』 반리합(盤里合)[복리흑(僕里黑), 발리흑(跋里黑)] *parho '엄지손가락(將指)'〉만주어 ferhe '엄지손가락'. 『금사』 안답해(按答海) *andahai '손님의 통칭'〉『여진역어』 안답해날아마(岸答孩捏兒麻) '손님'〉만주어 andaha/anda '손님, 친구'. 『금사』 만도가(謾都歌)[만도가(謾都河)] *mondugo/monduho '치매'〉만주어 memuhun '우완하다, 어리석다'. 『금사』 환단(桓端)[환단(喚端), 화로탈(和魯奪)] *holdon/ holdo〉『여진역어』 화타막(和朶莫) '소나무'〉만주어 holdon '소나무'. 『금사』 환도(歡都) *hondu〉만주어 handu '벼'. 『금사』 온체흔(溫蒂痕)[온체흔(溫蒂掀)] *undihen〉만주어 undehen '판자'. 『금사』 온둔(溫屯)[온돈(溫敦)] *untun/undun '비다'〉만주어 wentuhun '비다, 약하다, 전무'. 『금사』 은출가(銀尤可) *ninjuko '진주'〉『여진역어』 녕주흑(寗住黑) '진주'〉만주어 nicuhe '진주'.

   *n이 운미로 모음과 어울려 음절을 구성하여 어중, 어말에 나타난 경우. 『금사』 발론출(孛論出) *bolunču '태야'〉『원조비사』 발단찰아(孛端察兒) *bodončari '시조(始祖)'. 『금사』 맹안(猛安) *muŋɤan '천부장(千夫長)'〉『여진역어』 명간(皿幹) '천(千)'〉만주어 minggan '천(千)'. 『금사』 암판(諳版) *amban '존대하다'〉『여진역어』 안반랄(安班剌) '크다'〉만주어 amba '크다'. 『금사』 기리본(夔里本) *kuilibun〉만주어 kūlibu '속다'. 『금사』 오춘(烏春) *učun〉『여진역어』 올실(兀失) '갑(甲)'〉만주어 uiksin '갑(甲)'. 『금사』 안춘(按春)[안출호(按出虎)] *alčun/alčuhu '금(金)'〉『여진역어』 안춘온(安春溫) '금(金)'〉만주어 ancun '귀걸이'/alčuka '아십하(阿什河)'. 『금사』 합달(合達)[합타(合打), 합답(合答), 갈답(曷答), 합단(哈丹)] *hada/hadan '산의 날카로운 부분'〉만주어 hada '산봉우리'. 『금사』 올전(兀典) *ulden '스타'〉만주어 ulden '새벽빛, 햇빛'. 『금사』 아전(阿典)/『삼조북맹회편』 아질(阿迭)/〈오둔량필시비〉 아점(阿砧) *adien/die '뢰'〉『여진역어』 아점(阿砧) '뢰(雷)'〉만주어 akjan. 『금사』 환단(桓端)[환단(喚端), 화탈(和奪)] *holdon/hadan '소나무'〉『여진역어』 화타막(和朶莫) '소나

무〉 만주어 holdon '소나무'. '원명희곡' 살돈(撒敦) *sadun〉『여진역어』 살도해(撒都該) '친하다'〉 만주어 sadun '사돈'. 『금사』 온둔(溫屯)[온돈(溫敦)] *untun/undun '비다'〉 만주어 wentuhun '비다, 약하다, 전무'. 『북맹록』 애근(愛根) *aigen '지아비(夫)'〉『여진역어』 액일액(厄一厄) '남편'〉 만주어 eigen '남편'. 『금사』 아리간(阿里侃)[아륵근(阿勒根), 알리근(斡里根)] *argin〉 만주어 ergi '변(邊)'. 『금사』 이소관(易蘇館)/『북풍양사록』 합소관(合蘇款) *hosgon/hoskon〉 만주어 has'han '울타리'. 『북맹록』 살나한(薩那罕) *sarqan '남편이 아내를 부르는 칭호'〉『여진역어』 살리안(撒里安) '아내'〉 만주어 sargan. 『금사』 활리한(活離罕) *horihan '새끼 양'〉 몽골어 horag '면양 새끼'. 『금사』 아도한(阿徒罕) *atuhan '땔나무를 줍는 사람'〉 만주어 asihan '어리다, 젊은이'. 『금사』 와모한(窩謀罕)[와모한(訛謀罕)] *omhan '새의 알'〉 만주어 umhan '알'. 『금사』 아부한(阿不罕)[아보한(阿保寒), 가부합(呵不哈)] *abqan〉 만주어 abka '하늘'. 『금사』 온체흔(溫蒂痕) *undihen〉 만주어 undehen '판자'. 『금사』 녀로환(女魯歡) *niolhun '십육'〉『여진역어』 니혼(泥渾) '십육'〉 만주어 nioihun '정월 16일'. 『금사』 지로환(只魯歡) *jiluhon〉 만주어 jalgon '수명'. 『금사』 점한(粘罕)/『송막기문』 니감(尼堪) *nimqan/nikam〉 만주어 nikan '한인, 오랑캐'. 『금사』 살합련(撒合輦) *saholien '얼굴색이 검다'〉『여진역어』 살합량(撒哈良) '검다'〉 만주어 sahalian '검다'. 『금사』 갈라(曷懶) *holan〉『여진역어』 해랄(孩剌) '느릅나무'〉 만주어 hailan '느릅나무'. 『금사』 야라(耶懶)[압라(押懶] *yelan/yalan〉『여진역어』 아랄(牙剌) '표범'〉 만주어 yarha '수컷 표범'. 『금사』 달라(達懶) *dalan〉 만주어 dalan/dalin '강변'. 『금사』 아라(阿懶) *alan '언덕'〉 만주어 alan/ala '산언덕'. 『금사』 이라(移懶) *ilan〉『여진역어』 이란(以藍) '삼(三)'〉 만주어 ilan '삼(三)'. 『금사』 납난(納蘭) *naran〉 몽골어 naran '해, 태양'. 『금사』 필난(必蘭)[필랄(必剌), 비랄(祕剌), 비리(鼻里)] *biran '하천'〉『여진역어』 필랄(必剌) '하천'〉 만주어 bira. 『금사』 아호라(阿虎懶) *aquran〉 만주어 agūra '기계, 기물'. 『금사』 올안(兀顔)[오

연(烏延)] *ulɣian〉『여진역어』 올리언(兀里彦) '돼지'〉 만주어 ulgiyan '돼지'. 『금사』 특린(忒鄰) *telin '바다'〉『여진역어』 맥특액림(脈忒厄林) '바다'/회동관『여진역어』 묵득(墨得) '바다'〉 만주어 mederi '바다'. 『금사』 오림답(烏林答) *ulin da〉『여진역어』 올리인(兀里因) '재물'〉 만주어 ulin da '재물의 관리자'. 『금사』 말린(末鄰)[말린(抹鄰), 목림(牧林), 모린(母麟)] *morin〉『여진역어』 모림(母林) '말(馬)'〉 만주어 morin '말(馬)'. 『금사』 알론(斡論) *olun '생철'〉 만주어 olon '수문, 말뱃대끈'. 『금사』 타만(陀滿)[타만(駝滿), 타만(馳滿), 타만(陀熳), 통문(統門), 도문(徒門), 수만(秀滿)] *tumon/tumun〉『여진역어』 토만(土滿) '만(萬)'〉 만주어 tumen '만(萬)'. 『금사』 홀토애갈만(忽土皚葛蠻) *hutuɣai gamon〉 만주어 hutuŋgai hafan '복 받는 요새'. 『금사』 아리합만(阿離合懣) *alihamon '독수리와 매를 기르는 사람'〉 만주어 aliha niyalma '해동청을 기르는 사람'. 『금사』 배만(裴滿) *poimon〉 만주어 fomo '삼, 마'. 『금사』 골난(骨赧) *gunan '계절'〉 만주어 gūna '3살짜리 소, 방금'. 『금사』 화암(火唵) *honan '양성(羊城)'〉『여진역어』 화니(和你) '양(羊)'〉 만주어 honin '양(羊)'. 『금사』 복산(僕散) *busan '숲'〉 만주어 bujan. 『금사』 포선(蒲鮮)[포현(蒲莧)] *puhiyen〉『여진역어』 포희(布希) '무릎'〉 만주어 buhi '무릎, 털이 없는 녹비'. 『금사』 태신(太神) *taišen '높다'〉 만주어 dekjin '일으키다, 일어나다'. 『금사』 노신(奴申) *nušin '화목하다'〉 만주어 necin '평안하다, 화순하다'. 『금사』 화단(和團) *hoton〉『여진역어』 흑차니(黑車你) '성읍(城邑)'〉 만주어 hoton/hecen '성읍'. 『금사』 오둔(奧屯) *otun '조(曹)'〉 만주어 oton '구유'. 『금사』 포양온(蒲陽溫) '어린 아들' *puyaŋɣun〉 만주어 fiyanggū '막내아들'. 『금사』 복연(僕燕) *puyan '악성 종기'〉 만주어 fiyartun '흉터'.

2) 여진어 설측음 *l

『금사』 등 송·원나라 역사 서적에 래(來)모자로 대음되었다. 여진어 *l은 초성 자음으로 모음과 어울려 음절을 구성하여 어두, 어중, 어말에

나타난다. 또 운미로 어두에 나타난다. 만주어와 같이 *l이 운미로 어말
에 나타나지 않는다.

　*l은 초성 자음으로 모음과 어울려 음절을 구성하여 어두에 나타난 경
우. 『금사』류가(留可) *lioko〉만주어 leke '숫돌'. 『금사』루실(婁室) *losi〉
만주어 loso '봄철에 축축하여 갈기 어려운 논밭'.

　*l이 초성 자음으로 어중에 나타난 경우. '원명희곡' 적와부랄해(赤瓦不剌
海) *čiwabulahai/『송막기문』와발랄해(窪勃辣孩) *wabulahai '때려죽이
다'〉만주어 wabuha '죽이도록 하다'. 『금사』아리부(阿里不)[아리보(阿里
補), 아리보(阿里保), 아리보(阿離補), 아로부(阿魯不), 아노보(阿盧補), 아로
보(阿魯保)] *alibu〉만주어 alibu '바치도록 하다'. 『금사』아리백(阿里白)
*alibuhi〉만주어 alibuha '바치도록 하였다'. 『금사』아리호(阿里虎)[아리골
(阿里骨), 아리괄(阿里刮)] *aliqu〉『여진역어』아리고(阿里庫) '소반'〉만주
어 alikū '큰 접시'. 『금사』기리본(夔里本) *kuilibun〉만주어 kūlibu '속다'.
『금사』알리부(斡里不)[오리보(吾里補)] *olibu '축적하다'〉『여진역어』올리
매(兀里眛) '남다'〉만주어 welibu '남기다'. 『금사』을리보(乙里補)[을랄보
(乙剌補), 이랄보(移剌補), 이랄보(移剌保), 이랄본(移剌本)] *ilibu/ilibu
n〉『여진역어』일립본(一立本) '서다'〉만주어 ilibu '일어나게 하다, 일어서
게 하다'. 『금사』살리합(撒里合)[살리갈(撒離喝), 살랄갈(撒剌喝)] *saliqa〉
만주어 saligan. 『금사』포랄도(蒲剌都)[포랄독(蒲剌篤), 포랄도(蒲剌睹)]
*puladu '급성 결막염으로 인해 눈이 보이지 않다'〉만주어 fulata '눈이
짓무르다'. 『금사』포리연(蒲里演)[포련(蒲輦), 포리언(蒲里偃), 포리연(蒲里
衍), 포섭(蒲聶), 포열(蒲涅), 불열(拂涅)] *puliyen/puniyen/puniye/funiye
'모극의 부장'〉만주어 feniyen '무리', 나나이어 bolaci '협조'. 『금사』호로
랄(胡魯剌) *hulula '가장'〉만주어 halaida '족장'. 『금사』아리합만(阿離合
懣) *alihomon '독수리와 매를 기르는 사람'〉만주어 aliha niyalma '해동청
을 기르는 사람'. 『금사』활랍호(活臘胡) *holahu '붉은색'〉『여진역어』불랄
강(弗剌江) '빨갛다'〉만주어 fulahūn '붉은색'. 『금사』길보로만(吉甫魯灣)

*gihuluwan '연자성(燕子城)'〉『여진역어』 가혼온(加渾溫) '매'〉만주어 giyahūn '매'.『금사』 발론출(孛論出) *bolunču '태야'〉『원조비사』 발단찰 아(孛端察兒) *bodončari '시조(始祖)'.

*l이 초성 자음으로 어말에 나타난 경우.『금사』 아라(阿懶) *alan '언 덕'〉만주어 alan/ala '산언덕'.『금사』 호로랄(胡魯剌) *hulula '가장'〉만주 어 hula i da '족장'.『금사』 아린(阿鄰) *alin '산'〉『여진역어』 아리인(阿里 因) '산'〉만주어 alin '산'.『금사』 이라(移懶) *ilan〉『여진역어』 이란(以藍) '삼(三)'〉만주어 ilan '삼(三)'.『금사』 을렬(乙列) *ile〉『여진역어』 을립본 (乙立本) '서다'〉만주어 ili '서다'.『금사』 알륵(斡勒) *ole '돌'〉『여진역어』 알흑(斡黑) '돌'〉만주어 wehe '돌'.『금사』 알론(斡論) *olun '생철'〉만주어 olon '수문, 말뱃대끈'.『금사』 오림답(烏林答) *ulin da〉『여진역어』 올리 인(兀里因) '재물'〉만주어 ulin da '재물의 관리자'.『금사』 달라(達懶) *dalan〉만주어 dalan/dalin '강변'.『금사』 보활리(保活里) *boholi '난쟁 이'〉『여진역어』 불화나(弗和羅) '짧다'〉만주어 foholon '난쟁이'.『금사』 발극렬(勃極烈) *bogile '관리'〉만주어 beile '패륵(貝勒)'.『금사』 호랄(胡 剌) *hula '굴뚝'〉만주어 hūlan '연통, 굴뚝'.『금사』 갈라(曷懶) *holan 〉『여진역어』 해랄(孩剌) '느릅나무'〉만주어 hailan '느릅나무'.『금사』 석 륜(石倫) *šilun '개척자'〉만주어 juleri '앞에'.『금사』 숙련(孰輦) *šulien '연꽃'〉만주어 šu ilha '연꽃'.『금사』 녀해렬(女奚烈) *niohilie〉만주어 niohe/나나이어 niuheli '늑대'.『금사』 포리(蒲里), 포렬(蒲烈) *puli〉만주 어 fulu '우수하다, 길다'.『금사』 포련(蒲輦) *puliyen '모극의 부장'〉만주 어 feniyen '무리', 나나이어 bolaci '협조'.『금사』 살합련(撒合輦) *saholien '얼굴색이 검다'〉『여진역어』 살합량(撒哈良) '검다'〉만주어 sahalian '검다'.『금사』 새리(賽里) *seli '안락하다'〉만주어 sela '창쾌하 다'.『금사』 사렬(斜烈)[사렬(思烈)] *sele '칼날'〉만주어 seleme '순도'.『금 사』 사랄(沙剌) *šala '옷자락'〉만주어 šala '앞자락, 자락'.

*l이 운미로 모음과 어울려 음절을 구성하여 어두에 나타난 경우.『금

사』안출호(按出虎)[안춘(按春), 안춘(安春), 안진(按辰), 안출(按出), 아출호(阿朮許), 안출호(安朮虎), 아촉호(阿觸胡), 아지고(阿之古), 아리출호(阿里出虎), 아록조(阿祿祖)] *alčun/alčuhqu/alčuqu '금(金)'〉『여진역어』안춘온(安春溫) '금(金)'〉만주어 ancun '귀걸이'/alcuka '아십하(阿什河)'. 『금사』아리희(阿里喜) *alhi〉만주어 ilhi '협조, 부장'. 『금사』오로고(烏魯古)[알로고(斡魯古), 와수고(訛獸古)] *ulgu '목장의 관리'〉만주어 ulga '가축'. 『금사』골로보(鶻魯補) *hulbu〉만주어 hulbobu '연결하도록 하다, 혼인하도록 하다'. '원명희곡' 호랄해(虎剌孩) *hulhai〉『여진역어』호랄해날아마(虎剌孩捏兒麻) '강도'〉만주어 hūlha '강도'. 『금사』지로환(只魯歡) *jilhon〉만주어 jalgon '수명'. 『금사』녀로환(女魯歡) *niolhon '십육'〉『여진역어』니혼(泥渾) '십육'〉만주어 niolhun '정월 16일'. 『금사』환단(桓端)[환단(喚端), 화로탈(和魯奪)] *holdon〉holdo '소나무'〉『여진역어』화타막(和朵莫) '소나무'〉만주어 holdon '소나무'. 『금사』파노화(婆盧火) *polho '방망이, 망치'〉만주어 folho '방망이, 망치'. 『금사』포논혼(蒲盧渾)[포로혼(蒲魯渾), 포로호(蒲魯虎), 포로환(蒲魯歡)] *pulhun '자루'〉만주어 fulhū '자루'. 『금사』올전(兀典) *ulden '스타'〉만주어 ulden '새벽빛, 햇빛'. 『금사』올안(兀顔)[오연(烏延)] *uiɤian〉『여진역어』올리언(兀里彦) '돼지' 만주어 ulgiyan '돼지'.[10]

3) 여진어 전동음 *r

『금사』등 송·원나라 사적에 래(來), 일(日)모자로 대음되었다. 여진어 *r은 초성 자음으로 모음과 어울려 어중, 어말에 나타난다. 또 운미로 모음과 아울려 음절을 구성하여 어두에 나타난다. 일반적으로는 래(來)모자로 대음되었다. 금나라 시대 여진어에는 운미로 어말에 나타난 경우

---

10 '스타'와 '돼지'는 모두 입성자와 여진어 *-l과 대음하는 예이다. 여기서 송·원나라 사적의 '올전(兀典)'을 *ulden으로, '올안(兀顔)'을 *ulyian으로 추정하였다.

는 두 군데뿐이다. 그중 하나는 일(日)모자 '아(兒)'로 대음되었다.

*r이 초성 자음으로 모음과 어울려 음절을 구성하여 어중에 나타난 경우. 『금사』 사랄합반(查刺合攀) *čarahopan '거용관(居庸關)'〉만주어 cirahafan '엄관(嚴官)'. 『금사』 회리부(回里不)[핵갑보(劾甲保)] *horibu〉만주어 horibu '묶게 하다'. 『요동행부지』 야탑랄처(耶塔刺處) *yetara ču '부싯돌'〉만주어 yatarakū '부싯돌, 화도'. 『금사』 발리속(拔離速)[발리속(拔里速)] *barisu '각 저희(角觝戲)를 하는 사람'〉몽골어 barildu '씨름'.

*r이 초성 자음으로 어말에 나타난 경우. 『금사』 아리(阿里) *ari〉만주어 ari '통천귀, 찰거머리'. 『금사』 아호라(阿虎懶) *aquran〉만주어 agūra '기계, 기물'. 『금사』 오로(烏魯)[오록(烏祿)] *uru '은혜'〉만주어 uru '이다'. 『금사』 필난(必蘭)[필랄(祕刺), 비리(鼻里)] *biran '하천'『여진역어』 필랄(必刺) '하천'〉만주어 〔 〕 『금사』 오렬(烏烈)[오리(烏里)] 소금 〕만주어 〔 〕 『금사』 〔 〕(背魯)[배로(輩魯), 배로(盃魯)] *beri〉『여진역어』 백력(伯力) '활'〉만주어 beri '활'. 『금사』 초적린(鈔赤鄰) *čau čirin/'원명희곡' 찰습아(擦褶兒) ča čiri〉『여진역어』 찰적리(扎赤里) '장방(帳房)'〉만주어 cacari '천장막'. 『금사』 활라(活羅) *horo '자오'〉『여진역어』 회화라(回和羅) '난추니'〉만주어 horon '난추니'. 『금사』 갈로(葛魯) *horu〉만주어 heru '바퀴살'. 『금사』 할리(轄里) *hiyari〉만주어 hiyari '사팔눈'. 『금사』 말린(末鄰)[말린(抹鄰), 목림(牧林), 모린(母麟)] *morin〉『여진역어』 모림(母林) '말(馬)'〉만주어 morin '말(馬)'. 『금사』 모도록(毛睹祿)[몰도로(沒都魯)] *moduru/moduri〉『여진역어』 목두아(木杜兒) '용(龍)'〉만주어 muduri '용(龍)'. 『금사』 열리색일(涅里塞一) *neri seyi '하얗다'〉만주어 nara šanyang '햇빛'. 『금사』 납난(納蘭) *naran〉몽골어 naran '해, 태양'. 『금사』 납갈리(納葛里) *nagori '거실'〉몽골어 eneger '이실'. 『금사』 독리(禿里) *turi '부락의 소송 일을 주관하다, 사건의 경위를 조사하는 사람'〉만주어 turambi '분명하게 밝히다'. 아호리(阿虎里) *ahuri '잣'〉『여진역어』 홀리(忽里) '잣'〉만주어 hūri '잣'. 『금사』 갈

수(曷獸) *qaru〉만주어 garu '백조'. 『금사』 특린(忒鄰) *terin '바다'〉『여진역어』 맥특액림(脈忒厄林) '바다'/회동관『여진역어』 묵득(墨得) '바다'〉만주어 mederi '바다'. 『금사』 야라(耶懶)[압라(押懶)] *yeran/yaran〉『여진역어』 아랄(牙剌) '표범'〉만주어 yarha '수컷 표범'. 『금사』 야보아(耶補兒) *yeburi〉만주어 iberi '투구꼬리'.

*r이 운미로 모음과 어울려 음절을 구성하여 어두에 나타난 경우. 『금사』 아리간(阿里侃)[아륵근(阿勒根), 알리근(斡里根)] *argin〉만주어 ergi '변(邊)'. 『금사』 아리손(阿里孫) *arsun '못생겼다'〉만주어 ersun '추하다'. 『금사』 달아대(達兒歹) *dardai〉만주어 dartai '순간, 잠시'. 『금사』 활리한(活離罕) *horhan '새끼 양'〉몽골어 horag '면양 새끼'. 『금사』 반리합(盤里合)[복리흑(僕里黑), 발리흑(跋里黑)] *parha '엄지손가락(將指)'〉만주어 ferhe '엄지손가락'. 『금사』 알리타(斡里朵) *ordo '관아'〉만주어 ordo '정자(亭子)'. 『북맹록』 살나한(薩那罕) *sarqan '남편이 아내를 살나한(薩那罕)이라고 부른다'〉『여진역어』 살리안(撒里安) '아내'〉만주어 sargan.

*r이 운미로 모음과 어울려 음절을 구성하여 어말에 나타난 경우. 『금사』 앙길락(昻吉濼) *aŋgir '원앙강'〉몽골어 anggir '원앙'/만주어 anggir '황오리'. 『금사』 동아(冬兒) *dor〉『여진역어』 타아(朶兒) '오소리'〉만주어 dorgon '오소리'.

소결 : 여진어 *n은 설첨비음으로 송·원나라 역사 서적에 니(泥)모자로 대음되었다. *n은 초성 자음으로 모음과 어울려 결합하여 어두, 어중, 어말에 나타난다. 또 운미로 모음과 어울려 음절을 구성하여 어두, 어중, 어말에 나타난다. *l은 설측음으로 『금사』 등 송·원나라 역사 서적에 래(來)모자로 대음되었다. *l이 초성 자음으로 모음과 어울려 음절을 구성하여 어두, 어중, 어말에 나타난다. 또 운미로 어두 음절에 나타난다. 여진어에는 *l이 만주어와 같이 어말에 나타나지 않는다. *r은 전동음이고, 송·원나라 역사 서적에 래(來), 일(日)모자로 대음되었다. *r은 초성 자음으로 어중, 어말에 나타난다. 또 운미로 어두에 나타난다. 일반적으

로 래(來)모자로 대음되었다. *r이 운미로 어말에 나타난 어휘는 두 개뿐이다. 하나는 일(日)모자 '아(兒)'로 대음되었다.

5. 설엽음 *č, *j, *š

1) 여진어 설협 무성파찰음 *č

『금사』 등 송·원나라 역사 서적에 창(昌), 초(初)모자로 대음하였다. *č가 초성 자음으로 모음과 어울려 음절을 구성하여 어두, 어중, 어말에 나타난다.

*č가 초성 자음으로 모음과 어울려 음절을 구성하여 어두에 나타난 경우. 『금사』 사라합반(査刺合攀) *čarahapan '거용관(居庸關)'〉 만주어 cirahafan '엄관(嚴官)'. 『금사』 초적린(鈔赤鄰) *čau čirin/'원명희곡' 찰습아(擦褶兒) ča čiri) 『여진역어』 찰적리(扎赤里) '장방(帳房)'〉 만주어 cacari '천장막'. '원명희곡' 적와부랄해(赤瓦不刺海) *čiwabulahai/『송막기문』 와발랄해(窪勃辣孩) *wabulahai '때려죽이다'〉 만주어 wabuha '죽이도록 하다'. 『금사』 출하(出河) *čuho)『여진역어』 주흑(朱黑) '얼음'〉 만주어 juhe.

*č가 초성 자음으로 모음과 어울려 음절을 구성하여 어중, 어말에 나타난 경우. 『금사』 초적린(鈔赤鄰) *čau čirin/'원명희곡' 찰습아(擦褶兒) čačiri)『여진역어』 찰적리(扎赤里) '장방(帳房)'〉 만주어 cacari '천장막'. 『금사』 와출호(訛出虎) *očuqu '관용'〉 만주어 oncokon '관용'. 『금사』 오춘(烏春) *učun)『여진역어』 올칭인(兀稱因) '갑(甲)'〉 만주어 uksin '갑(甲)'. 『금사』 안출호(按出虎)[안춘(按春), 안춘(安春), 안진(按辰), 안출(按出), 아출호(阿朮滸), 안출호(安朮虎), 아측호(阿觸胡), 아지고(阿之古), 아리출호(阿里出虎), 아록조(阿祿祖)] *alčun/alčuqu/alčuqu '금(金)'〉『여진역어』 안춘온(安春溫) '금(金)'〉 만주어 ančun '귀걸이'/alčuka '아십하(阿什河)'. 『요동행부지』 야탑랄처(耶塔剌處) *yetara ču '화도, 부싯돌'〉 만주

어 yatarakū '부싯돌, 화도'. 『금사』 발론출(孛論出) *bolun ču '태아'〉『원
조비사』 발단찰아(孛端察兒) *bodončari '시조(始祖)'.

2) 여진어 설협 유성파찰음 *j

『금사』 등 송·원나라 역사 서적에 장(章), 징(澄)모자로 대음하였다.
설엽음 *j는 초성 자음으로 모음과 어울려 음절을 구성하여 어두, 어중,
어말에 나타난다.

*j가 초성 자음으로 모음과 어울려 음절을 구성하여 어두에 나타난 경
우. 『금사』 지로환(只魯歡) *jilhon〉 만주어 jalgon '수명'.

*j가 초성 자음으로 모음과 어울려 음절을 구성하여 어중, 어말에 나타
난 경우. 『금사』 은출가(銀朮可) *ninjuko '진주'〉『여진역어』 녕주흑(甯住
黑) '진주' 만주어 nicuhe '진주'. 『금사』 알준(斡准) *ojun〉 만주어 weijun
'황새'. 『금사』 합주(合住)[화탁(和卓), 화출(和朮), 핵자(劾者)] *hoju/'원명
희곡' 결도(結棹) *gejo〉『여진역어』 화탁(和卓) '멋있다'〉 만주어 hojo '곱
다, 아름답다'. 『금사』 올출(兀朮)[알출(斡出), 알철(斡啜)] *uju '머리'〉『여
진역어』 올주(兀住) '머리' 만주어 uju '머리, 우두머리. 『금사』 오자(烏者)
[알자(斡者)] *uje〉『여진역어』 올자(兀者) '무겁다'〉 만주어 ujen '장중하다'.

3) 여진어 설협 무성마찰음 *š

『금사』 등 송·원나라 역사 서적에 선(船), 서(書), 선(禪), 진(臻), 생
(生)모자로 대음하였다. 여진어 *š는 초성 자음으로 모음과 어울려 음절
을 구성하여 어두, 어중, 어말에 나타난다.

*š가 초성 자음으로 모음과 어울려 음절을 구성하여 어두에 나타난 경
우. 『금사』 사랄(沙剌) *šala '옷자락'〉 만주어 šala '옷자락, 자락'. 『금사』
사홀대(沙忽帶) *šahudai '배'〉 만주어 jahūdai '배, 선박'. 『금사』 선양(鄯
陽) *šanyang〉『여진역어』 상강(上江) '하얗다'〉 만주어 šangyang '흰색'.
『금사』 사모(闍母) '가마'〉 만주어 simtu '가마솥'. 『금사』 습실(習失) *siši

'끊임없이')만주어 singse '조금도 게으르지 않고 열심히 하다'.『금사』
석륜(石倫) *šilun '개척자')만주어 juleri '앞에'.

　*š가 초성 자음으로 모음과 어울려 음절을 구성하여 어중, 어말에 나타
난 경우.『금사』골사호(鶻沙虎) *hušahu)만주어 hūshahū '올빼미, 부엉
이(혹 밤늦도록 자지 않는 사람)'.『금사』요설(遙設)[요절(遙折)] *yauše)
만주어 yongsu '예의'.『금사』습실(習失)[㞋失] *siši '끊임없이')만주어 singse
'조금도 게으르지 않고 열심히'.『금사』을실(乙室)[을설(乙薛)] '영접하는
관리')『여진역어』일십매(一十埋) '이르다, 도착하다')만주어 isi '도달하
다'.『금사』노신(奴申) *nušin '화목하다')만주어 nešin '평안하다, 화순
하다'.『삼조북맹회편』올실(兀室) *guši/『금사』고신(古神) *gušin/『신록
기』고신(固新) *gušin)『여진역어』고신(古申) '삼십')만주어 gūsin '삼
십'.『금사』태신(太神) *taišin '높다')만주어 dekjin '일으키다, 일어나다'.

　소결 : 여진어 설엽음 *č는 무성 파찰음으로 송・원나라 역사 서적에
창(昌), 초(初)모자로 대음되었다. *j는 유성 파찰음으로 장(章), 징(澄)모
자로 대음되었다. *š는 무성마찰음으로 송・원나라 역사 서적에 선(船),
서(書), 선(禪), 진(瑧), 생(生)모자로 대음되었다. *č, *j, *š는 모두 초성
자음으로 모음과 어울려 음절을 구성하여 어두, 어중, 어말에 나타난다.

6. 연구개음 *k, *g, *h, *ŋ

1) 여진어 연구개 무성정지음 *k

　『금사』등 송・원나라 역사 서적에 계(溪), 군(郡)모자로 대음하였다.
연구개 무성정지음 *k는 초성 자음으로 모음과 어울려 음절을 구성하여
어두, 어말에 나타난다.

　*k가 초성 자음으로 모음과 어울려 음절을 구성하여 어두에 나타난 경
우.『금사』기리본(夔里本) *kuilibun)만주어 kūlibu '속다'.

*k가 초성 자음으로 모음과 어울려 음절을 구성하여 어말에 나타난 경우. 『금사』 모극(謀克)[모모가(毛毛可)] *muke '백부장(百夫長)'〉만주어 mukūn '족장'. 『금사』 외가(畏可)[외가(隈可), 외갈(隈喝), 외갈(偎喝), 알갈(斡喝), 오역가(吾亦可)] *weike/uho/uyike '이(牙)'〉『여진역어』 위흑(委黑) '치(齒)'〉만주어 weihe '이(牙)'. 『금사』 류가(留可) *lioko〉만주어 leke '역석, 숫돌'. 『금사』 은출가(銀術可) *ninjuko '진주(眞珠)'〉『여진역어』 녕주흑(甯住黑) '진주'〉만주어 nicuhe '진주'.

2) 여진어 연구개 유성정지음 *g

『금사』 등 송·원나라 역사 서적에 견(見), 군(群)모자로 대음하였다. *g의 약화형은 의(疑)모자로 대음하였다. *g는 초성 자음으로 모음과 어울려 음절을 구성하여 어두, 어중, 어말에 나타난다. 『금사』 등 송·원나라 역사 서적에 『여진역어』와 만주어의 *g에 해당하는 여진어 어휘가 의(疑), 영(影), 이(以)모자로 대음되었다. 이에 따라 여진어 *g가 초성 자음으로 어두, 어중, 어말에 모두 약화한다는 것을 밝힌다. 약화된 *g는 *ɣ로 추정하였다.

*g가 초성 자음으로 모음과 어울려 음절을 구성하여 어두에 나타난 경우. 『금사』 길보로만(吉甫魯灣) *gihuluwan '연자성(燕子城)'〉『여진역어』 가혼온(加渾溫) '매'〉만주어 giyanhūn '매'. 『금사』 골난(骨䫁) *gunan '계절'〉만주어 gūna '3살짜리 소, 방금'.

*g가 초성 자음으로 모음과 어울려 음절을 구성하여 어중에 나타난 경우. 『금사』 발극렬(勃極烈) *bogile '관리'〉만주어 beilc '패륵(貝勒)'. 『금사』 달기보(達吉不)[달길보(達吉保), 달기보(達紀保)] *dagibu〉만주어 dejibu '훌륭하게 하다'. 『금사』 납갈리(納葛里) *nagori '거실'〉몽골어 ene ger '이실'. 『금사』 홀토애갈만(忽土皚葛蠻) *hutuɣai gamon〉만주어 hutuŋgai hafan '복 받는 요새'. 『금사』 적고내(迪古乃) *digunai '오다'〉『여진역어』 적온(的溫) '오다'〉만주어 gahūmbi '돌아오다'.

*g가 초성 자음으로 모음과 어울려 음절을 구성하여 어말에 나타난 경우.
『북맹록』 애근(愛根) *aigen '남편'〉『여진역어』 액일액(厄一厄) '남편'〉만주
어 eigen '남편'. 『금사』 아리간(阿里侃)[아륵근(阿勒根), 알리근(斡里根)]
*argin〉만주어 ergi '변(邊)'. 『금사』 달기(達紀) *dagi〉만주어 deji '훌륭하
다, 고급'. 『금사』 독길(獨吉) *dugi〉『여진역어』 독길(獨吉) '구름'〉만주어
tugi '구름'. 『금사』 앙길락(昻吉濼) *aŋgir '원앙강'〉만주어 anggir '황오리'.
『금사』 사가(斜哥)[사갈(斜葛)] *sego '노랑가슴담비'〉『여진역어』 색극(塞
克) '노랑가슴담비'〉만주어 seke '노랑가슴담비'. 『금사』 몽괄(蒙括)[몽갈
(蒙葛), 몽괄(蒙刮), 몽적(蒙適), 몽갈(瞢葛)] *muŋgo/muŋko/muŋgo〉『여진
역어』 망합(莽哈) '어렵다'〉만주어 mangga '어렵다, 딱딱하다, 비싸다'. 『금
사』 영가(盈歌)[양할(揚割)] *yiŋgo〉만주어 yengge '산포도, 개머루'. 『금
사』 만도가(謾都歌)[만도가(謾都訶)] *mondugo/monduho '어리석다'〉만주
어 mentuhun '우완하다, 어리석다'. 『금사』 갈소관(曷蘇館)/『북풍양사록』
합소관(合蘇款) *ho sgon/hoskon〉만주어 has'han '울타리'. 『금사』 오로고
(烏魯古)[알로고(斡魯古), 와로고(訛魯古)] *ulgu '목장의 관리'〉만주어 dga
'가축'. 『금사』 니방고(尼厖古)[니망고(尼忙古), 점몰갈(粘沒曷), 점할(粘割),
점가(粘哥), 점합(粘合)] *nimaŋgu/nimha '물고기'〉『여진역어』 리말합(里
袜哈) '물고기'〉만주어 nimaha. 『금사』 당고(唐古)[당괄(唐括)] *tanggu
〉『여진역어』 탕고(湯古) '백(百)'〉만주어 tanggū '백(百)'.

3) 여진어 연구개 무성마찰음 *h

『금사』 등 송·원나라 역사 서적에 효(曉), 갑(匣)모자로 대음하였다.
*h가 초성 자음으로 모음과 어울려 음절을 구성하여 어두, 어중, 어말에
나타난다.

*h가 초성 자음으로 모음과 어울려 음절을 구성하여 어두에 나타난 경
우. 『금사』 합달(合達)[합타(合打), 합답(合答), 갈답(曷答), 합단(哈丹)]
*hada/hadan '산봉우리'〉만주어 hada '산봉우리'. 『금사』 호랄(胡剌) *hula

'굴뚝'〉 만주어 hūlan '연통, 굴뚝'. 『금사』 갈라(曷懶) *holan〉『여진역어』 해랄(孩剌) '느릅나무'〉 만주어 hailan '느릅나무'. 『금사』 골사호(鶻沙虎) *hušahu〉 만주어 huušahū '올빼미, 부엉이(혹 밤늦도록 자지 않는 사람)'. '원명희곡' 호랄해(虎剌孩) *hulhai〉『여진역어』 호랄해날아마(虎剌孩捏兒麻) '강도(强盜)'〉 만주어 hūlha '강도'. 『금사』 할리(轄里) *hiari〉 만주어 hiuari '사팔눈'. 『금사』 합주(合住)/'원명희곡' 결탁(結檅) *gejo〉『여진역어』 화탁(和卓) '멋있다'〉 만주어 hojo '곱다, 아름답다'. 『금사』 활녀(活女) *honio '항아리'〉『여진역어』 홀녀(忽女) '통(桶)'〉 만주어 hunio '물통'. 『금사』 화암(火俺) *honan '양성(羊城)'〉『여진역어』 화니(和你) '양(羊)'〉 만주어 honin '양(羊)'. 『금사』 활랍호(活臘胡) *holahu '붉은색'〉『여진역어』 불랄강(弗剌江) '빨갛다, 붉다'〉 만주어 fulahūn '붉은색'. 『금사』 호로랄(胡魯剌) *hulula '가장(家長)'〉 만주어 halaida '족장'. 『금사』 활라(活羅) *horo '자오'〉『여진역어』 회화라(回和羅) '송골매'〉 만주어 horon '송골매'. 『금사』 회리부(回里不)[핵리보(劾里保)] *horibu〉 만주어 horibu '묶게 하다'. 『금사』 환단(桓端)[환단(喚端), 화로탈(和魯奪)] *holdon/holdo '소나무'〉『여진역어』 화타막(和朶莫) '소나무'〉 만주어 holdon '소나무'. 『금사』 환도(歡都) *hondu〉 만주어 handu '벼'. 『금사』 갈로(曷魯) *haru〉 만주어 heru '바퀴살'. 『금사』 화단(和團) *hoton〉『여진역어』 흑차니(黑車你) '성읍(城邑)'〉 만주어 hoton/hecen '성읍'. 『금사』 갈소관(曷蘇館)/'북풍양사록' 합소관(合蘇款) *hasgon/hoskon〉 만주어 has'han '울타리'. 『금사』 할리(轄里) *hiyari〉 만주어 hiyari '사팔눈'. 『금사』 골로보(鶻魯補) *hulbu〉 만주어 hulbobu '연결하도록 하다, 혼인하게 하다'. 『금사』 홀도(忽都)[홀토(忽土)] *hudu '남과 같이 복을 즐기다'〉『여진역어』홀독아(忽禿兒) '복(福)'〉 만주어 hūturi '복(福)'. 『금사』 호토백(胡土白) *hutubai〉『여진역어』홀토아복아이(忽土兒卜阿以) '행운의 땅'〉 만주어 hūturiba '행운의 땅'. 『금사』 홀토애갈만(忽土皚葛蛮) *huluɤaigamon〉 만주어 hultuŋgai hafan '복 받은 요새'.

*h가 초성 자음으로 모음과 어울려 음절을 구성하여 어중에 나타난 경우. 『금사』녀해렬(女奚烈) *niohilie〉만주어 niohe/나나이어 niuheli '늑대'. 『금사』아리합만(阿離合懣) *aliha mon '매를 기르는 사람'〉만주어 aliha niyalma '매를 기르는 사람'. 『금사』살합련(撒合輦) *sahalien '얼굴색이 검다'〉『여진역어』살합량(撒哈良) '검다'〉만주어 sahalian '검다'. 『금사』보활리(保活里) *boholi '난쟁이'〉『여진역어』불화라(弗和羅) '짧다'〉만주어 foholon '난쟁이'. 『금사』사홀대(沙忽帶) *šahudai '배'〉만주어 jahūdai '배, 선박'. 아호리(阿虎里) *ahuri '잣'〉『여진역어』홀리(忽里) '잣'〉만주어 huri '잣'. 『금사』아호대(阿虎帶)[아호질(阿虎迭), 아호질(阿胡迭)] *ahudai '장남'〉『여진역어』아혼온(阿渾溫) '형'〉만주어 ahūngga '장남'/ahūnta '형들'. 『금사』길보로만(吉甫魯灣) *gihuluwan '연자성(燕子城)'〉『여진역어』가혼온(加渾溫) '매'〉만주어 giyahūn '매'.

*h가 초성 자음으로 모음과 결합하여 음절을 구성하여 어말에 나타난 경우. 『원명희곡』호랄해(虎剌孩) *hulhai〉『여진역어』호랄해날아마(虎剌孩揑兒麻) '강도'〉만주어 hūlha '강도'. 『금사』안답해(按答海) *andahai '손님'〉『여진역어』안답해날아마(岸答孩揑兒麻) '손님'〉만주어 andaha/anda '손님, 친구'. 『금사』아도한(阿徒罕) *atuhan '땔나무를 줍는 사람'〉만주어 asihan '어리다, 젊은이'. 『금사』점한(粘罕)/『송막기문』니감(尼堪) *nikam/nimhan〉만주어 nikan '한인, 오랑캐'. 『금사』와모한(窩謀罕)[와모한(訛謀罕)] *omhan '새알'〉만주어 umhan '알'. 『금사』매흑(梅黑) *meihei〉『여진역어』매흑(梅黑) '뱀'〉만주어 meihe '뱀'. 『금사』온적흔(溫迪痕)[온적흔(溫迪掀)] *undihen〉만주어 undehen '판자'. 『금사』산역(散亦)[새일(賽一)]/『송막기문』새흔(賽痕) *sanyi/sehen '좋다'〉『여진역어』새인(賽因) '좋다'〉만주어 sain '좋다'. 『금사』아리희(阿里喜) *alhii〉만주어 ilhi '협조, 부장'. 『금사』출하(出河) *čuho〉『여진역어』주흑(朱黑) '얼음'〉만주어 juhe. 『금사』아합(阿合)[아해(阿海)] *aha/ahai '노예'〉『여진역어』아합애(阿哈愛) '노비'〉만주어 aha '노예'. 『금사』반리합(盤里合)[복리흑

(僕里黑), 발리흑(跋里黑)] *parha '엄지손가락(將指)'〉만주어 ferhe '엄지손가락'. 『금사』 삼합(三合) *samha '사마귀'〉만주어 samha '점'. 『금사』 사랄합반(査剌合攀) *čarahapan '거용관(居庸關)'〉만주어 cirahafan '엄관'. 『금사』 지로환(只魯歡) *jilhon〉만주어 jalgon '수명'. 『금사』 녀로환(女魯歡) *niolbon '십육'〉『여진역어』 니혼(泥渾) '십육'〉만주어 niolhun '정월 16일'. 『금사』 파노화(婆盧火) *pclho '방망이, 망치'〉만주어 folho '방망이, 망치'. 『금사』 토골(吐鶻)/'원명희곡' 토골(冤鶻) *tuhu '속대'〉만주어 toohan '액세서리'. 『금사』 활랄호(活腊胡) *holahu '붉은색'〉『여진역어』 불랄강(弗剌江) '빨갛다, 붉다'〉만주어 fulahūn '붉은색'. 『금사』 골사호(鶻沙虎) *hušahu〉만주어 huušahu '올빼미, 부엉이(밤늦도록 자지 않는 사람)'. 『금사』 포노혼(蒲盧渾)[포로혼(蒲魯渾), 포로호(蒲魯虎), 포로환(蒲魯歡)] *pulhun '자루'〉만주어 fulhū '자루'. 『금사』 복회(卜灰)[복회(僕灰), 포휘(布輝), 복회(不灰), 복훼(僕虺)] *buhui〉『여진역어』 복고(卜古) '사슴'〉만주어 buhū '사슴'. 『금사』 포선(蒲鮮)[포현(蒲莧)] *puhiyen〉『여진역어』 포희(布希) '무릎'〉만주어 buhi '무릎, 털이 없는 녹비'. 『금사』 특사(特思)[특시(特廝)] *tehi〉『여진역어』 특희(忒希) '사십'〉만주어 dehi '사십'. 『금사』 사부실(辭不失)[사부습(辭不習)] *sibuhi '술이 깨다'〉회동관『여진역어』 노륵속부합(奴勒速不哈) '술이 깨다'〉만주어 subuha '술이 깼다'.[11]

---

11 대음규칙에 따라, 여진어 *hi가 한어에 운모 *-i가 들어 있는 효(曉), 갑(匣)모 글자로 대음되었다. 예컨대, 『금사』 아리희(阿里喜) *alihi '병사의 부장'〉만주어 ilhi '협조'. 송·원나라 역사 서적에 '선(鮮), 사(思)'로 여진어 *hi를 대음하는 경우도 있다. 이것은 한어에는 *hi와 *si가 음감이 가깝기 때문이다. 이런 여진어 단어는 한자 *s로 전사하는데, 『여진역어』와 만주어에 따라 자음 *h에 분류하였다. 또한 『금사·국어해』에 '사부실(辭不失)은 술이 깨다는 뜻이다'라고 해석하였다. 여진어 문법에 완성시제를 표시하는 만주어 접사 *ha에 해당하는 것은 *hi이다. 이에 따라 한어의 서(書)모자 '실(失)'이 여진어의 *hi와 대응된다. 여기서는 사부실(辭不失)을 *sibuhi로 추정하였다.

4) 여진어 연구개비음 *ŋ

연구개비음 ŋ은 일반적으로 운미로 모음과 어울려 음절을 구성한다. 『금사』 등 송·원나라 역사 서적에 보통 *-ŋ운미 한자로 대음되었다. 한어 의(疑)모자 *-ŋ은 초성 자음 *g가 약화된 *ɣ과 대응한다.

*ŋ이 운미로 모음과 어울려 음절을 구성하여 어두에 나타난 경우. 『금사』 앙길락(昻吉㳄) *aŋgir '원앙강'〉몽골어 anggjr '원앙'/만주어 anggir '황오리'. 『금사』 맹안(猛安) *munɣan '천부장(千夫長)'〉『여진역어』 명간(皿干) '천(千)'〉만주어 minggan '천(千)'. 『금사』 영가(盈歌)[양할(揚割)] *yirjgo〉만주어 yengge '산포도, 개머루'. 『금사』 몽괄(蒙括)[몽갈(蒙葛), 몽괄(蒙刮), 몽괄(蒙适), 몽갈(曹葛)] *muŋgŋ/muŋko/muŋga〉『여진역어』 망합(莽哈) '어렵다'〉만주어 mangga '어렵다, 비싸다'.

*ŋ이 운미로 모음과 어울려 음절을 구성하여 어중에 나타난 경우. 『금사』 니방고(尼厖古)[니망고(尼忙古), 점몰갈(粘沒曷), 점할(粘割), 점가(粘哥), 점합(粘合)] *nimaŋgu/nimha '물고기'〉『여진역어』 리말합(里襪哈) '물고기'〉만주어 nimaha. 『금사』 모량호(謀良虎)[모량호(毛良虎)] *murianqu '무뢰하다'〉만주어 muriku '어리석다, 고집쟁이'. 『금사』 포양온(蒲陽溫) '어린 아들' *puyaŋɣun〉만주어 fiyanggū '막내아들'.

*ŋ이 운미로 모음과 음절을 구성하여 어말에 나타난 경우. 『금사』 선양(鄯陽) *šanyang〉『여진역어』 상강(上江) '하얗다'〉만주어 šangyang '흰색'.

소결 : 여진어 *k는 연구개 무성정지음으로 송·원나라 역사 서적에 계(溪), 군(群)모자로 대음되었다. *g는 연구개 유성정지음으로 견(見), 군(群)모자로 대음되었다. *h은 연구개 유성마찰음으로 효(曉), 갑(匣)모자로 대음되었다. *ŋ은 연구개비음이다. *k, *g, *h는 모두 초성 자음으로 모음과 어울려 음절을 구성하여 어두, 어중, 어말에 나타난다. *ŋ은 운미로만 모음과 어울려 음절을 구성한다. 송·원나라 역사 서적에는 일반적으로 *-ŋ운미 한자로 대음되었다. 만주어와 같이 *ŋ은 일반적으로 초성 자음으로 모음과 어울려 음절을 구성하지 않는다. 송·원나라 역사 서적

에 한어 의(疑)모자로 음역하는 여진어 음절은 『여진역어』와 만주어에
*g로 시작하는 음절에 해당하는 경우가 있다. 『중원음운』에 의(疑)모자
*ŋ이 대부분 *n이나 영(零)성모로 변하는 것에 따라, 의(疑)모자가 여진
어 *ŋ이 아니라, *g가 약화하여 형성된 *ɣ를 표시하는 것임을 알 수 있다.

7. 구개수음 *q, *ɣ

1) 여진어 구개수 무성정지음 *q

『금사』 등 송·원나라 역사 서적에 효(曉), 갑(匣)모자로 대음되었다.
*q는 초성 자음으로 모음과 어울려 음절을 구성하여 어두, 어중, 어말에
나타난다.

　*q가 초성 자음으로 모음과 어울려 음절을 구성하여 어두에 나타난 경
우. 『금사』 갈로(曷魯) *qaru〉 만주어 garu '백조'. 『금사』 합희(合喜)
*qahi '가돈'〉 만주어 kociko '가아'.

　*q가 초성 자음으로 모음과 어울려 음절을 구성하여 어중에 나타난 경
우. 『금사』 아호란(阿虎懶) *aquran〉 만주어 agūra '기계, 기물'.

　*q가 초성 자음으로 모음과 어울려 음절을 구성하여 어말에 나타난 경우.
『금사』 살리합(撒里合)[살리갈(撒離喝), 사랄갈(撒剌喝)] *saliqa〉 만주어
saligan. 『북맹록』 살나한(薩那罕) *sajrqan '남편이 아내를 부르는 칭호')『여
진역어』 살리안(撒里安) '첩'〉 만주어 sargan '아내' 『금사』 모량호(謀良虎)[모
량호(毛良虎)] *murimŋqu '무뢰하다'〉 만주어 munku '어리석다, 고집쟁이'.
『금사』 아리호(阿里虎) *aliqu〉『여진역어』 아리고(阿里庫) '소반'〉 만주어
alikū '큰 접시'. 『금사』 와출호(訛出虎) *oǔuqu '관용'〉 만주어 oncokon
'관용'. 『금사』 안출호(按出虎)[안춘(按春), 안춘(安春), 안진(按辰), 안출(按
出), 아출호(阿朮滸), 안출호(安術虎), 아촉호(阿觸胡), 아지고(阿之古), 아리
출호(阿里出虎), 아록조(阿祿祖)] *alcun/alcǔqu/alǔcuqu '금(金)')『여진역

어』안춘온(安春溫) '금(金)'〉만주어 ancun '귀걸이'/alcuka '아십하(阿什河)'.
『금사』점한(粘罕)/『송막기문』니감(尼堪) *nimqan/nikam〉만주어 nikan
'한인, 오랑캐'.『금사』아부한(阿不罕)[아보한(阿保寒), 가부합(呵不哈)]
*abqan/abqa〉만주어 abka '하늘'.

2) 여진어 구개수 유성마찰음 *ɣ

*ɣ는 *g의 약화된 음으로,『금사』등 송·원나라 역사 서적에 의(疑),
영(影), 이(以)모자로 대음되었다. *ɣ은 초성 자음으로 모음과 어울려 음
절을 구성하여 어중, 어말에 나타난다.

*ɣ가 초성 자음으로 어중, 어말에 나타난 경우.『금사』홀토애갈만(忽土
皚葛蛮) *hutuɣaigamon〉만주어 hutuŋgai hafan '복 받는 요새'.『금사』아
오탑(牙吾塔)[아고탑(牙古太)] *yaɣuta '부스럼'〉만주어 yoo hede '부스럼'.
『금사』올안(兀顔)[오연(烏延)] *ulɣian〉『여진역어』올리언(兀里彦) '돼지'〉
만주어 ulgiyan '돼지'.『금사』포양온(蒲陽溫) '어린 아들' *puyaŋɣun〉만
주어 fiyanggū '막내아들'.『금사』맹안(猛安) *muŋɣan '천부장(千夫
長)'〉『여진역어』명간(皿干) '천(千)'〉만주어 minggan '천(千)'.『금사』답
부야(答不也)[달부야(撻不野)] *dabɣiye '김을 매는 사람'〉만주어 dabgiya
'풀을 뽑다, 김을 매다'.

소결 : 알타이어계 언어와 만주어와 함께, 고대 여진어에도 구개수음
이 있었다는 것을 알 수 있다. 즉 무성정지음 *q와 유성마찰음 *ɣ이다.
전에 기요세 기사부로, 도을지(道爾吉) 등은『여진역어』를 전사할 때도
구개수음을 추정하였다. 송·원나라 시기의 북방 한어에는 구개수음이
없으니, 인접한 연구개음 견(見)계자나 효(曉), 갑(匣)모자로 *q를 음역하
였다. 대음규칙에 따라, 견(見)모자는 일반적으로 여진어 *k, *g를 음역
하고, 효(曉), 갑(匣)모자는 *h-를 음역했다.『금사』등 송·원나라 역사
서적에 견(見)모자와 효(曉), 갑(匣)모자를 혼용하거나 효(曉)모자 독립적
으로 만주어 g-에 해당하는 여진어 음절을 음역하였다. 예를 들어,『금

사』 권2에 갈로(曷魯)라는 인명이 있는데, 권63에 갈로(葛魯), 권54에 합로(合魯), 권80에 할로(豁魯)로 대음하였는데, 만주어 '백조' geru[qtru]에 해당한다. 『금사』 권11에 완안살리합(完顔撒里合), 권84에 완안살리갈(完顔撒離喝)이 있는데, '살리합(撒里合)'은 만주어 saligan에 해당하며, '지배' 라는 뜻이다. 번한(番漢)의 대음 관례에 따라, 구개수음은 일반적으로 효 (曉), 갑(匣)모자나 견(見)계자로 대음되었다. 예를 들어 몽골어 qara, 『원조비사』에는 합랄(哈剌)로 대음하였다. qoniči의 대음은 화니적(火你 赤)이다. qubilai의 대음은 홀필렬(忽必烈)이다. 반대로 원나라에도 q로 한어 효(曉)모자를 음역하였다. 예를 들어, '한림(翰林)'은 qanlim으로, '하천(河)'는 qo로, '황(皇)'은 qong으로, '환(歡)'은 qon으로 등 음역하였 다. 몽고문 비각에도 k로 효(曉)모자를 음역한 예도 흔히 보인다. 예를 들어, '학사(學士)'는 kaosi로, '허(許)'는 ko로, '현(顯)'는 kan으로 등 음역 하였다.[12] 이에 따라, 우리는 효(曉), 갑(匣)모자로 대음하는 만주어 g-에 해당하는 여진어 음절은 구개수음 *q-라고 밝혔다. 즉 '갈로(曷魯)'는 *qaru로, '살리합(撒里合)'은 *saliqao로 음역한 것이다. *q가 초성 자음으 로 모음과 어울려 음절을 구성하여 어두, 어중, 어말에 나타난다.

『여진역어』와 만주어의 g- 음절에 해당하는 여진어 어휘들을 『금사』 등 송·원나라 역사 서적에 의(疑), 영(影), 이(以)모자로 대음한 것을 보 니, 여진어 *g가 초성 자음으로 모음과 어울려 음절을 구성할 때 약화되 는 현상이 있다고 설명할 수 있다. 이 약화음은 한어의 *ŋ에 인접하는 연구개 유성마찰음 *ɣ이다. 예를 들어, 『금사·국어해』에는 '올안(兀顔) 은 주(朱)이다'라는 말이 있는데, '올안(兀顔)'은 『여진역어』의 '올리언(兀 里彦)'과 만주어 ulgiyan에 해당하여 '돼지'라는 뜻이다. 『금사』 맹안(猛 安) '천부장(千夫長)'은 『여진역어』 '명간(皿干)'과 만주어 minggan에 해

12 이린쩐(亦鄰眞), 「〈원조비사〉 및 그의 복원」, 『이린쩐(亦鄰眞)몽골학문집』, 내몽고인 민출판사, 2001, pp. 736~738 참고.

당하여, '천(千)'이라는 뜻이다. 『금사·국어해』에는 '포양온(蒲陽溫)은 어린 아들이다'라는 말이 있는데, 포양온(蒲陽溫)은 fiyanggū '막내아들' 에 해당한다.

8. 반모음 *y, *w

1) 여진어 반모음 *y

『금사』 등 송·원나라 역사 서적에 한어 영(影)모, 이(以)모와 영(零) 성모의 개구자(開口字)로 대음되었다. 여진어 *y는 반모음(半母音)으로 모음과 어울려 음절을 구성하여 어두, 어중, 어말에 나타난다.

*y가 어두에 나타난 경우. '원명희곡' 아부(牙不) *yabu〉『여진역어』아 보(牙步) '걷다'〉만주어 yabu '걷다'. 『금사』아오탑(牙吾塔)[아고탑(牙古 太)] *yaɣuta '부스럼'〉만주어 yoo hede '부스럼'. 『금사』압은니요(押恩尼 要) *yanniyo '구락(狗涞)'〉만주어 indahūniniyo '구포자(狗泡子)'. 『금사』 영가(盈歌)[양할(揚割)] *yiŋgo/yaŋgo〉만주어 yengge '산포도, 개머루'. 『요동행부지』 야탑랄처(耶塔剌處) *yetaraču '화도, 부싯돌'〉만주어 yatarakū '부싯돌, 화도'. 『금사』요설(遙設)[요절(遙折)] *yauše〉만주어 yongsu '예의'. 『금사』야보아(耶補兒) *yeburi〉만주어 iberi '투구꼬리'. 『금사』야라(耶懶)[압라(押懶)] *yeran/yaran〉『여진역어』아랄(牙剌) '표 범'〉만주어 yarha '수컷 표범'.

*y가 어중에 나타난 경우. 『금사』할리(轄里) *hiyari〉만주어 hiyttri '사 팔눈'. 『금사』포양온(蒲陽溫) '어린 아들' *puyaɣun〉만주어 fiyanggū '막 내아들'.

*y가 어말에 나타난 경우. 『금사』복연(僕燕) *puyan '악성 종기'〉만주어 fiyartun '부스럼'. 『금사』선양(鄯陽) *sanyang〉『여진역어』상강(上江) '하양댜'〉만 주어 šangyang '흰색'. 『금사』포련(蒲輦)[포리연(蒲里衍), 포리연(蒲里演), 포리언

(蒲里偃), 불열(拂涅), 포섭(蒲聶), 포열(蒲涅)] *puliyen/puniyen/puniye/funiye '모극의 부장'〉만주어 feniyen '무리', 나나이어 bolaci '협조'. 『금사』 답부야(答不也)[달부야(撻不野)] *dabɣiye '김을 매는 사람'〉만주어 dabgiiya '제초하다'. 『금사』 사야(斜也)[사야(斜野)] *seye〉만주어 šeyen '흰색'. 『금사』 오야(烏也)[오야(烏野)] *uye '아홉째'〉『여진역어』 올야온(兀也溫) '아홉'〉만주어 uyun '아홉'. 『금사』 산역(散亦)[새일(賽一)]/『송막기문』 새흔(賽痕) *sanyi/sehen '좋다'〉『여진역어』 새인(賽因)〉만주어 sain.

2) 여진어 반모음 *w

『금사』 등 송·원나라 역사 서적에 한어 영(影)모, 이(以)모와 영(零)성모의 합구자(合口字)로 대음되었다. 여진어 *w가 반모음으로 모음과 음절을 구성하여 어두, 어중에 나타난다.

*w가 어두에 나타난 경우. 『금사』 외가(畏可)[외가(隈可), 외갈(隈喝), 외갈(偎喝), 알갈(斡喝), 오역가(吾亦可)] *weike/uho/uyike '이(牙)'〉『여진역어』 위흑(委黑) '치(齒)'〉만주어 weihe '이(牙)'.

*w가 어중에 나타난 경우, '원명희곡' 적와부랄해(赤瓦不剌海) *čiwab ulahai/『송막기문』 와발랄해(窪勃辣孩) *wabulahai '죽이다'〉만주어 wabuha '죽이도록 하다'.

소결 : 여진어에 반모음 *y는 『금사』 등 송·원나라 역사 서적에 영(影)모, 이(以)모와 영(零)성모의 개구자(開口字)로 대음되었다. 반모음 *w는 영(影)모, 이(以)모와 영(零)성모의 합구자(合口字)로 대음되었다. *y가 어두, 어중과 어말에 나타나고, *w가 어두와 어중에 나타난다. 그리고, 여진어 *ia, *ie, *io가 만주어 정자법에 따라 ya, ye, yo로 추정하는 것은 형식적인 고려뿐이지, 실제의 독음이 동일하다.

표 1 금나라 시대 여진어 자음체계표

발음 방법 \ 발음 위치			양순음	설첨음	설엽음	연구개음	구개수음
정지음	무성음	송기					
정지음	무성음	불송기	*p	*t		*k	*q
마찰음	유성음	송기					
마찰음	유성음	불송기	*b	*d		*g	
파찰음	무성음			*s	*š	*h	
파찰음	유성음						*ɣ
파찰음	무성음	송기					
파찰음	무성음	불송기			*č		
파찰음	유성음	송기					
파찰음	유성음	불송기			*j		
비음	유성음		*m	*n		*ŋ	
설측음	유성음			*l			
전동음	유성음			*r			
반모음	유성음		*w	*y			

제2절 금나라 시대 여진어의 모음체계

만주어 문어에는 6개의 기본 모음이 있다. 즉 양성모음 a[a], o[ɔ], ū[ɯ], 중성모음 i[i], 음성모음 u[u], e[ə], 이중모음 ai, ei, ii, oi, ui, ao, eo, io, oo, iu. 이중모음은 어두에만 나타나고 ai만 독립적으로 단음절을 구성할 수 있다. 대음 한자의 음운 분석과 전사 규칙에 따라 금나라 시대 여진어의 모음체계는 다음과 같이 재구할 수 있다. 즉 단모음 *a, *o, *u, *i, *e. 이중모음 *ai, *ei, *au, *ui, *ia, *ie, *io, *oi. 단모음 *a, *o, *i, *u는 독립적으로 음절을 구성할 수 있는데, 이중모음은 *ai를 제외하고 독립적으로 음절을 구성하지 못한다.

1. 금나라 시대 여진어의 단모음

1) 금나라 시대 여진어 모음 *a

금나라 시대 여진어 *a는 만주어 a에 해당한다. 독립적으로 구성한 음절은 『금사』 등 송·원나라 역사 서적에 '아(阿)'로 대음되었다. 자음 운미 *-m, *-n, *-ŋ와 어울려 구성된 영(影)성모 음절은 *am, *an, *aŋ 음절인 '암(諳)', '안(安)', '앙(昻)' 등 한자로 대음되었다. 자음 *-b와 어울려 구성한 폐음절은 한자 '아(阿)'에 '부(不)'를 붙이는 형식으로 표시된다. 자음 *-l, *-r과 어울려 구성한 폐음절은 '아(阿)'에 '리(里)', '리(離)', '아(兒)' 등을 붙여 표시한다. 모음 *a는 여진어 자음 *b, *p, *m, *d, *t, *n, *l, *r, *s, *j, *c, *s, *g, *k, *h, *q, *ɣ, 반모음 *y 등과 어울려 구성된 음절은 모두 다 *a운모 한자로 대음되었다.

　*a가 독립적으로 구성하는 음절이 어두에 나타난 경우, 『금사』 아전(阿典)/『삼조북맹회편』 아질(阿迭)/〈오둔량필시비〉 아점(阿玷) *adien/die '뢰'〉『여진역어』 아점(阿玷) '우레(雷)'〉 만주어 akjan. 『금사』 아합(阿合)[아해(阿海)] *aha/ahai '노예'〉『여진역어』 아합애(阿哈愛) '노비'〉 만주어 aha '노예'. 『금사』 아호대(阿虎帶)[아호질(阿虎迭), 아호질(阿胡迭)] *ahudai '장남'〉『여진역어』 아혼온(阿渾溫) '형'〉 만주어 ahungga '장남'/ahunta '형들'. 『금사』 아호라(阿虎懶) *aquran〉 만주어 agura '기계, 기물'. 아호리(阿虎里) *ahuri '잣(松子)'〉『여진역어』 홀리(忽里) '잣'〉 만주어 huri '잣'. 『금사』 아라(阿懶) *alan '언덕'〉 만주어 alan/ala '언덕'. 『금사』 아리(阿里) *ari〉 만주어 ari '통천귀, 찰거머리'. 『금사』 아리부(阿里不)[아리보(阿里保), 아리보(阿里補), 아리보(阿離補), 아로부(阿魯不), 아노보(阿盧補), 아로보(阿魯保)] *alibu〉 만주어 aljbu '바치도록 하다'. 『금사』 아리백(阿里白) *alibuhi〉 만주어 alibuha '바치도록 하였다'. 『금사』 아리호(阿里虎)[아리골(阿里骨), 아리괄(阿里刮)] *aliqu〉『여진역어』 아리고(阿里庫) '소반'〉 만주어 alikū '큰 접시'. 『금사』 아리합만(阿離合懣) *alihomon '매를 기르는 사람'〉 만주어 aliha niyalma '매를 기르는 사람'. 『금사』 아린(阿鄰) *alin '산'〉『여진역어』 아리인(阿里因) '산'〉 만주어 alin '산'. 『금사』 아식보(阿息保)[아사발(阿思鉢)] *asibu '힘으로 남을 돕다'〉 만주어 aisilabu '돕도록 하다, 협조하게 하다'. 『금사』 아속(阿速) *asu〉 만주어 asu '그물'. 『금사』 아도한(阿徒罕) *atuhan '땔나무를 줍는 사람'〉 만주어 asihan '어리다, 젊은이'.

　*a가 자음과 어울려 폐음절을 구성하여 어두에 나타난 경우. 『금사』 안춘(按春)[안춘(安春), 안진(按辰), 안출(按出), 안출호(按出虎), 아출허(阿朮許), 안출호(安朮虎), 아록조(阿祿祖), 아촉호(阿觸胡), 아지고(阿之古), 아리출호(阿里出虎)] *alčun/alčuqu/alčuqu '금(金)'〉『여진역어』 안춘온(安春溫) '금(金)'〉 만주어 ancun '귀걸이'/alcuka '아십하(阿什河)'. 『금사』

암판(諳版) *amban '존대하다'〉『여진역어』안반랄(安班剌) '크다'〉만주어 amba '크다'.『금사』안답해(按答海) *andahai '손님'〉『여진역어』안답해 날아마(岸答孩握兒麻) '손님'〉만주어 andaha/anda '손님, 친구'.『금사』 앙길락(昻吉泺) *aŋgir '원앙강'〉만주어 anggir '황오리'.『금사』아부한(阿 不罕)[아보한(阿保寒), 가부합(呵不哈)] *abqan〉만주어 abka '하늘'.『금 사』아리희(阿里喜) *alhi〉만주어 ilhi '협조, 부장'.『금사』아리간(阿里侃) [아륵근(阿勒根), 알리근(斡里根)] *argin〉만주어 ergi '변(邊)'.『금사』아 리손(阿里孫) *arsun '못생겼다'〉만주어 ersun '추하다'.

　*a가 독립적으로 자음과 어울려 음절을 구성하여 어두에 나타난 경우. 『금사』발달(拔達)[백답(白答), 배달(背達)] *bada〉『여진역어』복도괴(卜都 乖) '밥'〉만주어 buda '밥'.『금사』발리속(拔離速)[발리속(拔里速)] *barisu '각저희를 하는 사람'〉몽골어 barildu '씨름'.『금사』초적린(鈔赤鄰) *čauč irin/'원명희곡' 찰습아(擦褶兒) čačiri〉『여진역어』찰적리(扎赤里) '장방(帳 房)'〉만주어 cacari '천막'.『금사』사랄합반(査剌合攀) *čara hapan '거용 관(居庸關)'〉만주어 cira hafan '엄관'.『금사』오림답(烏林答)[오림달(烏林 達)] *ulin da〉『여진역어』올리인(兀里因) '재물'〉만주어 ulin da '재물의 관리자'.『금사』달기(達紀)[달길(達吉)] *dagi〉만주어 deji '훌륭하다, 고 급'.『금사』달길부(達吉不)[달길보(達吉保), 달기보(達紀保)] *dagibu〉만주 어 dejibu '훌륭하게 하다'.『금사』달라(達懶) *dalan〉만주어 dalan/dalin '강변'.『금사』홀토애갈만(忽土皚葛蛮) *hutuɤaigamon〉만주어 hutuŋgai hafan '복 받는 요새'.『금사』합달(合達)[합타(合打), 합답(合答), 갈답(曷 答), 합단(哈丹)] *hada/hadan '산의 뾰족한 부분'〉만주어 hada '산봉우 리'.『금사』갈로(曷魯) *qaru〉만주어 garu '백조'.『금사』갈로(曷魯) *hani〉만주어 heru '바퀴살'.『금사』갈라(曷懶) *halan〉『여진역어』해랄 (孩剌) '느릅나무'〉만주어 bailan '느릅나무'.『금사』납란(納蘭) *naran〉몽 골어 namn '해, 태양'.『금사』납갈리(納葛里) *nagori '거실'〉몽골어 eneger '이실'.『금사』살팔(撒八) *saoa '신속하다'〉만주어 sabar '던지다'.

『금사』 살리갈(撒離喝)[살리합(撒里合), 사랄갈(撒刺喝)] *saliqa〉만주어 saligan '지배'. 『금사』 살합련(撒合輦)[살갈련(撒曷輦)] *sahalien '얼굴색이 검다'〉『여진역어』 살합량(撒哈良) '검다'〉만주어 sahalian '검다.' '원명희곡' 살돈(撒敦) *sadun〉『여진역어』 살도해(撒都該) '친하다'〉만주어 sadun '사돈'. 『금사』 살답(撒答)[살달(撒達), 산달(散達), 산답(散答)] *sakda '노인'〉만주어 sakda '노인'. 『금사』 사랄(沙刺) *sala '옷자락'〉만주어 šala '옷자락'. 『금사』 사홀대(沙忽帶) *šahudai '배'〉만주어 jahūdai '선박, 배'. '원명희곡' 아부(牙不) *yabu〉『여진역어』 아보(牙步) '걷다'〉만주어 yabu '걷다'. 『금사』 아오탑(牙吾塔)[아고탑(牙古太)] *yaɣuta '부스럼'〉만주어 yoo hede '부스럼'.

*a가 독립적으로 자음과 어울려 음절을 구성하여 어중에 나타난 경우. 『금사』 안답해(按答海) *andahai '손님'〉『여진역어』 안답해날아마(岸答孩捏兒麻) '손님'〉만주어 andaha/anda '손님, 친구'. 『금사』 올대(兀帶) *udahi '물품을 이미 샀다'〉회동관『여진역어』 올답(兀答) '사다'〉만주어 udaha '샀다'. 『금사』 올답보(兀答補) *udabu〉만주어 udabu '사도록 하다'. 『금사』 포대(蒲帶) *pudahi〉『여진역어』 불특매(弗忒昧) '전송'〉만주어 fudeha '이미 전송하였다'. 『금사』 활랄호(活臘胡) *holahu '붉은색'〉『여진역어』 불랄강(弗刺江) '빨갛다', '붉다'〉만주어 fulahūn '붉은색'. 『금사』 포랄도(蒲剌都) *puladu '급성 결막염으로 인해 눈이 보이지 않다'〉만주어 fulata '눈이 짓무르다'. '원명희곡' 적와부랄해(赤瓦不刺海) *čiwabulahai/'송막기문' 와발랄해(窪勃辣孩) *wabulahai '죽이다'〉만주어 wabuha '죽이도록 하다'. 『금사』 사랄합반(查刺合攀) *carahapan '거용관(居庸關)'〉만주어 cirahafan '엄관'. 『요동행부지』 야탑랄처(耶塔剌處) *yetara ču '화도, 부싯돌'〉만주어 yatarakū '부싯돌, 화도'. 『금사』 할리(轄里) *hiyari〉만주어 hiyari '사팔눈'.

*a가 독립적으로 자음과 어울려 음절을 구성하여 어말에 나타난 경우. 『금사』 살답(撒答)[살달(撒達), 산달(散達), 산답(散答)] *sakda '노인'〉만주

어 sakda '노인'. 『금사』 백답(白答)[발달(拔達), 배달(背達)] *bada〉『여진
역어』 복도괴(卜都乖) '밥'〉 만주어 buda '밥'. 『금사』 살랄갈(撒剌喝)[살리
합(撒里合), 살리갈(撒離喝)] *saliqa〉 만주어 saligan '지배'. 『금사』 삼합(三
合) *samha '사마귀'〉 만주어 samha '점'. 『금사』 반리합(盤里合)[복리흑(僕
里黑), 발리흑(跋里黑)] *parha '엄지손가락(將指)'〉 만주어 ferhe '엄지손가
락'. 『금사』 니방고(尼厖古)[니망고(尼忙古)), 점몰갈(粘沒曷), 점할(粘割),
점가(粘哥), 점합(粘合)] *nimaŋgu/nimha '물고기'〉『여진역어』 리말합(里
襪哈) '물고기'〉 만주어 nimaha. 『금사』 아리합만(阿離合懣) *alihamon '매
를 기르는 사람'〉 만주어 aliha niyalma '매를 기르는 사람'. 『금사』 아보한
(阿保寒)[아부한(阿不罕), 가부합(呵不哈)] *abqan/abqa〉 만주어 abka '하
늘'. 『금사』 호로랄(胡魯剌) *hulula '가장'〉 만주어 hajaida '족장'. 『금사』
호랄(胡剌)[홀랄(忽剌)] *hula '굴뚝'〉 만주어 hūlan '연통, 굴뚝'. 『금사』 사
랄(沙剌) *šala '옷자락'〉 만주어 sala '옷자락'. '원명희곡' 올랄(兀剌) *ula
〉『여진역어』 고랄합(古剌哈) '부츠'〉 만주어 ulhū '갈대'. 『금사』 필랄(必
剌)[필란(必蘭), 비랄(秘剌), 비리(鼻里)] *biran /bira '하천'〉『여진역어』 필랄
(必剌) '하천'〉 만주어 bira. 『금사』 아오(牙吾)[아고탑(牙古太)] *yaɣuta/yaɣutai
'부스럼'〉 만주어 yoo hede '부스럼'.

　　*ab이 자음과 어울려 음절을 구성하여 어두에 나타난 경우. 『금사』 답
부야(答不也)[달부야(撻不野)] *dabɣiye '김을 매는 사람'〉 만주어 dabgiya
'풀을 뽑다, 김을 매다'.

　　*ak이 자음과 어울려 음절을 구성하여 어두에 나타난 경우. 『금사』 살
답(撒答)[살달(撒達), 산달(散達), 산답(散答)] *sakda '노인'〉 만주어 sakda
'노인'.

　　*am이 자음과 어울려 음절을 구성하여 어두, 어말에 나타난 경우. 『금
사』 삼합(三合) *samha '사마귀'〉 만주어 samha '점'. 『금사』 점한(粘罕)
/『송막기문』 니감(尼堪) *nimqan/nikam〉 만주어 nikan '한인, 오랑캐'.

　　*an이 자음과 어울려 음절을 구성하여 어두, 어말에 나타난 경우. 『금사』

만도가(謾都歌)[만도가(謾都訶)] *mandugo/manduho '치매'〉만주어
mentuhun '우둔하다, 어리석다'.『금사』산역(散亦)[새일(賽一)]/『송막기문』
새흔(賽痕) *sanyi/schen '좋다'『여진역어』새인(賽因) '좋다'〉만주어 sain
'좋다'.『금사』압은니요(押恩尼要) *yan niyo '구락(狗涿)'〉만주어 indahūn
i niyo '구포자(狗泡子)'.『금사』암판(諳版) *amban '존대하다'〉『여진역어』
안반랄(安班剌) '크다'〉만주어 amba '크다'.『금사』 합달(合達)[합타(合
打), 합답(合答), 갈답(曷答), 합단(哈丹)] *hada/hadan '산의 뾰족한 부
분'〉만주어 hada '산봉우리'.『북맹록』살나한(薩那罕) *sarqan '남편이
아내를 부르는 칭호'〉『여진역어』'살리안(撒里安) '첩(捷)'〉만주어 sargan.
『금사』아도한(阿徒罕) atuhan '땔나무를 줍는 사람'〉만주어 asihan '어리
다, 젊은이'.『금사』점한(粘罕)/『송막기문』니감(尼堪) *nimqan/nikam〉
만주어 nikan '한인, 오랑캐'.『금사』 와모한(窩謀罕)[와모한(訛謀罕)]
*omhan '새알'〉만주어 umhan '알'.『금사』아라(阿懶) *alan '언덕'〉만주
어 alan/ala '언덕'.『금사』이라(移懶) *ilan〉『여진역어』이람(以藍) '삼
(三)'〉만주어 ilan '삼(三)'.『금사』달라(達懶) *dalan〉만주어 dalan/dajin
'강변'.『금사』홀토애갈만(忽土皚葛蛮) *hutuɤaj goman〉만주어 hutuŋgai
hafan '복 받는 요새'.『금사』사랄합반(查剌合攀) *čarahapan '거용관(居
庸關)'〉만주어 cira hafan '엄관'.『금사』아보한(阿保寒)[아부한(阿不罕),
가부합(呵不哈)] *abqan〉만주어 abka '하늘'.『금사』납란(納蘭) *naran〉
몽골어 naran '해, 태양'.『금사』야라(耶懶)[압라(押懶)] *yeran/yaran
〉『여진역어』아랄(牙剌) '표범'〉만주어 yarha '수컷 표범'.『금사』아호라
(阿虎懶) *aquran〉만주어 agūra '기계, 기물'.『금사』필란(必蘭)[필랄(必
剌), 비랄(秘剌), 비리(鼻里)] *biran/bira '하천'〉『여진역어』필익(必利) '하
천'〉만주어 bia.『금사』골난(骨赧) *gunan '계절'〉만주어 gūna '3살짜리
소, 방금'.『금사』복산(僕散) *busan '숲'〉만주어 bujan.『금사』올안(兀
顔)[오연(烏延)] *ulɤiyan〉『여진역어』올리언(兀里彦) '돼지'〉만주어
ulgiyan '돼지'.

*aŋ이 자음과 어울려 음절을 구성하여 어두, 어중에 나타난 경우. 『금사』 당괄(唐括)[당고(唐古)] *tanggu〉『여진역어』 탕고(湯古) '백(百)'〉만주어 tanggū '백(百)'. 『금사』 니망고(尼忙古)[니방고(尼厖古), 점몰갈(粘沒曷), 점할(粘割), 점가(粘哥), 점합(粘合)] *nima-ŋgu/nimha '물고기'〉『여진역어』 리말합(里襪哈) '물고기'〉만주어 nimaha.

*ar가 자음과 어울려 음절을 구성하여 어두에 나타난 경우. 『북맹록』 살나한(薩那罕) *sarqan '남편이 아내를 부르는 칭호'〉『여진역어』 살리안(撒里安) '첩'〉만주어 sargan. 『금사』 달아대(達兒歹) *dardai〉만주어 dartai '순간, 잠시'. 『금사』 반리합(盤里合)[복리흑(僕里黑), 발리(跋里)] *parha '엄지손가락(將指)'〉만주어 ferhe '엄지손가락'. 『금사』 반리합(盤里合)[복리흑(僕里黑), 발리흑(跋里黑)] *parha '엄지손가락(將指)'〉만주어 ferhe '엄지손가락'.

*as가 자음과 어울려 음절을 구성하여 어두에 나타난 경우. 『금사』 갈소관(曷蘇館)/『북풍양사록』 합소관(合蘇款) *hasgon/haskon〉만주어 has'han '울타리'.

소결 : 만주어의 음절구조와 같이 여진어 모음 *a가 독립적으로 구성한 음절은 어두에만 나타나고 어말에는 나타나지 않는다. *a가 자음 운미 *-m, *-n, *-ŋ, *-b, *-l과 같이 구성한 영(零)성모 음절은 일반적으로 어두에만 나타나고, 어말에는 나타나지 않는다.[1] *a가 자음 *-r과 어울려 구성한 폐음절도 어두에만 나타난다. *a가 핵모음으로 *-b, *-k, *-m, *-n, *-ŋ, *-r, *-s 등 자음 운미와 합칠 수 있다. 이들의 합친 형태들이 *b, *p, *m, *d, *t, *n, *l, *r, *s, *g, *k, *h, *q, *ɤ, *j, *č, *š, *y 등 성모(聲母)와 어울려 음절을 구성할 수 있다. 그중 *an은 제일 생산적이다.

---

1 한어의 영성모자 '안(安)'이 여진어의 어말 음절과 대음하는 예는 하나만 있다. 즉 『금사 · 국어해』 '맹안(猛安)은 천부장이라는 뜻이다', 이 단어는 『여진역어 · 수목문』 '명간(皿干)은 천(千)이라는 뜻이다', 만주어 minggan에 해당하여 대음규칙에 따라 *muŋɤan 으로 추정하였다.

2) 여진어 모음 *o

여진어 모음 *o는 만주어의 o에 해당한다. 독립적으로 구성한 음절은 송·원나라 역사 서적에 일반적으로 『중원음운』에 가과(歌戈)운, 소호(蕭豪)운에 속하는 '와(窩)', '알(斡)', '와(訛)', '오(奧)' 등으로 대음되며, 일반적으로 어두에만 나타난다. 자음 운미 *-r, *-l과 어울려 구성한 운모가 '알(斡)'에 '래(來)'를 붙이는 형식으로 대음되었다. 자음 운미 *-m과 어울려 구성한 운모는 '와(訛)', '와(窩)'에 '모(謀)'를 붙이는 형식으로 대음되었다. 자음 운미 *-n과 어울려 구성한 운모는 『중원음운』에 환환(桓歡), 한산(寒山)운에 속하는 한자로 대음되었다. 자음 운미 *-s와 어울려 구성한 음절은 가과(歌戈)운자에 '소(蘇)'를 붙이는 형식으로 대음되었다. 자음 *b, *p, *m, *d, *t, *n, *l, *g, *k, *h, *j 등과 어울려 구성한 음절은 일반적으로 『중원음운』의 가과(歌戈)운, 소호(蕭豪)운자로 대음되었다.

*o가 독립적으로 음절을 구성하여 어두에 나타난 경우. 『금사』 알홀(斡忽) *ohu '냄새가 지독하다'〉만주어 wahūn '냄새가 지독하다'. 『금사』 와로보(訛魯補)[알리부(斡里不), 오리보(吾里補), 알리복(斡里卜), 알리부(斡離不), 알로부(斡魯不), 알로보(斡魯補), 알노보(斡盧補), 알노보(斡盧保), 오리부(吾里不)] *olibu '축적하다'〉『여진역어』 올리매(兀里昧) '남다'〉만주어 welibu '남기다'. 『금사』 알륵(斡勒) *ole '돌'〉『여진역어』 알흑(斡黑) '돌'〉만주어 wehe '돌'. 『금사』 알론(斡論) *olun '생철'〉만주어 olon '파문, 말뱃대끈'. 『금사』 알준(斡準) *ojun〉만주어 weijun '학(鶴)'. 『금사』 알갈(斡喝)[외가(畏可), 외가(隈可), 외갈(隈喝), 외갈(偎喝), 오역가(吾亦可)] *weike/oho/uyike '이(牙)'〉『여진역어』 위흑(委黑) '이(齒)'〉만주어 weihe '이(牙)'. 『금사』 알색(斡塞) *ose〉『여진역어』 와자(瓦子) '기와'〉만주어 wase '기와'. 『금사』 오둔(奧屯)[오돈(奧敦)] *olun '조(曹)'〉만주어 oton '구유'. 『금사』 와출호(訛出虎) *očuqu '관용'〉만주어 oncokon '관용'.

*o가 자음운미 *-m, *-r과 어울려 음절을 구성하여 어두에 나타난 경우. 『금사』 와모한(窩謀罕)[와모한(訛謀罕)] *omhan '새알'〉만주어 umhan

'알'. 『금사』 알리타(斡里朶)[와리타(訛里朶)] *ordo '관아'〉 만주어 ordo '정자(亭子)'.

　*o가 독립적으로 자음과 음절을 구성하여 어두에 나타난 경우. 『금사』 보활리(保活里) *boholi '난쟁이'〉『여진역어』 불화라(弗和羅) '짧다'〉 만주어 foholon '난쟁이'. 『금사』 발극렬(勃極烈) *bogile '관리'〉 만주어 beile '패륵(貝勒)'. 『금사』 발특(孛特)[발덕(孛德), 발질(孛迭), 백덕(伯德)] *bote〉 만주어 buta '어렵하다, 물고기 잡다'. 『금사』 발특보(孛特補) *botebu〉 만주어 butabu '어렵하도록 하다, 물고기를 잡게 하다'. 『금사』 발론출(孛論出) *bolun ču '태아'〉『원조비사』 발단찰아(孛端察兒) *bodončari '시조(始祖)'. 『금사』 핵리보(劾里保)[회리본(回離保), 회리부(回里不), 핵리발(劾里鉢)] *horibu〉 만주어 horibu '묶게 하다'. 『금사』 활라(活羅) *hom '자오'〉『여진역어』 회화라(回和羅) '송골매'〉 만주어 horon '송골매'. 『금사』 활라호(活腊胡) *holahu '붉은색'〉『여진역어』 불랄강(弗剌江) '빨갛다, 붉다'〉 만주어 fulahūn '붉은색'. 『금사』 화암(火唵) *honan '양성(羊城)'〉『여진역어』 화니(和你) '양(羊)'〉 만주어 honin '양(羊)'. 『금사』 활녀(活女) *honio '항아리'〉『여진역어』 홀녀(忽女) '통(桶)'〉 만주어 hunio '물통'. 『금사』 화단(和團) *hoton〉『여진역어』 흑차니(黑車你) '성읍'〉 만주어 hoton/hecen '성읍'. 『금사』 합주(合住)[화탁(和卓), 학출(和朮), 핵자(劾者)] *hoju/ '원명희곡' 결탁(結棹) *gejo〉『여진역어』 화탁(和卓) '멋있다'〉 만주어 hojo '곱다, 아름답다'. 『금사』 루실(婁室) *losi〉 만주어 loso '봄철에 축축하고 갈기 어려운 논밭'. 『금사』 말린(抹鄰)[말린(末鄰), 목림(牧林), 모린(母麟)] *morin〉『여진역어』 모림(母林) '말(馬)'〉 만주어 monn '말(馬)'.

　*o가 독립적으로 자음과 어울려 음절을 구성하여 어중에 나타난 경우. 『금사』 보활리(保活里) *boholi '난쟁이'〉『여진역어』 불화라(弗和羅) '짧다'〉 만주어 foholon '난쟁이'. 『금사』 납갈리(納葛里) *nagori '거실'〉 몽골어 eneger '이실'.

　*o가 독립적으로 자음과 어울려 음절을 구성하여 어말에 나타난 경우.

『금사』알리타(斡里朵)[와리타(訛里朵)] *ordo '관아'〉만주어 ordo '정자(亭子)'. 『금사』단다(彖多) *tondo〉『여진역어』단타(團朵) '충스럽다'〉만주어 tondo '공정하다, 충직하다'. 『금사』환단(桓端)[환단(喚端), 화로탈(和魯奪)] *holdon/holdo '소나무'〉『여진역어』화타막(和朵莫) '소나무'〉만주어 holdon '소나무'. 『금사』만도가(漫都歌)[만도가(謾都訶)] *mondugo/monduho '치매'〉만주어 mentuhun '우둔하다, 어리석다'. 『금사』몽갈(蒙葛)[몽괄(蒙括), 몽괄(蒙刮), 몽괄(蒙适), 몽갈(瞢葛)] *murŋgo/rnurŋko〉『여진역어』망합(莽哈) '어렵다'〉만주어 mangga '어렵다, 비싸다'. 『금사』사가(斜哥)[사갈(斜葛)] *sego '노랑가슴담비'〉『여진역어』색극(塞克) '노랑가슴담비'〉만주어 seke '노랑가슴담비'. 『금사』영가(盈歌)[양할(揚割)] *yiŋgo/yaŋgo〉만주어 yengge '산포도, 개머루'. 『금사』파노화(婆盧火) *polbo '방망이, 망치'〉만주어 folho '방망이, 망치'. 『금사』출하(出河) *čuho〉『여진역어』주흑(朱黑) '얼음'〉만주어 juhe. 『금사』은출가(銀朮可) *ninjuko '진주'〉『여진역어』넝주흑(寧住黑) '진주'〉만주어 nicube '진주'. 『금사』활라(活羅) *horo '자오'〉『여진역어』회화라(回和羅) '송골매'〉만주어 horon '송골매'.

*ol이 자음과 어울려 음절을 구성하여 어두에 나타난 경우. 『금사』파노화(婆盧火) *polho '방망이, 망치'〉만주어 folho '방망이, 망치'. 『금사』환단(桓端)[환단(喚端), 화로탈(和魯奪)] *holdon/holdo '소나무'〉『여진역어』화타막(和朵莫) '소나무'〉만주어 holdon '소나무'.

*on이 자음과 어울려 음절을 구성하여 어두, 어말에 나타난 경우. 『금사』환도(歡都) *hondu〉만주어 handu '벼'. 『금사』만도가(謾都歌)[만도가(謾都訶)] *mondugo/mondubo '치매'〉만주어 mentuhun '우둔하다, 어리석다'. 『금사』단다(彖多) *tondo〉『여진역어』단타(團朵) '충성스럽다'〉만주어 tondo '공정하다, 충직하다'. 『금사』녀로환(女魯歡) *niolhon '십육(十六)'〉『여진역어』니혼(泥渾) '십육'〉만주어 niolhun '정월 16일'. 『금사』지로환(只魯歡) *jilqon〉만주어 jalgon '수명'. 『금사』배만(裵滿) *poimon〉만주어 fomo '삼, 마(麻)'. 『금사』갈소관(曷蘇館)/『북풍양사

록』합소관(合蘇款) *hasgon/hoskon〉만주어 has'han '울타리'.

*or이 자음과 어울려 음절을 구성하여 어두에 나타난 경우. 『금사』동아(冬兒) *dor〉『여진역어』타아(朶兒) '오소리'〉만주어 dorgon '오소리'. 『금사』활리한(活離罕) *horhan '새끼 양'〉몽골어 horag '면양 새끼'.

*os가 자음과 어울려 음절을 구성하여 어두에 나타난 경우.『금사』갈소관(葛蘇館)/『북풍양사록』합소관(合蘇款) *hasgon/hoskon〉만주어 has'han '울타리'.

소결 : 금나라 시대 여진어 *o가 독립적으로 자음 *b, *d, *m, *l, *r, *g, *k, *h, *j 등과 어울려 구성한 음절은 어두, 어중, 어말에 나타난다. *o가 자음 운미 *-r, *-m과 어울려 영(零)성모 폐음절을 구성할 수 있는데, 구성한 음절은 어두에만 나타난다. *o가 자음 운미 *-n과 합쳐서 자음 *d, *t, *m, *k, *h 등과 어울려 음절을 구성할 수 있으며, 구성한 음절은 어두, 어말에 나타난다. *o가 핵모음으로 자음 운미 *-l, *-r, *-s와 합쳐 다시 초성 자음 *h와 음절을 구성할 수 있다. 구성한 음절은 어두에 나타난다.

3) 금나라 시대 여진어 모음 *u

여진어 모음 *u는 만주어 u에 해당한다. 독립적으로 음절을 구성하면 일반적으로 어모(魚模)운과 가과(歌戈)운의 '오(烏)', '올(兀)', '알(斡)' 등 운자로 대음되고, 어두에만 나타난다. 자음 운미 *-l, *-r과 어울려 음절을 구성할 때 어모(魚模)운자 뒤에 래(來)모자를 붙이는 형식으로 대음되었다. 자음 운미 *-n과 어울려 음절을 구성하면 진문(眞文)운자로 대음되었다.

*u가 독립적으로 음절을 구성하여 어두에 나타난 경우.『금사』온춘(烏春)[오준(烏蠢)] *učun〉『여진역어』올칭인(兀稱因) '갑(甲)'〉만주어 uksin '갑(甲)'.『금사』오대(烏帶)[올대(兀帶), 오대(吾帶), 알대(斡帶)] *udahi '물품을 이미 샀다'〉회동관『여진역어』올답(兀答) '사다'〉만주어 udaha '샀다'.『금사』오답보(烏答補)[올답보(兀答補), 오달보(烏達補), 오도보(吾都

補), 오도보(吾睹補), 오도부(吾都不)] *udabu〉만주어 udabu '사도록 하다'. '원명희곡' 올랄(兀剌) *ula〉『여진역어』고랄합(古剌哈) '구두(靴)'〉만주어 ulhū '갈대(芦葦)'. 『금사』오림답(烏林答)[오림달(烏林達)] *ulinda〉『여진역어』올리인(兀里因) '재물'〉만주어 ulin da '재물의 관리자'. 『금사』오렬(烏烈) *ure '초름'〉만주어 uri '초둔(草廩)'. 『금사』오로(烏魯)[오록(烏祿)] *uru '은혜'〉만주어 uru '이다'. 『금사』오자(烏者)[알자(斡者)] *uje〉『여진역어』올자(兀者) '무겁다'〉만주어 ujen '장중하다'. 『금사』알출(斡出)[올출(兀朮), 알철(斡啜)] *uju '머리'〉『여진역어』올주(兀住) '머리'〉만주어 uju '머리, 우두머리'. 『금사』오야(烏也)[오야(烏野)] uye '아홉째'〉『여진역어』올야온(兀也溫) '아홉'〉만주어 uyun '아홉'. 『금사』외가(畏可)[외가(隈可), 외갈(隈喝), 외갈(偎喝), 알갈(斡喝), 오역가(吾亦可)] *weike/oho/uyike '이(牙)'〉『여진역어』위흑(委黑) '치(齒)'〉만주어 weihe '이(牙)'.

　*u가 독립적으로 자음과 음절을 구성하여 어두에 나타난 경우. 『금사』복산(僕散) *busan '숲'〉만주어 bujan '숲'. 『금사』복회(卜灰)[포휘(布輝), 복회(不灰), 복회(僕灰), 복훼(僕虺)] *buhui〉『여진역어』복고(卜古) '사슴'〉만주어 buhū '사슴'. 『금사』독길(獨吉) *dugi〉『여진역어』독길(禿吉) '구름'〉만주어 tugi '구름'. 『금사』골난(骨赧) *gunan '계절'〉만주어 gūna '3살짜리 소, 방꿈'. 『금사』홀도(忽都)[홀토(忽土)] *hutu '남과 같이 복을 즐기다'〉만주어 hūturi. 『금사』호로랄(胡魯剌) *hulula '가장(家長)'〉만주어 halaida '족장'. 『금사』골로보(鶻魯補)[골노보(鶻盧補), 홀노보(忽盧補), 곡로보(斛魯補)] *hulubu〉만주어 hulbobu '연결하도록 하다, 혼인하게 하다'. 『금사』호랄(胡剌)[홀랄(忽剌)] *hula '굴뚝'〉만주어 hūlan '연통, 굴뚝'. 『금사』골사호(鶻沙虎), *hušahu〉만주어 hūšahū '올빼미, 부엉이(밤 늦도록 자지 않는 사람)'. 『금사』홀토애갈만(忽土皑葛蛮) *hutuᵞai gamon〉만주어 hutuŋgai hafan '복 받는 요새'. 『금사』포리(蒲里)[포렬(蒲烈)] *puli〉만주어 fulu '우수하다, 길다'. 『금사』복연(僕鷰) *puyan '악성 종기'〉만주어 fiyartun '부스럼'.

『금사』 포련(蒲輦)[포리연(蒲里衍), 포리연(蒲里演), 포리언(蒲里偃), 불열(拂涅), 포섭(蒲聶), 포열(蒲涅)] *puliyen/puniyen/puniye/funiye '모극의 부장'〉만주어 feniyen '무리', 나나이어 bolaci '협조'. 『금사』 포대(蒲帶) *pudahi)『여진역어』 불특매(弗忒昧) '전송'〉만주어 fudehe '이미 전송하였다'. 『금사』 포양온(蒲陽溫) '어린 아들' *puyaŋɤun)〉만주어 fiyanggū '막내 아들'. 『금사』 포랄도(蒲剌都)[포랄독(蒲剌篤), 포랄도(蒲剌睹)] *puladu '급성 결막염으로 인해 눈이 보이지 않다'〉만주어 fulata '눈이 짓무르다'. 『금사』 포선(蒲鮮)[포현(蒲莧)] *puhiyen)『여진역어』 포희(布希) '무릎'〉만주어 buhi '무릎, 털이 없는 녹비'. 『금사』 포대(蒲帶) *pudahi)『여진역어』 불특매(弗忒昧) '전송'〉만주어 fudeha '이미 전송하였다'. 『금사』 모독록(毛睹祿)[몰도로(沒都魯)] *muduru/mudun)『여진역어』 목두아(木杜兒) '용(龍)'〉만주어 muduri '용(龍)'. 『금사』 모극(謀克)[모모가(毛毛可)] *muke '백부장(百夫長)'〉만주어 mukūn '족장'. 『금사』 노신(奴申) *nušin '화목하다'〉만주어 necin '평안하다, 화순하다'. 『금사』 속련(孰輦) *šliyen '연꽃'〉만주어 šuilha '연꽃'. 『금사』 토골(吐鶻)/'원명희곡' 토골(兔鶻) *tuhu '속대'〉만주어 toohan '액세서리'. 『금사』 타만(陀滿)[타만(駝滿), 타만(馳滿), 타만(陀熳), 통문(統門), 도문(徒門), 독만(禿滿)] *tumon/tumun)『여진역어』 토만(土滿) '만(萬)'〉만주어 tumen '만(萬)'. 『금사』 독리(禿里) *turi '부락의 소송 일을 담당하다'〉만주어 turambi '분명하게 밝히다'. 『삼조북맹회편』 올실(兀室) *guši/『금사』 고신(古神) *gušin/『신록기』 고신(固新) *gusin)『여진역어』 고신(古申) '삼십'〉만주어 gusin '삼십'.

　*u가 독립적으로 자음과 음절을 구성하여 어중에 나타난 경우. 『금사』 아리백(阿里白) *alibuhi〉만주어 alibuha '바치도록 하였다'. 『금사』 사부실(辭不失)[사부습(辭不習)] *sibuhi '술이 깼다'〉만주어 subuha '술이 깼다, 숙취를 풀다'. '원명희곡' 적와부랄해(赤瓦不剌海) *čiwabulahai/『송막기문』 와발랄해(窪勃辣孩) *wabulahai '죽이다'〉만주어 wabuha '죽도록 하다'. 『금사』 와출호(訛出虎) *očuqu '관용'〉만주어 oncokon '관용'. 『금사』

안춘(按春)[안춘(安春), 안진(按辰), 안출(按出), 안출호(按出虎), 아출호(阿朮許), 안출호(安朮虎), 아록조(阿祿阻), 아촉호(阿觸胡), 아지고(阿之古), 아리출호(阿里出虎)] *alčun/alčuqu/alčuqu '금(金)'〉『여진역어』 안춘온(安春溫) '금(金)'〉만주어 ancun '귀걸이'/alcuka '아십하(阿什河)'. 『금사』 모도록(毛睹祿)[몰도로(沒都魯)] *muduru/muduri 『여진역어』 목두아(木杜兒) '용(龍)'〉만주어 muduri '용(龍)'. 『금사』 만도가(謾都歌)[만도가(謾都訶)] *mandugro/manduho '치매'〉만주어 mentuhun '우둔하다, 어리석다'. 『금사』 야보아(耶補兒) *yeburi〉만주어 iberi '투구꼬리'. 『금사』 적고부(迪古不) *digubu〉만주어 dahūbu '회복하도록 하다'. 『금사』 사홀대(沙忽帶) *šahudai '배'〉만주어 jahūdai '선박, 배'. 『금사』 아호리(阿虎里) *ahuri '잣'〉『여진역어』 홀리(忽里) '잣'〉만주어 hūri '잣'. 『금사』 아호대(阿虎帶)[아호질(阿虎迭), 아호질(阿胡迭)] *ahudai '장남'〉『여진역어』 아혼온(阿渾溫) '형'〉만주어 ahūngga '장남'/ahunta '형들'. 『금사』 골로보(鶻魯補)[골노보(鶻盧補), 홀노보(忽盧補), 곡로보(斛魯補)] *hulubu〉만주어 hulbobu '연결하도록 하다, 혼인하게 하다'. 『금사』 호로랄(胡魯剌) *hulula '가장(家長)'〉만주어 halaida '족장'. 『금사』 길보로만(吉甫魯灣) *gihuluwan '연자성(燕子城)'〉『여진역어』 가혼온(加渾溫) '매'〉만주어 pyahūn '매'. 『금사』 아호라(阿虎懶) aquran〉만주어 agūra '기계, 기물'. 『금사』 은출가(銀朮可) *ninjukc '진주'〉『여진역어』 녕주흑(寧住黑) '진주'〉만주어 nicuhe '진주'. 『금사』 아도한(阿徒罕) *atuhan '땔나무를 줍는 사람'〉만주어 asihan '어리다, 젊은이'. 『금사』 호토백(胡土白) *hutubai〉『여진역어』 홀토아복아이(忽土兒卜阿以) '행운의 땅'〉만주어 hūturi ba '행운의 땅'. 『금사』 홀토애갈만(忽土皚葛蛮) *hutuɤai gamon〉만주어 hutruŋgai hafan '복 받는 요새'. 『금사』 아오탑(牙吾塔)[아고탑(牙古太)] *yaɤuta/yaɤutai '부스럼'〉만주어 yoohede '부스럼'.

　　*u가 독립적으로 자음과 어울려 음절을 구성하여 어말에 나타난 경우. 『금사』 아리보(阿里補)[아리부(阿里不), 아리보(阿里保), 아리보(阿離補), 아

로부(阿魯不), 아노보(阿盧補), 아로보(阿魯保)] *alibu〉만주어 alibu '바치도록 하다'. 『금사』 아식보(阿息保)[아사발(阿思鉢)] *asibu '힘으로 남을 돕다'〉만주어 aisilabu '돕도록 하다, 협조하게 하다'. 『금사』 발특보(孛特補) *botebu〉만주어 butabu '어렵하게 하다, 물고기 잡게 하다'. 『금사』 골로보(鶻魯補)[골노보(鶻盧補), 홀노보(忽盧補), 곡로보(斛魯補)] *hulubu〉만주어 hulbobu '연결하도록 하다, 혼인하게 하다'. 『금사』 오답보(烏答補)[올답보(兀答補), 오달보(烏達補), 오도보(吾都補), 오도보(吾睹補), 오도부(唔都不)] *udabu〉만주어 udabu '사게 하다'. 『금사』 달길보(達吉保)[달길부(達吉不), 달기보(達紀保)] *dagibu〉만주어 dejibu '뛰어나도록 하다'. 『금사』 회리부(回里不)[핵리보(劾里保)] *horibu〉만주어 horibu '묶게 하다'. 『금사』 알리복(斡里卜)[알리부(斡里不), 알리부(斡離不), 알로부(斡魯不), 아로보(斡魯補), 알노보(斡盧補), 알노보(斡盧保), 와로보(訛魯補), 오리부(唔里不), 오리보(唔里補)] *olibu '축적하다'〉『여진역어』 올리매(兀里眛) '남다' 만주어 welibu '남기다'. '원명희곡' 아부(牙不) *yabu〉『여진역어』 아보(牙步) '걷다'〉만주어 yabu '걷다'. 『금사』 을리보(乙里補)[을랄보(乙剌補), 이랄보(移剌補), 이랄보(移剌保), 이랄본(移剌本)] *ilibu/ilibun〉『여진역어』 일립본(一立本) '서다' 만주어 ilibu '일어나게 하다, 일어서게 하다'. 『요동행부지』 야답랄처(耶塔剌處) *yctaraču '화도, 부싯돌'〉만주어 yatarakū '부싯돌, 화도'. 『금사』 환도(歡都) *hondu〉만주어 handu '벼'. 『금사』 익도(益都)[여도(余睹)] *idu '차례'〉만주어 idu '순서, 횟수'. 『금사』 포랄도(蒲剌都) *puladu '결막암으로 눈이 보이지 않다'〉만주어 fulata '눈이 진무르다'. 『금사』 당괄(唐括)[당고(唐古)] *tanggu〉『여진역어』 탕고(湯古) '백(百)'〉만주어 tanggu '백(百)'. 『금사』 니방고(尼厖古)[니망고(尼忙古), 점몰갈(粘沒曷), 점할(粘割), 점가(粘哥), 점합(粘合)] *nimaŋgu/nimha '물고기'〉『여진역어』 리말합(里襪哈) '물고기'〉만주어 nimaha. 『금사』 토골(吐鶻)/ '원명희곡' 토골(兔鶻) *tuhu '속대'〉만주어 toohan '액세서리'. 『금사』 골사호(鶻沙虎) *hušahu〉만주어 huušahū '올빼미, 부엉이(밤늦도록 자지 않는 사람)'. 『금사』

알홀(斡忽) *ohu '냄새가 지독하다'〉만주어 wahūn '냄새가 지독하다'. 『금사』 활랄호(活腊胡) *holahu '붉은색'〉『여진역어』 불랄강(弗剌江) '빨갛다, 붉다'〉만주어 fulahūn '붉은색'. 『금사』 사로(斜魯) *selu '크고 가파른 산'〉몽골어 šina '산등성마루'. 『금사』 아리호(阿里虎)[아리골(阿里骨), 아리괄(阿里刮)] *aliqu〉『여진역어』 아리고(阿里庫) '소반'〉만주어 alikū '큰 접시'. 『금사』 와출호(訛出虎) *oču qu '관용'〉만주어 awokon '관용'. 『금사』 안춘(按春)[안춘(安春), 안진(按辰), 안출(按出), 안출호(按出虎), 아출호(阿朮許), 안출호(安朮虎), 아록조(阿祿阻), 아촉호(阿觸胡), 아지고(阿之古), 아리출호(阿里出虎)] *alčun/alčuqu/alčuqu '금'〉『여진역어』 안춘온(安春溫) '금'〉만주어 ancun '귀걸이'/alcuka '아십하(阿什河)'. 『금사』 모량호(毛良虎)[모량호(謀良虎)] *murianqu '무뢰하다'〉만주어 muriku '어리석다, 고집쟁이'. 『금사』 오로(烏魯)[오록(烏祿)] *uni '은혜'〉만주어 uru '이다'. 『금사』 갈로(曷魯) *horu〉만주어 heru '바퀴살'. 『금사』 갈로(曷魯) *qaru〉만주어 garu '백조'. 『금사』 모도록(毛睹祿)[몰도로(沒都魯)] *muduru/muduri〉『여진역어』 목두아(木杜兒) '용(龍)'〉만주어 muduri '용(龍)'. 『금사』 올출(兀朮)[알출(斡出), 알철(斡啜)] *uju '머리'〉『여진역어』 올주(兀住) '머리'〉만주어 uju '머리, 우두머리'. 『금사』 아속(阿速) *asu〉만주어 asu '그물'. 『금사』 발리속(拔離速) *barisu '각저희를 하는 사람'〉몽골어 barildu '씨름'.

*u가 자음 운미 *-l과 어울려 영(零)성모 폐음절을 구성하여 어두에 나타난 경우. 『금사』 올전(兀典) *ulden '스타'〉만주어 ulden '새벽빛, 햇빛'. 『금사』 알로고(斡魯古)[오로고(烏魯古), 와로고(訛魯古)] *ulgu '목장의 관리'〉만주어 ulga '가축'. 『금사』 올안(兀顔)[오연(烏延)] *ulɣian〉『여진역어』 올리언(兀里彦) '돼지'〉만주어 ulgiyan '돼지'.

*u는 자음 운미 *-n과 어울려 영(零)성모 폐음절을 구성하여 어두, 어말에 나타난 경우. 『금사』 온돈(溫敦)[온둔(溫屯)] *undun '비다'〉만주어 wentuhun '비다, 허전하다, 전무하다'. 『금사』 온적흔(溫迪痕)[온적한(溫迪罕), 온적흔(溫迪掀)] *undihen〉만주어 undehen '판자'.

*ul이 자음과 어울려 음절을 구성하여 어두에 나타난 경우. 『금사』 포노혼(蒲盧渾)[포로혼(蒲魯渾), 포로호(蒲魯虎), 포로환(蒲魯歡)] *pulhun '자루'〉만주어 fulhū '자루'. 『금사』 골로보(鶻魯補) *hulbu〉만주어 hulbobu '연결하도록 하다, 혼인하게 하다'.

*un이 자음과 어울려 음절을 구성하여 어중, 어말에 나타난 경우. 『금사』 발론출(孛論出) *bolunču '태아'〉『원조비사』 발단찰아(孛端察兒) *bodončari '시조(始祖)'. 『금사』 기리본(夔里本) *kuilibun〉만주어 kūlibu '속다'. 『금사』 오춘(烏春)[오준(烏蠢)] *učun〉『여진역어』 올칭인(兀稱因) '갑(甲)'〉만주어 uksin '갑(甲)'. '원명희곡' 살돈(撒敦) *sadun〉『여진역어』 살도해(撒都該) '친하다'〉만주어 sadun '사돈'. 『금사』 오돈(溫敦)[오둔(溫屯)] *undun '비다'〉만주어 wentuhun '비다, 허전하다, 전무하다'. 『금사』 포노혼(蒲盧渾)[포로혼(蒲魯渾), 포로호(蒲魯虎), 포로환(蒲魯歡)] *pulbun '자루'〉만주어 fulhū '자루'. 『금사』 포양온(蒲陽溫) '어린 아들' *puyaŋɤun〉만주어 fiyanggū '막내아들'. 『금사』 알준(斡準) *ojun〉만주어 weijun '학(鶴)'. 『금사』 알론(斡論) *olun '생철'〉만주어 olon '파문, 뱃대'. 『금사』 타만(陀滿)[타만(駝滿), 타만(馳滿), 타만(陀熳), 통문(統門), 도문(徒門), 독만(禿滿)] *tumon/tumun〉『여진역어』 토만(土滿) '만(萬)'〉만주어 tumen '만(萬)'. 『금사』 아리손(阿里孫) *arsun '못생겼다'〉만주어 ersun '추하다'. 『금사』 오둔(奧屯)[오돈(奧敦)] *otun '조(曹)'〉만주어 oton '구유'.

*uŋ이 자음과 어울려 음절을 구성하여 어두에 나타난 경우. 『금사』 맹안(猛安) *muŋɤan '천부장(千夫長)'〉『여진역어』 명간(皿干) '천(千)'〉만주어 minggan '천(千)'. 『금사』 몽괄(蒙括)[몽갈(蒙葛), 몽괄(蒙刮), 몽괄(蒙适), 몽갈(瞢葛)] *murŋgo/muŋko/nuŋga〉『여진역어』 망합(莽哈) '어렵다'〉만주어 mangga '어렵다, 비싸다'.

소결 : 만주어의 음절 구성규칙과 같이, 금나라 시대 여진어의 모음 *u는 독립적으로 구성한 음절은 어두에만 나타난다. *u가 독립적으로 자음과 어울려 구성한 음절은 어두, 어중, 어말에 나타난다. *u는 자음 운

미 *-l과 어울려 구성한 영(零)성모 폐음절은 어두에 나타난다. 자음 운미 *-n과 어울려 구성한 영(零)성모 폐음절은 어두, 어말에 나타난다. *un이 자음과 어울려 구성한 음절은 어중, 어말에 나타난다. *uŋ이 자음과 어울려 구성한 음절은 어두에만 나타난다.

4) 금나라 시대 여진어 모음 *i

금나라 시대 여진어의 모음 *i는 만주어의 i에 해당한다. 독립적으로 음절을 구성하거나, 핵모음으로 반모음 *y와 어울려 음절을 구성할 때 『중원음운』의 영(零)성모 제미(齊微)운, 어모(魚模)운자로 대음되었다. 독립적으로 자음과 어울려 음절을 구성하면 제미(齊微)운자로 대음되었다. 운모 *in는 진문(眞文)운, 침심(侵尋)운자로 대음되었다. *i가 자음 운미 *-l, *-r 등과 결합하면 일반적으로 제미(齊微)운에 래(來)모자를 붙이는 형식으로 표시된다. *i가 자음 운미 *-m과 결합하면 명(明)모자로 *-m만 표시되거나 렴(廉), 섬(纖)운자로 표시된다. *iŋ은 경(庚), 청(靑)운자로 대음되었다.

*i가 독립적으로 음절을 구성하여 어두에 나타난 경우. 『금사』여도(余睹)[익도(益都)] *idu '차례'〉만주어 idu '순서, 횟수'. 『금사』이라(移懶) *ilan〉『여진역어』이람(以藍) '삼(三)'〉만주어 ilan '삼(三)'. 『금사』을색보(乙塞補)[이실부(移失不)] *isibu『여진역어』일십매(一十埋) '이르다, 도착하다'〉만주어 isibumbi '이르도록 하다, 도달하게 하다'. 『금사』을랄보(乙剌補)[이랄보(移剌補), 을리보(乙里補), 이랄보(移剌保),이랄본(移剌本)] *ilibu/ilibu n〉『여진역어』일립본(一立本) '서다'〉만주어 ilibu '일어나게 하다, 일어서게 하다'. 『금사』을렬(乙列)[을렬(乙烈)] *ilj〉『여진역어』을립본(乙立本) '서다'〉만주어 ili '서다'. 『금사』을색보(乙塞補)[이실부(移失不)] *isibu〉『여진역어』일십매(一十埋) '이르다, 도착하다'〉만주어 isibumbi '이르도록 하다, 도달하게 하다'. 『금사』을실(乙室)[을설(乙薜)] *iši/isi '맞이하다'〉『여진역어』일십매(一十埋) '이르다, 도착하다'〉만주어 isi '도달하다'.

*i가 독립적으로 자음과 어울려 음절을 구성하여 어두에 나타난 경우.『금사』 필란(必蘭)[필랄(必剌), 비랄(秘剌), 비리(鼻里)] *biran/*bira '하천'〉『여진역어』 필랄(必剌) '하천'〉 만주어 bira.『금사』 적고부(迪古不) *digubu〉 만주어 dahūbu '회복하도록 하다'.『금사』 길보로만(吉甫魯灣) *gihuluwan '연자성(燕子城)'〉『여진역어』 가혼온(加渾溫) '매'〉 만주어 giyahūn '매'. 『금사』 할리(轄里) *hiyari〉 만주어 hiyari '사팔눈'.『금사』 니방고(尼厖 古)[니망고(尼忙古), 점몰갈(粘沒葛), 점할(粘割), 점가(粘哥), 점합(粘合)] *nimaŋgu/nimha '물고기'〉『여진역어』 리말합(里襪哈) '물고기'〉 만주어 nimaha.『금사』 점한(粘罕)/『송막기문』 니감(尼堪) *nimqan/nikam〉 만 주어 nikan '한인, 오랑캐'.『금사』 압은니요(押恩尼要) *yan niyo '구락 (狗㳇)'〉 만주어 indahūn iniyo '구포자(狗泡子)'.『금사』 사부실(辭不失) [사부습(辭不習)] *sibuhi '술이 깼다'〉 만주어 subuha '술이 깼다, 숙취를 풀다'.『금사』 습실(習失) *siši '끊임없이'〉 만주어 singse '조금도 게으르 지 않고 열심히 하다'.

*i가 독립적으로 자음과 어울려 음절을 구성하여 어중에 나타난 경우. 『금사』 초적린(鈔赤鄰) *čaučirin/'원명희곡' 찰습아(擦褶兒) čačiri〉『여진 역어』 찰적리(扎赤里) '장방(帳房)'〉 만주어 cacan '천막'.『금사』 온적흔 (溫迪痕)[온적한(溫迪罕), 온적흔(溫迪掀)] *wendihen〉 만주어 undehen '판자'.『금사』 발극렬(勃極烈) *bogile '관리'〉 만주어 beile '패륵(貝勒)'. 『금사』 달길부(達吉不)[달길보(達吉保), 달기보(達紀保)] *dagibu〉 만주어 dejibu '뛰어나게 하다'.『금사』 답부야(答不也)[달부야(撻不野)] *dabɣiye '김을 매는 사람'〉 만주어 dabgiya '풀을 뽑다, 김을 매다'.『금사』 녀해렬 (女奚烈) *niohilie〉 만주어 niohe/나나이어 niuheli '늑대'.『금사』 아리부 (阿里不)[아리보(阿里補), 아리보(阿里保), 아리보(阿離補), 아로부(阿魯不), 아노보(阿盧補), 아로보(阿魯保)] *alibu〉 만주어 alibu '바치도록 하다'. 『금사』 아리백(阿里白) *alibuhi〉 만주어 alibuha '바치도록 하였다'.『금 사』 아리호(阿里虎)[아리골(阿里骨), 아리괄(阿里刮)] *aliqu〉『여진역어』

아리고(阿里庫) '소반' 만주어 alikū '큰 접시'. 『금사』 아리합만(阿離合懣) *alihamon '매를 기르는 사람'〉만주어 alihan iyalma '매를 기르는 사람'. 『금사』 활리한(活離罕) *holihan '새끼 양'〉몽골어 horag '면양 새끼'. 『금사』 기리본(夔里本) *kuilibun〉만주어 kūlibu '속다'. 『금사』 을리보(乙里補)[을랄보(乙剌補), 이랄보(移剌補), 이랄보(移剌保), 이랄본(移剌本)] *ilibu/ilibun『여진역어』 일립본(一立本) '서다'〉만주어 ilibu '일어나게 하다, 일어서게 하다'. 『금사』 알리복(斡里卜)[알리부(斡里不), 알리부(斡離不), 알로부(斡魯不), 알로보(斡魯補), 알노보(斡盧補), 알노보(斡盧保), 와로보(訛魯補), 오리부(吾里不), 오리보(吾里補)] *olibu '축적하다'〉『여진역어』 올리매(兀里昧) '남다'〉만주어 welibu '남기다'. 『금사』 포련(蒲輦)[포리연(蒲里演), 포열(蒲涅), 포리연(蒲里衍), 포리언(蒲里偃), 불열(拂涅), 포섭(蒲聶)] *puliyen/ puniyen/puniye '모극의 부장'〉만주어 feniyen '무리', 나나이어 bolaci '협조'. 『금사』 속련(孰輦) *šuliyen '연꽃'〉만주어 šuilha '연꽃'. 『금사』 살합련(撒合輦)[살갈련(撒曷輦)] *saholiyen '얼굴색이 검다'〉『여진역어』 살합량(撒哈良) '검다'〉만주어 sahalian '검다'. 『금사』 살랄갈(撒剌喝)[살리합(撒里合), 살리갈(撒離喝)] *saliqa〉만주어 saligan '지배'. 『금사』 발리속(拔離速) barisu '각저희를 하는 사람'〉몽골어 baridu '씨름'. 『금사』 회리부(回里不)[핵리보(劾里保)] *horibu〉만주어 horibu '묶게 하다'. 『금사』 아식보(阿息保)[아사발(阿思鉢)] *asibu '힘으로 남을 돕다'〉만주어 aisilabu '도움이 되게 하다, 협조하도록 하다'. 『금사』 을색보(乙塞補)[이실부(移失不)] *isibu『여진역어』 일십매(一十埋) '이르다, 도착하다'〉만주어 isibumbi '이르도록 하다, 도달하게 하다'.

　*i가 독립적으로 자음과 음절을 구성하여 어말에 나타난 경우. 『금사』 달기(達紀)[달길(達吉)] *dagi〉만주어 deji '훌륭하다, 고급'. 『금사』 독길(獨吉) *dugi『여진역어』 독길(禿吉) '구름'〉만주어 tugi '구름'. 『금사』 사부실(辭不失)[사부습(辭不習)] *sibuhi '술이 깼다'〉만주어 subuha '술이 깼다, 숙취를 풀다'. 『금사』 포대(蒲帶) *pudahi〉『여진역어』 불특매(弗忒昧)

'전송') 만주어 fudehe '이미 전송하였다'. 『금사』 올대(兀帶)[오대(烏帶), 오대(㖇帶), 알대(斡帶)] *udahi '물품을 이미 샀다'〉 회동관 『여진역어』 올답(兀答) '사다'〉 만주어 udaha '샀다'. 『금사』 아리희(阿里喜) *ilhi '협조, 부장'. 『금사』 포리(蒲里)[포렬(蒲烈)] *puli〉 만주어 fulu '우수하다, 길다', 『금사』 합희(合喜) *qahi '가돈'〉 만주어 kociko '가야'. 『금사』 새리(賽里) [색리(塞里)] *seli '안락하다'〉 만주어 sela '창쾌하다'. 『금사』 을렬(乙列) [을렬(乙烈)] *ili〉『여진역어』 을립본(乙立本) '서다'〉 만주어 ili '서다'. 『금사』 녀해렬(女奚烈) *niohilie〉 만주어 niohe/나나이어 niuheli '늑대'. 『금사』 보활리(保活里) *boholi '난쟁이'〉『여진역어』 불화라(弗和羅) '짧다'〉 만주어 foholon '난쟁이'. 『금사』 아리(阿里) *ari〉 만주어 ari '통천귀, 찰거머리'. 『금사』 야보아(耶補兒) *yeburi〉 만주어 iberi '투구꼬리'. 『금사』 배로(背魯)[배로(輩魯), 배로(盃魯)] *beri〉『여진역어』 백력(伯力) '활'〉 만주어 beri '활'. 『금사』 모도록(毛睹祿)[몰도로(沒都魯)] *muduru/muduri 〉『여진역어』 목두아(木杜兒) '용(龍)'〉 만주어 muduri '용(龍)'. 『금사』 납갈리(納葛里) *nagori '거실'〉 몽골어 eneger '이실'. 아호리(阿虎里) *ahūri '잣'〉『여진역어』 홀리(忽里) '잣'〉 만주어 huri '잣'. 『금사』 독리(禿里) *turi '부락의 소송 일을 주관하고 사건의 경위를 조사하는 사람'〉 만주어 turambi '분명하게 밝히다'. 『금사』 할리(轄里) *hiyari〉 만주어 hiyari '사팔눈'. 『금사』 열리색일(涅里塞一) *neri seyi '하얗다'〉 만주어 nara šanyang '햇빛'. 『금사』 특사(特思)[특시(特厮)] *tehi〉『여진역어』 특희(忒希) '사십'〉 만주어 dehi '사십'. 『금사』 을실(乙室)[을설(乙薛)] *iši/isi '영접하는 관리'〉『여진역어』 일십매(一十埋) '이르다, 도착하다'〉 만주어 isi '도달하다'. 『금사』 루실(婁室) *losi〉 만주어 loso '봄철에 축축하여 갈기 힘든 논밭'. 『금사』 습실(習失) *siši '끊임없이'〉 만주어 singse '조금도 게으르지 않고 열심히'.

*i가 독립적으로 반모음 y와 어울려 음절을 구성하여 어중, 어말에 나타난 경우. 『금사』 새일(賽一)[산역(散亦)]/『송막기문』 새흔(賽痕) *sanyi/sehen

'좋다'〉『여진역어』 새인(賽因) '좋다'〉만주어 sain '좋다'.『금사』 열리색일
(涅里塞一) *neri seyi '하얗다'〉만주어 nara šanyang '햇빛'.『금사』 외가(畏
可)[외가(隈可), 외갈(隈喝), 알갈(斡喝), 오역가(吾亦可)] *weike/uho/uyike
'이(牙)'〉『여진역어』 위흑(委黑) '치(齒)'〉만주어 weihe '이(牙)'.

운모 *il이 자음과 어울려 음절을 구성하여 어두에 나타난 경우.『금
사』 지로환(只魯歡) *jilqon〉만주어 jalgon '수명'.

운모 *ir가 자음과 어울려 음절을 구성하여 어말에 나타난 경우.『금사』
앙길락(昂吉添) *aŋgir '원앙(鴛鴦)'〉몽골어 aŋggir '원앙'/만주어 aŋggir '황
오리(黃鴨)'.

운모 *im이 자음과 어울려 음절을 구성하여 어두에 나타난 경우.『금
사』 점한(粘罕)/『송막기문』 니감(尼堪) *nimqan/nikam〉만주어 nikan '한
인, 오랑캐'.『금사』 도모(闍母) *šim '가마'〉만주어 simtu '가마솥'.

운모 *in이 자음과 어울려 음절을 구성하여 어두, 어중, 어말에 나타난
경우.『금사』 아리간(阿里偘)[아륵근(阿勒根), 알리근(斡里根)] *argin〉만주
어 ergi '변(邊)'.『금사』 은출가(銀朮可) *ninjuke '진주'〉『여진역어』 녕주
흑(寧住黑) '진주'〉만주어 nicuhe '진주'.『금사』 아린(阿鄰) *alin '산
(山)'〉『여진역어』 아리인(阿里因) '산'〉만주어 alin '산'.『금사』 오림답(烏
林答)[오림달(烏林達)] *ulin da〉『여진역어』 올리인(兀里因) '재물'〉만주어
ulin da '재물의 관리자'.『금사』 모린(母麟)[말린(末鄰), 말린(抹鄰), 목린
(牧鄰)] *morin〉『여진역어』 모림(母林) '말(馬)'〉만주어 morin '말(馬)'.『금
사』 특린(忒鄰) *terin '바다'〉『여진역어』 맥특액림(脉忒厄林) '바다'/회동관
『여진역어』 묵득(墨得) '바다'〉만주어 mederi '바다'.『금사』 초적린(鈔赤
鄰) *čau čirin/'원명희곡' 찰습아(擦褶兒) *ča čiri〉『여진역어』 찰적리(扎赤
里) '장방(帳房)'〉만주어 cacari '천막'.『삼조북맹회편』 올실(兀室) *guši
/『금사』 고신(古神) *gušin/『신록기』 고신(固新) *gusin〉『여진역어』 고신
(古申) '삼십'〉만주어 gūsin '삼십'.『금사』 태신(太神) *taišin '높다'〉만주어
dekjin '일으키다, 일어나다'.

운모 *i가 자음이나 반모음 *y와 어울려 음절을 구성하여 어두에 나타난 경우. 『금사』 영가(盈歌)[양할(揚割)] *yiŋgo/yaŋgo〉 만주어 yengge '산포도, 개머루'.

소결 : 만주어의 음절 구성규칙과 같이, 금나라 시대 여진어의 모음 *i가 독립적으로 구성한 음절은 어두에만 나타난다. *i가 독립적으로 자음과 어울려 구성한 음절은 어두, 어중, 어말에 나타난다. *i가 반모음 *y와 어울려 구성한 음절은 어중, 어말에 나타난다. 운모 *iŋ이 반모음 *y와 어울려 구성한 음절도 어두에만 나타난다. 운모 *im이 자음과 어울려 구성한 음절도 어두에만 나타난다. 운모 *in이 자음과 어울려 구성한 음절은 어두, 어중, 어말에 나타난다. 운모 *il이 자음과 구성한 음절은 어두에만 나타난다. 운모 *ir이 자음과 구성한 음절이 어말에 나타날 수 있다.

5) 금나라 시대 여진어 모음 *e

금나라 시대 여진어 모음 *e는 만주어 e에 해당한다. *e가 반모음이나 자음 *g, *s, *t, *l과 어울려 구성한 음절은 대부분 『중원음원』의 차차(車遮)운자로 대음되고 일부는 가과(歌戈)운과 제미(齊微)운자로 대음되었다. 운모 *en가 자음과 어울려 구성하는 음절은 진문(眞文)운자로 대음되고, *en과 반모음 *y와 결합하면 선천(先天)운자로 대음되었다.

*e가 반모음 *y와 어울려 음절을 구성하여 어두, 어말에 나타난 경우. 『금사』 야보아(耶補兒) *yeburi〉 만주어 iberi '투구꼬리'. 『요동행부지』 야탑랄처(耶塔刺處) *yetara ču '화도, 부싯돌'〉 만주어 yatarakū '화도'. 『금사』 답부야(答不也)[달부야(撻不野)] *dabɤiye '김을 매는 사람'〉 만주어 dabgiya '잡초를 제거하다'. 『금사』 사야(斜也)[사야(斜野)] *seye〉 만주어 šeyen '흰색'. 『금사』 오야(烏也)[오야(烏野)] uye '아홉째'〉『여진역어』올야온(兀也溫) '아홉'〉 만주어 uyun '아홉'.

*e가 자음과 어울려 음절을 구성하여 어두, 어중, 어말에 나타난 경우.

『금사』 합주(合住)[화탁(和卓), 화출(和朮), 핵자(劾者)] *hoju/'원명희곡'
결도(結棹) *gejo〉『여진역어』 화탁(和卓) '멋있다〉 만주어 hojo '곱다, 이
름답다'. 『금사』 사로(斜魯) *selu '크고 가파른 산〉 몽골어 šina '산등성
마루'. 『금사』 사가(斜哥)[사갈(斜葛)] *sego '노랑가슴담비'〉『여진역어』
색극(塞克) '노랑가슴담비'〉 만주어 seke '노랑가슴담비'. 『금사』 새리(賽
里)[색리(塞里)] *seli '안락하다'〉 만주어 sela '창쾌하다'. 『금사』 사렬(斜
烈)[사렬(思烈), 사렬(思列)] *sele '칼날'〉 만주어 seleme '순도'. 『금사』 사
야(斜也)[사야(斜野)] *seye〉 만주어 šeyen '흰색'. 『금사』 특사(特思)[특시
(特廝)] *tehi〉『여진역어』 특희(忒希) '사십'〉 만주어 dehi '사십'. 『금사』
은출가(銀朮可) *ninjuke '진주'〉『여진역어』 녕주흑(寧住黑) '진주'〉 만주어
nicuhe '진주'. 『금사』 모극(謀克)[모모가(毛毛可)] *muke '백부장(百夫
長)'〉 만주어mukūn '족장'. 『금사』 매흑(梅黑) *meihe〉『여진역어』 매흑
(梅黑) '뱀'〉 만주어 meihe '뱀'. 『금사』 알륵(幹勒) *ole '돌(石)'〉『여진역
어』 알흑(幹黑) '돌'〉 만주어 wehe '돌'. 『금사』 발극렬(勃極烈) *bogile '관
리'〉 만주어 beile '패륵(貝勒)'. 『금사』 사렬(斜烈)[사렬(思烈)] *sele '칼
날'〉 만주어 seleme '순도'. 『금사』 오자(烏者)[알자(幹者)] *uje〉『여진역
어』 올자(兀者) '무겁다'〉 만주어 ujen '장중하다'. 『금사』 오렬(烏烈) *ure
'초름'〉 만주어 uri '초둔'. 『금사』 알색(幹塞) *ose〉『여진역어』 와자(瓦子)
'기와'. 『금사』 요설(遙設)[요절(遙折)] *yauše〉 만주어 yongsu '예의'.

운모 *en이 반모음 *y와 어울려 음절을 구성하여 어말에 나타난 경우.『금
사』 속련(紥輦) *šuliyen '연꽃'〉 만주어 šuilha '연꽃'. 『금사』 살합련(撒合輦)[살
갈련(撒曷輦)] *sahaliyen '얼굴색이 검다'〉『여진역어』 살합랑(撒哈良) '검다'〉 만
주어 sahalian '검다'. 『금사』 포련(蒲輦)[포리연(蒲里演), 포열(蒲涅), 포리연(蒲
里衍), 포리언(蒲里偃), 불열(拂涅), 포섭(蒲聶)] *puliyen/puniyen/puniye '모극
의 부장〉 만주어 feniyen '무리', 나나이어 bolaci '협조'.

운모 *en이 자음과 어울려 음절을 구성하여 어두, 어말에 나타난 경우.
『북맹록』 애근(愛根) *aigen '남편'〉『여진역어』 액일액(厄一厄) '남편'〉 만

주어 eigen '남편'. 『금사』 온적흔(溫迪痕)[온적한(溫迪罕), 온적흔(溫迪掀)] *undihen〉 만주어 undehen '판자'.

소결 : 금나라 시대 여진어 *e는 다른 단모음과 달리 독립적으로 음절을 구성하지 못한다. 반모음 *y와 어울려 음절을 구성할 수 있으며 어두, 어중, 어말에 나타난다. 운모 *en이 반모음 *y와 어울려 음절을 구성하면 어말에만 나타나고, 자음과 어울려 음절을 구성하면 어두, 어말에 나타날 수 있다.

2. 금나라 시대 여진어의 이중모음

금나라 시대 여진어의 이중모음은 *ai, *au, *ia, *ie, *ei, *io, *oi, *ui 등 8개 있다. 그중에서 *i계 이중모음이 제일 많다.

1) 금나라 시대 여진어 이중모음 *ai

『금사』 등 송·원나라 역사 서적에 여진어 이중모음 *ai가 개래(皆來) 운자로 대음되었다. *ai가 독립적으로 음절을 구성하면 어두에 나타나며, 자음 *b, *d, *h, *n, *t, *ɣ 등과 어울려 음절을 구성하면 어두, 어말에 나타난다.

*ai가 독립적으로 음절을 구성히여 어두에 나타난 경우. 『북맹록』 애근(愛根) *aigen '남편'〉『여진역어』 액일액(厄一厄) '남편'〉 만주어 eigen '남편'.

*ai가 자음과 어울려 음절을 구성하여 어두, 어말에 나타난 경우. 『금사』 태신(太神) *taišen '높다'〉 만주어 dekjin '일으키다, 일어나다'. 『금사』 호토백(胡土白) *hutubai〉『여진역어』 홀토아(忽土兒) '복(福)', 복아이(僕阿以) '장소'〉 만주어 hūturiba '행운의 땅'. 『금사』 달아대(達兒歹) *dardai〉 만주어 dartai '순간, 잠시'. 『금사』 아호대(阿虎帶)[아호질(阿虎迭), 아호질(阿胡

送)] *ahudai '장남'〉『여진역어』아혼온(阿渾溫) '형'〉만주어 ahūngga '장남/ahūnta '형들'. '원명희곡' 호랄해(虎剌孩) *hulhai 『여진역어』호랄해날 아마(虎剌孩捏兒麻) '강도'〉만주어 hūlha '강도'. 『금사』아합(阿合)[아해(阿海)] *aha/ahai '노예'〉『여진역어』아합애(阿哈愛) '노비'〉만주어 aha '노예'. 『금사』안답해(按答海) *andahai '손님'〉『여진역어』안답해날아마(岸答海捏兒麻) '손님'〉만주어 andaha/anda '손님, 친구'. '원명희곡' 적와부랄해(赤瓦不剌海) *čiɣaburahai '때려죽이다'〉만주어 wabuha '죽도록 하다'. 『금사』홀토애갈만(忽土皑葛蠻) *hutuɣai gamon〉만주어 hutuŋgai hafan '복 받는 요새'. 『금사』아고탑(牙古太)[아오탑(牙吾塔)] *yaɣuta/yaɣutai '부스럼'〉만주어 yoo hede '부스럼'.

2) 금나라 시대 여진어 이중모음 *au

이중모음 *au는『금사』등 송·원나라 역사 서적에 소호(蕭豪)운자로 대음되었다. *au가 자음과 어울려 음절을 구성하며 어두에 나타난다.

*au가 자음과 어울려 음절을 구성하여 어두에 나타난 경우. 『금사』초적린(鈔赤鄰) *čau čirin/'원명희곡' 찰습아(擦褶兒) *čačiri『여진역어』찰적리(扎赤里) '장방(賬房)'〉만주어 cacari '천장막'.

3) 이중 모음 *ia

이중모음 *ia는 *-n, *-ŋ 운미나 자음과 어울려 음절을 구성할 수 있다. 송·원나라 역사 서적에 선천(先天)운, 강양(江陽)운자로 대음되었다. *ian이 어말에만 나타나고, *iaŋ이 어중에만 나타난다.

*ian이 자음과 어울려 음절을 구성하여 어말에 나타난 경우. 『금사』올언(兀諺)[오연(烏延)] *ulɣian〉『여진역어』올리언(兀里彦) '돼지'〉만주어 ulgiyan '돼지'.

*iaŋ이 자음과 어울려 음절을 구성하여 어중에 나타난 경우. 『금사』모량호(謀良虎)[모량호(毛良虎)] *muriaŋqu '무뢰하다'〉만주어 muriku '어

리석다, 고집쟁이'.

4) 이중모음 *ei

『금사』등 송·원나라 역사 서적에 제미(齊微)운자로 대음되었다. *ei
는 자음과 어울려 음절을 구성할 수 있는데 어두에 나타난다.

*ei가 자음과 어울려 음절을 구성하여 어두에 나타난 경우.『금사』매
흑(梅黑) *meihe)『여진역어』매흑(梅黑) '뱀'〉만주어 meihe '뱀',『금사』
외가(畏可)[외가(隈可), 외갈(隈喝), 외갈(偎喝), 알갈(斡喝), 오역가(吾亦
可)] *weike/uho/uike '이(牙)'〉『여진역어』위흑(委黑) '이(齒)'〉만주어
weihe '이(牙)'.

5) 이중모음 *ie

『금사』등 송·원나라 역사 서적에 차차(車遮)운자로 대음되었다. *ie
가 운미 *-n과 자음과 어울려 음절을 구성하면 선천(先天)운자로 대음되
며 어말에 나타난다.

*ie가 자음과 어울려 음절을 구성하여 어말에 나타난 경우.『금사』아전(阿
典)/『삼조북맹회편』아질(阿迭)/〈오둔량필시비〉아점(阿玷) *adien/adie
'뢰'〉『여진역어』아점(阿玷) '우레(雷)'〉만주어 akjan.『금사』녀해렬(女奚
烈) *niohilie〉만주어 niohe/나나이어 niuheli '늑대'.

6) 이중모음 *io

『금사』등 송·원나라 역사 서적에 어모(魚模)운, 우후(尤候)운자로 대
음되었다. *io가 자음과 어울려 음절을 구성할 수 있으며 어두, 어말에
나타난다.

*io가 자음과 같이 음절을 구성하여 어두, 어말에 나타난 경우.『금사』류가
(留可) *lioko〉만주어 leke '역석, 숫돌'.『금사』녀로환(女魯歡) *niolhon '십
육'〉『여진역어』니혼(泥渾) '십육(十六)'〉만주어 niolhun '정월 16일'.『금사』

녀해렬(女奚烈) *niohilie) 만주어 niohe/나나이어 niuheli '늑대'. 『금사』 활녀
(活女) *honio '항아리') 『여진역어』 홀녀(忽女) '통(桶)') 만주어 hunio '물통'.

7) 이중모음 *oi

『금사』 등 송·원나라 역사 서적에 제미(齊微)운자로 대음되었다. *oi
가 자음과 어울려 음절을 구성할 수 있으며 어두에 나타난다.

*oi가 자음과 어울려 음절을 구성하여 어두에 나타난 경우. 『금사』 배
만(裵滿) *poimon) 만주어 fomo '삼, 마'.

8) 이중모음 *ui

『금사』 등 송·원나라 역사 서적에 대부분은 제미(齊微)운자로 대음되
었다. ui가 자음과 어울려 음절을 구성할 수 있으며 어두, 어말에 나타난다.

*ui가 자음과 어울려 음절을 구성하여 어두, 어말에 나타난 경우. 『금
사』 기리본(夔里本) *kuilibun) 만주어 kūlibu '속다'. 『금사』 포휘(布輝)
[복회(卜灰), 복회(不灰), 복회(僕灰), 복훼(僕虺)] *buhui) 『여진역어』 복
고(卜古) '사슴') 만주어 buhū '사슴'.

소결 : 금나라 시대 여진어의 이중모음은 *ai, *au, *ia, *ie, *ei, *io,
*oi, *ui 등 8개가 있다. 그중에서 *i계가 제일 생산적이며 단모음 *a, *e,
*o, *u 등과 결합할 수 있다. 또 *ai 외에는 모두 독립적으로 음절을 구성하
지 못하고 자음과 어울려 음절을 구성하여 어두, 어중, 어말에 나타난다.

표 2 금나라 시대 여진어 모음표

단모음	a	o	u	
	i		e	
이중모음	ai, ia	io, oi	au, ui	ei, ie

제3절 금나라 시대 여진어의 음운체계

여진어는 만주어의 조어(祖語)이며 알타이어계 고대 언어의 한 갈래이다. 역사 서적 기록이 있는 여진어 음운사는 3분기로 나눌 수 있다. 즉 『금사』 등 송·원나라 역사 서적에 수록된 여진어가 대표하는 고대 여진어, 영락『여진역어』을 비롯한 중고 여진어, 만주어가 대표하는 근대 여진어 3분기이다. 고대 여진어와 중고 여진어의 경계는 자음 *p)*f의 변화이다. *p)*f의 변화는 금나라 시기에는 아직 일어나지 않았는데『여진역어』에는 이미 완성되었다. 『금사』에 '모극의 부장'이라는 뜻을 갖는 '포리연(蒲里演)'은 만주어에 '무리'라는 뜻을 갖는 feniyen, 나나이어에 '협조'라는 뜻을 갖는 bolaci에 해당하는데, '포리연(蒲里演)'은 '불열(拂涅)'로도 대음되었다. 이에 따라 금나라 시대 여진어에는 *p)*f의 변화가 이미 대두되었고 이 변화는 처음에 원순모음 *u의 영향을 받아 발생했을 가능성이 있다는 것을 밝혔다. 이로서 여진어 *p)*f의 변화가 원나라나 원나라 이후에 활발하게 일어났다고 할 수 있다. 중고 여진어와 근대 여진어는 *ti)*či, *di)*ji의 변화를 기점으로 구분된다. *ti)*či, *di)*ji의 변화는 명나라 여진어에는 아직 일어나지 않았다. 이기문은 *ti)*či의 변화가 중고 여진어 이후부터 만주어 문어가 나타나기 이전까지의 시기, 즉 16세기 전후에 일어났다고 주장하였다.[1] 도을지(道爾吉)는 『대금라마법사보기(大金喇嘛法師寶記)』 비문을 고찰하여 청나라 초의 만주어에는 이

---

1 이기문(李基文), 「중고 여진어의 음운학 연구」, 『서울대학교논문집』, 인문사회과학 1., 1985. 황유푸 역음, 『민족언어연구정보자료집』, 중국사회과학원 민족연구소 언어실, 2., 1983.

미 *di〉ji의 변화가 발생하였다고 주장하였다.[2]

　금나라 시대 여진어를 분석하여 고대 여진어의 음운체계를 다음과 같이 재구하였다. 자음은 정지음: *p, *b, *t, *d, *k, *g, *q. 마찰음: *s, *š, *h, *ɣ. 파찰음: *č, *j. 비음: *m, *n, *ŋ. 설측음: *l. 전동음: *r. 반모음: *y, *w 등이 있다. 단모음은 5개 있다. 즉 *a, *o, *u, *i, *e. 이중모음은 8개가 있다. 즉 *ai, *ei, *au, *ui, *ia, *ie, *io, *oi 등이 있다. 도을지(道爾吉) 등은 『여진역어』를 분석하여 중고 여진어의 음운체계는 다음과 같이 재구하였다. 자음은 정지음: *b, *t, *d, *k, *g, *q, *ɣ. 마찰음: *f, *s, *š, *h, *x. 파찰음: *č, *j. 비음: *m, *n, *ŋ. 설측음: *l. 전동음: *r. 반모음: *y, *w 등이 있다. 단모음에는 후설모음 *a, *o, *ï, *u, *ū. 전설모음 *e, *i. 중설모음 *ə 등이 있다. 복합모음은 *au, *eu, *ei, *ui, *ai, *oi, *ia, *ie, *ua, *ue 등이 있다. 만주어의 음운체계는 다음과 같다. 자음은 정지음: p, b, t, d, k, g. 마찰음: f, s, š, h. 파찰음: c, j. 비음: m, n, ŋ. 설측음: l. 전동음: *r. 반모음: *y, *w 등이 있다. 모음은 a, o, ū, i, u, e가 있다. 복합모음은 ai, ei, ii, oi, ui, ao, eo, io, oo, iu 등이 있다.

　고대 여진어의 자음과 모음, 그리고 결합규칙은 다음과 같이 귀납할 수 있다.

1. 금나라 시대 여진어의 자음체계

　상술한 바와 같이 금나라 시대 여진어는 모두 20개 자음이 있다. 즉 양순음 *p, *b, *m. 설첨전음 *s. 설첨정지음 *t, *d. 설첨비음 *n. 설첨설측음 *l. 전동음 *r. 설엽음 *č, *j, *š. 연구개음 *k, *g, *h, *ŋ. 구개수음 *q, *ɣ. 반모음 *y, *w 등이 있다.

---

2 도을지(道爾吉) · 허시거(和希格), 「〈여진역어〉 연구」, 『내몽고대학교 학보』(증간), 1983.

양순음 *p. 송·원나라 역사 서적에 일반적으로 방(滂)모, 병(並)모자로 대음되었다. *p가 초성 자음으로 모음과 어울려 음절을 구성하여 어두, 어중, 어말에 나타난다.

양순음 *b. 송·원나라 역사 서적에 방(幫)모, 병(並)모자로 대음되었다. *b가 초성 자음으로 모음과 어울려 음절을 구성하고 어두, 어중, 어말에 나타난다. *b가 폐음절 운미로 어중에 나타나는데 뒤에 *g, *k를 붙어 이중자음을 형성한다.

양순음 *m. 송·원나라 역사 서적에 명(明)모자로 대음되었다. *m은 초성 자음으로 모음과 어울려 음절을 구성하고 어두, 어중, 어말에 나타날 수 있고, 또 운미로 모음과 어울려 음절을 구성하여 어두, 어말에 나타난다.

여진어에는 설첨전음은 마찰음 *s 하나만 있다. 『금사』 등 송·원나라 역사 서적에 정(精)계 글자에 속하는 심(心), 사(邪)모자로 대음되었다. 이는 『여진역어』와 일치하다. 『여진역어』에는 정(精)계 한자 차용어를 일반적으로 마찰음 *s로 표음된다. 예를 들어, 한어의 '노새(驟子)'는 여진어에 '노살(老撒)'이라고 부른다(『여진역어·부장문』). '총병(總兵)'은 여진어에 '소온필인(素溫必因)'이라고 부른다. 이것은 한어 '밀(麥)'이 만주어에 차용한 maise라고 하는 것과 같다. 그리고 몽원(蒙元) 시기의 몽골어 비명에 한자 차용어를 표음할 때도 마찰음(擦音) *s로 한어 정(精)계 글자를 음역하였다. 예를 들어, '장(藏)' sink, '장(匠)' sank 등. 이들에 근거하여 고대 몽골어든 여진어든 설첨전음은 마찰음 *s뿐이라는 것을 밝혔다.

설첨음 *t는 무성정지음이다. 『금사』 등 송·원나라 역사 서적에 일반적으로 투(透)모, 정(定)모자로 대음되었다. *t가 초성 자음으로 모음과 어울려 음절을 구성하며 어두, 어중, 어말에 나타난다.

설첨음 *d는 유성정지음이다. 『금사』 등 송·원나라 역사 서적에 단(端)모, 정(定)모자로 대음되었다. *d가 초성 자음으로 모음과 어울려 음절을 구성하며 어두, 어중, 어말에 나타난다.

설첨비음 *n.『금사』등 송·원나라 역사 서적에 니(泥)모자로 대음되었다. *n이 초성 자음으로 모음과 어울려 음절을 구성하고 어두, 어중, 어말에 나타난다. 또 운미로 모음과 어울려 음절을 구성하여 어두, 어중, 어말에 나타난다.

설측음 *l.『금사』등 송·원나라 역사 서적에 래(來)모자로 대음되었다. *l은 초성 자음으로 모음과 어울려 음절을 구성하고 어두, 어중, 어말에 나타난다. 또 운미로 어두 음절에 나타날 수 있다. 만주어와 같이 *l이 운미로 어말 음절에 나타난 어휘가 없다.

전동음 *r.『금사』등 송·원나라 역사 서적에 래(來)모, 일(日)모자로 대음되었다. *r이 초성 자음으로 모음과 어울려 음절을 구성하고 어중, 어말에도 나타난다. 또 운미로 모음과 어울려 음절을 구성하여 어두에 나타나며, 일반적으로 래(來)모자로 대음되었다. *r이 운미로 어말에 나타난 경우가 두 개밖에 없는데, 하나는 일(日)모자 '아(兒)'로 대음되었다.

설엽음 *č는 무성정지음이다.『금사』등 송·원나라 역사 서적에 창(昌)모, 초(初)모 한자로 대음되었다. *č가 초성 자음으로 모음과 어울려 음절을 구성하여 어두, 어중, 어말에 나타난다.

설엽음 *j는 유성정지음이다.『금사』등 송·원나라 역사 서적에 장(章)모, 징(澄)모자로 대음되었다. *j가 초성 자음으로 모음과 어울려 음절을 구성하여 어두, 어중, 어말에 나타난다.

설엽음 *š는 무성마찰음이다.『금사』등 송·원나라 역사 서적에 선(船)모, 서(書)모, 선(禪)모, 진(臻)모, 생(生)모자로 대음되었다. *š가 초성 자음으로 모음과 어울려 음절을 구성하여 어두, 어중, 어말에 나타난다.

연구개음 *k는 무성정지음이다.『금사』등 송·원나라 역사 서적에 계(溪)모, 군(群)모자로 대음되었다. *k가 초성 자음으로 모음과 어울려 음절을 구성하여 어두, 어중, 어말에 나타난다.

연구개음 *g는 유성정지음이다.『금사』등 송·원나라 역사 서적에 견

(見)모, 군(群)모자로 대음되었다. 초성 자음으로 모음과 어울려 음절을 구성하여 어두, 어중, 어말에 나타난다.

연구개음 *h는 무성마찰음이다. 『금사』 등 송 · 원나라 역사 서적에 효(曉)모, 갑(匣)모자로 대음되었다. *h가 초성 자음으로 모음과 어울려 음절을 구성하여 어두, 어중, 어말에 나타난다.

연구개음 *ŋ은 비음이다. *ŋ은 운미로만 모음과 어울려 음절을 구성할 수 있다. 『금사』 등 송 · 원나라 역사 서적에 일반적으로 *-ŋ 운미 한자로 대음되었다. 만주어와 같이 *-ŋ이 초성 자음으로 모음과 어울려 음절을 구성하는 경우가 아주 드물다.

구개수음 *q는 무성정지음이다. 『금사』 등 송 · 원나라 역사 서적에 연구개음인 견(見)계나 효(曉), 갑(匣)모자로 대음되었다. *q가 초성 자음으로 모음과 어울려 음절을 구성하여 어두, 어중, 어말에 나타난다.

구개수음 *ɣ는 유성마찰음이다. 여진어의 *ɣ는 *g의 약화음이다. 『금사』 등 송 · 원나라 역사 서적에 의(疑)모, 영(影)모, 이(以)모자로 대음되었다. *ɣ는 초성 자음으로 모음과 어울려 음절을 구성하여 어두, 어중, 어말에 나타난다.

반모음 *y. 『금사』 등 송 · 원나라 역사 서적에 영(影)모, 이(以)모와 영(喩)성모의 개구(開口)자로 대음되었다. *y는 음절의 첫소리로 모음과 어울려 음절을 구성하여 어두, 어중, 어말에 나타난다.

반모음 *w. 『금사』 등 송 · 원나라 역사 서적에 영(影)모, 이(以)모와 영(喩)성모 합구(合口)자로 대음되었다. *w는 음절의 첫소리로 모음과 어울려 음절을 구성하여 어두, 어중에 나타난다.

2. 금나라 시대 여진어의 모음체계

금나라 시대 여진어에는 5개 단모음이 있다. 즉 *a, *o, *u, *i, *e다.

이중모음은 8개 있다. 즉 *ai, *ei, *au, *ui, *ia, *ie, *io, *oi다. 단모음 *a, *o, *i, *u는 독립적으로 음절을 구성할 수 있는데, 이중모음에서는 *ai만 독립적으로 음절을 구성할 수 있다.

금나라 시대 여진어 모음 *a는 독립적으로 구성한 음절은 만주어와 같이 어두에만 나타나고 어말에 나타나지 않는다. *a는 자음 운미 *-m, *-n, *-ŋ, *-b, *-l과 어울려 영(零)성모 폐음절을 구성할 수 있는데 어두에만 나타나고, 어말에 나타나지 않다. *a가 핵모음으로 자음 운미 *-b, *-k, *-m, *-n, *-ŋ, *-r, *-s와 어울려 운모를 구성할 수 있다. 이 운모들은 또 다시 성모 *b, *p, *m, *d, *t, *n, *l, *r, *s, *g, *k, *h, *q, *ɣ, *j, *š, *č, *y 등과 어울려 음절을 구성할 수 있다. 그중에서는 *an이 제일 생산적이다.

금나라 시대 여진어 모음 *o는 독립적으로 성모 *b, *d, *m, *l, *r, *g, *k, *h, *j 등과 어울려 음절을 구성하여 어두, 어중, 어말에 나타난다. *o가 자음 운미 *-r, *-m과 어울려 영성모 폐음절을 구성할 수 있는데 일반적으로 어두에만 나타난다. *o가 자음 운미 *-n과 어울려 운모를 구성하고 그 복합 운모는 다시 성모 *d, *t, *m, *k, *h 등과 어울려 음절을 구성하며 어두, 어말에 나타난다. *o가 핵모음으로 자음 운미 *-l, *-r, *-s와 결합하는 복합형은 모두 다 성모 *h와 어울려 음절을 구성할 수 있으며 어두에 나타난다.

금나라 시대 여진어 모음 *u는 독립적으로 음절을 구성할 수 있는데 어두에만 나타난다. *u가 성모와 어울려 음절을 구성할 수 있고 어두, 어중, 어말에 나타난다. *u가 자음 운미 *-l과 어울려 영성모 폐음절을 구성할 수 있고 어두에 나타난다. *u가 운미 *-n과 어울려 영성모 폐음절을 구성하고 어두, 어말에 나타난다. *un은 자음과 어울려 음절을 구성할 수 있고 어중, 어말에 나타난다. *uŋ은 자음과 어울려 구성하는 음절은 어두에만 나타난다.

금나라 시대 여진어 모음 *i는 독립적으로 구성하는 음절은 어두에만 나타난다. *i가 성모와 어울려 음절을 구성하고 어두, 어중, 어말에 나타난다. *i가 반모음 *y와 어울려 음절을 구성할 수 있는데 어중, 어말에 나타난다. 운모 *iŋ은 반모음 *y와 어울려 구성하는 음절은 어두에 나타난 예가 하나만 있다. 운모 *im은 성모와 어울려 음절을 구성하고 어두에 나타난다. 운모 in도 성모와 어울려 음절을 구성할 수 있는데 어두, 어중, 어말에 나타난다. 운모 il은 자음과 어울려 음절을 구성하고 어두에만 나타난다. 운모 *ir이 자음과 어울려 음절을 구성할 수 있는데 어말에만 나타난다.

금나라 시대 여진어 모음 *e는 다른 모음과 달리, 독립적으로 음절을 구성하지 못한다. *e가 반모음 *y와 어울려 음절을 구성할 수 있고 어두, 어말에 나타난다. 자음과 어울려 구성되는 음절은 어두, 어중, 어말에 나타난다. 운모 *en이 반모음 *y와 어울려 음절이 구성되고 어말에 나타날 수 있는데 자음과 어울려 구성되는 음절은 어두에도 나타날 수 있다.

금나라 시대 여진어에는 총 8개의 이중모음이 있다. 즉 *ai, *au, *ia, *ie, *ei, *io, *oi, *ui다. 그중에서 *i가 제일 생산적이다. 단모음 *a, *e, *o, *u 등과 결합할 수 있다. *ai를 제외한 모든 이중모음은 독립적으로 음절을 구성하지 못하고, 자음과 어울려 음절을 구성하고 어두, 어중, 어말에 나타난다.

*ai는 『금사』 등 송·원나라 역사 서적에 개래(皆來)운자로 대음되었다. *ai가 독립적으로 음절을 구성할 수 있으며 어두에 나타난다. 자음 *b, *d, *h, *n, *t, *g와 어울려 음절을 구성하여 어두, 어말에 나타난다.

*au는 『금사』 등 송·원나라 역사 서적에 소호(蕭豪)운자로 대음되었다. 자음과 어울려 구성하는 음절은 어두에 나타난다.

*ia는 운미 *-n, *-ŋ, 그리고 자음과 어울려 음절을 구성할 수 있다. 『금사』 등 송·원나라 역사 서적에 선천(先天)운, 강양(江陽)운자로 대음되었다. *ian은 어말, *iaŋ은 어중에 나타난다.

*ei는 『금사』 등 송·원나라 역사 서적에 대부분 제미(齊微)운자로 대음하고 자음과 어울려 구성하는 음절은 어두에 나타난다.

*ie는『금사』등 송·원나라 역사 서적에 차차(車遮)운자로 대음한다. 운미 *-n과 자음으로 구성하는 음절은 선천(先天)운자로 대음하고 어말에 나타난다.

*io는『금사』등 송·원나라 역사 서적에 어모(魚模)운, 우(尤), 후(侯)운자로 대음하고 자음과 어울려 음절을 구성하고 어두, 어말에 나타난다.

*oi는『금사』등 송·원나라 역사 서적에 제미(齊微)운자로 대음한다. 자음과 어울려 음절을 구성하고 어두에 나타난다.

*ui는『금사』등 송·원나라 역사 서적에 대부분 제미(齊微)운자로 대음하고 자음과 구성하는 음절은 어두, 어말에 나타난다.

제4장

금나라 시대 여진어 문법 개설

금나라 시대 여진어 문법에 관하여, 안마 야이치로(安馬彌一郞), 진광평(金光平)·진치총(金啓孫)이 많은 연구를 하였다. 안마 야이치로는 1943년『여진문금석지고(女眞文金石志稿)』에 '여진 문법개설'이라는 부분이 있는데, 당시로는 연구의 한계로 인해 아주 간단하게 기술하였다. 진광평(金光平) 부자는『여진언어문자연구(女眞語言文字硏究)』에서『여진역어』의 '잡자(雜字)'에 포함된 문법 및 여진 비문에 나타난 문법을 만주어와 전면적으로 비교하여 여진어의 기본 문법형태를 제시하였다.『금사』등 송·원나라 역사 서적에 기록된 여진어 인명, 지명, 관직 명칭이 여진어 문법을 많이 간직하고 있다. 비록 전면적으로 여진어 문법을 이해하는 데는 어려움이 있으나, 금나라 비명 자료,『여진역어』와 만주어에 의거하여 금나라 시대 여진어의 문법형태에 한 걸음 더 다가설 수 있다.

제1절 금나라 시대 여진어 동사의 파생접사

1. 금나라 시대 여진어 동사의 사동 형태

금나라 시대 여진어 동사의 사동 형태 *bu/bo는 만주어의 동사 어간과 어미 사이에 bu를 붙여 사동형을 표시하는 것과 같다.[1] 금나라와 명

---

1 여진인과 만주족은 이름을 지을 때 동사의 사동형으로 사람이 어떻게 된다는 소망을 나타내는 습관이 있다. 예컨대,『금사』'완안종망전(完顏宗望傳)', 완안(完顏)의 본명이 알로보(斡魯補)이었는데, 알로부(斡離補)라고도 하였다. 태조의 둘째 아들이다. 알리부(斡離不)[알로보(斡魯補)]는 *oribu로 대음되고, 만주어 weribumbi에 해당하며 '남기다, 남겨두다'라는 뜻이다. 청어에 '왜리포(倭里布)'라고 하였고 만주족은 이것으로 이름을 지은 사람이 많았다. 이갱(李賡)의『청어인명역한』에 '왜리포(倭里布)는 남기다는 뜻이다.' 본문에 나타난 문법은 지용해(季永海)·류징시안(劉景憲)·취류성(屈六生)의『만어어법』(민족출

나라의 비문과 『여진역어』에 포함하는 여진어의 단어 형성법을 보면 여진어에는 사동을 표시하는 조동사가 두 개 있는데, 음양성에 따른 어근 뒤에 붙는 *bu(bo)로 추정하였다.[2]

1. 양성성 *bu(bo)： *ta ku ra bu '일(事)'(〈여진진사제명비〉 7행). *xuwə ən bu du '서로 힘을 내다(共勉之)'(〈대금득승타송비〉 24행). *bandi bu xai '낳게 하다(使生)'(〈노아간영영사비〉 2행).

2. 음성성 *bu： *ul xuwə bu xəi '알게 하였다(曉諭了的)'(〈대금득승타송비〉 5행). *mutə bu xei '됐다(成了)'(〈대금득승타송비〉 10행). tək dən bu '바치도록 하다(使獻)'(〈대금득승타송비〉). *muʤa bu xei '되게 하였다(使成了)'(〈여진진사제명비〉 3행).

위에 제시된 금·명나라 시대의 여진 비명에서 발췌한 단어들은 대부분 여진문에 의거하여 『여진역어』와 대조하여 해석하여 음을 추정하였다. 그중에서 *takurabu는 '모시게 하다', *xuwəənbudu는 '서로 힘을 내게 하다', *bandibuxai는 '낳게 하다', *ulxuwəbuxei는 '알게 하다', *təkdəbu는 '바치게 하다', *muʤabuxei는 '되게 하다' 등의 뜻을 지닌다.

금나라 시대 여진어에는 *bu/bo로 동사의 사동형을 표시한다. 『금사』에는 어말 음절에 한어 '부(不)', '포(布)', '복(卜)', '보(補)'나 '보(保)'로 대음하는 인명이 많은데, 『금사·국어해』, 『여진역어』 및 만주어의 발음과 의미를 보니, 이 인명들은 여진어의 사동 형태로 이루어진 것을 알 수 있다.

'알리부(斡里不)[알리부(斡離不), 오리부(吾里不), 오리보(吾里補), 알로부(斡魯不), 알로보(斡魯補), 알노보(斡盧補), 알리보(斡里保), 알로보(斡魯保), 알노보(斡盧保)]' *olidu/*olibo,[3] 『금사·국어해』 '오리보(吾里補)는 축

판사, 1986)을 참고하였다.

2 진광핑(金光平)·진치총(金啓孫), 『여진언어문자연구』, 문물출판사, pp. 219~300. 이 책의 한국어 번역본으로 이상규·왕민 역주, 『여진어와 문자』, 경진출판사, 2014가 있다.

3 인명 검색은 오노가와 히데미(小野川秀美)의 『금사어휘집성』, 교토대학교 인문과학

적하다는 뜻이다.' '오리보(吞里補)' *olibu, 어근은 '오리(吞里)'이고, 『여진역어·인사문』 '머물다는 올리매(兀里昧)라고 하다' 및 만주어 welimbi '남다'에 해당한다. '오리보(吞里補)'는 '오리(吞里)'의 사동형이고, 만주어 welibu에 해당하여, '남기다(使留下)'라는 뜻이다. '이실부(移失不)[이실부(移失部), 을색보(乙塞補)]' *isibu/išibu,[4] 어근은 '을실(乙室)' *isi이고, 『여진역어·인사문』 '이르다, 도착하다는 일십매(一十埋)라고 하다' 및 만주어 동사 isimbi '도달하다'에 해당한다. '이실부(移失不)'는 '을실(乙室)'의 사동형이고 만주어 isibumbi에 해당하여 '이르게 하다, 전송하게 하다'는 뜻이다. '아리부(阿里不)[아리보(阿離補), 아리보(阿里保), 아로부(阿魯不), 아로보(阿魯補), 아로보(阿魯保), 아로보(阿盧補)] *alibu/alibo는 '아리(阿里)'의 사동형이고, 만주어의 동사 alibumbi에 해당하여 '바치도록 하다, 수여하게 하다'는 뜻이다. 『금사·국어해』에는 '물품을 남에게 주다는 말은 아리백(阿里白)이라고 부른다'. '오달보(烏達補)[오답보(烏答補), 올답보(兀答補), 오도보(吾都補), 오도보(吾睹補), 오도부(吾都不)]' *udabu/udubu는 어근 '오달(烏達)'(만주어 udamb)의 사동형이고, 만주어 udabu에 해당하며 '사도록 하다, 사도록 하게 하다'라는 뜻을 갖는다. '회리부(回里不)[회리부(回離不), 핵리보(劾里保), 핵리발(劾里鉢)]' *huiribu/huiribo[5]는 어근 '회리(回里)'(만주어 horimbi)의 사동형이고 만주어의 동사 horibumb에 해당하

연구소, 중국요금거란여진사학회교인, 1986. 최문인(崔文印)의 『금사인명색인』 중화서국, 1980을 참고. 아래 보이는 인명의 한자대음은 『금사』 중의 여진인의 동명이역일 수도 있고, 이명동역일 수도 있다.

4 『중원음운의 음운체계(中原音韻音系)』에 한자 '실(失)'을 *ʃ 성모, 제미(齊微)운 *i가 입성에서 상성으로 변하는 것을 추정하였다. 『금사』의 인명 대음한자에 *tʃ, *tʃh, *ʃ 음소 뿐만 아니라, *ts, *ts, *s 음소도 있는데, 이 두 가지 음소가 혼용되는 현상이 있다. 예컨대, '완안석고내(完顔石古乃)', '완안습고내(完顔習古乃), 실고내(實古乃)' 등이라고도 한다.

5 한자 '회(回)'와 '핵(劾)'은 『중원음운』에 모두 '제미(齊微)'운에 속한다. 『중원음운의 음운체계(中原音韻音系)』에는 *xuei, *xei로 추정하였다. 팡링귀(方齡貴)의 『원조비사통검(元朝秘史通檢)』(중화서국, 1986)에는 '제미(齊微)'운의 '委'와 '畏'가 대응하는 몽골어를 *u, *ui로 추정하였다. 우리는 만주-퉁구스 고어인 금나라 시대 여진어에 이중모음이 별로 발달하지 않아서 *u 뒤의 *i가 *r, *l의 영향을 받아 일어난 현상이라고 여긴다.

며 '매게 하다, 포위하도록 하다'는 뜻을 갖는다. '아식보(阿息保)[아사발(阿思鉢)]' *asibo, 『금사·국어해』 '힘으로 남을 돕는 것은 아식보(阿息保)라고 부른다.' '아식보(阿息保)'는 만주어의 동사 aisilabu에 해당하여 어근 '아식(阿息)'(만주어 aisilambi)의 사동형이고 '도움이 되게 하다, 협조 되게 하다'라는 뜻을 갖는다. '이랄보(移剌補)[을랄보(乙剌補), 이랄보(移剌保), 이랄본(移剌本), 을리보(乙里補)]' *ilabu/ilabo/ilabun는 동사 '이랄(移剌)'(만주어 ilimbi)의 사동형이고, 『여진역어·인사문』 '일립본(一立本)은 서다는 뜻이다' 및 만주어 ilimbi에 해당하여 '일어나게 하다, 일어서게 하다'라는 뜻이다. '달길부(達吉不)[달기보(達及保), 달기보(達紀保)]' *dagibu/dagibo는 동사 '달길(達吉)'(만주어 deji)의 사동형이고, 만주어 dejibumb에 해당하여 '훌륭하게 하다'는 뜻이다. '발특보(孛特補)' *botebu는 동사 '발특(孛特)'(만주어 butambi)의 사동형이고, 만주어 butabumbi에 해당하여 '어렵게 하다, 돈을 벌도록 하다'는 뜻이다. '적고부(迪古不)[적고보(迪古補), 적고보(狄故保)]' *digubu/digubo는 동사 '적고(迪古)'의 사동형이고, 만주어의 동사 dahūbumbi에 해당하여 '회복하도록 하다'는 뜻이다. '습날아부(習捏阿不)[습열아보(習涅阿補), 습념아부(習捻阿不), 사념아부(斜捻阿不)]' *sineyabu는 동사 '습날아(習捏阿)'(만주어 saniyambi)의 사동형이고, 만주어의 동사 saniyab umbi에 해당하여 '기한을 늦추게 하다. (손 따위)를 펴도록 하다'라하는 뜻이다. '만도본(謾都本)' *mandubun는 동사 '만도(蠻都)'(만주어 mandumbi)의 사동형이고, 만주어 동사 mandubumb에 해당하여 '성장하게 하다, 성숙하게 하다'라 하는 뜻이다.

2. 금나라 시대 여진어 동사의 동동태 및 호동태

금나라 시대 여진어에 동동태 *du와 호동태(互動態) *su가 있다. 만주어 동사의 동동태(同動態)나 제동태란 동사가 표시하는 동작 행위는 공동성이 있다는 것을 가리킨다. 모음조화에 따라 접사 ca, ce, co 및 nu, du 등의 형식으로 표시한다. 만주어에 동사의 호동태는 동작이나 행위가 둘이나 둘 이상의 주체가 서로 진행하는 것을 가리킨다. 어간과 어미 사이에 nu나 du를 붙여 표시한다. 진광핑(金光平)·진치총(金啓孫)이 금나라와 명나라의 비명, 문헌과 『여진역어』를 귀납하여 여진어에는 동동 조동사에는 *du와 *duru가 있다고 주장하였다. *du인 예는 〈대금득승타송비〉 24행에 *xuwə ənbudu '모두 다 같이 노력하다', 『여진역어·인사문』 '와도라(瓦都拉)' *wadura '모두 죽이다', 『여진역어·통용문』 '익선도(亦宣都)' *i sxun du '서로' 등이 있다(『여진언어문자연구』 p. 221).[6]

금나라 시대 여진어에는 '도(睹)' *du로 동동태를 표시한다. '홀도(忽睹)[홀토(忽土), 호토(胡土), 호도(胡睹)]' *hudu. 만주어 hūturi는 '복(福)'이라는 뜻이고, 『여진역어·인사문』의 '홀독아(忽秃兒)'는 복(福)이다'에 해당한다. '홀도(忽都)'는 '복'의 어근에 혼동의 조동사 *du를 붙여 구성된 것이고 '같이 복을 누리다'라는 뜻이다. 『금사·국어해』에서 '남과 같이 복을 누리다는 것은 홀도(忽都)라고 부른다.'

금나라 시대 여진어에는 '속(速)' *su로 동사의 호동태를 표시한다. '발리속(拔離速)[발리속(拔里速)]' *barisu. 『금사·국어해』에서 '발리속(拔里速)은 각저희(角觝戲)를 하는 사람이다'라고 한다. '각저(角觝)'는 바로 씨름이다. 여진어에는 '발리속(拔里速)'이라고 하고, 몽골어에는 barildu라고 하는데 두 단어가 같은 어원이다.[7] '살속(撒速)' *sasu는 '절을 하다'는

---

6 진광핑(金光平)·진치총(金啓孫)은 동동 조동사를 '많은 사람들이 공동적으로 움직이거나, 같이 행동하고 양쪽이 서로 행동한다고 해석하였다.

7 씨름은 진한 시기부터 하나의 오락 형식으로 '각저희(角抵戲)'라고 불렀다. 요·금·원나라 시기에는 널리 성행하였다. 청나라 시대에는 씨름을 '포고(布庫)'라고 하였는데 몽골어인 '패가(孛可)'에서 온 명칭이다. 요원지(姚元之) 『죽엽정잡기(竹叶亭雜記)』에는 '강희(康熙) 때, 건장하고 힘이 센 어린 환관을 골라 포고를 연습하라고 하였다(한어에 포고는 힘을 겨루다는 뜻이다). 오배(鰲拜) 등 신하들은 주사를 해도 피하지 않았다'라 하였다. 상세한 고증은 진치총(金啓孫)의 「중국식 씨름에 대한 거란, 몽골 원류고」, 『내몽고대학교 학보』, 1979년 3, 4기 참고.

뜻이다. 『금사』 권35 〈예지팔(禮志八)〉에서 '금나라의 절을 하는 법은 우선 팔짱을 끼고 허리를 좀 굽힌다. 그 다음에 왼무릎을 꿇고 춤을 추는 듯이 두 팔을 움직인다. 꿇은 다음에 소매를 아래로 무릎까지, 위로 어깨까지를 흔들어 움직인다. 이렇듯 4번을 한다. 다 하고 나서 손으로 오른쪽 무릎을 누르고, 왼쪽 무릎을 꿇는다. 이렇게 절이 끝난다. 한어로는 '살속(撒速)'이라고 한다. 만주어에 '절을 하다'는 말은 canjurambi라고 부른다.

3. 금나라 시대 여진어 동사의 과거 시제

금나라 시대 여진어에 과거 시제 *hi가 있다. 만주어에는 동사의 일반 과거 시제는 동작이나 행위가 시간적으로 이미 지나가 과거가 된 것을 말한다. 동사 어간 뒤에서 모음조화에 따라 ka, ha, ko, ho, ke, he를 붙인다. 그리고 ha, he, ho가 명사화 된 동사의 과거 시제를 표시한다. 예를 들어, ilha 꽃: ilaha 피었다, aciha 짐바리: aciha 싣다, ejehe 칙서: ejeher 기록하였다, horho 양우리: horiha 가축을 가두다. 진광핑(金光平)·진치총(金啓孫)은 금나라 비문과 『여진역어』에 의거하여 여진어 동사 과거 시제의 종지형을 다음과 같이 제시하였다. 여진어에는 *xa, *xə, *xi, *xo 등이 있고, 만주어에는 *xi를 제외한 *xa, *xə, *xo가 있다. 석각에 *xa, *xə, *xo와 관련된 문장이 보이지 않는다. 그리고 동사 과거 중지형과 형용동사의 과거형은 *xai, *xei도 있는데 만주어의 *xa, *xɔ에 해당한다(『여진언어문자연구』 pp. 235~238). 다음과 같은 예가 있다.

1. 양성성(陽性聲)에 *xa나 *xai를 붙인다
'아랄합(阿剌哈)' *ala ha '졌다'(『여진역어·통용문』). '합륵합(哈勒哈)' *gala xa '날씨가 갰다'(『여진역어·천문문』). *ili lu xai '세웠다'(〈대금득

승타송비〉 10행). *aliluxai '받았다'(〈경원군여진국서비〉 5행).

2. 음성성(陰性聲)에 *xə, *xei를 붙인다

'독알흑(禿幹黑)' *tuwəxə '전수하였다'(『여진역어 · 인사문』). '올로흑(兀魯黑)' *uruxə '익었다'(『여진역어 · 의식문』). *mudʒəbuxei '훈계하였다'(〈여진진사제명비〉 3행). *ulxuwəbuxei '효시하였다'(〈여진진사제명비〉 3〜4행).

3. 중성성(中性聲)에 *xi를 붙인다

*iʃ i xi '도착하였다'(〈북청여진국서마애〉 3행). *saxi '알았다'(〈노아간영영사비〉 8행).

4. 어근에 *o나 *xo를 붙인다

'쇄탈화(瑣脫和)' *sok to xo '취하였다'(『여진역어 · 인사문』).

『금사』의 인명 대음 한자에 나타난 금나라 시대 여진어의 과거 시제의 표시법은 금나라 비문에 나타나는 것과 같다. 즉 어간 뒤에 접사 *hi를 붙인다. 대음할 때 두 가지 형식으로 표시한다. *hi의 운모가 앞 음절의 운모와 합쳐 복합운모가 되어 『중원음운』의 개래(皆來)운 '대(帶), 백(白)' 등 한자로 대음한다. *hi가 앞 음절의 운모와 복합운모가 되지 못하는 경우에 '실(失)', '습(謵)' 등 한자로 대음한다. 예컨대

1. 알대(幹帶)[올대(兀帶), 오대(烏帶), 오대(吾帶)] *udahi

'올대(兀帶)'는 동사 '오달(烏達)'(만주어 uda)의 과거형이고 만주어 동사 udaha에 해당하여 '이미 샀다'는 뜻이다.

『금사 · 국어해』에서 '물품을 이미 샀다는 말은 올대(兀帶)라고 부른다'라는 말이 있다. 소위 '시물이득(市物已得)'에는 과거의 의미가 담겨 있고 현대 한어로 '샀다'에 해당한다.

2. 아리백(阿里白) *alibahi/alibuhi

여진어 '아리백(阿里白)'은 동사 어근 '아리(阿里)'의 사동형인 '아리부(阿里不)'(만주어 alibumbi)의 과거형이다. 만주어의 alibuha에 해당하여 '받았다'나 '바치도록 하였다'는 뜻이다. 『금사・국어해』에서 '물품을 남에게 주었다는 것을 아리백(阿里白)이라고 부른다'고 한다. '이연(已然)'도 과거를 표시한다.

3. 사부실(辭不失)[습부실(習不失), 사부습(辭不習)] *sibuhi

『금사・국어해』에서 '사부실(辭不失)은 술이 깨다는 뜻이다.' '사부실(辭不失)'은 회동관 『여진역어・인사문』에서 '노륵속부합(奴勒速不哈)은 술이 깨다는 뜻이다'라는 말의 '속부합(速不哈)'에 해당하고, 만주어에는 subuha로 하며, '술이 깼다, 숙취를 풀었다'라는 뜻을 갖는다. 만주어 subuha는 동사 subumbi의 일반 과거형이다. 여진어 '실(失)'은 만주어의 ha와 대응한다. 그리고 여진 비문과 『여진역어』에는 阢라는 글자가 있는데, 기요세 기사부로는 '이 접두사의 기능이 아직 분명하지는 않다'고 하였다.[8] 진광평(金光平)・진치총(金啓孫)은 이 글자를 *buwi로 추정하였고 *bu과 *fi의 결합체일 수도 있다고 주장하였다. 예컨대, '아리복(阿里卜)'은 *alibuwi라고 부르며 '공급하다'는 뜻이다(『여진역어・속첨』). *mutəbuwi '되다'(〈여진진사제명비〉 5행).[9] 그중에서 *alibuwi는 『금사』 '아리백(阿里白)'과 일치하다. 즉 '드리게 하였다'는 뜻이다. *mutəbuwi는 '되게 하였다'는 뜻이다. 상술한 단어에는 *buwi가 동사 사동형의 과거 시제를 표시하므로 *buhi로 추정해야 한다.

---

8 기요세 기사부로, 『A Study of The Jurchen Language and Script』, Kyoto, Horitsubunkasha, 1977, p. 68.

9 진광평(金光平)・진치총(金啓孫), 『여진언어문자연구』, 문물출판사, 1980, p. 242.

제2절 금나라 시대 여진어 명사와 형용사의 접사

1. 금나라 시대 여진어 명사와 형용사 접사 *-n

금나라 시대 여진어에 명사와 형용사 접사 *-n이 있다. 만주어와 같이 금나라 시대 여진어에서 *-n은 명사와 형용사의 접사이다. 예를 들어, 필난 (必蘭)[필랄(必刺), 비랄(祕刺)] *biran/bira은 만주어 bira에 해당하여 '하천' 이라는 뜻이다. 아린(阿鄰) *alin은 만주어 alin에 해당하여 '산'이라는 뜻이 다. '안춘(按春)[안춘(安春), 안진(按辰), 안출(按出), 안출호(按出虎), 아출호 (阿朮許), 안출호(安尤虎), 아즉호(阿觸胡), 아록조(阿祿祖), 아지고(阿之古), 아리출호(阿里出虎)]' *alčun/alčuqu는 만주어 alcuka에 해당하여 '금(金)' 이라는 뜻이다. '초적린(鈔赤鄰)[찰접아(擦摺兒)]' *čaučirin/čačiri는 만주어 cacari에 해당하여 '장방(帳房)'이라는 뜻이다. '환단(桓端)[환단(喚端), 화로 탈(和魯奪)]' *holdon/holdo는 만주어 holdon에 해당하여 '소나무'라는 뜻 이다. '오둔(奧屯)[오돈(奧敦)]' *otun은 만주어 oton에 해당하여 '구유'라는 뜻이다. '달라(達懶)[달라(撻懶)]' *dalan는 만주어 dalar에 해당하여 '둑, 강 변'이라는 뜻이다. '암판(諳版)' *amban은 만주어 amba에 해당하여 '크다' 는 뜻이다. '노신(奴申)[눌신(訥申)]' *nusin은 만주어 necin에 해당하여 '화 목하다'는 뜻이다.

2. 금나라 시대 여진어에 일정한 특징을 갖는 사람과 사물을 표시하는 접사

금나라 시대 여진어의 명사 접사 *ri와 *du. 만주어 명사를 구성하는 접사는 tu, ri, ci가 있는데 어떤 특징을 갖는 사람과 사물의 명칭을 표시한다. minggan 천(千). minggantu 천총(千總). nimaci 산양 가죽. niman 산양. fakū 어량(魚梁). fakūri 바지(袴). 금나라 시대 여진어에는 접사 *ri나 *du로 특정한 사람이나 사물을 표시하는 경우도 있다. 예를 들어, '할리(轄里)' *hiyari[1]는 만주어 hiyari '사팔눈'에 해당한다. 『일하구문고』 권43에서 '하리(霞哩)는 만주어에는 사팔눈을 가리킨다.'라 하였다. '포랄도(蒲剌都)[포랄도(蒲剌睹), 포랄독(蒲剌篤)]' *puladu, 『금사·국어해』에서 '포랄도(蒲剌都)는 급성 결막염으로 인해 눈이 보이지 않는 병이다'라 하였다. '포랄도(蒲剌都)'는 만주어 fulata에 해당하여 '삼눈(눈병)에 걸린 사람, 눈이 짓무른다'라는 뜻이다.'

3. 금나라 시대 여진어에 소의(小義)를 표시하는 '한(罕)' *han

금나라 시대 여진어 명사 접사 *han. 만주어 gan, gen, han, hen, kan, ken은 '적다(小)'는 뜻이다. 예를 들어 birgan 개골창, niyahan 강아지. 이미 고증된 금나라 시대 여진어 단어에 따라, 접사 '한(罕)' *han도 '적다(小)'의 의미를 나타낸다. 예컨대, 활리한(活離罕) *horihan, 『금사·국어해』에서 '활리한(活離罕), 새끼 양'이라는 말이 있다. 『만주원류고』에는

---

1 『금사』 권50 〈식화지〉, '추밀원이 상소하였는데 사출 등은 할리니요(轄里尼要)에서 호시를 하겠다고 하였다.' '할리니요(轄里尼要)'가 권2에 '할리뇨(轄里獶)'라고도 불렸다.

이 접사가 몽골어 horag '면양 새끼'와 같은 어원이라고 보았다. 와모한(窩謀罕)[와모한(訛謀罕)] *omhan, 『금사·국어해』에서 '와모한(窩謀罕)은 새의 알이다'라 하였다. '와모한(窩謀罕)'은 만주어 umhan에 해당하여 '알'이라는 뜻이다. 아도한(阿徒罕)[아토한(阿土罕)] *atuhan, 『금사·국어해』에서 '아도한(阿徒罕)은 땔나무를 줍는 사람이다'라 하였다. '아도한(阿徒罕)'은 만주어 asihan '어리다, 젊은이'에 해당한다.

4. 금나라 시대 여진어 파생명사의 접사

금나라 시대 여진어에 파생명사 접사 *qu, *hu, *go가 있다. 만주어에는 파생명사의 접사는 kū가 있다. 예컨대 murikū 고집쟁이, murimbi 비틀다, murihan 방향 전환점. 이에 해당하는 금나라 시대 여진어의 접사는 '虎(호)' *qu, '虎(호)' *hu, '歌(가)' *go이 있다.

금나라 시대 여진어 파생명사 접사 *qu. '모량호(謀良虎)[모량호(毛良虎)]' *murianqu, 『금사·국어해』에서 '모량호(謀良虎)는 무뢰하다는 뜻이다'라 하였다. '모량호(謀良虎)'는 만주어 muriku에 해당하여 '어리석다, 고집쟁이, 차축'이라는 뜻이다. '와출호(訛出虎)' *oču̇qu, 『금사·국어해』에서 '와출호(訛出虎)는 관용이라는 뜻이다'라 하였다. '와출호(訛出虎)'는 만주어 '관용' oncokon에 해당한다.

금나라 시대 여진어 파생명사 접사 *hu. '활랍호(活臘胡)' *holahu, 『금사·국어해』에서 '활랍호(活臘胡)는 붉은색이다'라 하였다. 『여진역어·성색문』에서 '붉은색은 불랄강(弗剌江)이라고 한다'라 하였다. 회동관 『여진역어·성색문』에서 '붉은색은 불량(弗良)이라고 한다'라 하였다. '활랍호(活臘胡)'는 만주어의 '붉은색' fulahūn에 해당한다.

금나라 시대 여진어 파생명사 접사 *go. '만도가(謾都歌)[만도가(謾都訶)]' *mondugo/monduho, 『금사·국어해』에서 '만도가(謾都歌)는 치매

(痴呆)이다'라 하였다. '만도가(謾都歌)(訶)'는 만주어 mentuhun '우완하다, 어리석다'에 해당한다.

제5장

금나라 시대 여진어 어휘 주석과 고증

A

阿不罕(呵不哈, 阿保寒, 阿孛寒) *abqan/abqa [성씨, 인명] 뜻: 하늘(天).

『금사』 권7에서는 아부한덕보(阿不罕德甫), 권10에서는 아부한덕강(阿
不罕德剛), 권15에서는 아부한노실랄(阿不罕奴失剌), 권16에서는 아부한
호로랄(阿不罕胡魯剌), 권74에서는 아부한와리야(阿不罕訛里也), 권104에
서는 아부한사부실(阿不罕斜不失), 권120에서는 아부한사합(阿不罕斜合),
권59에서는 완안아보한(完顏阿保寒), 권6에서는 포찰아팔한(蒲察阿孛罕)
등 인명이 있다. 『금사 · 국어해』에는 '가불합(呵不哈)은 전(田)이다'라 하
였다. '아불한(阿不罕)'은 『여진역어 · 천문문』에 '아불합이(阿不哈以) 禿屯
는 하늘이다'에 해당한다.[1] 만주어에서는 abka라고 하여 '하늘'이라는 뜻
이다. 『금사 · 국어해』의 '가불합(呵不哈)'이 한족 성씨 '전(田)'으로 바뀌
었다. '전(田)'은 '천(天)'과 발음이 유사하다. 이처럼 여진 성씨의 의미를
나타낸 글자로 한족 성씨와 대응하는 것은 여진족 사람들은 한족 성씨로
바꿀 때 자주 쓰는 방법이다. 또한 『금사』 권65에서 완안아보한(完顏阿保
寒)이라는 인명이 있는데 헌조(獻祖) 아들이다. 대음규칙에 따라, 한자
'보(保)'는 *bo라고 한다. 『금사』에서 이와 '부(不)' *bu가 공존하는 것을

---

1 '아부합이(阿不哈以)'는 '하늘의'라는 뜻이다. '이(以)'는 소유격조사이다. 여진어에는
격조사가 앞 단어와 연철하는 것이 일반적이다. 이 특징은 만주어의 문법규칙과 아주 유
사하다. 청나라 시대 만주어에 '하늘의'가 '아부개(阿不開)'라고도 하였다. 요위안지(姚元
之)의 『죽엽정잡기(竹葉亭雜記)』 권3에 "하늘에 제사할 때, 축문이 있었는데, 첫마디가 '아
부개단기(阿不開端機)'라 하였다"라 하는 말이 있다. 국어 아부개(阿不開)는 하늘이고, '단
기(端機)'는 듣는다는 뜻이며, '하늘이 듣고 있다'로 해석할 수 있다.

보니 '아보한(阿保寒)'도 '하늘'이라는 뜻이다. 『흠정금사어해』 권1에서 '아보한(阿保寒)'을 '냉이'로 해석하였는데 올바르지 않다.

阿典(阿迭, 阿玷) *adien/adie [성씨] 뜻: 천둥(雷).

『금사』 권101에서는 아전송아(阿典宋阿), 권7에서는 아전포로호(阿典蒲魯虎), 권60에서는 아전화실만(阿典和實懣) 등의 인명이 있다. 『삼조북맹회편』에서는 '아질(阿迭)'로 나타났다. 여진문 〈오둔량필시비〉에서는 '아점아고태(阿玷牙古太)'[2]라는 인명이 있다. 『금사·국어해』 '성씨(姓氏)'에 '아전(阿典)은 뢰(雷)이다'라 하였다. 『여진역어·천문문』에서는 '아점(阿玷) 老는 우레(雷)이다'라 하였다. '우레(雷)'가 만주어에서 'akjan'으로 표기된다. 『흠정금사어해』 권7에 "'아극점(阿克占)'이 권7에서 '아전(阿典)'으로 나타났다"라 하였다.

阿虎帶(阿虎迭, 阿胡迭) *ahudai [인명] 뜻: 장남(長子).

『금사』 권45에서는 아호대(阿虎帶), 권110에서는 완안아호대(完顏阿虎帶), 권17에서는 배만아호(홀)대[裴滿阿虎(忽)帶], 권63에서는 완안아호질(完顏阿虎迭), 권120에서는 포찰아호질(특)[蒲察阿虎迭(特)], 권64에서는 포찰아호질(蒲察阿虎迭) 등의 인명이 있다. 『금사·국어해』에서는 "'아호질(阿虎迭)'이 장남이다'라 하였다. 만주어에는 ahungga라고 부른다. 『만주원류고』 권18에서는 '아홍아(阿鴻阿)는 장자(長子)를 의미한다. 만주어에는 아홍아장(阿鴻阿長)이라고 한다. 원래는 아호질(阿虎迭)이었는데 수정하였다'라 하였다. 만주족 사람은 이것으로 명명하는 것을 특히 좋아한다. 『청어인명역한』에서는 '아홍아(阿洪阿)는 둘째 형(長次之長)이다'라 하였다. 이 단어는 명나라 여진어와 만주어의 '형님(兄長)'과 같은 어근이다. 『여진역어·인물문』에서는 '아혼온(阿渾溫) 尧土은 형(兄)의 뜻이다'라 하

---

2 〈오둔량필시비〉 원문은 여진어로 이루어졌다. 인쇄를 용이하게 하기 위하여 여기서 기음한자로 표시하였다. 기음한자는 뤄푸이(羅福頤)가 『여진역어』에 의거하여 측정되었다. 뤄푸이(羅福頤)·진치총(金啓孫)·쟈징엔(賈敬顏)·후왕전화(黃振華)의 「여진자오둔량필시각석초석」, 『민족어문』, 1982년 2기 참고.

였다. 『영고탑기략』에서는 '형(兄)'을 아홍(阿烘)이라고 부른다'는 기록도 있다. '형(兄)'은 만주어로 ahuunta라고도 한다. 이리하여 금나라 태조(太祖)의 이름인 '아골달(阿骨達)'이 '아호대(阿虎帶)'와 유사하다고 추리할 수 있다.

阿合(阿海, 亞海) *aha/ahai [인명] 뜻: 노예.

『금사』 권59에서는 완안아합(完顔阿合), 권81에서는 협곡아해(夾谷阿海), 권66에서는 흘석열아해(紇石烈阿海), 권102에서는 부산아해(仆散阿海), 권116에서는 패술노아해(孛術魯阿海) 등의 인명이 있다. 『금사·국어해』에서 '아해(阿海)는 노복(阿海, 人奴也)이다'라 하였다. 홍호(洪皓)의 『송막기문』 정권(正卷)에서는 '부씨(가)에서 수십 명의 노예가 있는데, 노예는 아해(阿海)라고 부른다. 남자 노예는 아해(亞海)라고 하며, 여자 노예는 아해진(亞海軫)이라고 한다'라 하였다. 『여진역어·인물문』에서는 '아합애(阿哈愛) 䢀兂가 노예이다'라 하였다. '노부(奴仆)'가 만주어로 'aha'라고 하고 청나라에는 '아합(阿哈)'으로 표기되었다. 『만주원류고』 권18에서는 '아합(阿哈)은 종을 가리킨다. 만주어에는 노예이다'라 하였다. 『흠정금사어해』 권9에서도 '아합(阿哈)은 노예를 의미한다'라 하였다.

阿虎里(阿活里) *ahuri [인명] 뜻: 잣알, 솔방울(松子).

『금사』 권63에서 아호리(阿虎里), 권59에서 완안아호리(完顔阿虎里), 권67에서 아활리(阿活里) 등의 인명이 실려 있다. 『금사·국어해』에서 '아호리(阿虎里)는 잣알이다'라 하였다. 『여진역어·화목문』에서는 '홀력(忽力) 孛는 잣알이다'라 하였다. 회동관『여진역어·화목문』에서도 '잣알을 홀력(忽力)이라고 부른다'라 하였다. 만주어에는 'hūri'라고 하고, 청나라에 '호리(瑚哩)'로 표기되었다. 『만주원류고』 권18에서는 '호리(瑚哩)는 잣알(松子)이다. 만주어와 같다'라 하였다.

阿懶 *alan [인명, 지명] 뜻: 언덕(山崗).

『금사』 권63에서는 아라(阿懶)라는 인명이 있는데 해릉소비(海陵昭妃)이다. 권72에서도 아라(阿懶)라는 인명이 있다. 권70에서는 완안아라(完

顔阿懶)라는 인명을 찾을 수 있다. 『금사·국어해』에서는 '성타(城陀)는 아라(阿懶)라고 부른다'라 하였다. 만주어에서는 '언덕(山崗)'이 'alan' 혹은 'ala'로 표기된다. 『만주원류고』 권18에서는 '성타는 아랍(阿拉)이라고 하고 만주어에서는 언덕이라는 뜻이다. 원문에서는 아라(阿懶)라고 한다'라고 하였다. 랴오닝성 무순시 신빈현(遼寧省撫順市新賓顯)[옛 혁도아라(赫圖阿懶)]은 청나라 선조들이 이른 시기에 거주한 곳이었다. 한어에서는 '언덕'이라는 뜻이다. 『가경일통지(嘉慶一統志)』 권57에서는 '혁도아랍(赫圖阿拉)은 국어에는 '횡전(橫甸)'이라고 한다'라 하였다.

阿勒根(阿里侃, 斡里根) *argin [성씨] 뜻: 변(邊).

『금사』 권90에서 아륵근언충(阿勒根彦忠), 권124에서 어륵근문경(阿勒根文卿), 권108에서는 아륵근와론(阿勒根訛論), 권116에서는 아륵근올야(阿勒根兀惹), 권6에서 아륵근화연(阿勒根和衍), 권18에서는 아륵근이실자(阿勒根移失剌), 권81에서는 아륵근몰두로(阿勒根沒都魯), 권116에서는 아륵근아실답(阿勒根阿失答), 권94에서는 아륵근아해(阿勒根阿海) 등 인명이 있다. 『금사·국어해』에서 '아리간(阿里侃)은 하(何)이다'라 하였다. 천수(陳述)의 고증에 따르면, 원나라 황진(黃縉)의 『금화문집(金華文集)』 29 〈완평왕씨선영비(宛平王氏先塋碑)〉에서 '할아버지는 휘가 악(諤)이라 하셨고, 문사(文史)에 통달하셨다. 할머니는 알리근씨(斡里根氏)인데 태원군부인(太原君夫人)으로 추증하였다'라 하는 말의 알리근(斡里根)이 바로 '아륵근(阿勒根)'이다.[3] 청나라 학자들이 '아륵근(阿勒根)'이 '명성'의 뜻을 가진 만주어 'algin'과 같다고 주장하였다. 『일하구문고』 권87에 "아륵근(阿勒錦)이 만주어에서 '명예'의 뜻이다"라 하였다. 만주족에는 'algin'으로 이름을 지은 경우도 있다. 『청어인명역한』에는 '아랍금(阿拉錦)이 아름다운 명성이다', '아륵금포(阿勒金布)는 명성을 떨치게 한다는 뜻이

---

3 천수(陳述), 『금사십보 5가지(金史拾補五種)』 '금사씨족표(金史氏族表)', 베이징, 과학출판사, 1960 참고.

다'라 하였다. '아륵근(阿勒根)'이 *algin으로 발음도 되고 *argin으로 해도 된다. 우리는 '아륵근(阿勒根)'이 여진족 성씨로써 만주족 성씨 'ergi'에 해당하여 '변(邊)'이라는 뜻이라고 여긴다.

阿里 *ari [인명] 뜻: 통천귀(通天鬼).

『금사』 권18에서는 온돈아리(溫敦阿里), 권47에서는 아리(阿里), 권98에서는 배만아리(裴滿阿里), 권103에서 포찰아리(蒲察阿里), 권80에서 사묘아리(斜卯阿里), 권108에서 점할아리(粘割阿里) 등의 인명이 기록되었다. 만주어로는 'ari'라고 하며 고집쟁이라는 뜻이다. 여진족과 같이 만주족도 이 단어로 이름을 짓는 습관이 있다. 『청어인명역한』에서 '아예(阿禮)는 통천귀(通天鬼)의 뜻이다'라고 하였다.

阿里不(阿里補, 阿里保, 阿離補, 阿魯不, 阿魯補, 阿盧補, 阿魯保) *alibu/alibo [인명] 뜻: 드리게 하다.

『금사』 권94에서 협곡아리부(夾谷阿里不)[아리보(阿里補)], 권71에서 오고손아리보(烏古孫阿里補), 권65에서 아리보(阿里保), 권80에서 완안아리보(完顏阿離補)[아로보(阿魯補), 아로보(阿盧補)], 권68에서 아로부(阿魯不), 완안아로부(完顏阿魯補)[아노보(阿盧補)], 권5에서 아로보(阿魯保) 등 인명이 있다. '아리부(阿里不)'는 만주어 'alibumbi'에 해당하여 동사 'alimbi'의 사동형이고, '드리게 하다, 수여하게 하다, 바치게 하다'라는 뜻이다. 『흠정금사어해』 권9에 '아리부(阿里布)는 드린다는 뜻이다'라 하였다. '아리부(阿里不)'의 완료 시제는 '아리백(阿里白)'이다. 『금사·국어해』에서는 '이미 남에게 드렸다는 것을 아리백(阿里白)이라고 한다'라 하였다. '아리백(阿里白)'은 대음규칙에 따라 'alibuhi'로 표현되며, 동사 어근이 '아리(阿里)'이다. *bu는 명령이라는 의미를 지니는데, *hi는 금나라 비문에서 나타난 과거 완료를 표시하는 *hi와 같고 '이미 드리게 하였다'는 뜻이다. 『만주원류고』 권18에 '아리백(阿里白)은 이미 남에게 드렸다는 뜻인데, 만주어에서는 드리게 하다는 뜻이다'라고 해석하였는데 약간의 차이가 있다. '아리백(阿里白)' 참고.

阿里白 *alibuhi [인명] 뜻: 이미 드렸다, 바치게 하였다.

『금사』 권6에서 완안아리백(完顔阿里白)이라는 인명이 있다. 『금사·국어해』에 '이미 남에게 드렸다는 것을 아리백(阿里白)이라고 하다'라는 말이 있다. '아리백(阿里白)'은 만주어 alibuha에 해당하여, '받았다' 혹은 '드리게 하였다'라는 뜻을 갖는다. 이 단어의 어근이 alimbi이고, 사동형이 alibu이며, '드리게 하다'라는 뜻이다. 금나라 비문에 따라 만주어의 완료형 ha에 해당하는 형태는 hi이며, '드리게 하였다'는 말은 *alibuhi인 것을 추정할 수 있는데, 대음은 '아리백(阿里白)'과 일치한다. 『만주원류고』 권18에서는 '이미 남에게 드렸다는 것을 아리백(阿里白)이라고 하는데, 만주어에서는 드리게 하다는 뜻이다. 옛 해설이 적당하지 않아 원문에서 아리백(阿里白)으로 여겼는데 이제는 정정하였다'라 하였다. 『금사·국어해』에는 '옛 해석이 적당하지 않다'에 대해서 여진어 문법을 파악하지 못하기 때문이라고 주장하였다. '아리포(阿里布)' 참고.

阿里虎(阿里骨, 阿里刮) *aliqu [인명] 뜻: 분(盆), 쟁반(盤子).

『금사』 권59에서 완안아리호(完顔阿里虎), 권63에서 포찰아리호(蒲察阿里虎), 권2에서 아리골(阿里骨), 권3에서 아리괄(阿里刮) 등 인명이 있다. 『금사·국어해』에서는 '분(盆)이 아리호(阿里虎)라고 한다'는 말이 있다. 『여진역어·기용문』에서 '아리고(阿里庫) 比列가 접시다'라는 말도 있다.[4] 회동관 『여진역어·기용문』에서도 '분(盆)을 아력고(阿力告)라고 부른다'라고 하였다. 만주어에서는 alikūd으로 표현되고 쟁반, 전평칭 저울판의 뜻이다. 『만주원류고』 권18에서는 '분(盆)을 아리고(阿里庫)라고 부르고, 만주어로 반(盤)이다'라고 하였다. 『흠정금사어해』 권8에서도 '아리고(阿里庫)는 반(盤)의 뜻이다'는 말이 있다.

阿里孫 *arsum [인명] 뜻: 추하다(丑陋).

『금사·국어해』에서는 '아리손(阿里孫)은 얼굴이 못생겼다는 뜻이다'

---

4 『여진역어·기용문』 '반(盤)'의 여진문이 잘못 쓰였다.

라 하였다. 만주어에 '추하다'가 ersun으로 표현된다. 『만주원류고』권18
에서는 '액이손(額爾遜)이 못생겼다는 뜻이다. 만주어에 액이손(額爾遜)
은 모양이 추하다는 뜻이다'라 하였다. 만주족은 이 단어로 이름을 짓는
경우가 적지 않다. 『청어인명역한』에서도 '액렬손(額哷遜)이 추하다는 뜻
이다'라고 하였다.

阿里喜 *alhi [직관] 뜻: 정군관의 부관.

　『금사』권44 〈병제(兵制)〉에 '여진족의 수령은 발근(孛堇)이라고 한다.
군대를 통솔하게 되면 맹안모극(猛安謀克)이라고 부른다. 병사의 수에
따라 칭호를 부여해 준다. 맹안자(猛安者)는 천부장(千夫長)이고, 모극자
(謀克者)는 백부장(百夫長)이다. 모극(謀克)의 부관을 포리연(蒲里衍)이라
고 하고, 사졸(士卒)의 부관을 아리희(阿里喜)라고 한다'라 하였다. 남송
장체(張棣)의 『금도경(金圖經)』에서 '또한 첩군(帖軍)도 있는데 아리희(阿
里喜)라고 한다. 정규군이 병에 걸릴 경우 첩군이 대신해 준다'라고 하였
다. 남송 장체(張棣)의 『정롱사적(正隴事適)』에서 '그 해 8월에, 호부(戶
部) 상서인 양구(梁球)에게 먼저 여진, 거란, 해(奚)에 삼색 군대를 세우
는 업무를 맡겼다. 사람 수에 제한 없이 전부 인원을 다 모집하였다. 크
고 튼튼한 사람이 정규군이고, 작고 약한 사람이 아리희(阿里喜)이다. 전
부 24만 병사를 모집하였다. 한 아리희와 정규군을 하나로 묶으면 12만
이 된다'라 하는 이야기가 있다. '아리희(阿里喜)'는 또 '이륵희(伊勒喜)'나
'이랍희(伊拉喜)'라고도 한다. 『중흥소기(中興小記)』에서 '건장한 사람이
정규군이 되고, 약한 사람이 이륵희(伊勒喜)가 된다. 하나의 정규군에 두
이륵희를 보완해 준다. 전부 12만을 얻었다'는 말이 있다. 『송막기문』에
서 '니감(尼堪)이라는 사람이 있는데 금나라 태종(太宗)의 삼촌 형제이다.
이름은 종간(宗干)이다. 본명이 니감(尼堪)이었다. 그의 용모가 한족 사
람과 닮았다. 그의 아버지는 아랄륵(阿剌勒)이라고 하는데 이랍제패륵(伊
拉齊貝勒)이다. 니감(尼堪)이 대원수가 된 후에도 자신의 지위가 높아졌
지만 여전히 아버지의 호칭을 답습하여 이랍제패륵도원수(伊拉齊貝勒都

元帥)라고 한다'라 하였다. 아리희(阿里喜)는 원명 희곡에서도 많이 나타났다. '아리희(阿里喜)'는 만주어 ilhi와 같아 '보조적, 부수적'이라는 뜻을 갖는다. 청나라에는 이륵희(伊勒希)로 표기되었다.『만주원류고』권18에서 '이륵희(伊勒希)는 만주어에서 부(副)의 뜻이다. 옛전에 아리희(阿里喜)로 표기되었다'라고 하였다.『흠정금사어해』권6에서 '이륵희(伊勒希)는 부(副)이고, 권6에서는 아리희(阿里喜)로 표기되었다'라 하는 말이 있다. 사잉어(薩英額)의『지린외기(吉林外記)』권3에서 '목곤달(穆昆達)이라는 단어는 한어에는 족장의 뜻이다. 아라합(阿喇哈)이 한어 부(副)의 뜻이다. 알산달(嘎山達)이 향장(鄕長)의 뜻이고, 법라합달(法喇哈達)이 이장(里長)의 뜻이다'라고 하였다. 미카미 쓰구오(三上次男)는 아리희(阿里喜)를 전문적으로 고증을 하였는데, 아리희(阿里喜)가『청문총회(清文總滙)』에 나타난 ilhi와 같아 '서(序), 부(副), 소(小)'의 음역이라고 주장하였다.[5]『금사·국어해』에 아리희(阿里喜)를 위렵(圍獵)이라고 해석한 것은 만주어에 '사냥하다'라는 뜻을 갖는 abalambi와 혼동을 일으켜 잘못된 것이다.

또한『요사』에 따라, 거란어 '아로완(阿魯盌)' *alγon는 '협조하다'는 뜻이다.『요사』권31〈영위지(營衛志)〉에 "아로완알로타(阿魯盌斡魯朶)가 천조황제 때 세웠다. 영창궁(永昌宮)이라고 부른다. 협조가 '아로완(阿魯盌)이라고 부른다'고 하였다." '아로완(阿魯盌)' *alγon의 발음과 의미는 모두 여진어 아리희(阿里喜) *alhi와 유사하니, 두 단어가 같은 어원이라고 할 수 있다.

阿里合懣(阿離合懣) *alihamon [인명] 뜻: 매를 기르는 사람.

『금사』권59에 아리합만(阿里合懣), 권73에 완안아리(리)합만(離)合懣), 권92에 포찰아리합만(蒲察阿里合懣) 등의 인명이 있다.『금사·국어

---

5 미카미 쓰구오(三上次男),『금나라 여진어 연구(金代女眞語研究)』제3장 제4절 '모극 아래의 군대조직'－'포리연(蒲里衍), 정군(正軍), 아리희(阿里喜)'

해』에 '아리합만(阿里合懣)은 매를 기르는 사람이다'라 하였다. 만주어 aliha niyalma도 '매를 기르는 사람'이다. 그중에서 aliha가 '들어 올렸다'는 뜻이다. 『금사』 권18에 흘석렬아리합(紇石烈阿里合), 권122에 이랄아리합(移剌阿里合)이라는 인명이 실려 있다. 아리합(阿里合)은 대음규칙에 따라 *aliha로 의음하였고, 만주어 aliha에 해당한다. niyalma는 '사람'이라는 뜻이다. 『만주원류고』에 '아리합니아륵마(阿里合尼雅勒馬)가 매를 기르는 사람을 가리킨다. 만주어에 매를 기르는 사람이라는 뜻이다. 원래는 아리합만(阿里合懣)이라고 하였는데 발음이 촉급해서 잘못 발음된 것이다'라 하였다.

阿隣 *alin [인명, 지명] 뜻: 산(山).

『금사』 권73에서 완안아린(完顏阿隣)이라는 인명이 있다. 『금사·국어해』에서는 '아린(阿隣)이 산이다'라 하였다. 『여진역어·지리문』에서는 '아리인(阿里因) **屰列**은 산(山)이다'라고 하였다. 회동관『여진역어·지리문』에서도 '산을 아력(阿力)이라고 부른다'라 하는 말이 있다. 만주어에서 '산(山)'을 alin이라고 한다. 『만주원류고』 권18에서 '아린(阿隣)이 산이고, 만주어에서는 같은 뜻이다'라 하였다.

阿買勃極烈 *amai bogile [직관] 뜻: 제일발극렬, 성읍을 관리하는 사람.

『금사·국어해』에서는 '아매발극렬(阿買勃極烈)은 성읍을 관리하는 사람이다'라 하였다. 아매(阿買)는 『여진역어·수목문』에서 제시된 '액목(厄木) **二**는 일(一)이라는 뜻이다'는 말에 따라 만주어 '일(一)' emu에 해당된다. 미카미 쓰구오(三上次男)은 '아매(阿買)'가 여진어 '액목(厄木)'의 대음이고 '제일'의 뜻이라고 주장하였다.[6] 『흠정금사어해』에서는 '아매(阿買)'가 만주어 '부락(部落)'으로 해석된 적이 있다. 권6에서 '애만발극렬(愛滿勃極烈)의 애만(愛滿)이 부락이고, 패륵(貝勒)은 백성을 관리한다

---

6 미카미 쓰구오, 「금나라 초의 발극렬(勃極烈)에 대하여」, 『사학잡지(史學雜志)』, 제47편, 8호.

는 뜻이다. 권2에서는 아매발극렬(阿買勃極烈)로 표기된다'라 한 말이 있는데 잘못된 것이라고 추정되었다.

阿土古 *atugu [인명] 뜻: 잡는 것에 능숙한 사람.

『금사』 권73에서 완안아토고(完顔阿土古)라는 인명이 있고, 권121에서 아토고(阿土古)라는 인명도 있다. 『금사·국어해』에서 '아토고(阿土古)는 잡는 것에 능숙한 사람이다'라 하였다.

阿徒罕(阿土罕) *atuhan [인명] 뜻: 땔나무를 줍는 사람.

『금사』 권18에서 온적한아도한(溫迪罕阿徒罕), 권72에서 아토한(阿土罕)이라는 인명이 있다. 『금사·국어해』에서는 '아도한(阿徒罕)은 땔나무를 줍는 사람이다'라 하였다. 만주어로는 asihan이며, '어리다, 젊다'는 뜻이다. 『만주원류고』에도 '아도한(阿徒罕)'에 해당한다고 여겼다. 권18에서는 '아실한(阿實罕)은 땔나무를 줍는 사람이라고 하는데 만주어에서는 어리다는 뜻이다'라고 하였다.

阿息保(阿思鉢) *asibo [인명] 뜻: 돕도록 하다.

『금사』 권2에서는 아식보(阿息保)(요나라의 사신), 권45에서 완안아사발(完顔阿思鉢)이라는 인명이 있다. 『금사·국어해』에서 '아식보(阿息保)는 남을 도와주다는 뜻이다'라고 하였다. 여진어 어법에 따르면, '아식보(阿息保)'는 어근 '아식(阿息)과 사동형 접미사 '보(保)[부(不)]'와 결합하여 형성하는 단어이다. 만주어 aisilabu에 해당되어, aisilambi의 사동형이며, '돕도록 하다, 협조하게 하다' 등의 뜻을 갖는다. 청나라에는 '애실랍포(愛實拉布)'였다. 『만주원류고』 권18에서는 '남을 돕도록 하다는 것을 애실랍포(愛實拉布)라고 부르고, 만주어에서는 도와주게 하다는 뜻이다. 원문에서는 아식보(阿息保)였다'라 하였다.

그리고 『금사』에 따르면, '아식보(阿息保)'는 요나라의 사신이었는데 거란(契丹) 사람이었다. 『요사』 권101에서는 야율아식보(耶律阿息保)라는 사람이 있는데, 자는 특리전(特里典)이다. 권114에서도 해회리보(奚回離保)가 있다. 『금사』 권44 〈병지(兵志)〉에 '금나라 초에 요나라의 제 말

때문에 목장을 설립하였다. 말(抹)은 모기나 파리 같은 벌레가 없고, 물이 맑고 풀이 좋은 곳이다. 천덕(天德)년에, 적하알타(適河斡朶), 알리보(斡里保)[보(保)는 본(本)으로 표기도 함], 포속알(蒲速斡), 연은(燕恩), 올자(兀者)에 다섯 군데 목장을 설립하였고, 전부 다 요나라 때의 명칭을 계속 사용하였고, 관리를 보내 목장을 관리하도록 하였다'라 하였다. 『요사』에는 '알리(斡里)'라는 말이 없지만, 『금사』에 따라 이 목장이 있었던 것은 틀림없다. '알리보(斡里保)'는 '오리보(吾里補)'라고도 하는데, 두 단어의 발음이 유사하다. 『금사·국어해』에서는 '오리보(吾里補)는 축적이라는 뜻이다'는 말이 있다. '아식보(阿息保)', '알리보(斡里保)'와 '회리보(回離保)' 등 단어는 전부 다 '보(保)' *bo라는 형태를 가지고 있는데, 제4장의 분석에 의거하여, 여진어 *bu/bo는 동사 사동형 접미사임을 알 수 있다. 따라서 *bo가 거란어 동사 사동형 접미사라는 것을 추정할 수 있다.

阿速 *asu [인명] 뜻: 그물.

『금사』 권5에서 아속(阿速)이라는 인명이 있다. '아속(阿速)'은 만주어 asu에 해당되어, '그물'이라는 뜻이다. 『일하구문고』 권154에서는 '아소(阿蘇)는 만주어에서 그물망이라는 뜻이고, 원래 아속(阿速)이었다'라 하였다.

阿虎懶 (阿喝懶) *aqutan [인명] 뜻: 기계.

『금사』 권93에서 완안아호라(完顔阿虎懶), 권73에서 완안아갈라(完顔阿喝懶)라는 인명이 있다. 만주어에 '기계, 기구'는 agūra라고 부른다. 『흠정금사어해』 권1에서 "아고라(阿古喇)는 기계이다. 권59에서는 '阿虎懶, 章宗子(아호라는 장종의 아들이다)'로 나타난다"라 하였다.

愛根 *aigen 뜻: 남편.

쉬멍신(徐夢莘)의 『삼조북맹회편』 권3 '정선상질삼(政宣上帙三)'에서 '남편이 아내를 살나한(薩那罕)이라고 부르고, 아내는 남편을 애근(愛根)이라고 부른다'라고 하였다. 『북맹록』에서도 '남편을 애근(愛根)이라고 한다'라는 말이 있다. 『여진역어·인물문』에 '액일액(厄一厄) **扶屈**는 장부(丈夫)이다'라 하였다. 만주에서는 '남편'을 eigen이라고 부른다. 우쩐천(吳振臣)의『영고탑기략』에서 '부(夫)는 외근(畏根)이라고 부른다'라 하였다.『만주원류고』권18에서 '액이근(額伊根)은 만주어에서 부(夫)의 뜻이며, 원래 애근(愛根)이었다'라 하였다.

諧版 *amban 뜻: 크다.

『금사』권1에서는 암판발극렬(諧版孛極烈)이라는 관직명이 있다.『금사』권55에서 '그 관리들을 전부 다 발극렬(孛極烈)이라고 부른다. 그래서 태조는 도발극렬(都孛極烈)에게 왕위를 계승하고, 태종(太宗)은 암판발극렬(諧版孛極烈)의 톱을 차지하게 한다. 암판(諧版)이 존대하다는 뜻이다'라 하였다.『여진역어·통용문』에서는 '안반랄(安班剌) 夅夆는 크다는 뜻이다'라는 말이 있다. 회동관『여진역어·통용문』에서는 '대(大)는 앙팔(昻八)이라고 부른다'라고 하였다. 만주어에 대(大)는 amba이며, 청나라에 안파(安巴)나 앙방(昻邦)으로 표시되었다.『흠정금사어해』권3에서 '안파(安巴)는 대(大)이고, 권6에서 안반패륵(安班貝勒)의 안반(安班)은 신하의 뜻이다. 패륵(貝勒)은 사람을 관리하는 뜻이다. 권2에서는 암판발극렬(諧版孛極烈)으로 나타난다'라고 하였다. 우쩐천(吳振臣)의『영고탑기략』에서도 '대(大)는 앙방(昻邦)이다'라고 하였다. '발극렬(孛極烈)' 참고.

按春(安春, 按脣, 按出虎, 阿尤滸, 安尤虎, 阿觸胡, 阿祿祖, 阿之古, 阿里出虎) *alcun/alcuqu [인명, 지명] 뜻: 금(金).

『금사』권59에서 완안안춘(完顔按春), 권67에서 안춘(按春), 권73에서 완안안순(完顔按脣), 권93에서 완안안진(完顔按辰), 권59에서 완안안출(完顔按出), 권73에서 완안안출호(完顔按出虎), 권132에서 도단아리출호(徒單阿里出虎) 등의 인명이 실려 있다.『금사』권1에서 '선조들이 해고수(海古水)라는 곳으로 이주하였다. 그곳에서 농사도 짓고, 집도 짓기 시작하였다. 마루대와 처마가 있는 집도 만든데 이를 납갈리(納葛里)라고 부른다. 납갈리(納葛里)는 한어로 거실이라는 뜻이다. 이로부터 안출호수(安出虎水) 옆에 정착하였다'라고 하였다.『금사』권67에서 '환난전(桓

椒傳)은 안출호수(安出虎水)에 따라 가는 뜻이다'라고 하였다. 『삼조북맹회편』 정선상질 18에 묘요(苗耀) 『신록기』에 따라 '아촉호(阿觸胡)'라고 하였고, 금나라 왕얀치안(王彦潛)의 〈완안루실신도비(完顔婁室神道碑)〉에서는 '아주호수(阿注潹水)'라고 하였다. 『금사』 권24 〈지리지〉에서 '아출호수(阿朮潹水)'라고 하였고,[7] 송나라 예롱리(葉隴禮)의 『거란국지』에서 '아출화하(阿朮火河)'라고 하였다.[8] 『삼조북맹회편』 권3 정선상질삼에서 "'아구다(阿骨打)'는 기분이 매우 좋았다. 오걸매(吳乞買) 등의 사람들이 다 양박(梁朴)의 말을 받아들여 아구다(阿骨打)가 즉위를 하게 하여, 국호는 '대금(大金)'이라고 불렸는데, 수명(水名) 아록조(阿祿阻)를 국호로 여긴 것이다. 아록조(阿祿阻)는 여진어에서 금(金)의 뜻이다. 하천에 금이 있어서 '대금(大金)'이라고 부른다. 마치 요나라는 요수(遼水)로 국호를 지은 것과 같다. 원나라를 수국(收國)으로 바꾸었다'라고 하였다. 『건연이래계년요록(建燕以來系年要錄)』에서 쨩휘(張匯)의 『금로절요(金虜節要)』에 따라 '아록조(阿祿阻)'를 '아록한(阿祿限)'으로 하여 잘못된 것이다. '본토의 아록한(阿祿限)을 국호로 삼고, 아록한(阿祿限)이 여진어로 금이다'라는 말이 있다. 『고려사』에서는 '아지고(阿之古)'라고 하였고, 『명실록·태종실록』 권185에서 '안출하(安出河)'라고 하였다. 조팅졔(曹廷杰)의 『동삼성여지도설(東三省與地圖說)』에서 '안출하(按出河)'로 나타났다. 『흠정성경통지』에서 '아륵초객하(阿勒楚喀河)'라고 한다. 『지린통지(吉林通志)』 권22에서 '아십하(阿什河)'라고 한다. 『금사·국어해』에서 '금을 안춘(按春)이라고 부른다'라 하였다. 『여진역어·진보문』에서 '안춘온(安春溫) 斥土이 금이다'라고 하였다. 만주어에서 ancun은 귀걸이라는 뜻이다. 『흠정금사어해』 권3에서 '안춘(按春)은 귀걸이다'라고 하였다. '금'은 aisin으로 표기하고, 청나라 때 '애성(愛星)', '애신(愛紳)' 혹은 '애신(愛新)'

---

7 장백총서(長白叢書) 제2편 『금비회석(金碑匯釋)』, 지린문사출판사, 1986, p. 6.

8 소엽 산방(掃葉山房)교간본 『이십삼사(二十四史)』 권10.

으로 나타났다. 『영고탑기략』에서 '금(金)은 애성(愛星)이다'라고 하였다. 『만주원류고』 권18에서 '금(金)은 애신(愛紳)이며, 만주어에 해당된다. 원문이 안춘(按春)이었다. 만주어에서 귀걸이라는 뜻이다. 귀걸이는 금으로 된 것으로 오해를 일으킬 수 있다'라고 하였다. 『흠정금사어해』 권12에서 '애신(愛新)이 금(金)이다'라고 하였다. 금나라에 '안출호(按出虎)'는 만주어에서 아륵초객(阿勒楚喀) alcuka로 나타났다. 사잉어(薩英額)의 『지린외기(吉林外紀)』 권2에서 "아륵초객(阿勒楚喀)은 물로 인해 명명되었다. 『송사』에 '여진국은 안출호수(安出虎水)에 거주하다'라는 말이 있고, 『통지』에서는 '금나라의 선조들은 포이갈수(布爾噶水) 유역에 거주하였는데, 선조 때는 아륵초객수(阿勒楚喀水) 유역에 자리를 잡고 살았다'라는 말이 있다. 예전에는 '안출호(按出虎)'라고 하였다. 이것은 틀림없이 여진의 옛 주소이다. …… 통속적으로 아십하(阿什河)라고도 부르는데 안출호(按出虎)의 방언형이다. 옛글에서 아륵초객성(阿勒楚喀城)이라고 불렸다'라 하였다.

按答海(安答海) *andahai [인명] 뜻: 손님, 친구.

　『금사』 권93에서 당괄안답해(唐括安答海)[안답해(按答海)], 권73에서 완안안답해(完顔按答海)[안달해(安達海)]라는 인명이 있다. 『금사 · 국어해』에서 '안답해(按答海)는 손님의 통칭이다'라 하였다. 『여진역어 · 인물문』에서 '안답해날아마(岸答孩捏兒麻) 牟甬具件는 손님이다'라 하였다[여진어에서 사람을 날아마(捏兒麻)라고 부른다. 만주어 andaha에 해당하고 '손님, 친구'라는 뜻이다. 청나라 때 '안답(安答)' 혹은 '안답합(按答哈)'이라고 하였다. 우쩐천(吳振臣)의 『영고탑기략』에서 '서로 안답(安答)으로 칭하다'라고 하였다. 『만주원류고』 권18에서 '안답합(按答哈)은 손님의 통칭이고, 만주어와 같은 의미를 갖는다. 예전에 안답해(按答海)였다'라 하였다. 『일하구문고』 권151에서는 '안답합(按答哈)은 만주어에 손님이다'라 하였다. 『흠정금사어해』 권9에서 '암답(諳答)은 친구다'라 하였다.

昂吉洓 *anggir [지명] 뜻: 원앙새, 오리.

『금사』권24 〈지리지 상〉'서경로무주유원현(西京路撫州柔遠顯)'주에 '앙길락(昂吉洓)이 원앙락(鴛鴦洓)이라고도 부른다.' 앙길(昂吉)은 몽골어 인데, 『화이역어·부장문』에 '원앙은 앙길아(昂吉兒)라고 부른다'라 하였 다. 원앙락은 바로 원앙박(鴛鴦泊)이고, 지금의 '안고리뇨이(安固里淖爾, 하북성 장북현 북쪽에 있음)'에 자리 잡는다. 그중에서 '안고리(安固里)' 는 바로 anggir의 대음이다.[9] 만주어에서 '오리'는 anggir라고 불리고 '앙 길이(昂吉爾)'로 표기되었으며, 몽골어의 '원앙'과 음이 가깝다. 그러므로 『만주원류고』권18에서 '원앙락(鴛鴦洓)'이 '앙길이(昂吉尔)'로 해석되어, '원앙락이 국어에서 앙길이(昂吉尔)라고 하고, 만주어에서는 노란 색깔에 큰 들오리를 가리킨다. 전에는 앙길(昂吉)로 하였는데 이제는 수정하였 다'라 하였다. 『여진역어·부장문』에서 '고아홀(古牙忽) 罔玣尙은 원앙이 다'라는 말에 따라 여진어에서 원앙은 원래는 '고아홀(古阿忽)'이었다.

奧屯(奧敦) *otun [성씨] 뜻: 구유.

『금사』권15에서 오둔오리부(奧屯吾里不)[오돈오리부(奧敦吾里不)], 권 17에서 오둔순경(奧屯舜卿), 오돈양필(奧敦良弼), 권122에서 오둔추화상 (奧屯丑和尙), 권103에서 오둔첨수(奧屯添壽), 권104에서 오둔찰리길(奧屯 扎里吉) 등의 인명이 있다. 〈오둔량필시비〉상관에 '온둔순기인(奧屯舜其 因)'이라는 글이 있는데, 뤄푸이(羅福頤) 등이 '온둔순경(奧屯舜卿)'이라고 여겼다. 『삼조북맹회편』정선상질삼에서 '오돈(奧敦)'으로 나타났다. '오 둔(奧屯)[오돈(奧敦)]은 만주어 oton에 해당되어 '(옹근 나무로 만든)목통, (돼지)구유, (물)통 등의 뜻이다.' 『흠정금사어해』권7에서 '악둔(顎屯)은 옹근 나무로 만든 목통이다'라 하였다. 『금사·국어해』에서 '온둔이 조 (曹)이다'라고도 하였다. 여진족 사람들이 '온둔(奧屯)'을 한족의 성씨 '조 (曹)'로 바꾸었고 '조(槽, 구유)'의 발음과 같다.

---

9 이 고증은 멍우란(蒙烏蘭) 선생님께서 가르침을 받았으며, 이에 관해 감사드린다.

拔離速(拔里速) *barisu [인명] 뜻: 각저희를 하는 사람.

『금사』 권72에서 완안발리속(完顔拔離速)이라는 인명이 있다. 『금사·국어해』에서 '발리속(拔里速)은 각저희를 하는 사람이다'라 하였다. '각저(角觝)'는 바로 씨름이다. 진한(秦漢) 시기에 오락으로 시작하였고 '각저극(角抵之戲)'이라고 하였다. 요, 금, 원나라 때는 널리 유행하였다. 여진어에서는 '발리속(拔里速)'이라고 하고, 몽골어에서 '씨름'을 barildu라고 하여 두 단어는 같은 어원이다. 청나라에 '씨름'을 '포고지희(布庫之戲)'라고 하였고 몽골어 '패가(孛可)'에서 전해 온 것이다.[10] 요원지(姚元之)『죽엽정잡기』 권1에서 '강희(康熙) 때, 건장하고 힘이 센 어린 환관을 골라 포고지희를 연습하라고 하였다(국어로 포고는 힘을 겨룬다는 뜻이다). 오배(鰲拜) 등 신하들은 주사를 해도 피하지 않았다'라 하였다. 『흠정금사어해』 권9에서 '파이사(巴爾斯)는 몽골어에서 호랑이의 뜻이다. 권3에서 발리속(拔離速)으로 표현된다'라 하였다. 『만주원류고』 권18에서 '파이사(巴爾斯)는 각저희를 하는 사람이다. 몽골어에서 파이사(巴爾斯)는 호랑이이다. 전에는 발리속(拔里速)이었는데, 이제는 정정하였'라고 하였는데, 잘못된 해석이다.

白答(白達, 拔達, 背達) *bada [인명] 뜻: 밥.

『금사』 권129에서 백답(白答), 권72에서 완안백답(完顔白答), 권3에서 을실백답(乙室白答), 권65에서 완안발달(完顔拔達)[백달(白達)]이라는 인명이 있다. 『여진역문·의식문』에서 '복도괴(卜都乖) **盍尤**는 밥이다'라 하였다. 만주어에서 '밥'은 buda라고 부른다. 청나라에는 '부타(不打)'나 '포달(布達)'이라고 하였다. 우쩐천(吳振臣)의 『영고탑기략』에서 '밥을 먹는 것을 부타자부(不打者夫)라고 부른다'[11]라 하였다. 『일하구문고』 권29에서

---

10 상세한 고증은 진치총(金啓孫)의 「중국식 씨름에 대한 거란, 몽골 원류고」, 『내몽고대학교 학보(內蒙古大學報)』, 1979년 3, 4기 참고.

11 만주어 jefu(者夫)는 동사 jembi의 명령형이고, '사람에게 먹도록 하다', 즉 '식사하

'포달(布達)은 만주어에서 밥이며, 예전에 백답(白答)이었다'라고 하였다.

板底因(烏魯古) *panti in [지명] 뜻: 남쪽의.

『금사』 권44 〈병지〉에서 '금나라 초기에 요나라의 목장을 답습하며 여러 목장을 설치하였다. 말(抹)은 모기와 파리 같은 것도 없는, 수초가 무수한 곳을 가리킨다. 천덕(天德)년에, 적하알타(適河斡朶), 알리보(斡里保)[보(保)는 본(本)으로도 표기함], 포속알(蒲速斡), 연은(燕恩), 올자(兀者) 다섯 군데 목장을 설치하였고, 전부 다 요나라 때의 명칭을 계속 사용하였고, 관리를 보내 목장을 관리하도록 하였다. …… 세종 때는 특만(特滿), 특만(忒滿)[무주(撫州)에 있음], 알도지(斡睹只), 포속완(蒲速椀), 구리본(甌里本), 합로완(合魯椀)과 야로완(耶虜椀) 등 일곱 군데에 설립하였다. 그중에서 포속완(蒲速椀)은 알도지(斡睹只)의 일부였는데 대정(大定) 7년에 땅을 나누어 포속완(蒲速椀)을 설립하였다. 승안(承安) 3년에 판저인오로고(板底因烏魯古)로 개명하였다'라고 하였다. 여진어에서 오로고(烏魯古)는 얼식(孼息)이라는 뜻이다. 『금사』 권57 〈백관지삼(百官志三)〉에서 '제 목장은 국어에서 오로고(烏魯古)라고 부른다'라 하였다. 『금사·국어해』에서 '오로고(烏魯古)는 목장의 관리이다'라 하였다. 『금사』 권44 〈병지(兵志)〉에서 '금나라 초기에 요나라의 목장에 인해 여러 목장을 설치하였다. 말(抹)은 모기와 파리 같은 것도 없는, 수초가 무수한 곳을 가리킨다. …… 세종 때는 특만(特滿), 특만(忒滿), 알도지(斡睹只), 포속완(蒲速椀), 구리본(甌里本), 합로완(合魯椀)과 야로완(耶虜椀) 일곱 군데를 설립하였다. 구리본(甌里本)은 승안(承安) 3년에 오선오로고(烏鮮吳魯古)로 개명하였다. 오로고(吳魯古)는 성장하다는 뜻이다'라 하였다. 금나라의 여진어 '오선(烏鮮)'은 명나라 때의 여진어 '알실(斡失)'에 해당되고 위(上)라는 뜻이다. 『여진역어·방우문』에서 '알실(斡失)은 상(上)이다'라 하였다. '오선오로고(烏鮮吳魯古)'는 바로 '상오로고(上吳魯古)'이다.

게 하다'는 뜻이다.

'판저인오로고(板底因烏魯古)'는 '오선오로고(烏鮮吳魯古)'와 마주 대하여 '남부오로고(南部吳魯古)'를 구성하였다. 여진어 '판저인(板底因)'은 '남쪽의'라는 뜻이다. '남(南)'은 명나라에 '번체(番替)'라고 하였고 『여진역어·방우문』에서 '번체(番替)는 남이다'라 하였다. 금나라부터 명나라까지 여진어, 만주어 자음 p〉f 변화가 일어났으므로, 이에 따라서 '번체(番替)' *fanti는 금나라에 *panti라는 것을 추정할 수 있다. 예를 들어 『금사·국어해』에서 '보활리(保活里)는 난쟁이다'라 하는 것은 『여진역어·통용문』에서 있는 '불화나(弗和羅) 玫乇果는 짧다는 뜻이다' 및 만주어로 짧다는 뜻의 foholon에 해당된다. 『금사·국어해』에서 '포랄도(蒲剌都)는 급성 각막염으로 인해 눈이 보이지 않는다'라는 말은 만주어 fulata '눈언저리가 빨갛다'에 해당된다. 이에 따라 명나라 때 여진어 '번체(番替)' *fanti는 금나라 때의 '판저(板底)' *panti와 같아 남(南)이라는 뜻이다.

保活里 *boholi [인명] 뜻: 난쟁이.

『금사』 권1에서 완안보활리(完顏保活里)라는 인명이 있다. 『금사·국어해』에서 '보활리(保活里)는 난쟁이다'라 하였다. 『여진역어·통용문』에서 '불활리(弗活里)는 짧다'라고 하였다. 이 단어는 만주어 foholon '짧다, 부족하다'와 상응된다. 『만주원류고』 권18에서 '박과니(博果尼)는 난쟁이다. 몽골어 박과니(博果尼)는 키가 작은 사람을 가리킨다. 예전에 보활리(保活里)였다'라 하였다.

背魯(輩魯, 杯魯) *beri [인명] 뜻: 궁(弓).

『금사』 권87에서 복산배로(僕散背魯), 권65에서 완안배로(完顏背魯), 권1에서 배로(杯魯)라는 인명이 있다. 『여진역어·기용문』에서 '박리(薄里) 乿는 궁이다'라 하였다. 회동관 『여진역어·기용문』에서 '궁은 백력(伯力)이라고 부른다'라 하였다. 만주어에서는 궁(弓)을 beri라고 부른다. 청나라에 '백력(伯力)'이나 '백리(伯利)'였다. 『지린통지(吉林通志)』 권22에서 '파리하(玻璃河)'가 있는데, 지린성(吉林省) 반시시(盤石市)에 위치하고 있다. 하류의 이름은 '궁'의 뜻에서 온 것이다. 그 외에 만주어에서는 느릅나무와 버드나무로 만든 궁을 '배란(裴闌)'이라 하였다. 『만주원류고』권20에서 '배란(裴闌)이 궁과 화살이고 어릴 때부터 배워야 한다. 어린이는 느릅나무와 버드나무로 활을 만드는데, 이 활을 배란(裴闌)이라고 부른다. 날카로운 싸리나무채로 된 화살에 꿩의 깃털을 꽂는다. 이를 뉴감(鈕勘)이라고 부른다'라 하였다. 배란(裴闌)이 배로(背魯)와 발음이 유사하여 고대의 음을 유지하고 있다.

必蘭(必剌, 薦剌) *biran/bira [성씨, 인명, 지명] 뜻: 하천(河).

『금사』권14에서 필란정(必蘭定)[하정(河定)], 권102에서 필란아로대(必蘭阿魯帶), 권86에서 독길비랄(獨吉祕剌)이라는 인명이 있다. 『금사』권24 『지리지상』 '심주읍루현(沈州邑樓顯)'에 '범하와 청하가 있는데 국어로 고외필란(叩隈必蘭)이라고 부른다'라는 주석이 있다. 『요동행부지』에서 '병자해, 비리합토천호영(鼻里合土千號營)에 주둔하였다. 비리합토(鼻里合土)는 한어로 범하(范河)이다'라 하였다. '비리(鼻里)'는 바로 '필랄(必剌)'이다. 『여진역어·지리문』에서 '필아(必阿) 俈은 강이다'라 하였다. 회동관 『여진역어·지리문』에서 '하(河)는 필랄(必剌)이라고 부른다'라 하였다. 필랄(必剌)은 만주어에서 bira라고 부른다. 『흠정금사어해』권4에서 '필라(必喇)는 강이다'라 하였다. 그리고 '필란(必蘭)'을 성씨로 하는 여진 사람들은 성씨를 '하(何)'로 바뀌었다. 예를 들어, 필란정(必蘭定)이라는 이름은 한족 인명으로 하면 '하정(河定)'이다. 이에 따라 '필란(必蘭)'은 한어 '하(河)'라는 뜻을 추정할 수 있다.

辟羅 *biro [지명] 뜻: 온천.

『요동행부지』에서 '계유년에, 벽나(辟羅)마을 발해(渤海) 고(高)씨 집에서 묵었다. 벽나(辟羅)는 한어로 온천이다'라 하였다.

孛論出 *bolunču [인명] 뜻: 배태, 시조.

『금사』권7에서 완안발론출(完顔孛論出)이라는 인명이 있다. 『금사·국어해』에서 '발론출(孛論出)은 배태이다'라 하였다. 『금사』에서 '발론출(孛論出)'이 '배태'라는 해석에 대해 『만주원류고』에서 고증을 해보았다.

권18에서 "발단찰이(孛端察爾)는 배태이다. 여기서 배태라면 적당하지 않은데, 한어에서 시조라는 예가 있어서 뜻은 서로 맞을 수 있다. 『이아』에서 태(胎)와 조(祖)는 전부 다 '처음 시(始)'으로 해석된다. 원문에서는 발론출(孛論出)이었는데 이제 『만주원류고』부터 수정하겠다"라 하였다.[12] 『원조비사』에서 '시조(始祖)'를 몽골어로 '발단찰이(孛端察爾)'라고 하고 *bodončari로 추정하였다.

勃極烈(孛極烈) *bogile [직관] 뜻: 사람들을 다스리다.

　『금사 · 국어해』 '관직명'에 "도발극렬(都勃極烈), 총치를 담당하는 관직 명치이고 한족의 총제와 비슷하다. 암판발극렬(諳版勃極烈)은 존귀한 관리를 가리킨다. 국론발극렬(國論勃極烈)은 예의가 바르고 존경을 받는 사람을 가리킨다. 호로발극렬(胡魯勃極烈)은 통령관이다. 이뢰발극렬(移賚勃極烈), 제3위를 '이뢰(移賚)'라 하였다. 아매발극렬(阿買勃極烈)은 성읍을 다스리는 관리이다. 을실발극렬(乙室勃極烈)은 연접하는 관리이다. 찰실합발극렬(札失哈勃極烈)은 수관서(守官署)를 가리킨다. 측발극렬(昃勃極烈)은 흠천감 관리이다. '질발극렬(迭勃極烈)은 부관이다"라 하였다. 『금사』 권1: '수국(收國) 원년 7월 무진(戊辰), 동생 오걸매(吳乞買)에게 암판발극렬(諳版勃極烈), 승상 살개(撒改)에게 국론발극렬(國論勃極烈), 사부실(辭不失)에게 아매발극렬(阿買勃極烈), 동생 사야(斜也)에게 국론측발극렬(國論昃勃極烈) …… 등 관직을 내려 주었다'라 하였다. 남송 진준(陳準)의 『북풍양사록』에 "'불굴화불랄(不屈花不刺)'은 지위가 높은 관리를 가리키는 것이고, 구요이십팔수(九曜二十八宿)에 의해 이름을 지었다. 관직은 모두 '발극렬'이라고 하였는데 한족의 '총관'과 비슷하다. 오호(五戶)부터 완호(萬戶)까지의 발극렬이 있는데, 모두 군사를 거느린다. 평일에는 사냥하고, 전쟁 때는 출전한다'라 하였다. 남송 묘요(苗耀)의 『신록기』에 '그러므로 하사하는 뜻으로 제종판(除宗盤)에게 홀로발극렬(忽魯勃

---

12 『이아 · 석고(爾雅 · 釋詁)』 '初哉首基肇祖元胎俶落權始也.'

極烈), 제종유(除宗維)에게 이소발극렬(異疏勃極烈), 오야완안욱(烏野完顔勗)에게 좌승라는 관직을 내려주었다'라 하였다. 남송 시모량(石茂良)의 『피융야화(避戎夜話)』에 '골노니이뢰발극렬 좌부원수(骨盧你移賚勃極烈左副元帥)가 송나라의 황제에게 편지를 보냈다……'라 하였다. 『장강요록(靖康要錄)』에 '골노니이뢰발극렬 좌부원수(骨盧你移賚勃極烈左副元帥), 황태자 원수'라 하였다. 『삼조북맹회편』에 "그 관직들이 구요이십팔숙으로 인해 명칭을 지었다. 암판발극렬(諳版勃極烈)(대관인), '발극렬(관인)'이라고 부른다. 직위는 '특모(忒母)'(万戶), '맹안(萌眼)'(千戶), '모가(毛可)'(百人長), '포리언(蒲里偃)'[패자 우두머리(牌子頭)]. '발극렬'은 통관이고 한족의 '총관'과 비슷하다"라 하였다. 『대금적벌록(大金吊伐錄)』 권2에 '천회 4년 9월 16일, 금나라 고론니이랍제발극렬 좌부원수(固論你伊拉齊勃極烈)는 송나라의 황제에게 편지를 보냈다'라고 하였다. 금나라의 관리 제도에 대하여, 『금사』 권55 〈백관 1〉에서 더욱 상세하게 서술하였다. "그의 관리가 모두 '발극렬'이라고 부른다. 그러므로 태조는 도발극렬(都勃極烈)에게 왕위를 이어 주었고, 태종은 암판발극렬(諳版勃極烈)을 첫째 자리로 삼았다. 암판은 존대한다는 뜻이다. 그 다음에는 국론홀로발극렬(國論忽魯勃極烈)인데 국론이 귀중하다는 뜻이고 홀로는 총원수를 가리킨다. 또한 국론발극렬(國論勃極烈)이 있는데 좌와 우로 나뉘며 소위의 승상이다. 이어서 제발극렬 위에는 국론(國論), 홀로(忽魯), 이뢰(移賚), 아매(阿買), 아사(阿舍), 측(昃), 질(迭) 등의 호칭도 있다. 부락의 수령이 '패근(孛菫)'이라고 하며 여러 부락을 다스리는 사람을 '홀로(忽魯)'라고 부른다"라 하였다. 송·원나라 역사 서적 중의 '발극렬'은 만주어의 '사람을 관리하다'라는 뜻을 갖는 '패륵(貝勒)' beile에 해당한다. 『흠정금사어해』 권6 '직관'에 '패륵(貝勒), 사람을 관리하다는 뜻이다'라 하였다.

또한 『금사·국어해』에 '산역발기(散亦孛奇)는 남자라는 뜻이다'라 하였다. 『만주원류고』 권18에 만주어에 따라서 더 깊이 해석을 하였다. '새음백기남자(賽音伯奇男子). 만주어에 새음(賽音)은 좋다는 뜻이고, 백기

(伯奇)는 튼튼하다는 뜻이다'라 하였고, '완강한 남자'라는 뜻이다. 시라토리 구라키치(白鳥庫吉), 토리야마 키이치(鳥山喜一)는 '발극렬'의 기본 의미는 '단단하다'이고, 만주어 beki에 해당한다고 주장하였다.[13] '암판(諳版)', '을실(乙室)', '홀로(忽魯)', '이뢰(移賚)', '아매(阿買)', '측(仄)', '도발극렬(都勃極烈)' 등 참고.

勃蘇 *bosu 뜻: 술.

『삼조북맹회편』 권3에서 "그 언어에서 '좋다'를 감(感)이나 새흔(賽痕)이라고 하고, '좋지 않다'를 랄살(辣撒)이라고 하며, 술을 발소(勃蘇)라고 부른다"라 하였다. 『여진역어·의식문』에서 '노렬(駑列)은 술이다'라는 해석에 따르면 발소(勃蘇)와 같지 않다. 청나라 학자들은 '발소(勃蘇)'는 몽골어 boro darasu에 해당되어 좋은 술이라는 뜻이라고 주장하였다. 『만주원류고』 권18에서 '박라달라소(博囉達喇蘇)는 몽골어에서 좋은 술이다. 원래는 발소(勃蘇)였는데 음이 촉급해서 잘못된 것이고 이제는 수정하였다'라 하였다. 몽골어 '술'은 원명 희곡에서도 자주 나타났다. '타랄소(打辣酥), 타랄손(打剌孫)' 등으로 대음되었다. 『소무목양(蘇武牧羊)』에서 '주은타랄소(酒銀打辣酥), 살팔적료살팔적(撒叭赤了撒叭赤)'이라 하였다. 또 『강상심(降桑椹)』에서 '형이아, 저는 타랄손(打剌孫)이 많다'라 하였다.[14] '발소(勃蘇)'와 '타랄소(打辣酥)'는 발음의 차이도 크다. 어떤 언어에서 나온 것인지 더 깊이 고증할 필요가 있다.

孛特(孛德, 孛迭, 伯德) *bote [인명, 성씨] 뜻: 사냥, 고기잡이.

『금사』 권74에 패특(孛特), 권103에서 패덕(孛德), 권77에서 완안패질(完顔孛迭), 권106에서 백덕문가(伯德文哥), 권81에서 백덕특리보(伯德特

---

13 시라토리 구라키치, 「여진의 칭호인 패극(孛菫), 발극렬(勃極烈)의 어원에 관하여」, 『사학잡지』, 제43편 제7기, 1932. 토리야마 키이치, 「금사 중에 사오토어 관직 명칭고에 관하여」, 『사학잡지』, 제29편 제9호, 1918.

14 몽골어 '타랄소(打剌蘇)'에 관한 상세한 고증은 팡링귀(方齡貴)의 『원명희곡 중의 몽골어(元明戲曲中的蒙古語)』, 한어대사전출판사, 1991, p. 220.

離補), 권15에서 백덕호토(伯德胡土), 권81에서 백덕달부야(伯德撻不也)라는 인명들이 있다. '패특(孛特)[패덕(孛德)]'은 '사냥하거나 고기잡이를 하다'라는 뜻을 가진 만주어 동사 butambi에 해당된다. 청나라에 '포특합(布特哈)'이었다. '포특합(布特哈)'은 청나라 내무부(內務府)에서 채집하고 고기잡이를 하는 관공서였다. 사잉어(薩英額)의 『지린외기』 권3에서 '전에 백산 근처에서 사냥을 생업으로 하는 사람들이 살았는데 이 사람들이 포특합(布特哈)이라고 하였다'라는 기록이 있다. 『지린외기』 권2에서 '[포특합오랍(布特哈烏拉)] 포특합은 '사냥'이라는 뜻이고, 오랍(烏拉)은 강이다. 그러므로 사냥오랍이라고 부르기도 한다'라 하였다. '백덕(伯德)'이라는 성씨에 대해서는, 『금사・백관지』에서 실리지 않았는데, 천수(陳述)는 『요사・부족지』에서 기록된 해왕부(奚王府) 오부(五部)에 '백덕(伯德)'부가 있는 것에 의거하여 백덕(伯德)은 바로 이 백덕씨(伯德氏)라고 주장하였다.[15]

孛特補 *botebu [인명] 뜻: 수렵하게 하다, 고기잡이를 하게 하다, 돈을 벌게 하다.

『금사』 권133에서 패특보(孛特補)라는 인명이 있다. 여진어 패특보(孛特補)는 만주어 butabumbi에 해당된다. '사냥하게 하다, 고기잡이를 하도록 하다, 돈을 벌게 하다'라는 뜻이다. 어근 buta에 사동형접사 bu를 붙여서 구성된 단어다. 『흠정금사어해』 권2에서 '포탑포(布塔布)는 수렵하게 하다는 뜻이며 권24에서 패특본(孛特本)이다'라 하였다. 『흠정금사어해』 권12에서 '패특본(孛特補)'을 다르게 해석하였는데, '박다포(博多布)는 계획하도록 하다는 뜻이다. 권133에서 패특보(孛特補)로 나타났다'라하였다. 만주어 bodabumbi는 기획하게 하다는 뜻이고, 발음과 의미는 모두 botabumbi와 관련되기 때문에 같은 어근에서 발원하였다고 할 수

15 천수(陳述), 『금사십보 5가지(金史拾補5種)』 '금사씨족표', 권6 '백덕씨(伯德氏)', 과학출판사, 1960.

있다. 대음규칙과 인칭용어에 따라 이 단어는 '사냥하게 하다, 고기잡이를 하도록 하다, 돈을 벌게 하다'라는 뜻이라고 확정할 수 있다.

卜灰(布輝, 不灰, 仆旭, 仆灰) *buhui [인명, 지명] 뜻: 사슴.

『금사』권1에서 복회(卜灰), 권86에서 포회(布輝), 권103에서 부회(不灰), 권2에서 복훼(仆旭), 권65에서 복회(僕灰)라는 인명들이 있다. 이 단어들은 지명으로 쓰이기도 하는데 '복회(卜灰)', '부회(不灰)'나 '포회(布灰)'로 표기되었다. 『금사』권2에서 '세조는 복회(卜灰)를 정벌하러 갔다. 태조는 물리치지 못하여 패배하였다'라 하였다. 권103에서 '[흘석렬(紇石烈)] 환단(桓端)은 대군을 거느리고 세조와 전쟁하였는데 패배하였다. 그러므로 암길알(唵吉斡), 도마혼(都麻渾), 빈가(賓哥), 출대(出臺), 답애(答愛), 안가(顔哥), 부회(不灰), 안출(按出), 패덕(孛德), 렬령(烈領) 등이 따라왔다'라 하였다. 『원사』에서 '해란로에서 만호부는 다섯 군데 있는데 하나는 포호강(布呼江)이다'라 하였다. 『여진역어 · 부장문』에서 '복고(卜古) 昊炙는 사슴이다'라 하였다. 만주어에서는 사슴을 buhū라고 부른다. 『만주원류고』권11에서 '포호(布呼)는 만주어에 사슴이라는 뜻이다'라 하였다. 『흠정금사어해』권5에서 '포호(布呼)는 사슴인데, 권103에서 부회(不灰)로 나타났다. 지명이다'라 하였다.

C

查剌合攀 *čara hapan [지명] 한명: 거용관. 뜻: 관아.

『금사』권24 〈지리지 상〉 '대흥부창평현(大興府昌平縣)' 주에서 '거용관이라는 곳이 있는데 국어로 사랄합반(查剌合攀)이다'라 하였다. '사랄(查剌)'은 만주어 cira와 음이 유사하여 '엄하다'는 뜻이다. '합반(合攀)'은 『여진역어 · 궁실문』에서 기록된 '합번(哈番) 庚炙는 관아이다'는 말과 발음도 유사하고 의미도 상통된다. 만주어 hafan은 관리라는 뜻인데, 여진어 합번(哈番)의 전의이다. '합번(哈番)'은 『여진역어』 '궁실문'에 들어가 있는데 본의는 관리들이 근무하는 '관청'이라고 하였는데 후에는 '관리'라는 뜻으로 바뀌었다. 『만주원류고』 권18에서 '거용관은 국어로 제라합번(齊喇哈藩)이라고 부른다. 만주어에 제라(齊喇)는 엄하다는 뜻이고, 합번(哈藩)은 관리라는 뜻이다. 원래는 사랄합반(查剌合攀)이었다'라 하였다. 『흠정금사국어해』 권3에서 '제라합번(齊喇哈藩)이라는 말이 있는데 제라(齊喇)는 엄하다는 뜻이고, 합번(哈藩)은 관리라는 뜻이다. 권24에서 사랄합반(查剌合攀)으로 나타나는데 관문명이다'라 하였다.

鈔赤隣(擦摺兒) *ču cirin/caciti [지명] 뜻: 부기실(帳房).

『금사』 권91에서 '초적린(鈔赤隣)'이라는 지명이 있다. 원나라와 명나라의 희곡에서 '찰접아(擦摺兒)'라고 하였다. 『옹희악부(雍熙樂府)』 권7 초편대타위투(哨遍大打圍套)에서 '將牧林卽快拴, 擦摺兒連忙答(말을 빨리 묶고 천막을 얼른 친다)'라 하였다. 『사림적염(詞林摘艷)』 권3에서 '將母麟疾快拴, 擦者兒連忙打(말을 빨리 묶고 천막을 얼른 친다)'라 하였다. '초적린(鈔赤隣)'은 바로 『여진역어·궁실문』의 '찰적리(扎赤里) **耂夬休**, 천막이다. 만주어에는 čačari이고 '찰찰리(察察里)'로 표시된다. 『흠정금사어해』 권5에는 '찰찰리(察察里), 천막이다'라 하였다.[16] 이 단어는 알타이어계 공유어이다. 『원조비사』에 '찰적아(察赤兒)'를 '휘장'으로 번역하였다.

赤瓦不剌海(赤瓦不剌, 洼勃剌駭) *čiwaburahai 뜻: 공격하다, 치다.

『삼조북맹회편』 권3 '정선상질삼(政宣上帙三)'에서 "그 언어에서 '좋다'를 감(感)이나 새흔(賽痕)이라고 부르고, '좋지 않다'를 랄살(辣撒)라고 하며, 술을 '발소(勃蘇)'라고 부른다. '몽산부굴화부랄(蒙山不屈花不辣)'은 공격하다는 뜻이며, '몽상특고(蒙霜特姑)'는 치다는 뜻인데 '굴발랄해(窟勃辣駭)'라고도 한다. 남편이 아내를 '살나한(薩那罕)'이라고 부르고, 아내는 남편을 '애근(愛根)'이라고 하다"라 하였다. '굴발랄해(窟勃辣駭)'는 원·명나라 희곡에서 '적와불랄해(赤瓦不剌海)'로 보이고 빌어먹는다는 뜻이다.

---

16 '천막'은 만주어에 cacari라고도 한다. 『몽화사전(蒙和詞典)』, p. 59: 'cacari, 천막이다'라 하였다. 국서간행회, 1972.

위에 제시된 기록에 따라, 여진어 '적와불랄해(赤瓦不刺海)'[적와불랄
(赤瓦不刺), 와발랄해(注勃剌孩)] *čiɤaburahai는 '공격하다, 치다'라는 뜻
을 가지며, 만주어 wabuha에 해당된다. 『만주원류고』 권18에서 '알포합
(斡布哈)은 만주어에서 죽이다는 뜻이다'라 하였다.

명나라의 여진어는 금나라의 여진어와 약간 달리, '타(打)'의 어근이
'도고(都古)'였다. 『여진역어 · 인사문』에서 '도고매(都古眛)는 타(打)이다'
라 하였다. '도(都)'나 '적와(赤瓦)'는 거란어 '초고(楚古)'와 같은 어원이다.

요나라 때 '초고(楚古)'는 관직명이었다. 『요사 · 국어해』에서 '초고(楚
古)는 관직명이다. 범인을 취조하는 관리이다'라 하였다. 『요사』 권61에
서 초고(楚古)라는 인명이 있다. 한자 '고(古)'와 '완(盌)'은 하나의 음을
표시하듯이 '적와(赤瓦)'의 '적(赤)'은 '초고(楚古)'의 '고(古)'와도 같이 하
나의 음을 표시한다. 왜냐면 여진어의 자음은 g가 아니고, g보다 좀 약한
설음 ɤ이다. 송 · 원나라 시대의 북방 한어계통에서 알타이어와 상응된
구개수음이 없기 때문에 유사한 연구개음 견(見)계자나 효(曉)모자로 *q
와 대역되고, 한어 의(疑), 영(影)모자로 구개수음 *ɤ와 대역되었다. 둘째
는 알타이어계 몽골족은 만−퉁구스어족과 같이 단어의 자음운미 -n이
단어를 구성할 때 쉽게 탈락할 수 있다. 예를 들어 『금사 · 국어해』에서
'금이 안춘(按春)이라고 한다'라고 하였는데, 회동관 『여진역어 · 진보
문』에서 '금은 안출(按出)이라고 부른다'라고 하였다. 여진어에서 '대(大)'
는 암판(諳版)이라고도 하고, '앙팔(昂八)'이라고도 한다. 『금사 · 국어
해』에서 '암판발극렬은 지위가 높은 관리이다'라 하였다. 회동관 『여진역
어 · 인물문』에서 '대인이 앙팔날마(昂八捏麻)이다'라 하였다. 만주어에서
대(大)는 amban 혹은 amba라고 부른다. 그러니까 여진어 '도고(都古)',
'적와(赤瓦)'는 다 거란어 '초고(楚古)'와 같은 어원이다.

辭不失(辭不習) *sibuhi [인명] 뜻: 술이 깨다.[17]

『금사』 권54에 사부습(辭不習), 권132에 사부실(辭不失), 권70에 완안 사부실(完顔辭不失)[습부실(習不失), 습부출(習不出)], 권120에 포찰사부실 (蒲察辭不失), 권121에 완안사부실(完顔辭不失)이라는 인명이 있다. 『금 사·국어해』에 '사부실(辭不失)은 술이 깨다는 뜻이다'라 하였다. 사부실 (辭不失)은 회동관 『여진역어·인물문』에는 '酒醒, 努勒速不哈(술이 깨다 는 노륵속부합이라고 한다)'의 '속부합(速不哈)'에 해당하여 만주어로 subuha이고 '술을 깼다, 숙취를 풀었다'는 뜻이다. 만주어 subuha는 동 사 subumbi의 과거형이다. 『만주원류고』 권18에 '소복혁(蘇卜赫), 술이 깨다는 뜻으로 만주어와 대응된다. 원문에 사부실(辭不失)이었다'라 하였 다. 비문과 『여진역어』의 어법분석에 따라 만주어에 해당하는 여진어 일 반 과거 시제는 hi이고, '실(失)'의 발음 'hi'와 가깝다.

出河 *čube [지명] 뜻: 얼음.

『금사』 권2에 '러시아군이 적과 출하점(出河店)에서 만났다'라 하였다. 『여진역어·천문문』에 '朱黑 ☩☖, 얼음이다', 회동관 『여진역어·천문 문』에 '얼음, 주흑(珠黑)이라고 부른다'라 하였다. 만주어 '얼음'이 juhe라 하였다. 『만주원류고』 권11에 '주혁(珠赫), 만주어 얼음이다'라 하였다. 『흠정금사어해』 권3에 '주혁(珠赫), 얼음이다. 권2에는 출하(出河)로 나타 나는데 지명이다'라 하였다.

---

17 『금사』의 여진 인명 대음은 흔히 '선(鮮), 사(思), 습(習)' 등 심모자로 여진어 hi를 대음하였다. 즉 한어의 *si가 여진어의 hi를 대응시키는 것이다. 예컨대: 『금사』 포선(蒲 鮮) *pusien 『여진역어』 포희(布希) '무릎' 만주어 buhi '무릎, 털이 없는 녹비'. 『금사』 특 사(特思) *tese 『여진역어』 특희(忒希) '사십' 만주어 dehi '사십'. 이런 대음현상에 의거하 여, 또한 금나라 시대 여진어 비문과 만주어의 일반 과거 시제를 대응시키는 hi, *si와 ši 가 구별하지 않은 것에 따라, 여기서는 '습(習), 실(失)'을 *hi로 추정하였다.

D

答不野(撻不野) *dabuye [인명] 뜻: 경작자(땅을 갈아 농사를 짓는 사람).

『금사』권2에 달부야(撻不也)[달부야(撻不野)], 권59에 완안달부야(完顔撻不也)[달부야(撻不野)], 권72에 달부야(撻仆野)라는 인명이 있다. 『금사·국어해』에서 '답부야(答不也)는 경작자의 뜻이다'라 하였다. 만주어 dabgiyambi는 '풀을 뽑다'는 뜻이며, 여진어에 해당된다. 『만주원류고』권18에서 '탑리야(塔哩雅)는 논밭을 경작하는 뜻이다. 몽골어 탑리야(塔哩雅)는 곡식이라는 뜻이다'라 하였다. 『만주원류고』에서 몽골어로 부회하는데 잘못한 것이다.

達兒歹 *dardai [인명] 뜻: 순간, 잠시.

『금사』권123에서 달아대(達兒歹)라는 인명이 있다. '달아대(達兒歹)'는 만주어 dartai '순간, 잠시'와 같다. 청나라 때 '달란태(達蘭泰)'라고 하였다. 『청어인명역한』에서 '달란태(達蘭泰)는 잠시, 잠깐이라는 뜻이다'라 하였다. 『흠정금사어해』권12에서 '덕륵태(德勒台)는 몽골어에 옷이 있다는 뜻이다'라고 하였는데 잘못 해석된 것이다.

達紀(達吉) *dagi [인명] 뜻: 뛰어나다.

『금사』권1에서 달기(達紀), 권5에서 완안달기(完顔達紀), 권65에서 달길(達吉), 권61에서 완안달길(完顔達吉) 등의 인명이 실려 있다. 여진어 '달기(達吉)'는 만주어 deji에 해당하여 '뛰어나다'는 뜻이다. 『만주원류고』권12에서 '덕제(德濟)는 만주어에서 뛰어나다는 뜻이다'라 하였다.

達吉不(達吉保, 達紀保, 答吉卜, 打吉卜) *dagibu/dagibo [인명] 뜻: 뛰어나도록 하다.

『금사』권10에서 오고론달길불(烏古論達吉不), 권102에서 완안달길불(完顔達吉不), 권90에서 니고달길불(尼告達吉不), 권71에서 달급보(達及保), 권67에서 달기보(達紀保), 권112에서 포찰답길복(蒲察答吉卜), 권44에서 포찰타길복(蒲察打吉卜) 등 인명이 있다. 여진어 '달길불(達吉不)'은 만주어 dejibu에 해당된다. 만주어 dajibumbi는 dejimbi의 사동형이고,

'뛰어나도록 하다'는 뜻이다. 이것으로 이름을 지은 만주족 사람들이 적지 않다. 『청어인명역한』에서 '덕기눌(德基訥)은 뛰어나다는 뜻이다'라 하였다.

達懶(撻懶) *dalan [인명] 뜻: 제방, 하안.

『금사』 권4에서 완안달라(完顏達懶)[달라(撻懶), 달릉(撻楞)], 권77에서 완안달라(完顏達懶)라는 인명이 있다. 여진어 '달라(達懶)'는 만주어 dalin에 해당된다. 만주어 dalin은 dalan이라고도 한다. 예를 들어, dabkūri dalan은 '격안'이라는 뜻이고, 청나라에 '달린(達麟)'이라고 기록되었다. 만주족은 이것으로 이름을 지은 사람도 있는데,『청어인명역한』에서 '달린(達麟)이 하안(河岸)이다'라 하였다.

迪古補(迪古不, 狄故保, 敵古本) *digubu/digubo/digubun [인명] 뜻: 회복시키다.

『금사』 권3에서 적고보(迪古補), 권68에서 적고불(迪古不), 권1에서 흘열적고보(紇烈狄故保), 권81에서 황괵적고본(黃摑敵古本)이라는 인명이 있다. 만주어 dahūbumbi는 dahūmbi '반복하다'의 사동 형태이며 '회복하게 하다'라는 뜻이다. 『흠정금사어해』 권10에서 '달호포(達呼布)는 회복하게 하다는 뜻이다'라 하였다. 여진어 '적고보(迪古補)' *digubu는 그와 일맥상통한다.

迪古乃 *digunai [인명] 뜻: 오다.

『금사』 권5에서 완안적고내(完顏迪古乃)(해릉), 권70에서 완안적고내(完顏迪古乃)[적고내(狄古乃)]라는 인명이 있다. 『금사·국어해』에서 '적고내(迪古乃)는 오다는 뜻이다'라 하였다. 『여진역어·통용문』에서 '적온(的溫) 角仟는 오다는 뜻이다'라고도 한다. '적고내(迪古乃)'는 '적고보(迪古補)'와 하나의 어근에서 변해온 것인데, 바로 왕복의 '복(復)'이다. 만주어에서 dahūmbi라 하였다.

冬兒 *dor [인명] 뜻: 오소리.

『금사』 권13에서 동아(冬兒), 권17에서 석말동아(石抹冬兒)라는 인명이 있다. 『여진역어·부장문』에서 '맥특액림타(脈忒厄林朶) 𪱷𪱷𪱷는 해환이다'라 하였다(『여진역어·지리문』에서 '맥특액림(脈忒厄林) 𪱷𪱷는 바다이다'라 하였다). 만주어에서 '오소리'는 dorgon이라 하였다. 『청사만어사전』에서 '다아곤(多兒袞)은 만주어에서 dorgon이라고 하고, 오소리라는 뜻이며, 인명도 되기도 한다. 예종 친왕(睿宗親王) 다아곤(多兒袞)은 태조 누르하치(努爾哈赤)의 14번째 아들이다'라 하였다

都勃極烈 *du bogile [직관] 뜻: 총치관.

『금사·국어해』 '관직명(官稱)'에서 '도발극렬(都勃極烈)은 총치관이고, 한족의 총관과 같다'라 하였다. '도(都)'는 만주어 da에 해당하고 '수령, 주도'라는 뜻이다. 청나라에 '달(達)'이라고 하였다. '도발극렬(都勃極烈)'은 '관리들의 수령'이라는 뜻이다. 『흠정금사어해』 권5에서 '달패륵(達貝勒)의 달(達)은 수령이라는 뜻이고, 패륵(貝勒)은 사람들을 관리하다는 뜻이다. 권2에서 도발극렬(都勃極烈)로 나타났다'라고 하였다. 『만주원류고』 권18에서 '달패륵(達貝勒), 만주어에 달(達)은 수령이라는 뜻인데, 원래 도(都)였는데, 이제는 수정하였다'라고 하였다.

獨吉 *dugi [성씨] 뜻: 구름.

『금사』 권86에서 독길골로보(獨吉鶻魯補), 권129에서 독길문지(獨吉文之), 권86에서 독길인수(獨吉引壽), 권69에서 독길화상(獨吉和尙), 권86에서 독길필랄(獨吉必剌), 권11에서 독길온(獨吉溫), 권130에서 독길은출가(獨吉銀朮可) 등 인명이 있다. 『삼조북맹회편』에서 '독근(獨斤)'이라 하였다. 『여진역어·천문문』에서 '독길(禿吉) 𪱷𪱷은 구름이다'라 하였다. 만주어에서는 구름을 tugi라 부른다.

奪離剌 *dolila 뜻: 토벌하여 평정하다.

『금사』 권3 〈태종본기(太宗本紀)〉에서 '무자(戊子)년, 철륵부(鐵勒部) 부락의 수령 탈리랄(奪離剌)은 형님 기리본(夔里本)과 같이 배신하지 않았기 때문에, 말 11마리, 돼지 100마리, 돈 500만을 하사하였다'라 하였다. '탈리랄(奪離剌)'의 '탈리(奪離)'는 여진어 '도리(道里)'에 해당하여 '빼앗다'

는 뜻이다. 『여진역어·인사문』에서 '도리매(道里昧)는 빼앗다는 뜻이다'
라고 하고, 만주어 dailabumbi는 '토벌하게 하다는 뜻이다'라 하였다.

『금사』에 실려 있는 '탈리랄(奪離剌)'은 『요사』에서 나온 '탈리본(奪離
本)'에 해당된다. 『요사』 권31 〈영위지(營衛志)〉에서 "탈리본알로타(奪離
本斡魯陀)는 목종(穆宗)으로 인해 설립되었는데 연창궁(延昌宮)이라고 부
른다. '토벌하다'가 '탈리본(奪里本)'이라고 한다. 『요사·국어해』에서 '탈
리본(奪里本)은 토벌하다는 뜻이다"'라 하였다. 호워스(豪沃思)가 『요사』의
탈리본(奪里本)은 tolepin으로 표기하여, '토벌하다'는 뜻으로 해석하였다.
그러나 Julius Klaproth는 daolibin으로 표기되어 '승부가 가려지지 않은
전쟁'이라고 해석하였다. 시라토리 구라키치는 tolipen으로 표기하여 '토
벌하다'라고 해석하였다. 『요사』에서 '탈리본(奪里本)'이 토벌하다는 뜻이
다'라 하였다. 내가 보기에는 이 단어를 *dolibun으로 복원한 것 같다.
다만 마지막 음절의 모음의 음색이 그다지 강하지 않다. 고대 몽골어에서
da'uli라는 단어가 있었는데, 예를 들어 『몽고비사』 134절에서 이 단어가
나타난 적이 있는데, '빼앗다'라는 뜻이다. 『몽고비사』보다 1225년쯤 더
앞서 세워진 〈칭기즈칸비(成吉思罕碑)〉에서 이 단어는 dauli로 표기되어
'전쟁하다'는 뜻이다. 브푸(波普)가 정리하여 출판한 Muqaddimat al-adab
(穆卡迪馬特·阿拉達布)가 지은 『14세기 몽골－돌궐어사전(14世紀蒙古－
突厥語辭典)』과 매류란스지(梅柳蘭斯基)가 정리하여 출판한 이본(伊本)·
무헝나(穆亨納)가 지은 사전에서 전부 다 dūlaba라는 과거형이 있는데,
dōliba라고 발음해야 한다. 그리고 우리는 『요사』에서 나온 탈리본(奪里
本)은 이 단어의 현재 형태이고, -bun은 몽골어 mui와 만주어 -mbi에
해당된다고 생각할 수 있다. 시라토리 구라키치는 지은 『동호민족고(東胡
民族考)』에서 "탈리(奪里)는 몽골어 daila-khu '토벌하다', dain '병사', 만주
어 dailambi '토벌하다' 중의 daila에 해당되고, '본(本)'은 동사의 어미이다"
라고 주장하였다. 『흠정요사국어해』에서 "대랍합악이다(岱拉哈鄂爾多)라
는 단어가 있는데 대랍합(岱拉哈)은 만주어에서 토벌하였다는 뜻이고, 악

이다(鄂爾多)는 '정자'라는 뜻이다. 권31에서 탈리본알로타(奪里本斡魯朶)로 기록되었다"라 하였다.

시라토리 구라키치의 해석이 비교적으로 알맞다. 『금사』에서 많은 단어들의 어말 음절이 한자 '부(不)', '포(布)', '복(卜)', '보(補)'이나 '보(保)' 등을 대음으로 하는 인명이 있는데, 그들의 뜻을 통해 금나라 시대 여진어에서 *bu/bo로 동사의 사동 형태를 표시하는 것을 알 수 있다. 예를 들어, '알리부(斡里不)[알리부(斡離不), 오리부(㐎里不), 오리보(㐎里補), 알로부(斡魯不), 알로보(斡魯補), 알노보(斡盧補), 알리보(斡里保), 알로보(斡魯保), 알노보(斡盧保)]' *olibu/*olibo, 『금사 · 국어해』에서 '오리보(㐎里補)는 축적하다는 뜻이다'라 하였다. '오리보(㐎里補)' *olibu의 어근은 '오리(㐎里)'인데 『여진역어 · 인사문』 '남다는 올리매(兀里昧)'이다. 만주어 welimbi '남다'에 해당한다. '오리보(㐎里補)'는 '오리(㐎里)'의 사동형으로 만주어 welibu에 해당하여 '남기다'는 뜻을 갖는다. 거란어 '탈리본(奪里本)'의 '본(本)' *bon, 혹은 '보(保)' *bo는 여진어의 사동 접사 *bu와 같은 접사인 것이다. 거란어 '탈리본(奪里本)'과 여진어 '탈리랄(보)[奪離剌(補)]'는 만주어 dailabumbi와 같은 어원이고, '토벌하도록 하다'는 뜻이다.

E

訛出虎 *ocuhu [인명] 뜻: 관용.

『금사』 권122에서 올안와출호(兀顔訛出虎)라는 인명이 있다. 『금사 · 국어해』에서 '와출호(訛出虎)는 표용하다는 뜻이다'라 하였다. '와출호(訛出虎)'는 만주어 '관용' oncokon에 해당되고, 청나라에 '온작관(溫綽寬)'이라고 하였다. 『만주원류고』 권18에서 '온작관(溫綽寬)은 포용하다는 뜻이고 만주어와 같다'라 하였다.

訛古乃 *ogunai [인명] 뜻: 점박이.

『금사』 권68에서 완안와고내(完顔訛古乃)라는 인명이 있다. 『금사 · 국어해』에서 '와고내(訛古乃)는 점박이다'라 하였다. 만주어 enihen kuri는

'점박이'라는 뜻으로 '와고내(訛古乃)'가 이 단어에 해당할 수도 있다. 『만주원류고』 권18에서 '액섭형고리(額聶亨庫哩)'는 점박이다. 만주어에 앞세 글자는 개라는 뜻이고 고리(庫哩)는 대깔이라는 뜻이다. 원문에서 와고내(訛古乃)로 표기되었다'라 하였다.

G

古里甲 *guligiya [성씨] 뜻: 고증할 수 없다.

『금사』 권111에서 고리갑석륜(古里甲石倫), 권118에서 고리갑포찰(古里甲蒲察)이라는 인명이 있다. 『금사 · 국어해』에서 '고리갑(古里甲)은 왕(汪)을 의미한다'라 하였다. 『원사』 권119에서 곡리협타(谷里夾打)가 나왔다. '고리갑(古里甲)'은 여진족 성씨로 청나라에 '과이가(瓜爾佳)'로 변하였다. 과이가(瓜爾佳)씨는 한족 성씨 '관(關)'으로 변하였다. 한어 '관가(官家)'의 발음을 빌려서 된 것이라고 하였다.[18] 『금사 · 국어해』에서 '고리갑(古里甲)은 왕(汪)이다'라 하였다. 즉, 금나라에 한족 성씨 '왕(汪)'으로 변하였다. 또 『정수문집(靜修文集)』 권19 '고리씨성명서(古里氏名字序)'에서 "우징추(吳景初)는 아들 이름을 지어달라고 한데, 자기가 여진족이라고 하였다. 조상인 석륜(石倫)은 금나라의 장군이고 금나라를 위해 죽었다. 원래의 성씨는 고리씨(古里氏)였다. …… 고리씨(古里氏)가 '오(吳)'씨로 바뀐 것은 이미 몇백 년이 되었다고 한다"라 하였다. 이에 따라 '고리갑(古里甲)'은 '고리(古里)'라고도 하고, 한족 성씨 '오(吳)'로 바뀐 적도 있다. '오리갑(古里甲)'은 이미 뜻을 고증할 수 없다.

骨赧(谷赧) *gunan [인명] 뜻: 3살짜리 소

『금사』 권45에서 골난(骨赧), 권68에서 완안골난(完顏骨赧)[곡난(谷赧)]이라는 인명이 있다. 『금사 · 국어해』에서 '골난(骨赧)은 계(季)이다라 하

---

18 진치총(金啓孫): 「만주족의 hala 및 성씨(滿族的hala及姓氏)」, 『애신각라삼대만학논집 · 애신각라치총저작(愛新覺羅三代滿學論集 · 愛新覺羅啓孫著作)』, 원방출판사, 1996.

였다. 만주어 *gūna는 '고납(固納)'으로 표기되어 '3살짜리 소, 금방'이라는 뜻이다. 『만주원류고』 권18에서 '고납(固納)은 계(季)이다. 만주어에서 3살짜리 소이다'라 하였다. 이 해석은 잘못된 것이다.

國論(骨盧) *gurun [직관] 뜻: 나라, 귀하다.

『금사 · 국어해』에서 '국론발극렬(國論勃極烈)은 예의가 바르고 훌륭하고 존경할 만한 사람이다'라 하였다. 『금사』 권1에서 '[수국원년(收國元年)] 7월 무진(戊辰), 동생 오걸매(吳乞買)한테 암판발극렬(諳版勃極烈), 국상 살개(撒改)한테 국론발극렬(國論勃極烈), 사부실(辭不失)한테 아매발극렬(阿買勃極烈), 동생 사야(斜也)한테 국론측발극렬(國論昃勃極烈) 등 관직을 봉하였다……'라 하였다. 남송 시모량(石茂良)은 『피융야화(避戎夜話)』에서 '골노니이뢰발극렬좌부장수(骨盧你移賚勃極烈左副元帥)는 송나라의 황제에게 편지를 보낸다'라 하였다. 『정강요록』에서 '골노니이뢰발극렬좌부장수(骨盧你移賚勃極烈左副元帥)는 황태자 장군이다'라 하였다. 『재금적벌록(大金吊伐錄)』 권2에서 '천회(天會) 4년 9월 16일, 금나라의 고륜니이라제발극렬좌부장수(固倫你伊拉齊勃極烈左副元帥)는 송나라의 황제에게 편지를 보낸다'라 하였다. 금나라 관직 제도에 대하여, 『금사』 권55 〈백관지일(百官志一)〉에서 상세히 서술하였다. "금나라의 관리는 모두 '발극렬(勃極烈)'이라 하였다. 그러니까 태조(太祖)는 도발극렬(都勃極烈)에게 왕위를 전위하고, 태종(太宗)은 암판발극렬(諳版勃極烈)을 비롯하였다. 암판(諳版)이 존경하다는 뜻이다. 그 다음에는 국론홀로발극렬(國論忽魯勃極烈)이라 하였다. 국론(國論)은 귀하다는 뜻이고 홀로(忽魯)는 총대장이다. 국론발극렬(國論勃極烈)도 있는데 좌우로 각 한 명이고 국상(國相)이다. 그 다음에 제 발극렬에 국론(國論), 을실(乙室), 홀로(忽魯), 이뢰(移賚), 아매(阿買), 아사(阿舍), 측(昃), 질(迭) 등 호칭을 붙여 황제가 종실과 공신을 하사하였다. 부락의 수령은 패근(孛菫)이라고 하고, 여러 부락을 관리하는 사람이 홀로(忽魯)라고 부른다"라 하였다. '국론(國論)'은 만주어 gurun에 해당하여 '나라, 조정'이라는 뜻이다. 『만주원류고』 권18에서 '만주어 고륜(古倫)은 원래 국론(國論)이였고, 이제는 수정하였다. 예의가 바르고 훌륭하고 존경할 만한 사람이다'라 하였다. 또 '고륜(古倫)은 귀하는 뜻이다. 만주어에서 나라를 고륜(古倫)이라고 부른다. 작호는 고륜(古倫)이라고 하는 사람이 화석(和碩) 위에 자리 잡는다'라 하였다. 『흠정금사어해』 권6에서 '고륜패륵(古倫貝勒)의 고륜(古倫)은 나라이고, 패륵은 사람을 관리하는 뜻이다. 권2에서 국론발극렬(國論勃極烈)으로 나타났다'라 하였다. 『여진역어·지리문』에서 '국론니(國論你) 圉土米은 나라이다'라 하였다.

H

合達(合打, 合答, 曷答, 哈丹) *hada/hadan [인명] 뜻: 산봉.

『금사』 권9에서 당괄합달(唐括合達), 권112에서 완안합달(完顔合達)[합타(合打)], 권119에서 포찰합달(蒲察合達), 권122에서 점할합타(粘割合打), 권102에서 당괄합타(唐括合打), 권103에서 협곡합타(夾谷合打), 권104에서 알륵합타(斡勒合打), 권13에서 점합합타(粘合合打), 권83에서 납합합답(納合合答), 권132에서 점할합답(粘割合答), 권98에서 당괄갈답(唐括曷答) 등의 인명이 있다. 『금사·국어해』에서 '산에서 뾰족하여 솟은 부분이 합단(哈丹)이라고 부른다'라 하였다. 만주어 hada은 '합달(哈達)'로 표기되어 '산봉'이라는 뜻이다. 『류변기략(柳邊紀略)』에서 '산에서 뾰족하여 솟은 부분이 합달(哈達)이라고 부른다'라 하였다. 『영고탑기략』에서 '동산(東山)은 상양합답(商陽哈答)이라고 하여, 매우 높다(주: 상양(商陽)은 하얗다는 뜻이다). 대강(對江)에 위치하고 석벽은 강에 삽입한다'라 하였다.

合喜 *hahi [인명] 뜻: 가돈.

『금사』 권87에서 도단합희(徒單合喜), 권100에서 합희(合喜), 권113에서 적잔합희(赤盞合喜), 권69에서 완안가희(完顔可喜), 권5에서 완안가희(完顔可喜)[완안변(完顔卞)]이라는 인명이 있다. 『금사·국어해』에서 '합희(合喜)는 가아이다'라 하였다. 만주어 '가돈'은 '객제객(喀齊喀)'으로 표기되었다. 『만주원류고』 권18에서 '객제객(喀齊喀)은 가돈이다. 원래는 합회(合喜)였다'라 하였다. 『흠정금사어해』 권9에서 '객제객(喀齊喀)은 색륜어(索倫語)이며 가돈이라는 뜻이다'라 하였다.

合住(和卓, 和朮, 劾者, 佶倬, 結棹) *hajo/gejo [인명, 지명] 뜻: 멋있다, 예쁘다.

『금사』 권6에서 합주(合住), 권16에서 출로합주(朮魯合住), 권93에서 도단합주(徒單合住), 권104에서 오림답합주(烏林答合住), 권120에서 완안합주(完顔合住), 권129에서 포찰합주(蒲察合住), 권1에서 완안핵자(完顔劾者)라는 인명이 있다. 『여진역어·통용문』에서 '화탁(和卓) 朳는 멋있다는 뜻이다'라 하였다. 만주어에서 '멋있다, 예쁘다'는 hojo라고 부른다. 『만주원류고』 권18에서 "화탁(和卓), 만주어에서 '아름답다'라는 뜻이다"라 하였다. 『흠정금사어해』 권5에서 '화탁해란(和卓海蘭), 화탁(和卓)은 아름답다는 뜻이고, 해란(海蘭)은 느릅나무이다. 권82에서 합출해연(哈朮海鶯)이다'라 하였다. 이 단어는 원명 희곡에서도 '길탁(佶倬)', '결도(結棹)'로 나타나 '곱다, 풍류하다'라는 뜻이다.

曷懶(合懶) *halan [지명] 뜻: 느릅나무.

『여진역어·화목문』에서 '해랄(孩剌) 朳夭는 느릅나무이다'라 하였다. 회동관『여진역어·화목문』에서 '느릅나무는 해랄막(亥剌莫)이라고 부르다'라 하였다. 만주어에서는 느릅나무는 hailan이라고 부른다. 『흠정금사어해』 권3에서 '해란(海蘭)이 느릅나무이다'라 하였다. 『지린통지』 권22에서 '해랑하(海浪河)', '해란하(海蘭河)'라는 기록이 있는데 현재의 지린성(吉林省) 용지현(永吉縣)에 있다.

曷魯(合魯) *haru [인명] 뜻: 바퀴살.

『금사』 권1에서 갈로(曷魯), 권2에서 갈로소고(曷魯騷古), 권54에서 합로(合魯)라는 인명이 있다. '갈로(曷魯)'는 만주어 heru에 해당되어 '수레의 바퀴살'이라는 뜻이다. 청나라에 '갈로(喝魯)'나 '혁로(赫嚕)'로 표기되었다. 『일하구문고』 권37에서 '혁로(赫嚕)는 만주어에서 수레의 바퀴살이라는 뜻이다. 원래는 갈로(喝魯)였다'라 하였다. 『흠정금사어해』 권8에서 '혁로(赫嚕)는 수레의 바퀴살이다'라 하였다.

曷蘇館(合蘇款) *hosgon/hoskon [부락명] 뜻: 울타리.

남송 진준『북풍양사록』에서 '아보기(阿保機)는 여진이 재난이 될까봐 호우(豪友) 수천 집을 랴오양(遼陽)의 남쪽으로 옮겨 가게 하여 호적을 세웠다. 그리고 본국과 혼인을 맺지 않도록 하였다. 이는 바로 합소관(合蘇款)이다'라 하였다. 『금사』 권1에서 '그 후 호십문(胡十門)이 갈소관(曷蘇館)으로 태조(太祖)에게 귀순하였다'라 하였다. 권3에서 '합소관(合蘇館)'이었다. 『송막기문』에서 '황두(黃頭) 여진족은 전부 다 산에서 거주하고 합소관(合蘇館) 여진이라고 부른다. 이 부족 사람들이 순박하고 용감하다'라 하였다. 『대금국지』에서 '거란이 여진을 염려하여 호우 수천 집을 랴오양(遼陽)의 남쪽으로 옮겨 가게 하여 한족과 왕래를 금지하였다. 이들을 합소관(合蘇館)이라고 부른다'라 하였다. 『요사·국어해』에서 '합소곤(合蘇袞)은 여직의 한 부락의 명칭이고 갈소관(曷蘇館)이라고 부르기도 한다'라 하였다. '합소관(合蘇款)'은 만주어 has'han에 해당되어 '합사한(哈斯罕)'으로 표기되었다. 『만주원류고』 권7에서 '합사한(哈斯罕)은 만주어에서 울타리라는 뜻이다. 본국과의 왕래를 금지한다고 하여 방비하는 의도가 강하다. 원래는 합소관(合蘇款)이나 갈소관(曷蘇館)이었다'라고 하였다.

和團 *hoton [지명] 뜻: 도읍.

『금사』 권73에서 '롱주로화단맹안(隴州路和團猛安)인 열리몰(熱里沒)에게 세습하는 모극(謀克)을 수여하였다'라 하였다. 〈오둔량필시비〉 제7구에서 '흑차안(黑車安)'이라는 말이 있다. 뤄푸이(羅福頤) 등은 〈오둔량필시비〉에서 나온 '흑차안(黑車安)'이 『여진역어·지리문』에서 나온 '흑차니(黑車你) **釆亦关**'에 해당되어 '도읍'이라는 뜻이다.[19] 『금사』에서 나온

---

19 만주어에 hecen과 hoton은 모두 '성읍'이라는 뜻을 갖는다. hoton은 청나라에 '화

'흑차(黑車)'는 만주어 hecen에 해당되고 '화단(和團)'은 hoton에 해당되어 '도읍'이라는 뜻이다. '흑차(黑車)'와 '화단(和團)'은 동의어이다.

忽都(忽土, 胡土) *hudu [인명] 뜻: 사람들과 같이 복을 받다.

『금사』 권120에서 배만홀토(裵滿忽土)[홀도(忽睹)], 권132에서 복산홀토(僕散忽土), 권18에서 완안홀토(完顔忽土)[호토(胡土)], 권71에서 타만홀토(陀滿忽土)[홀토(忽吐)], 권111에서 오림답호토(烏林答胡土), 권10에서 점할호토(黏割胡土), 권68에서 호토(胡土)라는 인명이 있다. 『금사·국어해』에서 '사람들과 같이 복을 받는 것은 홀도(忽都)라고 부른다'라고 한다. 『여진역어·인사문』에서 '홀독아(忽禿兒) 㶱羍는 복이다'라 하였다. 회동관 『여진역어·통용문』에서 '홍복은 안반랄홀독아(安班剌忽禿兒)라고 부른다'고 한다. 만주어에서 hūturi는 복이라는 뜻이다. 만주족에서 '호도예(瑚圖禮)'라고 부르는 사람도 있는데, 『청어인명역한』에서 이를 '복'이라고 해석하였다. 여진어 '홀도(忽都)' *hudu는 '복'이라는 단어의 어근에 조동사 *du를 붙여 현성되는 것이고,[20] '같이 복을 받는다'는 뜻이다. 『흠정금사어해』에서 여진족 인명 '홀토(忽土)[호토(胡土)]'가 '귀신'으로 해석되었는데[권9: 呼圖, 鬼也(호도는 귀신이다), 권3에 호토(忽土)로, 권15에 호토(胡土)로 기록되어 있다] 잘못된 해석이다. 이 단어는 알타이어 공용어이기도 하다. 몽골어에서 '복(福), 록(祿)'이 hutag이라고 부른다. 『만주원류고』 권18에서 '사람들과 같이 복을 받는다는 것은 호도극(呼圖克)이라고 부르고, 몽골어에서 복이라는 뜻이다'라 하였다.

忽魯勃極烈 (胡魯勃極烈) *huru bogile [직관] 뜻: 총대장.

『금사·국어해』에서 '호로발극렬(胡魯勃極烈)은 총대장이다'라 하였다.

둔(和屯)'으로 기록되었는데, 『만주원류고』 권13: '화둔(和屯)(衛), 만주어에 성읍이다'라 하였다. 『흠정금사어해』 권6: '화둔(和屯), 성읍이다'라 하였다.

20 진광핑(金光平), 진치총(金啓孫)은 비명문헌 및 『여진역어』에 여진어 동동 조동사가 *du와 *duru가 있다고 주장하였다. 예컨대 〈대금득승타송비〉 24행에 *xuwəənnbudu '서로 같이 노력하다', 『여진역어·인사문』 '와도랍(瓦都拉)' *wadura '같이 죽이다', 『여진역어·통용문』 '역선도(亦宣都)' *isxundu '서로' 등. (『여진언어문자연구』, p. 221).

남송 묘요(苗耀)의『신록기』에는 '그러므로 하사하는 뜻으로 제종판(除宗盤)에게 홀로발극렬(忽魯勃極烈), 제종유(除宗維)에게 이소발극렬(異疏勃極烈), 오야완안욱(烏野完顔勖)에게 좌승(左丞)이라는 관직을 내려주었다'라 하였다.『금사』권55에서 "그 대장은 전부 '발극렬(勃極烈)'이라고 부른다. 그러니까 태조(太祖)는 도발극렬(都勃極烈)에게 왕위를 전위하고 태종(太宗)은 암판발극렬(諳版勃極烈)을 비롯한다. 암판(諳版)이 존대하다는 뜻이다. 그 다음에는 국론홀로발극렬(國論忽魯勃極烈)이다. 국론(國論)은 귀하다는 뜻이며, 홀로(忽魯)는 총대장이다. 국론발극렬(國論勃極烈)도 있는데 좌우로 각 한 명이고 국상(國相)이다. 그 다음에 제 발극렬(勃極烈) 위에 국론(國論), 을실(乙室), 홀로(忽魯), 이뢰(移賚), 아매(阿買), 아사(阿舍), 측(昃), 질(迭) 등 호칭을 붙여 황제가 종실과 공신을 하사하였다. 부락 장은 패근(孛菫)이라고 하고, 여러 부락을 관리하는 사람은 홀로(忽魯)라고 한다'라 하였다. '홀로발극렬(忽魯勃極烈)'은 만주어 uheri beile에 해당하는데, uheri은 '총(恖)'이라는 뜻이다. 청나라의 총병(恖兵)의 '총'과 도찰원(都察院)의 '도(都)'는 모두 만주어 uheri와 대역할 수 있다.『만주원류고』권18에서 "고륜오혁리패륵(古倫烏赫哩貝勒), 만주어에 오혁리(烏赫哩)는 '총통(總統)'이라는 뜻이다. 원래는 홀로(忽魯)였고 총대장으로 해석되었다"라고 하였다.『흠정금사어해』권6에서 '오혁리패륵(烏赫哩貝勒), 오혁리(烏赫哩)는 총이라는 뜻이고 패륵(貝勒)은 사람들을 관리하는 뜻이다. 권2에서 홀로발극렬(忽魯勃極烈)이다'라 하였다.

忽土皚葛蠻 *hutuyai gamon [지명] 득승타를 가리킨다. 뜻: 복관.

『금사』권24『지리지』에서 '상경로회녕부(上京路會寧府)' 주에 '득승타(得勝陀)라는 곳이 있는데 국어에 홀토애갈만(忽土皚葛蠻)이라고 부른다. 태조(太祖)가 맹세한 곳이었다'라 하였다. '홀토애갈만(忽土皚葛蠻)'은『여진역어』에 따라 '홀독해합마(忽禿該哈麻)'라고 음역되었는데 진치총(金啓孫)은 *xutuŋgaigama[21]으로 음역하였다. 여진어 '홀토(忽土)'는 '홀도(忽都)'라고도 하는데 '사람들과 같이 복을 받거나 복이 있다'라는 뜻이다.

287

『금사·국어해』에서 '사람들과 같이 복을 받는다는 말은 홀도(忽都)라고 부른다'고 하였다. 『여진역어·인사문』에서 '홀독아(忽禿兒) 옛卆는 복이 다'라 하였다. 진치총(金啓孫)은 '애(曖)' *ŋgai이 만주어 ŋga에 해당하여 형용사, 명사에 모두 쓰일 수 있는 접사라고 주장하였고 '홀토애(忽土曖)'를 '복이 있다'로 해석하였다.[22] '갈만(葛蠻)'은 만주어 '사랄합번(査剌哈藩)'의 '합번(哈藩)'과 발음이 유사하다. '합번(哈藩)'은 만주어에 hafan이라고 하고 '관리'라는 뜻을 지니며, 여진어 '합번(哈藩)'의 전의어이다. 『여진역어·궁실문』에서 '합번(哈番) 옛耂는 관아(衙)이다'라 하였다. '합번(哈藩)'이 『여진역어』에서 궁실문에 수록되었다. 본래는 관리들이 근무하는 관아였는데 후에는 '관리'로 변하였다. 거용관(居用關)이 만주어에서 '사랄합번(査剌哈藩)'이라고 하는데, 이에 따라 청나라에 '합번(哈藩)'은 '관(關)'이라는 뜻도 지닌다고 할 수 있다. '홀토애갈만(忽土曖葛蠻)'이 바로 '복관(福關)'이라는 뜻이다. 시라토리 구라키치는 『〈고려사〉 중의 몽골어』에서 여진어 '갈만(葛蠻)'을 몽골어 '참적(站赤)' 및 달알아어(達斡兒語) gamin과 비교하였다.[23] 타무라 지즈조가 「대금득승타송비연구」에서는 돌궐어 qut에 kai를 덧붙이면 '복이 있다, 복을 받다'는 뜻을 갖게 된 것과 '갈만(葛蠻)'이 〈대금득승타송비〉에 '험악한 길, 절벽'이라고 하는 해석에 의거하여 '홀토애(忽土曖)'가 '복이 있다, 복을 받다'는 뜻이며, 또한 '갈만(葛蠻)'이 만주어 kamin에 해당하기 때문에 '홀토애갈만(忽土曖葛蠻)'이 '복이 있는 요새'나 '승리한 관문(關口)'이라는 뜻이라고 주장하였다.[24] 『흠정금사어해』 권3에서 '액륵혁격문(額勒赫格們)의 액륵혁(額勒

---

21 진치총(金啓孫): 『여진문사전(女眞文辭典)』, 문물출판사(文物出版社), 1984, p. 297.

22 진광핑(金光平), 진치총(金啓孫), 『여진언어문자연구(女眞語言文字研究)』, 문물출판사(文物出版社), 1980, p. 199.

23 시라토리 구라키치의 「〈고려사〉 중의 몽골어(〈高麗史〉中的蒙古語)」, 『동양학보(東洋學報)』 권18, 1929, pp. 194~244.

24 타무라 지즈조의 「대금득승타송비의 연구(大金得勝陀頌碑的研究)」, 『동양사연구(東洋史研究)』 제2권 제5, 6호, 1936, 1937.

赫)은 안전하다는 뜻이며, 격문(格們)은 수도라는 뜻이다'라고 하였는데, '갈만(葛蠻)'이 만주어 '격문(格們)'과 같이 '수도'라는 뜻이라고 주장하였다. 『만주원류고』에서 '갈만(葛蠻)'이 만주어 '갈산(噶珊)'이나 '격문(格門)'에 해당하여 '마을'이나 '도시'라는 뜻으로 해석하였다. 권12에서 '액특혁갈산(額特赫噶珊)은 원래 홀토애갈만(忽土皚葛蠻)이었는데 이제 수정하였다. 액특혁(額特赫)은 승리하다는 뜻이며, 갈산(噶珊)이 마을이라는 뜻이다. 본래의 해석은 잘못된 것이다'라 하였다. 권18에서는 "『금사』에 득승타는 국어로 액륵혁격문(額勒赫格們)이라고 하는데, 만주어에 '액특혁(額特赫)'은 승리하였다는 뜻이며, '격문(格們)'은 '도시'라는 뜻이다'라고 하였다.

胡土白 *hutubai [지명] 뜻: 복지, 행복한 곳.

　　『금사』 권10에서 '호토백산(胡土白山)에 올라 술을 들고 절을 하다'라 하였다. 『금사』 권24 〈지리지(地理志)〉 '무주(撫州)' 주에 '마달갈산(麻達葛山)이 있는데 대정 29년에 호토백산(胡土白山)으로 변명하였다'라 하였다. 『금사』 권35 〈예지〉에서 '바로 마달갈산(麻達葛山)이다. 장종(章宗)이 거기서 태어났다. 세종(世宗)은 이 산의 번식한 기세와 맑은 공기를 좋아해서 장종(章宗)에게 이 산에 이름을 지어달라고 명령하였다. 후에는 호토백한(胡土白山)으로 이름을 바꾸고 절을 세웠다'라 하였다. 또 『금사』 권9 〈장종본기(章宗本紀)〉에서 '장종(章宗)이 태어나 세종(世宗)이 아주 기뻐서 현종(顯宗)한테 조상이 덕행을 쌓아 오늘과 같은 날이 온 것이며 정말 나라의 복이다'라는 기록이 있다. 『금사·국어해』에서 '사람들과 같이 복을 받는다는 것은 홀도(忽都)라고 한다'라 하였다. 명나라에 '복은 여진어로 '홀토아(忽土兒) 烌羋'라고 하며 『여진역어·인사문』에 '장소'를 '복아이(卜阿以) 夅忔'라 한다. 『여진역어·지리문』에 '복아이(卜阿以)'는 '희다(白)'와 발음이 유사하다. 만주어에 '복지(福地)'는 hūturi ba라고 하고 청나라에 '호도리파(呼圖哩巴)'로 표기되었다. 『흠정금사어해』 권3에서 '호도리파(呼圖哩巴)는 복지이다. 권10에서 호토백(胡

土白)이라고 표기되며 산의 이름이다'라 하였다. 『금사』에 '마달갈산(麻達葛山)'이 호토백(胡土白)으로 변명된 기록이 있는데, 곧 세종이 '나라의 복이다'라 감탄했기 때문이다.

胡剌(忽剌) *hala [인명] 뜻: 굴뚝.

『금사』권9에서 호랄(胡剌), 권7에서 배만호랄(裵滿胡剌), 권212에서 오고론호랄(烏古論胡剌), 권82에서 흘석렬호랄(紇石烈胡剌), 권74에서 완안호랄(完顔胡剌), 권86에서 협곡호랄(夾谷胡剌), 권10에서 몽괄호랄(蒙括胡剌), 권15에서 말년호랄(抹撚胡剌)이라는 인명이 있다. 『금사·국어해』에서 '호랄(胡剌)은 굴뚝이다'라 하였다. 만주어에서 굴뚝이나 연통은 hūlan이라고 하여 '호란(呼蘭)'으로 표기되었다. 『만주원류고』권18에서 '호란(呼蘭)이 굴뚝을 가리킨 것이며 만주어에서 연통이라는 뜻이다'라 하였다.

胡魯剌 *hulula [직관] 뜻: 통솔.

『금사』권102에서 완안호로랄(完顔胡魯剌), 권16에서 아부한호로랄(阿不罕胡魯剌), 권103에서 납란호로랄(納蘭胡魯剌)이라는 인명이 있다. 『금사·국어해』에서 '호로랄(胡魯剌)은 호장(戶長)이다'라 하였다. 『여진역어·인물문』에서 '올주랄해(兀住剌孩) 甬亥貝는 부락의 추장(酋長)이다'라 하였다. 여기서의 '추장'은 바로 수령이라는 뜻이다. 만주어 turula는 영솔하다는 뜻으로 청나라에 '도로랄(圖魯剌)'이라고 표기되었다. 『만주원류고』권18에서 '도로랄(圖魯剌)은 가장이며 만주어에서는 영솔하다는 뜻이다. 원래는 호로랄(胡魯剌)이었는데 이제는 수정하였다'라고 하는데 '호로랄(胡魯剌)'은 이에 해당할 수도 있다.

鶻魯補(鶻盧補, 忽盧補, 斛魯補) *hulbu [인명] 뜻: 묶도록 하다, 맺도록 하다.

『금사』권73에서 완안골로보(完顔鶻魯補), 권86에서 독길골로보(獨吉鶻魯補), 권80에서 홀노보(忽盧補), 권4에서 완안곡로보(完顔斛魯補)라는 인명이 있다. '골로보(鶻魯補)'는 만주어 holbobu에 해당하고, '연결하다'

는 뜻을 갖는 어근 holbo에 사동 접사 bu를 붙여 현성된 것으로 '서로 연결하도록 하다, 맺게 하다'는 뜻이다. 청나라에 '화륵박(和勒博)'으로 표기되었는데『일하구문고』권8에서 '화륵박(和勒博)은 만주어에 연락하다는 뜻이다'라 하였다.

鶻沙虎 *husahu [인명] 뜻: 올빼미.

『금사』권3에서 완안골사호(完顔鶻沙虎), 권80에서 오정골사호(烏廷鶻沙虎), 권132에서 흘석렬호사호(紇石烈胡沙虎)[홀사호(忽沙虎)]라는 인명이 있다. '골사호(鶻沙虎)'는 만주어 hūsahu에 해당하여 '올빼미'라는 뜻이다. 청나라에 '호사호(呼沙呼)'라고 표기되었다.『일하구문고』권29에서 '호사호(呼沙呼)는 만주어에서 올빼미이며 원래는 골사호(鶻沙虎)라고 하였다'라 하였다.『흠정금사어해』권1에서도 '호사호(呼沙呼)는 올빼미다'라 하였다.

虎剌孩 *hulahai 뜻: 강도.

이 단어는 원·명나라 희곡에서 많이 나타났다. 원나라 취밍(闕名)의 『벌열무사류추환기(閥閱舞射柳捶丸記)』3절에서 패운(孛云)을 막아 '이 호랄해(虎剌孩)를 보니 무예가 매우 높고 강할 것 같아서 우리는 빨리 도망가자'라 하였다. 취밍(闕名)의『송대장악비정충(宋大將岳飛精忠)』에 '설자' 점한은 '이 호랄해(虎剌孩)는 큰소리를 친다'라고 하였는데, 철한이 '이 호랄해(虎剌孩)들은 무예가 아주 높고 강해, 내가 도망갈 거다'라고 하였다. 3절에서 올운이 '악비, 악비, 이 호랄해(虎剌孩)는 정말 대단하다'라 하였다. 취밍(闕名)의『팔대왕개조구영웅(八大王開詔救英雄)』2절에서 토금숙은 '양육아(楊六兒)라는 그 호랄해(虎剌孩)도 여기 온다'라 하였다. '호랄해(虎剌孩)'는 여진어에서 '도둑놈, 강도'라는 뜻인데『여진역어·인사문』'호랄해날아마(虎剌孩捏兒麻) 圶昗伴는 강도이다'에 해당한다[날아마(捏兒麻)는 사람이라는 뜻이다], 회동관『여진역어·인물문』에서 '도둑놈은 홀로합날마(忽魯哈捏麻)라고 부른다'라 하였다. 만주어에 hūlha라고 한다. 이 단어는 역시 알타이어 공용어이다. 팡링귀(方齡貴)는 훠위안제

(火源潔)의 『화이역어 · 인물문』에서 '강도는 홀랄해(虎剌孩)라고 부른다'는 말에 의거하여 원명 희곡에서 나타난 '호랄해(虎剌孩)'가 몽골어 '도둑놈'으로 해석되었다.[25] 롱치안안(龍潛庵)의 『송원언어사전(宋元語言辭典)』에서도 '호랄해(虎剌孩)'를 몽골어 '도둑놈'이라고 해석하였다. 그리고 이 단어가 대부분 송나라와 금나라 간의 전쟁에 관한 원명 희곡에서 나타났으니 이 단어는 여진어라고 할 수 있다.

桓端(喚端, 和魯奪) *holdon/holdo [인명] 뜻: 소나무.

『금사』권103에서 흘석렬환단(紇石烈桓端), 권107에서 오고론환단(烏古論桓端), 권111에서 포찰환단(蒲察桓端), 권113에서 니방고환단(尼厖古桓端), 권59에서 완안환단(完顔桓端(喚端), 권120에서 오고론환단(烏古論喚端) 등 인명이 있다. 『금사 · 국어해』에서 '환단(桓端)이 소나무이다'라 하였다. 『요동행부지』에서 '화로탈도(和魯奪徒)는 한어에 송산(松山)이다'라 하였다. 『여진역어 · 화목문』에서 '화타막(和朵莫) 帝芰은 소나무이다'라 하였다. '막(莫)'은 '나무'라는 뜻이며, 만주어에 '소나무'는 holdon이라고 하고 '화륵단(和勒端)'이라고 표기되었다. 『만주원류고』권18에서 '화륵단(和勒端)이 만주어 소나무이다'라고 하며 『흠정금사어해』에서도 '화륵단(和勒端)이 잣나무이다'라 하였다.

歡都(歡睹, 桓篤) *hondu [인명] 뜻: 벼.

『금사』권76에서 완안환도(完顔歡都), 권120에서 오고론환도(烏古論歡都), 권93에서 완안환도(完顔歡睹)[환독(桓篤)]이라는 인명이 있다. 만주어에서 '벼'를 handu라고 하며 '한도(罕都)'로 표기되었다. 『일하구문고』권3에서 '한도(罕都)는 만주어에 벼이다'라 하였다. 『흠정금사어해』권8에서도 '한도(罕都)는 벼이다'라 하였다.

---

25 팡링귀(方齡貴)의 『원명희곡중의 몽골어(元明戲曲中的蒙古語)』, 한어대사전출판사, 1991, pp. 12~14.

回里不(回離保, 欵里保, 欵里鉢) *huiribu/huiribo [인명] 뜻: 잡아매도록 하다.

『금사』 권30에서 완안회리불(完顔回里不), 권67에서 회리보(回離保), 권2에서 완안해리보(完顔欵里保), 권1에서 완안해리발(完顔欵里鉢)이라는 인명이 있다. '회리불(回里不)'은 만주어 horibumbi에 해당하며 어근 horimbi '둘러싸다'에 사동 접사 *bu를 붙여서 현성된 것으로 '잡아매도록 하다, 둘러싸게 하다'라는 뜻을 갖는다. 청나라에 '화리포(和哩布)'라고 표기되었다. 『흠정금사어해』 권1과 권11에서 '화리포(和哩布)는 둘러싸게 하다는 뜻이다'라 하였다. 여진족에 '잡아매도록 하다'로 명명하는 것은 만주족에 '회탑포(懷塔布), 잡아매게 하다'로 명명하는 것과 같이 아기의 목숨을 잡아매어 상란 때문에 목숨을 잃지 않도록 하는 소망이 담겨 있다.

火俺 *honan [지명] 뜻: 염소.

『금사』 권2에서 '양성(羊城)이 국어에 화암(火俺)이라고 하다'라 하였다. 『금사』 권24 〈지리지〉 '무주(撫州)' 주: '북양성(北羊城)이 국어에 화암각장(火俺榷場)이라고 부르다'라 하였다. 『여진역어·부장문』에서 '화니(和你) 乑는 염소이다'라 하였다. 회동관『여진역어·부장문』에서 '염소는 하니(賀泥)로 부르다'라 하였다. 만주어에서 '염소'는 honin라 하였다. 『만주원류고』 권18에서 '화녕(和寧)은 만주어에서 염소이다'라 하였다.

活腊胡 *holahu [인명] 뜻: 붉은색.

『금사』 권2에서 화랍호(活臘胡)라는 인명이 있다. 『금사·국어해』에서 '화랍호(活腊胡)는 붉은색이다'라 하였다. 『여진역어·성색문』에서 '불랄강(弗刺江) 金夕은 붉은 홍(紅)이고, 붉은 단(丹)이라고도 하다'라 하였다. 회동관『여진역어·성색문』에서 '붉은색은 불량(弗良)이라고 부른다'라 하였다. 만주어에 '붉은색'은 fulahūn으로 부른다. 『만주원류고』 권18에서 '부랍혼(富拉琿)은 붉은색이다. 만주어에서 수홍색이다'라 하였다.

活離罕 *horihan [인명] 뜻: 새끼 양.

『금사』 권2에서 활리한(活離罕)이라는 인명이 있다. 『금사·국어해』에서 '활리한(活離罕)이 새끼 양이다'라 하였다. 『만주원류고』에서 이 단어가 만주어 horag '면양 새끼'와 같은 어원이라고 주장하였다. 권18에서 '호이한(呼爾罕)이 새끼 양이다. 이에 따라 몽골어와 같은 뜻이다'라 하였다.

活羅(胡來) *horo [인명] 뜻: 갈까마귀, 자오.

『금사』 권1에서 반자(畔者)는 "당신의 주인은 활나(活羅)인데 내가 그를 잡을 수 있다. 내가 활나(活羅)때문에 억울할 리가 없다"라 하였다. "'활나(活羅)'는 자오인데 북방에 있다. 모양은 닭과 같고 쪼아 먹기를 잘한다. 말, 소와 낙타 등 동물의 등에 부스럼이 있으면 그들의 등을 쪼아 먹고 그 동물들은 죽인다. 만약에 배가 고프면 모래나 돌도 먹을 수 있다. 경조(景祖)는 술과 여색을 좋아하고 사람을 먹어 본 적도 있으니 활나(活羅)라고 부른다"라 하였다. 『삼조북맹회편』 권3 정선상질삼에서 '완안(完顏)이 60여 살이고 그 부인이 여진족 사람인데 아들을 두 명 낳았다. 장남은 호래(胡來)라고 한다'라 하였다. 여진어에서 '활나(活羅)'는 '아골(鴉鶻)'이라고도 한다. 『여진역어·부장문』에서 '회화나(回和羅) 兔은 갈까마귀이다'라 하였다. 청나라에 류시안팅(劉憲庭)은 지은 『광양잡기(廣陽雜記)』에서 '아호(鴉虎)'로 나왔는데 참매의 한 가지라고 주장하였다. 만주어에서 horon이라고 하여 '화륜(和倫)'으로 표기되었다. 『만주원류고』 권18에서 '화륜(和倫)이 만주어에서 갈까마귀이다. 원래는 활나(活羅)였다'라 하였다.

活女 *honio [인명] 뜻: 항아리.

『금사』 권72에서 완안활녀(完顏活女)라는 인명이 있다. 『금사·국어해』에서 '항아리는 활녀(活女)라고 한다'라 하였다. 회동관 『여진역어·기용문』에서 '통은 활녀(活女)로 부르다'라 하였다. 만주어에서는 '물통'은 hunio라고 하며 '호뉴(呼紐)'로 표기되었다. 『만주원류고』 권18에서 '항아리는 호뉴(呼紐)라고 하는데 물통이다'라 하였다.

J

吉甫魯灣 *gihuluwan [지명] 뜻 : 제비.

『금사』 권24 〈지리지(地理志)〉 '서경로무주(西京路撫州)' 주에 '연자성(燕子城)이 있는데 여진어에서 길보로만성(吉甫魯灣城)이라고 부른다'라 하였다. '제비'는 『여진역어』에서 '실별홍(失別洪)'으로 나타났다. '길보로만(吉甫魯灣)'은 『여진역어 · 부장문』에 '가혼온(加渾溫) 単土은 매이다'와 발음이 유사하다. 회동관 『여진역어 · 부장문』에서 '꾀고리는 가홀(加忽)이라고 부른다'라 하였다. '가혼온(加渾溫)'은 '가홀(加忽)'과 같은 어휘이며 만주어에서 매를 giyahun이라 부른다. 『만주원류고』 권18에서 '연자성은 국어로 고륵달이간(古勒達爾干)이라고 하며 만주어에서 제비인데 원래는 길보로만(吉甫魯灣)이었다'라 하였다. 『흠정금사어해』 권3에서 '륵달이니파(古勒達爾尼巴)는 제비가 있는 곳이다. 권24에서 길보로만(吉甫魯灣)이라고 나타나고 원북(苑北)의 지명이다'라 하였다. 상술한 바는 모두 '제비'라는 뜻을 갖는 '고륵달이간(古勒達爾干)'으로 '길보로만(吉甫魯灣)'에 대응시켰는데 발음이 다르지만 의미가 유사하다.

K

夔里本 *kuilibun [인명] 뜻: 속을 뻔하다.

『금사』 권3에서 기리본(夔里本)이라는 인명이 있다. 만주어 kūlibu는 동사 kūlimbi의 사동형이고 '무서워하게 히여 조용히, 속을 뻔하다'라는 뜻이다. 청나라에 '고리포(庫哩布)'로 표기되었다. 『일하구문고』 권4에서 '고리포(庫哩布)는 만주어에서 속을 뻔하다는 뜻이다. 원래는 기리부(夔里不)였다'라 하였다. 만주족 사람들 중 이 단어로 이름을 지은 사람도 있다. 『청어인명역한』에서 '과리포(科里布)는 놀린다는 뜻이다'라 하였다.

L

刺撒 *lasa 뜻: 좋지 않다.

『삼조북맹회편』 권3에서 "그 언어에서 '좋다'를 감(感)이나 새흔(賽痕)이라고 하고, '좋지 않다'를 랄살(刺撒)이라고 한다"라 하였다. '랄살(刺撒)'은 만주어 langse에 해당하여 '깨끗하지 않다, 더럽다'라는 뜻이다. 『만주원류고』 권18에서 '랑색(朗色)은 만주어에서 구질구질하다는 뜻이고 원래는 랄살(刺撒)이었는데 이제는 수정하였다'라 하였다.

留可(留哥) *loko [인명] 뜻: 숫돌.

『금사』 권67에서 류가(留可), 권14에서 이랄류가(移刺留哥)[류가(留可)], 권116에서 이랄류가(移刺留歌)라는 인명이 있다. 만주어에서는 '숫돌'은 leke라고 하며 '랄극(埒克)'이라고 표기되었다. 『만주원류고』 권12에서 '랄극(埒克)은 만주어에서 숫돌이다'라 하였다.

婁室(婁宿) *losi [인명] 뜻: 농사일을 하기 힘든 밭.

『금사』 권5에서 루실(婁室), 권85에서 완안루실(完顔婁室), 권87에서 배만루실(裵滿婁室), 권88에서 흘석렬루실(屹石烈婁室)이라는 인명이 있다. 〈금완안루실비(金完顔婁室碑)〉에서 '종실 알로고(斡魯古)는 함주(咸州)를 빼앗아 갔다. 왕이 병력을 합쳐 그에게 대항하러 갔다. 알로고(斡魯告)의 3000병력을 물리쳤고 그의 장군을 죽였고 알로고(斡魯告)와 적대하였다'라고 하였다. 『삼조북맹회편』 권3 정선상질삼(政宣上帙三)에서 '아구다(阿骨打)는 점한(粘罕), 골사(骨舍), 을실(乙室) 등을 주모로 같이 의논하고, 은주할(銀珠割), 이렬(移烈), 루숙(婁宿) 등을 장군으로 봉하였다'라 하였다. '루실(婁室)'은 만주어 loso에 해당하여 '봄에 습기가 많아 농사일을 하기 힘든 밭'이라는 뜻이다. 청나라에는 '락색(洛素)'이나 '나색(羅索)'으로 표기되었다. 『일하구문고』 권4에서 '락색(洛索)은 만주어에서 습기가 많아 농사일을 하기 힘든 밭이며 원래는 루숙(婁宿)이었다'라 하였다. 『흠정금사어해』 권1에서 '나색(羅索)은 습기가 많아 농사일을 하기 힘든 밭이다. 권59에서 루실(婁室)로 나타났다'라 하였다. 『만주원류고』 권11 '강역사(疆域四)'에 〈금완안나색비(金完顏羅索碑)〉에서 '종실인 오릉고(烏楞古)[원래는 알로고(斡魯古)였는데 이제 수정하였다]는 함주(咸州)를 빼앗아 갔다. 왕이 병력을 합쳐 그를 저항하러 갔다. 알로고(斡魯古)의 3000병력을 물리쳤고 그의 장군을 죽였고 오릉고(烏楞古)와 적대하였다'라는 말을 인용하였다.

落孛魯 *lobolu [지명] 뜻: 함천.

『금사』 권24 〈지리지상〉 "'임황부(臨潢府)' 주에서 '함천(陷泉)이 있는데 국어로 락패로(落孛魯)라고 부른다"라 하였다. 만주어 lifakū는 '진흙, 개흙'이라는 뜻이며 청나라에 '랄붕길(埒繃吉)'이나 '랄붕이(埒繃伊)'로 표기되었다. 『만주원류고』 권18에서 "함천이 랄붕길(埒繃吉)이라고 부르고 만주어에서는 진흙이라는 뜻이다. 원래는 '락패로(落孛魯)'였다"라 하였다. 『흠정금사어해』 권3에서 '랄붕이(埒繃伊)는 진흙이다. 권24에서는 락패로(落孛魯)로 나왔는데 샘의 이름이다'라 하였다. '락패로(落孛魯)'는 '랄붕이(埒繃伊)'와 발음이 비슷하다.

M

謾都歌(謾都訶) *mondugo/monduho [인명] 뜻: 어리석다.

『금사』 권65에서 완안만도가(完顏謾都訶)라는 인명이 있다. 『금사·국어해』에서 '만도가(謾都歌)는 우둔하다는 뜻이다'라 하였다. '만도가(謾都歌)'는 만주어 mentuhun '어리석다'에 해당하여 청나라에 '문도혼(們圖琿)'으로 표기되었다. 『만주원류고』 권18에서 '문도혼(們圖琿)이 치매라는 뜻이다. 만주어에서 어리석다는 뜻이다'라 하였다.

毛睹祿(沒都魯) *muduru/muduri [인명] 뜻: 용(龍).

『금사』 권1에서 모도록(毛睹祿), 권81에서 아륵근몰도로(阿勒根沒都魯)라는 인명이 있다. '모도록(毛睹祿)'은 『여진역어·부장문』에서 '목두아(木杜兒) 炎芉는 용이다' 및 만주어 muduri '목도리(穆都哩)'에 해당한다. 『흠정금사어해』 권8에서 '목도리(穆都哩)는 용이다'라 하였다.

梅黑 *meihe [강 이름] 뜻: 뱀.

『금사』 권81에서 '아륵근몰도로(阿勒根沒都魯)는 상경(上京) 납임하(納鄰河) 사람이다. 후에는 함평로(咸平路) 매흑하(梅黑河)에 옮겨 갔다'라 하였다. 『여진역어·부장문』에서 '매흑(梅黑) 岜夬는 뱀이다'라 하였다. 만주어에는 '뱀'이 meihe라고 하며 청나라에 '미혁(美赫)'으로 표기되었다. 『흠정금사어해』 권4에서 '미혁(美赫)은 뱀이다'라 하였다. 『흠정성경통지』 권27에 '미혁하(美赫河)'라는 표현도 있다.

猛安 *muŋyan [직관, 인명] 뜻: 천(千).

『금사』 권59에서 맹안(猛安)[완안거(完顏琚)]라는 인명이 있다. 『삼조북맹회편』 권3 정선상질삼에서 "관리들이 구요이십팔숙(九曜二十八宿)에 따라 칭호를 하였다. '암판발극렬(諳版孛極烈)'[대관인(大官人)], '발극렬(孛極烈)'[관인(官人)], 직무에 따라 '특모(忒母)'[만호(萬戶)], '맹안(萌眼)'[천호(千戶)], '모가(毛可)'[백호(百戶)], '포리언(蒲里偃)'[패자두(牌子頭)]. 발극렬(孛極烈)은 균관(糾官)을 가리키는데 한족의 총관(總管), 군정 장관)과 같다'라 하였다. 『금사·국어해』에서 '맹안(猛安)은 천부장(千夫長)이다'라 하였다. '맹안(猛安, 萌眼)'은 금나라의 군제 중에 '천부장(千夫長)'을 가리킨다. 『금사』 권44 〈병제(兵制)〉에서 '금나라 초에, 각 부락의 백성들이 부역이 없는데 긴장한 사람이 모두 병사가 되어야 한다. 부락의 수령은 패근(孛菫)이라고 하는데 군대를 통솔하게 되면 맹안모극(猛安謀克)이라고 부른다. 통솔하는 병사의 수에 따라 호칭을 부여한다. 맹안이 천부장이고, 모극은 백부장이다. 모극의 차직은 포리연(蒲里衍)이라고 하고, 병사의 차직은 아리희(阿里喜)라 하였다. 병사의 수는 처음에는 일정하지 않았다'라 하였다. 이 단어의 어원이 여진어 '천(千)'이다. 따라서 맹안이 병사를 통솔할 수 있다. 『금사』 권44 〈병제〉에서 '태조(太祖)가 즉위한 다음 해에, 곧 2500병사로 야율사십(耶律謝十)을 쳐부순 후에 삼백호를 모극으로 하라는 어명을 내렸다. 모극이 10개이면 맹안이 된다'라 하였다. 『여진역어·수목문』에서 '멸간(皿干) 玊는 천이다'라 하였다. 만주어에서는 minggan이

라고 하여 '명안(明安)'이나 '명아(銘牙)'로 표기되었다. 『만주원류고』 권18
에서 '명안(明安)이 만주어 천(千)이다. 원래는 맹안(猛安)이었다'라 하였
다. 『흠정금사어해』에서 '명안(明安)이 천(千)이다. 권2에서 맹안(猛安)이
라고 하다'라 하였다. 우쩐천(吳振臣)『영고탑기략』에서 '천(千)이 명아(銘
牙)라고 부르다'라 하였다.

蒙括(蒙葛, 蒙刮, 蒙适, 瞢葛) *muŋgo/muŋko/muŋga [성씨, 인명] 뜻:
어렵다, 귀하다, 능하다, 강하다.

『금사』 권10에서 몽괄인본(蒙括仁本), 권10에서 몽괄만도(蒙括蠻都),
권8에서 몽괄특말야(蒙括特末也), 권10에서 몽괄호랄(蒙括胡刺), 권93에
서 몽갈(蒙葛), 권2에서 완안몽갈(完顔蒙葛)[몽괄(蒙括)]이라는 인명이 있
다. '몽괄(蒙括)'은 『여진역어·통용문』: '망합(莽哈) 禾屰는 어렵다' 및 만
주어 '어렵다, 귀하다, 능하다, 강하다'라는 뜻을 갖는 mangga에 해당한
다. 청나라에 '망아(莽阿)'나 '망안(蟒安)'으로 표기되었다. 청나라에 '강
(剛)'이라는 봉호는 만주어에서 '망안(蟒安)'이라고 하였다[이겡(奕賡)의
『가몽헌총저·봉시번청(佳夢軒叢著·封諡翻淸)』]. 『만주원류고』 권5 〈책
부원귀(冊府元龜)〉에 기록된 인명들을 만주어로 고증하였다. 예컨대 "'좋
다'를 새음(賽音)으로, '능하다'를 '망아(莽阿)'로 부르는데 실이몽음(失異
蒙音)과 발음이 비슷하다. 문학적 재능이 뛰어나면 오극신망아(烏克紳莽
阿)라고 하여 시가몽음(施可蒙音)과 발음이 비슷하다. 말타기와 활쏘기에
능한 사람들을 마림망아(摩琳莽阿)라고 하는데 무림몽음(茂林蒙音)과 유
사하다"라 하였다.

減骨地 *miyagudi 뜻: 무릎을 꿇다.

홍호(洪浩)의 『송막기문』에서 '멸골지(減骨地)는 바로 무릎을 꿇는 뜻
이다'라 하였다. 명나라 신모상(愼懋賞)『사이광기(四夷廣記)』'여진국(女
眞國)'에 '跪, 捏骨地[무릎을 꿇는다는 것을 날골지(捏骨地)라고 부른다]'라
는 기음은 『송막기문』과 비슷하다. 『여진역어·인사문』에 '멸고로(減苦
魯)'라 하는데 '멸고로(減苦魯) 呑舟丈는 무릎을 꿇는다는 뜻이다'라 하였

다. 이것은 만주어 niyakūrambi에 해당되어 '무릎을 꿇다'는 뜻이다. 여진어 '멸골지(滅骨地)'는 거란어 '날골지(捏骨地)'에서 발원해 왔다. 『거란국지』 권27에서 '남자든 여자든 모두 다 같은 방식으로 절을 한다. 한 다리는 꿇고, 한 다리는 땅에 놓고, 손놀림으로 절을 세 번 한다. 이것은 날골지(捏骨地)라고 하는데 바로 무릎을 꿇는 것이다'라 하였다. 시라토리 구라키치는 『동호민족고(東胡民族考)』에서 만주어 niyakūrambi가 여진어 '멸고로(滅苦魯)'와 같았는데 후에는 여진어 *m이 n으로 변하게 되고, 둘다 거란어 '날골지(捏骨地)'에서 발원해 온 것이라고 주장하였다.

末臨(抹臨, 牧林, 母麟) *morin [지명] 뜻: 말(馬).

『금사』 권2에서 '오고론부(烏古論部) 병사들과 토온수(土溫水)를 따라 말린향(末鄰鄉)을 지나갔다'라 하였다. 원나라 희곡에서 '말림(抹臨)', '목림(牧林)'이나 '모린(母麟)'으로 나타났다. 원나라 관한칭(關漢卿)의 『등부인고통고존효(鄧夫人苦痛哭存孝)』 제1회에 '抹鄰不會騎(말을 탈 줄 모른다).' 원나라 취밍(闕名)의 『벌열무사류추환기(閥閱舞射柳捶丸記)』 제3회에 '我騎一匹撒因的抹鄰(나는 좋은 말을 탄다).' 또 말하길: '不會騎撒因抹鄰(좋은 말을 탈 줄 모른다).' 취밍(闕名)의 『송대장악비정충(宋大將岳飛精忠)』 첫 회에 '大小三軍上抹鄰, 不披鎧甲不遮身.' 又楔子: '我則成不的虛劈一刀, 撥回抹鄰, 跑, 跑, 跑(군사들이 모두 말을 타고, 갑옷도 입지 않고 몸을 가리지 않는다. 또 설자: 나는 되든 안 되든 칼을 내려쳤고 말로 뒤돌아, 뛰어, 뛰어, 뛰어).' 『팔대왕개조구영웅(八大王開詔救忠臣)』 첫 회: '自家土金宿是也, 若論在下爲人, 不好行走, 則騎抹鄰(나는 토금숙이다. 걷기 싫어서 말을 타는 것이야).' 『옹희악부(雍熙樂府)』 권7 초편대타위투(哨遍大打圍套): '將牧林卽快拴, 擦者兒連忙笞(말을 빨리 묶고, 천막을 얼른 친다).' 명나라 황위안지(黃元吉) 『황정도야주류성마(黃廷道夜走流星馬)』 제3회: '莽古歹將母麟催動(망고대가 말을 빨리 달리게 한다).' 『사림적염(詞林摘豔)』 권3: '將母麟疾快拴, 擦者兒連忙打(말을 빨리 묶고, 천막을 얼른 친다).' '말린(末鄰)'은 『여진역어·부장문』에 '모림(母林) **侮列**는 말(馬)이다' 및 만주어 morin에 해당한다. 『만주원류고』 권13에서 '마림(摩琳)은 만주어에서 말이라는 뜻이다'라 하였다. 『금사』에 나타난 '말린향(末鄰鄉)은 모련 여진족(毛憐女眞)이 처음에 거주한 곳이었는데, 현재 헤이룽장(黑龍江) 우쑤리강(烏蘇里江)의 지류 목릉하(穆棱河)에 위치한다. 『명실록·태종실록(明實錄·太宗實錄)』 권61에서 '맥란하(麥蘭河)라고 하였는데 실록(實錄)에서 영락(永樂) 4년(1406)에 맥란하(麥蘭河) 야인 여진(野人女眞)부락의 수령이 말을 조공하는 기록이 있다. 『노룡새략(盧龍塞略)』 권20 역부하(譯部下) '수축류(獸畜類)'에 "희봉관(喜峰關)에서 들어온 말을 말린(末鄰)이라고 하고, 산해관(山海關)에서 들어온 말은 막림(莫林)이라고 하며, 북로(北虜)에서 온 말을 말력(抹力)이라 하였다. 글자가 다르고 음도 약간 차이가 있다'라 하였다. 이 단어는 알타이어 공용어이다. 『지원역어(至元譯語)·안마문(鞍馬門)』에서 '말은 목리(木里)라고 부른다'라 하였다. 『원조비사』에서 말을 '말설려(秣㖾驪)'로 해석하였다.

謀克(毛可) *muke [직관] 뜻: 족장(族長).

　『금사』 권44 〈병제〉에서 '금나라 초에, 각 부락의 백성들이 부역이 없는데 긴장한 사람이 다 병사가 되어야 한다. 부락의 수령은 패륵(孛堇)이라고 하는데 군대를 통솔하게 되면 맹안모극이라고 부른다. 밑에 병사의 수에 따라 호칭을 부여한다. 맹안이 천부장이고, 모극은 백부장이다'라 하였다. 『삼조북맹회편』 권3에서 '모가(毛可)'라 하였다. "관리들이 구요이십팔숙(九曜二十八宿)으로 '암판발극렬(諳版孛極烈)'[대관인(大官人)], '발극렬(孛極烈)'[관인(官人)]이라고 부른다. 그 직은 '특모(忒母)'[만호(萬戶)], '맹안(萌眼)'[천호(千戶)], '모가(毛可)'[백호(百戶)], '포리언(蒲里偃)'[패자두(牌子頭)]. 발극렬(孛極烈)은 균관인데 한족 총관(總管, 군정 장관)과 같다'라 하였다. 『금사·국어해』에서 '모극은 백부장이다'라 하였다. 현존하는 여진 문관 도장에 *mo '목흑(木黑)'이나 *mo '목길(木吉)'로 표기되었다.[26]

---

26 쟈징옌(賈敬顔)의 「여진 문관인 고략(女眞文官印考略)」, 『중앙민족학원학보』, 4기, 1982.

'모극(謀克)'은 금나라의 병제에 백부장이고, 여진어 '족(族), 향(鄕), 족장(族長)'에서 발원해 왔다. 만주어에서 mukūn이라고 하며 '목곤(穆昆)'으로 표기되었다. 『만주원류고』 권18에서 '목곤(穆昆)은 족장이다. 원래는 모극(謀克)이었다'라 하였다. 『금국어해』 주에 '모극(謀克)은 바로 묵유극(墨由克)이다. 색륜어(索倫語)에서 고향을 묵유극(墨由克)이라고 부른다'라 하였다.

금나라의 맹안모극(猛安謀克) 제도는 줄곧 『금사』 연구의 초점이다. 모극 제도의 유래에 관하여 논쟁이 많지만 이미 오래된 제도라는 것이 틀림없다. 바로 왕커빈(王可賓)이 「요나라 여진 관제 고략(遼代女眞官制考略)」에서 '여진 사회의 역사를 보면, 모극이 처음 『금사』에서 나타난 것은 세조 때였지만 이 단어의 유래는 이보다 더 오래된 것이고 이 단어의 사용 역사도 더 길다[27]라 하는 것처럼 이 제도는 이미 오래된 역사를 갖는다. 우리는 『금사』의 '모극(謀克)'은 요나라의 '말골(抹鶻), 요홀(厶忽)'에서 발원해 온 것이라고 여긴다. 『요사』 권45 〈백관지〉에서 '모와리(某瓦里)' 아래에 '말골(抹鶻)'을 설치하였다는 기록이 있다. 『요사·국어해』에서 "'말골(抹鶻)'은 '와리사(瓦里司)'의 관리이다"라고 하였다. 『금사』 권55 〈백관지〉에서 '그 후부터 변경의 관리를 독리(禿里)라고 부른다. 오로골(烏魯骨) 아래는 소온(掃穩), 탈타(脫朵)가 있고, 상온(祥穩) 아래는 요홀(厶忽), 습니곤(習尼昆)이 있다. 이들이 전부 다 요나라의 관직을 이어받은 것이다'라 하였다. 이 기록에 따라 금나라가 요나라에서 이어받은 '요홀(厶忽), 습니곤(習尼昆)'은 모두 '상온(祥穩)' 아래에 있는 관직이라는 것을 알 수 있다. 『요사·국어해』에서 '사노고(思奴古)는 창사(敞史)와 비슷한 관직이다'라고 하였다. 『요사』 권45 〈백관지(百官志)〉에 '사장도상온사(四帳都祥穩司)는 사장의 군사 일을 주관한다.' 밑에는 '장군, 본명은 창사(敞史)이다'가 있다. 요나라의 '사노고(思奴古)'는 '장군'과

---

27 왕커빈(王可賓)의 「요대 여진 관제 고략(遼代女眞官制考略)」, 『사학집간』, 4기, 1990.

같은 것을 보니 '요홀(么忽)'의 직무도 이와 비슷하다. 모두 다 군대의 관직이다.

'요홀(么忽), 말골(抹鶻)'은 '모극(謀克)'과 발음이 유사하다. '모극(謀克)'은 금나라의 병제에는 백부장이고 책무도 비슷하다. 『금사』 권55 〈백관지〉에서 '맹안(猛安)은 종사품(從四品)인데, 군대의 업무를 주관하여 무예를 훈련시키고 농사일을 권하며 방어를 하기도 한다. 제 모극(諸謀克), 종오품(從五品)이고, 군호(軍戶)를 선무하고 무예를 훈련하는데 상평창(常平倉, 현급에 설치된 곡식 창고의 한 가지였다. 풍년에 곡식을 사들고, 흉년이 들면 곡식을 풀어 물가를 조절하는 역할을 하는 곡식 창고였다)을 주관하지 않는다. 다른 업무는 현령(縣令)과 같다'라 하였다. '모극(謀克)'은 여진어에는 '족(族), 향(鄕), 족장(族長)'이라는 뜻이고, 만주어에는 mukūn이라고 하여 '목곤(穆昆)'으로 표기되었다. 『만주원류고』 권18에서 '목곤(穆昆)이 족장이다. 원래는 모극(謀克)이었다'라 하였다. 왕커빈(王可賓)의 연구에 따라 "여진족의 모극마을은 병사와 일반 백성이 하나가 된 민간조직이다. 이로 인해, 『금사·병지』에 '각 부락의 백성들이 다른 부역이 없는데 건장한 사람은 모두 병사가 되어야 한다. 평일에는 농사, 사냥 등을 한다. 전쟁이 일어나면 각 부락의 패근(孛堇)에게 징병하라는 명령을 내린다. 무기는 다 구비되어 있다.' 『삼조북맹회편』에 '편안하면 사냥하고, 전쟁이 있으면 병사가 된다.' 그러므로 모극이라는 단어는 점점 여진 사회의 말단기구 및 관리의 명칭이 되게 하였고 군사력의 민간조직과 관리들의 명칭이 되기도 하였다."[28]

謀良虎(毛良虎) *muriaŋqu [인명] 뜻: 무뢰하다.

『금사』 권5에서 모량호(謀良虎), 권87에서 완안모량호(完顔謀良虎), 권120에서 오림답모량호(烏林答謀良虎), 권5에서 모량호(毛良虎), 권16에서 발출로모량호(孛朮魯毛良虎)라는 인명이 있다. 『금사·국어해』에서 '모

---

28 왕커빈(王可賓)의 「요대 여진 관제 고략(遼代女眞官制考略)」, 『사학집간』, 4기, 1990.

량호(謀良虎)는 무뢰하다는 뜻이다'라 하였다. '모량호(謀良虎)'는 만주어 muriku에 해당하여 '황당무계하다, 고집쟁이, 차축'이라는 뜻이다. 청나라에 '목리고(穆哩庫)'라고 하였다. 『만주원류고』 권18에서 '목리고(穆哩庫)는 무뢰하다는 뜻이다. 만주어에 목리고(穆哩庫)는 황당무계한 사람을 가리킨다'라 하였다. 여진족이 이름을 짓는 습관과 같이 만주족도 '욕하는 말로 이름 짓기를 좋아한다. 『청어인명역한』에서 이러한 만주족의 이름을 많이 제시하였다. 예컨대: '아극순(阿克順), 냄새가 독하다', '액손(額孫), 추하다', '다당아(多當阿), 괴물이라는 뜻이며 욕이다', '합소태(哈蘇泰), 성질은 이상하고 고집스러운 사람', '산통액(珊通額), 스사스레', '박단(博端), 우둔하다', '파노혼(巴努琿), 게으르다', '악탁(岳託), 바보' 등.

N

納葛里 *nagori 뜻: 거실.

　『금사』 권66 〈종실열전(宗室列傳)〉에서 '헌종(獻宗)이 해고수 납갈리촌(海姑水納葛里村)에 옮겨 갔고, 또 다시 안출호수(安出虎水)에 옮겨 갔다'라 하였다. 『금사』 권1에서 "헌종(獻宗)은 해고수(海姑水)에 옮겨 가서 농사일하고 집을 건축하였다. 건축들 중에는 기와집을 '납갈리(納葛里)'라고 부른다. '납갈리(納葛里)'는 한어로 거실이다"라 하였다. '납갈리(納葛里)'는 몽골어 ene ger '이 집'에 해당한다. 『흠정금사어해』 권4에서 '액눌격이(額訥格爾)는 몽골어에서 이 집이라는 뜻인데, 권66에서 납갈리(納葛里)라고 하여 마을 이름이 되었다.

納蘭(拿懶, 那懶, 納剌) *naran [성씨] 뜻: 일(日).

　『금사』 권103에서 납란오신(納蘭吾申), 권103에서 납란호로랄(納蘭胡魯剌), 권118에서 납란모고로(納蘭謀古魯), 권121에서 납란작적(納蘭綽赤), 권63에서 나라씨[拿懶氏, 세조익간황후(世祖翼簡皇后)]라는 인명이 있다. 『삼조북맹회편』 권3에서 '나라(那懶)는 높다는 뜻이다'라 하였다. 『북풍양사록』에서 '나라(那懶)는 높다는 뜻이다'라고도 하였다. 『금사·

국어해』에서 '납랄(納剌)은 평안하다는 뜻이다'라 하였다. 회동관『여진역어·천문문』에서 '일(日), 수온(受溫)'이라 하는데 이 음과 맞지 않다. 그러니까 만학 학자들은 보편적으로 '납란(納蘭)'이 만주어 nara에 해당하여 '연애'라는 뜻이라고 주장하였다. 진치총(金啓孫)은 "나랍(那拉)은 『팔기씨족통보(八旗氏族通譜)』와 『팔기통지(八旗通志)』에서 기록된 성씨 '납라(納懶)'이며 '나(那)'를 성으로 삼는다. 만주어에 '연애'라는 뜻을 갖는 nara의 첫 글자를 성으로 하면 바로 금나라의 납란(納蘭)이다"라고 주장하였다.[29] '납란(納蘭)'이 한족 성씨 '고(高)'와 '강(康)'['항(亢)과 발음이 비슷하다]으로 변한 것을 보니 '납란(納蘭)'이 몽골어 동계어며, '일(日)'이라는 뜻으로 해석하는 것이 더 합리적이다. 『화이역어·천문문』에서 '일(日)이 납설란(納舌蘭)이라고 하다'라 하였다. 『만주원류고』 권18에서 '일월산(日月山)이 국어에 납라살라(納喇薩喇)라고 한다. 몽골어에 일월(日月)이라고 한다'라 하였다.

粘罕(尼堪, 粘漢) *nimqan/nikam [인명] 뜻: 한인(漢人), 남쪽 오랑캐.
『금사』 권67에서 부자점한(富者粘罕), 권74에서 완안점한(完顔粘罕)[종한(宗翰)]이라는 인명이 있다. 『송막기문』에서 '니감(尼堪)은 금나라 태종(太宗)의 족형제인 종간(宗干)이다. 본명은 니감(尼堪)이었다. 니감(尼堪)은 한족 사람을 닮았다. 그의 아버지는 아랄륵(阿剌勒)인데 이랍제패륵(伊拉齊貝勒)이다. 니감(尼堪)은 대원수가 된 후 신분이 높아져도 여전히 그의 아버지의 호칭을 이어받아 이랍패륵도원수(伊拉齊貝勒都元帥)라고 부른다'라 하였다. 『대금국지』 권27 〈점한전(粘罕傳)〉에서 '점한의 아명은 조가노(鳥家奴)인데 점한(粘漢)이라고도 한다. 얼굴이 한족 사람을 닮았다. 후에는 종유(宗維)라는 이름으로 바꾸었다. 무원(武元) 황제의 사촌 형의 아들이다'라 하였다. 원명희곡에서 '점한(粘漢)'으로 나타났다.

---

29 진치총(金啓孫)의 『만주족의 hala와 성씨』, 『애신각라삼대만학논집·애신각라치총 저작(愛新覺羅三代滿學論集·愛新覺羅啓孫著作)』, 원방출판사, 1996.

명나라 황위안지(黃元吉)의 『황정도야주류성마(黃廷道夜走流星馬)』 제2
회 千戶白에 '是個粘漢, 休放箭, 拿近前來, 搜他那身上.' 又千戶白: '無事也不
敢來見, 正演戲武藝, 拿住個粘漢犯界[천호가 말하길: 점한(한인)이다. 활을
쏘지 마, 그를 잡고 몸을 뒤져 찾아봐. 또 다른 천호가 말하길: 일이 없으
면 오지 않을 거야, 무예를 연마하고 있는데 점한(粘漢) 한 명을 잡았다.'
회동관 『여진역어 · 인물문』에서 '한족 사람이 니합날마(泥哈捏麻)라고
부른다'라 하였다. '점한(粘漢)'과 '니합(泥哈)'은 만주어 nikan '니감(尼堪)'
에 해당하여 '한인, 한족, 남쪽 오랑캐'라는 뜻으로 해석된다. 『만주원류
고』 권18에서 '니감(尼堪)은 만주어에 한족 사람을 의미한다. 원래는 점
한(粘漢)이었다'라 하였다. 청나라에는 '니감(尼堪)'으로 이름을 지은 사
람도 있었다. 『청어인명역한』에서 '니감(尼堪)은 사나이나 남쪽 오랑캐
를 가리킨다'라 하였다. 『금사 · 국어해』에서 '점한(粘漢)이 마음이다'라
고 해석하였는데 올바르지 않다.

**尼厖古(尼忙古, 粘沒曷, 粘割, 粘哥, 粘葛, 粘合) *nimaŋgu/nimha [성
씨, 인명, 부락명] 뜻: 물고기.**

『금사』 권15에서 니방고(尼厖古), 권16에서 니방고삼랑(尼厖古三郎),
권90에서 니방고달길부(尼厖古達吉不), 권95에서 니방고외류(尼厖古外
留), 권122에서 니방고포로호(尼厖古蒲魯虎), 권59에서 완안점몰갈(完顔
粘沒曷)[완안림(完顔琳)], 권120에서 오고론점몰갈(烏古論沒曷), 권121에
서 점할(粘割)[점합(粘合)한노(韓奴)], 권14에서 점할특린(粘割特鄰), 권95
에서 점할(粘割)[점가(粘哥)알특랄(斡特剌)], 권7에서 점할루실(粘割婁室),
권98에서 점할살개(粘割薩改), 권132에서 점할합달(粘割合達), 권18에서
점갈(粘葛)[점가(粘哥)완전(完展)], 권111에서 점갈(粘葛)[점합(粘合)동주
(仝周)], 권119에서 점갈노신(粘葛奴申), 권18에서 점합교주(粘合咬住)[점
가교주(粘哥咬住)], 권13에서 점합합타(粘合合打) 등 인명이 있다. 『금사』
권2에서 '니방고부(尼厖古部)의 발흑(跋黑), 파립개(播立開) 등 곳을 정벌
한다'라 하였다. 『삼조북맹회편』 권3에서 '니만고(尼漫古)'로 나타났다.

『금사·국어해』에서 '니망고(尼忙古)는 물고기다'라 하였다. '니망고(尼忙古)' nimaŋgu가 급히 발음하면 '점할(粘割)'과 비슷하다. 『여진역어·부장문』에서 '리말합(里襪哈) 朱甲은 물고기다'라 하였다. 회동관 『여진역어·부장문』에서 '물고기는 니목합(尼木哈)이라고 부른다'라 하였다. 만주어 nimaha는 '물고기'라는 뜻이며, 청나라에 '니마합(尼瑪哈)이라고 하였다. 『일하구문고』권69에서 '니마합(尼瑪哈)은 만주어에는 물고기다. 원래는 점몰한(粘沒罕)이었다'라 하였다. 이에 따라 『일하구문고』권153에서 '뉴호록(鈕祜祿)은 원래 점할(粘割)이었다' 및 『흠정금사어해』권11에서 '점합(粘合)'이 만주어 '섭혁(聶赫)' niyehe '오리'로 해석된 것은 모두 잘못된 것이다.

涅里賽一 *neri seyi [지명] 뜻: 흰빛, 햇빛.

『금사』권24 〈지리지상〉 '서경로무주보산현(西京路撫州寶山縣)주에 '북쪽으로 500여 미터를 더 가면 일월산(日月山)이 있다. 대정(大定) 20년에 말백산(抹白山)으로 변명하였다. 국어로 열리새일(涅里賽一)이라고 부른다'라 하였다. 『흠정금사어해』권5에서 '납라살라(納喇薩喇)는 몽골어에서 일월(日月)을 가리킨다. 권24에서 열리새일(涅里賽一)이라고 하고, 산의 이름이다'라 하였다. 즉 '열리(涅里)'는 몽골어 '납라(納喇)'와 발음이 비슷하고 '일(日)'이라는 뜻이고, '새일(賽一)'은 '살라(薩喇)'와 발음이 유사하고 '월(月)'이라는 뜻이라고 주장하였다. 또한 『만주원류고』권18에서 '일월산(日月山)은 국어로 납라살라(納喇薩喇)라고 한다. 몽골어에서 일월이라는 뜻이다. 원래는 열리새일(涅里賽一)이었다'라 하였다. 『화이역어·천문문』에서 '일(日)은 납설란(納舌蘭)이라고 하며, 월(月)은 살설라(薩舌喇)라고 한다'라 하였다. '열리(涅里)'는 '납라(納喇)'와 음이 비슷하지만, '새일(賽一)'은 '살라(薩喇)'와는 많이 다르다. '새일(賽一)'은 '사음(舍音), 선양(鄯陽)'과 발음이 유사하며 '흰빛'이라는 뜻이다. 『금사』권121에서 완안선양(完顏鄯陽)이라는 인명이 있다. 『여진역어·성색문』에 '상강(上江) 兄 ㄒ는 하얗다는 뜻이다'는 만주어 sanyan에 해당하여 '선연(善延),

307

산연(珊延)'으로 표기되었다. 『일하구문고』 권91에서 '선연실고(善延實庫)의 선연(善延)은 만주어에서 흰색을 의미하며, 실고(實庫)는 안감이라는 뜻이다'라 하였다. '선연실고(善延實庫)'는 동개 안의 가죽 펠트를 가리킨다. 『흠정금사어해』 권10에서 '산연(珊延)이 흰색이다. 권13에서 선양(鄯陽)으로 나타났다'라 하였다. 또한 백성(白城)이 만주어에서 '산연화둔(珊延和屯)'이라 부른다. 그러니까 '열리새일(涅里賽一)'은 '말백(抹白)'의 의미와 비슷하여 '햇빛'이라는 뜻이다. '납란(納蘭)', '선양(鄯陽)' 참고.

女魯歡 *niolhon [인명] 뜻: 16.

『금사』 권116에서 석잔여로환(石盞女魯歡)[석잔십육(石盞十六)]이라는 인명이 있다. 『금사·국어해』에서 '16은 여로환(女魯歡)이라고 부른다'라 하였다. '여로환(女魯歡)'은 『여진역어·수목문』의 '니혼(泥渾) ᠰ은 16이다'에 대응시킬 수 있으며, 만주어 niolhun '뉴륵혼(紐勒琿)'에 해당하여 '정월 16일'이라는 뜻이다. 『만주원류고』 권18에서 '뉴륵혼(紐勒琿)은 정월 대보름의 다음 날이다. 권15에서 여로환(女魯歡)으로 나타났다'라 하였다. 알타이 민족은 아기의 출생월일이나 기념할 만한 날로 명명하는 풍습이 있다. 지금도 그런 풍습이 남아 있다. 『금사』 권132에서 도단16(徒單16)이라는 인명이 있고, 현대 몽골족에 '오월(五月)' 등으로 이름을 지은 사람도 있다. 사잉어(薩英額) 『지린외기』 권2에서 '영고탑(寧古塔)은 국어에 숫자 6이다'라 하였다.

女奚烈(女奚列) *niohilie [성씨] 뜻: 늑대.

『금사』 권18에서 여해렬완출(女奚烈完出), 권122에서 여해렬렬산(女奚烈烈山), 권128에서 여해렬수우(女奚烈守愚), 권27에서 여해렬혁(女奚列奕), 권93에서 여해렬발갈속(女奚列孛葛速), 권98에서 여해렬남가(女奚列南家)라는 인명이 있다. 『금사·국어해』에서 '여해렬(女奚烈)은 랑(郎)이다'라 하였다. 여진족의 성씨 '여해렬(女奚烈)'은 만주족의 성씨 '뉴호록(紐祜祿)'에 해당하여 '늑대(狼)'라는 뜻이다. 여진족의 '여해렬(女奚烈)'과 만주족 '뉴호록(紐祜祿)'은 모두 한족의 성씨 '랑(郎)'으로 바뀌었는데 '이리 랑'의 음을 빌려서 된 것이 틀림없다. '여해렬(女奚烈)'은 나나이어 niuheli와 발음이 비슷하기 때문에 진치충(金啓孫)은 '여해렬(女奚烈)'이 나나이어에서 발원해 온 것이라고 주장하였다.[30] 만주어에 늑대는 niohe 라고 부른다. 『일하구문고』 권153에서 '뉴호록(紐祜祿)은 원래 점할(粘割)이었다'라 하였다. '점할(粘割)'과 '뉴호록(紐祜祿)'을 비교하는 데 발음이 서로 맞지 않다.

奴申(訥申) *nusin [인명] 뜻: 화목.

『금사』 권119에서 점갈노신(粘葛奴申)[점가노신(粘哥奴申)], 권124에서 오고손노신(烏古孫奴申), 권130에서 포찰눌신(蒲察訥申)이라는 인명이 있다. 『금사·국어해』에서 '노신(奴申)이 화목하다는 뜻이다'라 하였다. 만주어 necin은 '눌흠(訥欽)'으로 표기되어 '평평하다, 평안하다, 평온하다, 얌전하다'라는 뜻이다. 『만주원류고』에서 '노신(奴申)'은 만주어 '온화하다'라는 뜻을 갖는 '눌소긍(訥蘇肯)'에 해당한다고 여겼다. 권18에서 '눌소긍(訥蘇肯)'은 화목하다는 뜻이고, 만주어에서 온화하다는 뜻이다. 원래의 해석은 잘못된 것이다'라 하였다. 대음규칙에 따르면 '노신(奴申)'은 만주어 '눌흠(訥欽)'으로 해석한 것이 더 합리적이다.

P

盤里合(僕里黑, 跋里海) *parha [인명] 뜻: 엄지손가락.

『금사』 권59에서 완안복리흑(完顏僕里黑)[발리해(跋里海)]라는 인명이 있다. 『금사·국어해』에서 '반리합(盤里合)은 장지(將指, 가운뎃손가락, 엄지발가락)를 가리킨다'라 하였다. '반리합(盤里合)'은 만주어 ferhe에 해당하여 청나라에 '불이혁(佛爾赫)'으로 표기되었다. 『만주원류고』 권18에서 "'불이혁(佛爾赫)'은 만주어에서 엄지손가락을 의미한다. 원래는 반

---

30 진치충(金啓孫)의 「만주족의 hala과 성씨」, 『애신각라삼대만학논집·애신각라치충저작(愛新覺羅三代滿學論集·愛新覺羅啓孫著作)』, 원방출판사, 1996.

리합(盤里合)이었다"라 하였다.

裴滿 *poimon [성씨, 부락명] 뜻: 삼, 마.

『금사』 권7에서 배만호랄(裴滿胡剌), 권87에서 배만루실(裴滿婁室), 권97에서 배만형(裴滿亨), 권107에서 배만포랄도(裴滿蒲剌都), 권120에서 배만홀도(裴滿忽睹)라는 인명이 있다. 『금사』 권1에서 '환난(桓赧), 산달(散達)은 여러 부를 모아 침범하러 왔다. 배만부(裴滿部)를 지나갔는데, 배만부가 세조(世祖)에 의탁하기 때문에 방화하여 태워버렸다'라 하였다. 『삼조북맹회편』 권3에서 '파유만(婆由滿)'으로 나타났다. 『대금국지』에서 '배마신씨(裴摩申氏)'라고 표기되었다. 『금사·국어해』에서 '배만(裴滿)이 마(麻)이다'라 하였다. 『흠정금사어해』에서 '배만(裴滿)'이 만주족의 성씨 '비마(費摩)'에 해당한다고 주장하였다. 만주어 femen '비마(費摩)'는 입술이라는 뜻이다. 『여진역어·신체문』에서 '불목(弗木) 岦攵는 입술이다'라 하였다. 『만주원류고』 권18에서 '불문(佛門)이 만주어에서 입술이다. 원래는 부모온(付母溫)이었다'라고 주장하였다. '배만(裴滿)'이 금나라에 한족의 성씨 '마(麻)'로 바뀐 것과 청나라에 '말(馬)'로 변한 것을 보니 '배만(裴滿)'이 무슨 뜻인지 더 고증할 필요가 있다. 만주어 fomorombi는 '삼베를 뒤섞다'라는 뜻이며, 어근이 fomo이다. '배만(裴滿)'의 의미는 '마(麻)'와 관련이 있을 수도 있다.

婆盧火 *porho [인명] 뜻: 방망이, 망치.

『금사』 권8에서 완안파노화(完顔婆盧火), 권64에서 도단파노화(徒單婆盧火)라는 인명이 있다. 『금사·국어해』에서 '파노화(婆盧火)는 방망이다'라 하였다. '파노화(婆盧火)'는 만주어 folho '불륵화(佛勒和)'에 해당하여 '망치, 쇠매'라는 뜻이다. 『만주원류고』 권18에서 '불륵화(佛勒和)는 망치이다'라 하였다. 또한 만주어 bolgo는 '깨끗하다'라는 뜻인데, folho와 발음이 비슷하여 나무망치에서 전의해 온 것일 수도 있다. 『일하구문고』에서 '파노화(婆盧火)'를 '깨끗하다'라는 뜻으로 해석하였다. 권152에서 '박륵화(博勒和)는 만주어에서 깨끗하다는 뜻이다. 원래는 파노화(婆

盧火)였다'라 하였다.

蒲阿 *puya 뜻: 꿩.

『금사·국어해』에서 '포아(蒲阿)는 꿩이다'라 하였다. 『금사』 권112에서 이랄포아(移剌蒲阿)라는 인명이 있다. 명나라 여진어에서 '꿩'을 '올로올마(兀魯兀馬)'라고 하였다. 『여진역어·부장문』에서 '올로올마(兀魯兀馬)는 꿩이다'라 하였다. 회동관『여진역어·부장문』에서도 '꿩은 올로마(兀魯麻)라고 부른다'라 하였다. 만주어에서 '꿩'은 ulhuma라고 하여 청나라에 '오륵호마(烏勒呼瑪)'로 표기되었다. 『만주원류고』 권18에서 '오륵호마(烏勒呼瑪)는 꿩이다'라 하였다. 명나라 여진어와 만주어에 '꿩'의 발음이 전부 다 '포아(蒲阿)'와 많이 다르다. 『금사』 권112 〈이랄표아열전(移剌蒲阿列傳)〉에서 '이랄포아(移剌蒲阿)는 거란 사람인데 어릴 때부터 군대에 갔다. 공로로 천호(千戶)에서 도통(都統)으로 올라갔다'라는 기록이 있다. 따라서 『금사』에서 기록된 '꿩'이라는 뜻을 지니는 '포아(蒲阿) *puya는 거란어일 수도 있다.

蒲答 *puda [인명] 뜻: 보내다.

『금사』 권133에서 포답(蒲答)이라는 인명이 있다. '포답(蒲答)'은 『여진역어·인사문』에 '불특매(弗忒昧) 乗右는 보내다는 뜻이다'에 해당한다. 만주어에는 fudembi이고 청나라에는 '부덕(富德)'이라고 하였다. 『흠정금사어해』 권11에서 '부덕(富德)은 보내게 하다는 뜻이다. 권59에서 포대(蒲帶)로 나타났다'라 하였다. 여기서 '부덕(富德)'이 '보내게 한다'로 해석된 것이 올바르지 않다. 만주어에서 '보내게 하다'라는 뜻을 갖는 단어는 fudebumbi이다.

蒲帶 *pudahi [인명] 뜻: 보냈다.

『금사』 권59에서 완안포대(完顔蒲帶), 권63에서 도단포대(徒單蒲帶), 권130에서 협곡포대(夾谷蒲帶)라는 인명이 있다. '포대(蒲帶)'는 어근 *puda에 완료 시제 접사 *hi를 붙어 현성된 단어로 '이미 보냈다'라는 뜻이며, 만주어 fudeha에 해당한다. 어근 *puda는 『여진역어·인사문』에

'불특매(弗忒昧), 承右'에 해당하고, 만주어에는 'fudembi'라고 하며 청나라에는 '부덕(富德)'으로 표기되었다. 여기서 '부덕(富德)'이 '보내게 하다'로 해석된 것이 올바르지 않다. 만주어에서 '보내게 하다'라는 뜻을 갖는 단어는 fudebumbi이다.

蒲剌都(蒲剌睹, 蒲剌篤) *piladu [인명] 뜻: 짓무른 눈.

『금사』 권102에서 흘석렬포랄도(紇石烈蒲剌都), 권103에서 완안포랄도(完顔蒲剌都), 권107에서 배만포랄도(裴滿蒲剌都), 권122에서 납합포랄도(納合蒲剌都), 권7에서 완안포랄도(完顔蒲剌睹), 권124에서 배만포랄독(裴滿蒲剌篤)이라는 인명이 있다. 『금사·국어해』에서 '포랄도(蒲剌都)는 눈이 빨갛고 보이지 않는 것이다'라 하였다. '포랄도(蒲剌都)'는 만주어 fulata '부랍탑(富拉塔)'에 해당하여 '짓무른 눈'이라는 뜻이다. 『만주원류고』 권18에서 '부랍탑(富拉塔)이 눈이 빨갛고 보이지 않다는 뜻이다. 원래의 해석도 비슷하다'라 하였다. 『흠정금사어해』 권10에서 '부랍탑(富拉塔)은 짓무른 눈이다'라 하였다. 청나라의 비양고(費揚古)의 넷째 아들이 '부라탑(付喇塔)'이라고 하였다. 이 사람은 처음에는 보국공(輔國公)을 봉하였고, 강희(康熙) 13년(1674)에 녕해장군(寧海將軍)을 봉하였다.

蒲里(蒲烈) *puli [인명] 뜻: 강하다, 우수하다, 넉넉하다.

『금사』 권125 〈문예열전(文藝列傳)〉 '소영기전(蘇永祺傳): '소영기(蘇永祺), 자는 경순(景純)이고 본명이 포렬(蒲烈)이었다'라 하였다. '포리(蒲里)'는 만주어 fulu '부로(富魯)'에 해당하여 '강하다, 넉넉하다, 승리하다, 뛰어나다'라는 뜻이다. 『만주원류고』 권11에서 '부로(富魯)는 만주어에서 우수하다는 뜻이다. 원래는 포리(蒲里)였다'라 하였다. 소영기(蘇永祺)의 본명이 '우장(優長)'이었는데, 그의 한족 이름인 '영기(永祺)'는 여진 이름과 서로 의미가 맞는다.

蒲盧渾(蒲魯渾, 蒲魯虎, 蒲魯歡) *pulhun [인명] 뜻: 헝겊 주머니.

『금사』 권80에서 오연포노혼(烏延蒲盧渾)[포로혼(蒲魯渾), 포노호(蒲盧虎)], 권95에서 포찰포노혼(蒲察蒲盧渾), 권7에서 완안포로호(完顔蒲魯虎),

권7에서 아전포로호(阿典蒲魯虎), 권120에서 오고론포로호(烏古論蒲魯虎), 권68에서 포로환(蒲魯歡)이라는 인명이 있다. 『금사·국어해』에서 '헝겊 주머니는 포노혼(蒲盧渾)이라고 부른다'라 하였다. '포노혼(蒲盧渾)'이 만주어 fulhu에 해당하여 '주머니'라는 뜻이다. 『만주원류고』권18에서 '헝겊 주머니는 부랄호(富埒呼)라고 한다. 만주어에서는 주머니를 가리킨다. 원래의 해석과 유사하다. 원문에 포노혼(蒲盧渾)이었다'라 하였다. 그리고 만주어 fulehu는 '보시(布施)'라는 뜻이며, fulehūn은 '은혜'라는 뜻인데 '주머니'에서 전의해 온 것이다. '포노혼(蒲盧渾)'이 인명으로 쓰이는 것도 '보시(布施)'에서 이해해야 한다.

蒲輦(蒲里衍, 蒲里演, 蒲里偃, 拂揑, 蒲聶, 蒲涅) *puliyen/puniyen/puniye/funiye [직관, 부족명칭, 인명] 뜻: 협조.

『금사』권58 〈백관지〉에서 '만호에게 금패, 맹안에게 은패, 모극, 포련(蒲輦)에게 목패를 지니게 하다'라 하였다. 『금사』권82 〈안잔문도전(顔盞門都傳)〉에서 '예종(睿宗)은 산시(陝西)를 평정하려고 한다. 문도(門都)를 포련(蒲輦)으로 하고, 감군 고(杲)가 만호를 통솔하고 요풍관(饒風關)을 공격하라고 명한다'라 하였다. 『삼조북맹회편』권244에서 장디(張棣)『금로도경(金虜圖經)』〈용사(用師)〉에 '만 호는 열 천호를, 천 호는 열 모극(모극은 백 호이다)을, 모극은 아홉 포련(포련은 50호이다)을 다스린다'라는 기록을 인용하였다. 『금사』권44 〈병지〉에서 '맹안이 천부장이고, 모극은 백부장이다. 모극의 차관이 포리연(蒲里衍)이고, 병사의 차관이 아리희(阿里喜)이다'라 하였다. 『금사』권2 〈태조본기〉에서 '천호인 호리답좌(胡離答坐)가 자기 멋대로 포리연(蒲里衍)을 배치하기 때문에 곧장 백 대에 처하고 파직되었다'라 하였다. 권129 〈녕행전(佞幸傳)〉 '이통전(李通傳)'에 '이에 병사가 죽이면 포리연을 죽이고, 포리연(蒲里衍)을 죽이면 모극을 죽이고, 모극을 죽이면 맹안을 죽이고, 맹안을 죽이면 총관을 죽이라는 명령을 내린다. 이로 인해 장군이든 병사이든 다 두려워하다'라 하였다. 『삼조북맹회편』권242에서 장디(張棣)의 『정룽사적(正

隴史迹)』에 '50호를 포리연, 백 호를 모극, 천 호를 맹안, 만 호를 도통(都統)으로 한다'라는 기록을 인용하였다. 『삼조북맹회편』 권3 '여진기사(女眞記事)'에서 '관리들이 구요28숙(九曜二十八宿)에 따라 호칭을 한다. …… 그 직은 특모(忒母)[만호(萬戶)], 맹안(萌眼)[천호(千戶)], 모가(毛可)[백인장(百人長)], 포리언(蒲里偃)[패자두(牌子頭)]이라고 한다'라 하였다. 『금사』 권1에서 '뒤이어, 오국포섭부(五國蒲聶部)의 절도사(節度使) 발을(拔乙)이 요나라를 배신하였다'라 하였다. 『태평환우기(太平寰宇記)』 권175에서 '불열(拂涅)'로 나타났다. 『금사』 권7에서 완안포열(完顔蒲涅), 권87에서 도단포열(徒單蒲涅)이라는 인명이 있다. 상술한 바에 따라, 금나라의 군대제도 중에 '포련(蒲輦)'은 모극의 부장이고, 전쟁 때 모극 반의 병사를 통할하여 목패를 지니며 50호를 관리하는 소대장(小對長)이라고 할 수 있다. '포련(蒲輦)'의 어원에 대하여, 『만주원류고』 권2에서 '만주어에는 같이 지내는 무리를 불녕(佛寧)이라고 하는데 불열(拂涅)과 발음이 유사하다'라고 하였다. 『흠정금사어해』 권2에서 '불녕(佛寧)은 무리이다. 권1에서 불날(拂捏)로 나타나며 포섭(蒲聶)이기도 하고, 부락의 명칭이다'라 하였다. 즉 '포련(蒲輦)' 등은 만주어에 '무리'라는 뜻을 갖는 feniyen과 음도 의미도 유사하다. 토리야마 키이치는 '포리연(蒲里衍)'이 나나이어에 '보조'라는 뜻을 갖는 bolaci 및 Congri－Tungusc어 중의 boleren, baleren에서 발원해 온 것이라고 주장하였다.[31] 미카미 쓰구오는 『원조비사』의 '고열연(古列延)'이 '그룹'이라는 것으로 토리야마 키이치의 해석을 증명해 주었다.[32]

---

31 (日)토리야마 키이치의 「금나라 포리연의 음의에 대하여(金の蒲里衍の音義た就いて)」, 『사학집지』, 제28편 제5호, 1917. 「금사에서 본 원나라 토속어의 관칭 4~5개에 대하여(金史に見元えたろ土語の官稱の四五に就きて)」, 『사학집지』 제29편 제9호, 1918.
32 미카미 쓰구오 저, 진치총(金啓孫) 역음, 『금나라여진연구(金代女眞研究)』, 헤롱장인민출판사, 1984.

蒲速椀(蒲速斡) *pusuyon [위소] 뜻: 번창하다.

『금사』권44 〈병지〉에서 '금나라 초에 요나라의 제 말로 인해 목장을 설립하였다. 말(抺)은 모기나 파리 같은 벌레가 없고, 물이 맑고 풀이 좋은 곳이다. 천덕(天德) 년간, 적하알타(迪河斡朶), 알리보(斡里保)[보(保)는 본(本)으로 표기하기도 한다], 포속알(蒲速斡), 연은(燕恩), 올자(兀者) 다섯 군데를 설립하였다. 전부 다 요나라 때의 이름을 이어받고 관리를 한다. …… 세종(世宗) 때 특만(特滿), 특만(㐌滿)[무주(撫州)에 있음], 알도지(斡睹只), 포속완(蒲速椀), 구리본(甌里本), 합로완(合魯椀), 야노완(耶盧椀) 등 일곱 군데를 설립하였다'라 하였다. 그중에서 "'포속완(蒲速椀)' 주에 '포속완(蒲速椀)은 원래 알도지(斡睹只)의 일부분이었는데 대정(大定) 7년에 분리되었다. 승안(承安) 3년에 판저인오로고(板底因烏魯古)로 변명하였다"라 하였다.³³ 『금사』권24 〈지리지하〉에서 '포속알(蒲速斡)목장이 원래는 알도지(斡覩只)의 일부분이었는데 대정(大定) 7년에 분리되었다'라 하였다. 『금사』의 기록에 따라 금나라의 '포속완(蒲速椀)'이 요나라의 이름을 이어받은 것으로 『요사』의 '포속완(蒲速盌)'에서 전해 왔다. 『요사·국어해』에서 "포속완(蒲速盌)은 '야로완(耶魯盌)'과 같은 뜻이다. …… '야로완(耶魯盌)'은 번창하다는 뜻이다"라 하였다. 『요사·영위지(營偉志)』에서 "포속완알로타(蒲速盌斡魯朶)는 천황 태후(天皇太后)로 인해 설립되었다. '포속완(蒲速盌)'은 번창하다는 뜻으로 장녕궁(長寧宮)이라고 부른다"라 하였다. 『요사』권100에서 야률당고(耶律棠古)라는 사람이 있는데 자

---

33 여진어에 '판저인(板底因)'은 '남쪽의'라는 뜻이다. 『여진역어·방우문』에서 '番替, 南(번체는 남쪽이다)'라 하는 말이 있는데, 금나라 시대 여진어부터 명나라 여진어까지 만주어의 자음에는 p〉f의 변화가 일으켰다. 그러니까 번체(番替) *fanti가 금나라 여진어에는 *penti가 되었다. 예컨대 『금사·국어해』에 '보활리(保活里)는 난쟁이이다'는 『여진역어·통용문』에 '불화나(弗和羅)는 짧다' 및 만주어 foholon에 해당한다. 『금사·국어해』에 '포랄도(蒲剌都)는 급성 결막염으로 보이지 않다'는 만주어 fulata '눈언저리가 빨갛다'에 해당한다. *fanti〈*banti, 금나라 시대 여진어에는 '남쪽'이 *banti라고 하였는데 '판저(板底)'와 발음이 비슷하다. '인(因)'은 격조사이다. '오로고(烏魯古)'는 '번식하다'라는 뜻이다. '판저인(板底因)', '오로고(烏魯古)' 참고.

는 포속완(蒲速盌)이다. 권30에서 야률보속완(耶律普速完)이 있다. 이에 따라, 여진어 '포속완(蒲速椀)[포속알(蒲速斡)] *pusuγon'은 거란어에서 빌려 온 말이라고 추정할 수 있고 '번창하다'는 뜻으로 해석된다.

蒲陽溫 *puyaŋyun [인명] 뜻: 막내아들.

『금사』 권68에서 포양온(蒲陽溫)이라는 인명이 있다. 『금사·국어해』에서 '포양온(蒲陽溫)은 막내아들이다'라 하였다. '포양온(蒲陽溫)'은 만주어 fiyanggu에 해당하여 '막내아들, 새끼손가락'이라는 뜻이다. 『만주원류고』 권12에서 '비양고(費揚古)는 계자(季子, 막내아들)이다. 권68에서 포양온(蒲陽溫)으로 나타났다'라 하였다. 청나라에 비양무(費揚武)라는 사람이 있었는데 서이합제(舒爾哈齊)의 여덟째 아들이다. 숭덕 원년(崇德元年)(1636)에 고산패자(固山貝子)를 봉하였다.

蒲鮮(蒲莧, 蒲閑) *puhiyen [성씨, 인명] 뜻: 무릎, 녹비.

『금사』 권12에서 포선만노(蒲鮮万奴), 권18에서 포선석로(蒲鮮石魯), 권93에서 포선석로랄(蒲鮮石魯刺), 권122에서 포선철가(蒲鮮鐵哥), 권132에서 포선반저(蒲鮮班底), 권3에서 포현(蒲莧), 권121에서 포한(蒲閑)이라는 인명이 있다. 청나라의 대부분 학자들이 '포선(蒲鮮)'이 만주어 buhi '무릎, 털이 없는 녹비'에 해당한다고 주장하였다. 『일하구문고』 권4에서 '포희(布希)는 만주어에서 무릎이라는 뜻이며, 털이 없는 녹비이기도 하다. 원래는 포현(蒲莧)이었다'라 하였다. 『흠정금사어해』 권7에서 '포희(布希), 권12에서 포선(蒲鮮)으로 나타났다'라 하였다. 여진어에 '무릎'이라는 뜻을 갖는 단어는 명나라에도 '포희(布希)'로 표음되었다. 회동관 『여진역어·신체문』에서 '무릎이 포희(布希)라고 부른다'라 하였다.

僕散 *busan [성씨] 뜻: 숲.

『금사』 권10에서 복산와가(僕散訛可), 권15에서 복산의부(僕散毅夫), 권17에서 복산오근(僕散五斤), 권93에서 복산규(僕散揆)[복산임희(僕散臨喜)], 권98에서 복산육근(僕散六斤), 권101에서 복산석리문(僕散石里門), 권101에서 복산단(僕散端) 등 인명이 있다. 『삼조북맹회편』 권3에서도

'복산(僕散)'이라 하였다. '복산(僕散)'은 만주어 '숲' bujan과 발음이 유사하다. 『금사·국어해』에 '복산(僕散)이 수풀 림(林)이다'라 한 말이 있다. 즉, 여진족 성씨 '복산(僕散)'이 한족 성씨 '림(林)'으로 바뀐 것에 따라 이 단어가 '숲'이라는 뜻으로 해석된 것은 근거 없는 판단이 아니다.

僕燕 *puyan [지명] 뜻: 악성 종기, 악창.

『금사』 권1에서 '복연수(僕燕水)를 지나갔다. 복연(僕燕)은 한어에 악창을 가리킨다. 소조(昭祖)는 이 지명을 싫어해서 피곤하더라도 거기서 멈추지 않았다'라 하였다. 만주어에 '악창'을 fiyartun이라고 부른다. 『만주원류고』 권18에서 '불엽(佛葉)은 만주어에서 상처를 의미한다. 원래는 복연(僕燕)이었다'라 하였다.

S

撒八 *saba [인명] 뜻: 빨리.

『금사』 권2에서 살팔(撒八), 권59에서 완안살팔(完顔撒八), 권87에서 흘석렬살팔(紇石烈撒八) 등 인명이 있다. 『금사·국어해』에서 '살팔(撒八)은 빠르다는 뜻이다'라 하였다. 원·명나라 희곡에서 '살팔(撒八)'도 나타났다. 『장명루(長命縷)』 4절에 '높게 나는 기러기, 빨리 뛰는 강아지, 아리희의 군대는 빠르다'라 하였다. '살팔(撒八)'은 *saba와 대음되었다. 만주어에서 '빨리'라는 뜻을 갖는 *saba가 이미 huudun으로 대치되었다. hūdun은 몽골어 차용어이다. 몽골어 hurdən(達爾罕), 달알이어(達斡爾語) hordun, 토족어(土族語) gurdən과 동향어(東鄉語) gudun을 비교한다.[34] 그래도 만주어에는 아직도 '살팔(撒八)'이 '빠르다'는 뜻이라는 기록이 남아 있다. 예를 들어, sabarambi는 '뿌리다'라는 뜻이다. 『만주원류고』 권18에서 '살팔(撒八)은 몽골어에서 용기를 가리킨다'라고 하였는데,

---

34 몽골어족 언어에 관한 사례는 순쭈(孫竹)의 『몽골어족언어사전(蒙古語族語言辭典)』을 참고하였다. '신속(迅速)'은 p. 390에 수록되어 있다. 칭하이(靑海)인민출판사, 1990.

'살팔(撒八)'의 뜻을 잘 이해하지 못한 것이다. 팡링귀(方齡貴)는 "살팔(撒八)이 몽골어이고 '용감하다'라는 뜻이다"라고 주장하였다. 그런데 sabag-a와 같은 대부분의 몽골어 예들은 '살팔(撒八)'과 음도 의미도 맞지는 않다.[35] 그리고『장명루(長命縷)』전체의 뜻에 따라, '아리희인마도살팔(阿里喜人馬都撒八)'은 '약한 병사로 담당하는 정군의 보수인 아리희(阿里喜)는 다들 행동이 빠르다'는 뜻이다. 그래서 '살팔(撒八)'을 '충성하고 용감하다'라는 뜻으로 해석하는 것도 불합리적이다.

撒答(撒達, 散答, 散達） *sakda [인명] 뜻: 늙은이.

『금사』권59에서 완안살답(完顔撒答)[산답(散答)], 권68에서 살달(撒達), 권67에서 완안산달(完顔散達) 등 인명이 있다.『금사 · 국어해』에서 '살답(撒答)은 늙은이를 가리킨다'라 하였다. 또 '산답(散答)은 락(駱)을 의미한다'라고도 한다. 만주어에는 '늙은이, 늙다'는 sakda로 부른다.『만주원류고』권18에서 '살극달(薩克達)은 늙은이이다. 만주어에 늙은이를 가리킨다'라 하였다.『흠정금사어해』권8에서 '살극달(薩克達)은 늙다는 뜻이다라 하였다. 여진족은 '산답(散答)'을 '락(駱)'으로 바꾼 것은 이 단어가 갖는 '늙다'라는 뜻을 빌린 것이다. 만주족 성씨 '살극달(薩克達)'도 이 습관을 받아들여 대부분이 한족 성씨 '락(駱)'으로 변하였고, 일부는 '창(蒼)'이나 '살(薩)'로 변하였다.

撒敦 *sadun 뜻: 사돈.

이 단어는 원명 희곡에서 나타났다. 관한칭(關漢卿)의『조풍월(調風月)』4절 '쌍조신수령(雙調新水令)'에 '쌍살돈(雙撒敦)'이 상서이다. 사위는 세습천호이다라 하였다. 원나라 쟈중밍(賈仲名)『금안수(金安壽)』제4절 '조향사(早鄉詞)'에 '대저암살돈가현요차태안(對著俺撒敦家顯耀些抬顔)'라 하였다. 라지푸(李直夫)『편의행사호두패(便宜行事虎頭牌)』제2절 '대배

---

35 팡링귀(方齡貴)의『원명 희곡 중의 몽골어(元明戱曲中的蒙古語)』, 한어대사전출판사, 1991, pp. 183~184.

문(大拜門)'에 '我可也不想今朝, 常記得往年, 到處里追配親眷, 我也曾吹彈那管弦, 快活了萬千, 可便是大拜門撒敦家的筵宴(나도 오늘 같은 날을 좋아하지 않는다. 늘 옛 시절이 생각난다. 여기저기 가족들과 함께 있었다. 나도 악기를 치고 많이 즐거웠다)'라 하였다. '살돈(撒敦)'은『여진역어·통용문』에 '살도해(撒都該) 桼奇은 친(親)이다'와 회동관『여진역어·인물문』에 '사돈이 살도(薩都)라고 하다' 및 만주어 sadun에 해당한다.[36]『일하구문고』권117에서 '살돈(薩敦)'이 만주어에서 사돈을 가리킨다. 원래는 살돈(撒敦)이었다'라 하였다. 또 '살돈(撒敦)'이 알타이어 공용어이다. 몽골어에 '친척, 친족'이 sadon이나 sadun으로 표기되었다.『화이역어·인물문』에서 '친척이 올설리살돈(兀舌里撒敦)이라고 부른다'라고 하였다.『노룡새략(盧龍塞略)』권19 역부 '륜류문(倫類門)'에 '친척이 올리살돈(兀里撒敦)이라고 부른다'라 하였다.[37] 상술한 바에 따라, '살돈(薩敦)'이 '사돈'으로 해석된 것이 합리적이다. 여진어와 만주어에만 sadun은 '사돈'이라는 뜻을 갖는다. 휘위안제(火源潔)의『화이역어·인물문』에 몽골어가 기록되었는데 '사돈이 고답(古答)이라고 하다'라 하였다. 그리고『록귀박(彔鬼薄)』의 기록에 따르면,『호두패(虎頭牌)』의 저자 리찌푸(李直夫)는 여진족 사람이고 이 희곡의 주인공인 은주마(銀住馬), 금주마(金住馬), 차차(茶茶) 등은 모두 다 여진족이다. 그리고 이야기도 여진족과 관련된 이야기다. '아마(阿馬, 아버지)', '아자(阿者, 어머니)', '적와부랄해(赤瓦不剌海, 죽이다)'라는 여진어도 나타났다. 따라서 '살돈(撒敦)'이 여진어에서

---

36 여진어 음절의 자음운미가 대치된 현상이 많다. 그러므로 운미 -n도 흔히 탈락되었다. 예컨대『금사·국어해』에 '금은 안춘(按春)이라고 한다.' 회동관『여진역어·진보문』에 '금은 안출(按出)이라고 부른다.' 여진어에 '대(大)'를 '암판(諳版)'이라고 하는데 '앙팔(㫄八)'이라고도 한다.『금사·국어해』에 '암판발극렬(諳版勃極烈), 존대한 관리를 가리킨다.' 회동관『여진역어·인물문』에 '대인은 앙팔날마라고 부른다.' 만주어에도 '대(大)'는 amban이나 amba로 표시되었다.

37 팡링귀(方齡貴)의『원명 희곡 중의 몽골어(元明戲曲中的蒙古語)』및 용잠암(龍潛庵)의『송원언어사전(宋元語言辭典)』에 따라 상술한 희곡에 나타난 '살돈(薩敦)'은 몽골어이다.

전해 온다는 해석이 더 타당하다.

撒合輦(撒曷輦) *sahaliyen [인명] 뜻: 까맣다.

『금사』 권59에서 완안살합련(完顏撒合輦), 권86에서 타만살갈련(陀滿撒曷輦), 권87에서 흘석렬살합련(紇石烈撒合輦)[살갈련(撒曷輦)], 권106에서 살합련(撒合輦) 등 인명이 있다. 『금사・국어해』에서 '살합련(撒合輦)이 검다는 뜻이다'라 하였다. '살합련(撒合輦)'은 『여진역어・성색문』에 '살합량(撒哈良) 萌莽은 까맣다는 뜻이다' 및 만주어 sahalian에 해당된다. 청나라에 '살합(撒哈)'이나 '살합련(撒哈連)'으로 표기되었다. 『만주원류고』 권18에서 '살합련(撒哈連)이 검다는 뜻이다. 만주어에 까맣다는 뜻이다'라 하였다. 청나라에 '흑(黑)'으로 이름을 지은 사람도 적지 않다. 『청사고(淸史稿)』 권216에서 영의친왕살합(穎毅親王撒哈)은 예부(禮部)를 다스렸다는 기록이 있다. 그리고 헤이룽장(黑龍江)도 만주어에서 살합련오랍(撒哈連烏拉)이라고 부른다.

撒里合(撒離喝, 撒剌喝) *saliqa [인명] 뜻: 주장하다, 주재하다.

『금사』 권11에서 완안살리합(完顏撒里合), 권65에서 말연살리갈(抹撚撒離喝), 권84에서 완안살리갈(完顏撒離喝)[살리합(撒離合), 살랄갈(撒剌喝), 완안고(完顏杲)] 등 인명이 있다. '살리합(撒里合)'은 만주어 saligan에 해당하여 '주장하다, 주재하다'라는 뜻이다. 청나라에 '살리한(薩里罕)'으로 표기되었다. 『흠정금사어해』 권8에서 '살리한(薩里罕)이 주장하다는 뜻이다'라 하였다.

撒速 *sasu [인명] 뜻: 손을 옮겨 절을 하다.

『금사』 권68에서 살속(撒速), 권87에서 출갑살속(朮甲撒速), 권98에서 완안살속(完顏撒速) 등 인명이 있다. 『금사』 권35 〈예지팔〉에 "나라에 절을 할 때 우선 팔짱을 끼어 허리를 좀 굽힌다. 그 다음에 왼 무릎을 꿇고 춤을 추듯이 두 팔을 움직인다. 꿇은 다음에 소매를 아래로 무릎까지, 위로 어깨까지를 흔들어 움직인다. 이렇듯 4번을 한다. 다 하고 나서 손으로 오른쪽 무릎을 누르고, 왼쪽 무릎만 꿇는다. 이때 참배 의식이 끝난다. 국어에는 이를 '속살(撒速)'이라고 부른다'라 하였다. 만주어에 '절을 하다'는 canjurambi라고 하며, 청나라에 '선주라(禪珠喇)'로 표기되었다. 『흠정금사어해』 권12에 '선주라(禪珠喇)는 절을 하다는 뜻이다. 권35에 살속(撒速)으로 나타났다'라 하였다.

薩那罕 *sarqan 뜻: 아내.

쉬명신(徐夢莘)의『삼조북맹회편』권3 '정선상질삼(政宣上帙三)'에 "남편이 아내를 '살나한(薩那罕)', 아내는 남편을 '애근(愛根)'이라고 부른다'라 하였다. 『북맹록』에서 '살나한(薩那罕)은 남편이 아내를 부르는 말이다'라 하였다. 『여진역어·인물문』에서 '살리안(撒里安) 化兎는 아내이다'라 하였다. 만주어에는 '아내'를 sargan이라고 하고, 청나라에 '살이한(薩爾罕)'이나 '차이한(叉而漢)'으로 표기되었다. 『만주원류고』권18에서 '살이한(薩爾罕)이 만주어에는 아내라는 뜻이다'라 하였다. 『영고탑기략』에서 '아내는 차이한(叉而漢)이라고 한다'라 하였다.

賽里(塞里) *seli [인명] 뜻: 안락하다.

『금사』권121에서 도단새리(徒單賽里), 권70에서 완안새리(完顏賽里) [색리(塞里)] 등 인명이 있다. 『금사·국어해』에서 '새리(賽里)는 안락하다는 뜻이다'라 하였다. 『만주원류고』권18에서 '색랍합(色拉哈)은 안락하다는 뜻이다. 만주어에는 색랍합(色拉哈)이 즐겁다는 뜻이다. 원래는 새리(賽里)였다'라 하였다. 만주어 selaha는 이 뜻과 유사하고 청나라에 '색라합(色拉哈)'이라고 표기되었다. selaha는 동사 selaha의 과거 시제이며 '즐거웠다'는 뜻이다.

賽痕(賽一, 散亦) *sehen/sanyi [인명] 뜻: 좋다.

『금사』권88에서 단도새일(徒單賽一), 권98에서 완안새일(完顏賽一)이라는 인명이 있다. 『금사·국어해』에서 '산역(散亦)'으로 나타났다. '산역발기(散亦孛奇)는 남자이다'라 하였다. 『삼조북맹회편』권3 정선상질삼에서 "그 언어에서 '좋다'를 '감(感)'이나 새흔(賽痕)', '좋지 않다'를 '랄살(辣撒)'이라고 부른다'라 하였다. 『송막기문』정권에 "장인은 사위가 가

져온 말(馬)에 따라 대접한다. '새흔(賽痕)'이면 받아들이고(좋다), '랄랄(辣辣)'이면 돌려보낸다(좋지 않다)"라 하였다. 『북풍양사록』에서 "'좋다'를 '장(臧)', '좋지 않다'를 '랄살(辣撒)'이라고 부른다"라 하였다.[38] '새흔(賽痕)'은 『여진역어 · 통용문』에 '새인(賽因) 肩列은 좋다는 뜻이다'에 해당한다. 즉 만주어에서의 sain '좋다'이다. 청나라에 '새음(賽晉)'이나 '산음(山晉)'으로 표기되었다. 『류변기략(柳邊紀略)』에서 '도중에 어른을 만나면, 허리를 굽히고 두 손이 드리워 인사를 하는데 이를 새음(賽晉)이라고 한다'라 하였다. 『영고탑기략』에서 "'좋다'는 산음(山晉)이라고 부른다"라 하였다. 『금사 · 국어해』에 수록된 '산역발기남자(散亦孛奇男子)'에 관하여, 『만주원류고』 권18에서 만주어를 바탕으로 자세히 해석을 하였는데 '새음발기남자(賽晉伯奇男子), 만주어에는 새음(賽晉)이 좋다는 뜻이며, 백기(伯奇)는 완강하다는 뜻이다. 이 단어는 바로 좋고 완강한 남자를 가리킨다'라 하였다.

三合 *samha [인명] 뜻: 사마귀.

『금사』 권4에서 삼합(三合), 권82에서 오고론삼합(烏古論三合), 권87에서 도단삼합(徒單三合), 권115에서 황괵삼합(黃摑三合) 등 인명이 있다. 『금사 · 국어해』에서 '삼합(三合)은 사마귀를 가리킨다'라 하였다. '삼합(三合)'은 만주어 '점(痣)' samha에 해당하여 청나라에 '살목합(薩木哈)'이라고 표기되었다. 『만주원류고』 권18에서 '살목합(薩木哈)은 사람의 점이다'라 하였는데 삼합(三合)과 같다.

珊蠻(撒卯) *sanman 뜻: 무당.

『삼조북맹회편』 권3 '정선상질삼(政宣上帙三)'에서 '올실(兀室)'이 간활

---

38 『금사 · 금국어해』(중화서국, 1975), p. 2983에 '산역패기남자(散亦孛奇男子)'는 '산역패(散亦孛), 기남자(奇男子)'로 표기되었다. 『금사만어사전』에 '새음백기(賽晉伯奇), 만주어에 sainbeki라고 한다. sain[새음(賽晉)]에 좋다, 착하다, 우수하다, 현명하다. beki[백기(伯奇)]에 완강하다. …… 새음백기남자(賽晉伯奇男子)는 한어에는 완강한 남자를 가리킨다'라 하였다. 이에 따라 '새음백기(賽晉伯奇), 남자(男子)'는 정확한 표시이다.

한데 재주가 있다. 여진의 법률, 문자를 만들었고 하나의 나라를 세웠다. 사람들이 그를 산만(珊蠻)이라고 부른다. 산만(珊蠻)이 여진어에 무당을 의미한다. 신선과 같은 능력을 갖고 점한(粘罕) 이하는 모두 따를 수 없다'라 하였다. 『금사』 권4 〈희종본기(熙宗本紀)〉에서 '[황통 9년 11월 계미(皇統9年11月癸未)] 조왕비(胙王妃) 살묘(撒卯)를 궁에 불러 왔다'라 하였다. '살묘(撒卯)'는 '산만(珊蠻)'과 같다. '산만(珊蠻)'은 만주어 sanman에 해당하여 '무당'이라는 뜻이다. 청나라에 '살만(薩滿)'으로 표기되었다. 『흠정금사어해』 권1에서 '살만(薩滿)이 무당이다. 권63에서 살묘(撒卯)라고 하는데 희종(熙宗)의 후궁이다'라 하였다. 『만주원류고』 권18에서 '살만(薩滿)은 만주어에 무당을 의미한다. 원래는 산만(珊蠻)이었는데 이제 수정하였다'라 하였다. 여진족 사람들이 하늘을 존경하고 신을 믿는다. 산만(珊蠻)이 신과 통할 수 있고 질병을 치료할 수도 있으며, 사람에게 아들을 청구해 줄 수 있는 사람으로 여겨졌다. 『금사』 권85 〈오고출전(烏古出傳)〉에서 "처음에 소조(昭祖)는 아들이 없었다. 신과 통할 수 있는 무당이 있는데 신통력이 뛰어나다. 가서 무당한테 빌었다. 무당이 한참 지나 말하였다. '아들의 혼이 왔다. 이 아기는 부덕도 많고 자손도 흥성하여 받아들여야 한다. 태어나면 오고내(烏古乃)라고 명명해라"라고 하였다. 이는 바로 경조(景祖)이다.

沙剌 *sala 뜻: 옷자락.

『금사 · 국어해』에서 '사랄(沙剌)은 옷자락이다'라 하였다. '사랄(沙剌)'은 만주어 sala에 해당하여 '옷자락, 서각, 옷의 모서리'라는 뜻이며 청나라에 '사랍(沙拉)'이라고 표기되었다. 『만주원류고』 권18에서 '사랍(沙拉)은 옷자락이다. 만주어에서 모서리를 가리킨다'라 하였다.

沙忽帶 *sahudai [인명] 뜻: 배(舟).

『금사』 권2에서 사홀대(沙忽帶)라는 인명이 있다. 『금사 · 국어해』에서 '사홀대(沙忽帶)는 배이다'라 하였다. '사홀대(沙忽帶)'는 만주어 jahūdai '찰호대(扎呼岱)'에 해당하여 '배, 선박'이라는 뜻이다. 『만주원류고』 권18

에서 '찰호대(扎呼岱)는 배이며, 만주어에도 같다. 원래는 사홀대(沙忽帶)였다'라 하였다. 또한 『여진역어·기용문』에서 '적해(的孩) 牟貝는 배이다'라 하였다. 회동관 『여진역어·기용문』에서 '배는 적합(的哈)이라고 부른다'라 하였다. 대음규칙에 따라 *dihai 혹은 *diha로 표기되었고, 만주어 jaha에 해당하여 청나라에 '사합(査哈)'으로 표기되었다. 『영고탑기략』에서 '매년 5월 사이에, 이 세 군데 사람들이 사합배(査哈舟)를 타서 영고남관(寧古南關) 바깥으로 간다'라 하였다. 만주어의 역사에서 di〉ji의 변화가 있었다. 『여진역어』에서 기록된 '적해(的孩)'는 만주어 jaha의 옛 음운형식이다. 만주어 jaha는 하나의 나무목을 파서 만든 배이며, '도소선(刀小船)'이라고도 한다. jahūdai와 달리, jaha와 jahūdai는 각각 여진어 '사홀대(沙忽帶)'와 '적합(的哈)'에서 전해 왔다.

山只昆 *sanjikun 뜻: 사인(舍人).

『금사·국어해』에서 '산지곤(山只昆)은 사인이다'라 하였다. '산지곤(山只昆)'은 몽골족의 한 씨족이다. 즉 『원조비사』 42절에서 기록된 몽골 씨족인 '살륵지올척(撒勒只兀惕)' saljihud인데 '산지곤(山只昆)'으로 대음되었다. 『원조비사』에서 '한 가지'로 해석하였다.[39] 『만주원류고』 권18에서 '사진곤(沙津昆)은 사인을 가리킨다. 몽골어에 사진(沙津)은 가르치다는 뜻이며, 곤(昆)은 사람이다. 원래는 산지곤(山只昆)이었다'라 하였다. 『흠정금사어해』 권2에서 '점초혼(占楚琿)은 권93에서 산지곤(山只昆)으로 표기되었다. 이제는 팔기성씨통보(八旗姓氏通譜)부터 수정한다. 부락의 명칭이다'라 하였다.

鄯陽 *sanyang [인명] 뜻: 흰빛.

『금사』 권121에서 완안선양(完顔鄯陽)이라는 인명이 있다. '선양(鄯陽)'이 *sanyang으로 대음되었다. 『여진역어·성색문』에 '상강(上江)이 하얗다는 뜻이다'라 하는 말이 있다. 만주어 sanyan에 해당하여 '선연(善延)'

---

39 『몽고비사』(교감본), 내몽고인민출판사, 1980, p. 38 참고.

이나 '산연(珊延)'으로 표기되었다. 『일하구문고』 권91에서 '선연실고(善延實庫), 선양(善延)은 만주어에서 하얗다는 뜻이다, 실고(實庫)는 안감을 가리킨다'라 하였다. '선연실고(善延實庫)'는 동개 안에 있는 가죽 펠트를 의미한다. 『흠정금사어해』 권10에서 '산연(珊延)이 하얀색이다. 권13에서 선양(鄙陽)으로 나타났다'라 하였다. 또한 백성(白城)은 만주어에서 '산연화둔(珊延和屯)'이라고 부른다. '선양(鄙陽)'은 '사야(斜也)'와 같은 어근이라고 할 수 있다. '사야(斜也)' 참고.

闍母 *sim [인명] 뜻: 고승.[40]

『금사』 권71에서 완안도모(完顔闍母), 권94에서 완안도모(完顔闍母)[완안안국(完顔安國)] 등 인명이 있다. 『금사·국어해』에서 '솥을 도모(闍母)라고 부른다'라 하였다. '도모(闍母)'는 만주어 '고승' simtu에 해당하여 청나라에 '실목도(實木圖)'라고 표기되었다. 『만주원류고』 권8에서 '고승은 실목도(實木圖)라고 부른다. 원래는 도모(闍母)였다'라 하였다. 또한 『흠정금사어해』 권1에서 '동마(棟摩)는 차통(茶桶)을 가리킨다. 권2에서 도모(闍母)로 나타났다'라 하였다. '동마(棟摩)'와 '도모(闍母)'는 발음이 비슷하지만 '차통'과 '고승'은 의미 차이가 크다.

石倫(石魯) *silun/silu [인명] 뜻: 선도자, 선구자.

『금사』 권1에서 완안석로(完顔石魯)[금나라 소조(昭祖), 『대금국지』 권1에서 '실로(實魯)'로 나타났다], 권18에서 포선석로(蒲鮮石魯), 권93에서 포선석로랄(蒲鮮石魯剌), 권115에서 오고론석로랄(烏古論石魯剌)이라는 인명이 있다. 『금사·국어해』에서 '모든 일에 미리 앞서가는 사람을 석륜(石倫)이라고 부른다'라 하였다. 청나라 학자들은 '석로(石魯)'와 '석륜(石倫)'을 구분하여 해석하였다. 『흠정금사어해』 권1에서 '서로(舒魯)는 산호이다. 권1에서 석로(石魯)나 실로(實魯), 그리고 세로(世魯)로 나타났

---

40 '도(闍)'는 『광운』에 두 가지 발음이 있다. 하나는 당고절(当孤切)이다. 즉 한어 du이다. 하나는 시차절(視遮切)이다. 즉, 한어 she이다. 예컨대 '도려(闍黎)'는 범어 '고승' acali의 음역이다. 『자회보·문부』에 "도(闍), 『석전(釋典)』에 '승왈도려(僧曰闍黎)'."

다. 소조(昭祖)의 이름이다'라 하였다. 즉, '석로(石魯)'는 만주어 suru '산호'에 해당한다고 주장하였다. 『흠정금사어해』 권10에서 '실륜(實倫)은 시라소니이다. 원래는 석륜(石倫)이었다'라 하였다. 즉, '석륜(石倫)'이 만주어 silun '시라소니, 시라소니 가죽'에 해당한다고 주장하였다. 금나라 시대 여진어에는 명사와 형용사의 어미 *-n이 자주 탈락하는 현상에 의거하여, '석륜(石倫)'과 '석로(石魯)'는 같은 단어라고 할 수 있다. 『금사·국어해』에 '앞서가는 사람을 석륜(石倫)이라고 한다'라는 말에 따라 '석륜(石倫)'이 명사이며 '선도자, 전초'라는 뜻이다. 또 금나라 비문에서 제시된 명사를 동사로 변하는 la, *lə 접사에 따라, 예컨대, *udʒu '수령', *udʒulaxai '우두머리로 하다', *nəkur '친구', *nəkulamai '사귀다' 등, '석로랄(石魯剌)'은 '석로(石魯)'의 동사형이고 '앞으로 가다'라는 뜻이라고 할 수 있다.[41] 만주어에서 juleri는 '앞에'라는 뜻이고, juleri yabumbi는 '선도하다'는 뜻이다. juleri는 '석륜(石倫)'과 '석로랄(石魯剌)'과 관련이 있을 수도 있다. 『흠정금사어해』 권9에서 '살랄륵(薩剌勒)은 몽골어에서 담비를 가리킨다. 권6에서 실로랄(實魯剌)이고, 권93에서 석로랄(石魯剌)이었는데 이제 수정하였다'라고 하였는데 잘못된 것이다.

石古(什古, 師姑) *sigu [인명] 뜻: 창문.

『금사』 권120에서 당괄석고(唐括石古), 권63에서 완안십고(完顏什古), 권59에서 완안십고(完顏什古)[십고내(什古乃)], 권10에서 완안사고(完顏師姑)라는 인명이 있다. '석고(石古)'는 청나라의 만주어 '실고(實庫)'에 해당하여 '창문'이라는 뜻이다. 『흠정금사어해』 권11에서 '실고(實庫)는 창문이다'라 하였다.

什古乃(石古乃, 習古乃) *sigunai [인명] 뜻: 구두쇠.

『금사』 권59에서 완안십고내(完顏什古迺), 권72에서 완안석고내(完顏

---

41 이 문법형식은 만주어와 같다. 만주어 la, le, lo, ra, re, ro는 동사의 조어 접사이다. 예컨대: amsu 식사(膳), amsulambi 식사하다(用膳), man ju 만주어(滿語), manjurambi 만주어를 하다(講滿語), ehe 나쁘다(壞), eher embi 나빠지다(變壞).

石古乃)[습고내(習古乃), 실고내(實古迺)], 권81에서 온적한찰고내(溫迪罕扎古乃), 권121에서 완안석고내(完顔石古乃) 등 인명이 있다. 『금사·국어해』에서 '십고내(什古乃)는 구두쇠이다'라 하였다. 『만주원류고』 권18에서 『금사·국어해』의 해석이 잘못되었다고 주장하였다. '실고납(實古納)은 몽골어에서 심문하다는 뜻이다. 원래는 십고내(什古乃)였고 구두쇠라는 해석도 잘못된 것이다'라 하였다.

石哥里 *sigeli 뜻: 수질(오래 병을 앓다).

『금사』 권103에서 협곡석리가(夾谷石里哥)라는 인명이 있다.[42] 『금사·국어해』에서 '석가리(石哥里)는 수질을 가리킨다'라 하였다. '석가리(石哥里)'는 몽골어 '실격납(實格納)'에 해당하여 '빠지다'는 뜻이다. 『만주원류고』 권18에서 '실격납(實格納)은 수질을 의미한다. 몽골어에서 빠지다는 뜻이다. 원래의 해석과 유사하지만 정확하지 않다'라 하였다.

孰輦 *suliyen [인명] 뜻: 연꽃.

『금사』 권59에서 완안숙련(完顔孰輦)이라는 인명이 있다. 『금사·국어해』에서 '숙련(孰輦)이 연꽃이다'라 하였다. 『여진역어·화목문』에서 '일륵합(一勒哈) 于夫은 꽃이다'라 하였다. '숙련(孰輦)'은 만주어 šu ilha '연꽃'에 해당하여 청나라에는 '서이륵합(舒伊勒哈)'으로 표기되었다. 『만주원류고』 권18에서 '서이륵합(舒伊勒哈)은 연꽃이다. 만주어에도 연꽃이다. 원래는 숙련(孰輦)이었는데 발음이 촉급해서 잘못된 것이다'라 하였다. 『흠정금사어해』 권9에서 "'숙련(孰輦)'을 '밤'으로 해석하였다. '소니(蘇尼)'는 몽골어에서 밤을 의미한다. 권5에서 서련(徐輦), 권59에서 숙련(孰輦)으로 나타났다"라고 하는데 정확하지 않다.

---

42 '협곡석리가(夾谷石里哥)'가 '협곡석가리(夾谷石哥里)'로 추정된다.

T

撻馬 *dama [거란어 차용어] 뜻: 호종, 수종.

『금사』 권57 〈백관지삼〉 '제규(諸糺)' 하에 '달마(撻馬)는 수종이다'라 하였다. '제 맹안', '제 모극', '제 부락의 절도사', '제 이리근사(移里董司)', '제 목장' 아래는 전부 '달마(撻馬)'를 설립하였다. '달마(撻馬)' 위에 상급 기관 '상온(祥穩)'과 '요홀(ㅿ忽)' 등은 전부 다 요나라의 관제를 이어받은 것을 보니, '달마(撻馬)'도 요나라의 '달마(撻馬)'에서 물려받은 것이다. 『금사』 권55 〈백관지〉에서 '그 후부터 변경의 관리를 독리(禿里)라고 부른다. 오로골(烏魯骨) 밑에는 소온(掃穩), 탈타(脫朵)가 있으며, 상온(祥穩) 아래는 요홀(ㅿ忽), 습니곤(習尼昆)이 있다. 이런 관직들은 전부 다 요나라의 관직을 물려받은 것이다'라 하였다. 『요사·국어해』에서 '달마(撻馬)'를 호종이라고 해석하였다. '달마(撻馬)는 호종한 사람이다'라 하였다. 또한 '달마월사리(撻馬狘沙里)라는 단어에, 달마(撻馬)는 수종이며, 사리(沙里)는 낭군이다. 사람들을 관리하는 관리를 가리킨다. 후에는 달마자(撻馬者)라고도 한다'라 하였다. 또, 『요사』 권1 〈태조기(太祖記)〉에서 '아보기(阿保機)는 만장이면 300근이고 달마월사리(撻馬狘沙里)이다. 그 때는 소황실위(小黃室韋)가 종속하지 않기 때문에 태조(太祖)는 책략으로 굴복시켰다'라 하였다. 『요사』 권8 〈경종기(景宗紀)〉에서 '[보녕(保寧) 3년 9월], 또한 용잠을 사절에게 하사하여 달마부(撻馬部)를 설치하여 관원을 배치하여 주관하게 한다'라 하였다. 폴 펠리오, 시라토리 구라키치과 양지쥬(楊志玖)는 요나라 때의 달마(撻馬)는 몽골족이 발흥할 때 탐마적(探馬赤)의 가장 가까운 어원이라고 주장하였다.[43] 폴 펠리오는 『대

---

43 폴 펠리오(P. Peliot)의 『중앙아시아사지총고(中亞史地叢考)』 4 『현장기전중의 돌궐자(玄奘記傳中之二突厥字)』, 『통보』 1928~1929, 평청쥔(馮承鈞) 역문, 『서역남해사지고증역총오편(西域南海史地考證譯叢五編)』의 『중앙아시아사지총고』, pp. 127~128, 상무인서관, 1999. 시라토리 구라키치의 『동호민족고』, 『사학잡지(史學雜志)』 제24편 제1호, 대정(大定) 2년(1913). 양지쥬(楊志玖)의 『요금의 달마와 원나라 시대의 탐마적(遼金的達馬和元代的探馬迹)』, 천수(陳迹)의 『요금사논문』 제1집, 상해고적출판사, 1987.

자은사삼장법사전(大慈恩寺三藏法師傳)』에 있는 '답마지(答摩支)'가 '탐마적(探馬赤)'의 최초의 어원이라고 여겼다. 폴 펠리오『현장기전중의 돌궐자(玄奘記傳中之突厥字)』에서 '답마지(答摩支)는 사람 이름인 것 같지만 이 단어의 어미 ci를 보면 실제로는 관직명인 것을 알 수 있다. tapmaci나 tamaci로 대음된다. 즉 tamaci라는 관직명이 있었는데 고대 돌궐어 문헌에서 기록되지 않았지만 13세기 몽골 시대의 문헌 기록으로 인해 있다는 것을 증명할 수 있다. 이 관직명은 몽골 시대에는 특별한 기병(騎兵)을 가리킨다. …… tamacin이나 tamaci는 tama에서 발원된 것이다. 그리고 후자는 13세기 몽골어에도 나타났다. 상술한 사례 외에, 이 글자는『요사』권116에 제시된 거란어 달마(撻馬, tama)의 대음이기도 하다. 『요사』에서 호종을 달마라고 한다'라 하였다.

太神 *taisin [인명] 뜻: 높다.

『금사』권64에서 포찰태신(蒲察太神)이라는 인명이 있다. 『금사·국어해』에서 '아린(阿鄰)은 산이며, 태신(太神)은 높다는 뜻이다. 산의 뾰족한 부분을 합단(哈丹)이라고 부른다'라 하였다. '높다'는 만주어에서 den이라 하므로, 『만주원류고』에서 만주어 den으로 '태신(太神)'과 대응시켰다. 권18에서 '등(登)은 높다는 뜻이다. 만주어에도 같은 의미다. 원문에는 태신(太神)이었다'라 하였다. 『흠정금사어해』에서 "'태신(太神)'을 만주어 teksin '제(齊)'로 해석하였다. 권11에서 '특극신(特克新)'은 가지런하다는 뜻이다. 권64에서 태신(太神)으로 나타났다'라 하였다. 전자는 의미가 같지만 음이 맞지 않고, 후자는 음이 맞지만 의미가 같지 않다. 만주어에 dekjin은 '발흥하다'는 뜻이고, 어근은 dek이다. den과 의미가 유사하여 '높다, 솟아오르다'는 뜻이다. dekden은 합성어로 '발흥하다, 비상하다'는 뜻이다. dekjin은 '태신(太神)'과 발음이 유사하고 의미도 같다.

唐括 *taŋgu [성씨] 뜻: 백(百).

『금사』권27에서 당괄고출(唐括古出), 권132에서 당괄변(唐括辯)[알골랄(斡骨剌)], 권120에서 당괄공(唐括貢)[달가(達哥)], 권132에서 당괄오야

(唐括烏野), 권88에서 당괄안예(唐括安禮)[알로고(斡魯古)], 권93에서 당괄안답해(唐括按荅海) 등 인명이 있다. 『금사』 권55 〈백관지일(百官志一)〉 '당괄(唐括)' 주에 옛 문헌에 '동고(同古)'였다. '당괄(唐括)'은 명나라 여진어 '탕고(湯古)', '당고(儻古)'에 해당하여 '백(百)'이라는 뜻이다. 『여진역어 · 수목문』에서 '탕고(湯古) 有는 백이다'라 하였다. 회동관 『여진역어 · 수목문』에서 '백은 액목당고(額木儻古)라고 부른다'라 하였다. 만주어에서 '백'이 tanggū라고 하여 청나라에는 '당고(唐古), 탐오(貪吾)'로 표기되었다. 『일하구문고』 권3에서 '당고(唐古)는 만주어에서 숫자 백이다'라 하였다. 『영고탑기략』에서 '백은 탐오(貪吾)라고 부른다'라 하였다. 『흠정금사어해』 권2에서 '당고(唐古)는 권1에서 당괄(唐括)로 나타났다. 팔기성씨통보부터 수정한다'라 하였다.

忒隣 *telin [인명] 뜻: 바다.

　『금사』 권93에서 완안특린(完顔忒隣), 권14에서 점할특린(粘割忒隣)이라는 인명이 있다. 『금사 · 국어해』에서 '특린(忒隣) 麀屯이 바다다'라 하였다. 『여진역어 · 지리문』에서 '맥특액린(脈忒厄鄰)은 바다다'라 하였다. 회동관 『여진역어 · 지리문』에서 '바다가 묵득(墨得)이라고 부른다'라 하였다. 만주어에서는 mederi라고 한다. '특린(忒隣)'은 몽골어 dalai '바다'와 발음이 비슷하다. 『만주원류고』 권18에서 '달뢰(達賚)는 바다이다. 몽골어와 같은 뜻이다. 원래는 특린(忒隣)이었다'라 하였다.

特思(特厮) *tehi [인명] 뜻: 40.

　『금사』 권2에서 특사(特思), 권132에서 도단특사(徒單特思)[특시(特厮)], 권81에서 포찰특시(蒲察特厮) 등 인명이 있다. '특사(特思)'는 『여진역어 · 수목문』에서 '특희(特希) 죵는 40이다' 및 만주어 dehi에 해당한다. 청나라에는 '덕희(德希)'로 표기되었다. 『흠정금사어해』 권11에서 '덕희(德希)는 숫자 40이다'라 하였다.

禿里 *turi [관직명] 뜻: 부락의 소송을 주관하며 사건의 경위를 조사하는 사람.

『금사·국어해』에서 '독리(禿里)는 부락의 소송을 주관하고 사건의 경위를 조사하는 사람이다'라 하였다. 이 해석에 따라 '독리(禿里)'는 억울함을 당한 사건을 분명하게 밝히는 직책을 담당하며 만주어 turambi '분명히 하다'에 해당한다. '독리'는 본래 '살피다'라는 뜻이며, 『여진역어·인사문』 '독로합랄(禿魯哈剌) 厷枼夭는 엿보다, 두루 보다는 뜻이다'와 『여진역어·통용문』의 '독로합랄단하손(禿魯哈剌團下孫) 厷枼夭叱朼玊는 살피다는 뜻이다' 중의 '독로(禿魯)'에 해당한다.

『금사』 권55 〈백관지〉에서 '변경 지역의 거주민을 관리하는 관리를 독리(禿里)라고 한다. 오로골(烏魯骨) 아래는 소온(掃穩), 탈타(脫朶)이 있고, 상온(祥穩) 아래는 요홀(幺忽), 습니곤(習尼昆)이 있다. 이들이 모두 관제에 폐하지 않고 요나라의 관직명을 이어받았다'라 하였다. 또 '독리(禿里)는 종7품이고 부락의 소송을 주관하여 법률을 어기는 일을 조사하다'라 하였다. 이 관직명은 요나라의 관직명 '달림(撻林)'에서 계승해 온 것이다. 『요사·국어해』에서 '달림(撻林)은 관직명이다. 후에는 이실위부(二室韋部)에는 복사(僕射)로 바뀌었다. 사공(司空)이라고도 한다'라 하였다. 『요사』 권4 〈태종기〉에 회동 원년(會同元年)에, '이실위달림(二室韋撻林)이 복사(僕射)로 임명되었다'라 하였다. 『요사』에서 '달림(撻林)'은 '달름(撻凜)'으로 표기되었다. 『요사』 권85에서 소달름(簫撻凜)[달람(撻覽), 달람(闥覽), 탁녕(駝寧) 등 인명이 있는데, '토리(吐里)', '독리(禿里)'라고 하기도 한다. 『요사·국어해』에 '토리(吐里)는 관직명이며, 해육부독리(奚六部禿里)와 같다'라고 하였다. 위징(余靖)『무계집·거란관의(武溪集·契丹官儀)』에서 '동북에 달령상공(撻領相公)이 있는데 흑수(黑水) 등 변경의 일을 주관하다'라 하였다. 원주에 "오랑캐는 '달(撻)'을 '탄(呑)'과 같이 발음하고 입성이다. '령(領)'은 '름(廩)'과 발음이 유사하다'라 하였다. 위징(余靖)의 해석에 따르면, '달령(撻領)'은 바로 '독름(禿廩)'

*tutrin이고, '독리(禿里)'와 같은 관직으로 변경 거주민을 관리하는 관리를 가리킨다. 『금사·국어해』에 '독리(禿里)'에 관한 해석과 일치하다. 이에 따라 요나라에 변경을 관리하는 '달림(撻林)[독리(禿里)]'의 거란어 의미도 '조사하다'라고 할 수 있고, 여진어 '독리(禿里)' *turi와 거란어 '달림(撻林)' *tarin은 같은 어원이다.

吐鶻(兎鶻, 兎胡) *tuhu 뜻: 허리띠.

『금사』 권43 〈여복하(輿服下)〉에서 '금나라 사람들의 평상복은 4가지가 있다. 즉 띠, 건, 반령의, 오피화이다. 그중에서 띠가 토골(吐鶻)이라고 한다. …… 토골(吐鶻)은 옥으로 만든 것이 제일이고, 다음에는 금으로 만든 것이고, 마지막으로는 기골로 만든 것이다'라 하였다. '토골(吐鶻)'은 원명 희곡에서 많이 나타났는데 '토골(兎鶻), 토호(兎胡)'로 표기되었다. '토골(吐鶻)'은 '허리띠'라는 뜻이다. 『사이광기』 '여직역어'에 '허리띠는 토골(吐鶻)이라고 한다'라는 말이 있다. 만주어 toohan에 해당하여 청나라에 '도한(陶罕)'으로 표기되었다. 『만주원류고』 권16에서 '도한(陶罕)이 만주어에는 허리띠이다'라 하였다. 희곡 학계 학자들은 '토골(兎鶻)'을 많은 해석을 하였다. 왕지스(王季思)는 '토골(兎鶻)은 원래는 하얀 사냥매인데 너무 귀중하기 때문에 여진족 사람들이 이것으로 옥대를 가리킨다'라 하였다.[44] 이 해석은 여진어 입장에서 '토골(兎鶻)'을 해석한 것이지만 음역 한자에 국한하여 글자만 보고 잘못된 해석을 내렸다. 우쩐칭(吳振清), 두수푼(杜淑芬)이 이미 이 잘못을 밝혔다.[45] 또한 원공이(溫公翊)도 여진어의 입장에서 '옥토호(玉兎胡)'를 '옥대'라고 해석하였다.[46]

象多 *tondo [인명] 뜻: 충성하다, 공정하다.

『금사』 권101에서 말연단다(抹撚象多)[말연진충(抹撚盡忠)]이라는 인명

---

44 왕지스(王季思) 등의 『원잡곡선주』 하, 베이징출판사, 1980, p. 525.

45 우쩐칭(吳振清), 두수푼(杜淑芬)의 「〈원잡극선주〉의 일부 주석에 관한 의견」, 『톈진사법대학교 학보』, 1982년 5기.

46 온공인의 「원인잡극어휘석의」, 『한어문』, 1980년 3기.

이 있다. '단다(象多)'는 명나라 여진어 '단타(團朵)'에 해당한다. 『여진역어 · 인사문』에서 '단타(團朵) 兼素는 충실하다는 뜻이다'라 하였다. 만주어에서 '공정하다, 충성하다'가 tondo라고 하여 청나라에 '단다(搏多)'로 표기되었다. 『흠정금사어해』 권12에서 '단다(搏多)는 충성하다는 뜻이다'라 하였다. 또 『만주원류고』 권18에서 '도이달(圖伊達)은 만주어에서 독장이라는 뜻이다. 원래는 탈타(脫朵)였는데 이제 수정하였다'라 하였는데, '탈타(脫朵)'는 '독장'이라는 뜻으로 해석되었다.

陀滿(陁滿, 駝滿, 陀熳, 統門, 駝門, 徒門, 禿滿) *tumon/tumun [성씨, 지명] 뜻: 만(萬).

『금사』 권63에서 타만와리야(陀滿訛里也), 권71에서 타만홀토(陀滿忽土)[타만홀토(陁滿忽吐)], 권86에서 타만살갈련(陀滿撒曷輦), 권122에서 타만사렬(陀滿斜烈), 권123에서 타만호토문(陀滿胡土門), 권98에서 타만구주(陀滿九住), 권89에서 타만포마(駝滿蒲馬), 권87에서 타만회해(駝滿回海) 등 인명이 있다. 『삼조북맹회편』 권3에 '타만(陀熳)'으로 나타났다. 『금사』 권1에서 '통문수온적흔부(統門水溫迪痕部)'라는 말이 있다. 『금사』 권2에서 '(요나라 황제)는 병사 70만을 타문(駝門)에 파병하였다'라 하였다. 『금사』 권3에서 '무신(戊申)에 도문수(徒門水) 이서, 혼동(渾疃), 성현(星顯), 잔준삼수(僝蠢三水) 이북의 휴경지를 갈라로(曷懶路)의 제 모극(謀克)에게 주라고 명령하였다'라 하였다. 『금사』 권65 〈열전(列傳)〉 '사고덕전(謝庫德傳)'에 '신내인(申乃因), 축아(丑阿)는 모두 타만부(陀滿部) 사람이다'라 하였다. 『원사 · 태조』에서 '12년, 독만부(禿滿部) 사람이 반란을 일으켰다'라 하였다. '타만(陀滿)'은 명나라 여진어 '토만(土滿), 독묵(禿墨)'에 해당하여 '만(万)'이라는 뜻이다. 회동관 『여진역어 · 수목문』에서 '토만(土滿) 方은 만이다'라 하였다. 회동관 『여진역어 · 수목문』에서 '만(萬)이 액목독묵(額木禿墨)이라고 부른다'라 하였다. 만주어에서 '만(萬)'이 tumen이라고 하여 청나라에 '도문(圖們), 토묵(土墨)'으로 표기되었다. 『만주원류고』 권18에서 '도문(圖們)은 만호이다. 만주어에는 만(萬)을 의미한다'라 하였다. 『영고탑기략』에서 '만은 토묵(土墨)이라고 부른다'라 하였다. 『흠정금사어해』 권3에서 '도문(圖門)은 숫자 만이다'라 하였다. 『금사』의 '도문수(圖門水)'는 바로 청나라의 '도문하(圖門河)'이며 현재의 '도문강(圖門江)'이다. 허츄토(何秋淘) 『간유와집고(艮維窩集考)』에서 '도문하(圖門河)는 지린성(吉林省) 성남으로 500미터에 위치한다. 납로와집(納嚕窩集)에서 나와 동북쪽으로 흘러 아길선하(雅吉善河)와 합류한다'라 하였다. 또 이겡(亦賡)의 『가몽헌총저·봉익번청(佳夢軒叢著·封謚飜淸)』에서 '태조(太祖) 누르하치(努爾哈赤)의 장남인 광략패륵저영(廣略貝勒褚英)에게 아이합도토문(阿爾哈圖土們)이라는 칭호를 봉하였고 '광략(廣略)'으로 번역하였다. 아이합도(阿爾哈圖)가 만주어에는 argatu라고 하여 '책략'이라는 뜻이다. '토문(土們)'은 바로 tumen '만(萬)'이고 '광(廣)'으로 번역하였다.

W

畏可(隈可, 隈喝, 偎喝, 斡喝, 吾亦可) *weike/uho/uike [인명] 뜻: 어금니.

『금사』 권66에서 완안외가(完顔隈可)[외갈(隈喝)], 권59에서 완안외갈(完顔隈喝), 권5에서 온돈알갈(溫敦斡喝), 권27에서 온돈외갈(溫敦偎喝) 등 인명이 있다. 『금사·국어해』에서 '외가(畏可)는 어금니이다. 오역가(吾亦可)라고도 한다'라 하였다. '외가(畏可)'는 『여진역어·신체문』에서 '위흑(委黑) 杀兌는 치아이다'에 해당한다. 만주어에서 weihe라고 하여 청나라에 '위혁(威赫)'으로 표기되었다. 『흠정금사어해』 권1에서 '위혁(威赫)은 어금니를 의미한다. 권59에서 외가(隈可)로 하여 강종(康宗)의 아들이다'라 하였다.

溫敦(溫屯) *undun [성씨] 뜻: 비다.

『금사』 권6에서 온돈출돌랄(溫敦朮突剌), 권10에서 온돈백영(溫敦伯英), 권18에서 온돈아리(溫敦阿里)[온둔아리(溫屯阿里)], 권27에서 온돈외갈(溫敦偎喝), 권39에서 온돈칠십오(溫敦七十五), 권109에서 온돈백가노(溫敦百家奴) 등 인명이 있다. 『금사·국어해』에서 '온돈(溫敦)'은 비다는 뜻이다'라 하였다. 『삼조북맹회편)』권3에서도 '온돈(溫敦)'이 나타났다. '온돈(溫敦)'은『여진역어·천문문』'만도홍(晩都洪) 夆夆乑은 비다(空)는 뜻이다'에 해당한다. 『여진역어·통용문』에서 "만도홍(晩都洪) 夆夆乑은 비다(虛)는 뜻이다. '공(空)'과 같다"라 하였다. '만도홍(晩都洪)'은 만주어 형용사 untuhun이나 wentuhun에 해당하여 '비다'나 '없다'라는 뜻이다. 만주어에서 명사 '하늘'이 '온통(溫通)'이라고 표기된다. 『류변기략』에서 '좌사(左司)'의 필기에서 국어는 대개 고대의 반절법에 따라 한다고 한다. 예를 들어 공(空)은 온통(溫通)이라고 표기된 것 등'이라 하였다. 만주어 문법에서 hun, hon, hūn, shūn 등의 접사는 명사를 형용사로 바꾸는 접사이다. 만주어 untuhun은 명사 untun에서 변해 온 것이다. 『금사』의 '온돈(溫敦)'과『여진역어』의 '만도홍(晩都洪)'을 비교하면, '홍(洪)' *hun도 여진어에서 명사를 형용사로 바꾸는 접사라고 할 수 있다.[47] 또한『금사·국어해』'성씨'에 '온돈(溫敦)이 공(空)이다'라 하였다. 여진족에 '온돈(溫敦)'씨를 가지는 사람이 한족 '공(空)'씨로 바뀐 것도 '온돈(溫敦)'이 '공(空)'이라는 뜻으로 해석되는 것에서 증명할 수 있다.

溫迪痕(溫迪罕, 溫迪掀) *undihen [성씨, 부락명] 뜻: 판자.

『금사』권65에서 온적흔아고덕(溫迪痕阿庫德), 권76에서 온적흔아리출(溫迪痕阿里出), 권81에서 온적흔올대(溫迪痕兀帶), 권105에서 온적흔이십(溫迪痕二十), 권105에서 온적흔체달(溫迪痕締達) 등 인명이 있다. 『금사』권1〈세기〉에서 '통문수온적흔부(統門水溫迪痕部), 신은수완안부

47『여진역어』에 *-ŋ운미 대음 한자로 여진어 *-n을 대음하는 경우가 있다. 마치 한어 -ŋ운미가 여진어에 빌려 오면 일반적으로 *-n이라고 하는 것과 같다. 예컨대『여진역어·궁실문』에 '청(廳), 체인(替因)', '당(堂)', 탑안(塔安)', 『여진역어·기용문』에 '향(香), 하안(下安)'이 있다. 학자들은 여진어에 *-ŋ운미가 없기 때문에 이런 현상을 일으킨다고 주장하였다. 도을지(道爾吉)·허시거(和希格)의『〈여진역어〉 연구』, p. 64 참고. 『내몽고대학교 학보』(증간), 1983.

(神隱水完顔部)도 귀복해 왔다'라 하였다. 『금사』 권81 〈열전 19번째〉 '아도한전(阿徒罕傳)'에 '아도한(阿徒罕)은 온적한부(溫迪痕部) 사람이다'라 하였다. 『삼조북맹회편』에서 '온적흔(溫迪掀)'으로 표기되었다. 『금사 · 국어해』 '성씨'에 "'온적한(溫迪罕)'은 온(溫)을 가리킨다"라 하였다. '온적흔(溫迪痕)'은 만주어 undehen과 발음이 유사하며 '판자, 목판'이라는 뜻이다. 청나라에 '온덕혁은(溫德赫恩), 온덕환(溫德桓)'으로 표기되었다. 사잉어(薩英額) 『지린외기』 권2에서 '망제산(望祭山)은 바로 온덕혁은산(溫德赫恩山)이다. 통지에서 온덕환산(溫德桓山)이라고 부른다. 성서(城西) 남쪽으로 9리에 위치하고 높이는 150보이고 둘레는 5리이다. 매년 봄과 가을에 산에서 백두산 신에게 제사를 지낸다. 옹정(雍正) 11년 (1733), 거기서 망제전(望祭殿)을 세웠다. 국어에 온덕혁은(溫德赫恩)은 판자를 가리킨다'라 하였다. 또 강의 이름이기도 한다. 허츄토(何秋濤)의 『간유와집고』에서 '온덕형하(溫德亨河)는 지린성(吉林省) 서남쪽으로 5리에 위치한다. 발원지는 고륵눌와집(庫勒訥窩集)이고, 동북에 혼동강(混同江)에 합류한다'라 하였다. 이 성씨는 지명에서 나온 것이다.

窩謀罕(訛謀罕) *omhan [인명] 뜻: 새알.

『금사』 권1에서 와모한(窩謀罕), 권66에서 와모한(訛謨罕), 권72에서 와모한(訛謀罕) 등 인명이 있다. 『금사 · 국어해』에서 '와모한(窩謀罕)은 새알이다'라 하였다. '와모한(窩謀罕)'은 만주어 umhan에 해당하여 '알'이라는 뜻이다. 청나라에 '오목한(烏木罕)'으로 표기되었다. 『만주원류고』 권18에서 '오목한(烏木罕)은 새알이다. 만주어와 같다'라 하였다.

斡里朵(訛里朵) *ordo [인명, 궁장(宮帳)명] 뜻: 정자, 관아.

『금사』 권90에서 이랄알리타(移剌斡里朵), 권19에서 완안와리타(完顔訛里朵), 권59에서 완안와로타(完顔訛魯朵) 등 인명이 있다. 『금사 · 국어해』에서 '알리타(斡里朵)는 관리들이 근무하는 장소이다'라 하였다. 이 단어는 『요사』에서 '알로타(斡魯朵)', '알이타(斡耳朵)'나 '와로타(窩魯朵)'로 많이 나타났다. 『요사 · 국어해』에서 '알로타(斡魯朵)는 궁장의 명칭이다'라 하였다. 『요사·소도옥전(蕭圖玉傳)』에서 '와로타성(窩魯朶城)'이라는 말이 나타났다. 『요사·천조제기(天祚帝紀)』에서 '호사알이타(虎思斡耳朶)'성이 나타났고, '알리타(斡里朶)'라는 인명도 나타났다. 이 단어는 원나라에도 사용되어 '알이타(斡耳朶)'로 표기되었다. 예즈치(葉子奇)의 『초목자·잡제편(草木子·雜制篇)』에서 '원군(元君)은 즉위하여 궁장을 새로 세웠다. 엄청 아름답고 화려하다. 이 궁장이 알이타(斡耳朶)라고 하였다. 죽은 후에 집어치웠다. 새 왕이 즉위 후 다시 알이타(斡耳朶)를 만들었다'라 하였다. '알리타(斡里朶)'는 만주어 ordo '황제의 궁궐, 정자'에 해당한다. 『일하구문고』권30에서 '악이다(鄂爾多)는 만주어에서 궁궐이라는 뜻이다. 원래는 알이타(斡爾朶)였다'라 하였다. 『흠정금사어해』권1에서 '악이다(鄂爾多)는 정자이다. 권19에서 와리타(訛里朶)로 나타났다. 예종(睿宗)의 이름이다'라 하였다.

斡忽 *ohu [인명, 지명] 뜻: (냄새)가 지독하다.

　『금사』권59에서 완안알홀(完顔斡忽)이라는 인명이 있다. 『금사』권2에서 '알홀(斡忽), 급색(急塞) 두 분류는 다 항복하였다'라 하였다. '알홀(斡忽)'은 만주어 wahūn에 해당하여 '역겹다'는 뜻이다. 청나라에 '알혼(斡琿)'으로 표기되었다. 『만주원류고』권11에서 '알혼(斡琿)은 만주어에서 역겹다는 뜻이다'라 하였다. 『흠정금사어해』권1에서 '알혼(斡琿)은 역겹다는 뜻이다. 권59에서 알홀(斡忽)로 나타났다'라 하였다. 『청사』의 기록에 따라, 살리호(薩里滸) 서쪽으로 10리에 '알혼악막(斡琿鄂漠)'이 있는데 '냄새가 지독한 못'을 가리킨다.

斡勒 *ole [성씨] 뜻: 돌.

　『금사』권12에서 알륵엽록와(斡勒葉祿瓦)[압랄(押剌)], 권51에서 알륵업덕(斡勒業德), 권98에서 알륵아랄(斡勒牙剌), 권104에서 알륵합타(斡勒合打) 등 인명이 있다. 『금사·국어해』 '성씨'에 '알륵(斡勒)은 돌(石)이다'라 하였다. 〈오둔량필시비〉에 '알흑(斡黑)'이라는 단어가 있는데 뤄푸이(羅福頤) 등은 '석비'의 '돌'이라고 해석하였다. '알륵(斡勒)'은 명나라 여진어에서 '알흑(斡黑)'이나 '올흑(兀黑)'으로 표기되었다. 『여진역어·지리문』에서 '알흑(斡黑) 芀夬은 돌이다'라 하였다. 회동관『여진역어·지리문』에서 '돌(石)은 올흑(兀黑)이라고 부른다'라 하였다. 만주어에서 wehe라고 하여 청나라에 '옥혁(沃赫)'으로 표기되었다. 『만주원류고』 권12에서 '옥혁(沃赫)은 만주어에서 돌을 가리킨다'라 하였다. 이 성씨가 한족 '석(石)'씨로 바뀐 것에 따라, '알륵(斡勒)'이 '돌(石)'이라는 뜻을 지닌 것을 알 수 있다. 만주족에서도 '돌(石)'로 이름을 지은 사람이 있다. 『청어인명역한』에서 '왜화(倭和)는 돌(石)이다'라 하였다.

斡里不(斡里卜, 斡離不, 斡魯不, 斡魯補, 斡盧補, 斡盧保, 訛魯補, 吾里補, 吾里不) *olibu/olibo [인명] 뜻: 남기다.

『금사』 권74에서 완안알리부(完顔斡里不)[알리부(斡離不), 알로보(斡魯補), 와로보(訛魯補)], 권15에서 알리복(斡里卜), 권70에서 알리본(斡離本), 권93에서 완안알로보(完顔斡魯補), 권48에서 알로보(斡魯補), 권87에서 복산알로보(僕散斡魯補), 권132에서 납합알로보(納合斡魯補), 권132에서 알노보(斡盧保), 권77에서 와로보(訛魯補), 권44에서 도단오리보(徒單吾里補), 권81에서 협곡오리보(夾谷吾里補), 권82에서 오연오리보(烏延吾里補), 권93에서 완안오리보(完顔吾里補), 권15에서 오둔오리부(奧屯吾里不) 등 인명이 있다. 『금사·국어해』에서 '오리보(吾里補)는 모아 두다는 뜻이다'라 하였다. '알리부(斡里不)'는 어근 '알리(斡里)'에 사동접사 '부(不)'를 붙여 형성되어 '남기다'는 뜻이며, 만주어 welibumni에 해당한다. '알리(斡里)'는 『여진역어·인사문』 '올리매(兀里昧) 炎右는 남다(머물다)'에 해당한다. welibumbi는 청나라에 '옥리포(沃哩布)'로 표기되었다. 『만주원류고』 권18에서 '옥리포(沃哩布)는 모아 두다는 뜻이다. 만주어에서 남겨 두다는 뜻이다. 원래의 해석과 비슷하다. 원문에는 오리보(吾里補)였다'라 하였다. 『일하구문고』 권4에서 '옥리포(沃哩布)는 만주어에서 남기다는 뜻이다. 원래는 알리부(斡離不)였다'라 하였다. 청나라 만주족에서 '남겨 두다'로 이름을 지은 사람이 많다. 『청어인명역한』에서 '왜리포(倭

里布)는 남겨 두다는 뜻이다'라 하였다. 그러나 『흠정금사어해』 권9에서 '알로보(斡魯補)[알노보(斡盧保), 알로보(斡魯保)]'가 '마고자'로 해석되었다. 권1과 권11에서 '알로부(斡魯不), 와로부(訛魯不)'가 '당고특어 호광(唐古特語好光)'으로 해석되었는데 여진어 문법을 제대로 이해하지 못하고 억지로 해석된 것이다.

『금사』의 '알리부(斡里不)'는 『요사』의 '알리보(본)[斡里保(本)]에서 이어받은 것이다. 『금사』 권44 〈병제〉에서 '금나라 초에 요나라의 제 말(抹) 때문에 목장을 설립하였다. 말(抹)은 모기나 파리 등 벌레도 없고 물이 맑고 풀이 좋은 곳이다. 천덕(天德) 연간, 적하알타(迪河斡朵), 알리보(斡里保)[보(保)]를 본(本)으로 하기도 한다], 포속알(蒲速斡), 연은(燕恩), 올자(兀者) 다섯 군데를 설립하였다. 전부 다 요나라 때의 명칭을 이어받았고 관리하는 관원도 배치하였다'라 하였다. 『요사』에서 '알리보(斡里保)'가 보이지 않지만, 『금사』에 따라 이 목장이 있었던 것이 틀림없다. 이상의 고증을 통하여 여진어 '알리보(본)[斡里保(本)]' *olibo /olibon은 거란어와 같은 어원이며 '모아 두다'는 뜻이다.

斡論 *olun [인명] 뜻: 생철.

『금사』 권59에서 완안알론(完顏斡論), 권86에서 포찰알론(蒲察斡論), 권73에서 완안알론(完顏斡論)[와론(訛論)] 등 인명이 있다. 『금사·국어해』에서 '생철을 알론(斡論)이라고 부른다'라 하였다. '알론(斡論)'은 만주어 olon에 해당하여 '물결무늬, 말뱃대끈'이라는 뜻이다. 청나라에 '옥릉(沃楞)'이나 '악륜(鄂倫)'으로 표기되었다. 『만주원류고』 권18에서 '옥릉(沃楞)은 만주어에서 물결무늬를 가리킨다. 원문에 알론(斡論)이었고 생철로 해석되었는데 올바르지 않다'라 하였다. 『흠정금사어해』 권8에서 '악륜(鄂倫)은 말뱃대끈이다'라 하였다. 또한 여진어에서 '철(鐵)'을 '색륵(塞勒)'이라고 부른다. 회동관 『여진역어·기용문』에서 '철바리는 색륵살차(塞勒撒叉)라고 부른다'라 하였다. 또한 '가라비너는 색륵아실고(塞勒牙失古)라고 부른다'라 하였다. 만주어에서는 'sele'라고 하며 '색륵(色勒)'으로 표기된다. 허츄토(何秋濤)의 『간유와집고』에서 색륵하(色勒河)가 있는데 지린(吉林) 동남쪽으로 208킬로미터에 위치하고 서쪽으로 흘러 혼동강(混同江)에 합류된다.

斡塞(斡賽) *ose [인명] 뜻: 기와.

『금사』 권65에서 완안알색(完顔斡塞)[알새(斡賽)]라는 인명이 있다. 여진어에 '기와'는 한어 차용어이다. 『여진역어 · 궁실문』에서 '와자(瓦子)는 기와이다'라 하였다. '알색(斡塞)'은 '와자(瓦子)'의 전음이다. 만주어에는 '기와'가 wase라고 한다. 청나라의 만주족에 이것으로 이름을 지은 사람도 많다. 『청어인명역한』에서 '알색(斡塞)은 와(瓦)이다'라 하였다.

斡準 *ojun [성씨] 뜻: 관(鸛), 황새.

『금사』 권73에서 완안알준(完顔斡準)이라는 인명이 있다. 『금사 · 국어해』에서 '알준(斡準)이 조(趙)이다'라 하였다. '알준(斡準)'이 만주어 '관(鸛)' weijun에 해당하며 청나라에 '위준(威準)'으로 표기되었다. 『흠정금사어해』 권2에서 '위준(威準)이 관(鸛, 황새)이다'라 하였다.

兀帶(吾帶, 烏帶, 斡帶) *udahi [인명] 뜻: 이미 샀다.

『금사』 권81에서 온적한올대(溫迪罕兀帶), 권133에서 완안올대(完顔兀帶), 권132에서 완안오대(完顔烏帶), 권84에서 누원온돈올대(耨怨溫敦兀帶)[오대(吾帶), 오대(烏帶), 알대(斡帶)], 권71에서 완안알대(完顔斡帶) 등 인명이 있다. 『금사 · 국어해』에서 '물품을 이미 샀으면 올대(兀帶)라고 한다. 이로 하는 인명은 마침 물품처럼 돈이 많다는 뜻이다'라 하였다. '올대(兀帶)'는 만주어 udaha '이미 샀다'에 해당하여 청나라에 '오달합(烏達哈)'으로 표기되었다. 『만주원류고』 권18에서 '물품을 이미 샀으면 오달합(烏達哈)이라고 부른다. 만주어에서 이미 샀다는 뜻이다'라 하였다. 여진어와 만주어 동사의 원형은 각각 '올답(兀答)'과 udambi였다. 회동관 『여진역어 · 인사문』에서 '"사다"는 올답(兀答)이라고 부른다'라 하였다. 『일하구문고』 권133에서 '오달(烏達)은 만주어에서 사다는 뜻이다'라 하였다. 우쩐천(吳振臣)의 『영고탑기략』에서 '"사다"는 오타(烏打)라고 부른다'라 하였다. 여진어 동사의 과거 시제 접사 hi는 만주어 ha에 해당한다. '올답보(兀答補)' 참고.

兀答補(烏答補, 烏達補, 烏都補, 吾睹補, 吾都不) *udabu [인명] 뜻: 사게 하다.

『금사』 권88에서 완안올답보(完顔兀答補), 권4에서 완안오달보(完顔烏達補), 권63에서 완안오답보(完顔烏答補)[올답보(兀答補)], 권65에서 완안오도보(完顔吾睹補), 권121에서 오도부(吾都不) 등 인명이 있다. '올답보(兀答補)'는 만주어 udabu에 해당하며 동사 udambi의 사동형이며, '사게하다'는 뜻이다. 『흠정금사어해』에서 '오답보(烏答補)는 사게 하다는 뜻이다'라 하였다. 『만주원류고』 권11에서 '오달포(烏達布)는 만주어에서 사다는 뜻이다'라 하였다. '오달보(烏達補)'는 어근 '오달(烏達)'에 사동형접사 '보(補)[부(不)]'가 붙어서 형성된 것이다. 회동관 『여진역어·인사문』에서 "'사다'는 올답(兀答)이라고 부른다'라 하였다. 『일하구문고』 권133에서 '오달(烏達)은 만주어에서 사다는 뜻이다'라 하였다. 우쩐천(吳振臣)의 『영고탑기략』에서 "'사다'는 오타(烏打)라고 부른다'라 하였다. '올대(兀帶)'는 '오달(烏達)'의 완료 시제이다. 『금사·국어해』에서 '물품을이미 샀다는 것을 올대(兀帶)라고 부른다. 이것으로 지은 인명은 마침 물품처럼 돈이 많다는 뜻이다'라 하였다. '올대(兀帶)' 참고.

兀典(吾典) *ulden [인명] 뜻: 별.

『금사』 권116에서 도단올전(徒單兀典)[오전(吾典)], 권15에서 협곡오전(夾谷吾典), 권18에서 말연오전(抹撚吾典), 권118에서 오림답오전(烏林答吾典), 권128에서 황괵오전(黃摑吾典) 등 인명이 있다. 『금사·국어해』에서 '올전(兀典)이 별이다'라 하였다. '올전(兀典)'이 만주어 ulden에 해당하여 '새벽 빛, 아침의 햇빛, 아침노을'이라는 뜻이며, 청나라에 '오륵등(烏勒登)'으로 표기되었다. 『만주원류고』 권18에서 '오륵등(烏勒登)은 별이다. 만주어에서 오륵등(烏勒登)은 아침의 햇빛이다'라 하였다. 명나라 여진어에서 '별'은 '알실합(幹失哈)'이나 '올실합(兀失哈)'으로 표기되었다. 『여진역어·천문문』에서 '알실합(斡失哈) 朱臿은 별이다'라 하였다. 회동관『여진역어·천문문』에서 '별을 올실합(兀失哈)이라고 부른다'라 하였다.

兀剌 *gula 뜻: 갈대, 부츠.

이 단어는 원명 희곡에서 많이 나타났다. '올랄(兀剌)'은 명나라 여진어에서 '고랄합(古剌哈)'이나 '호랍(護臘)'이었다. 『여진역어·의식문』에서 '고랄합(古剌哈) 乔臿은 구두이다'라 하였다. 천우안롱(陳元龍)의 『격치경원(格至鏡遠)』 권18 관복류(冠服類)에 『사물원시(事物原始)』에 '현재 랴오동(遼東) 병사들이 신고 있는 부츠를 호랍(護臘)이라고 부른다'라는 말을 인용하였다. 랴오동(遼東)에서 특유한 호랍초로 만든 구두이다. 『류변기략』 권3에서 '호랍(護臘)은 가죽 신발이다. 잔풀을 안에 넣어 추위를 막을 수 있다. 이 풀은 호랍초이다. 거기서의 원주민들이 인삼, 호랍초와 담비는 요동 지역(遼東地區)의 보물이다'라 하였다. 사실, '고랄합(古剌哈)'은 본래 여진어에서 갈대라는 뜻이며 만주어 ulhū에 해당한다. 『만주원류고』 권12에서 '오륵호(烏勒呼)는 만주어에서 갈대이다'라 하였다. 이를 부츠에 넣고 추위를 막을 수 있으니 후에는 구두를 가리킨다. 룽치안안(龍潛庵)의 『송원언어사전(宋元語言辭典)』에서 '올랄(兀剌)'이 '어미조사'라고 주장하였고, 팡링귀(方齡貴)의 『원명희곡중의 몽골어(元明戲曲中的蒙古語)』에서 '올랄(兀剌)'을 '발바닥'으로 해석하였는데 전부 다 잘못된 해석이다.

兀室(悟室, 谷神, 固新) *gusi/gusin [인명] 뜻: 30.

『삼조북맹회편』에서 묘요(苗耀)의 『신록기』에 '올실(兀室)은 국가와 같이 완안(完顔)으로 성을 삼는다. 어머니가 임신한 지 30개월 후에 아기를 낳았다. 이 아기를 올실(兀室)이라고 부른다'라는 말을 인용하였다. 『건연이래의 요록』 권137에서도 묘요(苗耀) 『신록기』에 '고신(固新)의 어머니는 임신한 지 30개월 후 아기를 낳았고 고신(固新)이라고 부른다. 고신(固新)이 30이라는 뜻이다'라는 말을 인용하였다. 『금사·완안희윤열전(完顔希尹列傳)』 권73에서 '완안희윤(完顔希尹)의 본명은 곡신(谷神)

이고 환도(歡都)의 아들이다'라 하였다. '올실(兀室)'은 명나라 여진어 '고신(古申)'에 해당한다. 『여진역어·수목문』에서 '고신(古申) 夵은 삼십이다'라 하였다. 만주어에서 '삼십'은 gūsin이라고 하고 청나라에 '고신(古神)'이나 '고신(古新)'으로 표기되었다. 『만주원류고』 권17에서 '고신(古神)은 만주어에서 숫자 30이다'라 하였다. 『흠정금사어해』 권10에서 '고신(古新)은 삼십이다'라 하였다. 또한 묘요(苗耀)의 『신록기』에서 완안희윤(完顔希尹)이 삼십으로 이름을 지은 것에 대하여 '어머니가 임신 30개월 후 낳은 아기다'라고 해석하였는데 아무 근거도 없는 말이다. 아시다시피, 북쪽 알타이 민족들은 태어날 때 부모님이나 조부모님의 연세로 이름을 지는 습관이 있다. 『금사』에서 완안팔십(完顔八十), 협곡구십(夾谷九十) 등 인명도 있다. 치안다신(錢大昕)의 『십가재양신록(十駕齋養新錄)』에서 원나라에 몽골족 사람들이 이름 짓는 습관을 총 정리하였다. '(몽골어)원나라 사람들은 국어로 이름을 지을 때, 색깔[예를 들어 찰한(察罕)은 하얀색이다]이나 숫자[예를 들어, 아별(兒別)은 4이다[철리반(撤里班)으로 표기하기도 한다]. 탑본(塔本)은 5이고, 지아와대(只兒瓦歹)는 6이고, 타나(朵羅)는 7이고, 내만(乃蠻)은 8이며, 야손(也孫)은 9이고, 합아반답(哈兒班答)은 10이다. 홀진(홀陳)은 30이다[홀진(忽嗔)으로 표기하기도 한다]. 내안(乃顔)은 80이다[내연(乃燕)으로 표기하기도 한다]. 명안(明安)은 1,000이고, 독만(禿滿)은 10,000이다'라 하였다. 만주족도 이 습관을 계승하였다. 사십, 오십, 팔십으로 이름을 지은 사람이 많다. 『청어인명역한』에서 "'오운주(烏雲珠)는 구십이다', '니음주(尼音珠)는 육십이다', '득희(得喜)는 사십이다', '찰곤주(扎崑珠)는 팔십이다"라는 기록이 있다.

兀朮(斡出, 斡啜) *uju [인명] 뜻: 머리.

　『금사』 권77에서 완안올출(完顔兀朮)[알출(斡出), 알철(斡啜)], 권122에서 여해렬알출(女奚烈斡出) 등 인명이 있다. 『금사·국어해』에서 '올출(兀朮)은 머리를 의미한다'라 하였다. 명나라 여진어에서 '올주(兀住)'로 나타났다. 『여진역어·신체문』에서 '올출(兀出) 甬은 머리다'라 하였다.

만주어에서는 uju라고 하며 '머리, 제일'이라는 뜻이다. 청나라에 '오주(烏住)'나 '오주(烏珠)'로 표기되었다. 『만주원류고』 권18에서 '오주(烏珠)는 머리다. 만주어와 같다. 원래는 올출(兀朮)이었다'라 하였다. 『류변기략』에서 '대해(大海)[달해(達海)] 방식(榜式)은 자모 12개를 창제하였다. 12오주두(烏住頭)라고 부른다. 오주두(烏住頭)는 한족의 반절과 유사하다'라 하였다.

烏春(烏蠢) *ucun [인명] 뜻: 갑(甲).

『금사』 권2에서 납합오춘(納合烏春)[오준(烏蠢)], 권67에서 오춘(烏春)[오준(烏蠢)] 등 인명이 있다. '오춘(烏春)'은 명나라 여진어 '올칭인(兀稱因)'에 해당하여 '갑(甲)'이라는 뜻이다. 『여진역어·기용문』에서 '올칭인(兀稱因) 夷列은 갑(甲)이다'라 하였다. 회동관 『여진역어·기용문』에서 '갑(甲)은 올실(兀失)이라고 부른다'라 하였다. 만주어에서 '갑(甲)'은 uksin이라고 하며, 청나라에 '오극신(烏克新)'으로 표기되었다. 『흠정금사어해』 권9에서 '오극신(烏克新)이 갑(甲)이다'라 하였다.

烏古出(烏骨出, 吾古出) *ugucu [인명] 뜻: 되돌아오지 않다.

『금사』 권65에서 완안오고출(完顔烏古出)[오골출(烏骨出)], 권16에서 오고출(吾古出) 등 인명이 있다. 『금사·국어해』에서 '오고출(烏古出)은 방언에서 재휴(再休)인데 되돌아오지 않다는 뜻이다'라 하였다. 만주어에서 '오고출(烏古出)'에 해당하는 단어를 찾기가 어렵다. 『만주원류고』에서 몽골어로 억지로 '약하다'는 뜻으로 해석하였다. 권18에서 '오고철(烏古徹)은 만주어에서 약하다는 뜻이다. 원래는 오고출(烏古出)이었다'라 하였다. 그러나 『여진역어·통용문』에서 '올로홀홍(兀魯忽洪) 屯在乇은 부드럽다는 뜻이다'라 하였다. '오고출(烏古出)'의 역음과 많이 다르다.

烏古論 *ugulun [성씨] 뜻: 상(商).

『금사』 권101에서 오고론경수(烏古論慶壽), 권10에서 오고론달길부(烏古論達吉不), 권118에서 오고론홀로(烏古論忽魯), 권119에서 오고론환단(烏古論桓端) 등 인명이 있다. 『삼조북맹회편』에서 '우우륭(遇雨隆)'으로 나타났다. 『금사·국어해』 '성씨'에 '오고론(烏古論)은 상(商)이다'라 하였다.

烏烈 *ure 뜻: 풀무더기(草廥).

『금사』 권3에서 도단오렬(徒單烏烈), 권59에서 완안오렬(完顔烏烈), 권74에서 포찰오렬(蒲察烏烈) 등 인명이 있다. 『금사·국어해』에서 '오렬(烏烈)은 풀무더기이다'라 하였다. '오렬(烏烈)'은 만주어 uri에 해당하여 '풀무더기'라는 뜻이다. 청나라에 '오리(烏哩)'로 표기되었다. 『만주원류고』권18에서 '오리(烏哩)는 풀무더기이다. 만주어와 같다. 원문에서 오렬(烏烈)이었다'라 하였다.

烏林荅(烏林撻)*ulin da [성씨] 뜻: 재정을 관리하는 우두머리.

『금사』 권12에서 오림답의(烏林荅毅), 권118에서 오림답오전(烏林荅吾典), 권1에서 오림답석로(烏林荅石魯), 권6에서 오림답랄살(烏林荅剌撒), 권17에서 오림답교주(烏林荅咬住) 등 인명이 있다. '오림답(烏林荅)'은 만주어 ulin ida에 해당하여 '재정을 관리하는 우두머리다'라는 뜻이다. 청나라에 '물림대(物林大)'라고 하였다. 만주어에서 ulin은 '재물'이라는 뜻이고, 명나라 여진어의 '올리인(兀里因) 圡丬는 재물이다'에 해당한다(『여진역어·진보문』). i는 격조사이고, da는 '우두머리'라는 뜻이다. 청나라에 각 관아에서 모두 '물림대(物林大)'를 설치하여 재정을 주관하였다. '물림대(物林大)'라는 관직명은 옹정(雍正) 원년(元年)까지 사용되었고, 후에는 '사고(司庫)'로 변명되었다. 『팔기씨족통보』, 『만주원류고』 등은 모두 만주족 성씨 '오릉아(烏陵阿)'가 여진족 성씨 '오림답(烏林荅)'에서 발원해 온 것이라고 주장하였다. 『금사·국어해』 '성씨'에 '오림답(烏林荅)은 채(蔡)이다'라 하였다. 여진 성씨 '오림답(烏林荅)'이 '재(財)'와 발음이 유사한 한족 '채(蔡)'씨로 바뀐 것도 하나의 증거가 된다. 그리고 남송 쨩휘(張匯)의 『금절요(金節要)』에서 '점한(粘罕)이 죽은 후에 오릉사모(烏陵思謀)라는 사람이 있는데 본래는 북요합소관(北遼合蘇款)이었다. 요지(遼地)에 거주하는 여진족이 숙여진(熟女眞)이라고 부른다. 산시(陝西)에 거주하는 소수민족 따위는 이에 속한다. 여진 오릉씨(烏陵氏)는 제일

지위가 낮다. 아명은 살노모(撒盧母)이고 원래는 이름이 없었다'라 하였다. 여진 '오릉(烏陵)'씨는 『금사』에 기록되지 않았다. 상술한 고증에 의하면, 여진어 '올림(兀林)'은 '재(財)'라는 뜻이다. 따라서 '올림(兀林)'과 발음이 유사한 '오릉(烏陵)'도 '재(財)'라는 뜻으로 해석된다.[48] 『금사』 권84에서 오림답찬모(烏林答贊謀)라는 인명이 있는데, 『송사』 권370 '정강중전(鄭剛中傳)'에서 '오릉찬모(烏陵贊謨)'로 표기되었다. 이에 따라 '오릉(烏陵)'은 '오림답(烏林答)'의 약칭이라고 할 수 있다.

烏魯(烏祿) *uru [인명] 뜻: 수혜(惠).

『금사』 권1에서 완안오로(完顔烏魯), 권6에서 완안오록(完顔烏祿)이라는 인명이 있다. 『금사 · 국어해』 '성씨'에 '오로(烏魯)는 수혜(惠)이다'라 하였다. '오로(烏魯)'는 만주어 uru에 해당하여 시비(是非)의 '옳음(是)'으로 해석된다. 청나라에 '오로(烏嚕)'로 표기되었다. 『일하구문고』 권133에서 '오로(烏嚕)는 만주어에서 옳다는 뜻이다. 원래는 오록(烏祿)이었다'라 하였다. 『흠정금사어해』 권1에서 '오로(烏嚕)는 시비의 시(是)이다'라 하였다.

烏魯古(斡魯古, 訛魯古) *ulgu [지명, 관명] 뜻: 목장 관원.

『금사』 권57 〈백관지삼〉에 "제 목장이 국어로 '오로고(烏魯古)'라고 부른다"라 하였다. 『금사 · 국어해』에 '오로고(烏魯古)는 목장을 관리하는 관리이다'라 하였다. 『금사』 권88에서 당괄알로고(唐括斡魯古)[와로고(訛魯古)], 권71에서 완안알로고(完顔斡魯古)[알리고(斡里古)], 권91에서 온적

---

48 『금사』가 여진어와 대음할 때 '*-n, *-ŋ' 운미 한자를 혼용하는 경우가 있다. 예컨대 『금사』 권4에 완안달라(完顔撻懶)가 있는데, 권69에 달릉(撻楞)으로 표기하기도 한다. 『금사』 권4에 완안아라(完顔阿懶)가 있는데, 권69에 아릉(阿楞)으로 표기하기도 한다. 이것은 『여진역어』에서 한어 *-n운미가 여진어에 빌려 오면 일반적으로 *-n으로 발음하는 것과 같다. 예컨대 『여진역어 · 궁실문』에 '청(廳), 체인(替因)', 『여진역어 · 기용문』에 '당(堂), 탑안(塔安)', 『여진역어 · 기용문』에 '향(香), 하안(下安)'이 있다. 이것은 여진어에 *-ŋ으로 끝나는 단어가 없기 때문이다. 그러니까 '오릉(烏陵)'은 '오림(烏林)'의 이역(異譯)이라고 할 수 있다.

한알로고(溫迪罕斡魯古) 등 인명이 있다. 『금사』 권44 〈병지〉에 '금나라 초에 요나라의 제 말로 인해 목장을 설립하였다. 말(抹)은 모기나 파리 같은 벌레가 없고, 물이 맑고 풀이 좋은 곳이다. …… 세종(世宗) 때 목장 7군데를 설치하였다. 특만(特滿), 특만(忒滿), 알도지(斡覩只), 포속완(蒲速椀), 구리본(歐里本), 합로완(合魯椀), 야노완(耶盧椀)이다'라 하였다. '구리본(歐里本)' 주에 '승안(承安) 3년에 오선오로고(烏鮮烏魯古)로 변명되었다. 오로고(烏魯古)는 생장하다는 뜻이다'라 하였다. 『금사』의 기록에 따르면, 여진어 '오로고(烏魯古)'와 거란어 '구리본(歐里本)'은 의미 관련이 있다. 『요사』에도 '오로고(烏魯古)'가 나타난 적이 있다. 『요사 · 국어해』에서 '오로고(烏魯古), 아리지(阿里只)는 말의 이름이다. 이 말은 태조(太祖)가 인선(諲譔) 부부에게 하사하여 유명해진다'라 하였다. 왕민신(王民信) 『요사 '거란어관명' 잡고(遼史 '契丹語官名' 雜考)』에서 『금사 · 국어해』 '오로고(烏魯古)는 목장의 관리다'라는 말에 따라 요나라의 오로고(烏魯古)[오로국(烏魯國)]도 목장을 관리하는 직무를 담당한다는 것을 알 수 있다. 그러므로 태조(太祖)가 인선(諲譔) 부부에게 하사하는 오로고(烏魯古)는 말의 이름이 아니라, 관직명이다'라고 주장하였다.[49] 요나라와 금나라의 '오로고(烏魯古)'는 만주어 ulga나 ulha에 해당하여 '가축'이라는 뜻이다. 금나라에 목장이나 목장을 관리하는 관원들을 모두 '오로고(烏魯古)'라고 하는 것은 바로 이 단어의 '가축'을 기른다는 뜻에서 온 것이다. '오로고(烏魯古)'는 알타이어 공유어이고, 몽골어에는 '번식하다'를 '오이고(烏爾古)'라고 한다. 『만주원류고』 권18에서 '오이고(烏爾古)는 몽골어에서 생장하다는 뜻이다. 원래는 오로고(烏魯古)였다. 이제 수정하였다. 목장을 관리하는 관원이라는 뜻으로 해석되는데, 기르고 번식하다는 뜻에서 온 것이다'라 하였다.

---

49 왕민신(王民信)의 「요사 '거란어관명' 잡고(遼史 '契丹語官名' 雜考)」, 『유사학보(幼獅學報)』, 제4권 제2기, 1961.

의미를 보면, '오로고(烏魯古)'는 거란어 '와독완(窩篤盌)'과 같은 어원이며 '번식하다'는 뜻이다. 『요사·국어해』에서 '와독완(窩篤盌)은 번식하다는 뜻이다'라 하였다. 『요사』 권31 〈영위지〉에서 "와독완알로타(窩篤盌斡魯朵)는 흥종(興宗) 때 설치된 것이고 연경궁(延慶宮)이라고 부른다. '번식하다'는 '와독완(窩篤盌)'이라고 부른다"라 하였다. 또한 천조(天祚) 황제가 설치한 영창궁(永昌宮) 아래 있는 '말리팔(抹里八)' 중의 하나는 '알독완(斡篤盌)'이다. 『요사』 권33 〈영위지하〉에 '알돌완오고부(斡突盌烏古部)'가 있다. 허버트 프랭크(Herbert Frank)의 『거란어고(契丹語考)』에 여진어에서 '번식하다'와 '가축'은 같은 단어인 것에 따라서 '알돌완(斡突盌)'이 몽골어 '가축'이라는 뜻을 갖는 aduyun에 해당한다고 주장하였다. 즉 금나라에 '번식하다'와 '가축'이 하나의 단어[만주어에서는 ulha이고, 고대 여진어에서 '오로고(烏魯古)'이대로 표기되니, 거란어 '알돌완(斡突盌)'도 같은 해석을 할 수 있다. 이 단어는 '번식하다'는 뜻도 있고, '가축'이라는 뜻도 있다. 이렇게 되면, 소위 '알돌완오고(斡突盌烏古)'는 '목축을 하는 오고(烏古)'이고, '알돌완(斡突盌)' *oduwan은 몽골어 'aduyun'일 수도 있다. 거란은 고대 남몽골어를 사용했으니, 남몽골어의 *oduwan은 당연히 몽골어 aduyun에 해당한다고 중장하였다.[50] 『자치통감』 권266에서 조찌충(趙志忠) 『로정잡기(虜廷雜記)』에 "왕을 세우려면, 각 부락의 부락 수령은 꼭 의논을 한다. 덕행도 있고 공헌도 있는 사람을 뽑는다. 재해가 없고, 목장이 번식하고, 백성들이 안거하면 왕을 바꾸지 않는다. 그렇지 않으면 각 부락의 수령들은 왕을 다시 세울 것이다"라는 말을 인용하였다. 거란과 여진족은 전부 다 유목 민족이라서 가축의 흥성 여부는 부락수령이 공통적인 국주가 될 수 있는 근거가 된다. '알독완(斡篤盌)'이라는 관직의 설치는 요나라와 금나라가 목장을 중시하는 증거

---

50 허버트 프랭크(Herbert Frank)의 「Bemerkungen Zu den Sprachlichen Verhh－nissen in Liao－Reich, Zentralasiatische Studien」, 1969. 후왕 천화 역문 『거란어고(契丹語考)』, 『민족언어연구정보자료집』 제5집, 중국사회과학원민족연구소 언어실편, 1985.

가 된다.

여진어 '오로고(烏魯古)'는 거란어 '알독완(斡篤盌)'과 같은 어원이다. 이는 발음규칙으로도 설명할 수 있다.

우선, '로(魯)'와 '독(篤)'은 첩운자(疊韻字)이고, 자음의 발음위치도 같다. 홍호(洪晧)의 『송막기문』에서 '꿇어앉다'가 '멸골지(滅骨地)'라는 기록이 있다. '멸골지(滅骨地)는 꿇어앉다는 뜻이다'라 하였다. 이 '멸골지(滅骨地)'는 거란어 차용어이다. 『거란국지』 권27에서 '날골지(捏骨地)'로 나타났다. '남녀가 똑같이 절을 한다. 한 다리는 꿇어앉고, 한 다리는 바닥에 놓는다. 손으로 절을 세 번이나 한다. 여기서 말하는 날골지(捏骨地)는 바로 꿇어앉다는 뜻이다'라 하였다. 거란어 '멸골지(滅骨地)'와 대응하여, 여진어에서 '꿇어앉다'를 '멸고로(滅苦魯)'라고 한다. 『여진역어·인사문』에서 '멸고로(滅苦魯) 呑冊史는 꿇어앉다는 뜻이다'라 하였다. 흥미로운 게 있는데, 명나라 신모상(愼懋賞)의 『사이광기』 '여진국'에 '꿇어앉다'가 '날골지(捏骨地)'라고 표기되었다. "'꿇어앉다'는 날골지(捏骨地)라고 한다"라 하였다. 만주어 동사 niyakūram bi에 따라 '무릎을 꿇다'는 뜻이다. 이 두 단어를 통하여, 우리는 여진어와 거란어 사이에 대응형식을 찾을 수 있다. 또한 '고(古)'가 '완(盌)'과 대음되는 것은 두 가지 이유가 있다. 하나는 한자 '고(古)'가 표기된 거란어 자음은 *g가 아니라, *g보다 좀 약한 설음 *ɣ이다. 송원 시대의 북방 한어에서 알타이어에 대응시킬 수 있는 구개수음이 없기 때문에, *q를 음역하면 가까운 연구개음인 견계자(見系字)나 효모자(曉母字)를 사용할 수밖에 없었다. *ɣ이 일반적으로 한어의 의(疑), 영(影)모자로 음역되었다. 『금사』에서 이런 예들이 많다. 예를 들어 『금사·국어해』에서 '올안(兀顔)은 주(朱)이다'라는 말에, '올안(兀顔)'은 『여진역어』의 '올리언(兀里彦)'과 만주어 ulgiyan에 해당하여 '돼지'라는 뜻이다. 『금사』 '맹안(猛安)은 천부장(千夫長)이다'라는 말은 『여진역어』의 '명간(皿干)'과 만주어 minggan에 해당하여 '천(千)'이라는 뜻이다. 『금사·국어해』에 '포양온(蒲陽溫)은 막내아들이다'라는 말은 만주어 fiyanggū '막내아들'에 해당한다. 『여진역어』와 만주어, 그리고 『중원음운』에 의(疑)모 ŋ이 대부분 n과 영(影)성모로 바뀐 현상에 따라, 의(疑), 영(影)모자는 여진어 *g가 약화된 *ɣ을 표시한다는 것을 추정할 수 있다. 그러니까 『금사』의 '올안(兀顔)'이 *ulɣen으로, '맹안(猛安)'이 *muŋɣan으로, '포양온(蒲陽溫)'이 *puyaŋɣun으로 음역되었다. 『요사』에서도 『금사』와 같이 '고(古)'와 '완(盌)'을 음역하였다.

'오로고(烏魯古)'는 알타이어 공용어이다. 몽골어에 '번식하다'를 '오이고(烏爾古)'라고 한다. 『만주원류고』 권18에서 '오이고(烏爾古)는 번식하다는 뜻이다. 원래는 오로고(烏魯古)였다. 이제 수정하였다. 목장을 관리하는 관원이라는 뜻으로 해석되는데, 기르고 번식하다는 뜻에서 온 것이다'라 하였다. 『흠정금사어해』 권6에서 '오이고(烏爾古)는 번식하다는 뜻이다. 권55에서 오로국(烏魯國)으로, 권57에서 오로고(烏魯古)로 나타났다'라 하였다. 『만주원류고』에서 '알로고(斡魯古)'는 만주어 wulenggu '오릉고(烏楞古)'에 해당하여 '배꼽'이라는 뜻이라고 하였다. 권11 '강역사(疆域四)'에서 〈금완안나색비(金完顔羅索碑)〉에 '종실 오릉고(烏楞古)[만주어에 배꼽이라는 뜻이다. 원래는 알로고(斡魯古)였는데 수정하였다]는 함주(咸州)를 침략하였다. 왕이 병사를 파병하여 저항하였다. 변경에서 그의 병사 3000을 물리쳤고 장군도 죽였다. 오릉고(烏楞古)와 만났다'라고 하였는데 올바르지 않다.

烏鮮 *usian [지명] 뜻: 위에.

『금사』 권44 〈병지〉에서 '금나라 초에 요나라의 제 말(抹) 때문에 목장을 설립하였다. 말(抹)은 모기나 파리 같은 벌레가 없고, 물이 맑고 풀이 좋은 곳이다. …… 세종(世宗) 때 목장 7군데를 설치하였다. 특만(特滿), 특만(忒滿), 알도지(斡覩只), 포속완(蒲速椀), 구리본(歐里本), 합로완(合魯椀), 야노완(耶盧椀)이다'라 하였다. '구리본(歐里本)' 주에 '승안(承安) 3년에 오선오로고(烏鮮烏魯古)로 이름을 바꾸었다. 오로고(烏魯古)는 생장하다는 뜻이다'라 하였다. 여진어 '오로고(烏魯古)'는 '번식하다'는 뜻이다. 『금사』권57 〈백관지3〉에서 '각 목장들이 오로고(烏魯古)라고 부른다'라 하였다. 『금사·국어해』에서 '오로고(烏魯古)는 목장을 관리하는 관원이다'라 하였다.

금나라 시대 여진어 '오선(烏鮮)'은 명나라 여진어 '알실(斡失)'과 대응하여 '위(上)'라는 뜻이다. 『여진역어·방우문』에서 '알실(斡失)은 위이다'라 하였다. '오선오로고(烏鮮烏魯古)'는 바로 '상오로고(上烏魯古)'라는 뜻이다. 금나라에 '오선오로고(烏鮮烏魯古)'는 '판저인오로고(板底因烏魯古)'와 상대적이다. 『금사』권44 〈병지〉에서 '금나라 초에 요나라의 제 말 때문에 목장을 설립하였다. 말(抹)은 모기나 파리 같은 벌레가 없고, 물이 맑고 풀이 좋은 곳이다. 천덕(天德) 연간, 적하알타(迪河斡朶), 알리보(斡里保)[보(保)는 본(本)으로 하기도 한다], 포속알(蒲速斡), 연은(燕恩), 올자(兀者) 다섯 군데를 설립하였다. 전부 다 요나라 때의 명칭을 이어받았고 관리하는 관리도 배치하였다. …… 세종(世宗) 때 목장 7군데를 설치하였다. 특만(特滿), 특만(忒滿), 알도지(斡覩只), 포속완(蒲速椀), 구리본(歐里本), 합로완(合魯椀), 야노완(耶盧椀)이다'라 하였다. 그중에서 '포속완(蒲速椀)' 주에 '포속완(蒲速椀)이 본래는 알도지(斡覩只)의 일부분이었다. 대정(大定) 7년에 분리되었다. 승안(承安) 3년에 판저인오로고(板底因烏魯古)로 이름을 바꾸었다'라 하였다. '판저인오로고(板底因烏魯古)'는 '남쪽의 오로고(烏魯古)'라는 뜻이다. 여진어에서 '판저인(板底因)'은 '남쪽의'라는 뜻이며, 명나라 여진어 '번체(番替)'에 해당한다. 『여진역어·방우문』에서 '번체(番替)는 남쪽이다'라 하였다. '판저인(板底因)' 참고.

烏延(兀顏) *ulɣian [성씨] 뜻: 돼지.

『금사』권82에서 오연오십육(烏延五十六), 권82에서 오연오리보(烏延吾里本), 권5에서 오연습니렬(烏延習尼烈), 권82에서 오연달길보(烏延達吉補), 권86에서 오연사랄(烏延查剌)[올안사랄(兀顏查剌)], 권80에서 오연골사호(烏延骨沙虎), 권12에서 올안초합(兀顏抄合), 권12에서 올안아실(兀顏阿失), 권122에서 올안외가(兀顏畏可) 등 인명이 있다. 『금사·국어해』

'성씨'에 '올안(兀顔)이 주(朱)이다'라 하였다. 『삼조북맹회편』에서도 '오연(烏延)'으로 나타났다. 여진족 성씨 '올안(兀顔)'은 원래 '돼지'라는 뜻이었다. 『여진역어 · 부장문』에서 '올리언(兀里彦) 夂은 돼지다'라 하였다. 만주어에서 '돼지'가 ulgiyan이라고 부른다. 『금사 · 국어해』에서 '올안(兀顔)이 주(朱)이다'라 하였다. 여진족의 '올안(兀顔)'씨가 한족 '주(朱)'씨로 변하였는데, '돼지'와 발음이 유사하다.

烏也(烏野) *uye [인명] 뜻: 아홉 번째.

『금사』 권92에서 당괄오야(唐括烏也), 권66에서 완안오야(完顔烏也), 권83에서 납합오야(納合烏野), 권132에서 당괄오야(唐括烏野) 등 인명이 있다. 『금사 · 국어해』에서 '아홉 번째가 올야(烏也)라고 부른다'라 하였다. '오야(烏也)'는 『여진역어 · 수목문』에 '올야온(兀也溫) 九는 아홉이다'와 만주어 uyun '구'와 발음이 유사하고 뜻도 같다. 청나라에 '오운(烏雲)'이나 '오영(烏永)'으로 표기되었다. 『만주원류고』 권18에서 '아홉째가 오운(烏雲)이라고 부른다. 만주어와 같다'라고 하였다. 『영고탑기략』에서 '구는 오영(烏永)이라고 부른다'라 하였다. 『흠정금사어해』 권1에서 몽골어로 '오야(烏也)'를 '세대'로 해석하였는데 올바르지 않다.

烏者(斡者) *uje [인명] 뜻: 중하다.

『금사』 권7에서 도단오자(徒單烏者), 권9에서 완안오자(完顔烏者), 권78에서 석말오자(石抹烏者), 권87에서 복산오자(僕散烏者), 권65에서 완안알자(完顔斡者) 등 인명이 있다. '오자(烏者)'는 『여진역어 · 인사문』 '올자(兀者) 用羊는 중(重)하다는 뜻이다'에 해당한다. '오자(烏者)', '알자(斡者)'는 만주어 ujen에 해당하여 청나라에 '오진(烏珍)'이나 '오금(烏金)'으로 표기되었다. 『흠정금사어해』에서 '오진(烏珍)이 중하다는 뜻이다'라 하였다. 『청사만어사전』에서 '오진(烏珍), …… 중하다. 정(鄭), 장중하다는 뜻이다. 시호이다'라 하였다. 이겡(奕賡)의 『가몽헌총저 · 봉시번청』에서 '정친왕(鄭親王)은 오진(烏珍)이라고 하다'라 하였다. 예를 들어 화석정친왕(和碩鄭親王)의 정(鄭)자는 만주어에서 바로 오진(烏珍)이라고 부른다.

X

習失 *siši 뜻: 늘, 항상.

『금사·국어해』에서 '습실(習失)은 항상이라는 뜻이다'라 하였다.[51] 『만주원류고』 권18에서 '홍색(興色)이 항상이라는 뜻이다. 만주어에는 지칠 줄 모른다는 뜻이다. 원래 해석과 비슷하다. 원문에서 습실(習失)이었다'라 하였다. 『흠정금사어해』 권11에서 만주어 '개얌'으로 해석되었는데 『금사』에서의 해석과 많이 다르다.

習尼昆 *sinikun [직관] 뜻: 장군.

『금사』 권55 〈백관지〉에서 '변경 백성들을 관리하는 관원은 독리(禿里)라고 한다. 오로골(烏魯骨) 아래는 소온(掃穩), 탈타(脫朶)가 있고, 상온(祥穩) 밑에는 요홀(厶忽), 습니곤(習尼昆)이 있다. 이들이 모두 관제에 폐하지 않는데 전부 다 요나라의 관직명을 이어받은 것이다'라 하였다. 『금사』 권57 〈백관지삼〉 "'제규(諸糺)' 아래에 요홀(厶忽)이 한 명 있는데 종팔품(從八品)이고, 두 상온(祥穩)을 관리한다. 사리(司吏)가 세 명이 있다. 습니곤(習尼昆)은 각 부락의 차역 등 일을 주관한다. 달마(達馬)는 수종이다. 미규(咩糺), 당고규(唐古糺), 이랄규(移剌糺), 목전규(木典糺), 골전규(骨典糺), 실로규(失魯糺)도 설치하였다"라 하였다. 또 '제 이리근사(移離菫司)' 아래 '이리근(移離菫)' 한 명을 설치하였는데, 종팔품(從八品)이고, 부락 마을의 일을 분관하였다. 사리(司吏), 여직(女直), 한인(漢人)각 한 명을 배치하였다. 습니곤(習尼昆)은 각 부락 일을 주관한다. '달마(撻馬)'라 하였다. 습니곤(習尼昆)은 요나라의 관직명 '사노고(思奴古)'에서 이어받은 것이고, 장군과 같다. 『요사』 권4 〈태종본기하〉에 '[회동(會同) 2년] 5월 을사(乙巳), 난징(南京)에 죽빈양(鬻牝羊)이 출경하기를 금지하였다. 사노고다리(思奴古多里) 등은 관물을 훔쳤기 때문에 가산을 몰수

---

51 한어 '상천(常川)'은 냇물처럼 끊임없이 흐른다는 뜻이다. 치안다신(錢大昕) 『항언록』에 '猶云常川, 蓋取『中庸』川流不息之意(상천은 『중용』에 끊임없이 흐른다는 뜻에서 온다).'

하였다'라 하였다. 사노고(思奴古)라는 인명도 있다. 권78에 〈소사온전(蕭思溫傳)〉에 '그 날 밤에, 포인(庖人) 사노고(斯奴古) 등에게 살해되었다'라 하였다. 『요사 · 국어해』에 '사노고(思奴古)라는 관직은 창사(敞史)와 비슷하다'라 하였다. 『요사』 권45 〈백관지〉의 기록에 따라, 요나라 '사장도상온사(四帳都祥穩司), 사장의 군마 일을 담당한다(掌四帳軍馬之事)' 아래에 '장군(將軍)을 설치하였는데, 본명이 창사(敞史)였다'라 하였다. 이로 인해, 요나라의 '사노고(思奴古)'가 실제로는 장군과 같다고 할 수 있다. 『요사』 권78 〈소사온전(蕭思溫傳)〉의 포인(庖人) 사노고(斯奴古)가 권7 〈목종본기〉에 '신고(辛古)'로 나타났다. '그 날 밤에, 측근 시종, 관인화가(盥人花哥), 포인(庖人) 신고(辛古) 등 여섯 명이 배신하여 황제를 죽였다. 그 해는 39년이었다'라 하였다. 권8 〈경종본기상(景宗本紀上)〉에도 '신고(辛古)'로 나타났다. '보녕(保寧) 5년 11월 신해(辛亥) 삭(朔), 측근 시종, 포인(庖人), 신고(辛古) 등 역당을 잡아 주살하였다'라 하였다. '신고(辛古)'는 '신곤(辛袞)'과 발음이 유사하다. 『요사 · 국어해』에 '석렬신곤(石烈辛袞)은 석렬관의 수령이다'라 하였다.

요나라 관제에 있는 '상온(祥穩)'은 돌궐 '상온(祥穩) sangun/sängün'에서 빌려 온 것이다. 돌궐어 '상온(祥穩)'은 '장군'의 음역이다. 왕민신(王民信) 『요사 '거란어관명' 잡고』에 따르면, 요나라의 '상온(祥穩)'은 '신곤(辛袞)'과 같다. "'상온(祥穩)'에 어원에 대하여 저는 '신곤(辛袞)'의 동명이역(同名異譯)이라고 여긴다.", "'상온사(祥穩司)'는 전투 단위이니, '상온사'의 상온(祥穩)도 무관이다. 감군, 장군, 소장군과 같은 성질이다." 음운론적으로 보면, '신곤(辛袞)' *singun은 '신고(辛古)' *singu나 '사노고(思奴古)' *sinagu와 같다. 『중원음운』에 따라, '장군'은 고대와 근대 북방 한어에서 *sianggiuən이라고 추정할 수 있는데, '사노고(思奴古)'와 발음이 유사하다. 그러니까 직책이나 음운론적으로 전부 다 '사노고(思奴古)'는 한어 '장군'의 거란 음역어라고 할 수 있으며, '사노고(思奴古)'가 여진어에 차용되어 '습니곤(習尼昆)'이 된다.

轄里 *hiyari [지명] 뜻: 사팔눈.

『금사』 권50 〈식화지〉에서 '출미원이 사출(斜出) 등은 할리니요(轄里尼要)에서 호시장을 열겠다고 상소하였다'라 하였다. '할리니요(轄里尼要)'는 권2에서 '할리뇨(轄里裊)'로 나타났다. 여진어 '니요(尼要)'가 합음되면 '뇨(裊)'가 되어 '수전(水甸)'이라는 뜻이다. '할리(轄里)'는 만주어에 '사팔눈'이라는 뜻을 갖는 hiyari라고 하는 '하리(霞哩)'에 해당한다. 『일하구문고』 권43에서 '하리(霞哩)는 만주어에서 흘겨보는 눈이다'라 하였다. 『흠정금사어해』 권8에서 '할리(轄哩)는 만주어에서 사팔눈을 의미한다. 권3에서 할리(轄里)로 나타났다'라 하였다.

斜哥(斜葛)*sego [인명] 뜻: 담비.

『금사』 권72에서 완안사가(完顏斜哥), 권2에서 완안사갈(完顏斜葛)이라는 인명이 있다. 『금사·국어해』에서 '사가(斜哥)는 담비다'라 하였다. 『여진역어·부장문』에서 '색극(塞克) 伞㐲은 담비다'라 하였다. 만주어에서 seke라고 하여 '색극(色克)'으로 표기된다. 『만주원류고』 권18에서 '색극(色克)은 담비다. 만주어에도 같다'라 하였다. 『흠정금사어해』 권8에서 '색극(色克)은 담비다. 권2에서 사갈(斜葛)로, 권6에서 사가(斜哥)로 나타났다'라 하였다.

斜烈(斜烈, 思列) *sele [인명] 뜻: 칼날.

『금사』 권18에서 완안사렬(完顏斜烈), 권116에서 점합사렬(粘合斜烈), 권122에서 타만사렬(陀滿斜烈), 권111에서 완안사렬(完顏斜烈), 권7에서 완안사렬(完顏思列) 등 인명이 있다. 『금사·국어해』에서 '칼날은 사렬(斜烈)이라고 부른다'라 하였다. '사렬(斜烈)'은 만주어에서 '순도(일종의 패도)'라는 뜻을 갖는 seleme라고 하는 '색랄묵(色埓默)'과 음도 유사하고 의미도 같다. 『만주원류고』 권18에서 '칼은 색랄묵(色埓默)이라고 부른다. 만주어에서 순도를 가리킨다. 원문에 사렬(斜烈)이었다'라 하였다. 『흠정금사어해』 권8에서 '색랄묵(色埓默)은 순도이다. 권1에서 사렬(斜烈)로 나타났다'라 하였다.

斜魯 *selu [인명] 뜻: 높고 가파른 산.

『금사』 권59과 권123에서 완안사로(完顏斜魯)라는 인명이 있다. 『금사·국어해』에서 '높고 가파른 산이 사로(斜魯)라고 부른다'라 하였다. 만주어 '큰 산'이 '사로(斜魯)'와 발음이 많이 다르기 때문에 청나라 학자들은 몽골어로 이것을 해석하려고 하였다. 예를 들어, 『만주원류고』 권18에서 '높고 가파른 산이 실납(實納)이라고 부른다. 몽골어에서 산마루를 가리킨다. 원문에서 사로(斜魯)였는데 수정하였다'라 하였다. 『흠정금사어해』 권1에서 '살로륵(薩嘮勒)은 몽골어에서 달빛이라는 뜻이다. 권59에서 사로(斜魯)로 나타났다'라 하였다. 또 권11에서 '살로(薩魯)는 수염이다. 권59에서 사로(斜魯)로 나타났다'라 하였다. 상술한 바와 같이 이 단어에 대한 해석은 여러 가지가 있는데 어떤 해석이 옳은지는 판단할 수 없다.

斜也(斜野) *seye [인명] 뜻: 흰색.

『금사』 권76에서 완안사야(完顏斜也)[사야(斜野) 완안고(完顏杲)], 권63에서 배만사야(裴滿斜也), 권120에서 도단사야(徒單斜也), 권5에서 사야(斜野)라는 인명이 있다. '사야(斜也)'는 만주어 eyen에 해당하여 '사음(舍音)'으로 표기되며 '하얗다'는 뜻이다. 『일하구문고』 권153에서 '사음(舍音)은 만주어에서 하얗다는 뜻이다. 원래는 사야(斜也)였다'라 하였다. 『금사』 권24 〈지리지〉 '환주(桓州)' 주에 '백락(白淥)은 국어로 작적륵(勺赤勒)이라고 한다'라 하였다. 『만주원류고』 권18에서 '사음제라(舍音齊喇)는 만주어에서 하얗다는 뜻이다. 원래는 작적륵(勺赤勒)이었다'라 하였다.[52] 또, 완안사야(完顏斜也)가 한어로 하면 완안고(完顏杲)이다. 『설문해자』에서 '고(杲)는 밝다는 뜻이다. 목(木) 위에 일(日)이 있다'라 하였다. 두안위채(段玉裁)의 『설문해자주(說文解字注)』에 "『위풍(衛風)』 '고고

---

52 '적륵(赤勒)'은 만주어 '제라(齊喇)' cira에 해당하여, '안색, 엄하다, 팽팽하다, 딱딱하다'라는 뜻이다. 『청사만어사전』 174쪽에 '사음제라(舍音齊喇)'를 '하얀 얼굴로 해석하였다.

일출(杲杲日出)', 모왈 '고고연일복출(杲杲然日復出矣)'"라 하였다. 다른 측면에서도 '사야(斜也)'는 '빛, 하얀색 등 의미와 관련이 있다는 것을 증명할 수 있다. 여진족 사람들은 흰색을 좋아한다.『삼조북맹회편』에서 '그의 옷은 흰색이 좋다'라 하였다. 그러니까 여진족이 흰색으로 이름을 지은 것도 이상한 것은 아니다.

Y

牙不 *yabu 뜻: 가다.

'아부(牙不)'는 원·명나라 희곡에서 많이 나타났다. 원나라 취밍(闕名)의『벌열무사류추환기(閥閱舞射柳捶丸記)』제3절 '당항운(党項雲)'에 '殺將來, 牙不, 牙不(적이 왔다, 가, 가)'라 하였다.『초광찬활나소천우(焦光贊活拿蕭天佑)』제3절 '야률회백(耶律灰白)'에 '楊六郎還來趕跟着, 我準備牙不(여률회가 말하길에 양육랑이 오면 내가 도망갈 거야)'라 하였다.『팔대왕개조구충신(八大王開詔救忠臣)』설자(楔子) '규군기백(劉君期白)'에 '你若要殺他, 便殺了也罷. 不殺他時, 推出轅門, 看他牙不了罷(유군기가 말할기에 니가 그를 죽이고 싶으면 죽여 봐, 죽이지 않으면 군문 밖으로 쫓아내고 가게 해라)'라 하였다. '아부(牙不)'는 '아보(牙步)'라고도 한다. '가다'는 뜻이다.『여진역어·인사문』에서 '아보(牙步) 朾刃는 가다는 뜻이다'라 하였다. 만주어에는 yabu이다. 우쩐천(吳振臣)의『영고탑기략』에서 "'가다'는 아파(雅波)라고 부른다"라 하였다. 이 단어도 알타이어 공유어이다. 예를 들어, 훠위안제(火源潔)의『화이역어·인사문』에서 '가다(行)는 아부(牙不)[아복(牙卜)]이라고 부른다'라 하였다.

牙吾塔(牙古太) *yaγuta [인명] 뜻: 부스럼.

『금사』권111에서 흘석렬아오탑(紇石烈牙吾塔)[별명 '노고추(盧鼓椎)'이다]이라는 인명이 있다. 이 사람은『송사』권476 '이전전(李全傳)'에서 '아오답(牙吾答)'이라고 하였다.『원사』권199 '장특립전(張特立傳)'에서 '아올각(牙兀觲)'으로 나타났는데 별명이 '노고추(盧鼓椎)'였다. 송나라 사람이 '노고서(盧國瑞)'로 많이 하였다. 〈오둔량필시비〉 제8구에서 '아점 아고태(阿玷牙古太)'가 있다.[53] 『금사·국어해』에서 '아오탑(牙吾塔)은 부스럼이다'라 하였다. 청나라 학자들은 '아오답(牙吾塔)'이 만주어 yoo hede '부스럼'에 해당한다고 주장하였다. 『만주원류고』 권18에서 '약혁 덕(約赫德)은 부스럼이다. 만주어에서 부스럼 자리를 의미한다. 원래 해석은 올바르지 않다. 원문에 아오탑(牙吾塔)이었다'라 하였다. 『흠정금사어해』 권10에서 '약혁덕(約赫德)은 부스럼이다. 권15에서 아오탑(牙吾塔)으로 나타났다'라 하였다.

押恩尼要 *yan niyo [지명] 뜻: 구락(狗泺).

　『금사』 권24 〈지리지〉 '보산(寶山)' 주에 '구락(狗泺)이 있는데 국어로 야은니요(押恩尼要)라고 한다'라 하였다. '개'에 대하여, 『여진역어·부장문』 '인답홍(引答洪) 夲勇는 개다'라 하였다. 회동관 『여진역어·부장문』에서 '개가 인달홀(因達忽)이라고 부른다'라 하였다. 만주어에는 indahūn이 개라는 뜻이다. niyo는 '소택지, 작은 호수'라는 뜻이다. indahūn i niyo는 '강아지 호수'를 가리킨다. 『만주원류고』 권18에서 '음달혼(音達琿)은 만주어에서 개를 의미한다. 니약(尼約)은 수전이다. 원래는 압은니요(押恩尼要)였다'라 하였다. 『흠정금사어해』 권3에서 '음달혼니약(音達琿尼約), 음달혼(音達琿)은 개이다. 니약(尼約)은 수전이다. 권24에서 압은니요(押恩尼要)로 나타났다. 강의 이름이다'라 하였다.

遙設(遙析) *yauše [인명] 뜻: 예의.

　『금사』 권5에서 요설(遙設), 권84에서 요설(遙設)[백언경(白彦敬), 백언공(白彦恭)], 권129에서 요석(遙析)[소유(蕭裕)]라는 인명이 있다. 여진족 사람의 한족 이름은 본족의 이름과 의미적인 관련이 있다. 예를 들어, 도단일(徒單鎰)의 본명은 '안출(按出)'(뜻: 금)이었다. 완안충(完顔忠)의

---

　53 『금사』의 인명 중에 '아고태(牙古太)'가 보이지 않는다. 대음규칙에 따라, '아고태(牙古太)'는 '아오탑(牙吾塔)'에 해당한다.

본명은 '단다(彖多)'(뜻: 충실)였다. 『금사』 권84 〈열전〉 '백언경전(白彦敬傳)'에 '백언경(白彦敬)은 본명이 요설(遙設)이다. 부나화부(部羅火部) 사람이다. 처음에는 언공(彦恭)이라고 하였는데, 현종(顯宗)의 이름을 회피하기 위해 바뀌었다'라 하였다. 즉, 백언경(白彦敬)의 여진족 이름은 '요설(遙設)'이다. '요설(遙設)'은 한어의 '공손하다, 존경하다' 등 의미와 관련이 있다. 한어에서 '공(恭), 경(敬)'은 의미가 유사하여 모두 예의를 지킬 때와 일을 처리할 때 엄격하고 숙정한 태도를 가리킨다. 『석명 · 석언어(釋名 · 釋言語)』에서 '공(恭)은 일이나 사람을 대어 준다는 뜻이다'라 하였다. 『옥편 · 심부(玉篇 · 心部)』에서 '공(恭)은 모신다는 뜻이다'라 하였다. 『설문 · 심부(說文 · 心部)』에서 '공(恭)은 엄숙하다는 뜻이다'라 하였다. 두안위차이(段玉裁)의 『설문해자주』에서 '숙(肅)은 공이다'라 하였다. 『논어 · 자로(論語 · 子路)』에서 '일상생활에서 공손하고, 일을 정중하게 대하고, 사람에게 충실하다'라 하였다. 싱빙수(刑昺疏)는 '공손하게 살고, 일을 신중히 하며, 사람을 충실하게 대한다'라고 하였다. 『예기 · 옥조(玉藻)』에서 '손동작을 공손하게 하고, 눈빛이 바르게 하다'라 하였다. 『신서 · 도출(新書 · 道朮)』에서 '숙정하게 대접하는 것이 경이다'라 하였다. 만주어에 '예의'를 yongsu라고 한다. 청나라에 '옹소(雍蘇)', '약색(約索)'으로 표기되었는데, '요설(遙設)'과 발음이 유사하고 의미도 같다. 이겅 『가몽헌총저 · 봉시번청』에 '의친왕(儀親王)은 옹소(雍蘇)라고 하다'라 하였다. 『흠정금사어해』 권9에서 '약색(約索)은 예절이라는 뜻이다. 권5에서 요설(遙設)로 나타났다'라 하였다. 백언경의 여진족 이름은 '예의'라는 뜻인데 여진족 사람들의 한족 이름과 여진족 본명이 서로 의미가 관련되는 규칙이 담겨 있다.

耶補兒 *iburi [인명] 뜻: 투구꼬리.

　『금사』 권59에서 야보아(耶補兒)라는 인명이 있다. '야보아(耶補兒)'는 만주어 iberi에 해당하여 '투구꼬리'라는 뜻이다. 만주족 인명에 '이백리(伊伯里)'라고 표기된다. 『청어인명역한』에서 '이백리(伊伯里)는 투구꼬리다'라 하였다. 『흠정금사어해』 권11에서 '액포륵(額布勒)은 몽골어에서 겨울을 가리킨다'라고 하였는데 올바르지 않다.

耶懶(押懶) *yaran [지명] 뜻: 표범.

『금사』 권1에서 '보활리(保活里)는 야라(耶懶)에서 거주한다'라 하였다. 또 '동남쪽으로 을리골(乙離骨), 갈라(曷懶), 야라(耶懶), 토골론(土骨論)까지, 동북쪽에 오국(五國), 주외(主隈), 독답(禿答)까지 이른다. 금나라는 이만큼 강성하다'라 하였다. 『금사』 권24 〈지리지〉에 '세종(世宗) 대정(大定) 11년, 야라(耶懶)에서 속빈(速頻)까지 천 리나 떨어졌다. 지금 속빈(速頻)에서 살아도 근본을 잊으면 안 된다고 해서 명석토문(名石土門)에게 맹안(猛安)을 직접 관리하라는 어명을 내렸는데, 압라맹안(押懶猛安)이라고 한다'라 하였다. 주에서 '야라(耶懶)는 압라(押懶)로 표기하기도 한다'라는 말이 있다. 『금사』에서의 '야라(耶懶)'는 『명실록(明實錄)』 권142에서 '아란(牙蘭)'이라고 하였다. '그러니까 원경해(元鯨海) 천호(千戶) 속가첩목아(速哥帖木兒), 목답합(木答哈) 천호(千戶) 완자첩목아(完者帖木兒), 아란(牙蘭) 천호(千戶) 조화(皂化)는 여진에서 귀순해 왔다'라 하였다. 또 『명실록』 권77에서 '아로(牙魯)'라고도 하였다. '영락(永樂) 6년 3월에 여기서 아로위(牙魯衛)를 설치하였다'라 하였다. 청나라에 '아람(雅藍)'이라고 하였는데 동해(東海) 여진족의 거주지였다. 『여진역어·부장문』에서 '아랄(牙剌) 求는 표범이다'라 하였다. 회동관 『여진역어·부장문』에서 '금전표는 아아합(牙兒哈)이라고 부른다'라 하였다. 만주어 yarha 는 그에 해당하여 '수컷 표범'이라는 뜻이다. 『흠정금사어해』 권3에서 '찰란(扎蘭)은 세대라는 뜻이다. 권1에서 야라(耶懶)로, 권70에서 압라(押懶)로 나타났다'라고 해석되었는데 올바르지 않다.

耶塔剌處 *yatarač [지명] 뜻: 부싯돌, 화도.

『요동행부지』에서 '야탑랄처(耶塔剌處)마을에서 숙박하였다. 한어에는 부시라는 뜻이다'라 하였다. 만주어에서 '부시'가 yatarakū라고 하여 '아탑라고(雅塔喇庫)'나 '아타고(鴉他庫)'로 표기되었다. 『만주원류고』 권18

에서 '아탑라고(雅塔喇庫)는 만주어에는 부시를 가리킨다. 원래는 야탑랄호(耶塔刺虎)였다'라 하였다. 『영고탑기략』에서 '부시는 아타고(鴉他庫)라고 부른다'라 하였다.

也力麻立 *yalimali 뜻: 명궁수.

　남송 마쿼(馬括)의 『모재자서(茅齋自叙)』에서 "다음 날, 아구타(阿骨打)는 동생 조와랑군(詔瓦郎君)에게 초구(담비의 모피로 만든 옷), 금포, 서대 등 7가지 물품을 달라 하였다. 운남사(云南使)는 활살을 잘해서 황제가 하사하였다. 점한(粘罕)의 아버지인 살해상공(撒垓相公)은 '운남사(云南使)는 활을 잘하니 많이 유명해졌다. 눈에 띄는 이름을 지어야 한다. 나중에 '야력마립(也力麻立)'이라고 하자'"라고 하여 활에 능숙한 사람으로 해석하였다.

移離菫 *irigin [직관] '군대를 통솔하는 대원수'. 뜻: 모이다.

　『금사·국어해』에서 '제 이리근(移離菫)은 부락의 수령이다. 상온(祥穩), 이리근(移離菫)은 원래 요나라 말인데 금나라에 약간의 차이가 있다'라 하였다. 『금사』 권57 〈백관지삼〉에서 '제 이리근사(移離菫司)에서 이리근(移離菫)이 한 명 있는데 종팔품이다. 부락 마을의 일을 분관한다'라 하였다. 금나라의 '이리근(移離菫)'은 요나라 '이리근(夷離菫)'에서 온 것이다. 부락 마을 일을 분관하는 직책도 요나라 때의 '군대와 백성을 관리하는 직책'과 유사하다.[54] 『요사·국어해』에서 '이리근(夷離菫)은 군대를 통솔하는 대원수이다'라 하였다. 『요사』 권45 〈백관지일〉에서 '이리근(夷離菫)은 본명이 미리마특본(彌里馬特本)이었는데, 신곤(辛袞)으로 바뀌었다. 회동 원년에 출세하였다'라 하였다. 요나라 '이리근(夷離菫)'에 대한 고증이 많다. 왕민신(王民信)은 『당서』 권219 〈거란전〉에서 '그의 왕인 대하씨(大賀氏)는 병사 4만이 있고, 여덟 부로 나눠 돌궐에 귀순하였

---

54 왕민신(王民信)의 「요사 '거란어관명' 잡고」, 『유사학보(幼獅學報)』 제4권 제2기, 1961.

다. 이를 기근(俟斤)이라고 부른다. 전쟁이 있으면 각 부는 모이고, 평일에 각 부는 스스로 관리한다'라는 말에 근거하여, '기근(俟斤)'이 바로 '이리근(移里堇)'의 어원이라고 주장하였고 더 나아가, "잠씨(岑氏)의 『돌궐집사(突厥集史)』의 부록인 『돌궐 및 그와 관련된 외국어의 한문 번역의 고증표』에서 '기근(俟斤)'이 Ergin, irgin, erkan '기근(俟斤)', '힐근(頡斤)', '오건(奧鞬)'으로 음역되었다. '기근(俟斤)'은 Erkin이나 irkrn이라고 하는데 모두 '이리근(夷離堇)'의 대음이다. 오건(奧鞬)은 흉노(匈奴)의 관직명이다. 잠씨(岑氏)가 같은 책에서 '후한(後漢) 때 남흉노에 좌오근(左奧鞬)[영수 원년 하반기(永壽元年下)]이 있는데, 한나라의 문서는 오건(奧鞬)에 전달되었다. 저는 이를 후세의 urgenj이라는 것을 증명하였다. 그렇다면 오건(奧鞬)은 바로 흉노어 Erikin이다'라고 하였다. 만약에 잠씨(岑氏)의 고증이 맞으면, 거란어 "이리근(夷離堇)은 '기근(俟斤)'에서 나온 것으로 흉노까지 올라갈 수 있다. 다시 말하면, 거란은 돌궐에서 온 것이고, 돌궐은 흉노를 계승하였다'라고 설명하였다. 또한 『남제서』에서 북위(北魏) 때 기근(俟勤, 즉 기근(俟斤)이다)이라는 관직명이 있었고, 그 관직은 '상서와 같다'[55]라고 하였다. 돌궐어 irkin은 『돌궐어대사전』에서 '모일 수 있는 모든 물품이 모두 다 irhin이라고 할 수 있다'라고 해석하였다. 갈나록(葛邏祿) 사람은 수령을 kol irkin이라고 하는 것도 이 단어에서 온 것이며, '지혜가 호수처럼 풍부한 사람'이라는 뜻이다.[56] 이를 통하여, 요나라와 금나라의 관직명인 '이리근(移離堇)', '이리근(夷離堇)' *irigin은 돌궐어 *irkin에서 발원해 온 것이며 '군대를 통솔하는 대원수'라는 직무를 담당한다. 본의는 '모이다'라는 뜻이다.

移懶(移賚) *ilan/ilai [지명] 뜻: 삼(三).

　『금사』 권2 〈태조본기〉에서 '파노화(婆盧火)에게 이라로적고내(移懶路

---

55 『남제서』 권57 〈위로전(魏虜傳)〉, 중화서국, 1972, p. 985.

56 마혁묵덕(痲赫默德)·객십갈리(喀什噶里) 저, 쇼중이(校仲彝) 등 역음, 『돌궐어대사전』, 1권, 민족출판사, 2002, p. 116.

迪古乃)에서 징병을 하라는 어명을 내렸다'라 하였다. 『금사』 권3 〈태종본기〉에서 '임진(壬辰), 이라로(移懶路)를 구제하였다'라 하였다. 또 '이라로 도발근(移懶路都勃菫) 완안충(完顔忠)에게 소빈수(蘇頻水)로 옮겨 가라는 명령을 내린다'라 하였다. 『금사·국어해』에서 "이뢰발극렬(移賚勃極烈), 제3위가 '이뢰(移賚)'라고 부른다"라 하였다. 『대금적벌록(大金弔伐錄)』에서 '원수부(元帥府)가 송나라에 준 편지'에서 '대금골노니이뢰발극렬(大金骨盧你移賚勃極烈)'이라는 말이 있다. '이라(移懶)'는 『여진역어·수목문』의 '이람(以藍) ⵎ는 삼이다.' 회동관 『여진역어』의 '역랑(亦朗)'에 해당한다. 만주어 ilan이 '삼'으로 해석되고, 청나라에 '의랑(衣朗)'이나 '이란(伊蘭)'으로 표기되었다. 『영고탑기략』에서 '삼은 의랑(衣朗)이라고 부른다'라 하였다. 『흠정금사어해』 권3에서 '이란(伊蘭)은 숫자 삼이다. 권2에서 이라(移懶)로 나타났다'라 하였다. 사잉어(薩英額)의 『지린외기』 권2에서 "삼이라는 성씨가 '의란합랍(依蘭哈拉)'이라고도 한다. 국어에서 의란(依蘭)은 삼(三)을 의미하며, 합랍(哈拉)은 성씨를 가리킨다"라 하였다.

乙里補(乙剌補, 移剌補, 移剌保, 移剌本) *ilibu [인명] 뜻: 일어서게 하다, 일어나게 하다.

『금사』 권2에서 을리보(乙里補), 권63에서 완안을랄보(完顔乙剌補), 권65에서 이랄보(移剌補), 권84에서 이랄보(移剌保)[을랄보(乙剌補)], 권72에서 이랄본(移剌本) 등의 인명이 있다. '을리보(乙里補)'는 『여진역어·인사문』에서 '일립본(一立本) 𢗅𠛱는 일어서게 하다는 뜻이다' 및 만주어 ilibumbi에 해당하여 ilimbi의 사동형이며 '일어서게 하다'는 뜻이다. 『흠정금사어해』 권11에서 '이리포(伊里布)는 일어서도록 하다는 뜻이다'라 하였다. 어근은 ili이다. 『금사』에서 '을렬(乙烈), 을열(乙列)' 등 인명이 있는데, 만주어에서 '이리(伊里), 의립(衣立)'이라고 한다. 『만주원류고』 권15에서 '이리(伊里)는 만주어에서 일어서다는 뜻이다'라 하였다. 우쩐천(吳振臣)의 『영고탑기략』에서 "'서다'는 의립(衣立)이라고 한다"라 하였다. 『흠정금사어해』 권8에서 '이리(伊里)는 서다는 뜻이다'라 하였다. '을

열(乙列)' 참고.

乙列(乙烈) *ili [인명] 뜻: 일어서다.

『금사』권2에서 을열(乙列), 권1에서 을렬(乙烈), 권71에서 을랄(乙剌) 등 인명이 있다. 〈대금득승타송비〉 제32행, 〈오둔량필시비〉 하관에서 모두 '일립수(一立受)'라는 단어가 있는데,[57] 타무라 지즈조, 뤄푸이(羅福頤) 등은 모두 '서다'라고 해석하였다. '을열(乙列)'은 만주어 ili에 해당하여 '서다'라는 뜻이다. 청나라에 '이리(伊里), 의립(衣立)'으로 표기되었다. 『만주원류고』권15에서 '이리(伊里)는 만주어에서 서다는 뜻이다'라 하였다. 우쩐천(吳振臣)의 『영고탑기략』에서 '서다는 말은 의립(衣立)이라고 부른다'라 하였다. 『흠정금사어해』권8에서 '이리(伊里)는 서다는 뜻이다'라 하였다. 『여진역어 · 인사문』에서 '일립본(一立本) 𡆤𠟼는 서다는 뜻이다'라 하였다. 이 단어의 실제적인 의미는 '서게 하다'라는 뜻이다. 즉, 동사 '일립(一立)'의 사동형이고, 만주어 ilibumbi에 해당한다. '을리보(乙里補)' 참고.

乙塞補(移失不) *isibu [인명] 뜻: 이르게 하다.

『금사』권71에서 을색보(乙塞補), 권117에서 이실부(移失不)라는 인명이 있다. '을색보(乙塞補)'는 만주어 isibumbi에 해당하여 '이르게 하다, 보내도록 하다'라는 뜻이다. 청나라에 '이실포(伊實布)'나 '이십포(伊什布)'로 표기되었다. 『흠정금사어해』권11에서 '이실포(伊實布)는 이르게 하다는 뜻이다. 권71에서 을새보(乙賽補)로, 권113에서 이실부(移失不)로 나타났다'라 하였다. 만주족에서 '이십포(伊什布)'로 이름을 지은 사람도 있다. 『청어인명역한』에서 '이십포(伊什布)는 이르게 하다, 보내게 하다는 뜻이다'라 하였다. 이 단어의 만주어 어근은 isi이고 '이르다'는 뜻이

---

57 타무라 지즈조는 「대금득승타송비의 연구(大金得勝陀頌碑的研究)」에서 한어 '수(受)'로 표음하는 이 여진어 조동사는 과거형 동사의 어미라고 주장하였다. 진광핑(金光平) · 진치총(金啓孫)은 『여진언어문자연구』에서 타동 조동사이며, 동작이 외부 원인으로 인해 일어나게 된다는 의미를 지닌다고 주장하였다.

다. 금나라 시대 여진어에서 '을실(乙室)'로 표기되었다. 『여진역어·인사문』에서 '일십매(一十埋) 朱夨는 이르다, 도착하다는 뜻이다'라 하였다. '을실(乙室)' 참고.

乙室(乙薛) *isi [직관, 부락명, 성씨, 인명] 뜻: '이르다, 도착하다', '영접하는 관원'.

『금사』 권3에서 을실백답(乙室白荅), 권72에서 색리을실(索里乙室), 권72에서 을설(乙薛)이라는 인명이 있다. 『금사·국어해』에서 '을실발극렬(乙室勃極烈)은 영접하는 관원이다'라 하였다. 『금사』 권55 〈백관지일〉에서 '또한 제 발극렬(勃極烈) 위에 국론(國論), 을실(乙室), 홀로(忽魯), 이뢰(移賚), 아매(阿買), 아사(阿舍), 질(迭) 등 호칭이 있고 황제가 종실을 봉하는 호칭이다'라 하였다. 『금사』 권2 〈태조본기〉에서 '희윤(希尹)은 요나라 황제를 을실부(乙室部)까지 쫓아갔는데 따라잡지 못하였다'라 하였다. 『요사·국어해』에서 '을실(乙室), 발리(拔里), 국구장(國舅帳)의 두 족명이다'라 하였다. '을실(乙室)'은 『여진역어·인사문』 '일십매(一十埋) 朱夨는 이르다는 뜻이다'와 회동관 『여진역어·인사문』에 '이르다는 말은 역실합(亦失哈)이라고 부른다'에 해당한다. 만주어에서 isimbi라고 하여 '이르다, 도달하다'라는 뜻이다. '을실발극렬(乙室勃極烈)'은 손님을 영접하는 일을 담당하는 관원이다. 즉 소위 영접하는 관원을 가리킨다. 『금사』 권71에서 '을새보(乙賽補)', 권117에서 '이실부(移失不)' 등 인명도 있는데, 어근 isi에 사동접사 bu가 붙어 현성된 것으로 만주어 isibumbi에 해당하여 '이르게 하다, 보내게 하다'라는 뜻이다. 『흠정금사어해』 권11에서 '이실포(伊實布)는 이르게 하다는 뜻이다. 권71에서 을새보(乙賽補), 권113에서 이실부(移失不)로 나타났다'라고 하였다. '을실(乙室)'의 구체적인 의미에 대하여, 『흠정금사어해』 권7에서 티베트어로 해석해 보았다. '이실(伊實)은 당고특어에서 지혜라는 뜻이다. 권3에서 을실(乙室)로 나타났다'라 하였다.[58] 『만주원류고』 권18에서 '잔치'로 해석하였다. '고륜영실패륵(古倫英實貝勒), 만주어에서 영실(英實)은 잔치를 의미한다. 원래는 을실(乙室)이었고, 영접하는 관원, 혹은 각국의 사신을 초대하는 잔치라고 해석되었다'라 하였다. 청나라 시대 학자들의 해석은 어근에서 착수하지 않았으므로 정확히 고증하지 못하였다. '을색보(乙塞補)' 참고.

銀朮可 *ninjuke [인명] 뜻: 진주, 혹은 육십.

『금사』권2에서 흘석렬은출가(紇石烈銀朮可), 권72에서 완안은출가(完顏銀朮可)[은출가(銀朮哥)], 권85에서 완안은출가(完顏銀朮可)[영도(永蹈)], 권111에서 발출로은출가(孛朮魯銀朮可), 권130에서 독길은출가(獨吉銀朮可) 등 인명이 있다. 『금사·국어해』에서 '은출가(銀朮可)는 진주다'라 하였다. '은출가(銀朮可)'는 『여진역어·진보문』에 '녕주흑(寧住黑) 𨁂 는 진주' 및 회동관 『여진역어·진보문』에 '진주가 니출(泥出)이라고 부른다'와 발음도 유사하고 뜻도 같다. 만주어에서 '진주'가 nicuhe라고 하고, 청나라에 '니초혁(尼楚赫)'으로 표기되었다. 『만주원류고』권18에서 '니초혁(尼楚赫)은 진주를 의미한다. 만주어와 같다'라 하였다. 『일하구문고』권4에서 '니초혁(尼楚赫)은 만주어에서 진주를 가리킨다. 원래는 은출가(銀朮可)였다'라 하였다. 『흠정금사어해』권8에서 '니초혁(尼楚赫)은 진주다. 권2에서 은출가(銀朮可)로 나타났는데, 은출가(銀朮哥)로 표기하기도 하였다'라 하였다. 또한 홍호(洪皓)의 『송막기문』정권 '통사무문(通事舞文)'에서 '은주가(銀珠哥)라는 대왕이 있다'라는 말이 있는데, 원문의 주에서 '은주(銀珠)는 60째를 의미한다'라고 해석하였다. 여기서 홍호는 '은주(銀珠)'를 '60째'로 해석하였는데 정확하지는 않다. 『여진역어·수목문』에서 '녕주(寧住)는 육십이다'라 하였다. 만주어에서 '육십'이 ninju라고 하는 것에 따라, '은주(銀珠)'가 '60'과 관련 있다고 할 수 있다. 여진족 사람들이 이름을 지은 습관에 따라 '은주(銀珠)'를 '60'으로 해석한 것은 『금사·국어해』에서 '진주'로 해석한 것보다 더 타당하다.

---

58 청나라 시대 사람들이 말하는 당고특어(唐古特語)는 티베트어를 가리킨다. '지혜'는 티베트어로 Ye-śes라고 하고 '익서(益西)'로 표기되었다.

盈歌(揚割) *yiŋge [인명] 뜻: 산포도, 개머루.

　『금사』권1에서 완안영가(完顔盈歌)[완안양할(完顔揚割) 목종(穆宗)]라는 인명이 있다. '영가(盈歌)'는 만주어 yengge에 해당하여 '산포도'라는 뜻이다. 『흠정금사어해』권1에서 '영격(英格)은 산포도이다. 권1에서 영가(盈歌)로 나타났다'라 하였다. '산포도'에 대하여, 『중문대사전』18권 78쪽에 '산포도는 일종의 풀인데 개머루라고 한다'라 하였다. 『제민요술(齊民要術)』에 '오향목, 박의 줄기, 중국의 산물이 아니다'라 하였다. 『설문』에 '욱(薁)은 앵두나무다'라고 하였다. 『광아』에 '연욱(燕薁)은 산포도이다'라 하였다. 『시의소(詩義疏)』에 '앵욱(櫻薁)의 열매는 용안처럼 크고, 검은색이다. 바로 산포도이다'라 하였다. 『빈(豳)』시에 '10월에 욱(薁)을 먹는다'라 하였다. 『지린통지』권19에서 '산포도'로 해석하였다. 고시치(高士奇)는 『조종동순일록 · 조종동순부록(扈從東巡日錄 · 扈從東巡附錄)』에서 '홍초과(紅草果)'라고 해석하였다. 『지린통지』권17에서 '영액하(英額河)'가 있는데, 『흠정성경통지』권27에서 '영아하(英莪河)'로 나타났다. 또한 지금의 랴오닝 성 카이위안 현(遼寧省開原縣) 동남쪽에 '영액문(英額門)'이 있는데, 모두 '앵욱(櫻薁)'의 의미, 즉 '산포도'라는 의미에서 나온 것이다.

余睹(盍都) *idu [인명] 뜻: 차례.

　『금사』권121에서 여도(余睹), 권133에서 야률여독(耶律余睹)[야률여독(耶律余篤)], 권16에서 완안익도(完顔盍都), 권117에서 도단익도(徒單盍都) 등 인명이 있다. '여도(余睹)'는 만주어 idu에 해당하여 '차례, 순서'라는 뜻이다. 『만주원류고』권18에서 '이도(伊都)는 순서를 의미한다. 만주어에서 차례를 가리킨다'라 하였다. 『흠정금사어해』에서 '이도(伊都)는 차례다'라 하였다.

Z

闍刺 *jala 뜻: 사신, 통사.

『금사』권84 '누완온돈사충전(耨盌溫敦思忠傳)'에 '요나라는 강화하려고 한다. 사충(思忠)과 오림달찬모(烏林達贊母)는 이를 담당하는데 갑랄(闍刺)이라고 한다. 갑랄(闍刺)은 한어에 행인을 가리킨다'라 하였다.[59] 『금사』에 '갑랄(闍刺)'은 명사이고, 동사 형식은 『여진역어』 '소랄매(召刺埋)'에 해당하여 '상소하다'는 뜻이다. 『여진역어 · 기용문』에서 '소랄매위륵백(召刺埋委勒伯) 夃亥夨耂屯右은 상소하다는 뜻이다'라 하였다. 또한 『여진역어 · 인사문』에서 '위륵백(委勒伯)은 일이다'라 하였다. 『여진역어 · 통용문』에서 '소랄매졸액림매(召刺埋拙厄林昧) 夃亥夨攴史는 상소하다는 뜻이다'라 하였다. 두 나라가 왕래하는 사신으로, '갑랄(闍刺)'은 만주어 jala에 해당한다. jala는 중매인이라는 뜻이다. 『흠정금사어해』 권6에서 '찰랍(扎拉)은 중매인이다. 권84에서 갑랄(闍刺)로 나타났다'라 하였다.

그리고 관직명으로, 금나라의 '갑랄(闍刺)'은 요나라의 '찰랄(札刺)'이나 '지랄리(只刺里)'에서 이어받은 것이다. 『요사』권88 〈야률자충전(耶律資忠傳)〉에서 '자충(資忠), 자는 옥연(沃衍)이고, 아명은 찰랄(札刺)이다. 중부(仲父)의 아들이다. 처음에, 고려가 귀순하였다. 여직 6부의 땅을 하사하였다. 후에는 공물을 제 시간에 바치지 않기 때문에 자충(資忠)에게 가서 원인을 찾으라고 명령을 하였다. 고려는 땅을 돌려주지 않았다. 그래서 관리들이 황제에게 탄핵하였다. 상경부유수(上京副留守)로 강직되었다. 3년 후에는 다시 사신으로 고려에 갔다. 불유(拂遺)에 억류되었다. 6년 후, 고려는 상소하고 사죄하였다. 이제야 자충(資忠)을 되돌려 주었

---

59 '행인'은 사신의 통칭이다. 즉 통사이다. 『좌전 · 양공사년(左傳 · 襄公四年)』에 '한헌자(韓獻子)는 행인자원에게 묻도록 한다'라고 하였다. 주에 '해인, 통사'를 가리킨다. 또한 '행인'은 고대 관직명이었는데 참배 등 직무를 담당하였다. 주나라 때는 대행인, 소행인이 있었고, 한나라 때는 대홍려관(大鴻臚官)이 있었는데 후에는 대행령(大行令)으로 바뀌었다. 명나라에 행인사(行人司)를 설치하였고 성지를 전하거나 책봉하는 일을 담당하였다.

다'라 하였다. 평쟈성(馮家昇) 『요사초교(遼史初校)』에서 '오월 경오(庚五), 야률자충(耶律資忠)은 고려에서 돌아왔다. 고려는 속국으로 귀순하고 공물을 바치겠다고 상소하였다. 그리고 억류한 지랄리(只剌里)를 되돌려 주었다. 지랄리(只剌里)는 고려에서 6년 동안 억류되었는데 굴복하지 않았다. 림아(林牙)로 봉하였다'라 하였다. 『요사』 권106 〈소찰랄전(蕭札剌傳)〉에 '야률자충중지(耶律資忠重之), 목왈힐산로인(目曰頡山老人)'이라 하였다. 『요사종고 · 요사복문거례사(遼史叢考 · 遼史復文擧例)』 '후기'에는 상술한 기록에 의거하여, '지랄리(只剌里)'가 '찰랄(札剌)'의 이역(異譯)이고, 자충(資忠)의 아명이라고 주장하였다. 『금사』 어느 사람의 전기에서 '찰랄(札剌)'은 여진어에서 사신이라는 뜻이다. 또한 이 단어는 거란어에서 이어받은 것이라서 '찰랄(札剌)'은 자충(資忠)의 자가 아닐 수도 있다. 그리고 『요사』 권31 〈영위지〉에서 '감모알로타(監母斡魯朶)' 아래에 위치하는 '말리십일(抹里十一)'에 '갑랍(閘臘)'이라는 단어가 있는데 '찰랄(札剌)'과 같다.

상술한 바에 따라, 여진어 '갑랄(閘剌)' *jala은 거란어 '찰랄(札剌)' *jala'와 같은 어원이라고 할 수 있다.

札失哈 *jas'ha [관직] 뜻: 수관서.

『금사 · 국어해』 '관직명'에 '찰실합발극렬(札失哈勃極烈)은 수관서이다'라 하였다. 『금사』의 '찰실합(札失哈)'은 요나라의 관직명인 '갑살월(閘撒狨)'이나 '갑살(閘撒)'에서 이어받은 것이다. 『요사』 권45 〈백관지〉에 '한말리(抹里)는 갑살월(閘撒狨)이다'라 하였다. 『요사』 권31 〈영위지〉에 '38주, 10현, 41제할사(提轄司), 23석렬(石烈), 74와리(瓦里), 98말리(抹里), 2득리(得里), 19갑살(閘撒)'이라 하였다. 『요사 · 국어해』에서 '갑살월(閘撒狨)은 말리사(抹里司)의 관원이다. 궁궐을 지키는 일을 담당하는 사람이다'라 하였다. 『요사』의 기록에 근거하여, '갑살월(閘撒狨)'은 금나라의 '찰실합(札失哈)'과 같은 업무를 담당하는 것을 알 수 있다. '갑살월(閘撒狨)'은 몽골어 jasaq와 같은 어원이고 '법도, 정치'라는 뜻이다. 『흠정요사어해』 권2에서 '찰살극(扎薩克)은 몽골어에서 정치라는 뜻이다. 권31에서 갑살(閘撒)로 나타났다'라 하였다. 쟈징엔(賈敬顏)의 『거란문』에서 "월은 hue라고 하여 급하게 다니는 모습이라는 뜻이다. 갑살(閘撒)은 jasa(札撒)나 jasah(札撒黑)라고 하여 '법도, 통치'라는 뜻이다. 원나라에 법률이 '찰살(札撒)'이나 '아살(牙撒)'이라고 하였다. 몽골어에서 j와 y는 서로 통하는 것이다"라 하였다. 『원조비사』 153절에 '찰살흑(札撒黑)'이라는 말이 있는데 '군법'으로 번역하였다. 197절에 '찰살흑(札撒黑)'을 '법도'로 번역하였다. 팡링귀(方齡貴)의 『원명희곡중의 몽골어』 '찰살(扎撒)'조에 "찰살(扎撒) 글자만 보면, 몽골어 jasaq의 대음이고 '법령, 법률'이라는 뜻이다"라 하였다. 만주어 jasak '찰살극(札薩克)'은 청나라에 몽골 지역의 기장이다.

그러니까 요나라에 '궁궐을 지키는 사람'이라는 관직명인 '갑살월(閘撒狘)'은 거란어에 '법도'라는 뜻이다. 여진어 '찰실합(札失哈)' *jas'ha는 거란어에서 빌려 온 것이다.

只魯歡 *jilhon [인명] 뜻: 수명.

『금사』 권113에서 출호지로환(朮虎只魯歡)이라는 인명이 있다. '지로환(只魯歡)'은 만주어 jalgan에 해당하여 '수명'이라는 뜻이다. 청나라에는 '찰륵한(扎勒罕)'으로 표기되었다. 『흠정금사어해』 권12에서 '찰륵한(扎勒罕)은 수명을 의미한다. 권113에서 지로환(只魯歡)으로 나타났다'라 하였다. 만주어 jalafun도 '수명'이라는 뜻이고 '찰랍분(扎拉芬)'으로 표기되었다. 만주족 사람들은 이로 이름을 지은 사람도 있다. 『청어인명역한』에서 '찰랍분(扎拉芬)은 수(壽)이다'라 하였다.

戾勃極烈 *jai bogile [직관] 뜻: 제2 총치관.

『금사·국어해』 '관직명'에서 '측발극렬(戾勃極烈)은 음양의 관원이다'라 하였다. '측(戾)'은 『여진역어·수목문』 '졸(拙) ㄷ는 이(二)이다' 및 만주어 '둘째' jai에 해당한다. 『흠정금사어해』 권6에서 '제패륵(齊貝勒), 제(齊)는 제2를 의미하며, 패륵(貝勒)은 사람을 관리하는 사람을 가리킨다.

권2에서 측발극렬(昃勃極烈)로 나타났다'라 하였다. 『만주원류고』 권18
에서 "고륜오패륵(古倫烏貝勒), 만주어에는 온(溫)이 화(化)를 의미한다.
원래는 오(吳)였는데 '측(昃)'으로 하기도 하였다. 이제 수정하였다. 흠천
감의 관원이라고 해석하였는데 올바르지 않다'라 하였다. '측(昃)'은 '오
(吳)'라고 하는 주장이 있는데 만주어 '온(溫)'에 따르면 올바르지 않다.

후기

　북방 소수민족에 대한 관심은 서북 지방에 대한 애착심에서 생겨났습니다. 대학교 4년 동안을 걸쳐 나는 서북 지방과 깊은 우정을 맺게 되었습니다. 졸업 직전에, 다른 학우들과 같이 민속학자인 커양(柯楊) 선생님을 따라 자위관(嘉峪關) - 헤이산(黑山) - 둔황(敦煌)을 돌아다니며 위구르족(裕固族)의 민속을 조사한 적이 있습니다. 이 경험을 통해 서부 지방을 더 많이 그리워하게 되었습니다. 서북의 넓디넓은 초원, 아름다운 치롄산(祁連山), 웅장한 자위관(嘉峪關), 아득한 모래사장, 파광이 넘실대고 있는 부드럽고 아름다운 웨야취안(月牙泉), 신비하고 로맨틱한 둔황(敦煌) 등은 모두 저에게 깊은 인상을 남겼습니다. 졸업 후에는, 동북 지방으로 배치되었습니다. 거기서 역대의 군웅이 천하를 다투는 장면을 지켜보는 창바이산(長白山)과 헤이룽장(黑龍江), 수많은 역사의 기억을 묻어 둔 검붉은 토지가 제 마음을 사로잡았으며, 한 걸음 더 나아가 내가 북방 민족을 탐구하고자 하는 욕망을 불러일으켰습니다.

　어릴 때 『악비전(岳飛傳)』을 아주 좋아해서 여진족과 그 민족이 건립한 금나라가 낯설지 않았습니다. 그러나 역사를 자세히 읽어 보고, 백자기와 및 단간 잔비에서 여진의 문명을 찾아내면서, 여진 민족이 송나라의 황제를 쳐부순 눈부신 역사 및 "백만 정예 병력을 서호에 주둔시키고, 오산 제일봉에 말을 세운다"라는 말에서 영웅적인 기세를 느낄 수 있었습니다. 또한 몽골이 깊숙이 파고 들어와서 아주 빨리 무너졌지만 그 금나라의 대국 풍모를 내보이는 문자도 함께 조용히 역사 속으로 숨어버린 고통을 느낄 수 있었습니다. 저는 이 민족의 잊혀진 역사에 무엇인가 해주고 싶었습니다. 고대 여진어의 연구는 중화 언어대계와 알타이어학에 없어서는 안 될 부분이기 때문입니다.

이미 불혹의 나이를 넘겼지만 연구가 아직 많이 부족합니다. 다행히 녜훙인(聶鴻音) 선생님께서 저를 제자로 받아들여 전심전력을 다해 가르쳐 주셨습니다. 책 제목의 선정부터 작성까지 세심하게 지도해 주셨고 많은 정력을 기울이셨습니다. 선생님의 간곡한 가르침은 늘 제 귓가에 남아 도움을 주었습니다. 또한 무훙리(穆鴻利) 선생님께서 저를 '속가제자'로 삼고, 여진문을 가르쳐 주셨습니다. 책이 완성된 후에, 바쁜 와중에도 시간을 내서 심사해 주셨고 많은 귀중한 의견을 내놓으셨습니다. 오란(吳蘭) 선생님께서는 몽골어를 가르쳐 주셨으며, 책을 심사받으러 보낸 후에도 많은 가르침을 내려 주셔서 많은 도움을 주었습니다. 본 책에 언급된 범위가 넓기 때문에 스스로 지식이 부족해서 해결하기 어려운 데가 많았습니다. 다행히 수시로 주나스트(照那斯圖), 류펑주(劉鳳翥) 선생님께 여쭤볼 수 있었고, 자료도 많이 빌렸습니다. 장공진(張公謹), 뤄시안유(羅賢佑)와 지용해(季永海) 등 선생님께서는 많은 수정 의견을 내주셨습니다. 먼 내몽골에 계신 도을지(道爾吉) 선생님께서도 검열을 해주셨고, 강교(江橋) 선생님과는 서로 안 지 오래되지 않았지만 일찍 만나지 못한 것을 한탄스럽게 느낍니다. 만주어 부분에 많은 가르침을 주셨습니다. 여기서 함께 감사를 드립니다.

책에 제시되어 있는 여진문은 멍상민(孟詳敏)과 멍상제(孟詳杰) 선생님께서 망중에 제작해 주셨습니다. 멍상제 선생님께서 원본의 입력과 제작에 심력을 기울이셨고, 고생이 많으셨지만 불만이 없으셨습니다. 여기서 감사를 드립니다.

순버쥔(孫伯君)

2004년 7월

참고문헌

1. (梁) 『남제서(南齊書)』, 베이징, 중화서국, 1972.

2. (宋) 스마광(司馬光), 『자치통감(資治通鑑)』, 베이징, 중화서국, 1963.

3. (宋) 쉬멍신(徐夢莘), 『삼조북맹회편(三朝北盟會編)』, 상하이, 상하이고적출판사, 1987년 영인본, 쉬한도(許涵度) 각본.

4. (宋) 리신촨(李心傳), 『건연 이래의 계년요록(建燕以來系年要錄)』, 베이징, 중화서국, 1988.

5. (宋) 강소위(江少虞), 『송조사실류원(宋朝事實類苑)』, 상하이, 상하이고적출판사, 1981.

6. (宋) 예롱리(叶隆禮), 『거란국지(契丹國志)』, 쟈징엔(賈敬顔)·린롱구이(林榮貴) 교본, 상하이, 상하이고적출판사, 1985.

7. (宋) 루유(陸遊), 『노학암필기(老學庵筆記)』, 베이징, 중화서국, 1985년 영인총서집성초편본.

8. (宋) 신쿼(沈括), 『몽계필담(夢溪筆談)』[신세기만유문고 류상롱(劉尙榮) 교본], 선양, 랴오닝교육출판사, 1997.

9. 무함마드 카슈가르(Mehmud Qeshqeri) 저, 샤오중이(校仲彝) 등 옮김, 『돌궐어대사전(突厥語大詞典)』 1권, 베이징, 민족출판사, 2002, p. 116.

10. (宋) 시옹커(熊克), 『중흥소기(中興小記)』, 푸저우, 푸졘인민출판사, 1985.

11. (宋) 시모량(石茂良), 『피융야화(避戎夜話)』, 상하이, 상하이서점, 1982.

12. (宋) 류치(劉祁), 『귀잠지(歸潛志)』, 상하이, 중화서국, 1941년 영인총서집성초편본.

13. 『대금적벌록(大金吊伐錄)』, 저자 미상, 베이징, 중화서국, 1985년 영인총서집성 초편본.

14. (宋) 위원모죠(宇文懋昭), 『대금국지(大金國志)』, 취원인(崔文印) 교정본, 베이징, 중화서국, 1986.

15. (元) 튀튀(脫脫), 『송사(宋史)』, 베이징, 중화서국, 1977.

16. (元) 튀튀(脫脫), 『요사(遼史)』, 베이징, 중화서국, 1974.

17. (元) 튀튀(脫脫), 『금사』, 베이징, 중화서국, 1975.

18. (明) 송란(宋濂), 『원사』, 베이징, 중화서국, 1976.

19. (明) 『원조비사』 12권, 사부총간(四部從刊) 3편, 상하이, 상하이상무인서관, 1936.

20. (明) 휘위안졔(火源潔)·마사이헤이(馬沙亦黑), 『화이역어(華夷譯語)』, 함분루 비급(涵芬樓秘笈) 제4집.

21. (明) 모진반(毛晉編), 『육십가지의 곡(六十种曲)』, 베이징, 문학고적간행사, 1955.

22. (明) 장루지(張祿輯), 『사림적염(詞林摘艷)』, 베이징, 문학고적간행사, 1956.

23. 『고본원명잡극(孤本元明雜劇)』, 베이징, 중국희곡출판사중간본, 1957.

24. (明) 장진수(臧晉叔), 『원곡선(元曲選)』, 베이징, 중화서국, 1961.

25. (明) 궈순지(郭勛輯), 『옹희악부(雍熙樂府)』, 사부총간속편본(四部從刊續編本).

26. (明) 도종이(陶宗儀) 등, 『설부삼종(說郛三种)』, 상하이, 상하이고적출판사, 1988.

27. (明) 도종이(陶宗儀), 『철경록(輟耕錄)』, 『사고전서(四庫全書)』, 제1040권.

28. (明) 신모상(慎懋賞), 『사이광기(四夷廣記)』, 총서집성초편본.

29. (明) 궈조칭(郭造卿), 『노룡색략(盧龍塞略)』, 만력 38년 각본.

30. (朝鮮) 최세진, 『노걸대언해(老乞大諺解)』, 1670, 규장각(奎章閣)총서 9, 경성 제국대학교 법문학부, 소화 19년(1930).

31. (淸) 롼위안(阮元), 『경적찬고(經籍纂詁)』, 베이징, 중화서국, 1982년에 남환 선관(琅環仙館) 원각본을 영인.

32. (淸) 두안위차이(段玉裁), 『설문해자주(說文解字注)』, 상하이, 상해고적출판 사, 1981년에 경운루(經韻樓) 소장본을 영인.

33. (淸) 호이싱(郝懿行), 『이아의소(爾雅義疏)』, 상하이, 상하이고적출판사, 1983 년에 학씨가각본(郝氏家刻本)을 영인.

34. (淸) 조이(趙翼), 『입십사찰기(卄十史札記)』, 왕수민(王樹民) 교정본, 베이징, 중화서국, 1984.

35. (淸) 천위안롱(陳元龍), 『격치경원(格致鏡原)』, 100권, 『사고전서(四庫全書)』, 제1031~1032권.

36. (淸) 아귀(阿桂), 『만주원류고(滿洲源流考)』, 건륭(乾隆) 42년(1777), 『사고전서(四庫全書)』, 제499권.

37. (淸) 위민중(于敏中)·영란(英廉), 『일하구문고(日下舊聞考)』, 건륭(乾隆) 39년(1774), 『사고전서(四庫全書)』, 제497~499권.

38. (淸) 더링어(德靈額), 『요금원 삼국의 어해(遼金元三國語解)』, 건륭(乾隆) 47년(1782), 『사고전서(四庫全書)』, 제296권.

39. (淸) 『흠정팔기만주씨족통포(欽定八旗滿洲氏族通譜)』, 건륭(乾隆) 9년(1744), 『사고전서(四庫全書)』, 제455~456권.

40. (淸) 치안다신(錢大昕), 『십가제양신록(十駕齋養新錄)』, 저우강(浙江)서국 중각, 광서(光緒) 2년(1876).

41. (淸) 우쩐천(吳振臣), 『영고탑기략(寧古塔紀略)』, 중화서국, 영인총서집성 초편본, 1991.

42. (淸) 양빈(楊賓), 『류변기략(柳邊紀略)』, 중화서국 영인총서집성 초편본, 1991.

43. (淸) 사잉어(薩英額), 『지린외전(吉林外傳)』, 중화서국 영인총서집성 초편본, 1991.

44. (淸) 주춘(周春), 『요금원성씨보(遼金元姓譜)』, 건륭(乾隆) 무진(戊辰)년(1748), 『소대총서(昭代叢書)』 사집(巳集), 제69권.

45. 천시위안(陳士元), 『제사역어해의(諸史譯語解義)』, 중국사회과학원 민족연구소 소장본.

46. (日) 안마 야이치로(安馬彌一郎), 『여진문금석지고(女眞文金石稿)』, 교토, 벽문당(碧文堂) 영인본, 1943.

47. 베탸오저우(白滌洲), 「북음 입성 변천고(北音入聲演變考)」, 『여사대학술계간(女師大學術季刊)』, 1931년 2기.

48. (日) 시라토리 구라키치(白鳥庫吉), 「동호민족고(東胡民族考)」, 『사학잡지(史學雜志)』 21~24편, 1909~1912, 『시라토리 구라키치 전집(白鳥庫吉全集)』 4집, 岩波書店, 도쿄, 소화 45년(1970).

49. (日) 시라토리 구라키치(白鳥庫吉), 「고려사에 보이는 몽골어의 해석(高麗史に見えたる蒙古語の解釋)」, 『동양학보』, 권18, 1929, pp. 194~244.

50. (日) 시라토리 구라키치(白鳥庫吉), 「여진의 칭호 발극, 발극렬의 어원에 대하여(女眞の稱號勃堇, 勃極烈の語源に就いて)」, 『사학잡지(史學雜志)』 1932, 43편 7호.

51. (日) 시라이시 노리유키(白石典之), 『징기스칸의 고고학(チンギスカンの考古學)』, 동성사(同成社), 2001.

52. (法) 폴 펠리오(Paul Pelliot, 伯希和), 『중아시아사지총고(中亞史地叢考)』 4 『현장기전 2 돌궐학(玄奘記傳中之二 突厥學)』, 『통보(通報)』, 1928~1929. 풍성균(馮乘鈞) 역문, 『사역남해사지고증역총(西域南海史地考證譯叢)』 5편 『중아사지총고(中亞史地叢考)』, 베이징, 상무인서관, 1999, pp. 127~128.

53. 조커(朝克), 『만−퉁구스 제어 비교연구(滿−通古斯諸語比較研究)』, 베이징, 민족출판사, 1997.

54. (日) 오사다 나즈키(長田夏樹), 「노아간영영사비 몽골여진문석고(奴兒干永寧寺碑蒙古女眞文釋稿)」, 『석빈 선생 고희기념 동양학논총(石濱先生古稀紀念東洋學論叢)』, 일본 간사이대학교 문학부 동양사연구실, 석빈 선생 고희기념회 편, 1958.

55. 천수(陳述), 『금사습보 다섯 가지(金史拾補五種)』, 베이징, 과학출판사, 1960.

56. 천수(陳述), 「한아한자설(漢兒漢字說)」, 『사회과학전선(社會科學戰線)』, 1986년 1기.

57. 천신시옹(陳新雄), 『중원음운개요(中原音韻槪要)』, 타이베이, 학해출판사, 1976.

58. 취원인(崔文印), 『금사인명색인』, 베이징, 중화서국, 1980.

59. 도을지(道爾吉), 「해룡한문, 여진문대역 마애진위변(海龍漢文, 女眞文對譯磨崖眞僞辯)」, 『내몽고사회과학(內蒙古社會科學)』, 1984년 3기.

60. 도을지(道爾吉)・허시거(和希格), 「〈여진역어(女眞譯語)〉 연구」, 『내몽고대학교 학보(內蒙古大學報)』 증간, 1983.

61. (日) 이나바 이와키치(稻葉岩吉), 「〈북청곳산여진자마애〉 고석」, 『청구학보』, 1930년 2호.

62. (日) 와타나베 훈타로(渡邊熏太郎), 『금사명사해(金史名辭解)』, 오사카, 동양학회 발행, 1930.

63. (日) 와타나베 훈타로(渡邊熏太郎), 「여진관내문통해(女眞館來文通解)」, 『아세아연구』 11호, 1933.

64. 딩성수(丁聲樹), 『고금자음 대조 수첩(古今字音對照手冊)』, 베이징, 중화서국, 1981.

65. 팡링귀(方齡貴), 『원조비사통검(元朝秘史通檢)』, 베이징, 중화서국, 1986.

66. 팡링귀(方齡貴), 『원명희곡 중의 몽골어(元明戲曲中的蒙古語)』, 상하이, 한어

대사전출판사, 1991.

67. (日) 핫토리 시로(服部四郞), 「원조비사의 몽골어로 표현한 한자 연구(元朝秘史の蒙古語を表はす漢字の硏究)」, 도쿄, 천구당(文求堂)주식회사, 소화 21년 (1946).

68. (日) 핫토리 시로(服部四郞), 토도 명보(藤堂明保), 『중원음운의 연구』(교보본), 도쿄, 강남서원, 1958.

69. (德) 프랑크(Herbert Frank), 『Bemerkungen Zu den Sprachlichen Verhhnissen in LiaoReich』, Zentralasiatische Studien, 1969. 후왕천화(黃振華)역문, 『거란어고(契丹語考)』, 『민족언어연구정보자료집』 제5집, 중국사회과학원 민족연구소 언어실 편, 1985.

70. 푸러환(傅樂煥), 『요사총고(遼史叢考)』, 베이징, 중화서국, 1984.

71. (德) Wihelm Grube, 『Die Sprach und Schrift der Jucen』(『여진언어문자고(女眞語言文字考)』), Leipzig, 1986.

72. 궈이성(郭毅生) 등, 「명나라 노아간영영사비기교석 – 역사적인 증거로 소수의 거짓말을 폭로한다」, 『고고학보(考古學報)』, 1975년 2기.

73. 한버시(韓伯詩), 「거란문자파역초담(契丹文字破譯初探)」, 『프랑스과학원금석명문학원학보』, 1953, 동궈량(董果良) 역문, 『요금거란여진사역문집』, 창춘(長春), 지린(吉林)문사출판사, 1990.

74. (美) 스트리트(J. C. Street), 『The Language of the Secret History of the Mongols』, New Haven, 1957. 도부(道布) 역문, 『몽골비사의 언어』, 『알타이어문학논문선택(阿爾泰文學論文選擇)』(속), 중국사회과학원 민족연구소 언어연구실 및 중국민족언어학과 비서처 편, 1982.

75. (日) 가토신페이(加藤晉平), 「몽골 인민공화국 벤치현 파얀호도쿠의 비문에 대하여(モンゴル 人民共和國 ヘンテ縣 バヤンホトクの碑文について)」, 『히라이 나오시(平井尚志) 선생 고희기념 고고학논고』 제1집, 1992.

76. 쟈징옌(賈敬顔), 「여진문관인고략(女眞文官印考略)」, 『중앙민족학원학보』, 1982년 4기.

77. 쟈징옌(賈敬顔), 『거란문(契丹文)』, 중국민족고문자연구회 편, 『중국민족고문자』, 1982.

78. 쟈징옌(賈敬顔)・주펑(朱風), 『몽골역어, 여진역어 회편(蒙古譯語, 女眞譯語 匯編)』, 톈이진(天津), 톈이진고적출판사, 1990.

79. (日) 야나이고(箭內亘), 『원조 법설 및 알리잡고(元朝 怯薛 及 斡耳朶考)』, 천제(陳捷)·천청추안(陳淸泉) 엮음, 상하이, 상무인서관, 1933.

80. 진광핑(金光平), 「거란대소자부터 여진대소자까지」, 『내몽고대학교 학보(內蒙古大學報)』, 1962년 2기.

81. 진광핑(金光平), 「여진제자방법론 - 일본인 야마지 히로아키(山路广明)와 논의하여」, 『내몽고대학교 학보』, 1980년 4기.

82. 진광핑(金光平)·진치총(金啓孫), 『여진언어문자연구(女眞語言文字硏究)』, 베이징, 문물출판사(文物出版社).

83. 진광핑(金光平)·진치총(金啓孫), 「〈영영사비〉 역석(〈永寧寺碑〉 譯釋)」, 『여진언어문자연구(女眞語言文字硏究)』, pp. 355～376.

84. 진광핑(金光平)·진치총(金啓孫), 「조선 〈경원군여진국어비〉 역석」, 『여진언어문자연구(女眞語言文字硏究)』, pp. 332～354.

85. 진치총(金啓孫), 『여진문사전(女眞文辭典)』, 베이징, 문물출판사(文物出版社), 1984.

86. 진치총(金啓孫), 「산시비림에 발견된 여진문서(陝西碑林發現的女眞文書)」, 『내몽고대학교 학보(內蒙古大學報)』, 1979년 1기.

87. 진치총(金啓孫)·『심수집(沈水集)』, 후하하오터(呼和浩特), 내몽고대학교출판사, 1992.

88. 진광핑(金光平)·진치총(金啓孫)·우라희춘(烏拉熙春), 『(애신각라씨삼대만학논집(愛新覺羅氏三代滿學論集)』, 후하호아터(呼和浩特), 원방(遠方)출판사, 1996.

89. 후증이(胡增益)(주편), 『신만한대사전(新滿漢辭典)』, 우루무치(烏魯木齊), 신장(新疆)인민출판사, 1994.

90. 후증이(胡增益), 『어룬춘어간지(鄂倫春語簡志)』, 베이징, 민족출판사, 1986.

91. 지융해(李永海)·류징산(劉景憲)·취류성(屈六生), 『만어어법(滿語語法)』, 베이징, 민족출판사, 1986.

92. 리신퀴(李新魁), 『중원음운의 음운체계연구(中原音韻音系硏究)』, 정저우(鄭州), 중저우(中州)서화사, 1983.

93. 리수티안(李澍田)(주편), 『장백총서(長白叢書)』 초집 『송막기문(松漠紀文)』, 창춘(長春), 지린(吉林)문사출판사, 1986.

94. 리수티안(李澍田), 『금비회석(金碑匯釋)』, 『장백총서(長白叢書)』 제2집, 창춘

(長春), 지린(吉林)문사출판사, 1989.

95. 리수티안(李澍田), 『금사집일(金史輯佚)』, 『장백총서(長白叢書)』 제4집, 창춘(長春), 지린(吉林)문사출판사, 1990.

96. 룽치안안(龍潛庵), 『송원언어사전(宋元語言辭典)』, 상하이, 상하이사서출판사, 1985.

97. 루단안(陸澹安), 『소설어휘회석(小說詞語匯釋)』, 상하이, 상하이고적출판사, 1979.

98. 루지위(陸志韋), 「중운음운해석(釋中原音韻)」, 『연경학보(燕京學報)』, 1946년 1기.

99. 뤄창베(羅常培), 「중원음운성류고(中原音韻聲類考)」, 『사어소집간(史語所集刊)』, 1932년 2본 2분.

100. 뤄푸청(羅福成), 『여진역어 2편(女眞譯語二編)』, 대고당안정리처인, 1933.

101. 뤄푸청(羅福成), 「옌타이금원국서비고(宴台金源國書碑考)」, 『국학계간(國學季刊)』, 1923년 1권 4기.

102. 뤄푸청(羅福成), 「옌타이금원국서비석문(宴台金源國書碑釋文)」, 『고고(考古)』, 1926년 5기.

103. 뤄푸청(羅福成), 「여진국서비고석(女眞國書碑考釋)」, 『지나학(支那學)』, 1929년 5권 4기.

104. 뤄푸청(羅福成), 「여진국서발미(女眞國書跋尾)」, 『국립북평도서관월간』, 1929년 3권 4호.

105. 뤄푸청(羅福成), 「여진국서비마애(女眞國書磨崖)」, 『동북총간』, 1930년 3기.

106. 뤄푸청(羅福成), 「명노아간영영사비여진국서도석(明奴兒干永寧寺碑女眞國書圖釋)」, 『만주학보(滿洲學報)』, 1937년 5기.

107. 뤄푸이(羅福頤)(집교), 『만주금석지(滿洲金石志)』, 중국사회과학원 민족연구소 소장 석인본.

108. 뤄푸이(羅福頤)·진치총(金啓孫)·쟈징옌(賈敬顔)·후왕 천화(黃振華), 「여진자 오둔량필시각석 첫 해석(女眞字奧屯良弼詩刻石初釋)」, 『민족언어』, 1982년 2기.

109. (헝가리) 리제티(Louis Ligeti), 『Note preliminaire sur le Dechiffrement des 'petits caracteres' Joutchen』(『여진소자의 해독에 대한 약론』), Acta Orientalia Hungricae, Ⅲ, 1953, pp. 211~228.

110. (韓) 이기문, 「중고여진어의 음운학연구(中古女眞語的音韻學研究)」, 『서울대학교논문집(漢城大學論文集)』, 인문사회과학 1958년 7기. 황유푸(黃有福) 역문, 『민족어문연구정보자료집』, 제2, 3집, 중국사회과학원 민족연구소 언어실, 1983.

111. 리신쿠에(李新魁), 「중원음운의 성질 및 그가 대표하는 음운체계」, 『강한학간』, 1962년 8기.

112. 리시웨지(李學智), 「금사어해정오초고(金史語解正誤初稿)」, 『신아학보(新亞學報)』, 1963년 5권 2기.

113. 리시웨지(李學智), 『여진에 대한 해석(釋女眞)』, 『송사연구집(宋史硏究集)』 제3집, 1966.

114. 류후즈(劉厚滋), 「전세 석각중 여진 어문 재료와 그 연구(傳世石刻中女眞語文材料及其研究)」, 『문학연보(文學年報)』, 1941년 7기.

115. 류푸장(劉蒲江), 「'한인'설('漢人'說)」, 『요금사론(遼金史論)』, 선양(沈陽), 랴오닝(遼寧)대학교출판사, 1999.

116. 류칭(劉慶), 『금사연구논문색인(金史研究論文索引)』, 『북방문물(北方文物)』, 1985년 2, 3, 4기.

117. 무홍리(穆鴻利), 『소용대장군동지웅주절도사묘비(昭勇大將軍同知雄州節度使墓碑)』, 『장백총서 · 금비회석(長白叢書 · 金碑匯釋)』, 창춘(長春), 지린(吉林)문사출판사, 1989.

118. (日) 토리야마 키이치(鳥山喜一), 「금나라의 포리연의 음의에 대하여(金の蒲里衍の音義た就いて)」, 『사학집지(史學雜志)』, 제28편 제5호, 1917.

119. (日) 토리야마 키이치(鳥山喜一), 「금사에 보이는 원나라 토어의 관칭 4~5개에 대하여(金史に見元えたろ土語の官稱の四五に就きて)」, 『사학집지(史學雜志)』, 제29편 제9호, 1918.

120. 내몽고자치구 사회과학연구원 몽골언어문자연구소, 『한몽사전(증증본)』, 후하하오터(呼和浩特), 내몽골인문출판사, 1982년 제2판.

121. 녜홍인(聶鴻音), 『〈금사〉여진 역명(譯名)의 음운학연구(〈金史〉女眞譯名的音韻学研究)』, 『만어연구(滿語研究)』, 1998년 2기.

122. 닝지푸(寧繼福), 『중원음운표고(中原音韻表稿)』, 창춘(長春), 지린(吉林)문사출판사, 1985.

123. (美) 기요세 기사부로 노리크라(淸瀨義三郎則府), 『A Study of the Jurchen

Languange and Script』, Published by hōristsubunka－sha co. Itd, Kyoto, 1977. (『여진언어문자연구(女眞語言文字研究)』), 교토, 일본법률문화사.

124. (美) 기요세 기사부로 노리크라(淸瀨義三郞則府), 「여진음의 재구와 해석」, 『언어연구』, 1973년 제64호, 일본 언어학회. 싱푸리(刑復禮)·유펑주(劉鳳翥) 역문,『민족사역문집』12, 중국사회과학원 민족연구소 역사실 자료조, 1984.

125. (日) 하리야마 하사오(平山久雄), 「중원음운 입파삼성의 음운사적인 배경(中原音韻入派三声の音韻史的背景)」,『동양문화』58, 1977.

126. (日) 미카미 쓰구오(三上次男), 「금나라 초 발극렬에 대하여(金初の勃極烈について)」,『사학잡지(史學雜志)』, 제47편 제8호, 1936.

127. (日) 미카미 쓰구오(三上次男),『금나라 여진연구(金代女眞研究)』, 진치총(金啓孫) 역음, 하얼빈(哈爾濱), 혜룽장(黑龍江), 인민출판사, 1984.

128. (日) 야마모토 마모루(山本守), 「이와나미문고본(阿波文庫本) 〈여진역어(女眞譯語)〉」,『동양사연구(東洋史研究)』제3권 제5호, 1938.

129. (日) 야마모토 마모루(山本守), 「정가당본 〈여진역어(女眞譯語)〉 고략(靜嘉堂本〈女眞譯語〉考略)」,『서향』15권 10월간, 1943.

130. (日) 야마모토 마모루(山本守), 「〈여진역어(女眞譯語)〉 연구」,『고베외대논총』11권 12호, 1951.

131. 상홍다(商鴻逵) 등,『청사만어사전(淸史滿語辭典)』, 상하이, 상하이고적출판사, 1990.

132. (日) 이시야마 호쿠지(石山福治),『중원음운고정(考定中原音韻)』, 도쿄, 동양문고, 1925.

133. (日) 이시다 비키노스케(石田十之助),『여진어연구의 새로운 자료(女眞語研究の新資料)』,『구와바라 박사 환력기념 동양사논총(桑原博士還曆紀念東洋史論叢)』, 1931.

134. 쉬수선(隨樹森)(편),『원곡선외편(元曲選外編)』상·하권, 베이징, 중화서국, 1959.

135. 순버쿤(孫伯君),『15세기 한어 관화의 자음운미(15世紀漢語官話的輔音韻尾)』,『잠과학(潛科學)』, 1992년 6기.

136. 순버쿤(孫伯君),『〈여진역어〉 중의 우섭3등자(〈女眞譯語〉的遇攝三等字)』,『민족어문(民族語文)』, 2001년 4기.

137. 순버쥔(孫伯君), 「〈금사〉여진인명석례(〈金史〉女眞人名釋例)」, 『만어연구(滿語研究)』, 2002년 2기.

138. 순버쥔(孫伯君), 「요금의 관제와 거란어(遼金官制與契丹語)」, 『민족연구(民族研究)』, 2004년 1기.

139. 순쭈(孫竹)(주편), 『몽골어족언어사전(蒙古語族語言辭典)』, 시닝(西寧), 칭해(青海)인민출판사, 1990.

140. 토쩐성(陶晉生), 『여진사론(女眞史論)』, 타이페이, 식화출판사, 1981.

141. (日) 타무라 지즈조(田村實造), 「대금득승타송비의 연구(大金得勝陀頌碑の研究)」, 『동양사연구(東洋史研究)』, 1936, 1937년 2권 5~6호.

142. 왕지스(王季思) 등, 『원잡곡선주(元雜曲選注)』 상·하권, 베이징, 베이징출판사, 1980.

143. 왕징루(王靜如), 「옌타이 여진문 진사제명비 첫 해석(宴台女眞文進士題名碑初釋)」, 『사학집간(史學集刊)』, 1937년 3기.

144. 왕커빈(王可賓), 『여진국속(女眞國俗)』, 창춘(長春), 지린(吉林)대학출판사, 1988.

145. 왕커빈(王可賓), 「요대 여진관제 고략(遼代女眞官制考略)」, 『사학집간(史學集刊)』, 1990년 4기.

146. 왕리(王力), 『한어어음사(漢語語音史)』, 베이징, 중국사회과학출판사, 1985.

147. 왕민신(王民信), 「요사 '거란어관명' 잡고(遼史'契丹官名'雜考)」, 『유사학보(幼獅學報)』, 1961년 제4권 제1기.

148. 우공의(吳公翊), 「원인잡곡어휘석의(元人雜曲詞語釋義)」, 『중국어문』, 1980년 3기.

149. 우쩐칭(吳振清)·두수푼(杜淑芬), 「〈원잡곡선주(元雜曲選注)〉의 일부 주석에 관한 의견」, 『톈진사대학보』, 1982년 5기.

150. (日) 나시다 다스오(西田龍雄), 『서번관역어의 연구(西番館譯語的研究)』, 교토, 송향당(松香堂), 1970. 『서번과역어의 연구－티베트언어서설(西番館譯語的研究－西藏語言序說)』 역문, 『민족어문연구정보자료집(民族語文研究情報資料集)』 제3집, 중국사회과학원 민족소어언실, 1984, p. 199.

151. (日) 나시다 다스오(西田龍雄), 『여진관역어의 연구－여진어와 여진문자(女眞館譯語的研究－女眞語和女眞文字)』, 『화이역어연구총서(華夷譯語研究叢書)』, 제5종, 교토, 송향당(松香堂), 1970.

152. 쉬에펑성(薛鳳生), 『중원음운의 음운체계(中原音韻音系)』, 루궈요(魯國堯), 시지안궈(侍建國) 번역, 베이징, 베이징언어학원출판사, 1990.

153. (日) 오노가와 히데미(小野川秀美), 『금사어휘집성(金史語彙集成)』, 교토대학 교 인문과학연구소, 중국요금거란여진사학회 교인, 1986.

154. 양내스(楊耐思), 『중원음운의 음운체계(中原音韻音系)』, 베이징, 중국사회과 학출판사, 1981.

155. 양지쥬(楊志玖), 『요금의 달마(撻馬)와 원나라 시대의 탐마적(探馬赤)』, 천수 (陳述)(주편), 『요금사논문집(遼金史論文集)』 제1집, 상해고적출판사, 1987.

156. 이겅(奕賡), 『청어인명역한(淸語人名譯漢)』, 『가몽헌총저(佳夢軒叢著)』 2, 1935.

157. 이린쩐(亦鄰眞), 「〈원조비사(元朝秘史)〉 및 그의 복원」, 『이린쩐몽고학문집 (亦鄰眞蒙古學文集)』, 후하하오터(呼和浩特), 내몽고인민출판사, 2001.

158. 위보린(于寶林)(집), 『여진문자연구논문집(女眞文字研究論文集)』, 베이징, 중 국민족고문자연구회, 1983.

159. (日) 하네다 도루(羽田亨), 『만화사전(滿和辭典)』, 도교, 국서간행회, 1972.

160. 위시창(喩世長), 「〈몽고비사(蒙古秘史)〉 중의 원순모음의 한자 표시법」, 『중 국언어학보』, 1984년 2기.

161. 주나스트(照那斯圖)·양내스(楊耐思), 『몽고자운교본(蒙古字韻校本)』, 베이 징, 민족출판사, 1987.

162. 조인당(趙蔭堂), 『중원음운연구(中原音韻研究)』, 상하이, 상무인서관, 1936.

163. 『중원음운신론(中原音韻新論)』, 베이징, 베이징대학교 출판사, 1991.

164. 중국민족고문자연구회 편, 『중국민족고문자도록(中國民族古文字圖錄)』, 베 이징, 중국사회과학출판사, 1990.

165. 중화 문화부흥 추행위원회 사고전서 편찬 소조 주편, 『요금원삼사국어해색 인(遼金元三史國語解索引)』, 타이완(臺灣), 상무인서관, 1986.

166. (韓) 김동소, 「경원여진자비의 여진문 연구」, 효성여자대학교, 『연구논문 집』 제36집, 1988.

167. (韓) 김동소, 「북청여진자석각의 여진문 연구」, 『국어국문학』 제76호, 국어 국문학회, 1976.

168. (日·韓) 야마지히로아키 저/이상규·이순형 역주, 『사라진 여진문자, − 여 진문자의 제작에 관한 연구』, 경진출판, 2014.

169. (日・韓) 아이신교로 저/이상규・다키구치게이코 역주,『명나라 시대 여진인, -〈여진역어〉에서 〈영영사기비〉까지』, 경진출판, 2014.

170. (中・韓) 진치총・진광칭 저/이상규・왕민 역주,『여진어와 문자』, 경진출판사, 2014.

171. (日) 아이신교로 울라희춘(愛新覺羅 烏拉熙春),『〈여진역어〉에서 〈영영사기비〉까지』, 교토대학출판회, 2009.

172. (日) 아이신교로 울라희춘(愛新覺羅 烏拉熙春),『여진언어문자 신연구』, 명선당, 2002.

금나라 시대 여진어 자료 회편

阿虎里 — '阿虎里, 松子(아호리는 잣알이다).'(『금사·국어해』)

阿懶 — '坡陀曰阿懶(파타를 아라라고 부른다).'(『금사·국어해』)

阿里白 — '以物予人已然曰阿里白(이미 남에게 뭘 드렸다는 것은 아리백이라고 부른다).'(『금사·국어해』)

阿里虎 — '盆曰阿里虎(동이를 아리호라고 부른다).'(『금사·국어해』)

阿里孫 — '阿里孫, 貌不揚也(아리손은 얼굴이 못생겼다는 뜻이다).'(『금사·국어해』)

阿里喜 — '(여진족) 족장은 패근(孛菫)이라고 부른다. 용병하면 맹안(猛安), 모극(謀克)이라고 하여 병사의 수에 따라 칭호를 부여해 준다. 맹안(猛安)은 천부장(千夫長)이고, 모극(謀克)은 백부장(百夫長)이다. 모극(謀克)의 부관을 포리연(浦里衍)이라고 하고, 사졸의 부관이 아리희(阿里喜)라고 한다.'(『금사)』 권44 〈병제〉).

'또한 첩군(帖軍)도 있는데 아리희(阿里喜)라고 한다. 정규군이 병에 걸릴 경우 첩군(帖軍)이 대신한다.'(남송 장체(張棣), 『금도경(金圖經)』)

'그 해 8월에, 호부상서인 양구(梁球)에게 먼저 여진, 거란, 해(奚)가 삼색 군대를 세우는 업무를 맡겼다. 사람 수에 제한 없이 전원 다 모집하였다. 크고 튼튼한 사람은 정규군이고, 작고 약한 사람이 아리희(阿里喜)이다. 전부 24만 병사를 모집하였다. 한 아리희(阿里喜)와 정규군을 하나로 묶으면 12만이 된다.'(남송 장체(張棣) 『정롱사적(正隴事適)』)

'건장한 사람은 정규군이 되고, 약한 사람은 이륵희(伊勒喜)가 된다.

하나의 정규군에 두 이륵희(伊勒喜)를 보완해 준다. 전부 12만을 얻었다.'(남송 시웅커(熊克), 『중흥소기(中興小記)』)

[부록, 원명 시대의 희곡에 출현하는 아리희(阿里喜)는 『장명루(長命縷)』 제4회 풍검재곡에 '高高的雁兒呀呀, 快快的犬兒花花, 阿里喜人馬都撒八.' 『요사』 권31 〈영위지〉에 "아로완알로타(阿魯盌斡魯朶), 천조 황제가 설립하였다. 영창궁이라고 하여 협조를 '아로완(阿魯盌)'이라고 한다."

阿里合懣 — '阿里合懣, 臂應鷂者(아리합만은 매를 가르는 사람이다).'(『금사 · 국어해』)

阿隣 — '阿隣, 山(아린은 산이다).'(『금사 · 국어해』)

阿買勃極烈 — '阿買勃極烈, 治城邑者(아매발극렬은 성읍을 관리하는 사람이다).'(『금사 · 국어해』)

阿土古 — '阿土古, 善朵捕者(아토고는 잡는 것에 능숙한 사람이라는 뜻이다).'(『금사 · 국어해』)

阿徒罕 — '阿徒罕, 朵薪之子(아도한은 땔나무를 줍는 사람을 가리킨다).'(『금사 · 국어해』)

阿息保 — '以力助人曰阿息保(힘으로 남을 돕는다는 것을 아식보라고 부른다).'(『금사 · 국어해』)

愛根 — "夫謂妻曰'薩那罕', 妻謂夫曰'愛根'(남편이 아내를 '살나한(薩那罕)'이라고 부르고, 아내는 남편을 '애근(愛根)'이라고 부른다)."[쉬멍신(徐夢莘)의 『삼조북맹회편』 권3 '정선상질삼(政宣上帙三)']

譜版 — 그의 관리들을 전부 다 '발극렬(勃極烈)'이라고 부른다. 그래서 태조는 도발극렬(都勃極烈)에게 왕위를 계승하고, 태종은 암판발극렬(譜版勃極烈)을 우두머리에 차지하게 한다. 암판(譜版)은 존대하다는 뜻이다.(『금사』 권55 〈백관지〉)

按出虎(阿祿祖, 按春) — '선조들이 해고수(海古水)라는 곳으로 이주하였다. 그곳에서 농사도 짓고, 집도 짓기 시작하였다. 마루대와 처마가 있는 집도 만드는데 이를 납갈리(納葛里)라고 부른다. 납갈리(納葛里, nagari)는 중국어로 거실의 뜻이다. 이로부터 안출호수 옆에 정착하였다.'(『금사』권1 〈세기〉)

'아구다(阿骨打)는 기분이 매우 좋았다. 오걸매(吳乞買) 등의 사람들이 다 양박의 말을 받아들여 아구다를 황제라고 하고, 국호는 '대금(大金)'이라고 부른다. 수명(水名) 아록조를 국호로 여겼다. 아록조는 여진어에서 금(金)의 뜻이다. 그래서 '대금(大金)'이라고 부른다. 또 요나라는 요수(遼水)로 국호를 지었기 때문에 원나라를 수국(收國)으로 바꾸었다.'(『삼조북맹회편』권3 '정선상질삼')

'본토아록한(本土阿祿限)을 국호로 삼고, 아록한(阿祿限)이 여진어로 금이라고 한다. 요나라가 요수로 인해 나라의 이름을 지은 듯이 금도 그의 하류에서 금이 있는 것으로 인해 나라의 이름을 지었다.'[리신추안(李心傳)의 『건염이래계년요록(建炎以來系年要錄)』에서 장회(張匯) 『금로절요(金虜節要)』의 말을 인용하였다]

'金曰按春(금은 안춘이라고 부른다).'(『금사·국어해』)

按答海 — '按答海, 客之通稱(안답해는 손님의 통칭이다).'(『금사·국어해』)

昂吉泺 — '昂吉泺, 又名鴛鴦泺(앙길락은 원앙락이라고도 한다).'[『금사』권24 〈지리지 상〉 '서경로무주유원현주(西京路撫州柔遠顯注)']

奧屯 — '奧屯曰槽(오둔은 조(槽, 구유)라는 뜻이다).'(『금사·국어해』 '성씨')

拔里速 — '拔里速, 角觗戲者(발리속은 씨름을 하는 사람을 가리킨다).'(『금사·국어해』)

保活里 — '保活里, 侏儒(보활리는 난쟁이라는 뜻이다).'(『금사·국어해』)

必剌 — '범하와 청하가 있는데 고외필란(叩隈必蘭)이라는 국명이 있다.'[『금사』권24 〈지리지 상〉 '심주읍루현주(沈州邑樓顯注)']

'병자해, 비리합토천호영(鼻里合土千號營)에 주둔하였다. 비리합토는 중국어로 범하(范河)라고 한다.'(『요동행부지』)

'계유년에, 벽나(躄羅)마을 발해 고씨 집에서 묵었다. 벽나(躄羅)는 중국어로 온천이다.'(『요동행부지』)

孛論出 — '孛論出, 胚胎之名(발론출은 배태라는 뜻이다).'(『금사 · 국어해』)

勃極烈(孛極烈) — '도발극렬(都孛勃極烈), 총치를 담당하는 관직 명칭이고 한족의 총제와 비슷하다. 암판발극렬(諳版勃極烈)은 존귀한 관리를 가리킨다. 국론발극렬(國論勃極烈)은 예의 바르고 존경을 받는 사람을 가리킨다. 호로발극렬(胡魯勃極烈)은 통령관이다. 이뢰발극렬(移賷勃極烈), 제3위를 '이뢰(移賷)'라고 한다. 아매발극렬(阿買勃極烈)은 성읍을 다스리는 관리이다. 을실발극렬(乙室勃極烈)은 연접하는 관리이다. 찰실합발극렬(札失哈勃極烈)은 수관서를 가리킨다. 측발극렬(昃勃極烈)은 흠천감 관리이다. 질발극렬(迭勃極烈)은 부관이다.'(『금사 · 국어해』'관칭')

'(수국 원년) 7월 무진(戊辰), 동생 오걸매(吳乞買)에게 암판발극렬(諳版勃極烈), 승상 살개(撒改)에게 국론발극렬(國論勃極烈), 사부실(辭不失)에게 아매발극렬(阿買勃極烈), 동생 사야(斜也)에게 국론측발극렬(國論昃勃極烈) …… 등 관직을 내려 주었다.'(『금사』권1 '세기')

"'불굴화불랄(不屈花不剌)'은 지위가 높은 관리를 가리키고, 구요이십팔숙(九曜二十八宿)에 의해 이름을 지었다. 관직은 모두 '발극렬'이라고 하였는데 한족의 '총관'과 비슷하다. 오호(五戶)부터 만호(萬戶)까지의 발극렬이 있는데, 모두 군사를 거느린다. 평일에는 사냥하고, 전쟁 때는 출전한다."(남송 진준(陳準)『북풍양사록(北風揚沙錄)』)

'그러므로 하사하다는 뜻으로 제종판(除宗盤)에게 홀로발극렬(忽魯勃極烈), 제종유(除宗維)에게 이소발극렬(異疏勃極烈), 오야완안욱(烏野完顔勖)에게 좌승이라는 관직을 내려 주었다.'(남송 묘요(苗耀)『신록기』)

"그 관직들이 구요이십팔숙에 따라 명칭을 지었다. 암판발극렬(諳版勃極烈)(대관인), 발극렬(관인)이라고 부른다. 직위는 '특모(忒母)'(만호), '맹안(萌眼)'(천호), '모가(毛可)'(백인장), '포리언(蒲里偃)'[패자두(牌子頭)].

'발극렬'은 통치관이고 한족의 '총관'과 비슷하다."(쉬멍신『삼조북맹회편』권3 '정성상질삼')

"그의 관리를 모두 '발극렬'이라고 부른다. 그러므로 태조는 도발극렬(都勃極烈)에게 왕위를 이어주었고, 태종은 암판발극렬(諳版勃極烈)을 첫째 자리로 삼았다. 암판은 존대하다는 뜻이다. 그 다음에는 국론홀로발극렬(國論忽魯勃極烈)인데 국론(國論)이 귀중하다는 뜻이고 홀로는 총원수를 가리킨다. 또한 국론발극렬(國論勃極烈)이 있는데 좌와 우로 나뉘는데 소위의 승상이다. 이어서 제 발극렬 위에는 국론(國論), 홀로(忽魯), 이뢰(移賚), 아매(阿買), 아사(阿舍), 측(昃), 질(迭) 등의 호칭도 있다. 부락장이 '패근(孛堇)'이라고 하며 여러 부락을 다스리는 사람을 '홀로(忽魯)'라고 부른다."(『금사』권55〈백관 1〉)

散亦孛奇 ― '散亦孛奇, 男子(산역발기는 남자를 가리킨다).'(『금사·국어해』)

勃蘇 ― '그 언어에서 좋다는 말은 감(感)이나 새흔(賽痕)이라고 하고, 좋지 않다는 말은 랄살(辣撒)이라고 하며, 술을 발소(勃蘇)라고 부른다.'(『삼조북맹회편』권3 '정선상질삼')

査剌合攀 ― '有居庸關, 國言査剌合攀(거용관이라는 곳이 있는데 국어로 사랄합반이라고 부른다).'[『금사』권24〈지리지 상〉대흥부창평현(大興府昌平顯注)]

窪勃剌孩 ― "그 언어에서 좋아하다(好)를 감(感)이나 새흔(賽痕)이라고 부르고, 좋지 않다는 랄살(辣撒)이라고 하며, 술을 '발소(勃蘇)'라고 부른다. '몽산부굴화부랄(蒙山不屈花不辣)'은 공격하다는 뜻이며, '몽상특고(蒙霜特姑)'는 치다는 뜻인데 '와발랄해(窪勃辣駭)'라고도 한다. 남편이 아내를 '살나한(薩那罕)'이라고 부르고, 아내는 남편을 '애근(愛根)'이라고 하다."(『삼조북맹회편』권3 '정선상질삼')

辭不失 ― '辭不失, 酒醒也(사부실은 술을 깨다는 뜻이다).'(『금사·국어해』)

答不也(撻不野) ― '答不也, 耘田者(답부야는 경작자를 가리킨다).'(『금

사 · 국어해』)

迪古乃 ― '迪古乃, 來也(적고내는 오다는 뜻이다).'(『금사 · 국어해』)

都勃極烈 ― "도발극렬(都勃極烈), 총치 관청이다. 한족의 '총관'과 비슷한 말이다."(『금사 · 국어해』 '관칭')

訛出虎 ― '訛出虎, 寬容之名(와출호는 관용하다는 뜻이다).'(『금사 · 국어해』)

訛古乃 ― '訛古乃, 犬之有紋者(와고내는 점박이를 가리킨다).'(『금사 · 국어해』)

古里甲 ― '古里甲曰汪(고리갑은 왕이라는 뜻이다).'(『금사 · 국어해』 '성씨')

骨棍 ― '骨棍, 季也(골난은 계라는 뜻이다).'(『금사 · 국어해』)

國論勃極烈 ― '國倫勃極烈, 尊禮優崇得自由者(국론발극렬은 예의가 바르고 훌륭하고 존경할 만한 사람을 가리킨다).'(『금사 · 국어해』)

哈丹 ― '山上之銳者曰哈丹(산에서 뾰족하여 솟은 부분은 합단이라고 부른다).'(『금사 · 국어해』)

合喜 ― '合喜, 犬子(합희는 가돈이다).'(『금사 · 국어해』)

合蘇款(合蘇款, 曷蘇館) ― '아보기(阿保機)는 여진이 재난이 될까봐 호우 수천 집을 랴이오양(遼陽) 이남에 옮겨 가게 하여 호적을 세웠다. 그리고 본국과 혼인을 맺지 않도록 하였다. 이는 바로 합소관(合蘇款)이었다.'(남송 진준(陳準) 『북풍양사록』)

'거란이 여진을 염려하여 호우 수천 집을 랴이오양(遼陽) 이남에 옮겨 가게 하여 한족과 왕래를 금지하였다. 이들을 합소관(合蘇館)이라고 부른다.'[우문무소(宇文懋昭) 『대금국지(大金國志)』]

'황두 여진족은 산에서 거주하여 합소관여진(合蘇館女眞)이라고 한다. 황두 여진족 사람들이 순박하고 용감하다.'(홍호(洪浩) 『송막기문』)

'합소곤(合蘇袞)은 여직 별부의 칭호이고 갈소관(曷蘇館)이라고도 한다.'(『요사 · 국어해』)

忽都 ― '与人同受福曰忽都(사람들과 같이 복을 받는 것은 홀도라고 부른다).'(『금사 · 국어해』)

胡魯勃極烈 ― '胡魯勃極烈, 統領官之稱(호로발극렬은 총대장이라는 뜻이다).'(『금사 · 국어해』)

忽土皚葛蠻 ― '득승타라는 곳이 있는데 홀도애갈만(忽土皚葛蠻)이라고 한다. 태조가 맹세한 곳이다.'[『금사』 권24 〈지리지 상〉 상경로회녕부주(上京路會寧府注)]

胡土白 ― '바로 마달갈산(麻達葛山)이다. 장종이 거기서 태어났다. 세종은 이 산의 번식한 기세와 맑은 공기를 좋아해서 장종에게 이 산의 이름을 지어달라고 명령하였다. 후에는 호토백산으로 변명하여 절을 세웠다.'(『금사』 권35 〈예지(禮志)〉)

胡剌 ― '胡剌, 灶突(호랄은 굴뚝이다).'(『금사 · 국어해』)

胡魯剌 ― '胡魯剌, 戶長(호로랄은 호장이다).'(『금사 · 국어해』)

虎剌孩 ― "원명 희곡에 많이 나타났다. 원나라의 취밍(闕名) 저 〈벌열무사류수환기〉 3절에서 패운(孛云)을 막아 '이 호랄해를 보니 무예가 매우 고강할 것 같아서 우리는 빨리 도망가자'라 하였다."

취밍(闕名) 〈송대장악비정충(宋大將岳飛精忠)〉 '설자(楔子)'에 점한(粘漢)이 말하길, '이 호랄해는 큰소리를 친다'라고 하고, 철한(鐵罕)이 '이 호랄해들은 영웅호걸이다'라고 하여 3절에서 올출(兀朮)이 말하길 '악비, 악비, 이 호랄해는 정말 대단하다'라 하였다.

취밍(闕名) 〈팔대왕개조구영웅(八大王開詔救英雄)〉 2절에 토금한이 왈, '양육아라는 그 호랄해도 여기 온다'라 하였다.

桓端 ― '桓端曰松(환단이 소나무라는 뜻이다).'(『금사 · 국어해』)

和魯奪徒 ― '和魯奪徒, 漢語松也(화로탈도는 한어로 소나무이다).' 『요동행부지』

火唵 ― '羊城, 國言曰火唵(양성은 국어에 화암이라고 한다).'[『금사』 권24 〈지리지 상〉 무주주(撫州注)]

活臘胡 ― '活臘胡, 色之赤者(활랍호는 붉은색이다).'(『금사 · 국어해』)

活離罕 ― '活離罕, 羔(활리한은 새끼 양이다).'(『금사 · 국어해』)

活羅 — 판자왈(畔者曰), '당신의 주인은 활나(活羅)인데 내가 그를 잡을 수 있다. 내가 활나(活羅) 때문에 억울할 리가 없다.' '활나(活羅)'는 자오인데 북방에 있다. 모양은 닭과 같고 쪼아 먹기를 잘한다. 말, 소와 낙타 등 동물의 등에 부스럼이 있으면 그들의 등을 쪼아 먹고 그 동물들을 죽인다. 만약에 배가 고프면 모래나 돌도 먹을 수 있다. 경조는 술과 여색을 좋아하고 사람을 먹어 본 적도 있으니 활나(活羅)라고 부른다.(『금사』 권1 〈세기〉).

活女 — '罐曰活女(항아리를 활녀라고 부른다).'(『금사·국어해』)

吉甫魯灣 — '연자성이 있는데 여진어에서 길보로만성이라고 부른다.' [『금사』 권24 〈지리지 상〉 서경로무주주(西京路撫州注)]

叩隈必剌 — '有范河, 清河, 國名叩隈必剌(범하와 청하가 있는데 국어에 고외필랄이라고 부른다).'[『금사』 권24 〈지리지 상〉 읍루주(邑樓注)]

辣撒 — "그 언어에 '좋다'를 감(感)이나 새흔(賽痕)이라고 하고, '좋지 않다'를 랄살(辣撒)이라고 한다." (쉬멍신 『요동행부지』 권3)

落孛魯 — '有陷泉, 國言曰落孛魯(함천이 있는데 국어로 락패로라고 부른다).'[『금사』 권24 〈지리지 상〉 림황부주(臨潢府注)]

謾都歌 — '謾都歌, 癡呆之謂(만도가는 우둔하다는 뜻이다).'(『금사·국어해』)

猛安 — '猛安, 千夫長(맹안은 천부장이다).'(『금사·국어해』)
'금나라 초에, 각 부락의 백성들이 부역이 없는데 긴장한 사람이 다 병사이다. 부락장은 패근(孛菫)이라고 하는데 군대에서 맹안모극이라고 한다. 밑에 병사의 수에 따라 호칭을 수여한다. 맹안이 천부장이고, 모극은 백부장이다. 모극의 차직은 포리연이라고 하고, 병사의 차직은 아리희라고 한다. 병사의 수는 처음에는 일정하지는 않았다.'(『금사』 권44 〈병제〉)
"그 관직들이 구요이십팔숙에 따라 명칭을 지었다. 암판발극렬(諳版勃極烈)(대관인), 발극렬(관인)이라고 부른다. 직위는 '특모(忒母)'(만호),

'맹안(萌眼)'(천호), '모가(毛可)'(백인장), '포리언(蒲里偃)'[패자두(牌子頭)]. '발극렬'은 통치관이고 한족의 '총관'과 비슷하다."(쉬멍신『삼조북맹회편』권3 '정선상질삼')

滅骨地(捏骨地) — '彼言滅骨地者, 卽跪也(멸골지라는 말은 바로 무릎을 꿇는 뜻이다).'[홍호(洪浩)『송막기문』]

'남자나 여자들이 다 같이 절을 한다. 한 다리는 꿇고, 한 다리는 땅에 놓고, 손놀림으로 절을 세 번 한다. 이는 날골지(捏骨地)라고 하는데 바로 무릎을 꿇는 것이다.'[우문무소(宇文懋昭)『거란국지』권27]

[부록, 명나라 신모상(愼懋賞)『사이광기(四夷廣記)』'여직역어', '跪, 捏骨地(무릎을 꿇는 것은 날골지라고 부른다).']

抹鄰 — 원명 희곡에 자주 나타났다. 원나라 시대 관한경(關漢卿)『둥부인고통고존효(鄧夫人苦痛哭存孝)』제1회, '抹鄰不會騎(말을 탈 줄 모른다).' 원나라 춰밍(闕名) 〈벌열무사류추환기〉 제3회, '我騎一匹撒因的抹鄰(나는 좋은 말을 탄다).' 又云(또 말하길), '不會騎撒因抹鄰(좋은 말을 탈 줄 모른다).'

춰밍(闕名)『송대장악비정충』첫 회, '大小三軍上抹鄰, 不披鎧甲不遮身.' 又楔子, '我則成不的虛劈一刀, 撥回抹鄰, 跑, 跑, 跑.'('군사들이 모두 말을 타고, 갑옷도 입지 않고 몸을 가리지 않는다.' 또 설자, '나는 칼을 내려쳤고 말로 뒤돌아, 뛰어, 뛰어, 뛰어.')

『팔대왕개조구충신』두절정백, '自家土金宿是也, 若論在下爲人, 不好行走, 則騎抹鄰(나는 토금숙이다. 걷기 싫어서 말을 타는 것이야).'

『옹희악부』권7 哨遍大打圍套, '將牧林卽快拴, 擦者兒連忙答(말을 빨리 묶고, 천막을 얼른 친다).' 명나라 황원길(黃元吉)『黃廷道夜走流星馬』제3회, '莽古歹將母麟催動(망고대가 말을 빨리 달리게 한다).'

『사림적염』권3, '將母麟疾快拴, 擦者兒連忙打(말을 빨리 묶고, 천막을 얼른 친다).'

謀克 — '금나라 초에, 각 부락의 백성들이 부역이 없는데 건장한 사람이

다 병사이다. …… 부락장은 패근(孛菫)이라고 하는데 군대에서 맹안 모극이라고 한다. 밑에 병사의 수에 따라 호칭을 수여한다. 맹안이 천부장이고, 모극은 백부장이다.'(『금사』 권44 〈병제〉)

'謀克, 百夫長也(모극은 백부장이다).'(『금사·국어해』)

謀良虎 — '謀良虎, 無賴之名(모량호는 무뢰하다는 뜻이다).'(『금사·국어해』)

納剌 — '納剌曰康(납랄은 강이다).'(『금사·국어해』)

'那懶謂高(나라는 높다는 뜻이다).'(쉬명신『삼조북맹회편』권3)

'那懶謂高(나라는 높다는 뜻이다).'[남송 진준(陳準)『북풍양사록』]

尼堪(粘罕, 粘漢) — '니감이라는 사람이 금나라 태종의 삼촌 형제이다. 이름은 종간인데 본명은 니감이라고 한다. 니감은 한족 사람과 닮다. 그의 아버지는 아척륵이고, 이랍제패륵이다. 니감이 대원수가 된 후 그의 아버지의 호칭을 이어받아 이랍패륵대원수라고 부른다.'[홍호(洪浩)『송막기문』]

'점한은 아명이 조가노이고, 한족 사람과 닮았다. 후에는 종유라는 이름으로 바꾸었다. 무원 황제의 삼촌 형의 아들이다.'[우문무소(宇文懋昭)『대금국지』]

[부록, 원명희곡에 나타난 '점한(粘漢)', 명나라 황원길(黃元吉)『黃廷道夜走流星馬』제2회 千戶白, '是個粘漢, 休放箭, 拿近前來, 搜他那身上.' 又千戶白, '無事也不敢來見, 正演戲武藝, 拿住個粘漢犯界.'[천호가 말하길, '점한(한인)이다. 활을 쏘지 마, 그를 잡고 몸을 뒤져 찾아봐.' 또 다른 천호가 말하길, '일이 없으면 오지 않을 거야, 무예를 연마하고 있는데 점한(粘漢) 한 명을 잡았다.']

尼忙古 — '尼忙古曰魚(니망고는 물고기다).'(『금사·국어해』)

涅里賽 — '북쪽으로 500여 미터를 더 가면 일월산이 있다. 대정 20년에 말백산(抹白山)으로 변명하였다. 국어로 열리새일이라고 부른다.'[『금사』권24 〈지리지 상〉서경로무주보산현주(西京路撫州寶山顯注)]

女魯歡 — '十六曰女魯歡(16은 여로환이라고 부른다).'(『금사 · 국어해』)

女奚烈 — '女奚烈曰郎(여해렬은 랑이다).'(『금사 · 국어해』 '성씨')

奴申 — '奴申, 和睦之義(노신이 화목하다는 뜻이다).'(『금사 · 국어해』)

盤里合 — '盤里合, 將指(반리합은 엄지손가락이다).'(『금사 · 국어해』)

裴滿 — '裴滿曰麻(배만이 마이다).'(『금사 · 국어해』 '성씨')

婆盧火 — '婆盧火者, 槌也(파노화는 방망이이다).'(『금사 · 국어해』)

蒲阿 — '蒲阿, 山雞(포아는 꿩이다).'(『금사 · 국어해』)

蒲剌都 — '蒲剌都, 目赤而盲也(포랄도는 급성 결막염으로 인해 눈이 잘 보이지 않다는 뜻이다).'(『금사 · 국어해』)

蒲輦(蒲里衍) — '만호는 열 천호를, 천호는 열 모극(모극은 백호이다)을, 모극은 구두 포련(포련은 50호이다)을 다스린다.'[쉬멍신(徐夢莘) 『삼조북맹회편』 권244에 장체(張棣) 『금로도요(金虜圖要)』 '용사(用師)'를 인용했음

蒲陽溫 — '蒲陽溫曰幼子(포양온은 막내아들이다).'(『금사 · 국어해』)

僕散 — '僕散曰林(복산은 숲이다).'(『금사 · 국어해』)

蒲速斡(蒲速梡, 蒲速盌) — "금나라 초에 요나라의 제 말에 목장을 설립하였다. 말(抹)은 모기나 파리와 같은 벌레가 없고, 물이 맑고 풀이 좋은 곳이다. 천덕 년간, 적하알타(適河斡朶), 알리보(斡里保), 포속알(蒲速斡), 연은(燕恩), 올자(兀者) 다섯 군데를 설립하였다. 전부 다 요나라 때의 이름을 이어받고 관리를 베풀어 관리한다. …… 세종 때 일곱 군데에 설립하였다. 특만(特滿) 특만(忒滿)(무주에 있다), 알도지(斡睹只), 포속완(蒲速椀), 구리본(甌里本), 합로완(合魯椀), 야노완(耶盧椀)이라고 한다. 그중에서 '포속완(蒲速椀)' 주, '포속완(蒲速椀)'은 원래 알도지의 일부분인데 대정 7년에 분리되었다. 승안 3년에 판저인오로고(板底因烏魯古)로 변명하였다."(『금사』 권44 〈병제〉)

'포속완(蒲速盌)은 야로완(耶魯盌)과 같다. …… 야로완(耶魯盌)은 번창하다는 뜻이다.'(『요사 · 국어사』)

"포속완알로타(蒲速盌斡魯朵)는 천황 태후로 인해 설립되었다. '포속완'은 번창이라는 뜻에 따라 장녕궁(長寧宮)이라는 이름을 지었다."(『요사』 권31 〈영위지(營衛志)〉)

僕燕 — '돌아올 때 복연수를 지나갔다. 복연은 악창이다. 소조는 이 지명을 싫어해서 피곤해도 거기서 멈추지 않았다.'(『금사』 권1 〈세기〉)

撒八 — '撒八, 迅速之義(살팔은 빠르다는 뜻이다).'(『금사·국어해』)

　　[부록, 원명 희곡에서 나타난 '살팔(撒八)', 『장명루』 4절 '높게 나는 기러기, 빨리 뛰는 강아지, 아리희의 군대는 빠르다.']

撒答(散答) — '撒答, 老人之稱也(살답은 늙은이를 가리킨다).'(『금사·국어해』)

　　'散答曰駱(산답은 낙타이다).'(『금사·국어해』 '성씨')

撒敦 — 이 단어는 원명 희곡에서 자주 나타났다. 관한경 『조풍월』 4절 '쌍조신수령', '쌍살돈이 상서이다. 사위는 세습의 천호이다.'

　　명나라 쟈중밍(賈仲名) 『금안수(金安壽)』 4절 '조향사(早響詞)': '對着俺撒敦家顯耀些抬顔.'

　　이지푸(李直夫) 『편이행사호두패(便宜行事虎頭牌)』 2절 '대배문(大拜門)': '我可也不想今朝, 常記得往年, 到處里追下些親眷, 我也曾吹彈那管弦, 快活了萬年, 可便是大拜門撒敦家的筵宴(나도 오늘 같은 날을 좋아하지 않는다. 늘 옛 시절이 생각난다. 여기저기 가족들과 함께 있었다. 나도 악기를 치고 많이 즐거웠다).'

撒合輦 — '撒合輦, 黎黑之名(살합련은 피부가 검다는 뜻이다).'(『금사·국어해』)

撒速 — '금나라에 절을 할 때 우선 팔짱을 끼어 허리를 좀 굽힌다. 그다음에 왼 무릎을 꿇고 춤을 추는 듯 두 팔을 움직인다. 꿇은 다음에 소매를 아래로 무릎까지, 위로 어깨까지를 흔들어 움직인다. 이렇듯 4번을 한다. 다 하고 나서 손으로 오른쪽 무릎을 누르고, 왼쪽 무릎만 꿇는다. 이때 참배 의식이 끝난다. 국어로는 이를 '속살(撒速)'이라고

한다.'(『금사』 권35 〈예지팔(禮志八)〉)

薩那罕 ― "夫謂妻曰 '薩那罕', 妻謂夫曰'愛根'(남편이 아내를 '살나한', 아내
는 남편을 '애근'이라고 부른다).[쉬멍신(徐夢莘) 『삼조북맹회편』 권3
'정선상질삼']

'夫謂妻曰薩那罕(살나한은 남편이 아내를 부르는 말이다).'(『북맹록』)

賽痕(塞痕) ― "장인은 사위가 가져온 말(馬)에 따라 대접한다. '새흔(賽
痕)'이면 받아들이고(좋다), '랄랄(辣辣)'이면 돌려보낸다(좋지 않다)."
[홍호(洪浩) 『송막기문』]

"'금나라 때, 여진족 관리들이 한지를 다스리면 반드시 통사를 배치해
주어야 한다(원주, 즉 역어관이다). 모든 일을 그의 손을 거치므로 뇌
물을 수수하기 쉽다. 2, 3년만 지나면 부자가 된다. 백성들이 고생을
많이 하였다.' 은주가라는 대왕이 있었는데, 전쟁을 많이 이겼으므로
지위가 높아지고 위세도 많이 단단해졌지만 민사 일에 익숙하지 않았
다. 연경을 지키는 시기에, 수십 명의 사람은 부유한 스님에게 6, 7만
원의 빚을 졌지만 갚지 않았다. 스님은 소송하겠다고 말했으니 무서워
해서 통사에게 뇌물을 주었다. 통사는 '너희들은 너무 많은 빚을 졌다.
조금 늦게 연기해도 결국 피할 수 없다. 만약 나를 세게 감사해 주면
죽이도록 하겠다'라고 하였다. 모두들이 흔쾌히 허락하였다. 재판하는
날에, 통사가 스님의 소송을 바꿔 '오래 가뭄이 들어 비가 내리지 않으
므로, 스님은 백성들이 되살아나기 위하여 하늘을 전동할 수 있게 분
실하겠다'라고 번역하였다. 은주는 웃으면서 '색흔'이라고 하였다. 법
정의 아역은 스님을 쫓아나가는데 스님은 무슨 일인지 몰라서 묻더니,
'색흔은 좋다는 뜻이다. 재판이 잘되었다'라고 하였다. 관청서에 나가
자 빚을 지은 사람들이 스님을 이미 쌓이는 섶나무에 얽매고 불을 붙
여 태웠다. 스님은 억울함을 호소해도 벗어나지 못하였다. 결국 불에
태워 죽었다."[홍호(洪皓) 『송막기문』]

三合 ― '三合, 人之黶也(삼합은 검은 사마귀를 가리킨다).'(『금사·국어

해』)

珊蠻 — '올실이 간활한데 재주가 있다. 여진 법률, 문자를 만들었고 하나의 나라를 세웠다. 사람들이 그들을 산만이라고 부른다. 산만이 여진어에서 무당이다. 신선과 같은 능력을 갖고 점한 아래는 다 따를 수 없다.'[쉬멍신(徐夢莘) 『삼조북맹회편』 권3 '정선상질삼']

沙刺 — '沙刺, 衣襟也(사랄은 옷자락이다).'(『금사·국어해』)

沙忽帶 — '沙忽帶, 舟也(사홀대는 선박이다).'(『금사·국어해』)

山只昆 — '山只昆, 舍人也(산지곤은 사인이라는 뜻이다).'(『금사·국어해』)

闍母 — '釜曰闍母(솥을 도모라고 부른다).'(『금사·국어해』)

石倫 — '凡事之先者曰石倫(모든 일에 앞서가는 사람을 석륜이라고 부른다).'(『금사·국어해』)

什古乃 — '什古乃, 瘄人也(십고내는 구두쇠라는 뜻이다).'(『금사·국어해』)

石哥里 — '石哥里, 溲疾也(석가리는 수질이라는 뜻이다).'(『금사·국어해』)

孰輦 — '孰輦, 蓮也(숙련은 연꽃이라는 뜻이다).'(『금사·국어해』)

太神 — '阿鄰, 山也, 太神, 高也, 山之上銳者曰哈丹(아린은 산이다. 태신은 높다는 뜻이다. 산에서 뾰족한 부분을 합단이라고 부른다).'(『금사·국어해』)

忒鄰 — '忒鄰, 海也(특린은 바다다).'(『금사·국어해』)

禿里 — '禿里, 掌部落詞訟, 察非違者(독리는 부락의 소송 일을 주관하고 사건의 경위를 조사하는 사람을 가리킨다).'(『금사·국어해』) '변경 지역의 거주민을 관리하는 관리를 독리라고 한다. 오로골 아래는 소온, 탈타가 있고, 상은 아래는 요홀, 습니곤이 있다. 이들이 다 관제에 폐하지 않고 요나라의 관직명을 이어받았다.'(『금사』〈백관지〉) [부록, '달림(撻林), 관직명. 후에 이실위부는 복사로 바뀌었다. 사공이라고도 한다.'(『요사·국어해』). "동북쪽에 달령상공이 있는데 흑수 등 변경 일을 주관하다'라고 한다. 원주, '호인호', '달'은 '탄'과 같고 입성이다. '령'은 '름'과 발음이 유사하다."[『무계집·거란관의(武溪集·契

丹官儀)』]

吐鶻 ─ '금나라 사람들의 평상복은 4가지가 있다. 띠, 건, 반령의, 오피화이다. 그중에서 띠를 토골이라고 한다. …… 토골, 제일 좋은 것은 옥으로 만든 것이고, 옥 다음에는 금이고, 금 다음에는 소와 같은 동물의 골각으로 만든 것이다.'[『금사』 권43 여복하(輿服下)]

畏可(吾亦可) ─ '畏可, 牙, 又曰吾亦可(외가는 어금니인데 오역가라고도 한다).'(『금사·국어해』)

溫敦 ─ '溫敦曰空(온도는 비다는 뜻이다).'(『금사·국어해』)

窩謀罕 ─ '窩謀罕, 鳥也(와모한은 새이다).'(『금사·국어해』)

斡里朵 ─ '斡里朵, 官府治事之所(알리타는 관아이다).'(『금사·국어해』) [부록, 거란어로 '알로타(斡魯朵)'이다. '알로타는 궁장 명칭이다.'(『요사·국어해』). 몽골어로 '알이타(斡耳朵)'이다. '원군은 즉위하고 궁장을 새로 세웠다. 엄청 아름답다. 이를 알이타라고 하였다. 죽은 후에 집어치웠다. 새 왕이 즉위 후 또다시 알이타를 만들었다.' 원나라 시대 엽자기(葉子奇) 『초목자·잡제편(草木子·雜制篇)』]

斡勒 ─ '斡勒曰石[알륵은 돌(石)이다.'(『금사·국어해』 '성씨'). 〈오둔량필시비〉 하관에 '알흑(斡黑)'이라는 단어가 있는데 뤄푸이(羅福頤) 등은 '석비'의 '석'이라고 해석하였다.

斡論 ─ '生鐵曰斡論(생철은 알론이라고 부른다).'(『금사·국어해』)

斡準 ─ '斡準曰趙(알준이 조이다).'(『금사·국어해』 '성씨')

吾里補 ─ '吾里補, 蓄積之名(오리보는 축적하다는 뜻이다).'(『금사·국어해』)

兀帶 ─ '凡事物已得曰兀帶(물품을 이미 샀다는 것을 올대라고 부른다).'(『금사·국어해』)

兀典 ─ '兀典, 明星(올전은 금성이다).'(『금사·국어해』)

兀室(固新) ─ '올실은 나라와 같은 성씨이다. 어머니가 임신한 지 30개월 후에 태어난 아이여서 올실이라는 이름을 지었다.'[쉬멍신(徐夢莘)

『삼조북맹회편』 묘요(苗耀) 『신록기』 인용1

'고신은 어머니가 임신한 지 30개월 후에 태어난 아이여서 고신이라는 이름을 지었다. 고신은 30이라는 뜻이다.'[리신추안(李心傳) 『건염이래 계년요록』 권137에 묘요(苗耀) 『신록기』의 말을 인용1

兀顏 — '兀顏曰朱(올안은 주이다).'(『금사·국어해』 '성씨'). 『삼조북맹회편』에는 '오연(烏延)'이라고도 한다.

兀朮 — '兀朮曰頭(올출은 머리다).'(『금사·국어해』)

烏古出 — '烏古出, 方言曰再休, 猶言再不復也(오고출은 방언에서 재휴라고 하여 되돌아오지 않다는 뜻이다).'(『금사·국어해』)

烏古論 — '烏古論曰商[오고론은 상(商, 장사)을 가리킨다.'(『금사·국어해』 '성씨')

烏烈 — '烏烈, 草廩也(오렬은 초름이다).'(『금사·국어해』)

烏林答 — '烏林答曰蔡[오림답은 채(蔡)를 가리킨다.'(『금사·국어해』 '성씨')

烏魯 — '烏魯曰惠[오로는 혜(惠, 은혜)를 가리킨다.'(『금사·국어해』 '성씨')

烏魯古 — "제 목장들은 '오로고'라고 부른다."(『금사(金史)』 권57 〈백관지삼〉)

'烏魯古, 牧圉之官(오로고는 목장을 관리하는 관리이다).'(『금사·국어해』)

'금나라 초에 요나라의 여러 말(抹) 때문에 목장을 설립하였다. 말(抹)은 모기나 파리 같은 벌레가 없고, 물이 맑고 풀이 좋은 곳이다. …… 세종 때 목장 7군데를 설치하였다. 특만(特滿), 특만(忒滿), 알도지(斡睹只), 포속완(蒲速椀), 구리본(甌里本), 합로완(合魯椀), 야로완(耶盧椀)이다'라고 한다. '구리본(甌里本)' 주, '승안 3년에 오선오로고(烏鮮烏魯古)로 변명하였다. 오로고(烏魯古)는 생장하다는 뜻이다.'(『금사』 권44 〈병제〉)

[부록, '오로고, 아리지는 말(馬)의 이름이다. 태조가 이 두 마리의 말

을 인선 부부에게 주었다.'(『요사 · 국어해』)]

習尼昆 ― '요홀 한 명이 있는데 종팔품이다. 사력이 두 명. 습니곤은 각
부락의 차역 등 일을 주관한다. 달마는 수행원이다. 미규, 당고규, 이척
규, 복전규, 골전규, 실로규도 설치하였다.'(『금사』 권57 〈백관지 삼〉)

習失 ― '習失, 猶人云常川也(습실은 끊임없다는 뜻이다).'(『금사 · 국어
해』)

斜哥 ― '斜哥, 貂鼠(사가는 담비이다).'(『금사 · 국어해』)

斜烈 ― '刃日斜烈(칼을 사렬이라고 부른다).'(『금사 · 국어해』)

斜魯 ― '大而峻日斜魯(높고 가파른 산이 사로라고 부른다).'(『금사 · 국어
해』)

勺赤魯 ― '白淥, 國言日勺赤魯(백락은 국어로 작적로라고 한다).'[『금사』
권24 〈지리지〉 환주주(桓州注)]

牙吾塔 ― '牙吾塔, 瘍瘡(아오답은 부스럼이라는 뜻이다).'(『금사 · 국어
해』)

押恩尼要 ― '구락(狗淥)이 있는데 국어로 押恩尼要(압은니요)라고 한다.'
[『금사』 권24 〈지리지〉 보산주(寶山注)]

耶盧椀 ― '금나라 초기에 요나라의 목장에 인해 여러 목장을 설치하였
다. 말(抹)은 모기와 파리 같은 것도 없고, 수초가 무수한 곳을 가리킨
다. …… 세종 때는 특만(特滿), 특만(武滿), 알도지(斡睹只), 포속완(蒲
速椀), 구리본(甌里本), 합로완(合魯椀)과 아로완(耶虜椀) 일곱 군데를
설립하였다.' '야로완(耶虜椀)' 주, '무평현(武平顯), 임황(臨潢), 태주(泰
州) 등 지역에 위치한다.'(『금사』 권44 〈병지〉)

耶塔剌處 ― '야탑랄처 병영에서 숙박하였다. 부싯돌이라는 뜻이다.' 『요
동행부지』

也力麻立 ― "다음 날, 아구다(阿骨打)는 동생 조와랑군(詔瓦郎君)에게 초
구(담비의 모피로 만든 옷), 금포, 서대 등 7가지 물품을 달라고 했다.
운남사는 활을 잘 쏘아서 황제가 하사하였다. 점한의 아버지인 살해상

공(撒談相公)은 운남사가 화살을 잘 쏘니 매우 유명하다. 눈에 띈 이름을 지어야 한다. 나중에 '야력마립'이라고 불렀다. 화살을 잘 쏘는 사람이라는 뜻이다."[남송 마괄(馬括) 『모재자서(茅齋自叙)』]

移賷 ― "이뢰발극렬(移賷勃極烈), 제3위를 '이뢰(移賷)'라고 한다."(『금사·국어해』)

移離菫 ― '제 이리근(移離菫)은 부락의 수령이다. 상온, 이리근은 원래 요나라 말인데 금나라에 와서 약간의 차이가 있다.'(『금사·국어해』) '제 이리근사(移離菫司)에서 이리근이 한 명 있고 종팔품이다. 부락 마을 일을 분관한다.'(『금사』 권57 〈백관지 삼〉)

[부록, '이리근(夷離菫), 군대를 통솔하는 대원수이다.'(『요사·국어해』)

乙室勃極烈 ― '乙室勃極烈, 迎迓之官(을실발극렬은 영접하는 것을 담당하는 관리를 가리킨다).'(『금사·국어해』)

銀朮可 ― '銀朮可, 珠也(은출가는 진주다).'(『금사·국어해』)

"'은주'는 '60째'라는 뜻이다."[홍호(洪浩) 『송막기문』]

閘剌 ― '요나라는 강화하려고 했다. 사충(思忠)과 오림달찬모(烏林達贊母)는 이를 담당하여 갑랄(閘剌)이라고 한다. 갑랄은 중국어로 사신이라고 한다.'(『금사』 〈耨盌溫敦思忠傳〉)

"'금나라 때, 여진족 관리들이 한지를 다스리면 반드시 통사를 배치해 주어야 한다(원주, 즉 역어관이다). 모든 일을 그의 손을 거치므로 뇌물을 수수하기 쉽다. 2, 3년만 지나면 부자가 된다. 백성들이 고생을 많이 하였다.' 은주가라는 대왕이 있었는데, 전쟁을 많이 이겼으므로 지위가 높아지고 위세도 많이 단단해졌지만 민사 일에 익숙하지 않았다. 연경을 지키는 시기에, 수십 명의 사람은 부유한 스님에게 6, 7만 원의 빚을 졌지만 갚지 않았다. 스님은 소송하겠다고 말했으니 무서워해서 통사에게 뇌물을 주었다. 통사는 '너희들은 너무 많이 빚을 졌다. 조금 늦게 연기해도 결국 피할 수 없다. 만약 나를 세게 감사해 주면 죽이도록 하겠다'라고 하였다. 모두들이 흔쾌히 허락하였다. 재판하는 날에, 통사가 스님의 소송을 바꿔 '오래 가뭄이 들어 비가 내리지 않으므로, 스님은 백성들이 되살아나기 위하여 하늘을 전동할 수 있게 분실하겠다'라고 번역하였다. 은주가 웃으면서 '색흔'이라고 하였다. 법정의 아역은 스님을 쫓아나가는데 스님은 무슨 일인지 몰라서 묻더니, '색흔은 좋다는 뜻이다. 재판이 잘되었다'라고 하였다. 관청서에 나가자 빚을 진 사람들이 스님을 이미 쌓아 놓은 섶나무에 얽매 불을 붙여 태웠다. 스님은 억울함을 호소해도 벗어나지 못하였다. 결국 불에 태워 죽었다."[홍호(洪皓) 『송막기문』]

[부록, '자충(資忠), 자는 옥연이고, 아명은 찰랄이다. 중부의 아들이다. …… 처음에, 고려에서 귀순하였다. 여직 6부의 땅을 하사하였다. 후에는 공물을 제 시간에 바치지 않기 때문에 자충(資忠)에게 가서 원인을 찾으라고 명령을 하였다. 고려는 땅을 돌려주지 않았다. 그래서 관리들이 황제에게 탄핵하였다. 상경부 유수가 되었다. …… 3년 후에는 다시 사신으로 고려에 갔다. 불유(拂遺)에 억류되었다. 9년에, 고려는 상소하고 사죄하였다. 이제야 자충(資忠)을 되돌려주었다.'(『요사』권 88 〈예률자출전〉)]

札失哈勃極烈 — '찰실합발극렬은 수관서이다.'(『금사 · 국어해』 '관칭')

[附, '闡撒狹, 抹里司官, 亦掌宮衛之輩者(갑살월은 말리사의 관원이며, 왕궁의 안전을 지키는 사람이다).'(『요사 · 국어해』)]

昃勃極烈 — '昃勃極烈, 陰陽之官(측발극렬은 천상을 관찰하는 관원이다).'(『금사 · 국어해』)

금나라 시대 여진어 어휘 주석과 고증 색인

A

阿不罕(呵不哈 · 阿保寒 · 阿孛寒) *abqan/abqa [성씨 · 인명] 뜻, 하늘(天).

阿典(阿迭 · 阿玷) *adien/adie [성씨] 뜻, 벼락(雷).

阿虎帶(阿虎迭 · 阿胡迭) *ahudai [인명] 뜻, 장남(長子).

阿合(阿海 · 亞海) *aha/ahai 뜻, 노복(奴仆).

阿虎里(阿活里) *ahuri [인명] 뜻, 잣(松子).

阿懶 *alan [인명 · 지명] 뜻, 언덕(山崗).

阿勒根(阿里侃 · 斡里根) *argin [성씨] 뜻, 변, 가(邊).

阿里 *ari [인명] 뜻, 통천귀(通天鬼).

阿里不(阿里補 · 阿里保 · 阿離補 · 阿魯不 · 阿魯補 · 阿盧補 · 阿魯保)
   *alibu/alibo [인명] 뜻, 바치게 하다.

阿里白 *alibuhi [인명] 뜻, 이미 드렸다 · 바치게 하였다.

阿里虎(阿里骨 · 阿里刮) *aliqu [인명] 뜻, 분(盆) · 쟁반(盤子).

阿里孫 *arsum[인명] 뜻, 추하다(醜陋).

阿里喜 *alhi [직관] 뜻, 정균군에서의 부관.

阿里合懣(阿離合懣) *alihamon [인명] 뜻, 매를 기르는 사람.

阿隣 *alin [인명 · 지명] 뜻, 산(山).

阿買勃極烈 *amai bogile [직관] 뜻, 제일 발극렬, 성읍을 관리하는 자.

阿土古 *atugu [인명] 뜻, 잡는 것에 능숙한 사람.

阿徒罕(阿土罕) *atuhan [인명] 뜻, 땔나무를 줍는 사람.

阿息保(阿思鉢) *asibo [인명] 뜻, 돕도록 하다.

阿速 *asu [인명] 뜻, 그물 망(罔).

阿虎懶(阿喝懶) *aqutan [인명] 뜻, 기계.

愛根 *aigen 뜻, 남편(丈夫).

諳版 *amban 뜻, 크다.

按春(安春·按唇·按出虎·阿尤許·安尤虎·阿觸胡·阿祿祖·阿之古·阿
里出虎) *alcun/alcuqu [인명·지명] 뜻, 금(金).

按答海(安答海) *andahai [인명] 뜻, 손님, 친구.

昂吉泺 *anggir [지명] 뜻, 원앙새, 오리.

奧屯(奧敦) *otun [성씨] 뜻, 구유.

B

拔離速(拔里速) *barisu [인명] 뜻, 각저희(씨름)를 하는 사람.

白答(白達·拔達·背達) *bada [인명] 뜻, 밥.

板底因(烏魯古) *panti in [지명] 뜻, 남쪽의.

保活里 *boholi [인명] 뜻, 난쟁이.

背魯(輩魯·杯魯) *beri[인명] 뜻, 활 궁(弓).

必蘭(必刺·鷔刺) *biran/bira [성씨·인명·지명] 뜻, 하천(河).

辟羅 *biro [지명] 뜻, 온천.

孛論出 *bolunču [인명] 뜻, 배태, 시조.

勃極烈(孛極烈) *bogile [직관] 뜻, 다스리다.

勃蘇 *bosu 뜻, 술.

孛特補 *botebu [인명] 뜻, 어렵(고기잡이)하게 하다·돈을 벌게 하다.

卜灰(布輝·不灰·仆虺·仆灰) *buhui [인명·지명] 뜻, 사슴.

C

查剌合攀 *čara hapan [지명] 한명, 거용관 뜻, 관아.

鈔赤隣(擦摺兒) *čau cirin/caciti [지명] 뜻, 장방.

赤瓦不剌海(赤瓦不剌・洼勃剌駭) *čiwaburahai 뜻, 공격하다, 치다.

辭不失(辭不習) *sibuhi [인명] 뜻, 술이 깨다.

出河 *čuha [지명], 뜻, 성읍.

D

答不野(撻不野) *dabuye [인명] 뜻, 경작자[땅을 갈아 농사(農事)를 짓는
사람].

達兒歹 *dardai [인명], 뜻, 순간・잠시.

達紀(達吉) *dagi [인명] 뜻, 뛰어나다.

達吉不(達吉保・達紀保・答吉卜・打吉卜) *dagibu/dagibo [인명] 뜻, 뛰어
나도록 하다.

達懶(撻懶) *dalan [인명] 뜻, 제방・하안.

迪古補(迪古不・狄故保・敵古本) *digubu/digubo/digubun [인명] 뜻, 회
복시키다.

迪古乃 *digunai [인명] 뜻, 오다.

冬兒 *dor [인명] 뜻, 오소리.

都勃極烈 *dubogile [직관] 뜻, 총치관, 총대장.

獨吉 *dugi [성씨] 뜻, 구름.

奪離剌 *dolila 뜻, 토벌하여 평정하다.

E

訛出虎 *ocuhu [인명] 뜻, 관용.

訛古乃 *ogunai [인명] 뜻, 무늬 개.

G

古里甲 *guligiya [성씨] 뜻, 고증할 수 없다.

骨板(谷板) *gunan [인명] 뜻, 3살짜리 소.

國論(骨盧) *gurun [직관] 뜻, 나라, 귀하다.

H

合達(合打・合答・曷答・哈丹) *hada/hadan [인명] 뜻, 산봉우리.

合喜 *hahi [인명] 뜻, 가돈.

合住(和卓・和朮・劾者・佶倬・結棹) *hajo/gejo [인명・지명] 뜻, 멋있다, 예쁘다.

曷懶(合懶) *halan [지명] 뜻, 느릅나무.

曷魯(合魯) *haru [인명] 뜻, 차폭.

曷蘇館(合蘇款) *hosgon/hoskon [부락명] 뜻, 울타리.

和團 *hoton [지명] 뜻, 도읍.

忽都(忽土・胡土) *hudu [인명] 뜻, 사람들과 같이 복을 받다.

忽魯勃極烈(胡魯勃極烈) *huru bogile [직관] 뜻, 총대장.

忽土皚葛蠻 *hutuyai gamon [지명] 득승타를 가리킨다. 뜻, 복관.

胡土白 *hutubai [지명] 뜻, 복지; 행복한 곳.

胡剌(忽剌) *hala [인명] 뜻, 굴뚝.

胡魯剌 *hulula [직관] 뜻, 통솔.

鶻魯補(鶻盧補・忽盧補・斛魯補) *hulbu [인명] 뜻, 묶도록 하다, 맺도록 하다.

鶻沙虎 *husahu [인명] 뜻, 올빼미.

虎剌孩 *hulahai 뜻, 강도.

桓端(喚端・和魯奪) *holdon/holdo [인명] 뜻, 소나무.

歡都(歡睹・桓篤) *hondu [인명] 뜻, 벼.

回不里(回離保・欵里保・欵里鉢) *huiribu/huiribo [인명] 뜻, 잡아매도록 하다.

火俺 *honan [지명] 뜻, 염소.

活臘胡 *holahu [인명] 뜻, 붉은색.

活離罕 *horihan [인명] 뜻, 새끼 양.

活羅(胡來) *horo [인명] 뜻, 갈까마귀.

活女 *honio [인명] 뜻, 항아리.

J

吉甫魯灣 *gihuluwan [지명] 뜻, 제비.

K

夔里本 *kuilibun [인명] 뜻, 속을 뻔하다.

L

剌撒 *lasa 뜻, 좋지 않다.

留可(留哥) *loko [인명] 뜻, 숫돌.

婁室(婁宿) *losi [인명] 뜻, 농사일하기 힘든 밭.

落孛魯 *lobolu [지명] 뜻, 함천.

M

謾都歌(謾都訶) *mondugo/monduho [인명] 뜻, 어리석다.

毛睹祿(沒都魯) *muduru/muduri [인명] 뜻, 용.

梅黑 *meihe [강이름] 뜻, 뱀.

猛安 *muŋyan [직관·인명] 뜻, 천(川).

蒙括(蒙葛·蒙刮·蒙适·瞢葛) *mungo/munko/munga [성씨·인명] 뜻,
  어렵다, 귀하다, 능하다, 금방.

滅骨地 *miyagudi 뜻, 무릎을 꿇다.

末臨(抹臨·牧林·母麟) *morin [지명] 뜻, 말.

謀克(毛可) *muke [직관] 뜻, 족장.

謀良虎(毛良虎) *murianqu [인명] 뜻, 무뢰한 사람.

N

納葛里 *nagori 뜻, 거실.

納蘭(拿懶・那懶・納剌) *naran [성씨] 뜻, 날 일.

粘罕(尼堪・粘漢) *nimqan/nikam [인명] 뜻, 한족 사람・남쪽 사람.

尼厖古(尼忙古・粘沒曷・粘割・粘哥・粘葛・粘合) *niman̠gu/nimha [성씨・
　　인명・부락명] 뜻, 물고기.

涅里賽一 *neri seyi [지명] 뜻, 흰빛・햇빛.

女魯歡 *niolhon [인명] 뜻, 16.

女奚烈(女奚列) *niohilie [성씨] 뜻, 늑대.

奴申(訥申) *nusin [인명] 뜻, 화목.

P

盤里合(僕里黑・跋里海) *parha [인명] 뜻, 엄지손가락.

裴滿 *poimon [성씨・부락명] 뜻, 삼 마.

婆盧火 *porho [인명] 뜻, 방망이・망치.

蒲阿 *puya 뜻, 꿩.

蒲答 *puda [인명] 뜻, 보내다.

蒲帶 *pudahi [인명] 뜻, 보냈다.

蒲剌都(蒲剌睹・蒲剌篤) *piladu [인명] 뜻, 짓무른 눈.

蒲里(蒲烈) *puli [인명] 뜻, 강하다・우수하다, 넉넉하다.

蒲盧渾(蒲魯混・蒲魯虎・蒲魯歡) *pulhun [인명] 뜻, 천주머니.

蒲聶(蒲里衍・蒲里演・蒲里偎・拂捏・蒲聶・蒲涅)
　　 *puliyen/puniyen/puniye/funiye [직관・부락명・인명] 뜻, 협조하다.

蒲速梡(蒲速斡) *pusuyon [위소] 뜻, 번창하다.

蒲陽溫 *puyan̠yun [인명] 뜻, 막내아들.

僕散 *busan [성씨] 뜻, 숲.

僕燕 *puyan [지명] 뜻, 악성 종기・악창.

S

撒八 *saba [인명] 뜻, 빨리.

撒答(撒達·散答·散達) *sakda [인명] 뜻, 늙은이.

撒敦 *sadun 뜻, 사돈.

撒合輦(撒曷輦) *sahaliyen [인명] 뜻, 까맣다.

撒里合(撒離喝·撒剌喝) *saliqa [인명] 뜻, 주장하다·주재하다.

撒速 *sasu [인명] 뜻, 손을 옮겨 절을 하다.

薩那罕 *sarqan 뜻, 아내.

賽里(塞里) *seli [인명] 뜻, 안락.

賽痕(賽一·散亦) *sehen/sanyi [인명] 뜻, 좋다.

三合 *samha [인명] 뜻, 피부의 반점.

珊蠻(撒卯) *sanman 뜻, 무당.

沙剌 *sala 뜻, 옷자락.

沙忽帶 *sahudai [인명] 뜻, 배.

山只昆 *sanjikun 뜻, 사인.

鄯陽 *sanyang [인명] 뜻, 흰빛.

闍母 *sim [인명] 뜻, 솥.

石倫(石魯) *silun/silu [인명] 뜻, 선도자·선구자.

石古(什古·師姑) *sigu [인명] 뜻, 창문.

什古乃(石占乃·習古乃) *sigunai [인명] 뜻, 구두쇠.

石哥里 *sigeli 뜻, 수질(오래 병을 앓다).

朮輦 *suliyen [인명] 뜻, 연꽃.

T

撻馬 *dama 거란어를 차용·뜻, 수행원.

太神 *taisin [인명] 뜻, 높다.

唐括 *taŋgu [성씨] 뜻, 백.

忒隣 *telin [인명] 뜻, 바다.

特思(特厮) *tehi [인명] 뜻, 40.

禿里 *turi [관직명] 뜻, 부락의 소송 일을 주관하고 사건의 경위를 조사하
    는 사람.

吐鶻(兎鶻 · 兎胡) *tuhu 뜻, 허리띠.

彖多 *tondo [인명] 뜻, 충성하다 · 공정하다.

陀滿(阤滿 · 駝滿 · 陀熳 · 統門 · 駞門 · 徒門 · 禿滿) *tumon/tumun [성씨 ·
    지명] 뜻, 만(萬).

W

畏可(隗可 · 隗喝 · 偎喝 · 幹喝 · 吾亦可) *weike/uho/uike [인명] 뜻, 이(牙).

溫敦(溫屯) *undun [성씨] 뜻, 비다.

溫迪痕(溫迪罕 · 溫迪掀) *undihen [성씨 · 부락명] 뜻, 판자.

窩謀罕(訛謀罕) *omhan [인명] 뜻, 새알.

幹里朵(訛里朵) *ordo [인명 · 궁장명] 뜻, 정자(亭子) · 관아.

幹忽 *ohu [인명 · 지명] 뜻, (냄새)가 지독하다.

幹勒 *ole [성씨] 뜻, 돌.

幹里不(幹里卜 · 幹離不 · 幹魯不 · 幹魯補 · 幹盧補 · 幹盧保 · 訛魯補 · 吾里
    補 · 吾里不) *olibu/olibo [인명] 뜻, 남기다.

幹論 *olun [인명] 뜻, 생철.

幹塞(幹賽) *ose [인명] 뜻, 기와.

幹準 *ojun [성씨] 뜻, 학.

兀帶(吾帶 · 烏帶 · 幹帶) *udahi [인명] 뜻, 이미 샀다.

兀答補(烏答補 · 烏達補 · 烏都補 · 吾睹補 · 吾都不) *udabu [인명] 뜻, 사게
    하다.

兀剌 *gula 뜻, 갈대 · 가죽구두.

兀室(悟室 · 谷神 · 固新) *gusi/gusin [인명] 뜻, 30.

兀朮(幹出・幹철) *uju [인명] 뜻, 머리.

烏春(烏蠢) *ucun [인명] 뜻, 갑.

烏古出(烏骨出・吾古出) *ugucu [인명] 뜻, 되돌아오지 않다.

烏烈 *ure 뜻, 초집.

烏林答(烏林撻) *ulin da [성씨] 뜻, 재정을 관리하는 우두머리.

烏魯(烏祿) *uru [인명] 뜻, 혜택.

烏魯古(幹魯古・訛魯古) *ulgu [지명・관명] 뜻, 목장 관리.

烏鮮 *usian [지명] 뜻, 위에.

烏延(兀顔) *ulɣian [성씨] 뜻, 돼지.

烏也(烏野) *uye [인명] 뜻, 아홉 번째.

烏者(幹者) *uje [인명] 뜻, 중하다.

X

習失 *siši 뜻, 계속.

習尼昆 *sinikun [직관] 뜻, 장군.

割里 *hiyari [지명] 뜻, 사팔눈.

斜哥(斜葛) *sego [인명] 뜻, 담비.

斜烈(思烈・思列) *sele [인명] 뜻, 칼날.

斜魯 *selu [인명] 뜻, 높고 가파른 산.

斜也(斜野) *seye [인명] 뜻, 흰색.

Y

牙不 *yabu 뜻, 가다.

牙吾塔(牙古太) *yaɣuta [인명] 뜻, 부스럼.

押恩尼要 *yan niyo [지명] 구락(漆).

遙設(遙析) *yauše [인명] 뜻, 예의.

耶補兒 *iburi [인명] 뜻, 투구꼬리.

耶懶(押懶) *yaran [지명] 뜻, 표범.

耶塔剌處 *yatarač [지명] 뜻, 부시 · 화도.

也力麻立 *yalimali 뜻, 화살을 잘 쏘는 사람.

移離菫 *irigin [직관] 군대를 통솔하는 대원수. 뜻, 모이다.

移懶(移賚) *ilan/ilai [지명] 뜻, 삼.

乙里補(乙剌補 · 移剌補 · 移剌保 · 移剌本) *ilibu [인명] 뜻, 일어서게 하다.

乙列(乙烈) *ili [인명] 뜻, 일어서다.

乙塞補(移失不) *isibu [인명] 뜻, 이르게 하다.

乙室(乙薛) *isi [직관 · 부락명 · 성씨 · 인명] 뜻, 이르다 · 도착하다, 영접
　하는 관리.

銀尤可 *ninjuke [인명] 뜻, 진주 · 혹은 육십.

盈歌(揚割) *yiṇge [인명] 뜻, 산포도 · 개머루.

餘睹(盇都) *idu [인명] 뜻, 차례.

Z

闍剌 *jala 뜻, 사신.

札失哈 *jasha [관직] 뜻, 수관서.

只魯歡 *jilhon [인명] 뜻, 수명.

昃勃極烈 *jaibogile [직관] 뜻, 제2 총치관.

『여진역어』 '잡자'의 여진 어휘[1]

a

*abka 阿卜哈 **少굿**/잎(葉)

*abuga 阿卜哈 **禿**/하늘(天), 阿卜哈禿魯溫 **禿瓦土**/하늘 흐리다(天陰), 阿卜
　　哈哈勒哈 **禿光用**/하늘 맑다(天晴), 阿卜哈嫩江 **禿瓦亣**/하늘 푸르다(天靑)

*adi 阿的 **反**/등, 기타(等)

*adʒir 阿只兒 **叐**/망아지(兒馬), 阿只兒母林 **叐佇列**/망아지(兒馬)

*afi 阿非 **夵岇**/사자(獅)

*agda 阿答 **肖**/거세한 말(騙馬), 阿答母林 **肖佇列**/거세한 말(騙馬)

*agdian 阿玷 **老**/벼락(雷)

*aga 阿哈 **夬岇**/비(雨)

*ahai 阿哈愛 **莁兌**/노비(奴婢)

*ahun 阿渾溫 **光土**/형(兄)

*aiwandu-məi 愛晚都昧 **金丹右**/사다(買)

*ajaŋ 阿羊 **夯冊**/납촉(蠟燭), 阿羊非本 **夯冊岇夃**/촛불(蠟燭)(燭燈)

*ajuburu 阿于卜魯 **虬朵**/구하다(救)

*ajuma 阿于馬 **虬元**/자라(鼈)

*ajin 愛因 **屰列**/좋아하다(好)/愛因別赤巴勒 **屰列叓夬壶**/좋아하다(好)

*ala-mai 阿剌埋 **屎尖**/닮다(似)

---

1 여기에 실린 자료는 아이신교로 울라희춘(愛新覺羅 烏拉熙春)의 『명나라시대의 여진
인』, 교토대학 학술출판회, 2009에 실린 것을 부록으로 실었음을 밝혀 둔다.

*ala-ka 阿剌哈 **光用**/패하다(敗)

*alaga 阿剌哈 **光条**/규방(閨)

*alawa 阿剌瓦 **栗**/조서, 칙령(勅)

*ali-buwi 阿里卜爲 **此叱**/주다(給), 阿里卜爲卜斡斡 **此叱受庄冬**/주다(給)

*aliku 阿里庫 **此(列)[冊]**/소반(盤)

*alin 阿里因 **此列**/산(山)

*altʃun 安春溫 **斥土**/금(金)/安春溫璵江 **斥土库介**/황금(金黃), 安春溫闕 **斥土伙**/금궐(金闕)

*altʃun-hai 安春溫剌孩 **斥土爻艮**/직금, 비단천(織金)

*ambala 安班剌 **冬爻**/많다(多)

*amban 安班 **冬米**/크다(大), 安班厄都溫 **冬米凧土**/큰바람(大風), 安班忽禿兒 **冬米奐竿**/큰복(洪福)

*amga 安哈 **关乇**/입(口)

*amin 阿民 **圥**/아버지(父)

*amʃida-ra 安失答剌 **关岙甬夭**/물다(含)

*amʃo 安朔 **乇**/11

*amtʃa-bi 安察別 **关呑庞**/쫓다(追), 安察別番住昧 **关呑庞兵右**/추구하다(追究)

*amulugai 阿木魯孩 **肋房司**/뒤, 후(後)

*andahai 岸答孩 **杀甬艮**/손님(賓客), 岸答孩揑兒麻 **杀甬艮仵**/손님(賓客)

*andan 岸丹 **甫求**/연도(沿途)

*ania 阿揑 **舟**/해(年)

*a-sui 阿隨 **令攴**/없다(無)

*atʃiburu 阿赤卜魯 **令攴**/성스러움(聖), 阿赤卜魯旨 **令攴岙**/성지(聖旨), 阿赤卜魯哈稱因 **令攴乜列**/성절(聖節)/阿赤卜魯揑兒麻 **令攴仵**/성인(聖人)

*atʃiduru 阿赤都魯 **斉東**/움직이다(動)

b

*badʒu-məi 巴住昧 半盃右/대하다(對)/巴住昧的 半盃右角/대적하다(對敵)

*baba-bi 八哈別 肖㐄/얻다(得), 획득하다(獲)/八哈別埋因 肖㐄矢列/복록을 누리다(享祿)

*bai 伯 金/우두머리(伯)

*bai-hu 百戶 金尚/백호(百戶)

*bai-i 百夷 金南/백이(百夷)

*baiʃin 伯申 金夭/토론하다(討), 찾다(尋)

*bajaŋ 伯羊 金冊/부유함(富)

*bailʃa-mai 伯赤沙埋 炎于炎矢/사례하다(謝)/伯赤沙埋恩 炎于炎矢立/은혜에 보답하다(謝恩)

*bandi-hai 半的孩 乎且/태어나다(生)

*banuhun 巴奴洪 岳反乐/게으르다(惰)

*basa 巴撒 乑庆/다시(再)

*bəhə 伯黑 史兒/묵(墨)

*bəi 背 屯/춥다(寒)

*bəilə 背勒 甩化/관청(官)

*bəjə 背也 夲/몸(身), 모양(態)/背也忽如刺 夲尚庄夭/삼가 절하다(鞠躬)

*bəri 薄里 牟/활(弓)

*biga 必阿 月/달(月), 必阿禿幹黑 月永辛升/달이 지다(月落)

*bira 必阿(剌) 侢/하천(河)

*bigə 別厄 更屯/있다(有)/別厄卓幹卜連 更屯肩列更/위반하다(有違), 別厄塞因別 更屯肩列更/유익하다(有益)

*bifumə 別弗脈 更苩/있다(在)/別弗脈阿木魯孩 更苩勿劳奇/후에(在後)

*bithə 必忒黑 伕/책(書), 글(文)/必忒黑背勒 伕甩化/문관(文官)

*biʃʃibal 別的巴勒 更夷庒/반드시 ~하기를 바라다(務要)

*bodolo 卜朵羅 胤皁杲/뒤쫓다(趕)

*bogo 戈 **废气**/방(房)

*bogoə 卜斡厄 **但去**/신하(臣)

*boho 卜和 (**废**)[**废**]**夯**/흙(土)

*bolo 卜羅 **乳**/가을(秋)/卜羅厄林 **乳屯**/가을(秋)

*bon 卜溫 **坐土**/몸소(自)/卜溫失刺哈替 (**坐**)[**坐**]**土先炎伴**/옛부터(自古)

*bono 卜嫩 **弃米**/우박(雹)

*bono 卜嫩 **死无**/원숭이(猴)

*bosu 卜素 **个夛**/베(布)

*boʧo 卜楚 **个**/안색(顏色)/卜楚禿吉 **个宏夹**/노을(霞)

*boʧogai 卜楚該 **个夛**/색(色)

*budihə 卜的黑 **走泉**/다리(脚)

*budugoi 卜都乖 **峜尤**/밥(飯)

*buʤa 卜札 (**耒癸**)[**癸耒**]/숲(林)

*buga 卜阿 **奎**/지면(地面), 지방(地方)/卜阿朶 **奎杲**/지면(地面), 卜阿以 **奎宅**/지방(地方)

*bugu 卜吉 **癸癸**/사슴(鹿)

*buhiən-məi 卜咸昧 **受侑[侑]右**/의심하다(疑)

*bujə-məi背也昧 **朱判右**/사랑하다(愛)

*bulə卜勒 **釆化**/쌀(米)

*buləhəi 卜勒黑 **受化升**/신선학(仙鶴)

*bolgon 卜魯溫 **死弓昊**/고요하다(靜)[깨끗하다(淨)]

*buluŋku 卜弄庫 **夯鼡**/거울(鏡)

*bun 本 **伐**/근본(本)

*buraki 卜勒其 **麦其**/티끌(塵)

*burwə 卜斡斡 **受店冬**/주다(與)[반환(返還)]

*burwə-həi 卜魯斡黑 **闬冬升**/잃다(失)

*bʧə-həi 卜車黑 **冭乐升**/죽다(死)

d

*da 答 雨/뿌리(根)

*da 塔 受/예(例), 塔以革勒吉 受忆秀花乐/예에 따르다(依例, 照依)

*da-bi 答別 庆充/준비(備), 庆充夭史 答別剌魯/글 쓸 준비(備寫)

*dabsun 答卜孫 肰壬/소금(鹽)

*dai 帶 天/띠(帶)

*da-la (根)[答]剌 甬亥/근원(原)

*dalba-la 答勒巴剌 卡亥/곁(傍)

*dalu-bi 答魯別 臬充/옷깃(領)

*darhon 答兒歡 土丄/십칠(十七)

*daʃi-ra 答失剌 彔卓/뒤집다(覆)

*daʧugi 答出吉 甬毛乐/예리하다(銳)

*dauli-məi 道里昧 矢休右/닿다(搶)

*dau-ʃi 道士 矢芑/도사(道士)

*dədu-rə 忒杜勒 秀杀/자다(睡)

*dəgdə-buma 忒忒卜麻 売並为/진공(進貢)

*dəgə 忒革 並为/고조(高祖)높다(高)/忒革麻法 並为兀牝

*dəhi 忒希 罕/사십(四十)

*dəi 德 伐/덕, 높다(德)

*dəjə-məi 忒也昧 玊判右/일어나다(起)

*dəlhə 忒勒黑 式兒/떼놓다(離)

*dəltu-məi 忒勒禿昧 式芑右/별종(別種)/別忒勒禿昧兀塞天伯 式芑右禺夲史

*dəndə 殿忒 关並/모임(會)

*dər 忒厄 呈夲/탁자(桌)

*dər忒 厄 玊夲/얼굴(面)

*dəun 斗兀溫 夛土/아우(弟)

*di 的 甪/적(敵)

*dien 殿 荷/전(殿)

*dibuhun (卜的)[的卜]洪 样乇/이불(被)

*digasa 的哈撒 甬条荼/가깝다(近)

*diğun 的温 甬仟/내년(來年)/來的溫阿捏 甬仟乑

*dihai 的孩 甬見/배(船)

*dihərgi 的黑黑[里] 吉 甬委斥/돌아오다(歸順)/歸的黑黑[里] 吉塔哈 甬委斥受帀

*dilğan 勒岸 先米/소리(聲)

*dirame 的剌昧 屏右/두텁다(厚)

*dirga-ra 的兒哈剌 芊条炙/즐거움(樂), 쾌락(快樂), 쾌활(快活)

*dobi 朶必 桌栊/狐朶必卜嫩 桌栊禿禾/유인원(猿)

*dorbi 朶里必 击/여우(狐)

*doho 朶和 夅/나무(樹)/樹朶和卜嫩 夅岦

*doko 朶課 仔/속(里)

*dolo 朶羅 桌旱/안(內)

*dolwor 多羅斡 空吏/밤(夜)

*dondi-ğu 端的吳 伢云/듣다(聞)

*dondi-sun 端的孫 伢壬/명령을 따르다(聽令)/(聽), 端的孫哈答孫 伢壬夷見 /(聽信), 端的孫札失兒吉 伢壬朩屌斥

*dorhon 朶兒歡 更/오소리(獾)

*doron 多羅溫 乖土/법도(法度)/印璽, 法多羅溫替彈巴 乖斥禿金发系

*doʃin 朶申 桌美/끌어당기다(引類)/進朶申因勒 桌美夂件

*dudu 都督 来/도독(都督)

*duwələ 都厄勒 屯伬/다하다(儘)

*dugi 都吉 弁斥/가하다(可)

*dugu-məi 都古昧 弁吴右/치다(打)

*duha 都哈 弁帀/창자(腸)

*dujən 都言 弁禿/연고(緣故)

*dujin 都因 **卡**/사(四)

*duka 都哈 **桌**/문(門)

*dulən-məi 都厄恩昧 **赤岦右**/지나가다(過)

*duli-la 杜里剌 **为友**/중국(中國)/中, 杜里剌國倫你 **为友囲土关**

*dulugun 都魯溫 **外炅**/따뜻하다(溫)

*dulun 都魯溫 **南土**/볕(陽)[온화하다(暖)]

*durhon 禿兒歡 **(土)[土]**/십사(十四)

*dusuhun 都速洪 **生乐**/초(醋)

*duʃan-bi 都善別 **甬伞龙**/부지런하다(勤)

*dutanhun 都塔洪 **为乐**/존재하다(存)

*du-taŋ 都堂 **舟币仵**/도당(都堂)

dʒ

*dʒafa-bi 札法別 **芙龙**/사로잡다(擒, 捕)

*dʒağagi 札阿吉 **兎夕斥**/낮다(賤), 가볍다(輕), 쉽다(易)

*dʒaha 札哈 **並币**/사건(件)

*dʒa-i 札以 **甬乞**/원인(因)

*dʒakun 札因 **丹**/팔(八)

*dʒakundʒu 札因住 **圭**/팔십(八十)

*dʒalan 札剌岸 **尾友米**/무리(輩)

*dʒalu-ha 札魯哈 **尾弓币**/차다(盈, 滿)

*dʒam 站 **关**/점(站)

*dʒargu 札魯兀 **乇**/승냥이(豺), 이리(狼)

*dʒasa-ra 札撒剌 **未杀灭**/다스리다(治)

*dʒaʃi-ʃi 札失非 **未盂早**/분부(吩咐)

*dʒaʃiğan 札失岸 **兎兎**/명령을 내린 패찰(令牌)/令札失岸肥子 **兎兎千舟**

*dʒaʃir 札失兒 **兎房**/명령(令)

*ʤaʃiri 札赤里 未臾休/휘장을 친 방(帳房)

*ʤaula-mai 召剌埋 乃友矢/보고를 아뢰다(奏報)/奏, 召剌埋委勒伯 乃友矢冉毛右/奏事, 召剌埋拙厄林昧 乃友矢支史

*ʤi 旨 岙/뜻(旨)

*ʤəfu 者弗 旻东/밥(食)

*ʤəʤi-məi 者只昧 矢氽右/부지런하다(勤)

*ʤəʃi-gisa 者失吉撒 矢盂 朱/떠들썩하게 유혹하다(哄誘)

*ʤəğun 都溫 旻仟/우(右)

*ʤəku 者庫 旻并/싹(苗)

*ʤəʃə 者車 矢平/변경(塞, 邊境), 邊者車法答岸 矢平秕甬米/변경(藩籬)

*ʤəu 州 乆/주(州)

*ʤigdiŋku 只丁庫 叏余并/섶(柴)/燒只丁庫莫叏余并攴

*ʤiha 只哈 米巾/돈(錢)

*ʤi-hoi 指揮 岙夬/지휘(指揮)

*ʤilahin 只剌興 乇友另/연민, 불쌍하게 생각하다(憐憫)

*ʤila-mai 只剌埋 乇友矢/불쌍하다(憐)

*ʤilʤihəi 只里只黑 斥氽升/참새(麻雀)

*ʤin-fu 鎭撫 乂东/진무하다(鎭撫)

*ʤinla-mai 眞剌埋 乂友矢/보배(珍)

*ʤirhon 只兒歡 尒/십이(十二)

*ʤisu-ra 只速剌 仅 攴/만들다(作)/作, 只速剌厄黑伯 仅攴导史/짓다

*ʤisu-ru 只速魯 仅 丈/만들다(做)

*ʤoboğon 卓卜溫 序兊旻/어려움(艱難)

*ʤomu-ʃin 拙木申 冉文耒/빌리다(借)

*ʤoni 卓你 序 关/예봉(銳鋒)/鋒, 卓你伯答出吉 序关史甬乱斥

*ʤor-burən 卓斡卜連 乇店号/위반하다(違)

*ʤorigi 準里吉 刓休斥/영웅(英雄)

*ʥorin-məi 拙厄枺眛 **枈屯右**/일을 알리다(報事)/報, 拙厄枺眛委勒伯 **枈屯右攴史**

*ʥu 住 **盂**/대나무(竹)

*ʥua 撾 **卡**/십(十)

*ʥuan 瑃 **夋**/옥(瑃)

*ʥuə 拙 **二**/이(二)

*ʥuǧu 住兀 **盂盂**/도덕(道德)/路, 住兀伯 **盂盂史**/道, 住兀伯德 **盂盂史伐**

*ʥu-giə 注解 **盂丸**/주해(注解)

*ʥuǧa 朱阿 **耍**/여름(夏)/夏朱阿厄林 **耍屯**

*ʥuhə 朱黑 **岚皃**/얼음(冰)

*ʥuktə-məi 住兀弍眛 **盂禾彡右**/높다(尊)

*ʥulə 諸勒 **枭**/…보다 먼저(比先)/先, 諸勒厄塞 **枭史丞**/보다

*ʥulə-lə (諸勒)[諸勒勒 **枭伩**/앞(前)

*ʥulə-ʃi 諸勒失 **枭盂**/동(東)

*ʥuʃən 朱先 **夷尜**/여진(女眞)

*ʥuili 追一 **凡于**/어린아이(孩兒)

ə

*əbi-rə 厄必勒 **床桃夈**/배부르다(飽)

*əbʃi 卜失 **乗盂**/까닭(以)

*ədun 厄都溫 **角土**/바람(風)

*əʥəhə I厄者黑 **床戻升**/벼슬(職)

*əhə 厄黑 **歹**/나쁘다(歹), 惡厄黑伯揑兒麻 **歹史件**/나쁜 사람(歹人)

*əigə 厄一厄 **牀厒**/대장부(丈夫)

*əi-gisa 厄一吉撒 **牀岀**/불가하다(不可)

*əi-hə 厄一黑 **牀皃**/늦다(不曾)

*əihən 厄恨 **肖**/당나귀(驢)

*əjun 厄云溫 **丈土**/누이(姐)

*əkəhun 厄克洪 庠叐仟/줄어들다(減), 적다(少)

*əlbə-hə 恩伯黑 坐史皃/낳다(出産)

*ələhə 厄勒黑 仐伕皃/자재(自在), 편안하다(安)

*əlhəgi 厄勒吉 仐皃斥/쾌하다(快)

*əlʧi 厄赤 仐叏/사신(使臣)

*əmu 厄木 乚/일(一)/厄木你哥塞 乚关庆彷/一般, 厄木車你 乚亦关/一遭, 厄木赫兒厄吉 乚为厇斥/일반(一級)

*əmʤi 厄木只 夊杀/한가지, 같다(同)

*əmhun 厄木洪 夊仟/홀로(獨)

*əm-la 厄木剌 夊友/한 번 일어나다(一起)/夊友甫学舟/서로(互相)

*ən 恩 厷/은혜(恩)

*əndə-həi 恩忒黑 盂丸/벌(罰)

*ənin 厄寧 厷岀升/어머니(母)

*əŋgəməi 恩革埋 肯学伏/안장(鞍)

*əʃin 厄申 朿列/아니(不)/厄申撒希 朿列关岀/不知, 厄申殿忒 朿列兄犀/모이지 않는다(不會)

*əʒən 厄然 叐/主, 厄然你揑兒麻 叐关件/主人, 厄然你府 叐关东/주보(主輔)

*ərdə 厄魯忒 夅岀/일찍(早, 朝)

*ərə 厄勒 圡/이(此)/厄勒吉札以 圡斥甪乞/이 때문에(因此)

*ərin 厄林 乇/계절(季)

*əringə 厄林厄 乇厇/공기, 기운(氣)

*ərgə (脈)[厄]兒赫 盂关/방물(方物)/方脈[厄]兒赫以哈称因 盂关乞乇列

*əsə 厄塞 攵/저것(這)

*əsə 厄塞 史关/이것(比)

*ətə-ha 厄忒黑 肓皃/승부(勝負)/勝負, 厄忒黑兒剌哈 肓皃岂用

*ətuhun 厄秃洪 (乇)[禿]仟/입다(穿)

*əulə 嘔勒 糸伕/사원(院)

*əwu 厄舞 **司**/추하다(醜)

*əwuru 厄兀魯 **卶叐**/곧(卽), 바쁘다(忙)

f

*fadaran 法答岸 **乣甬米**/담장(牆)

*faisï 肥子 **予身**/패자(牌)

*faitar 肥塔 **予禾**/눈썹(眉)

*faka 法阿 **佹乄**/굴뚝(窗)

*fakala 法哈剌 **乣用友**/작다, 낮다(矮)

*fakʃi 法失 **佹盂**/장인(匠)/法失捏兒麻 **佹盂件**/장인(匠人)

*famağa 法馬阿 **㐅[尖]**/나라(邦)

*fandʒu-mai (埋番住埋)[番住埋] **兵右**/묻다(問)

*fandʒu-məi 番住昧 **正身**/묻다(問)

*fannar 番納兒 **正身**/깃발(旗)

*far 法兒 **戈甬**/헤어지다(另)/法兒法兒弗里隨 **戈甬戈甬旱卅**/이별하다, 헤어지다(另行)

*farigiən 法里見 **肖�叀**/어둡다(暗)

*fədʒihi 不只希 **叁屛**/아래(下)/弗只希捏兒麻 **叁犀件**/부하(部下)

*fədʒilə 弗只勒 **舟朵化**/아래(下)

*fəmu 弗木 **兆攵**/입술(脣)

*fən-ti 番替 **菊件**/남(南)

*fəriʃi 弗里失 **叓盂**/서(西)

*fi 非 **呆**/붓(筆)

*fibun 非本 **米劣**/등(燈)

*fila 非剌 **甪**/가죽(礫)

*fijəgi 非也吉 **呆判夹**/기울다(偏)

*fisa 非撒 **夲**/등(背)

*fiʃin 非称 **我予**/빛(光)

*fiʒur 非如兒 **尭苹**/신(神)

*foholo 弗和羅 **玫夭杲**/짧다(短)

*fojo 薄約 **夫**/이화(李)/縛約莫 **夫芰**/도리, 이화(李)

*folto 分脱 **斥**/밤(栗)/分脱莫 **斥芰**/밤(栗)

*fon 伏灣 **玫岌**/시(時)

*foʧi 弗赤 **玫夬**/

*fu 府 **东**/부(府)

*fudə-məi 弗弐昧 **承右**/보내다(送)

*fuʤi 弗只 **东茶**/대신하다(替)

*fuğə 弗厄 **东史**/옛(旧)

*fuihi-ra 肥希剌 **侁斥夭**/노하다(怒), 번뇌하다(惱)

*fulagian 弗剌江 **金夕**/적(赤), 홍(紅)/丹弗剌江古溫 **金夕叒土**/적옥(赤玉)

*fuləgi 伏勒吉 **吉央**/재(灰)

*fuligi 弗里吉 **旡斥**/생명(命)/弗里吉該別 **旡斥可尨**/명장(命將)

*fuli-sui 弗里隨 **孕卅**/가다(行)/弗里隨古里吉 **孕卅伞斥**/옮겨가다(行移)

*fulmə 分厄 **峃**/합하다(合)

*fundur 粉都兒 **攴苹**/둘레(圍)

*funia-ru 弗揑魯 **东丂攴**/생각하다(念)

*dunirhəi 一里黑 **吴兎升**/머리털(髮), 털(毛)

*funrə 分厄 **枭玑**/합하다(合)

*funʧə-həi 分車黑 **枭乇升**/나(余)

*fusə-dən 弗塞登 **库夅**/담다(盛)

*fusəgu 伏塞古 **库吴**/부채(扇)

g

*gaʤa-ru 哈札魯 **岸**/요구하다(要)

*gaha 哈哈 **岸帀**/까마귀(鴉)

*gahua-i 哈化以 **岸夬乜**/취하다(取)

*gai-bi 該別 **可尨**/장차(將)/該別禿番 **可尨呆舟**/장차 취하다(將就)

*gai-gar 該哈兒 **可全**/옷깃, 명령(領)

*gala 哈剌 **乏友**/손(手)

*galəka 哈勒哈 **兇用**/개이다(晴)

*gar 哈兒 **全**/가지(枝)

*garun 哈兒溫 **历土**/하늘거위(天鵝)

*gasağan 哈撒安 **攴杀兎**/화, 재앙(禍)

*gaʃa 哈沙 **岸舍**/마을, 촌(村)

*gaʃahia-ra 哈沙下剌 **岸灸枕炙**/범하다(犯)/哈沙下剌者車 **抱千未吏夷**/변방을 침략하다(犯邊)

*gau-ʧan 高察安 **屏右庈**/고창(高昌)

*gə-dən 革登 **抱殳**/살다(往)

*gəhun 革洪 **抱千未**/밝다(明)/革洪約斡洪 **抱千未吏夷**/명백하다(明白), 광명(光明)

*gələ 革勒 **夯花**/의존하다(依), 비추다(照)

*gələ-rə 革勒勒 **抱佬条**/두려워하다(懼, 怕)

*gəli 革里 **乔**/또(又)

*gəmur 革木兒 **斋苹**/도읍(都)/俱, 革木兒一那 **斋苹南庀**/도시(都是)

*gənə-həi 革揑黑 **抱容升**/去, 革揑黑塞革 **抱容升釆夷**/세월이 가다(去歲)

*gəŋgiən 根見 **侼叓**/밝다(明)

*gabu 革卜 **矢芠**/이름(名)/革卜禿魯哈剌 **矢芠乜条炙**/名望, 革卜的勒岸 **矢芠先米**/명성(名聲)

*gərən 革恩 **夯盂**/무리(衆)

*gəsə 哥塞 **夭疠**/일반(一般)

*gətilə 革替勒 **夯伟佬**/얼다(凍)

*gəʧuləhəi 革出勒黑 𠯦乣仛升/낮은 담장(膝欄)

*gia 甲 朿/거리(街)

*giahun 加混溫 𠦒土/매(鷹)

*gida 吉答 仟甬/창(槍)

*gio 闕 伕/궐(闕)

*girangi 吉(波)[浪]吉 㕍米斥/뼈(骨)

*giruʧu 古魯出 秘乣/욕(辱)

*gisa 吉撒 氺/꾸짖다(呵), 여럿(庶)

*gisa-ha 吉撒哈 氺币/부수다(碎)

*go 騍 尚/騍騍母林 尚付列/암말

*giburən 果卜連 尚号/풍요하다(饒)

*goiju 乖于 光亥/아니다(非)

*goini 乖你 光关/공급(供)/乖你阿里卜爲 光关此皀/공급하다(供給)

*golmigi 戈迷吉 [史]斥/길다(長)

*golmig 戈迷吉 史斥/관대함(寬)/戈迷吉果卜連 史斥尚号/관대하고 풍요롭다(寬饒)

*gon 觀 糸/보다(觀)/館館驛 糸甬/관역(館驛)

*gorhon 戈兒歡 ㄩ/십삼(十三)

*goro 戈羅斡 伇斥/멀다(遠)

*gujahu 古牙忽 吴圤尚/원앙(鴛鴦)

*guida-ra 貴答剌 尗甬夭/늦다(遲)

*guifala 歸法剌 屯犰夭/살구나무(杏)

*gujə-ru 貴也魯 朴判史/반송(伴)/貴也魯弗忒昧 朴判史汞右/반송하다(伴送)

*gulha 古剌哈 夯币/가죽신(靴)

*gulmahai 古魯麻孩 㚒月/원망(冤)

*guwun 古溫 吴土/옥(玉)/古溫上江 吴土兄仒/흰옥(玉白)

*guri-məi 古里昧 伞右/옮기다(遷)

*gurun 國倫 圉土/나라(國)/國倫你王 圉土羊余/국왕(國王)

*guʃin 古申 夂/삼십(三十)

*guʧu 古出 吳虯/조례(皂隷) 조

h

*habʃa-mai 哈沙埋 戾灷尖/고하다(告)

*habʃa-ra 哈沙剌 戾灷夭/고하다(告)

*hadu 哈都 里去/옷, 의복(服, 衣)

*hafan 哈番 戾麦/관아(衙)

*hafuʤa-hai 哈富扎孩 何采去見/통하다(透)

*hagdaǧun 哈答溫 夯昊/성의(誠)/哈答溫脈魯厄伯 夯昊孛屄史/성의(誠意)

*hagda-hai 哈答孩 夯見/믿음(信), 성실(誠)

*hagan 罕安 卤兎/황제(皇帝)

*hahai 哈哈愛 禾兑/남자(男子)

*haila 孩剌 尢夭/느릅나무(楡)

*haldi 哈的 甬/귀하다(貴)/寶, 哈的捏兒麻 冊件/귀하다(貴)

*halǧandan 罕安丹 虎兎求/감행하다, 굳세다(敢)

*halin 哈里因 卡列/조정(朝廷)

*haliu 哈里兀 卡生/바다수달(海獺)

*halma 罕麻 卡生/검(劍)

*halŭǧun 哈魯溫 夙昊/열(熱)

*hasha 哈子哈 何夯甬/가위(剪)

*hatan 哈貪 何余/강하다(强)

*haʧa-bi 哈察別 南呑走/보다(見)

*haʃin 哈稱因 七列/절(節), 물(物)

*hau 侯 甬/제후(侯)

*hauʃa 好沙 甬舍/종이(紙)

*həbdə 黑卜弎 奕並/안장(鞍)

*həfuli 黑夫里 伴/배(肚)

*həhəi 黑黑厄 仓羊/여자(女)/黑黑厄捏兒麻 仓羊件/부인(婦人)

*həkə 黑克 臾�/서양외(西瓜)

*həki 黑其 臾甚/제방(堤)

*həndu-ru 恨都魯 艾丙史/말씀, 설명(說)

*hərə 黑勒厄 去秕/시가지(市)/黑勒厄甲 去秕朱/거리(街)

*hərgə 赫兒厄 为厓/급(級)

*hərusə 赫路塞 布/언어(言語)

*hətun 黑屯 臾委/횡(橫)

*hətʃə 黑車 采亦/성(城)

*hiaŋ 下安 礼斤/향기(香)

*hiao 下敖 止屮/학교(學)/下敖圭因 止屮屯久/학교 규율(學規)

*hidai 希大 屖天/주렴(簾)

*hiən 賢(元) (俉)[俉]/검다(玄)

*hien 縣 史/현(縣)

*hina 希納 屖委/옳을(義)

*hirğə 希兒厄 孟厓/대(臺)

*hiʃi 希石 舟/우물(井)

*hitʃurə 希出勒 屖丸朵/사과나무(柰)

*hiuŋ 許溫 屖叹/오랑캐(匈奴)

*hodigo 和的幹 (乕)[乕]/여서(女婿)

*hodʒo 和卓 拌/준걸(俊)

*hoiholo 回和羅 克/까마귀(鴉), 송골매(鶻)

*holdo 和朵 帯/소나무(松)/和朵莫 帯芰/소나무(松)

*honi 和你 夾/양(羊)

*hosï 和子 夭舟/합(盒)

*hoto 和脫幹 坐禹/못(池)

*hotoho 和脫和 坐夭/호로(葫蘆)

*hu 忽 坐夭/부르다(呼)/忽捏苦魯 尚更苹/친구를 부르다(呼朋)

*huaŋ 皇 呈/황제(皇)/皇阿木魯該 呈劢咼可/황제(皇)

*huaŋsï 皇子 呈舟/황자(皇子)

*hua-ʃaŋ 和尙 夬仩/화상(和尙)

*hubai 琥珀 尚金/호박(琥珀)

*hudaʃa-mai 忽答沙埋 尚甬夬夬/곡식(穀)

*hudi-ra 忽的剌 尚角夭/노래 부르다(唱)

*hudira 忽的剌 尚角夭/그네(鞦)

*hufi 忽非 尚早/병(壺)

*huhun 忽混 夭/유모(奶子)

*hui-hui 回回 举且/회회(回回)

*hula-hai 虎剌孩 尚亥雨/도둑(賊)/虎剌孩捏兒麻 举且件/적인, 도둑무리
　(賊人)

*hula-ku 忽剌(吉)[苦] 尚休/바꾸다(換)[부르다(喚)]

*huli 忽里 尚休/누각(閣)

*hulu 忽魯 尚弓/고리(環)

*hundu 洪都 夲丼/바르다(正)

*huri 忽里 夈/잣(松子)

*husun 忽孫 乒圭/힘(力)

*husur 忽素魯 在夭/태만(怠)

*huʃiğan 忽十安 (卦)[卦]尭/치마(裙)

*huʃu 忽舒 尚尽/호두(核桃)

*huʒu 忽如 尚庒/복숭아(桃)/忽如弗剌江 尚庒金夕/붉은 복숭아(桃紅)

*huʒu-ra 忽如剌 庒夭/국궁(鞠躬)

*hutuhan 忽禿罕 英庒/종(鐘)

*hutunʤi 忽屯只 史杀/긴급(緊, 急)

*hutur 忽屯兒 央举/복(福)

*huʧaugi 忽朝吉 尚岳斥/영화(榮)

i

*iʤa-ra 一乍剌 甬利車/모임(聚會)

*ilan 以藍 头/三以藍臺 头天/삼대(三臺)

*iləŋgu 一棱古 侑吴/혀(舌)

*ilga 一勒哈 于夫/꽃(花)

*ili-bun 一立本 写刃/세우다(立, 豎)

*iliʃiu-hai 一立受孩 写求見/설립하다(設)/一立受孩背勒 写求見用佬/설관하다(設官)

*ilu-bi 一魯別 于弓龙/말을 타다(騎)

*imagi 一麻吉 禹罘/눈(雪)/一麻吉上江 禹罘兄代/눈이 희다(雪白)

*imala 因馬剌 隶元炙/뽕나무(桑)

*imala 一麻剌 甬元炙/산양(山羊)

*imuŋgi 一門吉 甬夾罘/기름(油)

*indahon 引荅洪 东秀/개(犬)

*inʤə 印者 今/웃음(笑)

*inəŋgi 一能吉 日/해(日)/一能吉禿替味 日关仵右/해가 뜨다(日出)

*inəŋgi-gəli 一能吉革里 日乔/글(書)

*ini-ini 一你一你 甬关甬关/각각(各)

*inor 一那 甬尾/옳다(是)

*iŋ-lə 因勒 夂佬/인류(引類)

*irdi-buma 一的卜麻 于卦劣/진휼하다(撫恤)

*irdihun 一兒的洪 早角仟/빗(梳)

*i-rə 一勒 乞死/들어가다(入)

*irǧə 一兒厄 **[女真]**/백성(百姓)

*irhahun 一兒哈洪 **[女真]**/얕다(淺)

*isŭgun 一速溫 **[女真]**/장(醬)

*isuən-du 亦玄都 **[女真]**/서로(相)

*iʃi 一十 **[女真]**/측백나무(柏)/一十莫 **[女真]**/측백나무(柏)

*iʃi-ma 一十埋 **[女真]**/이르다, 도달하다(至, 到)

*itəǧə 一弍厄 **[女真]**/백성(民), 여민(黎民)

*iʧə 一車 **[女真]**/새로운(新)/一車一能吉 **[女真]**/초하루(朔)

*iʧəgi 一車 **[女真]**/새로운(新)

j

*jabun 牙步 **[女真]**/달리다(走)

*jada 牙答 **[女真]**/공교하다(巧)

*jaha 牙哈 **[女真]**/숯(炭)

*jala 牙剌 **[女真]**/열매(實)

*jali 牙里 **[女真]**/고기(肉)

*jamdihun 言的洪 **[女真]**/저녁(夕)

*jan 延 **[女真]**/향연(宴)/延脈兒塔剌 **[女真]**/위안의 향연(宴犒)

*jaŋ 羊 **[女真]**/양, 두(兩)

*jara 牙剌 **[女真]**/표범(豹)

*jarugoi-mai 牙魯乖埋 **[女真]**/부르다(糾)/牙魯乖埋分厄 **[女真]**/糾合 牙魯乖埋革恩 **[女真]**/군중을 모으다(糾衆)

*jaʃi 牙師 **[女真]**/눈(眼)

*je 惹 **[女真]**/仁惹希納 **[女真]**/인의(仁義)

*joǧan 又安 **[女真]**/상(床)

*johi 姚希 **[女真]**/덮개(套)

*jojo-məi 約約昧 **[女真]**/주리다(飢)

*jorhon 約斡洪 **丰吏另**/밝다(明)

*juŋ 容 **兆**/용모(容)

*ju-ʃi 御史 **在岂**/어사(御史)

k

*kadala-mai 哈答剌埋 **乔友关**/관리하다(管)/哈答剌埋答魯别 **乔友关忠龙**/지휘하다(率領)

*kai 克哀 **页币**/열다(開)

*kala-bi 哈剌别 **度龙**/고치다(改)

*kalaku 哈剌庫 **度舟**/바지(褲)

*kalaku-o 哈剌魯斡 **度弓斥**/이기다(捷)/哈剌魯斡哈沙剌 **度弓斥庚灵夭**/승전의 소식(捷音)

*kaŋ 克安 **页屵**/심(勘)/克安分厄 **页屵来丸**/심합(勘合)

*karağan 哈剌安 **侏兖**/망보다(哨探)

*katʃima 哈赤馬 **用臾元**/아교(阿膠)

*kəŋkələ-məi 康克勒昧 **府页佗右**/고두(叩頭)

*kəʃigə-buru 克失哥卜魯 **页盂灰丈**/근심(悶, 憂)

*kəu 口 **荅**/입(口)

*kien-ʃi 謙師 **甬岂**/사신을 파견하다(遣師)

*kiliŋ 其里因 **其休夂**/기린(麒麟)

*kitʃə-həi 其車黑 **其乖升**/사용하다(用)

*kiu 其兀 **其乍**/구하다(求)/其兀伯申 **其乍金秉**/논의를 구하다(求討)

*kui 庫委 **甬余**/법(揆)

*kuŋ 孔 **岳**/구멍(孔)

l

*laŋ 剌安 **友屵**/쪽, 남색(藍)

*la-ru 剌魯 天夬/사진(寫)/剌魯木弎卜魯 天夬又夑伐/…로 작성되다(寫成)

*laula-mai 老剌埋 炎友夬/노동(勞)

*lausa 老撒 (英)[炎]荼/암말(騍)

*ləfu 勒付 为/곰(熊)

*ləfu 勒付 衷/바다표범(海豹)

*ləusiï 樓子 昦舟/누각(樓)

*liə 里也 休判/벌리다(列)

*liŋ 里因 休夂/영(嶺)

*liwaha 里襪哈 枭帀/고기(魚)

*lo 羅 枭/벌리다(羅)

*loho 羅和 甶/칼(刀)

*lo-lo 邏邏 枭枭/순행하다(邏邏)

*lu 爐 弓/로(爐)

*ly 綠 玊/록(綠)

m

*mafa 馬法 元北/조상(祖)

*mahila 麻希剌 屵友/모자(帽)

*maisï 埋子 夨舟/보리(麥)

*majin 埋因 夨列/복록(祿)

*mamu 麻木 夂/무릇(凡)

*manao 馬納敖 元乇尘/마노(瑪瑙)

*mana-ra 麻納剌 床乇夭/무너지다(壞)

*maŋga 莽哈 枀岸/어렵다(難)

*maŋgi 莽吉 枀斥/가하다(可)/莽吉斡溫者勒 枀斥店仟吳条/표창할 만하다
(可嘉)

*maŋ-lun 莽魯溫 枭弓土/이무기용(蟒龍)

*mar 麻兒 **呆甬**/거칠다(粗)

*mədərin 脈忒厄林 **鼡屯**/바다(海)/脈忒厄林引答洪 **鼡屯车禹**/해구(海狗)/脈忒厄林朵兒獲 **鼡屯戋**/바다오소리(海獾)

*mədiğə 脈的厄 **千角庑**/숨소리(聲息)

*məi 昧 **右**/매실(梅)/昧莫 **右戈**/매실(梅)

*məifən 梅番 **罕舟**/목(項)

*mərğə 脈魯厄 **字庑**/뜻(意)

*mərhə 脈兒黑 **伏臾**/상(賞)

*mərtala 脈兒塔剌 **伏帯夭**/이바지(犒)

*məʒilən 脈日藍 **半**/마음(心)

*məʧu 脈出 **千乱**/포도(葡萄)

*miaku-ru 滅苦魯 **呑舟叏**/꿇어앉다(跪)

*mialianha 滅良哈 **呑芈甬**/오르다(升)

*mian-dian 緬甸 **毛苛**/미얀마(緬甸)

*miəhə 滅黑 **屵臾**/오리(鴨)/滅黑綠 **屵臾玊**/압록(鴨綠)

*min 密你 **兵羊**/나(我)

*miŋgan 皿斡 **玊**/천(千)/皿斡卜羅厄林 **玊孔屯**/천추(千秋)

*mita-buwi 密答卜爲 **兵帯阢**/물러나다(退)

*mo 沒 **戈**/나무(木, 柴)

*mono 莫嫩 **戈瓦**/화살 깃(猴)

*moŋgul 蒙古 **(叱)[屯]攰**/타다르, 몽골(韃靼)

*moro 莫羅 **为**/주발(碗)

*moʧo 莫截(戳) **戈平**/서투르다(拙)

*mubun-ra 木本剌 **攵仗夭**/돕다(裨)

*mudur 木 杜兒 **炎芉**/용(龍)

*muʤəgə 木者革 **禾旻旮**/얼굴을 맞대다(當面)/木者革忒厄 **禾旻旮圶夲**/얼굴을 맞대다(當面)

*muə 沒 **毛**/물(水)

*muihə 梅黑 **毛臾**/뱀(蛇)

*mulan 木剌 **卒米**/걸상(凳)

*muŋ 蒙 **冩**/입다(蒙)

*məŋgun 蒙古溫 **艾土**/은(銀)

*murin 母林 **伃列**/말(馬)

*muʃən 木先 **冕岦**/노구솥(鍋)

*muʃin 木申 **攵耒**/볶음국수(炒麵)

*muta-bun 木塔本 **予夃**/돌다(回, 還)

*mutə-buru 木弎卜魯 **攵夅攴**/작성하다(作成)

n

*na 納 **夆**/땅(地)

*nadan 納丹 **孖**/일곱(七)

*nadanʤu 納丹住 **ঢ**/칠십(七十)

*namhahon 南哈洪 **乐甲秀**/편안(安)/南哈洪半的孩 **乐甲秀夲貝**/편안한 삶
    (安生)

*nargi 納兒吉 **夯乕**/정밀하다(精)

*narhun 納兒洪 **夯乕**/정밀하다, 가늘다(細)/納兒洪阿哈 **夯乕夌屵**/가는 비
    (細雨)

*nəhun 捏渾溫 **羑土**/누이(妹)

*nəkur 捏苦魯 **畀举**/친구(朋友)

*nəkulə-mai 捏苦勒買 **畀佲矢**/교유를 맺다(結交)

*nəmkəhun 南克洪 **㕦夂乕**/엷다(薄)

*ni 你 **羊**/진흙(泥)

*niaʤu 捏住 **亐盂**/나복(羅卜)

*niarma 捏兒麻 **仹**/사람(人)

*nihiala 你下剌 /수유(須臾)

*nihun 泥渾 /십육(十六)

*ninʤu 寧住 /육십(六十)

*ninʤuhə 寧住黑 /구슬(珠)

*niŋgu 寧(住)[谷] /육(六)

*niogohə 嫩果黑 /이리(狼)

*nioniaha 嫩捏哈 /거위(鵝)

*niru 你魯 /잃다(矢)

*nitaba 逆塔巴 /약하다(弱)

*niuhun 女混 /십팔(十八)

*nogian 嫩江 /푸르다(靑)/嫩江申革 /푸른 쥐(靑鼠)

*nogi-ra 嫩吉剌 /더하다(添, 加)

*nomho 嫩木和 /착하다(善)

*nuhan 奴罕 /게으르다(慢)

*nurə 弩列 /술(酒)

*nuru 奴兀魯 /매양(每)

*nuʃin 奴失因 /화합하다(和)

O

*odon-mai 斡端埋 /허락하다(許)

*o-fi 斡非 /행하다(爲)

*oğəhu 斡厄忽 /기울다(斜)

*omia-bi 斡滅別 /모이다(會)

*omo 斡莫 /호수(湖)

*omolo 斡莫羅 /손자(孫子)

*on 斡灣 /편익(便益)

*onduhun 晚都洪 /비다(空, 虛)

*oniohon 斡女歡 七/십구(十九)

*onon 晚灣 光发/어찌(怎)/晚灣半的孩 光发平見/어떻게 생기다(怎生)

*oŋ 王 余/왕(王)

*orho 斡兒和 舌夭/풀(草)

*orhoda 斡兒和答 舌夭冉/인삼(人參)

*orin 倭林 之/이십(二十)

*oson 斡速灣 多发/작다(小)/斡速灣住兀 多发血盂/지름길(徑)

*oʃiha 斡失哈 朱帀/별(星)

p

*paŋ 胖 休/갈비살(胖)

s

*sabda-ra 撒答剌 兄甬夭/비가 새다(漏)

*sabi-bi 撒必別 莪尨/계획(計)

*sabu 撒卜 荅先/신(鞋)

*sabunha 撒本哈 荅刃帀/저(箸)

*sadu-gai 撒都該 桼司/친하다(親)

*sahada-məi 撒[哈]答昧 甪甬右/주변을 치다(打圍)

*sahalian 撒哈良 甪弁/검다(黑)

*sa-hi 撒希 兄屌/알다(知)/撒希西因 兄屌盂夂/잘 알다(知悉)

*sai 賽 午/제사(賽)

*sailigi 塞里吉 午休斥/단정한 모양(危然)/塞里吉忒你和 午休斥亥夭/단정한 모양(危然)

*saimagi 塞馬吉 午元夹/서리(霜)

*sajin 塞因 肙列/좋다(好)/塞因斡灣 肙列甲发/편익(便益)

*saiʃu 塞舒 肙屋/매우(好生)

*saldai 撒剌大 岙天/늙다(老)

*saŋ-giun 將軍 冉夯/장군(將軍)

*sarǐgan 撒里安 凡禿/아내(妻)

*sasa 撒撒 杀杀/정제하다(整齊)

*saʧa 撒叉 戾光/바리, 투구(盔)

*sə 塞 屰/벼루(硯)

*səʤə 塞者 亟叏/수레(車)

*səgə 塞革 釆天/세월(歲)

*səgi 塞吉 釆央/피(血)

*səgiŋgə 塞更革 釆央乌/친척(親戚), 효(孝)

*səkə 塞克 佘勇/담비(貂鼠)

*sələ 塞勒 圭/쇠(鐵)

*sïo 子敖 舟丵/하인(皂)

*sərǔgun 塞魯溫 另炅/서늘하다(涼)

*si 犀 盂/물소(犀)/犀兀也黒 盂朩皃/물소 뿔(犀角)

*si-fan 西番 盂吳/서반(西番)

*si-iŋ 西因 盂夊/모두(悉)

*si-tən 西天 盂夲/서천(西天)

*ʦïla-mai 賜剌埋 舟友夬/주다, 내리다(賜)

*so 左 床/좌(左)

*so 梭 床/북(梭)

*sogia 瑣江 床ዓ/누르다(黃)/瑣江申革 床ዓ利禹/누른 쥐(黃鼠)

*sokto-ho 瑣脫和 朩为丈/취하다(醉)

*solgi 瑣吉 禾央/채소(菜)

*solgo 瑣戈 禾伇/고려(高麗)

*solo 瑣羅 床早/한가하다(閑)

*somi-bi 瑣迷別 床兵龙/잠기다(潛)/瑣迷別忒別 床兵龙舟吏/잠거하다(潛居)

*soŋgo-ru 桑戈魯 *佚气夾*/울다(哭)

*sori-ku 瑣里(都蠻)[庫] *夅甬*/전쟁(戰), 시살(廝殺)

*su 酥 *禾*/연유(酥)/酥一門吉 *禾雨夾夾*/연유(酥)

*suan 素岸 *禾另*/해오라기(鷺鷥)

*suʤə 素者 *禾艮*/비단(緞)

*sufa 素法 *禾扎*/코끼리(象)/素法委黑 *禾扎夅臾*/상아(象牙)

*sugu 素古 *肩叏*/가죽(皮)

*suhə 素黑 *禾臾*/버드나무(柳)/素黑出衛 *禾臾*/버드나무 비취(柳翠)

*sunmur 寸木兒 *禾臾*/마디(寸)

*suŋ 素溫 *禾及*/총(總)/素溫必因 *禾及杴夂*/총병(總兵)

*surə 素勒 *米*/총명(聰明)

*surtogo 素魯脫戈 *夭乎気*/모피로 안을 댄 중국식 윗옷(皮襖)

*susai 速撒一 *坙*/오십(五十)

*suʃigai 素失該 *禾盉可*/채찍(鞭)

ʃ

*ʃa 紗 *叒*/깁(紗)

*ʃaha 沙哈 *含夕*/귀(耳)

*ʃamha 沙木哈 *含夊甬*/귀마개(暖耳)

*ʃanhu 珊瑚 *乓尚*/산호(珊瑚)

*ʃaŋgian 上江 *兄夕*/연기(煙)/上江希兒厄 *兄夕孟厔*/봉화대(煙墩)

*ʃaŋgian 上江 *兄夕*/희다(白)/上江瑣吉 *兄夕孟厔*/배추(白菜)

上江塞克 *兄夕夵頁*/은색 쥐(銀鼠)

*ʃaŋ-ʃu 尚書 *仕丟*/상서(尚書)

*ʃauʃa-mai 少沙埋 *仕丟*/정벌하다(征)

*ʃəla-mai 舍剌埋 *乑友夵*/집(舍)

*ʃər 舍厄 *乑(夲)[夵]*/샘(泉)

*ʃibihun 失別洪 炅龙仟/제비(燕)

*ʃiksəri 失塞里 炅森/늦다(晩)

*ʃi-laŋ 侍剌安 岂亥庠/시랑(侍郎)

*ʃilən 失勒溫 史伟土/이슬(露)

*ʃilihi 失里希 盂休犀/쓸개(膽)

*filohoi 失羅回 史早夹/소병빵(燒餠)

*ʃilu 失魯 床/배(梨)

*ʃimkon 申科岸 色米/법의(海靑)

*ʃimŋun 深溫 床炅/차다(冷)

*ʃina-ra 申納剌 丢丢夭/시름하다(愁)

*ʃinia 失捏 史丐/유아(幼)

*ʃiŋgər 申革 利秀/쥐(鼠)

*ʃiraha 失剌哈 先衷/옛(古)

*ʃira-ru 失剌魯 先史/엄습하다(襲)

*ʃirga 失兒哈 夹/노루(獐)

*ʃirihə 失里黑 夹臾/모래(沙)

*ʃiri 失里 汞/동, 구리(銅)

*ʃiʃi 失失 係/개암(榛子)

*ʃiʃihə 失失黑 係臾/요, 깃저고리(褥)

*ʃitʃihəi 失亦黑 炅吏升/참새(雀)

*ʃiuwun 受溫 来土/음(陰), 양(陽)

*ʃoŋgi 雙吉 (乇)[巴]/코(鼻)

*ʃuğə 舒厄 压史/곧다(直)

*ʃulmu 舒目 来/새매(鷂)

*ʃumigi 舒迷吉 来/깊다(深)

*ʃunʤa 順扎 扎/오(五)/順扎頭 扎平/다섯 말(五斗)/順扎必阿哈称因 扎月乇列 /단오(端午)

*ʃuŋ 舒溫 岙仅/속하다(屬)

t

*tada 塔答 帯甬/고삐(轡)

*tafa-buma 塔法卜麻/바꾸다(交)

*taha 塔哈 丢币/몸(體), 순하다(順)

*tai 臺 天/대(臺)

*taibun 太本 天歹/다리, 도리(梁)

*tai-giən 太監 天叓/환관(太監)

*taira 太乙刺 天卓/절(寺)

*taisï 太子 天舟/태자(太子)

*taka 塔哈 帯疠/또(且)

*takura 塔苦刺 去币支/어긋나다(差)/使塔苦刺謙師 去币支甬岜/사신을 파견하다(遣師)

*takura-kai 塔苦刺孩 去币支见/어긋나다(差), 보내다(使)

*takura-hai 塔里江 爭劝舵子/천둥소리(霆)

*taľigian 塔馬吉 舵子/안개(霧)

*tamagi 塔安 帯岸/집(堂)

*taŋgu 湯古 有/백(百)

*tar 他 色/단술(酪)

*tarğun 塔溫 杀昗/살찌다(肥)

*tasha 塔思哈 泼/호랑이(虎)

*tata-hai 塔塔孩 (峀峀)[帯帯]见/하영(下營)

*tati-buru 塔替卜魯 帯件丈/학습(習學)

*taun 套溫 讣土/수(數)

*tauda-ra 套答刺 讣甬支/돌아오다(還)

*taun-ra 套溫刺 讣土支/읽다(讀), 욕하다(罵)

*yə-bi 忒別 舟走/앉다(坐)

*təgdəhi 忒忒希 及央屌/이불(被)

*təgirə 忒吉勒 多光/두루(徧)/忒吉勒答失剌 多光秉卓/편복(徧覆)

*təkər 忒厄 卒本/이제(今)

*təktun 忒屯 卒丞/항상(常)/忒屯巴哈別 卒丞肎去/영향(永享)

*təmǧə 忒厄 甼屈/낙타(駝)

*təniho 忒你和 交夋/단정한 모양(危然)

*təŋla-ru 謄剌魯 为夋史/베끼다(謄寫)

*təu 頭 伞/되(斗)

*təuja-buru 頭牙卜魯 伞圠夬/전하다(伝)/頭牙卜魯拙厄林昧 伞圠夬卉屯右/전보(伝報)

*təu-mu 頭目 伞夂/두목(頭目)

*tifa 替法 歺扎/진흙(泥)

*tihaigi 替孩吉 伟且斥/따르다(從)/隨替孩吉厄兀魯 伟且斥岙夋/곧(隨卽)/替孩吉諸勒[諸勒勒] 伟且斥隶仵/종전(從前)

*tiho 替和 禿/닭(鷄)

*tiktan 替彈 佥龙/정도(度)

*tinda-mai 聽答理 焱甬夬/놓다(放)

*tiŋ 替因 伟久/듣다(聽)

*tirəku 替勒庫 匠肸/베다(枕)

*tobohon 脫卜歡 玉/십오(十五)/脫卜歡一能吉 玉日/바라다(望)

*togo 脫戈 劣気/선(線)

*toko 禿科 俊/겉(表)

*tolhin 脫與 肎芀/꿈(夢)

*tomsun-məi 貪孫昧 旻王右/거두어들이다(收)

*tondo 団朶 東皐/충성(忠)

*tondʒu-ra 団住剌 夅夋/선택하다(選)

*tonhia-sun 団下孫 兕杌主/간수(看守)

*towoi 脱委 戈/불(火)

*tubi 禿必 岜桃/거물(網)/禿必巴忒屯 岜桃禾卒朶/강상(網常)

*tuəhə 禿斡黑 方臭/주다(授)

*tuǧə 禿厄 羊/겨울(冬)/禿厄厄林 羊屯/겨울(冬)

*tufən 禿番 菜舟/등자(鐙)

*tufu 禿府 羊东/등자(鐙)

*tugi 禿吉 宏夹/구름(雲)

*tu-gio 突厥 岜俠/돌궐(突厥)

*tuibun 退本 卦刃/요청하다(請)

*tuiburan 退卜連 卦走/끌다(延)/退卜連兀里眜 卦走炎右/연장하다(延留)

*tula-mai禿剌埋 岜亥矢/지도(図)

*tulilə 禿里勒 冉伩/바깥(外)/ 禿里勒捏兒麻 冉伩伩/오랑캐(夷人)/禿里勒忒厄
冉伩主本/외면(外面)/禿里勒禿魯溫 冉伩꼿仟/오랑캐(夷)

*tulun 禿魯溫 乱土/음지(陰)

*tuŋ 通 夯/두루(通)

*tumən 土滿 方/만(萬)/土滿塞革 方乑禿/만수(萬壽)

*tunʤa-ru 屯扎魯 朶夫叏/진수(鎭守)

*tuŋ-ʤi 同知 朩杀/동지(同知)

*tuŋǧɔ 桶厄 朩屁/가슴(胸)

*tuŋkən 同肯 朩夹/북(鼓)

*tura 禿剌 反夊/기둥(柱)

*turga-ra 禿魯哈剌 亡秦夭/보다(視), 감상하다(覽), 바라보다(望)/禿魯哈剌
団下孫 亡秦夭兕杌主/간수(看守)

*turǧun 禿魯溫 꼿仟/정(情)/綠禿魯溫都言 꼿仟丹禿/연고(緣故)

*turha 禿哈 反甬/여위다(瘦)

*tuti-məi 禿替眜 羊伩右/나오다(出)

*tuwəhə 禿斡黑 *茂兔*/과일(果)

*tuwə-həi 禿斡黑 *夵朵升*/떨어지다(落)

*tʃa 茶 *呑*/차(茶)

*tʃahan 察罕 *呑圧*/자(尺)

*tʃauha 鈔哈 *盆甲*/무(武)/軍鈔哈 *盆甲朿昃升*/무직(武職)

*tʃəndə-məi 千忒眛 *夬並右*/고천(考千)/忒眛団住剌 *夬並右岺夭*/선발하다
　(考選)

*tʃən-hu 千戶 *夬尚*/천호(千戶)

*tʃəni 車你 *亦羊*/遭, 다음(次)

*tʃinga-ra 稱哥剌 *芐厓夭*/수용하다(受用)

*tʃui 出衛 *乩为*/물총새(翠)

*tʃu-iŋ 出因 *乩夊*/곳(處)/出因扎撒剌 *乩夊杰茶夭*/처치(處治)

*tʃuŋ 出溫 *乩叺*/무겁다(重)/充出溫都魯溫 *乩叺甬土*/중양절(重陽)

*tʃurtʃuwa-hai 出出瓦孩 *伏乩荞且*/비추다(照)/出出瓦孩革勒吉 *伏乩荞且呙花乐*
　/조례(照例)/出出瓦孩塔以 *伏乩荞且叓屯*/조의하다(照依)

u

*ubu 兀卜 *肻*/나누다(分)

*udiğə 兀的厄 *矢厇*/들(野)/兀的厄兀里彦 *矢厇父*/들돼지(野豬)/兀的厄母林
　矢厇得列/야생말(野馬)/兀的厄厄恨 *矢厇宵*/야생나귀(野驢)/兀的厄捏兒麻
　矢厇仠/야인(野人)

*udʒəbi-məi 兀者必眛 *用杝右*/공경하다(敬)

*udʒəi 兀者 *用羍*/무겁다(重)

*udʒu 兀住 *甬*/우두머리(頭)/兀住康克勒眛 *甬斤頁伖右*/고두하다(叩頭)

*udʒula-hai 兀住剌孩 *甬亥且*/주장(酋長)

*ula 兀法 *岀玍*/낯, 면(面)

*uihan 委罕 *申米*/소(牛)

*uihə 委黑 茶炱/이(齒)

*uilə 委勒 支/일(事)

*ujəhə 兀也黑 朩炱/뿔(角)

*ujə-məi 衛也眛 㒷判右/빼앗다(奪)

*ujəwun 兀也黑 先/구(九)

*ujəwunʤu 兀也溫住 土/구십(九十)

*ukʃin 兀稱因 更列/갑(甲)

*ula 兀剌 尭/강(江)

*ulǧian 兀里彦 攵/돼지(豬)

*ulǧuma 兀魯兀馬 禾元/들닭(野鷄)

*ulhu-burən 兀忽卜連 斗去号/효론하다(曉論)

*ulhuhun 兀魯忽洪 戊在千/연하다(軟)

*ulhun-məi 斡洪眛 去千右/싸다(包)/斡洪眛安失答剌去千右关盂甬夭/포함하다(包含)

*ulin 兀里因 更列/재물(財)

*ulirin 兀里厄林 去弓/윤리(倫)/兀里厄林多羅斡薄 采屯乕乕兑/윤리(倫理)

*ulu 兀魯 去弓/대추(棗)

*umə 兀脈 冇/허락하지 않다(不許)

*umiaha 兀減哈 生呑帀/벌레(虫)

*umi-ra 兀迷剌 夫卓/마시다(飮)

*un 武恩 英立/감추다(穩)

*urən 斡恩 去立/강하다(雖)/然斡恩一那 去立甬厃/비록 ⋯ 일지라도(雖是)

*urǧunʤə-rə 斡溫者勒 店仟旻条/기쁨(喜), 환희(歡)

*uri-məi 兀里眛 炎右/머물다(留)/兀里眛頭牙卜魯 炎右车圤夋/유전하다(留伝)

*uriti 兀里替 乇伃/북(北)

*urmə 兀魯脈 夹千/바늘(針)

*uru-hə 兀里黑 **失兒**/익다(熟)

*urulə-bi 兀魯勒別 **伬伬吏**/수준, 법도(準)

*uruma 兀魯麻 **交岌**/강하다(强)/兀魯麻弗塞登 **交岌库仐**/강성(强盛)

*usətən 兀塞天 **乑夲**/씨, 종자(種)

*usga-buran 兀速哈卜連 **舟条夫**/원망(怨)

*ushun 兀速洪 **焉乔**/생(生)/兀速洪兀魯黑 **焉乔失兒**/생숙(生熟)

*usun 兀速溫 **龠土**/빈곤하다(貧)

*uʃin 兀失因 **杀列**/밭(田)

*wadu-ra 瓦都剌 **岕夰夫**/죽이다(殺)

*wasï 瓦子 **岕夵**/기와(瓦)

*wəhə 斡黑 **条兒**/돌(石)

*wəʃi 斡失 **冬盂**/위(上)

*wəʃi-buru 斡失卜魯 **冬盂岁**/오르다(昇)/斡失卜魯脈兒黑 **冬盂岁伏兒**/승진하고 상을 주다(昇賞)

원저자

순버쥔(孫伯君)
허베이성 출신
란저우대학, 중국사회과학원 대학원 박사
동 연구원 민족학과 인류학 연구소 교수

논문
「『여진역어』 중 우섭 3등자」(2001)
「송원 사적 중 여진어 음운의 표기」(2004) 등.

옮긴이

이상규(李相揆)
경북 영천 출신
경북대학교 및 동 대학원 박사
국립국어원장 역임
현 경북대학교 교수, 일본 동경대학 방문 교수,
중국 해양대학교 고문 교수

논문
「명왕신덕사이함빈의 대역 여진어 분석」(2012) 등.

짱쩐(張珍)
중국 산동 성 출신
중국 옌타이대학교(烟台大學), 고려대학교 석사
경북대학교 박사과정
웨이팡대학교(濰坊学院) 한국어학과 강사

논문
「韓中 擬聲語 對比」(2008) 등.

왕민(王民)
중국 산동 성 출신
중국 지난대학교(濟南大學),
경북대학교 석사 및 박사과정

논문
「한·중 입성자음의 언어지리적 분포와 분석」(2013) 등.

금나라 시대 여진어

초판 1쇄 인쇄 | 2015년 12월 14일
초판 1쇄 발행 | 2015년 12월 18일

원저자 | 순버쥔
옮긴이 | 이상규·짱쩐·왕민
펴낸이 | 지현구
펴낸곳 | 태학사
등 록 | 제406-2006-00008호
주 소 | 경기도 파주시 광인사길 223
전 화 | 마케팅부 (031)955-7580~82 편집부 (031)955-7585~89
전 송 | (031)955-0910
전자우편 | thaehak4@chol.com
홈페이지 | www.thaehaksa.com

ISBN 978-89-5966-725-3 93710